U0885392

普通高等教育土建学科专业“十一五”规划教材
21世纪交通版高等学校教材

Qiaoliang Shigong ji Zuzhi Guanli

桥梁施工及组织管理

（第二版）

上册

魏红一　主编
向中富　主审

人民交通出版社

内 容 提 要

本书为普通高等教育土建学科专业“十一五”规划教材，系按照土木工程专业（桥梁方向）“桥梁施工”课程教学大纲编写而成，主要包括：总论、桥梁施工设备、桥梁施工测量、桥梁基础施工、桥梁墩台施工、梁式桥施工、拱桥施工、斜拉桥施工、悬索桥施工、钢桥施工、桥梁支座和伸缩缝施工。

本书主要供土木工程专业（桥梁方向）、道路桥梁与渡河工程专业师生使用，亦可供土木工程专业其他方向和相关工程技术人员使用。

图书在版编目（CIP）数据

桥梁施工及组织管理．上册 / 魏红一主编．—2 版．—北京：人民交通出版社，2007.9

ISBN 978-7-114-06714-3

Ⅰ. 桥… Ⅱ. 魏… Ⅲ. ①桥梁工程—施工组织—高等学校—教材②桥梁工程—工程施工—高等学校—教材

Ⅳ. U445

中国版本图书馆 CIP 数据核字（2007）第 113814 号

普通高等教育土建学科专业“十一五”规划教材
21世纪交通版高等学校教材

书　　名：桥梁施工及组织管理（第二版）上册
著 作 者：魏红一
责任编辑：曲　乐
出版发行：人民交通出版社
地　　址：（100011）北京市朝阳区安定门外外馆斜街3号
网　　址：http：//www.ccpress.com.cn
销售电话：（010）59757973
总 经 销：人民交通出版社发行部
经　　销：各地新华书店
印　　刷：北京交通印务实业公司
开　　本：787 × 1092　1/16
印　　张：21.5
字　　数：542千
版　　次：2002年 3 月　第 1 版　2008年 2 月　第 2 版
印　　次：2013年11月　第 2 版　第 8 次印刷　总第20次印刷
书　　号：ISBN 978-7-114-06714-3
定　　价：39.00元

（有印刷、装订质量问题的图书由本社负责调换）

21世纪交通版
高等学校教材(公路与交通工程)编审委员会

顾　　问:王秉纲　(长安大学)

主任委员:沙爱民　(长安大学)

副主任委员:(按姓氏笔画排序)

王　炜　(东南大学)
陈艾荣　(同济大学)
徐　岳　(长安大学)
梁乃兴　(重庆交通大学)
韩　敏　(人民交通出版社)

委　　员:(按姓氏笔画排序)

马松林　(哈尔滨工业大学)
王殿海　(吉林大学)
叶见曙　(东南大学)
石　京　(清华大学)
向中富　(重庆交通大学)
关宏志　(北京工业大学)
何东坡　(东北林业大学)
陈　红　(长安大学)
邵旭东　(湖南大学)
陈宝春　(福州大学)
杨晓光　(同济大学)
吴瑞麟　(华中科技大学)
陈静云　(大连理工大学)
赵明华　(湖南大学)
项贻强　(浙江大学)
郭忠印　(同济大学)
袁剑波　(长沙理工大学)
黄晓明　(东南大学)
符锌砂　(华南理工大学)
裴玉龙　(哈尔滨工业大学)
颜东煌　(长沙理工大学)

秘 书 长:沈鸿雁　(人民交通出版社)

总　序

当今世界，科学技术突飞猛进，全球经济一体化趋势进一步加强，科技对于经济增长的作用日益显著，教育在国家经济与社会发展中所处的地位日益重要。进入新世纪，面对国际国内经济与社会发展所出现的新特点，我国的高等教育迎来了良好的发展机遇，同时也面临着巨大的挑战，高等教育的发展处在一个前所未有的重要时期。其一，加入WTO，中国经济已融入到世界经济发展的进程之中，国家间的竞争更趋激烈，竞争的焦点已更多地体现在高素质人才的竞争上，因此，高等教育所面临的是全球化条件下的综合竞争。其二，我国正处在由计划经济向社会主义市场经济过渡的重要历史时期，这一时期，我国经济结构调整将进一步深化，对外开放将进一步扩大，改革与实践必将提出许多过去不曾遇到的新问题，高等教育面临加速改革以适应国民经济进一步发展的需要。面对这样的形势与要求，党中央国务院提出扩大高等教育规模，着力提高高等教育的水平与质量。这是为中华民族自立于世界民族之林而采取的极其重大的战略步骤，同时，也是为国家未来的发展提供基础性的保证。

为适应高等教育改革与发展的需要，早在1998年7月，教育部就对高等学校本科专业目录进行了第四次全面修订。在新的专业目录中，土木工程专业扩大了涵盖面，原先的公路与城市道路工程，桥梁工程，隧道与地下工程等专业均纳入土木工程专业。本科专业目录的调整是为满足培养“宽口径”复合型人才的要求，对原有相关专业本科教学产生了积极的影响。这一调整是着眼于培养21世纪社会主义现代化建设人才的需要而进行的，面对新的变化，要求我们对人才的培养规格、培养模式、课程体系和内容都应作出适时调整，以适应要求。

根据形势的变化与高等教育所提出的新的要求，同时，也考虑到近些年来公路交通大发展所引发的需求，人民交通出版社通过对“八五”、“九五”期间的路桥及交通工程专业高校教材体系的分析，提出了组织编写一套21世纪的具有鲜明交通特色的高等学校教材的设想。这一设想，得到了原路桥教学指导委员会几乎所有成员学校的广泛响应与支持。2000年6月，由人民交通出版社发起组织全国面向交通办学的12所高校的专家学者组成21世纪交通版高等学校教材(公路类)编审委员会，并召开第一次会议，会议决定着手组织编写土木工程专业具有交通特色的**道路专业方向、桥梁专业方向以及交通工程专业**教材。会议经过充分研讨，确定了包括**基本知识技能培养层次、知识技能拓宽与提高层次**以及**教学辅助层次**在内的约130种教材，范围涵盖**本科与研究生用**教材。会后，人民交通出版社开始了细致的教材编写组织工作，经过自由申报及专家推荐的方式，近20所高校的百余名教授承担约130种教材的主编工作。2001年6月，教材编委会召开第二次会议，全面审定了各门教材主编院校提交的教学大纲，之后，编写工作全面展开。

21世纪交通版高等学校教材编写工作是在本科专业目录调整及交通大发展的背景下展开的。教材编写的基本思路是：(1)顺应高等教育改革的形势，专业基础课教学内容实现与土木工程专业打通，同时保留原专业的主干课程，既顺应向土木工程专业过渡的需要，又保持服务公路交通的特色，适应宽口径复合型人才培养的需要。(2)注重学生基本素质、基本能力的培养，为学生知识、能力、素质的综合协调发展创造条件。基于这样的考虑，将教材区分为二个主层次与一个辅助层次，即基本知识技能培养层次与知识技能拓宽与提高层次，辅助层次为教学参考用书。工作的着力点放在基本知识技能培养层次教材的编写上。(3)目前，中国的经济发展存在地区间的不平衡，各高校之间的发展也不平衡，因此，教材的编写要充分考虑各校人才培养规格及教学需求多样性的要求，尽可能为各校教学的开展提供一个多层次、系统而全面的教材供给平台。(4)教材的编写在总结“八五”、“九五”工作经验的基础上，注意体现原创性内容，把握好技术发展与教学需要的关系，努力体现教育面向现代化、面向世界、面向未来的要求，着力提高学生的创新思维能力，使所编教材达到先进性与实用性兼备。(5)配合现代化教学手段的发展，积极配套相应的教学辅件，便利教学。

教材建设是教学改革的重要环节之一，全面做好教材建设工作，是提高教学质量的重要保证。本套教材是由人民交通出版社组织，由原全国高等学校路桥与交通工程教学指导委员会成员学校相互协作编写的一套具有交通出版社品牌的教材，教材力求反映交通科技发展的先进水平，力求符合高等教育的基本规律。各门教材的主编均通过自由申报与专家推荐相结合的方式确定，他们都是各校相关学科的骨干，在长期的教学与科研实践中积累了丰富的经验。由他们担纲主编，能够充分体现教材的先进性与实用性。本套教材预计在二年内完全出齐，随后，将根据情况的变化而适时更新。相信这批教材的出版，对于土木工程框架下道路工程、桥梁工程专业方向与交通工程专业教材的建设将起到有力的促进作用，同时，也使各校在教材选用方面具有更大的空间。需要指出的是，该批教材中研究生教材占有较大比例，研究生教材多具有较高的理论水平，因此，该套教材不仅对在校学生，同时对于在职学习人员及工程技术人员也具有很好的参考价值。

21世纪初叶，是我国社会经济发展的重要时期，同时也是我国公路交通从紧张和制约状况实现全面改善的关键时期，公路基础设施的建设仍是今后一项重要而艰巨的任务，希望通过各相关院校及所有参编人员的共同努力，尽快使全套21世纪交通版高等学校教材(公路类)尽早面世，为我国交通事业的发展做出贡献。

21世纪交通版
高等学校教材(公路类)编审委员会
人民交通出版社
2001年12月

前 言

《桥梁施工及组织管理》是道路桥梁与渡河工程专业、土木工程专业(桥梁方向)的一门专业课。它在培养学生独立分析和解决桥梁施工中有关施工技术与组织管理的基本能力方面起着重要作用。

《桥梁施工及组织管理》(第二版)是在1999年出版的同名高等学校试用教材的基础上,按照普通高等教育土建学科专业"十一五"规划教材编写要求,经过重新组织、补充、修改而成。

《桥梁施工及组织管理》(第二版)(上册)的编写,在保留了原书的主要内容、条理性和逻辑性的基础上,结合桥梁工程课程,在基本体系方面做了较大的调整,突出以桥梁结构为主线,兼顾桥梁施工方法与结构体系间的多重适应性,从施工设备、施工测量、基础、墩台、梁桥、拱桥、斜拉桥、悬索桥、钢桥、支座和伸缩缝等方面,系统介绍了各自的施工技术和方法,并根据当今桥梁施工技术的发展增加了相关内容。

本书共分十一章。第一章主要介绍桥梁施工的发展概况、桥梁上下部结构的典型施工方法;第二章概述桥梁机械施工设备分类和典型的施工设备;第三章简介桥梁施工测量内容;第四章介绍桥梁基础施工,包括扩大基础、桩与管柱基础、沉井与深水重力式基础、地下连续墙以及组合和特殊基础等;第五章介绍桥梁墩台的现浇和预制安装施工;第六、七章中根据施工机具设备和结构形成方式简介梁桥和拱桥的施工方法分类,并系统介绍就地浇筑、预制安装、悬臂施工、逐孔施工、顶推施工、转体施工等施工技术和工艺;第八、九章简介斜拉桥、悬索桥施工;第十章简介钢桥的制作工艺和安装方法;第十一章简介支座和伸缩缝的类型和典型施工方法。

本书第四章由涂意美编写,其余各章由同济大学魏红一编写并主编,由重庆交通大学向中富教授主审。

由于编写水平有限,教材中不可避免有不妥和谬误之处,敬请读者批评指正,并将意见寄主编单位。

目　录

第一章　总论……1
第一节　桥梁施工的发展简史……1
第二节　桥梁施工的相关因素……2
第三节　桥梁施工方法及其选择……5
第二章　桥梁施工机械设备……10
第一节　概述……10
第二节　桥梁施工通用机械设备……11
第三节　桥梁上部结构施工设备……23
第三章　桥梁施工测量……35
第一节　桥梁施工控制网的建立……35
第二节　桥梁高程系统……36
第三节　桥梁墩台定位和纵横轴线的测设……37
第四节　桥梁细部施工放样及检测……39
第四章　桥梁基础施工……42
第一节　概述……42
第二节　明挖扩大基础施工……44
第三节　桩与管柱基础施工……63
第四节　沉井和重力式深水基础施工……93
第五节　地下连续墙基础施工……104
第六节　组合和特殊基础施工……111
第五章　桥梁墩台施工……118
第一节　混凝土墩台、钢筋混凝土墩台、石砌墩台施工……118
第二节　装配式墩台施工……125
第三节　滑动模板施工……131
第四节　液压爬升模板施工……137
第五节　V形墩施工要点……138
第六节　墩台附属工程……140
第六章　梁式桥施工……141
第一节　概述……141
第二节　固定支架整体就地浇筑施工法……141
第三节　预制安装施工法……152
第四节　悬臂施工法……163
第五节　逐孔施工法……176

第六节　顶推施工法 …… 187
第七章　拱桥施工 …… 198
第一节　概述 …… 198
第二节　支架就地砌筑、浇筑施工法 …… 200
第三节　预制安装施工法 …… 212
第四节　悬臂施工法 …… 227
第五节　转体施工法 …… 233
第八章　斜拉桥施工 …… 251
第一节　概述 …… 251
第二节　斜拉桥的施工要点 …… 257
第三节　斜拉桥的施工控制 …… 267
第四节　斜拉桥的施工实例 …… 272
第九章　悬索桥施工 …… 275
第一节　概述 …… 275
第二节　悬索桥的施工要点 …… 278
第三节　悬索桥的施工误差控制 …… 289
第四节　悬索桥的施工实例 …… 292
第十章　钢桥施工 …… 295
第一节　概述 …… 295
第二节　钢构件的制作 …… 295
第三节　钢桥的架设方法及其适用条件 …… 298
第四节　钢桥的施工控制与质量检验 …… 306
第十一章　桥梁支座和伸缩缝施工 …… 314
第一节　桥梁支座 …… 314
第二节　桥梁伸缩缝 …… 320
主要参考文献 …… 328

第一章 总 论

桥梁是跨越障碍的通道,是铁路、公路和城市道路等庞大交通网络的重要组成部分,它在国家的政治、经济等方面都起着重要作用。

桥梁的建设一般要经过规划、工程可行性研究、勘察设计和施工等几个阶段。施工是具体实现桥梁设计思想和设计意图的过程,高水平的桥梁设计需要更高水平的施工技术去实现。同时桥梁施工技术的发展,也为实现桥梁设计意图提供了灵活多样的手段,为增大桥梁跨度、改善结构性能和线形以及应用新材料提供了充分的条件。

第一节 桥梁施工的发展简史

桥梁施工的技术水平是与同时代的生产力发展水平密不可分的。我国桥梁的建造技术有着悠久的历史和辉煌的成就。根据史料考证,在三千年前的周文王时代,就已在宽阔的渭河上架设过大型浮桥。隋、唐时期是我国古代桥梁的兴盛年代,其间在桥梁形式、结构构造方面有着很多创新,可谓“精心构思,丰富多姿”。宋代之后,建桥数量大增,桥梁的跨越能力、造型和功能又有所提高,在桥梁施工方面充分表现了我国古代工匠的智慧和艺术水平,成为我国桥梁建造史上的宝贵财富。其中典型的桥梁有赵州安济桥、泉州洛阳桥、漳州虎渡桥等。

赵州安济桥采用纵向砌筑,将主拱圈纵分为28圈,每圈由43块拱石组成,每块拱石重1t左右,用石灰浆砌筑。为了提高拱圈的强度和整体性,在拱石表面凿有斜纹,在拱石的纵向间安放一对腰铁(铁箍),在主拱跨中、拱背上设置5根铁拉杆,并在拱顶石砌筑时采用刹尖方法使拱石挤压紧密。仅从安济桥的施工技术来分析,不难看出古代工匠是十分熟悉拱桥的受力特性,其施工技术完全符合现代科学的原理,这也是安济桥能完好保存至今的一个重要原因。

泉州洛阳桥(万安桥)是濒临海湾的大石桥,始建于宋皇佑五年(1053年)。该桥全长834m,有46个桥墩,气势极为壮观。在海湾上建造大桥最大的困难是桥梁基础。在当时尚无现代施工设备的条件下,在波涛汹涌的海口,首创了筏形基础的桥基。这种基础是沿桥中线抛满大石块,在稳固的石基上建造桥墩。值得称颂的不仅是因为创造性地采用了抛石技术,还在于其巧妙地用牡蛎使筏形基础加固成整体。万安桥的石梁共300余根,每根重20~30t,这样重的梁在当时采用“激浪以涨舟,悬机以弦牵”的方法架设,据分析就是利用潮汐的涨落控制船的高低位置,使石梁浮运、起落,并以“悬机”牵引就位。古代工匠仅用人工、简单工具和借助自然力建造大桥,这也是现代浮运架桥的原始雏形。

漳州虎渡桥总长约335m,某些石梁长达23.7m,沿宽度用三根石梁组成,每根宽1.7m,高1.9m,重达200t,如此巨大的石梁在当时是采用何种方法架设安装就位的,至今仍无从考证,足见我国古代桥梁建造技术的高超。

19世纪中期,钢材的出现使钢结构桥梁得到蓬勃发展。美国在19世纪50年代从法国引进近代悬索桥技术后,于19世纪70年代发明了"空中纺线法(AS法)"编纺悬索桥主缆。而在现代的悬索桥建造中,则多采用工厂预制的平行钢丝束作为主缆,其架设方法(PWS法)也更简洁、快速。

20世纪前后,钢筋混凝土得到广泛应用,其中钢筋混凝土拱桥无论在跨越能力、结构体系还是主拱圈的截面形式均有很大的发展。随后在1929年法国著名工程师弗莱西奈经过20年的研究使预应力混凝土技术应用于桥梁建设后,各种新颖的桥梁结构不断涌现,相应的施工方法也应运而生。

悬臂施工技术最早是在前联邦德国采用,特别是在1952年采用这种方法成功地建成了莱茵河上的沃伦姆斯T形刚构桥后,这种方法就传播至全世界。悬臂施工方法的出现使大跨度预应力混凝土桥梁得到了迅猛发展。同时,在拱桥施工中引入悬臂施工法,打破了以往由于施工因素而使拱桥发展迟迟不前的状况,为钢筋混凝土拱桥的发展开辟了广阔的前景,并且大大地提高了拱桥的跨越能力。

20世纪50年代末,预应力混凝土梁桥的顶推施工法问世,并于1959年首次在奥地利的阿格尔桥上成功采用。近20年来,顶推施工法由于施工安全、设备简单等优点,在世界上发展较快,从而又促使连续梁桥得到了推广。目前连续梁桥的连续长度已超过千米。

20世纪50年代,世界上出现了第一座现代钢斜拉桥,到20世纪60年代,预应力混凝土斜拉桥已开始大量修建。20世纪60年代后,又创造了逐孔施工法、转体施工法等施工技术。

20世纪80和90年代,世界各国的桥梁建设事业方兴未艾,特别是大跨深水桥梁日益增多。到20世纪末,在世界各国已建成的桥梁中,悬索桥的最大跨径已达1991m(日本明石海峡大桥),斜拉桥已达890m(日本多多罗桥),混凝土拱桥已达420m(中国万县长江大桥),预应力混凝土梁桥已达301m(挪威Stolmasundet桥)。预应力混凝土与钢混合梁桥已达到330m(中国重庆石板坡长江大桥复线桥),通过这些大型桥梁的建造,极大地提高了当今桥梁施工的技术水平。

伴随着跨海工程的建设,以及桥梁施工机具设备向着大功能、高效率和自动控制的方向发展,预制安装施工方法又焕发了活力,沙特阿拉伯—巴林道堤工程,采用14 000t的浮吊架设60余米长的大型预制构件。加拿大联邦大桥(Confederation bridge)则是将8 700t的浮吊运用到基础、桥墩和上部结构的构件运输安装施工中。

未来的桥梁建设将更注重新技术、新工艺、新材料、新设备等方面的广泛应用。与之相关的桥梁施工技术的发展,将在各种施工方法和施工工艺上不断创新,以适应桥梁结构在体系、跨径、材料和结构性能等方面的发展要求。

第二节　桥梁施工的相关因素

桥梁施工应包括施工方法选择,必要的施工验算,选择或设计制作施工机具设备,选购与运输建筑材料,安排水、电、动力、生活设施以及施工计划,施工组织与管理等方面的事务。施工是一项复杂而涉及面很广的工作,上至天文、气象,下至工程地质、水文、地貌、机械、电子、管理等各领域,同时与人的因素,与地方政府的关系密切。因此,现代的大型工程施工,应由多种行业的技术人员和工人协力完成。

一、施工与设计的关系

桥梁施工与设计有着十分密切、不可分割的关系。

对不同结构形式的桥梁，施工方法可不同；对同种结构形式也可采用不同的施工方法。对体系复杂的桥梁，采用不同施工方法，因其施工过程的结构受力体系各不相同，结构的内力将随着结构计算图式的改变而变更，结构运营阶段的受力状况取决于所选用的施工方法。另外，绝大多数桥梁施工往往不是一次完成，其间常需经历若干次结构体系的转换。

因此，在考虑桥梁设计方案时，必须根据实际情况，考虑施工的可能性、经济性与合理性；施工方法的选用可视工程结构的跨度、孔数、桥梁总长、截面形式和尺寸、地形、设备能力、气候、运输条件、设备的重复使用等综合条件来选择。在技术设计中要计算施工各阶段结构的强度（应力）、变形和稳定性，桥梁设计要同时满足施工阶段与营运阶段的各项要求。

桥梁结构的施工应忠实地按设计要求完成。在施工前，需对设计图纸、说明书、工程预算、施工计划、主要施工阶段的强度（应力）、挠度、稳定性等有关文件和图纸进行详细地研究，掌握设计的内容与要求。同时，按照设计要求以及施工设备配备情况，精心安排、合理调整施工细节，编制施工组织设计。在整个施工期间，设计需与施工相互配合、协调，及时发现问题，及时变更设计，达到实际上的统一。

二、施工技术与机械设备的关系

对于桥梁结构而言，施工机具设备的优劣往往决定了桥梁施工技术的先进与否，施工方法的确定在很大程度上取决于是否有与之相配套的施工机械设备，尤其是对一些大跨、深水及结构形式较特殊的桥梁。另一方面，桥梁结构体系及施工技术的发展，要有大量的、先进的机械设备作为保证，要求各种施工设备和机具不断地更新和改造，以适应其发展的需要，先进的施工技术发展的同时又促进了机械制造工业水平的不断提高。

着眼于桥梁结构整个施工进程，根据使用目的的不同，桥梁施工设备和机具大致可以分成：测量设备；基础施工设备；混凝土施工设备；各种常备式结构；预应力施工设备；运输、安装和起重设备；专用施工设备等。

大型浮吊的研制利用，使桥梁上、下部结构的施工向着大块件组拼体系发展，适应了当前越来越多的跨海工程建设的需要。

总体上讲，桥梁施工设备的使用，应根据具体的施工对象、工期、劳力及施工单位现有设备的情况，考虑对现场条件的适应性，以及整个工程的经济效益，经由施工组织设计而合理地加以选用和安排。

三、施工与工程造价的关系

桥梁工程的总造价包括规划、工程可行性研究、勘察设计、征地拆迁、工程施工等费用。其中施工一般要占工程费用的60%以上。近年来，工程施工费用和劳动力的工资所占的比例呈现上升趋势，对于特大跨径和结构比较复杂的桥梁更是如此。因此，施工费用对工程造价有着举足轻重的影响。

影响桥梁施工费用的主要因素是构件制作的费用、架设费用和工期。为在施工阶段降低工程造价、节省投资，除采取加强施工的组织管理、节约材料、提高机械设备的利用率等措施外,一条重要途径是在施工中应用新技术、新工艺来改善施工条件。施工方法和手段的不同,影响到施工所需的费用。科学合理的、先进的施工方法,既能保证工程的质量和进度,也使施工费用处于最合理的水平。不合理的、落后的施工技术不仅无法保证施工质量和进度,而且可能造成极大浪费,导致工程成本升高。合理地采用先进施工技术,对于降低工程造价的作用是显而易见的。

为此,桥梁施工的组织管理人员和工程技术人员必须高度重视施工技术的合理应用,加强施工的科学管理,提高施工机械化的程度,组织专业化施工,使工程质量、施工期限、工程造价处于最优状态。

四、桥梁施工与组织管理的关系

桥梁施工过程是一项庞大的系统工程,涉及到大量的人力、资金、材料和机具设备,必须进行科学的管理。

施工组织管理的目的是要保证工程按设计要求的质量、计划进度和低于设计预算和合同承包价的成本,安全、顺利地完成施工任务。

桥梁工程施工的特点是:固定的场地;流动的劳力、机具和材料;较长的施工周期;不断变化、调整的施工程序和工艺。复杂的管理工作要求所有参与施工的人员(建设方、施工方、监理方和设计方)必须相互协作、互相促进,在施工中随时掌握工程进展的实际情况和存在的问题,采用科学的管理方法,从计划、技术、质量、定额、成本、信息和企业规章制度等方面,切实有效地进行工作。

桥梁施工组织管理大致可分为以下几个方面。

(1)确认工程项目,进行现场布置和施工准备。在认真审查和熟悉有关协议、文件和设计资料、图纸后,施工单位要明了施工现场,了解现场地理位置、水电资源、工程地点的气象条件等,用以确定施工现场的生产场地和生活设施,并进行合理布局。

(2)制订工程进度计划。根据施工技术要求和有关重要事项,依照完工期限和气象、水文等条件,制订分项工程进度计划和整体工程进度计划,它是施工组织管理的总纲领。

(3)安排人事劳务计划。根据各施工阶段的进度和施工内容,确定各阶段所需的技术人员、技工及劳务工的计划;同时确定工程管理机构和职能干部,负责各方面的事务。

(4)临时设施计划。拟定工程施工中所需的生产性和非生产性的临时设施的类别、数量和所需时间,生产性临时设施包括构件预制场、栈桥、便道、运输线、临时墩等;非生产性临时设施包括办公室、仓库、宿舍等。

(5)机具设备使用计划。它包括确定各施工阶段所需机具设备的种类、数量、使用时间等,以便制订机具设备的购置、制作和调拨计划。

(6)材料及运输计划。根据计划编制材料供应计划,安排材料、设备和物资的运输计划。

(7)工程财务管理。包括工程的预算、资金的使用概算、各种承包合同、施工定额、消耗定额等方面的管理。

(8)安全、质量与卫生管理。包括各种作业的安全措施、安全检查与监督、工地现场保卫、施工质量验收制度、工程监理和环境卫生、生活区的卫生等。

桥梁的施工技术与组织管理在内容上是有区别的,但在实际工作中关系是密切的。施工技术是工程能按设计要求进行施工的保证,而只有严格、科学的组织管理才能圆满地按照承包合同完成工程任务。

第三节　桥梁施工方法及其选择

一、桥梁施工方法概述

(一)桥梁基础施工

桥梁基础作为桥梁整体结构的组成部分,其结构的可靠性影响着整体结构的力学性能。基础形式和施工方法的选用要针对桥跨结构的特点和要求,并结合现场地形、地质条件、施工条件、技术设备、工期、季节、水力水文等因素统筹考虑。

桥梁基础工程的形式大致可以归纳为扩大基础、桩和管柱基础、沉井基础、组合基础和地下连续墙基础几大类(图1-1)。

- 基础施工
  - 扩大基础
  - 桩和管柱基础
  - 沉井基础(大型重力式基础)
  - 组合基础
  - 地下连续墙基础
- 桥墩、台施工
  - 石砌式墩台
  - 就地浇筑式墩台
  - 预制装配式墩台
- 上部结构施工
  - 就地浇筑法
  - 预制安装法
  - 按结构形成方式
    - 以桥位为基准
      - 整体就地浇筑施工法
      - 预制安装施工法
      - 提升施工法
    - 以桥墩为基准
      - 悬臂施工法
      - 转体施工法
    - 以桥轴端点为基准
      - 逐孔施工法
      - 顶推施工法
    - 以横桥向为基准—横移施工法

图1-1　桥梁施工方法

桥梁基础工程由于在地面以下或在水中,涉及水和岩土的问题,从而增加了它的复杂程度,而就基础的施工方法而言,则都是针对具体的结构形式,无统一的模式。

(二)桥梁墩台施工

桥梁墩台按建筑材料可分为圬工、钢筋混凝土、预应力混凝土和钢等多种形式,按施工方法可分为石砌墩台、就地浇筑式墩台和预制装配式墩台(图1-1)。

(三)桥梁上部结构施工

随着预应力混凝土的应用、桥梁类型与跨径幅度增加、构件生产的预制化、结构设计方法的进步、机械设备的发展等,从多方面促进了桥梁上部结构施工方法的进步和发展,形成了多种多样的施工方法(图1-1)。

桥梁施工方法总体上可分为就地浇筑法和预制安装法。具体按照桥梁结构的形成方式可将施工方法划分为:以整个桥位为基准的固定支架整体现浇施工法、预制安装法和提升施工法;以桥墩为基准的悬臂施工法和转体施工法;以桥轴端点为基准的逐孔施工法和顶推法施工;以桥横向为基准的横移施工法。针对某一桥梁结构,并不一定严格地按照某一工法和结构形成顺序进行,或许将是多种施工方法的组合。

下面介绍几种主要施工方法及其施工特点。

1. 整体就地现浇施工法

固定支架整体就地现浇施工法是在桥位处搭设支架，在支架上浇筑混凝土，待混凝土达到设计强度后拆除模板、支架。

就地浇筑施工无需预制场地，而且不需要大型起吊、运输设备，桥跨结构整体性好，无需做梁间或节间的连接工作。它的缺点主要是工期长，施工质量易受季节性气候的影响、不容易控制，对预应力混凝土梁因受混凝土收缩、徐变的影响将产生较大的预应力损失，施工中的支架、模板耗用量大，施工费用高，搭设支架影响排洪、通航，施工期间可能受到洪水和漂流物的威胁。

2. 预制安装施工法

预制安装施工法是在预制工厂或在运输方便的桥址附近设置预制场进行整孔主梁或大型主梁节段的预制工作，然后采用一定的架设方法进行安装、连接，完成桥体结构的施工方法（图 1-2）。

这种方法的主要特点：采用工厂预制，有利于确保构件的质量；采用上、下部结构平行作业，将缩短现场施工工期，由此也可降低工程造价；主梁构件在安装时一般已有一定龄期，故可减少混凝土收缩、徐变引起的变形；对桥下通航能力的影响视采用的架设方式而定。此施工方法对施工起吊设备有较高的要求。

3. 逐孔施工法

逐孔施工法是中等跨径预应力混凝土简支梁和连续梁的一种施工方法。它使用一套设备从桥梁的一端逐孔施工，直到对岸（图 1-3）。其从施工设备、梁体构件制造等方面可分为使用移动支架逐孔组拼预制节段施工和移动模架逐孔现浇施工。

图 1-2　预制安装法

图 1-3　移动模架逐孔施工法

采用移动模架逐孔施工的主要特点：不需设置地面支架，不影响通航和桥下交通，施工安全、可靠；有良好的施工环境，保证施工质量，一套模架可多次周转使用，具有在预制场生产的优点；机械化、自动化程度高，节省劳力，降低劳动强度；移动模架设备投资大，施工准备和操作都较复杂；移动模架逐孔施工宜在桥梁跨径小于 50m 的多跨长桥上使用。

4. 悬臂施工法

悬臂施工法是从桥墩开始向跨中不断接长梁体构件（包括拼装与现浇）的悬出架桥法（图

1-4)。有平衡悬臂施工和不平衡悬臂施工、悬臂浇筑施工和悬臂拼装施工之分。

悬臂施工法的主要特点有如下几点。

(1)桥梁在施工过程中，主梁或与桥墩固接，或在桥墩附近支承，在主梁上将产生负弯矩。因此，该施工法适用于运营状态下的结构受力与施工状态比较接近的桥梁，如连续梁、悬臂梁、刚构桥等；

图 1-4 悬臂施工法

(2)对非墩、梁固接的预应力混凝土梁桥，在施工时需采取措施，使墩、梁临时固接，保证施工期结构的稳定；

(3)对施工中墩梁固接的桥墩可能承受因施工而产生的弯矩。

悬臂浇筑施工简便，结构整体性好，施工中可不断调整位置；悬臂拼装施工速度快，桥梁上下部结构可平行作业，但施工精度要求比较高；悬臂施工法可不用或少用支架，施工不影响通航或桥下交通，节省施工费用，降低工程造价。

5. 转体施工法

转体施工是将桥梁构件先在桥位处岸边(或路边及适当位置)进行制作，待混凝土达到设计强度后旋转构件就位的施工方法(图 1-5)。

图 1-5 转体施工法

在转体施工中，桥梁结构的支座位置一般设定为施工时的旋转支承和旋转轴，桥梁完工后，按设计要求改变支承情况。

转体施工的主要特点：可利用施工现场的地形安排构件制造的场地；施工期间不断航，不影响桥下交通；施工设备少，装置简单，容易制作和掌握；减少高空作业，施工工序简单，施工迅速；转体施工适用于单跨、双跨和三跨桥梁，可在深水、峡谷中建桥采用，同时也适用于平原区以及城市跨线桥。

6. 顶推施工法

顶推施工是在沿桥纵轴方向的台后设置预制场地，分节段预制，并用纵向预应力筋将预制节段与施工完成的梁段连接成整体，然后通过顶推装置施力，将梁体向前顶推出预制场地，之后在预制场连续进行下一节段梁的预制，循环操作直至施工完成（图1-6）。

图1-6　顶推施工法

顶推施工法的特点：可运用简易的施工设备建造长大桥梁，施工费用低，施工平稳无噪声，可在水深、山谷和高桥墩上采用，也可在曲率相同的弯桥和坡桥上使用；对变坡度、变高度的多跨连续梁桥和夹有平曲线或竖曲线较长的桥梁均难以适用；主梁在固定场地分段预制，连续作业，便于施工管理，避免了高空作业，结构整体性好；顶推施工时，梁的受力状态变化很大，施工阶段梁的受力状态与运营时期的受力状态差别较大，因此在梁的截面设计和预应力钢束布置时为同时满足施工与运营的要求，将需较大的用钢量。

7. 横移施工法

横移施工是在待安装结构的位置旁预制该结构物，并横向移动该结构物，将它安置在规定的位置上。

横移法施工的主要特点是在整个操作期间，与该结构有关的支座位置保持不变，即没有改变桥梁的结构体系。在横移期间，以临时支座支承该结构的施工重量。

横移施工多用于正常通车线路上的桥梁工程的换梁，也可与其他施工方法配合使用。

8. 提升施工法

提升施工法是一种采用竖向运动施工就位的方法，即在未来安置结构物以下的地面上预制该结构并把它提升就位的施工方法。

提升施工法适用于整体结构，重量可达数千吨，使用该法的要求是：在该结构下面需要有一个适宜的地面；拥有一定起重能力的提升设备；地基承载力需满足施工要求；被提升的结构应保持平衡。

二、施工方法的选择

选择确定桥梁的施工方法需要充分考虑桥位的地形、地质、环境、安装方法的安全性、经济性、施工速度等因素。同时，桥梁结构的施工与设计有着十分密切的关系，对不同结构形式的桥梁结构所采用的施工方法可不同，对同种结构形式也可采用不同的施工方法。结构运营阶段的受力状况取决于所选用的施工方法，因此桥梁设计往往预先假定施工方法，并在设计上考虑施工全过程的受力状态。设计与施工是相互配合、相互约束的。

桥梁施工方法的选定，可依据下列条件综合考虑。

（1）使用条件。桥梁的结构形式和规模、梁下空间的限制、平面场地的限制等。

（2）施工条件。工期要求、机械设备要求和施工管理能力、材料供应情况、架设施工经验、施工经济核算等。

（3）自然环境条件。山区或平原、地质条件及软弱层状况、对河道的影响、运输线路的限制等。

（4）社会环境影响。对施工现场环境的影响，包括公害、景观、污染、架设孔下的障碍、道路交通的阻碍、公共道路的使用及建筑限界等。

表 1-1 列出了典型桥梁上部结构可供选择的主要施工方法。实际桥梁施工中，根据可选用的施工设备，施工方法又可进行细分，详见本书第五、六章概述。

各种类型桥梁可选择的主要施工方法　　表 1-1

桥型 / 施工方法	适用跨径（m）	梁桥			刚架桥	拱桥			斜拉桥	悬索桥
		简支梁	悬臂梁	连续梁		圬工拱	标准及组合体系拱	桁架拱		
整体支架现浇、砌筑施工法	20 ~ 60	√	√	√	√	√	√		√	
大型构件预制安装施工法	20 ~ 50	√	√	√			√	√	√	√
逐孔施工法	20 ~ 60	√	√	√	√					
悬臂施工法	50 ~ 320		√	√	√		√	√	√	
转体施工法	20 ~ 140		√	√	√		√		√	
顶推施工法	20 ~ 70			√	√				√	
横移施工法	30 ~ 100	√	√	√					√	
提升施工法	10 ~ 80	√	√	√						

第二章　桥梁施工机械设备

第一节　概　　述

对于桥梁结构而言，施工设备和机具的优劣往往决定桥梁施工技术的先进与否。同时，桥梁结构体系及施工技术的发展，也要求各种施工设备和机具不断地更新和改造，以适应其发展的需要。

根据使用目的不同，桥梁施工设备和机具大致可以分成以下几类。

（一）通用机械设备

测量：经纬仪，测距仪等。

模板：滑动模板、提升模板、拼装式模板等。

装配式支架：钢管支架、万能杆件、贝雷梁、六四式军用梁等。

混凝土施工：拌和机、输送泵、振捣设备等。

钢筋加工：切割机、调直机、焊接机等。

预应力施工：千斤顶，锚夹具、穿索机等。

运输：汽车、船只等。

起重吊装：塔式起重机、汽车式起重机、龙门起重机、浮吊、卷扬机等。

（二）基础施工机械设备

基坑开挖：挖掘机、抓斗、风镐等。

基坑排水：抽水机、井点等。

基坑围护：钢板桩、双壁钢围堰、钢套箱等。

打桩：柴油打桩机、蒸汽打桩机、液压打桩机等。

钻孔：螺旋式钻孔机、冲击式钻孔机、潜水式钻孔机等。

泥浆制备设备。

（三）上部结构施工设备

预制安装：双导梁架桥机、缆索起重机、移动支架等。

现浇施工：移动模架等。

悬臂施工：梁式挂篮、斜拉式挂篮、牵索式挂篮等。

顶推施工：千斤顶、导梁、滑动导向设备等。

缆索制作：斜拉索制作设备、悬索桥主缆制作设备等。

（四）路面施工设备

沥青摊铺机，压路机等。

桥梁施工设备的使用应根据具体的施工对象、工期、劳动力及施工单位现有设备的情况，考虑对现场条件的适应性，以及整个工程的经济效益，经由施工组织设计而合理地加以选用和安排。

具体的施工设备和机具门类品种繁多，不可能在此一一列举，下面我们将重点介绍在桥梁施工中常见的并具特点的施工设备。

第二节　桥梁施工通用机械设备

一、万能杆件

钢制万能杆件又名拼装式钢脚手架，可以组拼成桁架、墩架、塔架和龙门架等形式，以作为桥梁墩台、索塔的施工脚手架，或作为吊车主梁以安装各种预制构件，必要时还可以作为临时桥梁的墩台等。

万能杆件拆装容易，运输方便，利用率高，可以大量节省辅助结构所需的木料、劳动力和工期，因此适用范围较广。

万能杆件的类型有铁道部门生产的甲型（又称 M 型），乙型（又称 N 型）和西安筑路机械厂生产的乙型（又称西乙型）。三者在结构、拼装形式上基本相同，仅弦杆角铁尺寸、部分缀板的大小和螺栓直径稍有差异。

西乙型万能杆件共有大小构件 24 种。有长弦杆、短弦杆、斜杆、立杆、联结角钢、支承角钢、支承靴角钢、节点板、弦杆填塞板、缀板、支承靴和普通螺栓等构件。具体构件规格尺寸及质量可参见有关资料。图 2-1 是西乙型万能杆件部分构件的结构图例。

用万能杆件组拼桁架时，其高度可为 2m、4m、6m 及 6m 以上。当高度为 2m 时，腹杆为三角形；当高度为 4m 时，腹杆为菱形；当高度超过 6m 时，则可做成多斜杆的形式，如图 2-2 所示。

由万能杆件组拼成的桁架结构，其承载能力应根据荷载标准和跨度检算。

用万能杆件组拼成墩架、塔架时，其柱与柱之间距离可以和桁架完全一样，按 2m 一节变更。结构组拼示意如图 2-3，塔架组拼示意如图 2-4 所示，浮式吊架组拼示意如图 2-5 所示。

二、公路装配式钢梁桁节（贝雷）

贝雷现有进口与国产两种。其主要构件有桁架单元、销子、加强弦杆等。贝雷桁架单元结构见图 2-6，构件质量如表 2-1 所示。

贝雷构件质量（单位:kg）　　表 2-1

构件名称	单位	国产	进口
桁架节	片	270	259
加强弦节	支	830	
销子	个	245	2.7
横梁	根	107	202
有扣纵梁	组	105	86
无扣纵梁	组	3	83
桁架螺栓	个	2	3.6
弦杆螺栓	个	3	
横梁夹具	副	33	2.7
抗风拉杆	套	11	29
斜撑	根	4	8
联板	根	21	1.4
支承架	副	69.70	18
阴、阳头端柱	根	38	59
桥座	个	184	32
座板	块	142	181

续上表

构件名称	单位	国产	进口
桥头搭板	副	46	
搭板支座	副	40	
桥面板	副	44	
护轮木	根	102	
摇滚	副	60	92
平滚	副	6	48
下弦接头	个	27.31	5.4
阴、阳斜面弦杆	个		

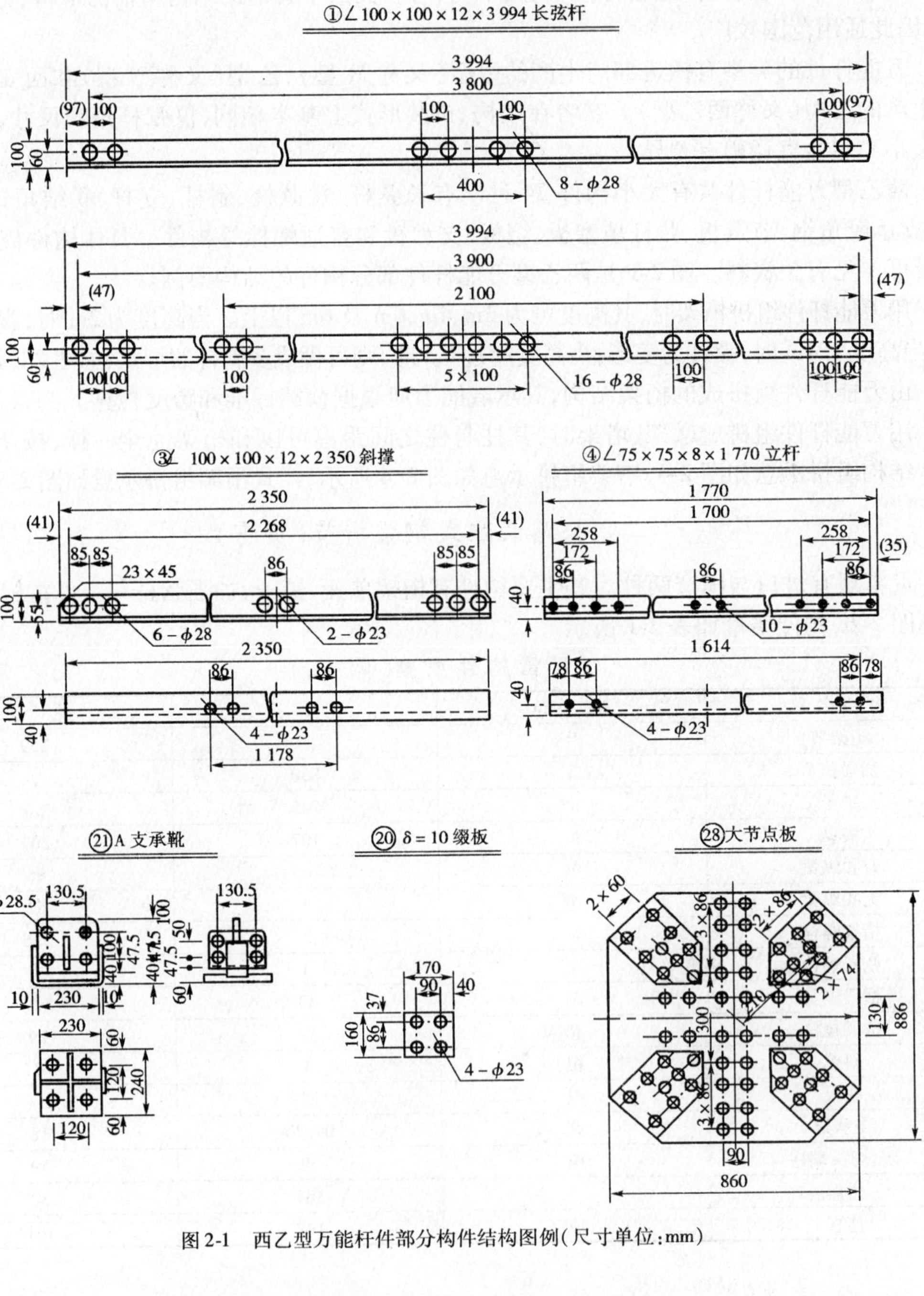

图 2-1　西乙型万能杆件部分构件结构图例（尺寸单位：mm）

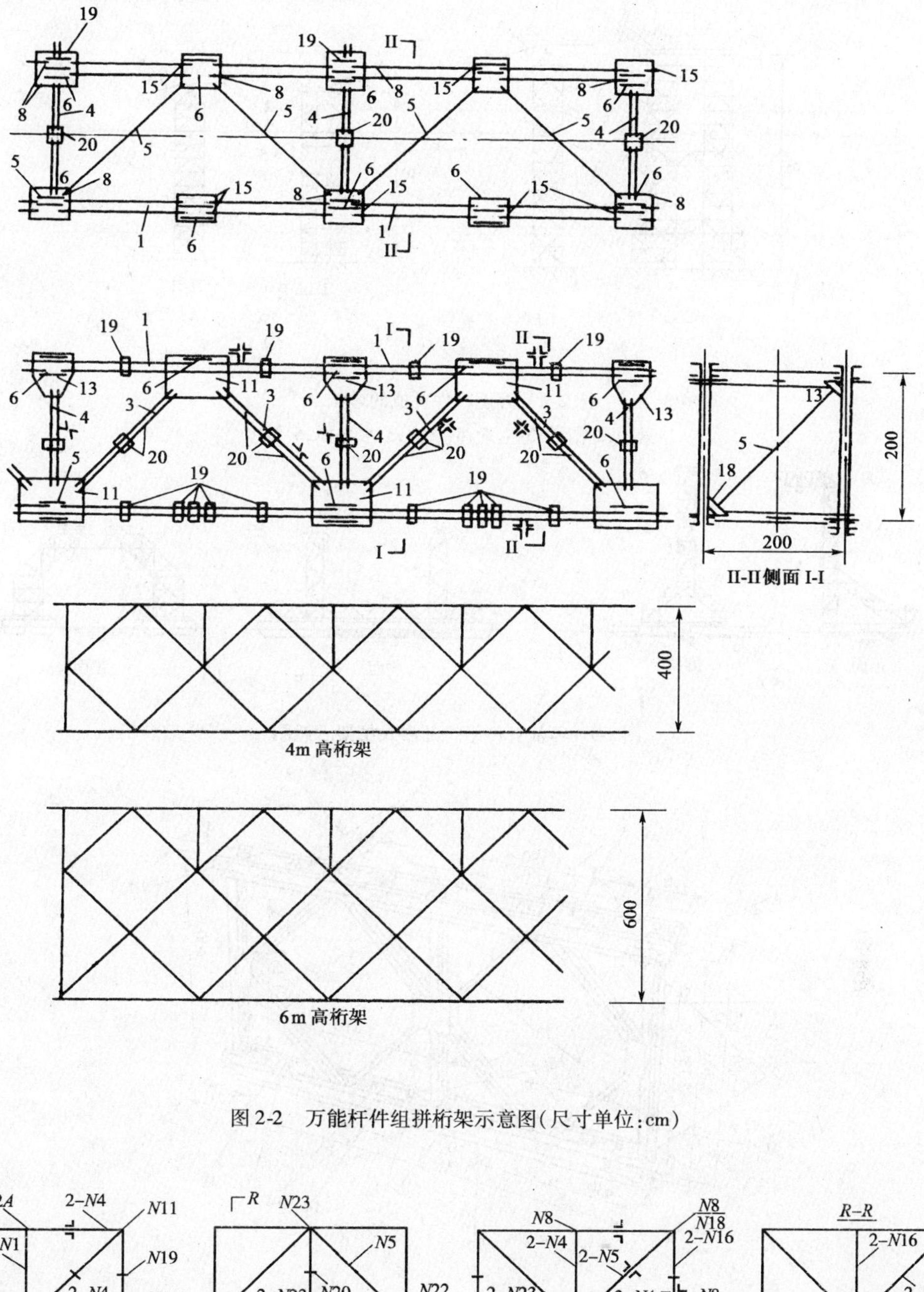

图 2-2　万能杆件组拼桁架示意图(尺寸单位:cm)

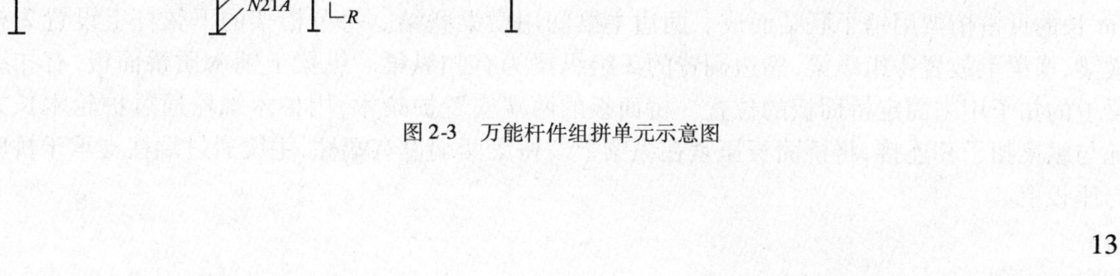

图 2-3　万能杆件组拼单元示意图

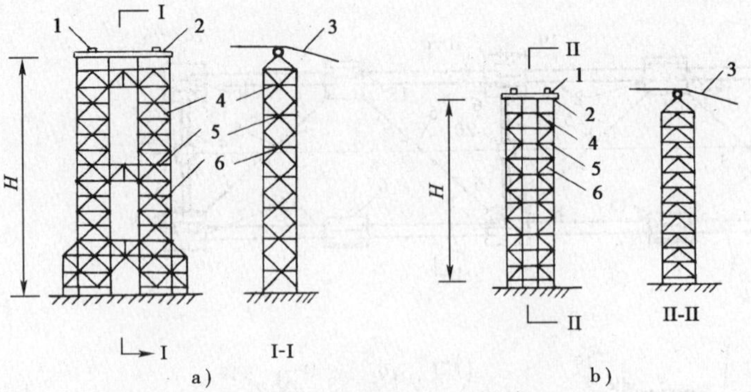

图 2-4 万能杆件拼成的塔架

1-索鞍;2-帽梁;3-主索;4-立柱;5-水平撑;6-斜撑

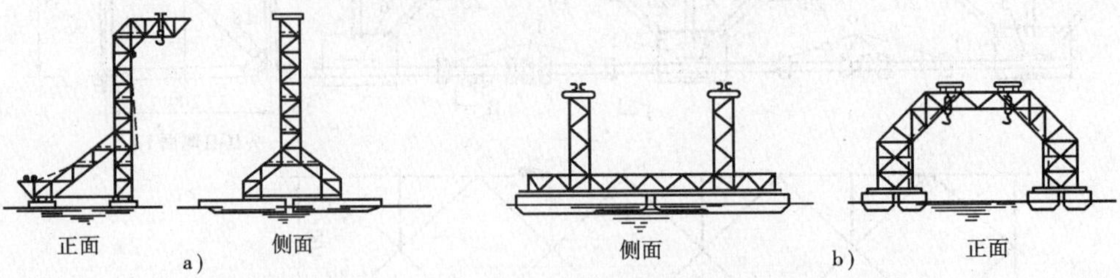

图 2-5 万能杆件组拼的浮式吊架示意图

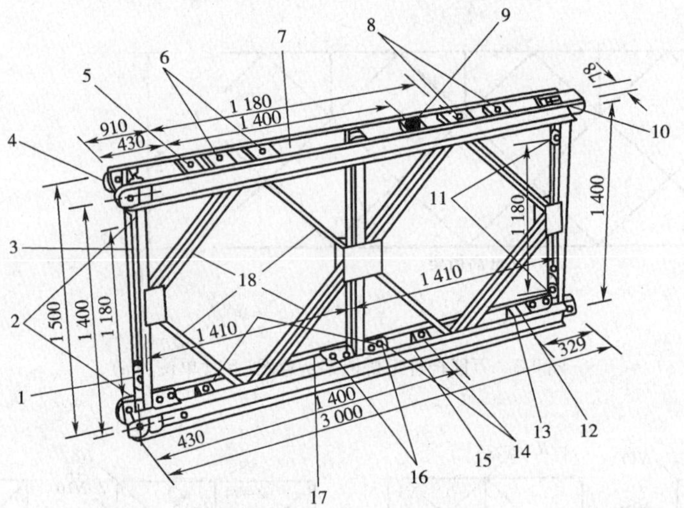

图 2-6 桁架单元(尺寸单位:mm)

1-横梁夹具孔;2、6、8、11-支撑架孔;3-工字钢;4-阴头;5、9、14-弦杆螺栓孔;7-上弦杆;10-阳头;12、13-风构孔;15-槽钢;16-横梁垫板;17-下弦杆;18-斜撑

公路装配式钢桥是采用贝雷桁架组拼的典型桥例,图 2-7 为半穿式桥梁,其主梁由每节 3m 长的贝雷桁架用销子联结而成。两边主梁间用横梁联结。每节桁架的下弦杆上设置 2 根横梁,横梁上放置 4 组纵梁,靠边搁置的 2 组纵梁为有扣纵梁。纵梁上铺木质桥面板,有扣纵梁上的扣子用来固定桥面板的位置。桥面板的两端安置护轮木,用护木螺栓通过护轮木长方孔与纵梁扣子相连接,将桥面板压紧在纵梁上。桥梁两端设有端柱,主梁通过端柱支承于桥座与座板上。

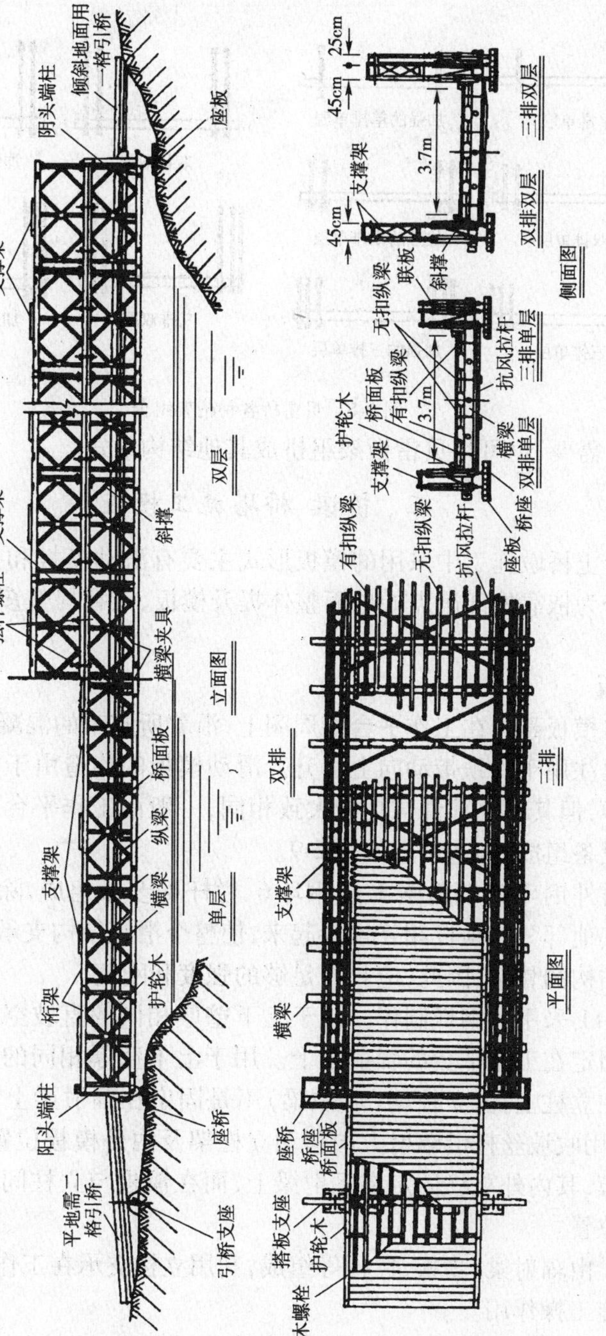

图 2-7 装配式公路钢桥总体结构示意图

为了增加桥梁的强度，桁架上、下弦杆可另加设加强弦杆，也可将贝雷桁架数排并列或双层叠置而构成承重主梁。

贝雷桁架的组合形式共有10种，如图2-8所示。各种组合的桥梁习惯以先“排”后“层”称呼之。

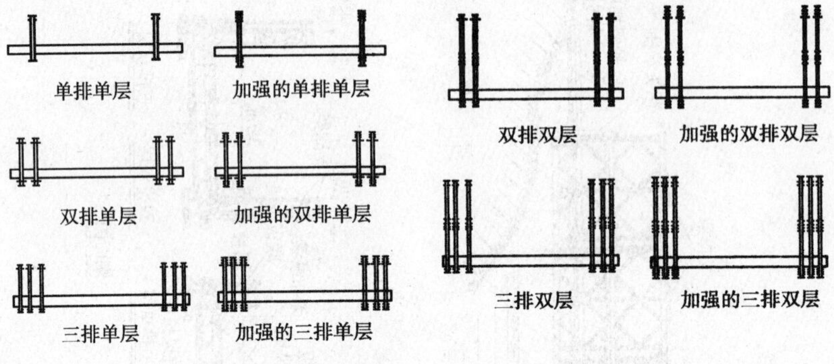

图2-8 贝雷桥各种桁架组合

根据实际施工需要，也可将贝雷桁架组拼成其他结构形式。

三、桥墩、桥塔施工模板

现浇钢筋混凝土桥墩施工中采用的模板形式主要有滑动模板和提升模板，其中提升模板按吊点不同又可分为依靠外部吊点的单面整体提升模板、交替提升多节模板（翻模）及本身带爬架的爬升模板。

（一）滑动模板

滑动模板是将模板悬挂在工作平台的周圈上，沿着所施工的混凝土结构的周界组拼装配，并随着混凝土的灌注用千斤顶带动向上滑升。滑动模板的构造由于桥墩类型、提升工具的类型不同而各有差异，但其主要部件与功能大致相同，一般由工作平台、内外模板、混凝土平台、工作吊篮和提升设备组成，构造示意如图2-9。

工作平台1由外钢环5、辐射梁3、内钢环6、栏杆4、步板组成，除提供施工操作的场地外，还用它把滑模的其他部分与顶杆相互连接起来，使整个滑模结构支承在顶杆上。可以说，工作平台是整个滑模结构的骨架，因此，应具有足够的强度和刚度。

内外模板10、11采用薄钢板制作。用于上下壁厚相同的直坡空心桥墩的滑模，内外模板均通过立柱7、8固定在工作平台的辐射梁上。用于上下壁厚相同的斜坡空心墩的收坡滑模，内外模板仍固定在立柱上，但立柱架（或顶梁）不是固定在辐射梁上，而是通过滚轴9悬挂在辐射梁上，并可利用收坡丝杆沿辐射方向移动立柱架及内外模板位置。用于斜坡式不等壁厚空心墩的收坡滑模，其内外立柱固定在辐射梁上，而在模板与立柱间安装收坡丝杆，以便分别移动内外模板的位置。

混凝土平台2由辐射梁、步板、栏杆等组成，利用立柱支承在工作平台的辐射梁上，供堆放及灌注混凝土的施工操作用。

工作吊篮系悬挂在工作平台的辐射梁和内外模板的立柱上，它随着滑模的提升而向上移动，供施工人员对刚脱模的混凝土进行表面修饰和养生等施工操作之用。

提升设备由千斤顶、顶杆、顶杆导管等组成，通过顶升工作平台的辐射梁使整个滑模提升。

（二）爬升模板

根据模板的提升设备不同，爬升模板可分为倒链手动爬模、电动爬架拆翻模和液压爬升模。

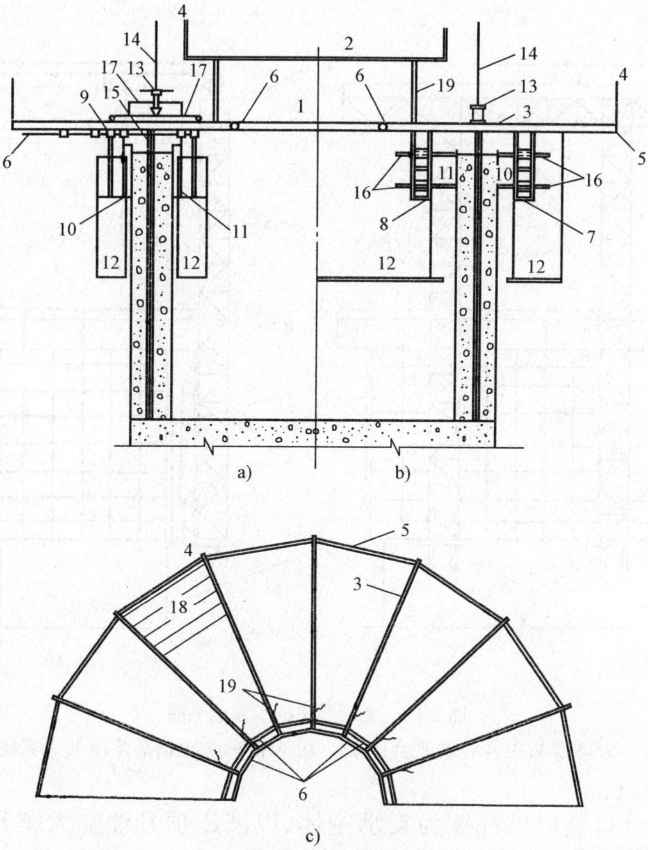

图 2-9　滑动模板构造示意图

a)等壁厚收坡滑模半剖面(螺杆千斤顶);b)不等壁厚收坡滑模半剖面(液压千斤顶);c)工作平台半平面

1-工作平台;2-混凝土平台;3-辐射梁;4-栏杆;5-外钢环;6-内钢环;7-外立柱;8-内立柱;9-滚轴;10-外模板;11-内模板;12-吊篮;13-千斤顶;14-顶杆;15-导管;16-收坡丝杆;17-顶架横梁;18-步板;19-混凝土平台立柱

倒链手动爬模一般由钢模、提升桁架及脚手支架三部分组成(图 2-10)。模板主要由背模、前模及左右侧模组成;提升桁架为提升模板作业时的主工作桁架,可由万能杆件和工地自加工非标准杆件组拼而成,用倒链手动提升。此种爬模简便实用,所需机具设备少,施工用钢小,模板的制造较灵活,对直塔柱和斜塔柱均适用,只是人员投入较多,施工方法比较原始。

电动爬架拆翻模如图 2-11 所示。其由模架、模板、电动提升系统和支承系统四部分组成。模板采用整体钢模,在使用中不仅要满足自身功能的要求,还要承受并传递爬架的工作荷载;模架由立柱、顶梁、导轮和压轮组成;提升系统有爬架提升设备和模板拆翻提升设备。这种爬模利用模板导向并支承爬升模架,再利用模架上的吊装设备拆翻安装模板进行施工,施工的机械化程度高,劳动强度低,施工安全方便,能节省劳力,减少工序,

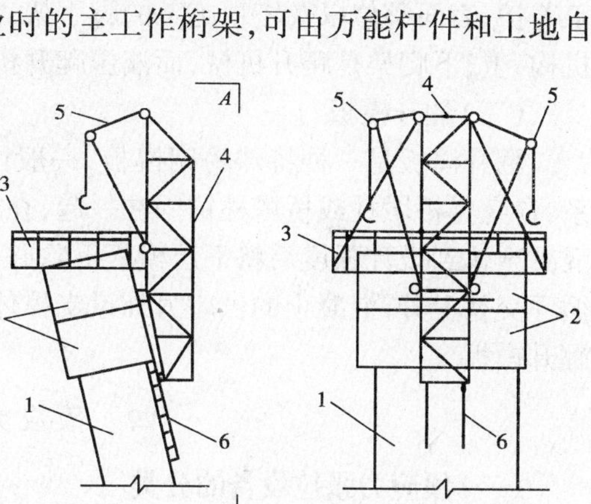

图 2-10　倒链手动爬模示意图

1-索塔;2-钢模;3-脚手平台;4-爬升架;5-扒杆吊机;6-爬架轨道

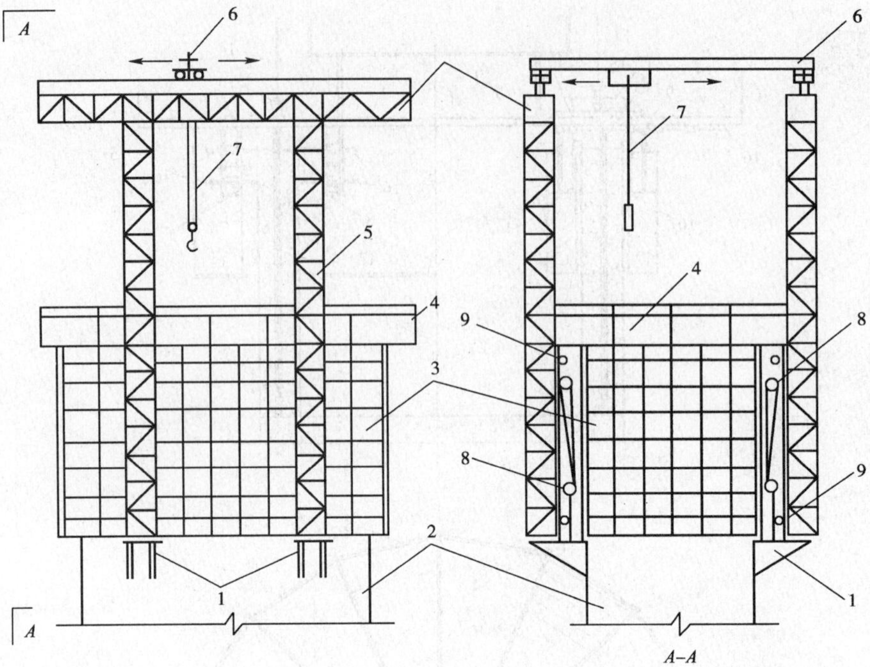

图 2-11　电动爬架拆翻模示意图

1-支承系统;2-索塔;3-模板;4-工作平台;5-钢立柱;6-桁车;7-电动葫芦;8-提升系统;9-导向轮

保证质量。

液压爬模(图 2-12)是以塔柱壁为支承主体、以液压顶升油缸为爬升设备主体的施工设施。其主要有模板系统、网架工作平台、液压提升系统等组成。模板一般采用大块钢模,以加快模板的支拆速度,提高墩身混凝土表面质量;网架工作平台是整个液压爬升模的工作平台,采用空间网架结构,其上安装中心塔吊,其下安装顶升爬架,四周安装 L 形支架,中间安装各种操纵、控制及配电设备,整个网架结构可采用万能杆件和型钢组合杆件等制作拼装。L 形支架连接在网架平台四周,下部与已完成的塔柱壁连接,以增加爬模的稳定性,并可作为塔身施工养护、表面整修以及塔顶施工的脚手架;液压提升系统中的内外套架是整个系统的顶升传力机构,上、下爬架是爬升机械,而液压爬升机构是整个系统的动力设备。

(三)翻升模板

翻升模板是一种特殊的钢模板,一般由三层模板组成一个基本单元,每层模板均自成体系,自身与桥墩柱或桥塔柱锚固在一起,在混凝土浇筑前及浇筑过程中支撑在下一层模板上,混凝土达到设计强度后将下层模板拆除并翻上来拼装成第四层模板,浇筑上一层混凝土,如此循环交替上升,混凝土的供应另外设支撑体系。图 2-13 为侯月线海子沟大桥高桥墩所采用的翻升模板。

四、预应力张拉及锚固设备

(一)预应力张拉设备的分类

预应力张拉设备可根据预应力筋种类和张拉千斤顶工作原理进行分类。

按预应力筋种类不同可分为粗钢筋、高强钢丝束、钢绞线预应力张拉设备。

张拉单根精轧高强螺纹钢筋可采用穿心式千斤顶。其优点是施工方便、操作简单、锚固可靠;缺点是受钢筋强度限制,适用于较小的构件。

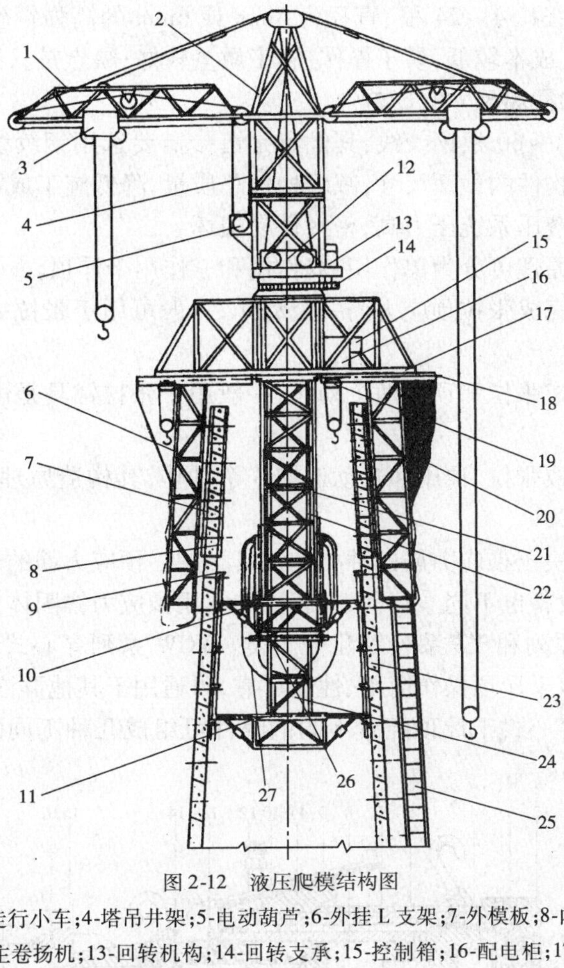

图 2-12　液压爬模结构图

1-塔吊顶架；2-吊臂；3-水平走行小车；4-塔吊井架；5-电动葫芦；6-外挂 L 支架；7-外模板；8-内模板；9-附壁爬靴支座；10-上爬升梁；11-下爬升梁；12-主卷扬机；13-回转机构；14-回转支承；15-控制箱；16-配电柜；17-网架工作平台；18-水平导轨；19-环链电葫芦；20-安全网；21-外套架；22-内井架；23-模板拉杆；24-液压泵站；25-爬梯；26-顶外油缸；27-油管

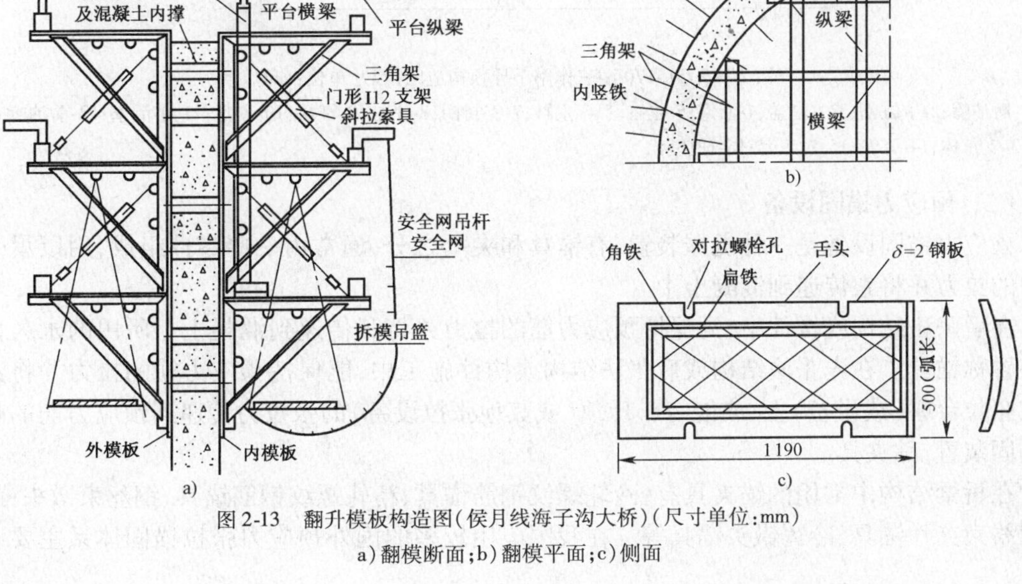

图 2-13　翻升模板构造图(侯月线海子沟大桥)(尺寸单位:mm)

a)翻模断面;b)翻模平面;c)侧面

锥锚式千斤顶用于张拉4～24根、直径为5mm或6mm的高强钢丝束。其优点是适用于中小长度的混凝土构件，成本较低，易于操作，施工质量较好；缺点是只能张拉24根钢丝，不能做群锚，对混凝土构件的截面尺寸有影响。

群锚千斤顶可张拉1～60根钢绞线，其优点是可按需要选用钢绞线根数，采用群锚技术，合理控制桥梁等混凝土构件的截面尺寸，减轻构件总质量，降低施工成本，张拉吨位更大；缺点是因张拉吨位大而要求液压系统压力高，密封件易损坏。

按张拉千斤顶工作原理可分为单作用、双作用和三作用千斤顶。

单作用千斤顶只能完成张拉预应力筋一个动作，一般可用于张拉端部带螺丝端杆锚具的预应力筋。

双作用千斤顶能完成张拉和顶压两个动作，一般用于张拉锚具是由锚环和锚塞组成的预应力筋。

三作用千斤顶能完成张拉、顶压和自动退楔3个动作，其构造原理、适用范围与双作用千斤顶相同。

张拉设备的选用取决于预应力筋的种类和锚具类型。预应力筋的规格、种类不同，采用的锚具不同，选用的张拉设备也不同。目前，在我国与常用预应力锚固体系锚夹具配套的千斤顶型号有YCW系列、YC系列和YZ系列等几个大类。YCW系列穿心式千斤顶是OVM锚固体系锚具的配套千斤顶，该千斤顶操作简单、性能可靠，可通用于其他群锚体系及镦头锚、斜拉索冷铸锚体系。YC系列穿心式千斤顶配置不同的附件可组成几种不同的张拉形式，图2-14为YC-170型三作用千斤顶。

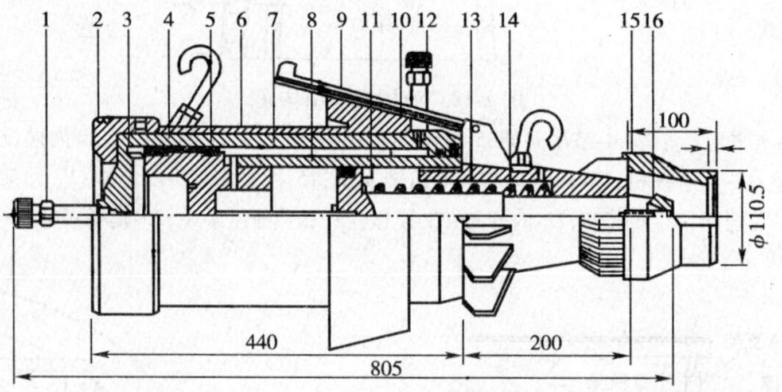

图2-14 YC-170型三作用千斤顶构造图（尺寸单位：mm）

1-后油嘴；2-主缸帽；3-主缸盖；4-活塞；5-主缸套；6-主缸；7-密封圈；8-小缸；9-楔块；10-夹盘；11-小活塞；12-前油嘴；13-支承体；14-弹簧；15-对正套；16-球座

（二）预应力锚固设备

预应力锚固设备是一种机械装置，有锚具和夹具之分，通常由一些零件组成，用以承受预应力的拉力并将它传递到混凝土中。

在后张法结构或构件中，为保持预应力筋的拉力并将其传递到混凝土上所用的永久性锚固装置称锚具。在先张法结构或后张法结构或构件施工中，能保持预应力筋的拉力并将其固定在张拉台座（或设备）上，或能将千斤顶（或其他张拉设备）的张拉力传递到预应力筋的临时性锚固装置，称夹具。

在桥梁结构中常用的锚夹具有：冷轧螺纹钢筋锚具、精轧螺纹钢筋锚具、钢丝束镦头锚具、钢绞线束夹片锚具、冷铸镦头锚具等。在我国应用较多的国外预应力张拉锚固体系主要有法国 Freyssinet 体系和瑞士的 VSL 体系等。下面我们着重介绍一些国内生产的预应力张拉锚固体系。

(1)冷轧螺纹钢筋锚具,又称轧丝锚,是采用冷滚压的方法在Ⅳ级圆钢筋的端部滚压出一定长度的螺纹,并配以螺母。用这种方式加工的螺纹,其外径大于原钢筋的外径,而螺纹内径略小于原钢筋的直径。考虑到冷加工的强化作用,可按原钢材的直径使用。

(2)精轧螺纹钢筋锚具是利用特制的螺母直接锚固精轧螺纹钢筋的一种支承式锚具(图 2-15、图 2-16)。由于这种钢筋整根都轧有规则的非完整的外螺纹,因此可在整根钢筋的任意截断位置拧上连接器进行接长或在两端拧上螺母进行锚固,这种锚固体系具有连接与锚固简单、安全可靠、施工方便等优点,并避免了高强钢筋焊接难的问题。

(3)钢丝束镦头锚是利用钢丝的镦粗头来锚固预应力钢丝的一种支承式锚具。这种锚具加工简单、张拉方便、锚固可靠,但对钢丝的下料长度要求严格,人工也较费力。

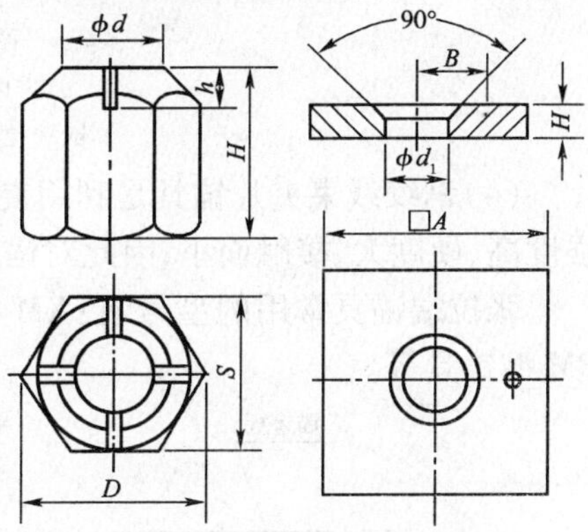

图 2-15　螺纹钢筋锚具结构图

钢丝束镦头锚分有张拉端锚具、固定端锚具和连接器。其中张拉端锚具按照其构造不同又可分为锚杯型、锚环型和锚板型等 3 种(图 2-17、图2-18、图 2-19);连接器是带有内螺纹的套筒或带外螺纹的连接件(图 2-20)。

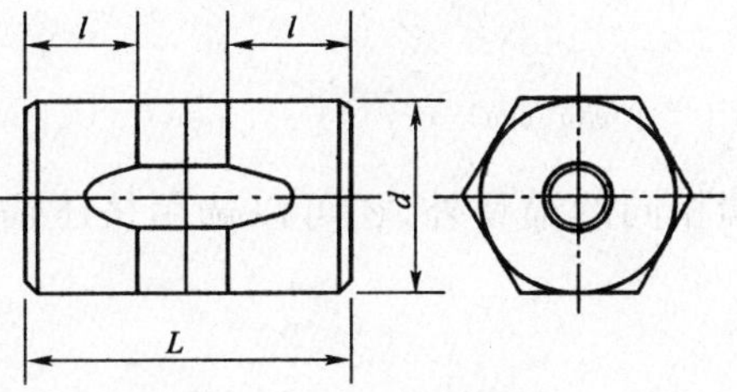

图 2-16　螺纹钢筋用连接器结构图

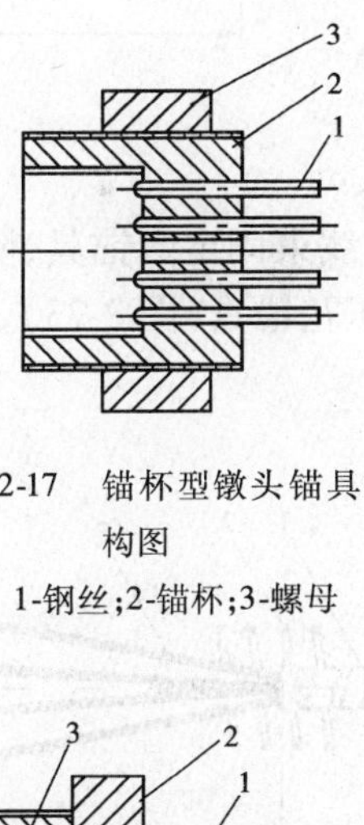

图 2-17　锚杯型镦头锚具结构图

1-钢丝;2-锚杯;3-螺母

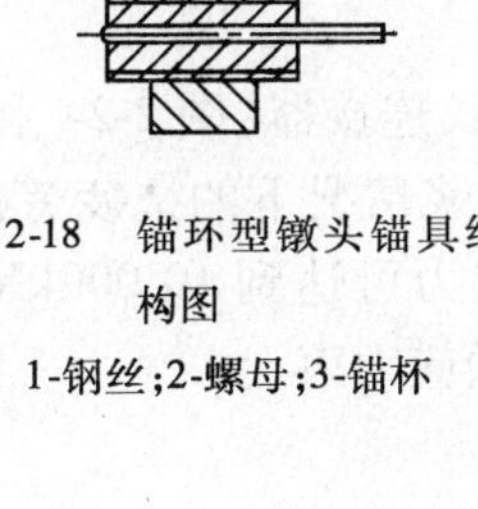

图 2-18　锚环型镦头锚具结构图

1-钢丝;2-螺母;3-锚杯

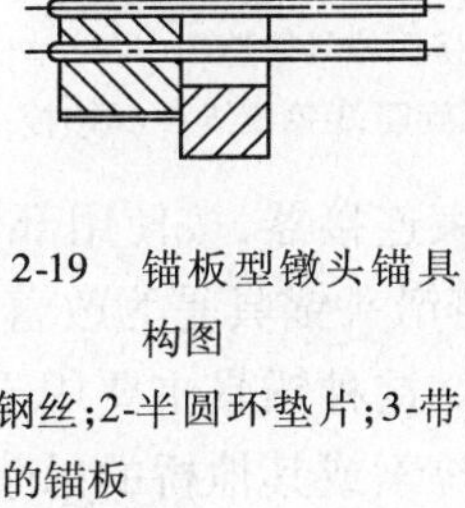

图 2-19　锚板型镦头锚具结构图

1-钢丝;2-半圆环垫片;3-带螺纹的锚板

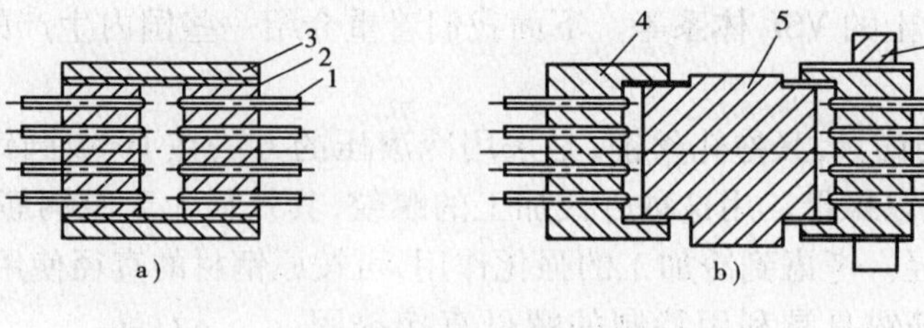

图 2-20　钢丝束连接器结构图

a)带内螺纹的套筒；b)带外螺纹的套筒

1-钢丝；2-锚板；3-套筒；4-锚杯；5-连杆；6-螺母

(4)钢绞线束夹片锚具是利用夹片来锚固预应力钢绞线的一种楔紧式锚具。由于钢绞线强度高、硬度大、接触面小，因此对锚具夹片的夹持能力要求较高。

张拉端锚具常用的型号有：XM 型锚具、QM 型锚具、OVM 型锚具(图 2-21)、YM 锚具和 BM 型锚具等。

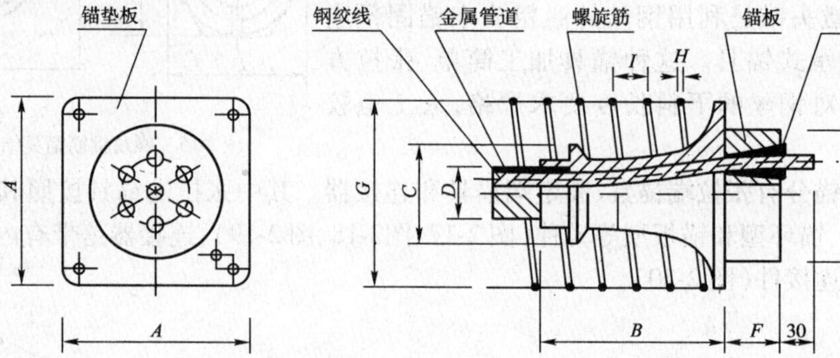

图 2-21　OVM 型锚具构造图(尺寸单位：mm)

钢绞线束固定端锚具，除了可以采用与张拉端相同的锚具外，还可以选用挤压锚具(图 2-22)和压花锚具(图 2-23)。

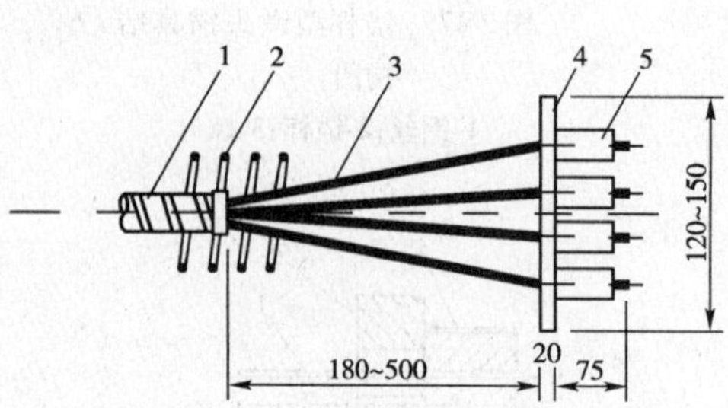

图 2-22　挤压锚具构造图(尺寸单位：mm)

1-波纹管；2-螺旋筋；3-钢绞线；4-钢垫板；5-挤压锚具

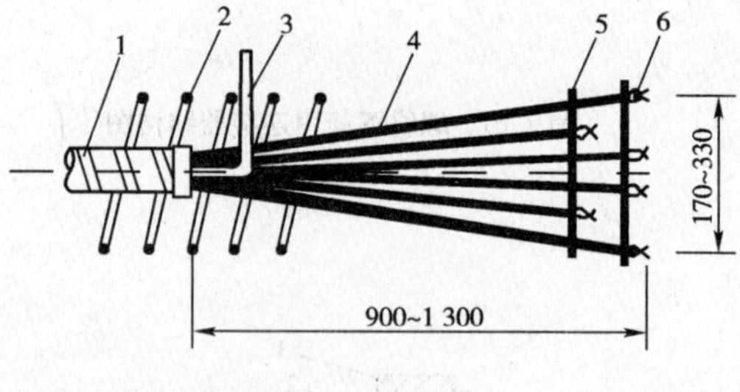

图 2-23　多根钢绞线压花锚具构造图(尺寸单位：mm)

1-波纹管；2-螺旋筋；3-灌浆管；4-钢绞线；5-构造筋；6-压花锚具

钢绞线束连接器，按使用部位不同可分为锚头连接器与接长连接器(图 2-24、图2-25)。

(5)冷铸镦头锚具是为改善钢丝束镦头锚具在没有孔道灌浆情况下的抗疲劳强度而研制的锚固装置。这种锚具主要用于锚固平行钢丝束，其最大张拉力可达到 10 000kN，广泛用于斜拉桥的斜拉索或其他桥的吊索等应力变化幅度较大的体外预应力束上。

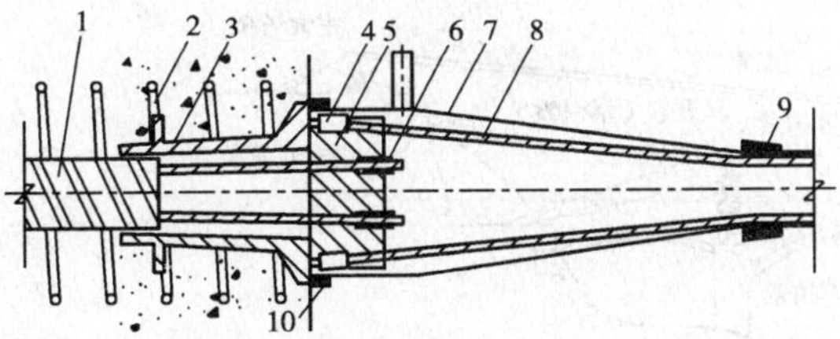

图 2-24　锚头连接器构造图

1-波纹管；2-螺旋筋；3-铸铁喇叭管；4-挤压锚具；5-连接件；6-夹片；7-白铁护套；8-钢绞线；9-钢环；10-打包钢条

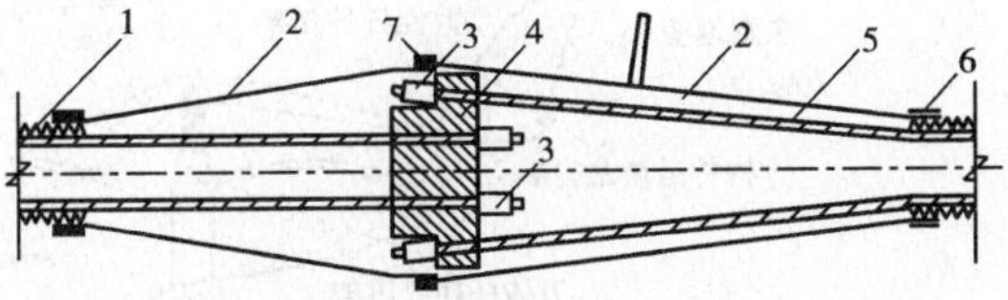

图 2-25　接长连接器的构造图

1-波纹管；2-白铁护套；3-挤压锚具；4-锚板；5-钢绞线；6-钢环；7-打包钢条

冷铸镦头锚具的构造见图 2-26。

冷铸镦头锚具的构造措施是锚具筒体中的内锥形段灌注有环氧铁砂，当钢丝受力时，对钢丝产生夹紧力；钢丝穿过锚固板后在尾部镦头形成抵抗拉力的第二道防线；前端延长筒灌注弹性模量较低的环氧岩粉，并用尼龙环控制钢丝的位置。此构造形式具有可靠的静载锚固能力和抗疲劳性能的特点。筒体上有梯形内螺纹，便于与张拉杆连接。

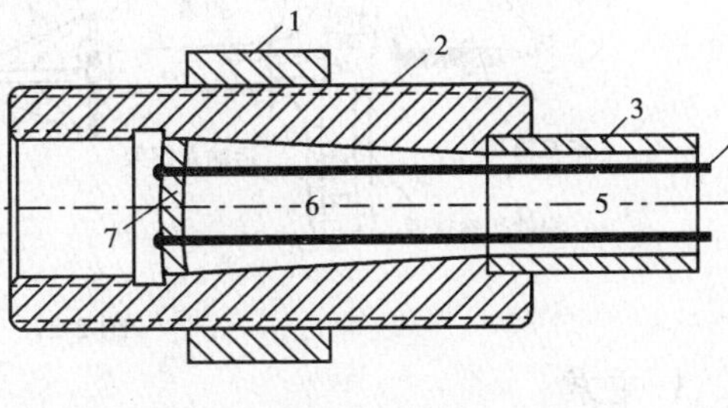

图 2-26　冷铸镦头锚具构造简图

1-螺母；2-筒体；3-延长筒；4-钢丝；5-环氧岩粉；6-环氧铁砂；7-镦头锚板

第三节　桥梁上部结构施工设备

一、浮　　吊

在通航河流上建桥，浮吊船是重要的工作船。常用的浮吊有铁驳轮船浮吊和用木船、钢及人字扒杆等拼成的简易浮吊。

在跨海桥梁工程项目中都采用预制安装法施工，如加拿大联邦大桥(Confederation)，上部结构预制构件的最大重量就有 7 500t，这就需要用起吊能力大的专用浮吊。

通常简易浮吊可以利用两只民用木船组拼成门船，用木料加固底舱，舱面上安装型钢组成底板构架，上铺木板，其上安装人字扒杆制成。起重动力可使用双筒电动卷扬机一台，安装在门船后部中线上。制作人字扒杆的材料可用钢管或圆木，并用两根钢丝绳分别固定在民船尾端两舷旁的钢构件上。吊物平面位置的变动由门船移动来调节，另外还需配备电动卷扬机绞车、钢丝绳、锚链、铁锚作为移动及固定船位用。

二、缆索起重机

缆索起重机适用于高差较大的垂直吊装和架空纵向运输，吊运量从几吨至几十吨，纵向运距从几十米至几百米。

缆索起重机是由主索、天线滑车、起重索、牵引索、起重及牵引绞车、主索地锚、塔架、风缆、主索平衡滑轮、电动卷扬机、手摇绞车、链滑车及各种滑轮等部件组成。在吊装拱桥时，缆索吊装系统除了上述各部件外，还有扣索、扣索排架、扣索地锚、扣索绞车等部件。其布置方式可参见图 2-27。

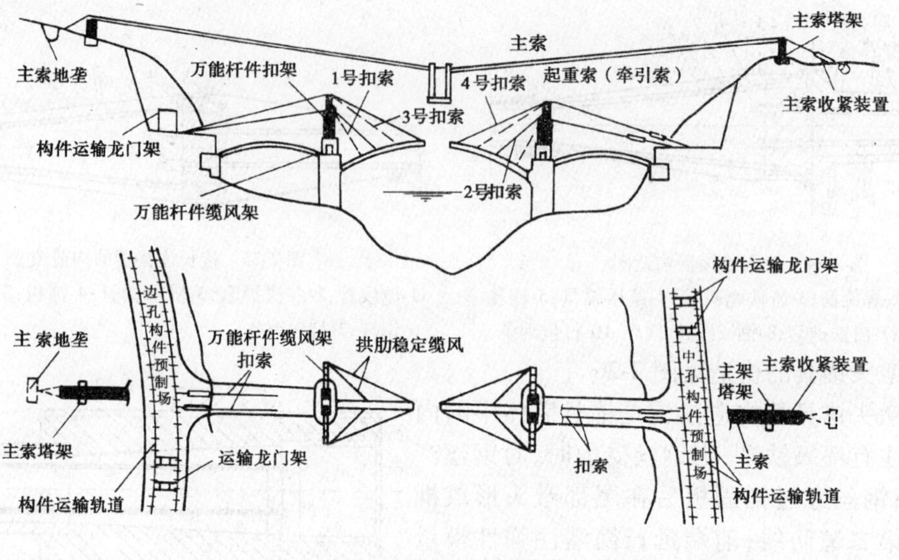

图 2-27　缆索吊装布置示例图

1. 主索

主索亦称为承重索或运输天线。它支承在两侧塔架的索鞍上，两端锚固于地锚。吊运构件的行车支承于主索上。主索的断面根据起吊重量、设计垂度、索塔距离（主索跨度）等因素进行计算选用。

主索一般采用事先架好的工作索来安装。缆索的安装垂度应等于设计值，若小于设计值，则地锚、索塔、主索等重要部件会超载或严重超载，这是十分危险的。相反，若缆索安装垂度大于设计值，则会引起工作垂度过大，构件吊运上、下坡的坡度过大影响构件安装工作的顺利进行。

2. 起重索

它主要用于控制吊物的升降（即垂直运输）。如索的一端与卷扬机滚筒相连，另一端固定于对岸塔架后面的地锚上。则当行车在主索上沿桥跨往复运行时，可保持行车与吊钩间的起重索长度不随行车的移动而改变［图 2-28b）］。另一种起重索套绕方式为一端与卷扬机滚筒相连，另一端固定在滑车组上，在构件吊运过程中随着行车的前后运动，起重绞车也要收紧或

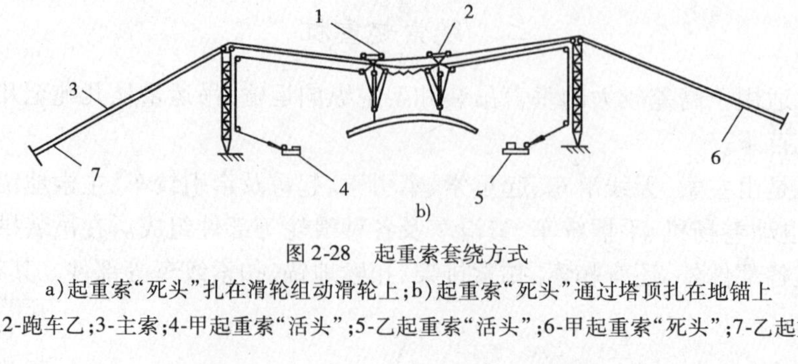

图 2-28　起重索套绕方式

a）起重索“死头”扎在滑轮组动滑轮上；b）起重索“死头”通过塔顶扎在地锚上

1-跑车甲；2-跑车乙；3-主索；4-甲起重索“活头”；5-乙起重索“活头”；6-甲起重索“死头”；7-乙起重索“死头”

放松，以保持起重物处在一确定的高度上[图2-28a)]。

3. 牵引索

为拉动行车沿桥跨方向在主索上移动(即水平运输)而设置的索。牵引索既可分别连接在两台卷扬机上，也可合栓在一台双滚筒卷扬机上，便于操作(图2-29)。

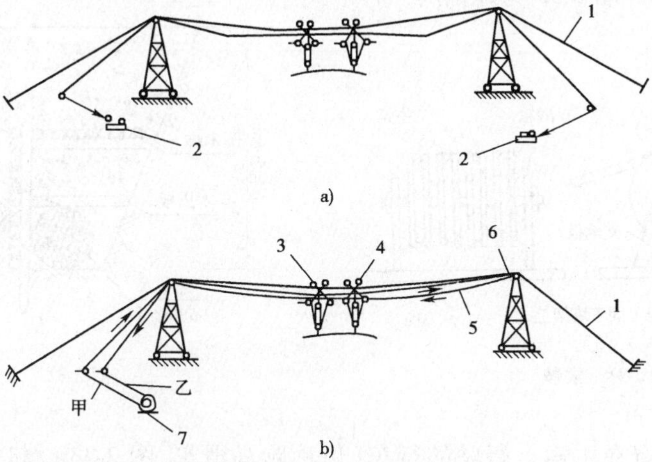

图2-29　索引索套绕方式

a)两牵引索分别在两岸进卷扬机；b)两牵引索在同一岸进卷扬机

1-主索；2-牵引卷扬机；3-跑车甲；4-跑车乙；5-牵引索乙；6-牵引索转向轮；7-双筒卷扬机

4. 结索

用于悬挂分索器，使主索、起重索、牵引索不致相互干扰。它仅承受分索器重量及自重。

5. 扣索

当拱箱(肋)分段吊装时，为了暂时固定分段拱箱(肋)所用的钢丝索称为扣索(图2-30)。扣索的一端系在拱箱(肋)接头附近的扣环上，另一端可扣固在墩台(墩扣)、通缆天线(天扣)或通过塔架扣固在地锚上(塔扣)。为了便于调整扣索的长度，可设置手摇绞车及张紧索。

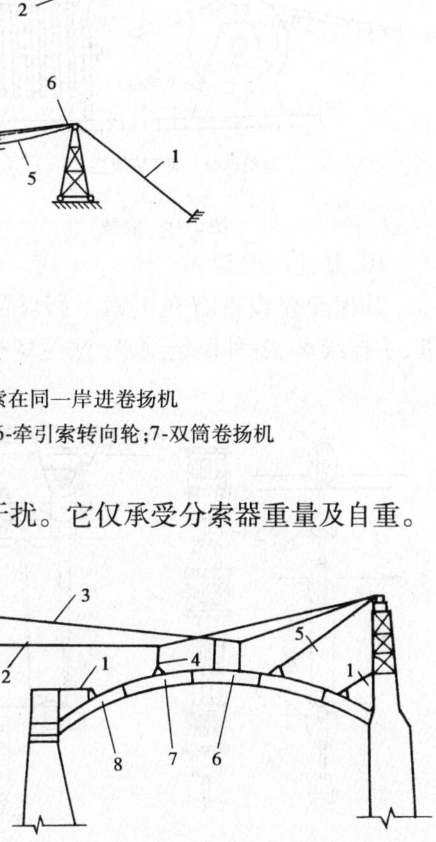

图2-30　扣索形式

1-墩扣；2-扣索天线；3-主索天线；4-天扣；5-塔扣；6-顶段；7-间段；8-端段

6. 缆风索

缆风索亦称浪风索(图2-27)，它用于稳定塔架(包括索架和墩上排架)、调整和固定拱肋的位置。

7. 横移索

若缆索吊装系统只设置一道主索，则预制构件需要通过横移索来实现横向移动就位。

8. 塔架及索鞍

塔架(图2-4)是用来提高主索的临空高度及支承各种受力钢索的结构物。它主要由塔身、塔顶、塔底和索鞍等几部分组成。塔架的形式多种多样，按材料可分为木塔架和钢塔架两类。

塔架的高度由主索的垂度、塔架底面同吊物需越过的障碍物最高点之间的高差以及主索的临空高度来决定。

塔架顶部应设置索鞍(图2-31)，以供放置主索、起重索、扣索等。索鞍可以减少钢丝绳与塔架的摩阻力，使塔架承受较小的水平力，并减小钢丝绳的磨损。

9. 地锚

地锚亦称地垄或锚碇,用于锚固主索、扣索、起重索及绞车等。地锚的可靠性对缆索吊装的安全有决定性影响,设计与施工都必须高度重视。按照承载能力的大小及地形、地质条件的不同,地锚的形式和构造可以是多种多样的,如桩立垄、有挡卧垄、混凝土地垄等,有时还可利用桥梁墩、台做锚碇。图 2-32 为地锚的一种形式——木地垄。

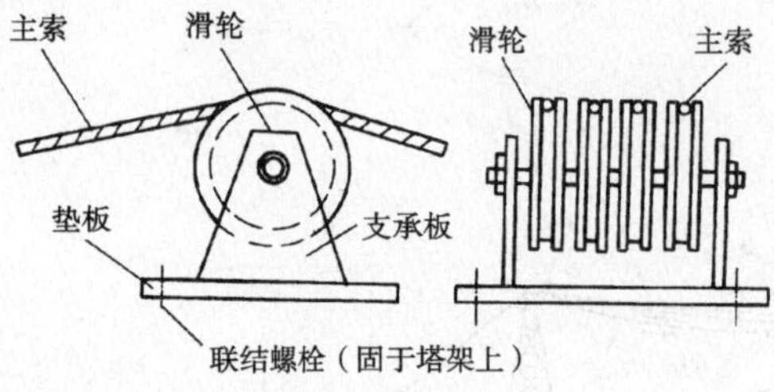

图 2-31　索鞍

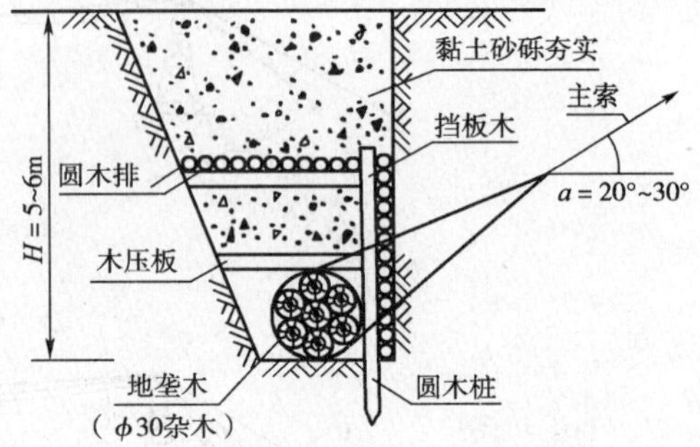

图 2-32　木地垄

10. 其他配套设备

其他配套设备有在主索上行驶的行车(俗称跑马滑车,图 2-33)、起重滑车组、电动卷扬机、手摇绞车、各种倒链葫芦、法兰螺栓、钢丝卡子(钢丝轧头)、千斤绳等。

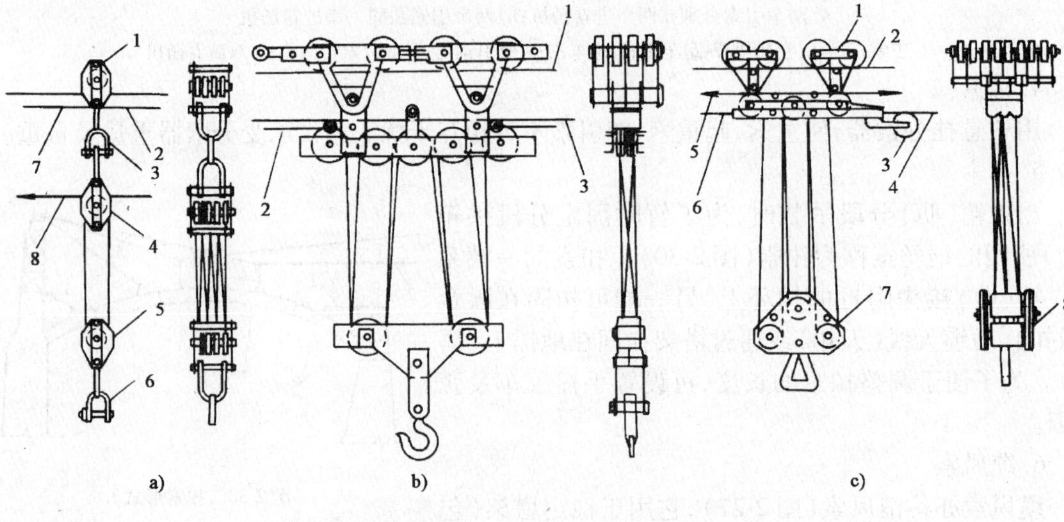

图 2-33　跑马滑车形式

a)1-4 门 35t 滑轮;2-联系千斤;3-ϕ50 扣环;4-5 门 25t 滑轮;5-4 门 25t 滑轮;6-ϕ50 扣环;7-牵引索;8-起重索

b)1-主索;2-起重索;3-另一跑车起重索

c)1-跑车轮;2-主索;3-牵引索托轮;4-牵引索;5-起重索;6-联系千斤;7-吊点;8-配重板

三、架　桥　机

目前在我国使用的架桥机类型很多,其构造和性能也各不相同,最常用的有单梁式架桥机、双梁式架桥机、联合架桥机和吊运架一体式架桥机等类型。另外,结合逐孔施工方法的有上承式、下承式预制拼装架桥机和移动模架等。

1. 双梁式架桥机

双梁式架桥机(图 2-34)主要有导梁、台车、机臂、前端门架与前支柱、后端门架与后支柱、吊梁桁车及发电室等几部分组成。

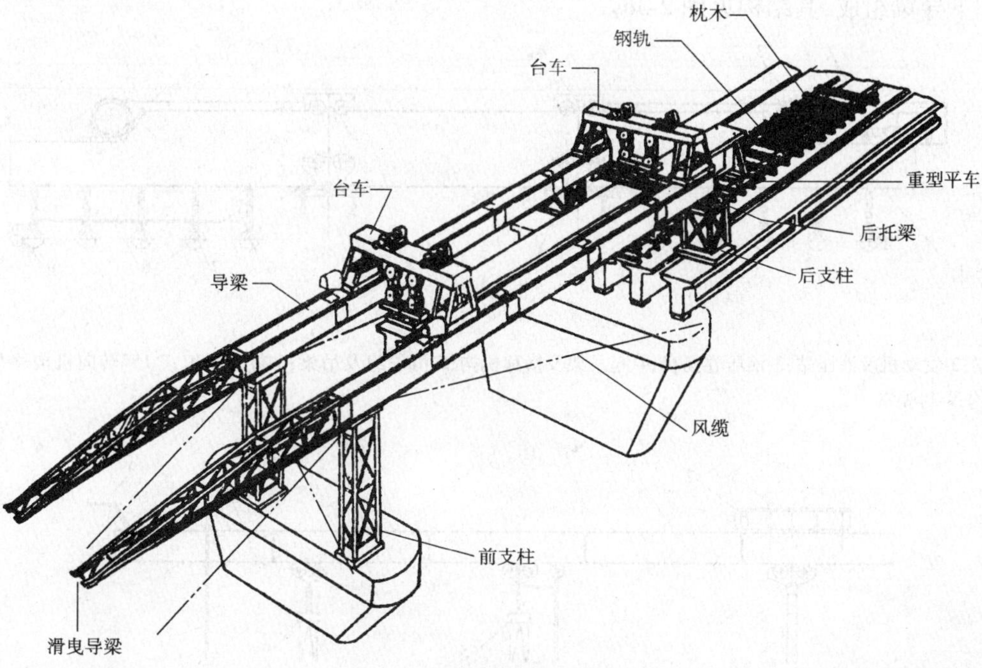

图 2-34　双梁式架桥机安装示意图

此架桥机的特点如下。

(1)架桥机吊梁行车可直接由运梁平车上起吊梁,不需换装。

(2)架梁时,因吊梁行车可横向移动,因此,每片梁均能一次就位,不需要人工在墩台上移梁。

(3)机臂能作水平转动,可在 250m 半径的曲线线路上架桥。

(4)架桥机最大高度为 5. 976m,最大宽度(不包括人行道)为 3. 82m,因此,可在隧道口和隧道内架桥。

(5)机臂前后两端均能架梁,架桥机不需转向。

此外,双梁式架桥机还自带发电设备,结构简单、操作方便,便于养护维修,适用于山区和地形复杂的铁路铺轨和架桥工作。

2. 意大利 Nicola 吊运架一体式架桥机(图 2-35)

图 2-35　Nicola 运架一体式架桥机架梁

意大利 Nicola 吊运架一体式架桥机是一种具有吊梁、运梁、架梁的多功能架桥机，由运架梁机和下导梁组成，其结构见图 2-36。

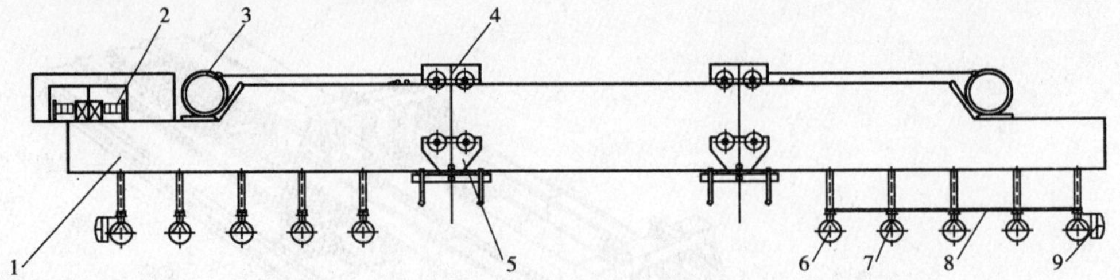

1-主梁；2-发动机及液压站；3-液压卷扬机；4-起吊架及横移机构；5-滑轮组及吊梁；6-行走轮组；7-15°转向机构；8-90°转向机构；9-驾驶室

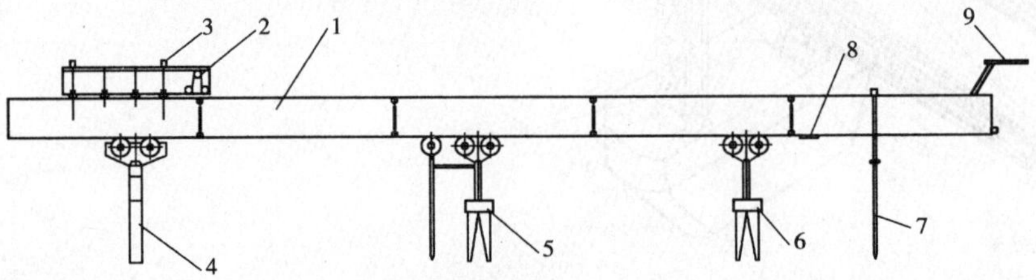

图 2-36　NICOLA 运架一体式架桥机结构示意图

1-导梁节段；2-架梁小车；3-顶升油缸；4-后支腿；5-主支腿；6-副支腿；7-辅助支腿；8-支腿倒运小车；9-支腿吊梁

运架梁机的主梁分为 4 个节段，通过高强度螺栓连接，主梁铰接支承于前后轮胎式台车上，整个运架梁机共 24 对 48 轮（其中包括 4 对辅助轮对），每对轮胎可随轴在水平面内回转 90°，使整机既可纵行供梁到位，又可横行取梁，还可以靠液压联动转向系统在曲线上行进。此外，每对轮胎均装有液压升降装置、制动装置。架桥机的起升机构由卷扬机、钢丝绳、滑轮组实现三点起吊，使被吊梁体在吊、运和落梁时能保持最佳平衡。

下导梁分为 6 个节段，由高强度螺栓连接。导梁支腿包括后支腿、主支腿、前支腿、辅助支腿，另有支腿吊装架和运行小车。

3. DP450 架桥机

DP450 架桥机（图 2-37）主要由主梁、支腿（前支腿、后支腿和辅助中支腿）、起吊天车、调梁小车、吊挂系统、电气控制系统、液压系统等组成。

DP450 架桥机的特点如下。

（1）采用单主梁结构、前端 2 节为空腹轻型“格构式”箱梁，后部 4 节为实腹加强型“π”形断面，起吊天车穿行腹内，调梁小车骑跨梁顶，结构新颖，受力明确。

（2）可实现变跨架设。通过调整前支腿、中支腿位置即可实现。

（3）全面采用变频技术。所有走行、移位均采用自动走行、变频调速，整机采用 PLC 程序控制技术，实现了平稳启动和制动，安全可靠。

（4）前、后支腿在工作时（架梁）与桥墩或桥面设有可靠的锚固机构，可确保稳定及安全。前支腿上端设托辊机构和螺旋顶，过孔时托辊支承架桥机主梁，架梁时由螺旋顶支承受力。

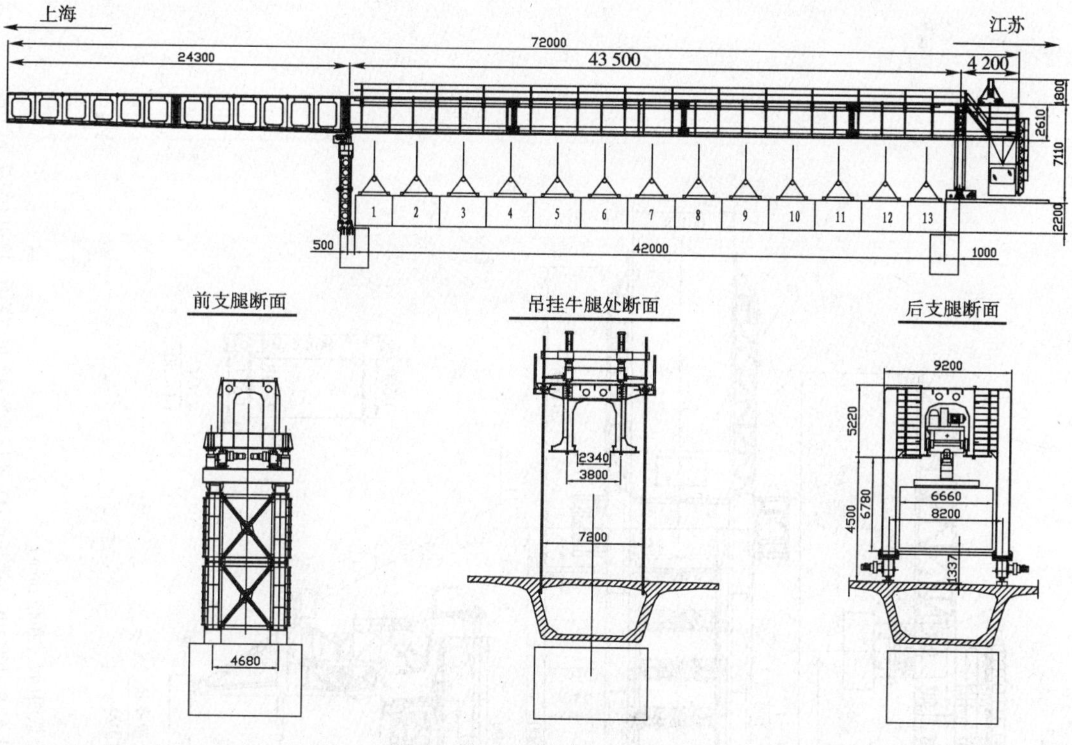

图 2-37　DP450 架桥机结构示意图(尺寸单位:mm)

辅助中支腿为轮轨式台车形式,利用运梁道自动独立走行移位,上部为托辊机构,在整机过孔移位时,由托辊支承托移架桥机纵移过孔,下部由车架轮轨和液压系统组成,站位工作时由 4 台 120t 油顶传递反力,架桥机整机横移时由轮轨直接传递反力。

后支腿下部设有自动走行轮箱和 2 台 250t 螺旋顶,架梁时轮轨脱空,由螺旋顶传递反力,纵、横移位时由轮轨直接传递反力,横移时,走行轮箱转向 90°横行。

(5)起吊天车:主要由卷扬机、滑车组、走行机构、自动旋转吊具等几部分组成,可实现吊运箱梁节段旋转,初步就位。

(6)调梁小车:主要由走行机构、液压支承柱及伸缩横梁等几部分组成,可实现箱梁节段的精确快速定位。

四、移动模架(造桥机)

移动模架造桥机是利用钢桁梁或钢箱梁作为临时支撑梁,提供一个可在桥位逐跨现浇梁体混凝土后,能顺桥轴线纵向移动的制梁平台设备。

移动模架分为上承式(移动悬吊模架)和下承式(支承式活动模架)两种,模架主梁在现浇钢筋混凝土梁体上面称为上承式移动模架;模架主梁在现浇钢筋混凝土梁体下面称为下承式移动模架。

支承式活动模架(图 2-38)由承重系统、模板系统、模架支承系统及液压走行系统组成。

承重系统由设置在箱梁腹板外侧的两根主梁组成。主梁的前后端为导梁,用于导向和纵移,中部为承重梁,用于支承施工荷载;设置在承重梁间的模板系统包括底模、外侧模、内模及模板支承框架等部件;模架的支承系统为设置于桥墩两侧的托架(或辅助墩);托架上设有供活动模架前移的液压走行系统。整个模架通过机械装置、液压装置和机械手控制操作。

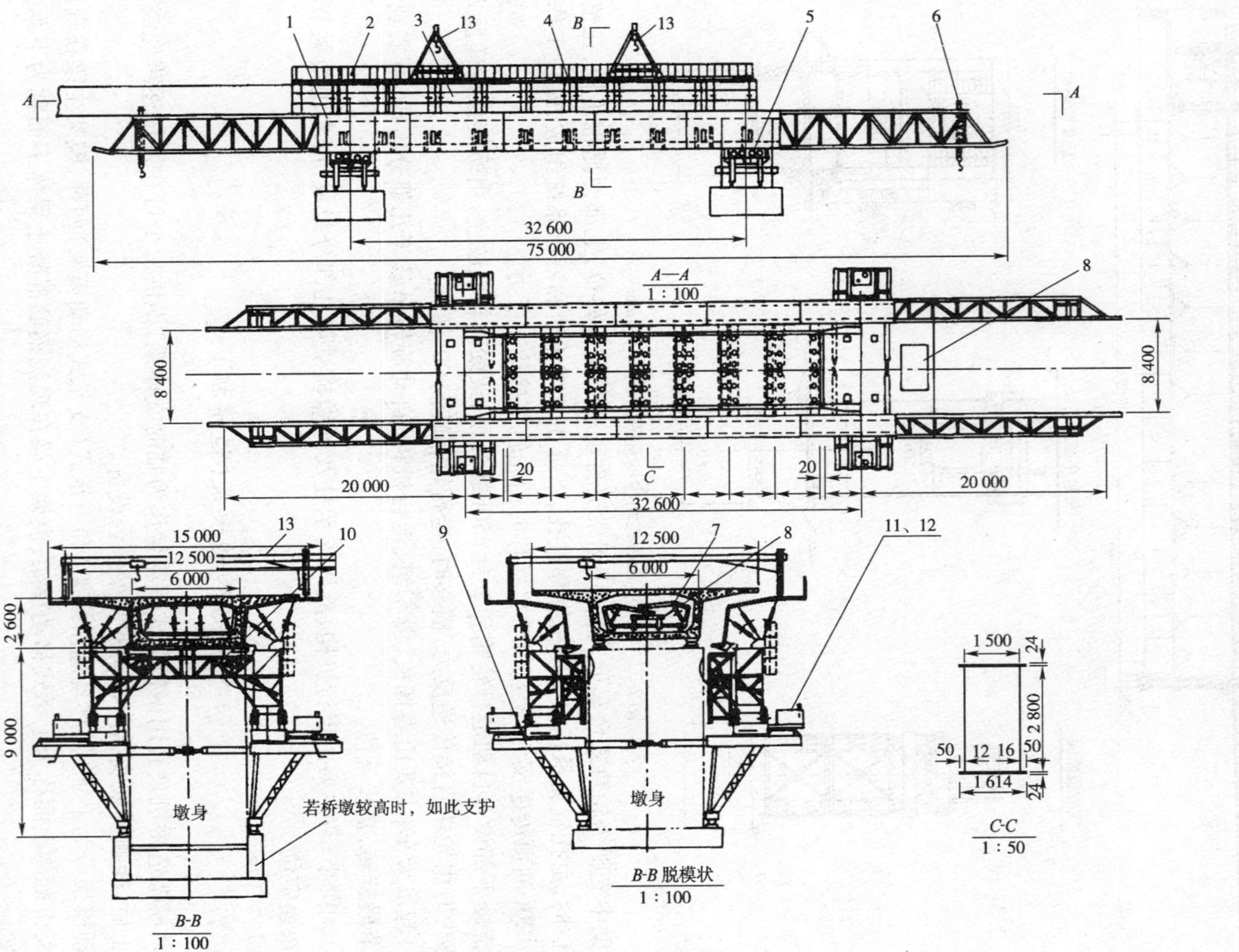

图 2-38　MZ32 型移动支架总体结构示意图(尺寸单位:mm)

1-主梁;2-栏杆;3-侧模板;4-侧模板调整装置;5-支承机构;6-电动葫芦;7-内模板;8-内模小车;9-托架;10-底模托梁;11-液压系统;12-电气系统;13-10t 简易龙门吊

五、施 工 挂 篮

挂篮是一个能沿着轨道行走的活动脚手架，挂篮锚固悬挂在已施工的前端箱梁梁段上，悬臂浇筑时箱梁梁段的模板安装、钢筋绑扎、管道安装、混凝土浇筑、预应力张拉、压浆等工作均在挂篮上进行。当一个梁段的施工程序完成后，解除挂篮后锚，移向下一梁段施工。所以挂篮既是空间的施工设备，又是预应力筋未张拉前梁段的承重结构。

挂篮的种类很多，其构造也随之各有不同，主要分类有梁式挂篮、斜拉式挂篮、组合斜拉式挂篮以及牵索式挂篮等。

1. 梁式挂篮

梁式挂篮形式如图2-39所示，由底模板1、悬吊系统2,3,4、承重结构5、行走系统6、平衡重7、锚固系统8、工作平台9等部分组成。其主要作用如下。

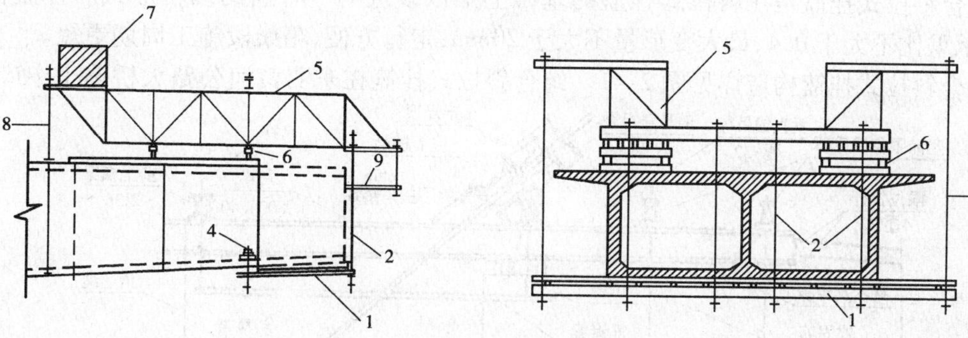

图2-39　梁式挂篮结构简图

(1)挂篮承重结构是挂篮主要受力构件，可以采用万能杆件或贝雷梁拼装钢桁架，也可采用钢板梁或大号型钢作为承重结构。承重结构还可按设计置于梁段之上或桥面以下。

(2)悬吊系统的作用是将底模板、张拉工作平台的自重及其施工荷重传递到承重结构上，悬吊系统可采用钻有销孔的扁钢或两端有螺纹的圆钢组成。

(3)设置锚固系统装置及平衡重目的是防止挂篮在行走状态及浇筑混凝土梁段时倾覆失稳。在挂篮行走状态时解除锚固系统，依靠平衡重作用防止行走时挂篮失稳。在进行挂篮施工稳定检算时，稳定系数不应小于1.5。

(4)挂篮整体纵移采用电动卷扬机牵引，在挂篮与梁体间设有滑道。目前现场常采用上滑道覆一层不锈钢薄板，下滑道采用槽钢，槽钢内放聚四氟乙烯板，行走方便、安全，稳定性较好。

(5)工作平台设于挂篮承重结构的前端，是用于张拉预应力束、压浆等操作用的脚手架。

(6)底模板供立模板、绑扎钢筋、浇筑混凝土、养生等工序用。

2. 斜拉式挂篮

斜拉式挂篮也称为轻型挂篮。随着桥梁跨径越来越大，为了减轻挂篮自重，以达到减少施工阶段增加的临时钢丝束，在梁式挂篮的基础上研制了斜拉式挂篮。

斜拉式挂篮承重结构由纵梁、立柱、前后斜拉杆组成，杆件少，结构简单，受力明确，承重结构轻巧。其他构造系统与梁式挂篮相似。

斜拉式挂篮构造见图2-40所示。

国内大跨径预应力混凝土连续梁桥(如云南六库怒江大桥、上海奉浦大桥)，以及T形刚

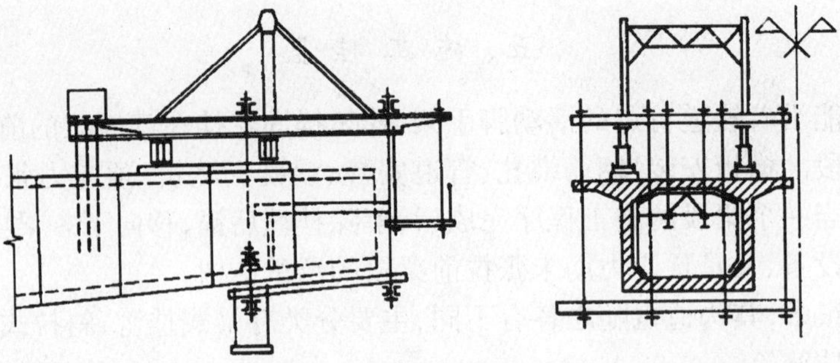

图 2-40　斜拉式挂篮结构简图

构(如重庆长江大桥),连续刚构(如黄石长江大桥)等均采用斜拉式挂篮进行悬臂浇筑施工。

3. 组合斜拉式挂篮

组合斜拉式挂篮是在斜拉式挂篮的基础上加以改进的一种新的结构形式。挂篮自重更轻,其承重比不大于0.4,最大变形量不大于20mm,走行方便,箱梁段施工周期更短。

组合斜拉式挂篮构造详见图2-41。组合斜拉式挂篮在东明黄河公路大桥施工中应用,承

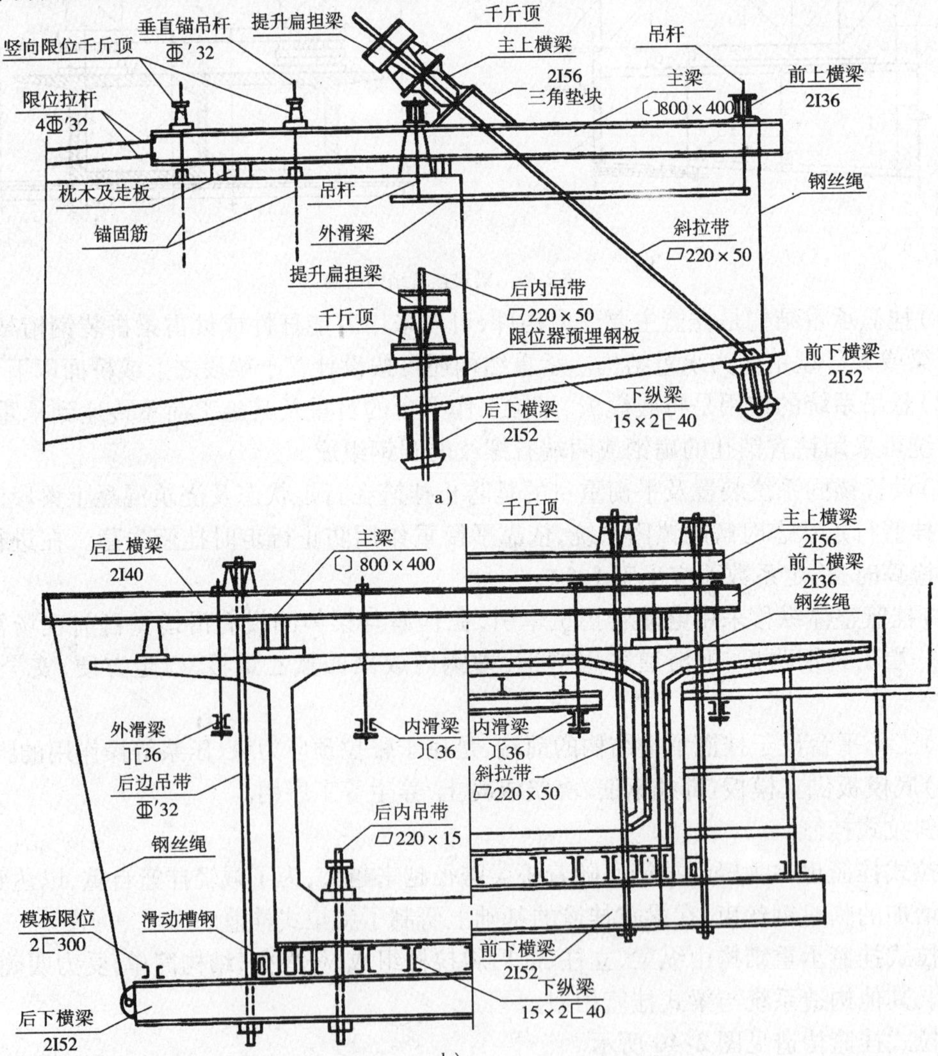

图 2-41　组合斜拉式挂篮构造图(尺寸单位:mm)

重按2 000kN荷载设计。组合斜拉式挂篮的具体构造如下。

(1)承重结构

承重结构由主梁、主上横梁、前上横梁和后上横梁组成,承受和传递斜拉带及内、外滑梁的荷重。主梁后部有水平和竖向限位器,其功能除固定挂篮位置外,还起传递施工荷载的作用。挂篮行走时竖向限位器换成压轮,以控制挂篮行走时的稳定性。

主上横梁的功能是将斜拉带的拉力传给主梁。

前上横梁用以支撑和固定模板,并将力传给主梁。

后上横梁的功能是在挂篮行走时通过两端钢丝绳吊起底部的下后横梁,使主梁与挂篮下部同步移动,从而使组合斜拉式挂篮一步到位。

(2)悬吊系统

悬吊系统包括斜拉带、下后锚带、内外滑梁吊带。

斜拉带是挂篮的主要受力构件之一,它将底篮及侧模上受的力传递给主梁。斜拉带也是控制挂篮高程的主要构件,即通过上端千斤顶进行微调,达到模板定位的目的。因此,斜拉带除应有足够的强度外,还要有足够的刚度。在较宽的箱梁上,为减小下横梁的变形,宜在腹板外侧再增加两根斜拉带。

下后锚带一般有两个,作用是固定底篮并将后横梁受的力传递到已施工完成的梁段上,并通过下后锚带上的销孔来调节长度以适应底板厚度的变化,上端用千斤顶支承,以便保证新旧梁段平顺。

内、外滑梁吊带用于支承模板,并将所受的力传递给主梁。

(3)模板系统

模板系统包括底篮、侧模、内模和底模。

底篮由前后下横梁和若干纵梁组成,施工荷载通过底篮、斜拉带和下后吊带将施工荷载传给已浇筑段。上、下横梁间通过钢丝绳相连,以保证移动挂篮及侧模与主梁同步移动。

外侧模系用型钢杆件组成框架,内置模板。内模采用组拼式模板。当内滑梁和托架移位后,根据箱梁变截面高度再组拼新内模。

(4)限位与锚固系统

该系统由水平与竖向两组限位锚固装置组成。

水平限位器又分设上、下限位锚固装置。上水平限位器系通过主梁尾端的4根(由计算确定)精轧螺纹粗钢筋与预埋锚板锚固,主要是限制主梁在斜拉带受力时前移。下水平限位器系通过已浇梁段底板预埋钢板与挂篮上的限位板锚固组成,主要是防止底篮在斜拉带受力时向后移动。

竖向限位器是为防止主梁在承重和行走时失稳而设。在挂篮主梁后半部利用竖向预应力钢筋(或预埋件)设置2~3个垂直限位装置,施工时通过千斤顶压紧,行走时将千斤顶压板换成压轮,即可达到行走限位目的。下后吊带也是底篮的竖向限位器。

4.牵索式挂篮

牵索式挂篮又称前支点挂篮,主要运用于斜拉桥的悬臂浇筑施工,它将斜拉桥的斜拉索作为牵索与挂篮相连,形成牵索传力系统,将部分施工荷载通过斜拉索直接传递至斜拉桥的主塔而达到减少挂篮重量的目的。

吉林临江门斜拉桥的牵索式挂篮,主要由主桁承重系统、模板系统、牵索系统、锚固系统、调高系统及走行系统六大部分组成(图2-42)。

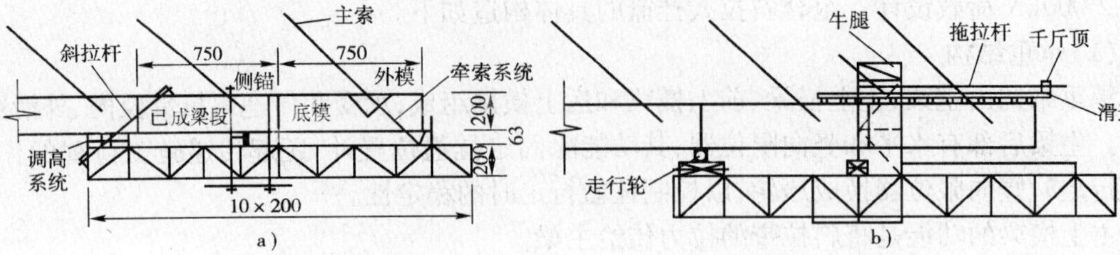

图 2-42　临江门桥牵索式挂篮(尺寸单位:cm)

a)牵索式挂篮立面;b)牵索式挂篮走行立面

(1)主桁承重系统

主桁由四纵三横几组万能杆件组拼的桁梁构成。整个挂篮通过牵索系统和锚固系统,将全部施工荷载传于主塔及已成梁段上。挂篮通过走行牛腿及尾端横梁上的走行轮,完成转移[图 2-42b)]。

(2)模板系统

模板系统由底模、外侧模、开箱内模及闭箱内模组成。底模通过纵、横分配梁直接连在主桁梁上,施工及转移时始终随桁梁一起工作。

(3)牵索系统

该系统由异形接头、牵引杆、吊耳、水平调整螺杆、扁担梁、元宝梁及千斤顶组成。吊耳位于主桁的锚固滑槽内,元宝梁与吊耳之间采用转轴联结。异形接头一端与拉索冷铸锚联结,另一端与牵引杆联结。牵引杆通过元宝梁和扁担梁进行锚固,在元宝梁与扁担梁之间安置千斤顶。牵索系统主要作用是将挂篮前端的垂直荷载直接传至斜拉桥主塔,以减小挂篮作用在斜拉桥主梁上的垂直荷载。牵索系统的另一作用是完成体系转换,即施工时拉索锚固在挂篮上,施工后拉索锚固在斜拉桥主梁上。

(4)锚固系统

该系统由侧锚、中锚和后锚组成。

侧锚由垫梁、垂直吊杆、斜向拉杆、锚梁、分配梁、扁担梁及千斤顶组成,主要承受主桁两侧的垂直反力及由牵索系统传来的水平反力,并将这些力传至斜拉桥主梁上。在挂篮转移时,垂直吊杆通过千斤顶将挂篮主桁落在走行滑槽内。

中锚由上锚梁、下锚梁、分配梁、垂直吊杆、斜向拉杆、扁担梁及千斤顶组成,主要是将桁梁中部垂直荷载传至斜拉桥主梁上,水平力自身平衡。

后锚由小锚梁和拉杆等组成,它的作用是将挂篮的尾部与斜拉桥主梁进行锚固连接。

(5)调高系统

调高系统由两种类型的楔块组成,其作用是调整挂篮高程到设计位置,而且尾部调高楔块在走行时又可作为走行轮安装架。

(6)走行系统

该系统由滑靴、滑道、走行轮、牵拉精轧螺纹钢筋及穿心式千斤顶等组成,该系统的主要作用是当挂篮施工完一段后,将其转移到下一段。

第三章　桥梁施工测量

桥梁施工测量是整个施工进程和每一施工工序中的首要工作，其内容主要是建立平面控制网和高程系统，测定桥位中线（桥轴线），对桥梁结构进行施工放样测量，并在施工进程中进行相关的控制测量等，以确保施工质量安全。

第一节　桥梁施工控制网的建立

桥梁施工控制网布设的目的是为了测定桥轴线长和确定各墩台的位置，保证上部结构的正确连接。具体应根据总平面设计和施工地区的地形条件来确定。

施工控制网可采用三角测量和 GPS 测量。

对于不同规模的桥梁工程，三角测量等级有所不同，具体应根据桥轴线长度并按表 3-1 要求确定。有关 GPS 测量可参照《公路勘测规范》（JTG C10—2007）。

平面控制测量等级　　表 3-1

等　级	桥位控制测量	等　级	桥位控制测量
二等三角	>5 000m 的特大桥	一级小三角	500 ~ 1 000m 的特大桥
三等三角	2 000 ~ 5 000m 的特大桥	二级小三角	<500m 的大、中桥
四等三角	1 000 ~ 2 000m 的特大桥		

图 3-1 为较常用的几种三角网，实际运用须视桥长、设计要求、仪器设备和地形条件而定。

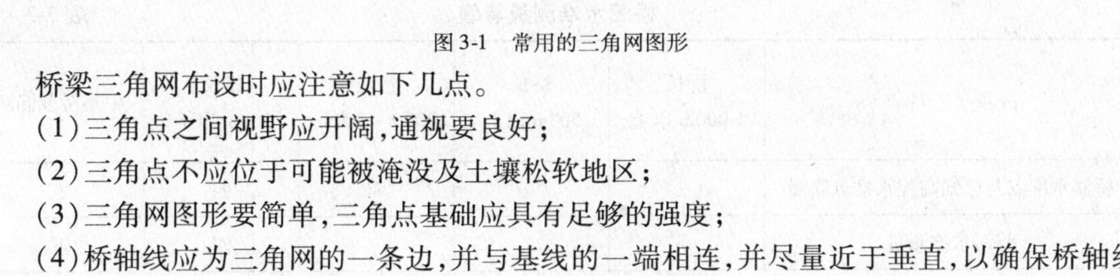

图 3-1　常用的三角网图形

桥梁三角网布设时应注意如下几点。

（1）三角点之间视野应开阔，通视要良好；

（2）三角点不应位于可能被淹没及土壤松软地区；

（3）三角网图形要简单，三角点基础应具有足够的强度；

（4）桥轴线应为三角网的一条边，并与基线的一端相连，并尽量近于垂直，以确保桥轴线的精度；

（5）为了便于校核，应至少布设两条基线，基线长度一般应不少于桥轴线长度的0.7倍。

一般而言，施工控制网的精度可根据跨越结构架设的误差（与桥型、桥长、桥跨有关的因素）、桥墩放样的容许误差来确定。根据不同的三角测量等级，控制网的测角和测边精度有差异，现行《公路桥涵施工技术规范》（JTJ 041—2000）中的要求如表 3-2。

三角测量的技术要求　　表 3-2

等级	平均边长（km）				测回数			三角形最大闭合差（″）
					DJ_1	DJ_2	DJ_6	
二等	3.0	±1.0	≤1/250 000	≤1/120 000	12	—	—	±3.5
三等	2.0	±1.8	≤1/150 000	≤1/70 000	6	9	—	±7.0
四等	1.0	±2.5	≤1/100 000	≤1/40 000	4	6	—	±9.0
一级小三角	0.5	±5.0	≤1/40 000	≤1/20 000	—	3	4	±15.0
二级小三角	0.3	±10.0	≤1/20 000	≤1/10 000	—	1	3	±30.0

对桥长超过 1 000m 的特大桥，墩台定位的精度要求关系到控制网的精度，可参照的准则有：在有桥轴线控制的直线桥中应以墩（台）间的墩距、跨径限差为精度标准；在曲线桥中，除了满足墩距、跨径的限差外，还应满足墩台中心与纵轴线间的限差要求。

第二节　桥梁高程系统

在桥梁施工阶段，除了建立平面控制外尚需建立高程控制。一般在河流两岸分别布设若干个水准基点，作为施工阶段高程放样以及桥梁营运阶段沉陷观测的依据。因此，在布设水准基点时，点的密度及高程控制的精度，均应考虑这两方面的要求。布设水准点可由国家水准点引入，经复测后使用。

为了施工方便，应在基点的基础上设立若干施工水准点。基点是永久性的，它既要满足施工要求，又要满足变形观测时永久使用。施工水准点只用于施工阶段，因此要尽量靠近施工地点。

无论是基点还是施工水准点，均要选在地基稳固、施工方便、且不易被破坏的地方。根据地形条件、使用期限和精度要求，可分别埋设混凝土标石、基岩标石、管柱标石或钻孔标石等。

桥梁水准点的高程应与道路线路高程采用同一系统，因而要与线路水准点进行联测，桥涵水准测量等级可参考表 3-3，测量精度见表 3-4。

桥涵水准测量等级　　表 3-3

项　目	桥长 1 000m 以上	桥长 500m 以上	桥长 200m ~ 500m	桥长 200m 以下	中小桥及涵洞
桥涵水准点与已知高程水准点联测	三	三	四	四	五
跨河水准测量	一	二	三	四	五
施工水准点测量	二	二	四	四	五

注：①表中桥长除跨河水准测量系指正桥桥长外，其余二项包括引桥桥长。

②对单跨≥40m 的 T 形刚构、连续梁、斜拉桥等，其水准测量等级按三等考虑。

水准测量等级精度　　表3-4

水准测量等级	每公里高差中数的偶然中误差 M_Δ(mm)	限　　差(mm)			
		检测已测段高差之差	往返测不符值	路线闭合差	环闭合差
一	≤0.5	±3	±2	±2	±2
二	≤1.0	±6	±4	±4	±4
三	≤3.0	±20	±20	±12	±12
四	≤5.0	±30	±20	±20	±20
五	≤7.5	±30	±30	±30	±20

注:表中 R 为测段长度,L 为路线长度,F 为环线长度,均以 km 计。

跨河水准测量路线,应选在桥址附近且河面最窄处。为了避免折光影响,水准视线不宜跨过沙滩及施工区密集的地方。观测时间及气候条件,应选在物镜成像最稳定的时刻。为了提高精度,水面宽超过300m 时,应采用双线过河,且应组合闭合环。

第三节　桥梁墩台定位和纵横轴线的测设

一、桥梁墩台定位

桥梁的墩台定位即为在实地标定出桥墩、桥台的中心位置。

一般而言,对位于干河或浅水河中的中、小跨直线桥,可采用直接丈量法标定桥轴线长度并定出墩台的中心位置,有条件时也可使用测距仪或全站仪直接确定;跨越江河的大桥或特大桥,通常河宽水深须采用桥梁三角网测算桥梁轴线,并利用三角控制网按前方交会法进行桥梁墩台放样。

曲线桥梁墩台中心放样的方法主要有偏角法、支距法、坐标法、交会法和综合法等。对位于干旱河沟的曲线桥,一般采用偏角法、支距法和坐标法;对部分或全部位于水中不能直接丈量的曲线桥墩台,则可采用交会法和综合法进行定位。

(一)直接丈量法

直接丈量应自桥轴线一端向另一端逐跨进行,并与桥轴线另一端控制桩闭合。

具体丈量方法为:清理中线范围内场地;根据桥轴线控制桩和墩台的里程,算出其间的距离;在控制桩上设置经纬仪,照准中线方向,用检定过的钢尺沿中线依次放出各段距离,将墩台中心位置用大木桩标定,并在木桩顶面钉一铁钉;以水平仪精密测量各桩高程,计算出各个桩跨的高程差,据以计算倾斜改正。

(二)光电测距法

光电测距法是在已知的控制点和拟确定中心位置的墩台上分别设立经纬仪和反光镜,通过控制点与测点坐标求得距离和方位角,标定墩台中心的方法。

在测设时应根据当时测出的气压、温度和测设距离,通过气象改正,得出测设的显示斜距。在测设出斜距并根据垂直角折算为平距后,与应有的(即设计的)平距进行比较,看两者是否相等。根据其差值前后移动反光镜,直至两者相符,则反光镜处即为要测设的墩位。

(三)前方交会法

在已知点设置仪器,观测未知点的方向,求这些方向线的交点,即得到未知点的位置。这种利用已知点求未知点的方法称为前方交会法。

如图 3-2,利用已有的控制点(C,D)及墩位(E)的坐标计算出在控制点上应该测设的角度 α、β,随后通过在 C,D 设立的仪器,测设出 α、β 对应方向的交点即为墩中心的位置。

为了保证交会的精度,交会角 γ 愈接近90°愈好。但因各墩位的远近不同,单从 C、D 点交会就无法满足这个要求。只有在丈量基线时,在基线方向上加设几个点(C',D'),在丈量基线的同时测出 AC'、AD'的距离。

为防止发生错误及检查交会的精度,保证墩中心位于桥轴线方向上,必须利用桥轴线作为第三方向参与交会。由此会产生一误差三角形,如图 3-3 所示,对此,确定墩台中心的方法有两种:(1)由误差三角形顶点 E'向桥轴线投影定出墩台中心;(2)如误差三角形过锐,则先找出三角形的重心,然后将重心点投影于桥轴即为墩台中心。

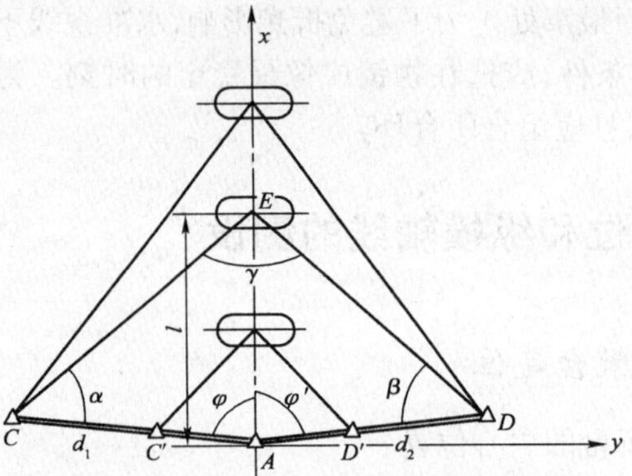

图 3-2 墩位交会图

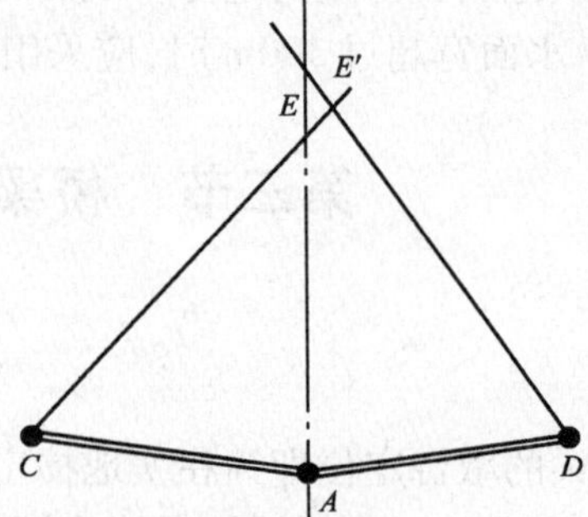

图 3-3 误差三角形

(四)偏角法

这种方法适用于距离可以丈量且桥跨较小的桥梁,其工作原理和方法与线路测量中用的偏角法测设曲线完全相同。

如图 3-4,路线为曲线,梁为直线,其桥墩、台中心为折线交点的情况,可采用如下方法,即在测设以前,按照曲线的 ZH(或 HZ)点及各个墩中心的里程,求出各点的曲线长度,然后根据曲线半径 R、缓和曲线长 L_o,求出各点相对于 ZH(或 HZ)的偏角和距离。测设时,先从桥轴线控制桩 A(或 B)设出 ZH(或 HZ),再移仪器于 ZH(或 HZ)点,用测设曲线的偏角法测设出桥墩横轴线与线路中线的交点,从这些交点设出桥墩横轴线的方向,并自交点向曲线外侧沿桥墩横轴线测设出相应的偏距 E,即为桥墩中心的位置。

用光点测距法能更好地提高测设精度。

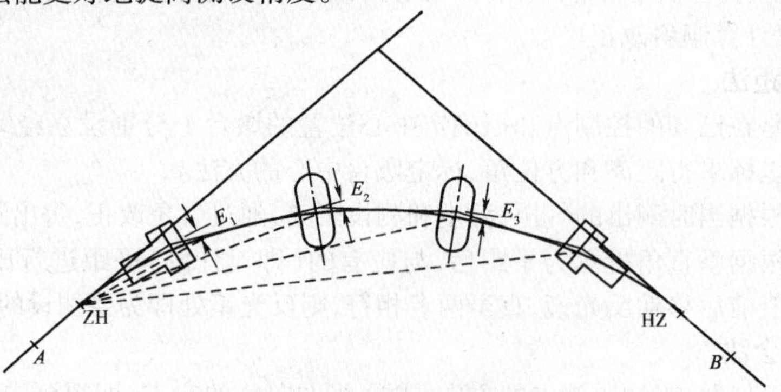

图 3-4 偏角法测设墩台位置图

二、墩台纵横轴线的测设

墩台中心测设定位以后，尚需测设墩台的纵横轴线，作为墩台细部放样的依据。

对位于旱地的直线桥，可直接在墩台中心点位上安置经纬仪，以桥轴线为基准，放出与桥轴线相重合的墩台纵向十字线和与桥轴线相垂直的墩台横向十字线，并在纵横十字线的每端方向上于基坑开挖线外各设置两个以上的方向桩，该方向桩是施工过程中恢复墩台中心位置的依据，应妥善保存。

对位于水中采用交会法设置中心的墩台，可在交会点的围堰上置镜，根据墩台纵横向十字线的方位角和交会方向线方位角的关系，后视基线点拨角控制施工。

墩台的纵横向十字线确定后，即可根据设计的结构物尺寸并选择适宜的方法进行细部放样，以指导施工。

第四节　桥梁细部施工放样及检测

在确定了桥梁墩台的中心位置后，即需根据施工进程进行细部施工放样。

施工放样的目的是将设计图上结构位置、形状、大小和高低等在实地进行标定，作为施工依据。

桥梁施工放样的主要内容有：确定墩台纵横向轴线；基坑开挖及墩台扩大基础的放样；桩基础的桩位放样；承台、墩台身、墩台帽及支座垫石的结构尺寸、位置放样；各种桥型的上部结构中线及细部尺寸放样；桥面系结构的位置尺寸放样；各阶段的高程放样。

一、明挖扩大基础施工放样

在基础开挖前，应先在标定的墩、台纵横中心线上分别钉 8 个护桩，根据轴线及其基坑的长和宽放出基坑的边线(图 3-5)。当基坑开挖到设计高程以后，进行清底平整，并用素混凝土做好垫层，在垫层上再放出墩台中心及其纵横轴线作为安装模板、灌筑基础及墩身的依据。

二、桩基施工放样

桩基位置应按设计桩位与墩台中心十字线相对位置设放。在旱地施工时，可采用坐标法直接测定桩位；对水中桩基，可借助水中平台、围图或围堰等结构，用经纬仪交会出上游一排迎水桩，再以迎水桩为基准测定其他桩位。也可以在水中桩位附近立脚手桩，搭设测量平台，如图 3-6 在平台上测定直线 AB 与桥梁中线平行，然后在 AB 线上定出各排桩位延

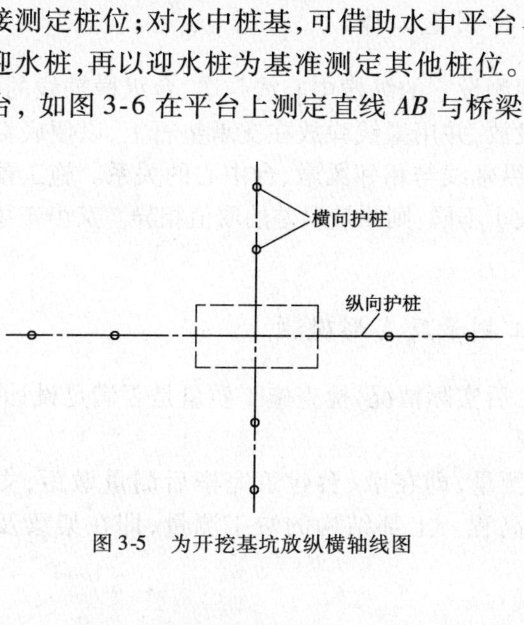

图 3-5　为开挖基坑放纵横轴线图

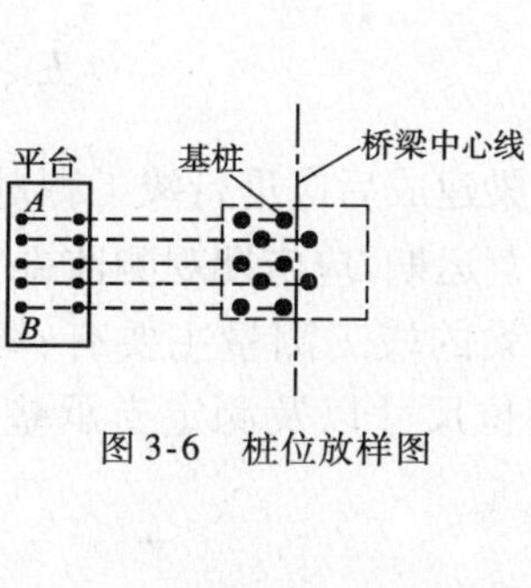

图 3-6　桩位放样图

长线的交点,并在平台上定出各行桩位的中心线,直接丈量桩位。放出的桩位经复核后方可进行基础施工。

三、桥梁墩台的细部放样

承台、墩身和台身的细部放样,也是以它的纵横轴线作为依据,即在立模板的外面预先画出它的中心线,然后在纵横轴线的护桩上架设经纬仪,照准轴线方向上的另一护桩,根据这一方向校正模板的位置,直至模板中线位于视线的方向上。

为在施工过程恢复墩、台的纵横轴线,可通过在原设立的护桩上架设经纬仪,照准另一侧护桩的办法确定。当墩身筑高后,视线被阻而无法直接进行时,可在墩身尚未阻挡视线以前,将轴线方向用油漆标记在已成的墩身上,以后恢复轴线时可在护桩上架设仪器,照准这个标志即可。

对水中桥墩,如无法标示出桥墩的纵横轴线,可用光电测距仪或交会法恢复墩中心的位置。

在建造空心墩时,墩身的中心可用 *ZL* 自动垂准仪从基础的中心点上直接向上投影。

当桥墩台混凝土浇筑至顶部时,应在墩的中心处埋设中心标志,在纵轴线的两侧上下游埋设两个水准点,并测定出中心标志的坐标和水准点的高程,如图 3-7 所示。这些标志不但作为安置支承垫石及架梁的依据,同时也可供以后变形观测之用。

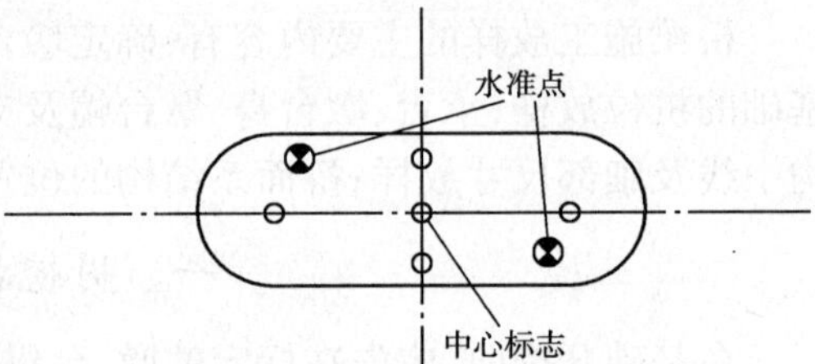

图 3-7　在墩顶埋设中心及水准点标志

墩台各部分的高程是通过施工水准点传递到墩、台身或围堰上的临时水准点,然后用钢尺直接丈量法、悬架钢尺法或三角高程放样法设放出所需的高程。

桥墩、台的最后施工阶段,如墩帽的顶部,墩顶的水准点、垫石的高程等则采用水准仪施测。

四、架梁时测量工作

架梁时要预先测设出支座底板的位置,即测设它的纵横中心线与墩、台纵横轴线的关系,这可根据设计图纸确定的相互关系,用钢尺设放,并用墨线弹放在支承垫石上,以便底板的安装就位。在拼装过程中要检查主梁或节段的纵轴线与相邻梁墩、台中心的关系。施工预拱度的测量也是关键的一项工作,设定的预拱度大小不同,则测量误差的取值相异。又由于拱度与气象关系很大,所以检查工作应在阴天进行。

五、桥梁的竣工测量及变形观测

桥梁建成后应进行竣工测量,以记录竣工后实际情况,检查施工质量是否满足设计要求。在桥梁营运期,应定期观测监视它的变形情况。

桥梁的竣工测量主要有:墩、台的竣工测量,即在墩、台建筑完毕后测量墩距,丈量墩台各部位尺寸以及测定支承垫石及墩帽的高程。上部结构的竣工测量,即在架梁及桥面系施工完成以后测定主梁的直线性、拱度以及各个墩上梁的支点与墩台中心的相对位置等。

变形观测的目的就是定期观测墩台及上部结构的垂直位移、倾斜和水平位移以及上部结构的挠曲，掌握其随着时间的推移而发生的变形规律，以便在未危及行车安全时，及时采取补救措施。同时，也为以后的设计提供参考数据。

第四章　桥梁基础施工

第一节　概　　述

桥梁上部结构承受的各种荷载,通过桥台或桥墩传至基础,再由基础传给地基。基础是桥梁下部结构的重要组成部分,因此,基础工程在桥梁结构物的设计与施工中,占有极为重要的地位,它对结构物的安全使用和工程造价有很大的影响。有关资料统计表明,建筑物失事70%以上是因基础失败而引起。据史密斯世界百年来桥梁损坏的原因统计分析,在143座损坏的桥梁中,有70座是桥基被洪水冲坏或由其他水力问题所引起的。我国铁路桥梁自1930年至1965年的35年内,桥梁被水冲坏的有250座之多,包括1949年东北的三座大凌河桥,1958年郑州黄河大桥及1962年南平闽江桥等。

在桥梁工程中采用的基础类型有扩大基础、桩基础、管柱基础、沉井基础、组合基础和重力式深水基础等,施工方法的分类大致如图4-1所示。

- 基础施工方法
  - 扩大基础
    - 机械开挖基坑浇筑法
    - 人工开挖基坑浇筑法
    - 土、石围堰开挖基坑浇筑法
    - 板桩围堰开挖基坑浇筑法
  - 桩基础
    - 沉入桩
      - 锤击法
      - 振动法
      - 静力压桩法
      - 辅助沉桩法
        - 射水辅助沉桩
        - 预钻孔辅助沉桩
      - 沉管灌注法
    - 灌注桩
      - 人工挖孔
      - 机械成孔
        - 螺旋钻机成孔法
        - 潜水钻机成孔法
        - 冲击钻机成孔法
        - 正循环回转法
        - 反循环回转法
        - 冲抓钻机成孔法
        - 旋转锥钻孔法
    - 大直径钻孔埋置桩
  - 管柱基础
  - 沉井基础
    - 排水开挖下沉法
    - 不排水开挖下沉法
    - 空气幕下沉法
    - 泥浆润滑套下沉法
  - 重力式深水基础
  - 组合基础
  - 地下连续墙

图4-1　桥梁基础分类及施工方法

鉴于桥址处构成地基的岩体与土层性质的复杂多变性，其规律是难以掌握的，故从施工角度来说，基础类型与施工方法的正确选择，不仅关系到造价的高低、工期的长短，而且还关系到施工的难易程度甚至结构物的成败。因此，一个合理的施工方案的选定，必须根据桥址处的地质条件、水文条件、桥梁结构体系、环境条件以及施工条件等诸多因素，经过综合考虑和反复论证比选之后才能加以确定，使之在基础施工及其桥梁使用期间，不仅基础自身的安全可靠性和耐久性得到保障，而且对桥址周围环境可能产生的危害减低到最小程度。表 4-1 为部分桥梁基础类型与自然条件的关系，从中可以了解各种施工方法的适用性，为根据不同的自然条件，合理地选用不同基础类型与施工方案提供借鉴。

桥梁基础类型与自然条件的关系 表 4-1

基础形式 / 自然条件		浅置基础	深置基础										
			沉桩基础		就地成孔基础				管柱钻孔桩基础	沉井基础	地下连续墙	锁口钢管桩基础	重力式深水基础
		直接基础（明挖扩大基础）	钢管桩	RC、PC、PHC桩	人工挖掘灌注桩	冲击型桩机成孔桩	旋转式钻机成孔桩	套管法施工基础					
水深（m）	陆地上施工	◎	◎	◎	◎	◎	◎	◎	◎	◎	◎	◎	—
	水深 0～5	△	◎	◎	○	○	○	○	◎	◎	△	◎	×
	水深 5～30	×	◎	○	×	△	○	△	◎	◎	×	○	◎
	水深 30 以上	×	◎	×	×	×	△	×	◎	◎	×	△	◎
基础穿过覆盖层的土质	黏土层及砂黏土层	◎	◎	◎	◎	◎	◎	◎	◎	◎	◎	◎	×
	饱和水分的细砂层	○	◎	◎	△	○	○	×	◎	○	○	◎	×
	砂及砂砾层	◎	◎	◎	◎	◎	◎	◎	◎	◎	◎	◎	×
	穿过直径 10cm 以下的卵石层	○	△	△	○	◎	△	△	○	○	△	△	×
	穿过直径 10cm 以上的大卵石层	○	×	×	△	◎	×	×	×	△	×	×	×
	到达岩层并嵌入岩层	◎	○	△	◎	◎	◎	×	◎	△	×	○	◎
基础穿过覆盖层的深度（m）	5 以内	◎	×	×	◎	×	×	×	×	×	×	×	×
	5～10	○	△	○	◎	◎	◎	◎	×	△	○	○	×
	10～20	△	◎	◎	◎	◎	◎	◎	◎	◎	◎	◎	×
	20～35	×	◎	◎	○	◎	◎	○	◎	◎	◎	◎	×
	35～50	×	◎	△	△	◎	◎	△	△	△	◎	○	×
	50～100	×	○	×	×	○	◎	×	×	×	○	×	×
	100 以上	×	×	×	×	×	○	×	×	×	○	×	×
噪声及振动较小的施工方法		◎	×	×	◎	×	○	×	×	◎	○	×	◎
对环境较有利的施工方法		◎	◎	◎	◎	×	×	◎	×	×	×	◎	◎

注：◎合适；○比较合适；△可以研究；×原则上不合适；—无关。

第二节 明挖扩大基础施工

扩大基础或明挖基础属直接基础，是将基础底板设在直接承载地基上，来自上部结构的荷载通过基础直接传递给承载地基。扩大基础的施工方法通常是采用明挖的方式进行。在开挖基坑前，应做好复核基坑中心线、方向和高程，并应按地质水文资料，结合现场情况，决定基坑开挖坡度、支护方案以及地面的防水、排水措施。如果地基土质较为坚实，开挖后能保持坑壁稳定，可不设置支撑，采取放坡开挖。实际工程由于土质关系、开挖深度、放坡受到用地或施工条件限制等因素影响，需采取各种加固坑壁措施，诸如挡板支撑、钢木结合支撑、混凝土护壁等。在开挖过程中有渗水时，则需要在基坑四周挖边沟或集水井以利排除积水。在水中开挖基坑时，通常需预先修筑临时性的挡水结构物（称为围堰），如草袋围堰等，而后将基坑内水排干，再开挖基坑。基坑开挖至设计高程后，必须抓紧进行坑底土质鉴定、清理与整平工作，及时建筑基础结构物。故明挖扩大基础施工的主要内容包括基础的定位放样、基坑开挖、基坑排水、基底处理以及砌筑（浇筑）基础结构物等。

一、基础的定位放样

在基坑开挖前，先进行基础的定位放样工作，以便正确地将设计图上的基础位置准确地设置到桥址上。

放样工作系根据桥梁中心线与墩台的纵横轴线，推出基础边线的定位点，再放线画出基坑的开挖范围。图 4-2 表示桥台基础定位放样情况，$a—b—c—d—e—f—g—h$ 所围阴影部分为桥台基础外缘线，放样是先放基坑顶部四角的边桩 A、B、C、D。基坑底部的尺寸较设计的平面尺寸每边各增加 0.5 ~ 1.0m 的富余量，以便于支撑、排水与立模板（如果是坑壁垂直的无水基坑坑底，可不必加宽，直接利用坑壁作基础模板）。按一定的放坡开挖至坑底（A'、B'、C'、D'）后，基础灌筑前才定出 $a—b—c—d—e—f—g—h$ 各点。具体的定位工作视基坑深浅而有所不同。基坑较浅时，可使用挂线板，拉线挂垂球进行定位。基坑较深时，用设置定位桩形成定位线 1—1、2—2、3—3…等进行定位（图 4-2）。基坑各定位点的高程及开挖过程中高程检查，一般用水准测量方法进行。

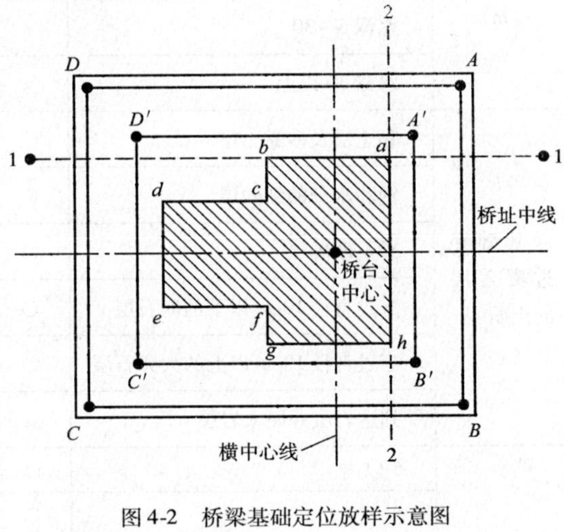

图 4-2 桥梁基础定位放样示意图

二、陆地基坑开挖

基坑大小应满足基础施工要求，对有渗水土质的基坑坑底开挖尺寸，需按基坑排水设计（包括排水沟、集水井、排水管网等）和基础模板设计而定，一般基底尺寸应比设计平面尺寸各边增宽 0.5 ~ 1.0m。基坑可采用垂直开挖、放坡开挖、支撑加固或其他加固的开挖方法，具体应根据地质条件、基坑深度、施工期限与经验，以及有无地表水或地下水等现场因素来确定。

（一）坑壁不加支撑的基坑

对于在干涸无水河滩、河沟或有水经改河或筑堤能排除地表水的河沟中；在地下水位低于基底，或渗透量少，不影响坑壁稳定；以及基础埋置不深，施工期较短，挖基坑时，不影响邻近建筑物安全的施工场所，可考虑选用坑壁不加支撑的基坑。基坑的形式如图4-3所示。

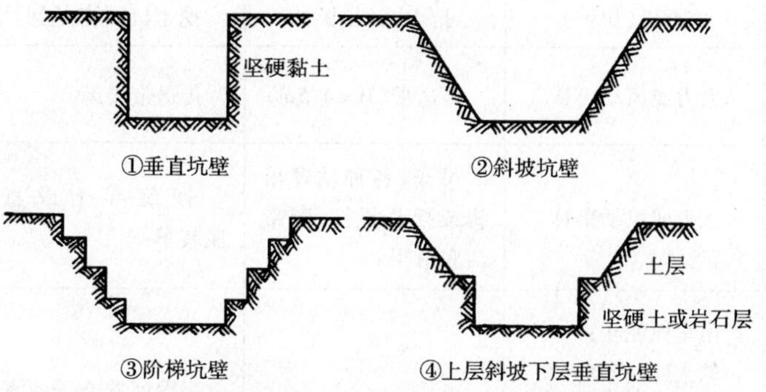

图4-3　坑壁不加支撑的基坑形式

黏性土在半干硬或硬塑状态，基坑顶缘无活荷载，稍松土质基坑深度不超过0.5m，中等密实（锹挖）土质基坑深度不超过1.25m，密实（镐挖）土质基坑深度不超过2.0m时，均可采用垂直坑壁基坑。基坑深度在5m以内，土的湿度正常时，基坑可按表4-2所示，采用斜坡坑壁开挖或按坡度比值挖成阶梯形坑壁，每梯高度为0.5～1.0m为宜，可作为人工运土出坑的台阶。基坑深度大于5m时，可参照表4-2坑壁坡度适当放缓，或加做平台。土的湿度影响坑壁的稳定性时，基坑坡度应采用缓于该湿度下土的天然坡度或采取加固坑壁的措施。当基坑有地下水时，地下水位以上部分可以放坡开挖；地下水位以下部分，若土质易坍塌或基坑底距地下水位较深时，应加固开挖。

基坑坑壁坡度　　表4-2

土壤种类	坑壁坡度（高:宽）		
	坡顶无荷载	坡顶有静荷载	坡顶有动荷载
砂类土	1:1	1:1.25	1:1.5
卵石、砾类土	1:0.75	1:1	1:1.25
粉质土、黏质土	1:0.33	1:0.5	1:0.75
极软岩	1:0.25	1:0.33	1:0.67
软质岩	1:0	1:0.1	1:0.25
硬质岩	1:0	1:0	1:0

注：①坑壁有不同土层时，基坑坑壁坡度可分层选用，并酌设平台；

②坑壁土类按照《公路土工试验规程》（JTJ 051—93）划分；

③岩石单轴极限强度<5.5、5.5～30、>30时，分别定为极软、软质、硬质岩。

无水基坑的开挖施工方法：对于一般小桥涵的基础，基坑工程量不大，可用人力施工方法；大、中桥基础工程，基坑深，基坑平面尺寸较大，挖方量多，可用机械或半机械施工方法。表4-3为无水基坑开挖方法可供参考。

无水基坑开挖施工方法　　表4-3

地质及支撑状况	挖掘方法	提升方法	运输方法	附　注
土质、无支撑	挖土机(正铲)	挖土机(正铲)	挖土机直接装车	挖土机在坑底
土质、无支撑	挖土机(反铲)	挖土机(反铲)	挖土机回旋弃土	挖土机在坑缘上
土质、无支撑	挖土机(拉铲)	挖土机(拉铲)	挖土机回旋弃土	挖土机在坑缘上
土质或石质,无撑或有撑	人力或风动工具	传送带(H<4.5m)	传送带接运	传送带可分设在坑下或坑上
土质或石质,无撑或有撑	人力或风动工具	吊车,各种动臂吊机或摇头扒杆,配带活底吊斗	回旋弃土或直接装车	吊升机具在坑缘或坑下,必要时可在坑上设脚手平台接运
土质,无撑或有撑	吊车抓泥斗: 软土(无齿双开) 硬土(有齿双开) 漂石或大砾石(四开)	抓泥斗	吊臂回旋弃土或直接装车	
土质或石质,无撑或有撑	人力或风动工具	爬坡车:有轨(石质坑)、无轨(土质坑)、用卷扬机或绞车	爬坡车、接斗车或手推车	
土质,无撑或有撑	人力挖掘	用锹向上翻弃($H<2.0$m)或人力接力上翻	弃土或装车	

基坑施工过程中应注意以下几点:

(1)在基坑顶缘四周适当距离处设置截水沟,并防止水沟渗水,以避免地表水冲刷坑壁,影响坑壁稳定性;

(2)坑壁边缘应留有护道,静荷载距坑边缘不小于0.5m,动荷载距坑边缘不小于1.0m;垂直坑壁边缘的护道还应适当增宽;水文地质条件欠佳时应有加固措施;

(3)应经常注意观察坑边缘顶面土有无裂缝,坑壁有无松散塌落现象发生,以确保安全施工;

(4)基坑施工的延续时间不可过长,自开挖至基础完成,应抓紧时间连续施工;

(5)如用机械开挖基坑,挖至坑底时,应保留不小于30cm厚度的底层,在基础浇筑圬工前,用人工挖至基底高程;

(6)基坑应尽量在少雨季节施工;

(7)基坑宜用原土及时回填,对桥台及有河床铺砌的桥墩基坑,则应分层夯实。

(二)坑壁有支撑的基坑

当基坑坑壁不易稳定并有地下水渗入,或放坡开挖场地受到限制,或基坑较深、放坡开挖工程数量较大,不符合技术经济要求时,可视具体情况,采取如挡板支撑、钢木结合支撑、混凝土护壁及锚杆支护等的加固坑壁措施。

常用的坑壁支撑形式有:直衬板式坑壁支撑(图4-4)、横衬板式坑壁支撑(图4-5)、框架式支撑(图4-6)及其他形式的支撑(如锚桩式、锚杆式、锚碇板式、斜撑式等,见图4-7)。

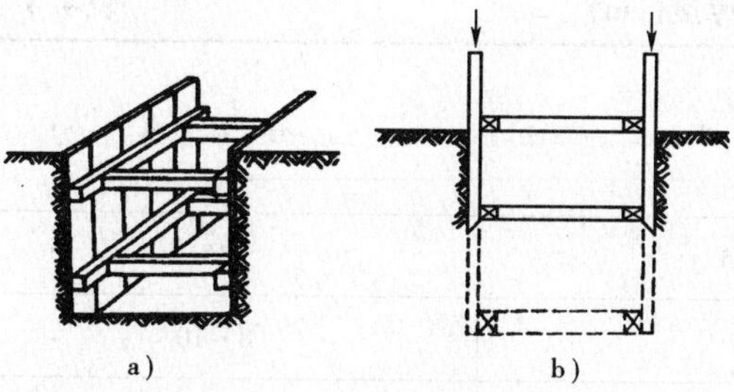

图 4-4　直衬板式坑壁支护

a)直衬板支撑一次完成；b)直衬板支撑分段完成

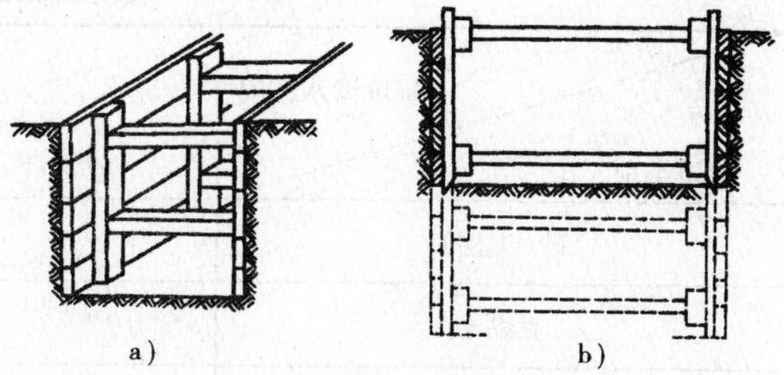

图 4-5　横衬板式坑壁支护

a)横衬板支撑一次完成；b)横衬板支撑分段完成

坑壁有支撑的施工，按土质情况不同，可一次挖成或分段开挖，每次开挖深度不宜超过 2m。

混凝土护壁适用于除流沙及呈流塑状态的黏土外的各类土的开挖防护，对较大直径、较深基坑的圆形或椭圆形土质基坑更宜采用。混凝土护壁厚度可按下式计算：

$$d = E_{a}D/2\sigma_{a} \tag{4-1}$$

式中：d——护壁厚度(m)；

E_a——主动土压力(MPa)；

D——基坑直径(m)；

σ_a——混凝土早期抗压强度(MPa)。

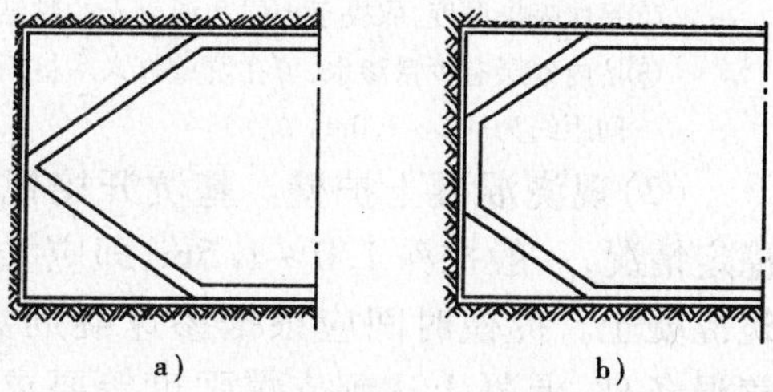

图 4-6　框架式支护

a)框架人字形支撑；b)框架八字形支撑

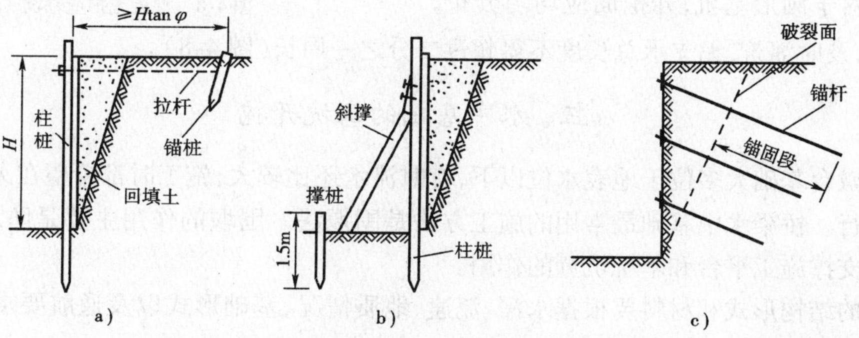

图 4-7　其他形式支护

a)锚桩式支撑；b)斜撑式支撑；c)锚杆式支撑

混凝土护壁的施工方法有如下两种。

(1)喷射混凝土护壁。根据经验，一般喷护厚度为 5～8cm，一次喷护约需 1～2h。一次喷护如达不到设计厚度，应等第一次喷层终凝后再补喷，直至要求厚度为止。喷护的基坑深度应按地质条件决定，一般不宜超过 10m。喷护厚度可按上式计算，也可参照表 4-4 选用。基坑开挖若遇有较大渗水时，可采取下列措施之一：①每层开挖深度不大于 0.5m，汇水坑应设在基坑中心；②开挖含水土层时，宜扩挖 0.4m，以石料码砌扩挖部位，并在表面喷射一层 5～8cm 厚的混凝土；③对流沙、淤泥等夹层，除打入小木桩外，并在桩间绕缠竹筋、荆笆或挂上竹篱等后再喷射混凝土。

喷射混凝土护壁厚度(cm) 表4-4

地质类别 \ 基坑渗水情况	无　渗　水	有　渗　水
砂(夹层)	10~15	15
亚黏土	5~8	8~10
亚砂土、卵石土、砂夹卵石	3~5	5~8

注:①本表喷护厚度适用于直径不大于10m的圆形基坑,未考虑基坑顶缘有荷载作用;

②每次喷护厚度,取决于土层和混凝土的黏结力与渗水量大小;

③坑内砂层有少量渗水,可在坑壁打入木桩后再喷混凝土,木桩直径约5cm,长1m,向下与坑壁成30°角打入,一般间距约为0.5~1.0m。

(2)现浇混凝土护壁。基坑开挖视地质稳定情况,一般挖深1.0~1.5m,即应立模浇筑混凝土。拆模时间应根据掺速凝剂数量、气温条件、混凝土达到支撑强度等要求来决定,通常在24h以上便可拆模。挖一节浇一节直至基底。每次安装模板时,在上下节之间留有高0.2m的浇筑口,最后用混凝土堵塞;浇筑护壁厚度视基坑大小及土质条件而定,一般厚度取8~15cm,必要时可采用钢筋混凝土护壁。对于圆形基坑,开挖面应均匀分布,对称施工,及时灌筑,无支承总长度不得超过二分之一周长(图4-8)。

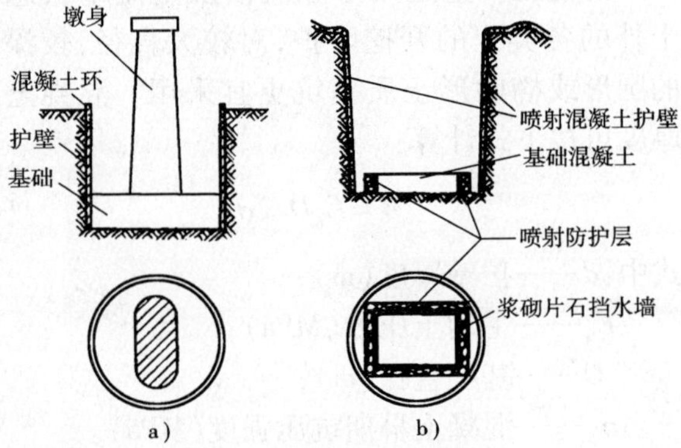

图4-8 混凝土护壁基坑

三、水中基础的基坑开挖

桥梁墩台基础大多位于地表水位以下,有时流水还比较大,施工时都希望在无水或静止水条件下进行。桥梁水中基础最常用的施工方法是围堰法。围堰的作用主要是防水和围水,有时还起着支撑施工平台和基坑坑壁的作用。

围堰的结构形式和材料要根据水深、流速、地质情况、基础形式以及通航要求等条件进行选择。任何形式和材料的围堰,均必须满足下列要求:

(1)围堰顶高宜高出施工期间最高水位(包括浪高)50~70cm,用于防御地下水的围堰宜高出水位或地面20~40cm。

(2)围堰外形应适应水流排泄,大小不应压缩流水断面过多,以免壅水过高危害围堰安全,以及影响通航、导流等。围堰内形应适应基础施工的要求,并留有适当的工作面积。堰身断面尺寸应保证有足够的强度和稳定性,使基坑开挖后,围堰不致发生破裂、滑动或倾覆。

(3)围堰要求防水严密,应尽量采取措施防止或减少渗漏,以减轻排水工作。对围堰外围边坡的冲刷和筑围堰后引起河床的冲刷均应有防护措施。

(4)围堰施工一般应安排在枯水期进行。

公路桥梁中应用的围堰类型及其适用条件见表4-5,其中常用的形式有如下几种。

围堰类型及适用条件 表4-5

	堰的类型	适用条件
土石堰	土堰	适用于水深<1.5m,流速≤0.5m/s,河床不透水,河边浅滩;如外坡有防护措施时,可不限于小于0.5m/s的流速
	草(麻)袋堰	适用于水深3.0m以内,流速在1.5m/s以内,河床不透水
	木桩竹条堰	适用于水深1.5~7m,流速≤2.0m/s,能打桩,不透水河床,盛产竹木地区
	竹篱堰	适用于水深1.5~7m,流速≤2.0m/s,能打桩,不透水河床,盛产竹木地区
	竹笼堰	适于范围较广,盛产竹木地区
	堆石土堰	适用于河床不透水,多岩石的河谷,水流速在3m/s以内
木堰	木板堰	适用于水深2m,流速≤2.0m/s,较坚实土质河床,盛产竹木地区
	杩槎堰	适用于水深2m,流速≤2.0m/s,较坚实土质河床,盛产竹木地区
	木笼堰	适用于深水、急流,或有流冰,深谷,险滩,河床坚硬平坦无覆盖层,盛产竹木地区
套箱	木(钢)套箱	适用于深水,流速≤2.0m/s,无覆盖层,平坦的岩石河床
	钢丝网混凝土套箱	适用于深水,流速≤2.0m/s,无覆盖层,平坦的岩石河床
板桩围堰	木板桩围堰	单层木板桩适用于水深在2~4m,能打下木板桩的土质河床;双层木板桩中填亚黏土墙,适用于水深4~6m
	钢板桩围堰	适用于深水或深基坑,各种土质河床,防水性能好,整体刚度较强
	钢筋混凝土板桩围堰	适用于深水或深基坑,黏性土、砂类土及碎石土类河床,可作为基础结构的一部分,亦有采用拔除周转使用的,能节省大量木材
双壁钢围堰		适用于深水基础施工

(一)土石围堰

关于土石围堰的技术要求见表4-6。其中土围堰最好是用在水浅、流速不大、河床土层为不透水的情况下。土围堰可用任意土料筑成,但以黏土或砂类黏土较好。土堰的断面一般为梯形(图4-9)。当水流速大于0.7m/s时,为保证堰堤不被冲刷蚕食和为减少围堰工程量,可用草(麻)袋盛土码砌堰堤边坡,称为草(麻)袋围堰(图4-10)。草(麻)袋内装填松散黏性土,一般装至袋容量的60%为宜,袋口用麻线或细铁线缝合。堆码在水中的土袋,可用带钩的杆子钩送就位,土袋上下层和内外层应相互错缝,尽量堆码密实整齐;可能时由潜水工配合堆码,整理坡脚。填筑时,均应自上游开始,至下游合拢。

土石堰的技术要求 表4-6

分类	填料	顶宽(m)	边坡	
			内侧	外侧
土堰	渗透性较小的黏土、砂黏土	1~2	1:1.1~1:5	1:2~1:3
草(麻)袋堰	草(麻)袋内装黏性土,有围堰芯,墙筑黏土	1~2.0 2~2.5	1:0.2~1:0.5	1:0.5~1:1
木桩编竹条堰	黏性土	≥水深	1:0	1:0
竹篱堰	黏性土	≥水深	1:0.2	1:0.2
竹笼堰	黏性土	≥水深	1:0	1:0.3
堆石土堰	石块、卵石与黏性土	1~2	1:0~1:0.5	1:0.5~1:1

注:堰内坡脚至基坑边缘距离根据河床土质及基坑深度而定,但不得小于1.0m。

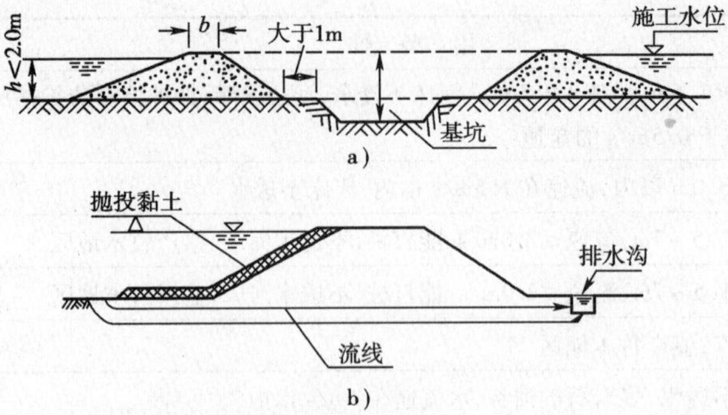

图 4-9　土围堰

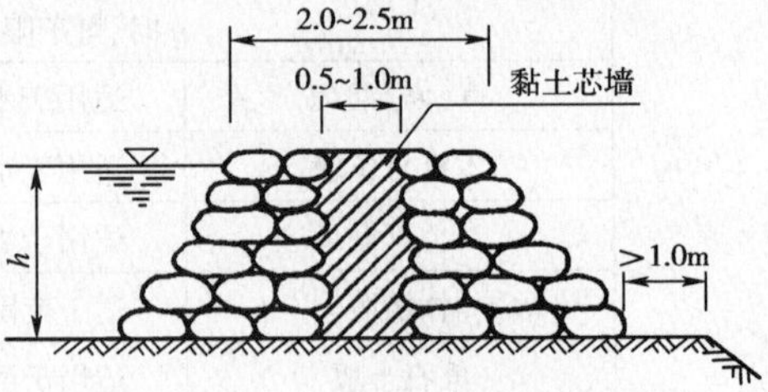

图 4-10　草(麻)袋围堰

(二)木笼围堰或竹笼围堰

在岩层裸露、河底不能打桩、或流速较大而水深在 1.5 ~4.0m 的情况下,可采用木(竹)笼围堰。木(竹)笼围堰是用方木、圆木或竹材叠成框架,内填土石构成的(图 4-11)。此种围堰体积较大,需用木(竹)材料甚多,只宜在盛产木(竹)地区使用。经过改进的木笼围堰称为木笼架围堰,减少了木料用量。在木笼架就位后,再抛填片石,然后在外侧设置板桩墙。木笼架围堰的抗滑动和抗倾覆稳定性可按两侧无土的情况来验算,把木笼当作一个整体,当堰内排水后,木笼就受到外侧水压力 P_w 的作用,其稳定性完全依赖于自重与其中填土重(均须扣除浮力)以及所产生的摩阻力。通常,只要宽度 b 不小于 $0.6h$,围堰的稳定性就可以得到保证。

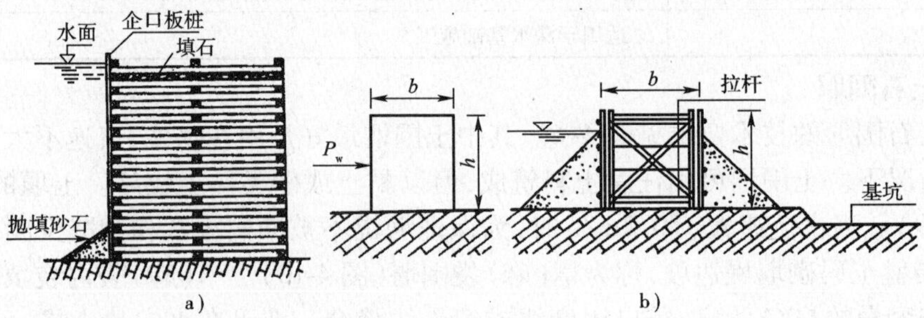

图 4-11　木(竹)笼围堰

(三)钢板桩围堰

钢板桩本身强度大,防水性能好,打入土层时穿透能力强,不但能穿过砾石、卵石层,也能切入软岩层内。因此,钢板桩的适用范围相当广,10 ~30m 深的围堰,用钢板桩是适当的。

钢板桩是轧压成型的,断面形式多种多样。我国常用的是德国拉森(Larssen)式槽型钢板桩。钢板桩的成品长度有几种规格(可查阅施工规范或手册),最大为 20m,还可根据需要接长。板桩之间用锁口形式连接,图 4-12 为常见的三种锁口形状。锁口既能加强连接,又能防渗,还可做适当的转动以适应弧形围堰的需要。矩形围堰可使用特制的角桩。钢板桩堆存、搬运、起吊时,应防止由于自重而引起的变形和锁口损坏。

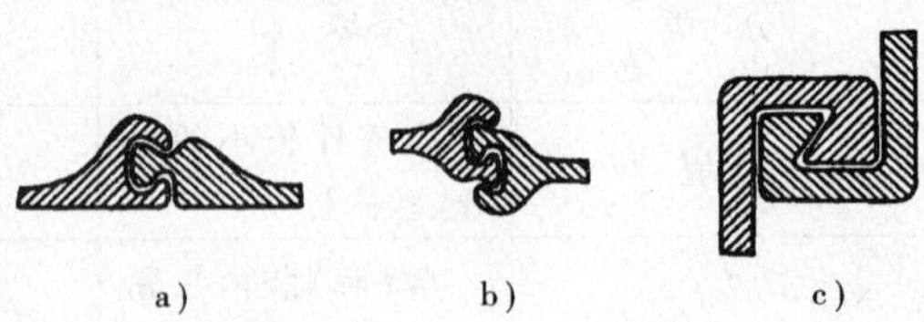

图 4-12　钢板桩锁口形状图

a)阴阳锁口;b)环形锁口;c)套形锁口

插打钢板桩时必须备有可靠的导向设备,以保证钢板桩的垂直沉入。一般先将全部钢板桩逐根或逐组插打到稳定深度,然后依次打入至设计深度。插打的顺序按施工组织设计进行,一般自上游分两头插向下游合拢。插打前在锁口内涂以黄油、锯末等混合物,组拼桩时,用油灰和棉花捻缝,以防漏水。钢板桩顶达到设计高程时的平面位置偏差,在水上打桩时不得大于20cm,在陆地打桩时不得大于10cm。在插打过程中,应随时检查其平面位置是否正确,桩身是否垂直,发现倾斜应立即纠正或拔起重插。

当水深较大时,常用围囹(以钢或钢木构成的框架)作为钢板桩的定位和支撑[图4-13a)]。即先在岸上或驳船上拼装围囹,运至墩位定位后,在围囹内插打定位桩,把围囹固定在定位桩上,然后在围囹四周的导框内插打钢板桩。在深水处修筑围堰,为了保证围堰不渗水或尽可能少渗水,可采用双层钢板桩围堰[图4-13b)],或采用钢管式的钢板桩围堰[图4-13c)]。

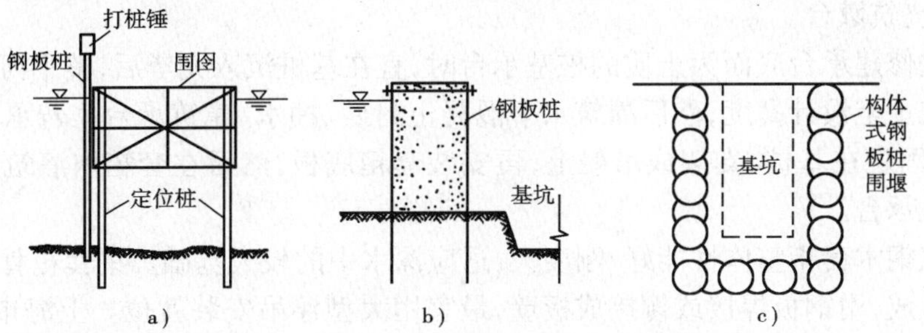

图4-13 钢板桩围堰

钢板桩可用锤击、振动或辅以射水等方法下沉,但在黏土地基中不宜使用射水。锤击时宜使用桩帽,以分布冲击力和保护桩头。在插打钢板桩时,如起重设备高度不够,允许改变吊点位置,但吊点位置不得低于桩顶以下1/3桩的长度。围堰将合拢时,宜经常观测四周的冲淤状况,必要时应采取措施,预防上游冲空、涌水或下游淤积,影响施工进程。

桥梁墩台施工完毕后,可用千斤顶、浮式起重机、振动法及双动汽锤倒打等方法,将钢板桩拔出。拔除前应向围堰内灌水,使堰内水位高于堰外水位1.0~1.5m。拔桩时从下游附近易于拔除的一根或一组钢板桩开始,并先锤击几次或射水稍予松动后再上拔。

(四)套箱围堰

套箱围堰适用于埋置不深的水中基础,也可用做修建桩基承台。套箱系用木板、钢板或钢丝网水泥制成的无底围堰,内部设木、钢料支撑,图4-14为钢木套箱围堰示意图。根据工地起吊、运输能力和现场情况,套箱可制成整体式或装配式。套箱的接缝必须采取防止渗漏的措施。

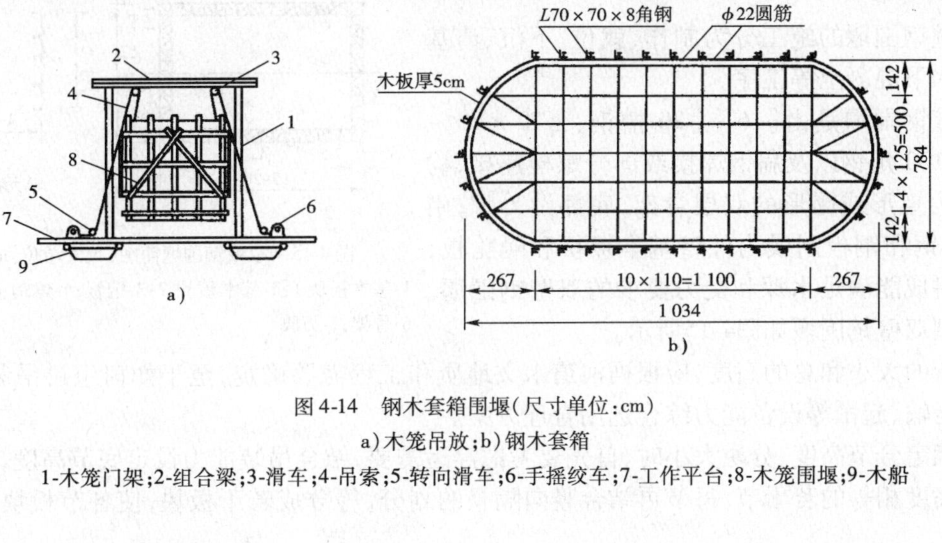

图4-14 钢木套箱围堰(尺寸单位:cm)

a)木笼吊放;b)钢木套箱

1-木笼门架;2-组合梁;3-滑车;4-吊索;5-转向滑车;6-手摇绞车;7-工作平台;8-木笼围堰;9-木船

套箱施工分为准备、制作、就位、下沉、清基和浇筑水下混凝土等工序。准备是用2～4艘20t船只联结组成工作平台;制作系在岸上加工拼装组件,运往工作平台组装成无底套箱;就位系将工作台浮运或吊运至基础位置,按测量控制就位;下沉是将套箱吊起,拆去工作台上脚手板,慢慢下沉。需注意使套箱位置平稳,不得倾斜,并用绞车等设备随时校正套箱位置。下沉套箱前,应清除河床表面障碍物,随着套箱下沉逐步清除河床土层直至设计高程。清基时,当基底为岩层时,应整平基岩。如果岩面倾斜,可根据潜水员探测资料,将套箱底部做成与岩面相同的倾斜度,以增加套箱的稳定性并减少渗漏。待套箱下沉完毕后,可采用吹沙吸泥或静水挖抓沙泥方法进行水下清基。最后,基底经过检验合格即可灌筑水下混凝土封底,然后抽干套箱内存水,浇筑墩台。

用套箱法修建承台底面为土质的桩基承台时,宜在基桩沉入完毕后,整平河底,下沉套箱,清除桩顶覆盖土至设计高度,然后灌筑水下混凝土封底、抽水、建筑承台。若承台底面在水中时,宜将套箱固定在基桩、支架或吊船上,再安装套箱底板,然后在套箱内灌筑水下混凝土封底、抽水、修筑承台。

钢套箱较钢木套箱整体性能好、刚度大,适应深水中的较大基础。钢套箱骨架用角钢焊接或螺栓连接组成,用钢板焊接或铆接成板壁,最宜用大型浮吊安装就位。上海市松浦大桥(公铁两用桥)水中桥墩就是采用钢套箱围堰施工的。

如果基坑土质不好,采用抽水挖基将产生涌泥或涌砂现象,严重影响坑壁的稳定时,或者基坑土质渗水量过大,已超过现有排水能力,基坑水抽不干时,均可采用水中挖基方法。常用的水中挖基方法有:水力吸泥机、水力吸石筒、空气吸泥机等。如遇有坚密土层,可用射水方法配合松土,以加快挖基进度。如基坑水深,挖方量大,亦可采用抓泥斗或挖掘机进行水中挖基作业。

(五)双壁钢围堰

双壁钢围堰适用于大型河流中的深水基础,能承受较大水压,保证基础全年施工安全渡洪。特别是河床覆盖层较薄(0～2m),下卧层为密实的大漂石或岩层,不能采用钢板桩围堰,且因工程要求在坑内爆破作业等不宜设立支撑,而单壁钢套箱又难以保证结构刚度时,就更显出双壁钢围堰的优越。

双壁钢围堰的施工分为制作、就位、下沉、清基和浇筑水下混凝土等工序。

双壁钢围堰是由[16～[20槽钢、∠70×70～∠100×100角钢以及扁钢焊接或部分螺栓连接,构成平面为矩形或圆形的双层骨架,底部设刃脚;用角钢、扁钢和钢板制成内外壁基本板块和隔舱板,然后组拼成能满足水深和受力要求的双壁钢围堰。一般中型双壁钢围堰如图4-15所示。

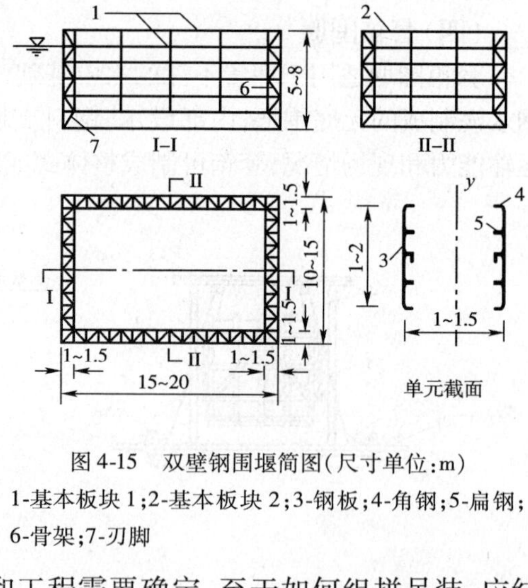

图4-15 双壁钢围堰简图(尺寸单位:m)

1-基本板块1;2-基本板块2;3-钢板;4-角钢;5-扁钢;6-骨架;7-刃脚

围堰的大小和总的高度,应根据河道水文地质和工程需要确定,至于如何组拼吊装,应结合工地运输、起吊等设备能力综合选用合理方案。

在确定分节高度、分块大小时,首先要考虑浮运需要,结合吊装能力设定底节高度,底节以上分成高度相等的若干节,每节再结合竖向隔仓的划分,等分成若干板块,使各节板块尺寸尽可能一致，或限定 1 ~ 2 种规格，以简化制作。底节一般在江边岸上拼装制造形成整体，如果条件允许亦可在拼装船上拼焊。

根据选定的制作地点并做场地处理时，就要考虑好构件下水和浮运就位方案。

就位后向围堰壁各隔舱对称均匀加水，使底节平稳下沉，下沉到一定高度随即拼装接高，此后继续加水，底节下沉同时接高，直至各节全部拼接完毕。

在围堰着床后，首先在围堰四周外侧堆砌一圈土袋，在刃脚内侧灌注水下混凝土堵漏，其方法与钢套箱基本相似。然后用三台吸泥机，其中一台为弯头吸泥机，按基底方格网坐标划分的区域逐块清挖，由潜水员下水逐块、逐片检查，量测坐标点高程。清基经检验合格后才能进行封底或浇筑基础混凝土。

四、基坑排水

基坑坑底一般多位于地下水位以下，地下水会经常渗进坑内，因此必须设法把坑内的水排除，以便利施工。要排除坑内渗水，首先要估算涌水量，方能选用适当的排水设备。例如某桥墩基础采用木笼围堰，地质、水文情况如图 4-16 所示，围堰面积约 1 000m^2，设置五台抽水机，总排水能力约为 1 000t/h，保证基坑内基本无水作业。

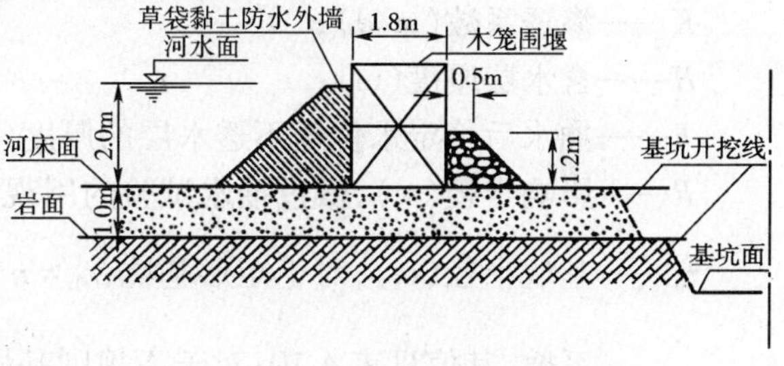

图 4-16　某桥墩木笼围堰实例

1. 渗水量的计算

施工前为了估计基坑抽水设备能力，应先计算基坑的渗水量。计算可参照现有的经验公式进行，其中土的渗透系数是计算渗水量准确与否的关键。表 4-7、表 4-8 给出的渗透系数值可供参考查用。求得渗透系数后，选用下列相关公式计算基坑的总渗水量。

土质渗透系数经验近似数值　　表 4-7

土质名称	K(m/d)	土质名称	K(m/d)
黏土	<0.001	细砂	1 ~ 5
重砂黏土	0.001 ~ 0.05	中砂	5 ~ 20
轻砂黏土	0.05 ~ 0.1	粗砂	20 ~ 50
黏砂土	0.1 ~ 0.5	砾石	50 ~ 150
黄土	0.25 ~ 0.5	卵石	100 ~ 500
粉砂	0.5 ~ 1.0	漂石（无砂质充填）	500 ~ 1 000

注：按土的细颗粒多少、黏土含量、密实程度选用高低值。

按土质颗粒大小的渗透系数　　表 4-8

土质名称	K(m/d)	土质名称	K(m/d)
黏土质粉砂 0.01 ~ 0.05mm颗粒占多数	0.5 ~ 1.0	均质中砂 0.25 ~ 0.5mm颗粒占多数	35 ~ 50
均质粉砂 0.01 ~ 0.05mm颗粒占多数	1.5 ~ 5.0	黏土质粗砂 0.5 ~ 1.0mm颗粒占多数	35 ~ 40

续上表

土质名称	K(m/d)	土质名称	K(m/d)
黏土质细砂 0.1 ~ 0.25mm颗粒占多数	1.0 ~ 1.5	均质粗砂 0.5 ~ 1.0mm 颗粒占多数	60 ~ 75
均质细砂 0.1 ~ 0.25mm 颗粒占多数	2.0 ~ 2.5	砾石	100 ~ 125
黏土质中砂 0.25 ~ 0.5mm颗粒占多数	2.0 ~ 2.5		

(1)基坑在干涸河床时,其公式如下:

$$Q = \frac{1.366K(H^2 - h^2)}{\lg(R + r_0) - \lg r_0} \tag{4-2}$$

式中:Q——基坑总渗水量(m^3/d);

K——渗透系数(m/d);

H——含水层厚度(m);

h——抽水后稳定水位至不透水层的厚度(m);

R——影响半径(m),做过抽水试验的用观测值,否则查用表4-9的值;

r_0——基坑半径(m),对于矩形基坑:$r_0 = \eta \dfrac{A+B}{4}$,其中$A$与$B$为基坑的长与宽(m),$\eta$为系数,其值见表4-10;对于不规则基坑:$r_0 = \sqrt{F/\pi}$,其中$F$为基坑面积($m^2$),$\pi$为圆周率。

影响半径 R 值表 表4-9

土的种类	粒径(mm)	所占重量(%)	R(m)	土的种类	粒径(mm)	所占重量(%)	R(m)
极细砂	0.05 ~ 0.1	<70	25 ~ 50	极粗砂	1.0 ~ 2.0	>50	400 ~ 500
细砂	0.1 ~ 0.25	>70	50 ~ 100	小砾石	2.0 ~ 3.0	—	500 ~ 600
中砂	0.25 ~ 0.5	>50	100 ~ 200	中砾石	3.0 ~ 5.0	—	600 ~ 1 500
粗砂	0.5 ~ 1.0	>50	200 ~ 400	大砾石	5.0 ~ 10.0	—	1 500 ~ 3 000

η 值 表4-10

B/A	0	0.2	0.4	0.6	0.8	1.0
η	1.00	1.12	1.14	1.16	1.18	1.18

(2)基坑临近有水的河沿时,其公式如下:

$$Q = \frac{1.366K(H^2 - h^2)}{\lg(2D/r_0)} \tag{4-3}$$

式中:D——基坑距河水边线距离(m);

其余同前式。

(3)含水层为均质土,且基坑具有不漏水的板桩围堰时,其公式如下:

$$Q = KHUq \tag{4-4}$$

式中:K——渗透系数(m/h);

U——围堰周长(m);

q——单位渗透量,即每延米基坑周长在单位水头(等于1)作用下,当渗透系数为1时的渗透量,其值可按图4-17查用;

其余同前式。

如果透水层为非均质土时,其渗透系数应采用各土层厚度渗透系数的加权平均值计算,即:

$$K = \sum K_i h_i / \sum h_i \tag{4-5}$$

式中:K_i 及 h_i 为各土层的渗透系数与厚度。

(4)缺水文地质资料时,采用下式估算:

$$Q = F_1 q_1 + F_2 q_2 \tag{4-6}$$

式中:F_1——基坑底面积(m^2);

F_2——基坑侧面积(m^2);

q_1——基坑底面积平均渗水量(m^3/m^2),见表4-11;

q_2——基坑侧面积平均渗水量(m^3/m^2),见表4-12。

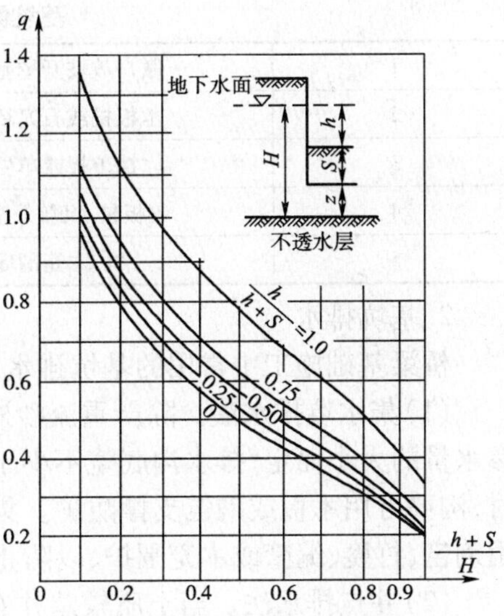

图4-17 单位渗透量曲线图

基坑底面每平方米的渗水量(q_1) 表4-11

序号	土类	土的特征及粒径	渗透量(m^3/h)
1	细亚砂土,松软黏砂土	基坑外侧有地表水,内侧为岸边干地;土的天然含水量<20%,土粒径<0.05mm	0.14~0.18
2	有裂隙的碎石岩层、较密实黏性土	多裂隙透水的岩层,有孔隙水的粒性土层	0.15~0.25
3	细砂黏土、大孔性土层、紧密砾石土	细砂粒径0.05~0.25mm,大孔土重800~950kg/m^3,砾石土孔隙率<20%	0.16~0.32
4	中粒砂,砾砂层	砂粒径0.25~1.0mm,砾石含量<30%,平均粒径<10mm	0.24~0.8
5	粗粒砂,卵砾层	砂粒径1.0~2.5mm,砾石含量30%~70%,平均最大粒径<150mm	0.8~3.0
6	砾卵砂,砾卵石层	砂粒径>2.0mm,砾石卵石含量>30%(泉眼总面积<0.07m^2,泉眼径<50mm)	2.0~4.0
7	漂石、卵石土有泉眼或砂砾石有较大泉眼	石料平均粒径50~200mm,或有个别大孤石<0.5m^3,泉眼径<300mm,(泉眼总面积<0.15m^2)	4.0~8.0
8	砾石,卵石,漂石粗砂,泉眼较多		>8.0

注:表中渗透量在无地表水时用低限,地表水深2~4m、土中有孔隙时用中限,地表水深>4m、松软土时用高限。

基坑侧面每平方米的渗水量(q_2)　　表4-12

1	敞口放坡开挖基坑或土围堰	按同类土质渗水量20%～30%计
2	木板桩或石笼填土心墙围堰	按同类土质渗水量10%～20%计
3	挡土板或单层草袋围堰	按同类土质渗水量10%～20%计
4	钢板桩、沉箱及混凝土护坑壁	按同类土质渗水量0%～5%计
5	竹、木笼围堰、杩槎堰	按同类土质渗水量15%～30%计

2. 基坑排水

桥梁基础施工中常用的基坑排水方法有如下几种。

(1)集水坑排水法。除严重流沙外,一般情况下均可适用。集水坑(沟)的大小,主要根据渗水量的大小而定;排水沟底宽不小于0.3m、纵坡为1‰～5‰,如排水时间较长或土质较差时,沟壁可用木板或荆笆支撑防护。集水坑一般设在下游位置,坑深应大于进水笼头高度,并用荆笆、竹篾、编筐或木笼围护,以防止泥沙阻塞吸水笼头。

(2)井点排水法。当土质较差并有严重流沙现象,地下水位较高,挖基较深,坑壁不易稳定,用普通排水方法难以解决时,可采用井点排水法。井点排水适用于渗透系数为0.5～150m/d的土壤中,尤其在2～50m/d的土壤中效果最好。降水深度一般可达4～6m,二级井点可达6～9m,超过9m应选用喷射井点或深井点法。具体可视土层的渗透系数、要求降低地下水位的深度及工程特点等,选择适宜的井点排水法和所需设备。各种井点法的适用范围参见表4-13。井点法排水示意图见图4-18。

各种井点法的适用范围　　表4-13

序号	井点类型	土层渗透系数(m/d)	降低水位深度(m)
1	轻型井点	0.1～80	≤6～9
2	喷射井点	0.1～50	8～20
3	射流泵井点	0.1～50	≤10
4	电渗井点	0.002～0.1	5～6
5	管井井点	20～200	3～5
6	深井泵	10～80	>15

用井点法降低土层中地下水位时,应尽可能将滤水管埋设在透水性较好的土层中。并应在水位降低的范围内,设置水位观测孔;对整个井点系统应加强维修和检查,以保证不间断地进行抽水;还应考虑到水位降低区域构筑物受其影响而可能产生的沉降。为此要做好沉降观测,必要时应采取防护措施。

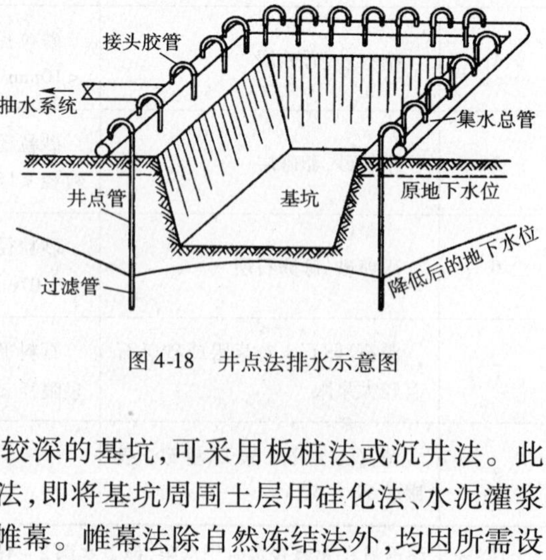

图4-18　井点法排水示意图

井点排水法因需要设备较多,施工布置较复杂,费用较大,应进行技术经济比较后采用。在桥涵基础中多用于城市内桥梁挖基工程。

(3)其他排水法。对于土质渗透性较大、挖掘较深的基坑,可采用板桩法或沉井法。此外,视工程特点、工期及现场条件等,还可采用帷幕法,即将基坑周围土层用硅化法、水泥灌浆法、沥青灌浆法及冻结法等处理成封闭的不透水的帷幕。帷幕法除自然冻结法外,均因所需设备较多、费用较大,在桥涵基础施工中应用较少。自然冻结法在我国北方地区应用前景较好,一般采用分格分层开挖。即将已冻结的水或土壤从上往下逐层分格开挖,连续开挖通过水层或饱和土层直到河底,再通过河床覆盖层到达基础设计高程。浅滩处可用砂土筑岛代替水,因为土的冻结速度比水快。河中水深大于2m时,可考虑采用冰套箱法,将套箱直接排水沉到河底,以缩短凿冰时间。

五、基底检验与处理

(一)基底检验

基础是隐蔽工程。基坑施工是否符合设计要求,在基础浇筑前应按规定进行检验。现行《公路桥涵施工技术规范》(JTJ 041—2000)规定:"基坑开挖并处理完毕,应首先由施工人员自检并报请检验,确认合格后填写地基检验表。经检验签证的地基检验表由施工单位保存作为竣工交验资料;未经签证,不得砌筑基础"。检验的目的在于:确定地基的容许承载力大小、基坑位置与高程是否与设计文件相符,以确保基础的强度和稳定性,不致发生滑移等病害。

基底检验的主要内容应包括:检查基底平面位置、尺寸大小,基底高程;检查基底土质均匀性,地基稳定性及承载力等;检查基底处理和排水情况;检查施工日志及有关试验资料等。按现行《公路桥涵施工技术规范》(JTJ 041—2000)的要求,基底平面周线位置允许偏差不小于设计要求,基底高程不得超过 ±5cm(土质)、+5cm,-20cm(石质)。

基底检验根据桥涵规模、地基土质复杂情况(如溶洞、断层、软弱夹层、易溶岩等)及结构对地基有无特殊要求等,按以下方法进行。

(1)小桥涵的地基,一般采用直观或触探方法,必要时进行土质试验。当特殊设计的小桥涵对地基沉降有严格要求,且土质不良时,宜进行荷载试验。对经加固处理后的特殊地基,一般采用触探或做密实度检验等。

(2)大、中桥和填土12m以上涵洞的地基,一般由检验人员用直观、触探、挖试坑或钻探(钻深至少4m)试验等方法,确定土质容许承载力是否符合设计要求。对地质特别复杂,或在设计文件中有特殊要求,或虽经加固处理又经触探、密实度检验后尚有疑问时,需进行荷载试验,确认符合设计要求后,方可进行基础结构物施工。

(二)基底处理

天然地基上的基础是直接靠基底土壤来承担荷载的,故基底土壤状态的好坏,对基础及墩台、上部结构的影响极大,不能仅检查土壤名称与容许承载力大小,还应为土壤更有效地承担荷载创造条件,即要进行基底处理工作。基底处理方法视基底土质而异,表4-14汇总了一般的处理方法,可供参考。

不同地质的基底处理方法 表4-14

基底地质	处理办法
岩层	1. 未风化的岩层基底,应清除岩面碎石、石块、淤泥、苔藓等; 2. 风化的岩层基底,开挖基坑尺寸要少留或不留富余量,灌筑基础圬工时,同时将坑底填满,封闭岩层; 3. 岩层倾斜时,应将岩面凿平或凿成台阶,使承重面与重力线垂直,以免滑动; 4. 砌筑前,岩层表面用水冲洗干净
碎石及砂类土壤	承重面应修理平整夯实,砌筑前铺一层2cm厚的浓稠水泥砂浆

续上表

基底地质	处理办法
黏土层	1. 铲平坑底时，不能扰动土壤天然结构，不得用土回填； 2. 必要时，加砌一层 10cm 厚的夯填碎石，碎石面不得高出基底设计高程； 3. 基坑挖完处理后，应在最短期间砌筑基础，防止暴露过久变质
湿陷性黄土	1. 基底必须有防水措施； 2. 根据土质条件，使用重锤夯实、换填、挤密桩等措施进行加固，改善土层性质； 3. 基础回填不得使用砂、砾石等透水土壤，应用原土加夯封闭
软土层	1. 基底软土小于 2m 时，可将软土层全部挖除，换以中、粗砂、砾石、碎石等力学性质较好的填料，分层夯实； 2. 软土层深度较大时，应布置砂桩（或砂井）穿过软土层，上层铺砂垫层
冻土层	1. 冻土基础开挖宜用天然或人工冻结法施工，并应保持基底冻层不融化； 2. 基底设计高程以下，铺设一层 10～30cm 粗砂或 10cm 的贫混凝土垫层作为隔热层
溶洞	1. 暴露的溶洞应用浆砌片石、混凝土填充，或填砂、砾石后，压水泥浆充实加固； 2. 检查有无隐蔽溶洞，在一定深度内钻孔检查； 3. 有较深的溶沟时，可用钢筋混凝土盖板或梁跨越，亦可改变跨径避开
泉眼	1. 插入钢管或做木井，引出泉水，与圬工隔离以后用水下混凝土填实； 2. 在坑底凿成暗沟，上放盖板，将水引出至基础以外的汇水井中抽出，圬工硬化后，停止抽水

软土及软弱地基为沉积的软弱饱和黏土层，其承压力小、沉降量大，进行处理时，可根据软土层的厚度及其物理力学性质、承载力大小、施工期限、施工机具和材料供应等因素，因地制宜、就地取材，采取换填土、砂砾垫层、袋装砂井、排水塑料板桩、生石灰桩、真空预压及粉体喷射搅拌法等方法处理，上述处理法在沪嘉高速公路、沪宁高速公路等工程上应用均获得良好效果。

六、基础圬工浇（砌）筑

有的基坑渗漏很小，易于排水施工；有的渗漏严重，不易将水排干。为了方便施工和保证施工质量，应尽可能在基底处于无水状态的情况下浇砌基础。通常的基础施工可分为无水砌筑、排水浇砌及水下灌筑三种情况。基础结构物的用料应在挖基完成前准备好，以保证及时浇砌基础，避免基底土质变差。

排水浇（砌）筑的施工要点是：确保在无水状态下砌筑圬工；禁止带水作业及用混凝土将水赶出模板外的灌注方法；基础边缘部分应严密隔水；水下部分圬工必须待水泥砂浆或混凝土终凝后才允许浸水。

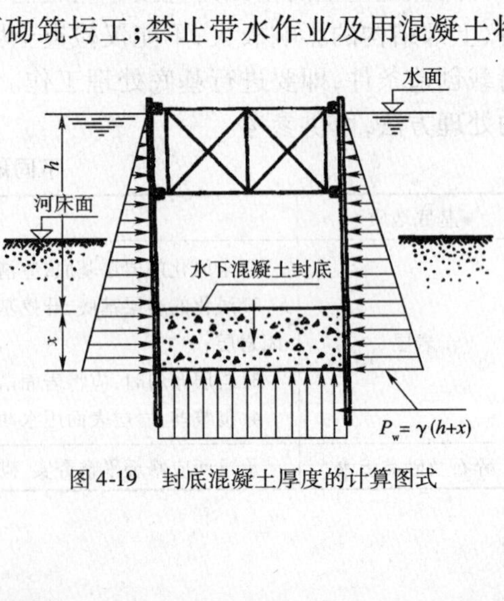

图 4-19　封底混凝土厚度的计算图式

水下灌筑混凝土一般只有在排水困难时采用。基础圬工的水下灌筑分为水下封底和水下直接灌筑基础两种。前者封底后仍要排水再砌筑基础，封底只是起封闭渗水的作用，其混凝土只作为地基而不作为基础本身，适用于板桩围堰开挖的基坑（图 4-19）。

（1）水下封底混凝土的厚度。封底之后，要从基坑内排干水。这时基底面上受到向上作用的水压力 P_w（图 4-19）。封底混凝土在 P_w 作用下，有如周边支承的板，其最小厚度 x 应能保证混凝土板有足够的强度。同时，板桩同封底混凝土组成一个浮筒，该浮筒的自重应能保证不被浮起。如图 4-19 所示，在封底混凝土的隔离体上作用着的外力有底面处的浮力、自重以及封底混凝土与钢板桩接触面上的黏着力和摩擦力。其静力平衡方程为：

$$xF\gamma_c + ux\tau = \gamma_w(h + x)F \tag{4-7}$$

式中：x——封底混凝土的最小厚度（m）；

F——封底混凝土面积（m^2）；

γ_c——混凝土容重（kN/m^3）；

u——封底混凝土周长（m）；

h——抽水深度（m）；

τ——水下混凝土与钢板桩间的单位黏着力（MPa）；

γ_w——水的容重（kN/m^3）。

其中 τ 值可根据实际情况确定。由上式可求得最小封底厚度值。在估算时也可不考虑混凝土与板桩间的黏着力，偏安全地采用：

$$x = \gamma_w h/\gamma_c - \gamma_w = h/\gamma_c \tag{4-8}$$

由上式估算出的封底厚度 x 值后，当 x 值与基坑短边的比值较小时，可将封底混凝土作为四周自由支承的双向板，计算其最大弯拉应力是否小于混凝土的容许弯拉应力值，即由封底混凝土的强度控制。此时，可用下式：

$$\frac{4x^2}{3L^2}[\sigma] = \gamma_w(h + x) - \gamma_c x \tag{4-9}$$

式中：L——基坑（围堰）宽度（m）；

$[\sigma]$——混凝土容许拉应力，应根据混凝土强度等级并考虑表层混凝土质量较差及养护时间短等不利因素，一般用 0.1～0.2MPa。

水下封底混凝土的质量不易控制，故封底厚度不能完全按公式计算决定，还应参照实际经验。为满足防渗漏的要求，封底混凝土的最小厚度一般为 2m 左右。

（2）水下混凝土的灌注方法。现今桥梁基础施工中广泛采用的是垂直移动导管法。如图 4-20，混凝土经导管输送至坑底，并迅速将导管下端埋没，随后混凝土不断地输送到被埋没的导管下端，从而迫使先前输送到的但尚未凝结的混凝土向上和四周推移。随着基底混凝土的上升，导管亦缓慢向上提升，直至达到要求的封底厚度时，停止灌入混凝土，并拔出导管。当封底面积较大时，宜用多根导管同时或逐根灌注，按先低处后高处、先周围后中部次序并保持大致相同的高度进行，以保证混凝土充满基底全部范围。导管的根数及在平面上的布置，可根据封底面积、障碍物情况、导管作用半径等因素

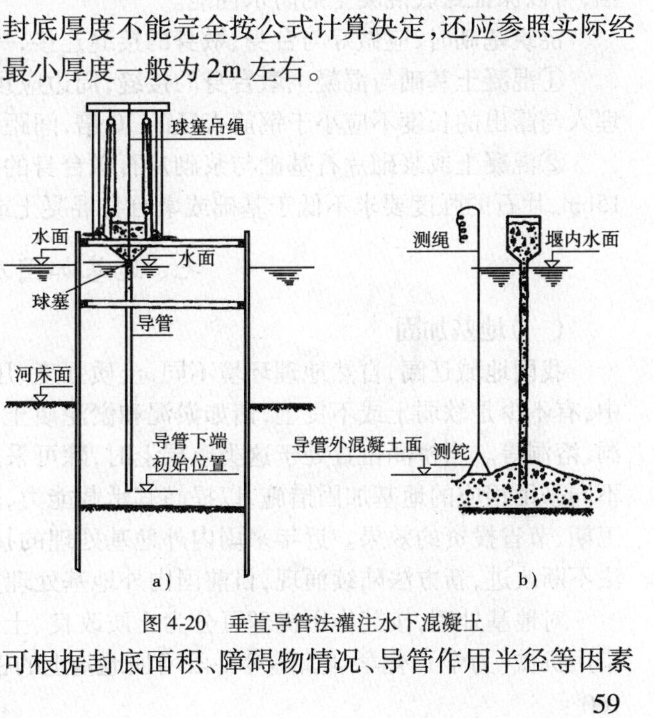

图 4-20　垂直导管法灌注水下混凝土

确定。导管的有效作用半径则因混凝土的坍落度大小和导管下口超压力大小而异。导管作用半径与超压力的关系见表4-15。

导管作用半径与超压力关系　　表4-15

导管作用半径(m)	最小超压力(kPa)	导管作用半径(m)	最小超压力(kPa)
4.0	250	3.0	100
3.5	150	<2.5	75

对于大体积的封底混凝土,可分层分段逐次灌注。对于强度要求不高的围堰封底水下混凝土,也可以一次由一端逐渐灌注到另一端。

在正常情况下,所灌注的水下混凝土仅其表面与水接触,其他部分的灌注状态与空气中灌注无异,从而保证了水下混凝土的质量。至于与水接触的表层混凝土,可在排干水而外露时予以凿除。

采用导管法灌注水下混凝土要注意以下几个问题:

①导管应试拼装,球塞应试验通过,施工时严格按试拼的位置安装。导管试拼后,应封闭两端,充水加压,检查导管有无漏水现象。导管各节的长度不宜过大,连接应可靠而又便于装拆,以保证因拆卸而中断灌注的时间最短。

②为使混凝土有良好的流动性,粗集料粒径以20~40mm为宜。坍落度应不小于18cm,一般倾向于用大一些。水泥用量比空气中同等级的混凝土增加20%。

③必须保证灌注工作的连续性,在任何情况下不得中断灌注。在灌注过程中,应经常测量混凝土表面的高程,正确掌握导管的提升量。导管下端务必埋入混凝土内,埋入深度一般不应小于0.5m。

④水下混凝土的流动半径,要综合考虑到对混凝土质量的要求、水头的大小、灌注面积的大小、基底有无障碍物以及混凝土拌和机的生产能力等因素来决定。通常流动半径在3~4m范围内是能够保证封底混凝土的表面不会有较大的高差,并具有可靠的防水性,只要处理得当,可以保证封底混凝土的防水性能。

浇筑基础时,应做好与台身、墩身的接缝连接,一般要求如下:

①混凝土基础与混凝土墩台身的接缝,周边应预埋直径不小于16mm的钢筋或其他铁件,埋入与露出的长度不应小于钢筋直径的30倍,间距不大于钢筋直径的20倍。

②混凝土或浆砌片石基础与浆砌片石墩台身的接缝,应预埋片石作榫,片石厚度不应小于15cm,片石的强度要求不低于基础或墩台身混凝土或砌体的强度。

七、地基加固及实例

(一)地基加固

我国地域辽阔,自然地理环境不同,土质强度、压缩性和透水性等性质有很大的差异。其中,有不少是软弱土或不良土,诸如淤泥和淤泥质土、湿陷性黄土、膨胀土、季节性冻土以及土洞、溶洞等。当桥涵位置处于这类土层上时,除可采用桩基、沉井等深基础外,也可视具体情况不同采用相应的地基加固措施,以提高其承载能力,然后在其上修筑扩大基础,以求获得缩短工期、节省投资的效果。近年来国内外地基处理的技术迅速发展,处理的方法越来越多,老方法不断改进,新方法陆续涌现,目前国内外地基处理方法多至百种以上。

对地基处理,按其作用机理可分为土质改良、土的置换、土的补强等几种方法。土质改良指用机械(力学)、化学、电、热等手段增加地基土的密度,或使地基土固结;土的置换是将软土层换填为良质土如砂垫层等；土的补强则是采用薄膜、绳网、板桩等约束住地基土，或者在土中放入抗拉强度高的补强材料形成复合地基，以加强和改善地基土的剪切特性。

根据地基处理原理具体可有表4-16所示的几种方法，而各种方法又适用于不同的地基土。

实际工程中必须根据上部结构对地基的要求，针对不同地基土的特性，有的放矢、因地制宜地选择加固方法。只有了解软弱土层的特性，掌握不同处理方法的加固机理，才能使地基加固得恰到好处，以最经济的手段达到预期的加固效果。

地基加固处理方法的分类 表4-16

序号	分类	处理方法	原理及作用	适用范围
1	碾压及夯实	重锤夯实，机械碾压，振动压实，强夯（动力固结）	利用压实原理，通过机械碾压夯击，把表层地基土压实；强夯则利用强大的夯击能，在地基中产生强烈的冲击波和动应力，迫使土动力固结密实	适用于碎石土、砂土、粉土、低饱和度的黏性土、杂填土等，对饱和黏性土应慎重采用
2	换土垫层	砂石垫层，素土垫层，灰土垫层，矿渣垫层	以砂石、素土、灰土和矿渣等强度较高的材料，置换地基表层软弱土，提高持力层的承载力，扩散应力，减小沉降量	适用于处理暗沟、暗塘等软弱土的浅层处理
3	排水固结	天然地基预压，砂井预压，塑料排水带预压，真空预压，降水预压	在地基中增设竖向排水体，加速地基的固结和强度增长，提高地基的稳定性，加速沉降发展，使基础沉降提前完成	适用于处理饱和软弱土层，对于渗透性极低的泥炭土，必须慎重对待
4	振密挤密	振冲挤密，灰土挤密桩，砂桩，石灰桩，爆破挤密	采用一定的技术措施，通过振动或挤密，使土体的孔隙减少，强度提高；必要时，在振动挤密过程中，回填砂、砾石、灰土、素土等，与地基土组成复合地基，从而提高地基的承载力，减少沉降量	适用于处理松砂、粉土、杂填土及湿陷性黄土
5	置换及拌入	振冲置换，深层搅拌，高压喷射注浆，石灰桩等	采用专门的技术措施，以砂、碎石等置换软弱土地基中的部分软弱土，或在部分软弱土地基中掺入水泥、石灰或砂浆等形成加固体，与未处理部分组成复合地基，从而提高地基承载力，减少沉降量	黏性土、冲填土、粉砂、细砂等；振冲置换法对于不排水剪切强度小于20kPa时慎用
6	加筋	土工聚合物加筋，锚固，树根桩，加筋土	在地基或土体中埋设强度较大的土工聚合物、钢片等加筋材料，使地基或土体可承受抗拉力，防止断裂，保持整体性，提高刚度，改变地基土体的应力场和应变场，从而提高地基的承载力，改善变形特性	软弱土地基、填土及陡坡填土、砂土

（二）地基加固实例

我国南部沿海某大桥，桥址处地质构造：河床表层为河口相淤泥和滨海相淤泥质粉砂为主的松散堆积，呈流塑、软塑状，层厚16～25m，其下为冲积中粗砂砾层和残积砾质亚黏土层，埋深20～30m，基岩为中粗粒花岗岩，致密坚硬。由于桥台台后填土高，软土覆盖层深厚，且含水量高、压缩性大（表4-17），地基需经加固处理才能满足设计要求。

台后路基软土技术指标 表 4-17

桥台位置	台后填土高度(m)	软土主要力学指标					
		淤泥层厚(m)	天然含水量(%)	塑性指数	压缩模量(kPa)	天然孔隙比
东岸桥台	5.36	19~21	64.3	20.9	18.9×10^2	1.812
西岸桥台	4.65	13~15	72.1	24.4	16.2×10^2	1.952

常用的加固方法,有塑料排水板、粉喷桩复合地基和超载预压法等(表 4-18),方案比较结果表明:水泥粉喷桩复合地基加固软土效果显著,施工工期最短,但费用最高;超载预压法则工期太长,剩余沉降量过大;塑料排水板加固软基效果好,工期较短,施工简单,有较成熟的施工经验等。结合工程实际,最后决定采用塑料排水板加固台后软基。实际加固效果见表 4-19,实测桥台的垂直位移和水平位移值见表 4-20,均能满足设计要求,获得了良好效果。

淤泥软基处理加固方案比选 表 4-18

施工方案技术指标	塑料排水板固结排水	水泥粉喷桩复合地基	超载预压自然沉降
施工工期 $T=1.5$ 年 固结度(承载力)	$U=97.4\%$	$R=80\text{kPa}$	$U=57\%$
主要施工方法	摊铺过滤层厚 50cm;打插排水板间距 1.2m,深度 12m;填土加载预压	施工粉喷桩,桩径 ϕ500mm,桩间距 1.7m,桩长 8m	加载预压;卸载
总造价(万元)	55.8	129.0	21.7
主要优点	软土固结效果好,施工期间沉降量大;剩余沉降量小;有较成熟的施工和设计经验	施工工期最短;软土加固效果显著;路基剩余沉降量较小	施工方法最简单;利用路基填土作为加载预压,材料单一;投资费用最省
主要缺点	施工程序要求严格;进行定点、定期的沉降和水平位移、孔隙水压力观测	投资费用最高;施工机械复杂;进行地基承载力及土质力学指标试验	施工工期最长;填土加载程序严格;路基剩余沉降量大;施工易产生失稳和滑动破坏现象

台后软基加固效果 表 4-19

项目 加载工期	计算值				实测值			
	东桥台后软基		西桥台后软基		东桥台后软基		西桥台后软基	
	固结度(%)	沉降量(cm)	固结度(%)	沉降量(cm)	固结度(%)	沉降量(cm)	固结度(%)	沉降量(cm)
第一级加载工期 90d	20.7	25.8	20.7	22.9	22.5	18.1	19.7	17.8
第二级加载工期 211d	46.5	58.1	46.5	51.6	52.3	41.9	48.8	44.0
第三级加载工期 365d	72.8	90.8	72.8	80.7	93.4	74.8	82.9	74.7
第四级加载工期 547d	97.4	121.6	97.4	108.0	123.8	99.2	110.3	99.5

桥台位移实测值　　表 4-20

位移值	东桥台	西桥台	位移值	东桥台	西桥台
垂直沉降位移（mm）	6	4	水平位移（mm）	14	12

第三节　桩与管柱基础施工

当地基浅层土质较差，持力土层埋藏较深，需要采用深基础才能满足结构物对地基强度、变形和稳定性要求时，可用桩基础。桩基础是常用的桥梁基础类型之一。

基桩按材料分类有木桩、钢筋混凝土桩、预应力混凝土桩与钢桩。桥梁基础中应用较多的是中间两种。按制作方法分为预制桩和钻（挖）孔灌注桩；按施工方法分为锤击沉桩、振动沉桩、射水沉桩、静力压桩、就地灌注桩与钻孔埋置桩等，前四种又统称为沉入桩。桩基的施工方法应该依据地质条件、设计荷载、施工设备、工期限制及对附近建筑物产生的影响等来选择。

一、沉入桩基础

沉入桩所用的基桩主要为预制的钢筋混凝土桩（图 4-21）和预应力混凝土桩。断面形式常用的有实心方桩和空心管桩两种，方桩尺寸为 30cm × 30cm、30cm × 35cm、35cm × 35cm、35cm × 40cm、40cm × 40cm，桩长为 10 ~ 24m。管桩（包括钢筋混凝土和预应力混凝土）一般由工厂以离心成型法制成，目前成品规格：管桩外径 40cm、55cm 两种，分为上、中、下三节，管壁厚度为 8 ~ 10cm。表 4-21 为预应力混凝土管桩的技术数据。

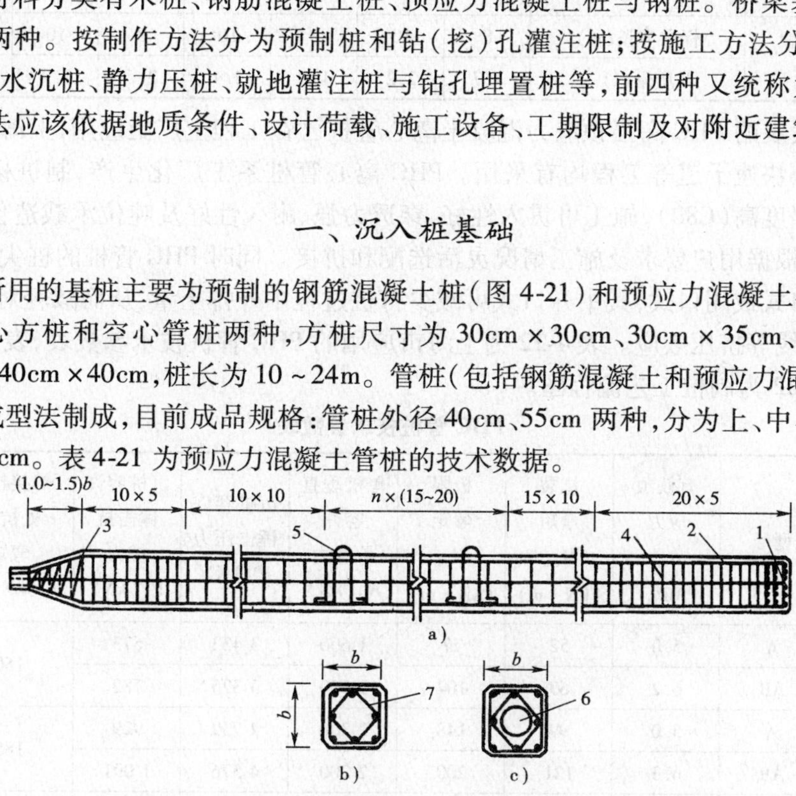

图 4-21　预制钢筋混凝土方桩构造图（尺寸单位：cm）

a）桩纵截面；b）实心桩横截面；c）空心桩横截面

1-桩头钢筋网；2-主钢筋；3-$\phi 6$ 螺旋筋；4-$\phi 6$ 箍筋；5-吊环（一般可不设）；6-桩的空心；7-箍筋

注：n 为箍筋间距数。

预应力混凝土管桩的技术数据　　表 4-21

管桩型号		$\phi 400$—80	$\phi 450$—90	$\phi 550$—80	$\phi 550$—100
管桩直径（mm）	外径（d_1）	400	400	550	550
	内径（d_2）	240	220	390	350
混凝土强度（MPa）（R_{28}）		≥45	≥45	≥45	≥45
配筋（mm）	预应力主筋	8,12	8,12	12,12	12,12
	螺旋筋	$\phi 5$，A3	$\phi 5$，A3	$\phi 5$，A3	$\phi 5$，A3

续上表

管桩型号		ϕ400—80		ϕ450—90		ϕ550—80		ϕ550—100	
有效预压力	轴压力(kN)	403		403		604		604	
	压应力(MPa)	4.8		4.4		4.9		4.1	
结构设计极限荷载	轴心抗压力(kN)	2 640		2 890		3 880		4 660	
	破裂弯矩(kN·m)	56		56		126		129	
	纯弯弯矩(kN·m)	92		91		198		203	
桩节质量	标准节长(m)	8	10	8	10	8	10	8	10
	质量(t)	1.7	2.2	1.9	2.4	2.6	3.2	3.0	3.7

近年来发展的PHC高强预应力混凝土离心管桩已在工程上广泛应用，上海市延安东路高架道路与外环快速干道等工程均有采用。PHC离心管桩系工厂化生产，制桩标准化程度高，具有混凝土强度高(C80)、施工可贯入性好、穿透力强、耐久性好及吨位承载造价低等特点，且桩型、桩长可根据用户要求及施工情况灵活选配和拼接。同时PHC管桩的桩尖可按场地土质类型选用开口式或闭口式，其中开口式可减少打桩过程中外排土量，从而减轻对周围建筑物和地下管道、管线等挤压效应。表4-22为上海市应用的PHC管桩技术参数表，表4-23为其结构参数表，图4-22为制桩工艺流程图。

PHC管桩技术参数表 表4-22

外径×壁厚(mm)	型号	有效预应力 σ_{cc}(MPa)	抗裂弯矩 M_{cra}(kN·m)	极限弯矩 M_{ud}(kN·m)	单桩垂直容许承载力 N_d(kN)	沉桩容许锤击压力 P(kN)	沉桩容许锤击抗拉力 P_L(kN)	焊接接头处抗裂弯矩 M_w(kN·m)	接头处容许锤击抗拉力 P_w(kN)
400×95	A	5.0	52	77	1 600	3 433	673	150	2 122
	AB	6.2	63	104	1 500	3 325	782		
500×100	A	5.0	99	148	2 300	4 739	929	188	2 653
	AB	6.3	121	200	2 200	4 576	1 091		
600×105	A	5.2	164	246	3 100	6 169	1 310	228	3 183
	AB	6.1	201	332	3 000	6 022	1 395		

PHC管桩结构参数表 表4-23

名称		符号	单位	规格					
桩型:外径×壁厚		$d_1 \times t$	mm	A600×105	AB600×105	A500×100	AB500×100	A400×95	A400×95
混凝土强度等级		C	MPa	80		80		80	
截面尺寸	外径	d_1	mm	600		500		400	
	内径	d_2	mm	390		300		210	
	壁厚	t	mm	105		100		95	

续上表

名称		符号	单位	规格					
截面面积		A_0	cm^2	1 632		1 257		910	
桩长度		L	M	8		10		12	
预应力钢筋	直径	ϕ	mm	9.2	11	9.2	11	9.2	11
	根数	N_a	根	12		10		7	
	周径	d_p	mm	496		409		309	
	截面积	A_p	cm^2	7.68	10.8	6.4	9	4.48	6.3
	含筋率	μ	%	0.47	0.66	0.51	0.72	0.49	0.69
螺旋钢筋	两端(螺距×长度)	$S_1 \times L_1$	mm	$\phi_b5:50\times1\ 200$		$\phi_b5:50\times1\ 200$		$\phi_b5:50\times1\ 200$	
	中间(螺距)	S_2	mm	$\phi_b5:100$		$\phi_b5:100$		$\phi_b4:100$	
钢端板	外径	d_1	mm	598		498		398	
	内径	d_2	mm	390		300		210	
	厚度	σ	mm	20		19		19	
	焊缝口	$a\times L$	mm	11×4.5		11×4.5		11×4.5	
单位长度质量		m	kg	426		328		238	

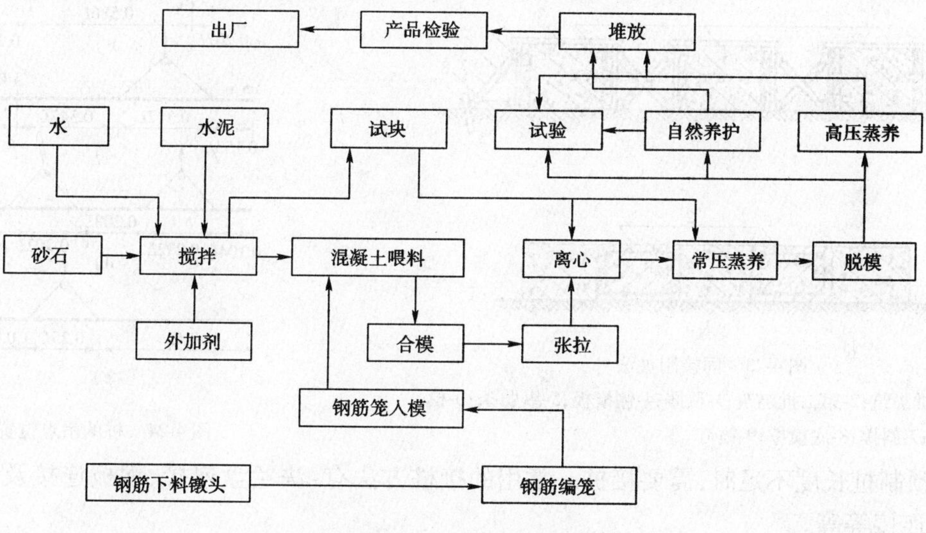

图4-22 制桩工艺流程图

制作钢筋混凝土桩和预应力混凝土桩所用技术要求应按现行《公路桥涵施工技术规范》(JTJ 041—2000)处理。此外,还应注意以下事项。

(1)钢筋混凝土桩内的纵向主钢筋如需接头时,应采用对焊接头;

(2)螺旋筋或箍筋必须箍紧主筋,与主筋交接处应用点焊焊接或用铁丝扎结牢固;

(3)预应力混凝土的纵向主筋采用冷拉钢筋且需焊接时,应在冷拉前采用闪光接触对焊焊接;

(4)桩长用法兰盘连接时,法兰盘应对准位置焊接在钢筋或预应力钢筋上;对先张法预应力混凝土桩,法兰盘应先焊接在力筋上,然后进行张拉;

(5)混凝土应由桩顶向桩尖方向连续灌注,不得中断;

(6)桩的钢筋骨架(包括预应力钢筋骨架)允许偏差应符合表4-24的规定。

桩的钢筋骨架允许偏差 表4-24

项　目	允许偏差(mm)	项　目	允许偏差(mm)
纵向钢筋间距	±5	桩顶钢筋网片位置	±5
螺旋筋或箍筋间距	±10	纵钢筋底尖端位置	±5
纵向钢筋与模板净距	±5		

钢筋混凝土桩的预制要点:制桩场地的整平与夯实;制模与立模;钢筋骨架的制作与吊放;混凝土浇筑与养护。图4-23为横向成排支模的间接法浇筑制桩施工示意图。间接浇筑法要求第一批桩的混凝土达到设计强度的30%以后,方可拆除侧模;待第二批桩的混凝土达到设计强度的70%以后才可起吊出坑。

预制桩在起吊与堆放时,较多采用两个支点。较长的桩也可用3~4个支点。支点位置一般应按各支点处最大负弯矩与支点间桩身最大正弯矩相等的条件来确定,如图4-24所示。起吊就位时多采用1个或2个吊点,如图4-24a)、4-24e)。堆放场地应靠近沉桩现场,场地平整坚实,并备有防水措施,以免场地出现湿陷或不均匀沉陷。

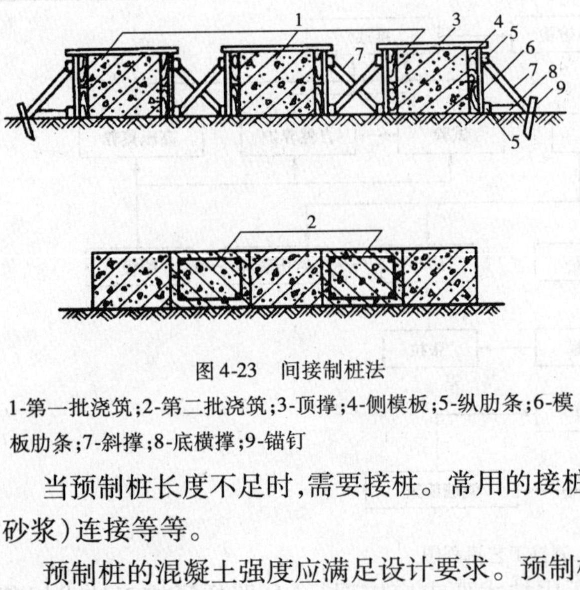

图4-23　间接制桩法

1-第一批浇筑;2-第二批浇筑;3-顶撑;4-侧模板;5-纵肋条;6-模板肋条;7-斜撑;8-底横撑;9-锚钉

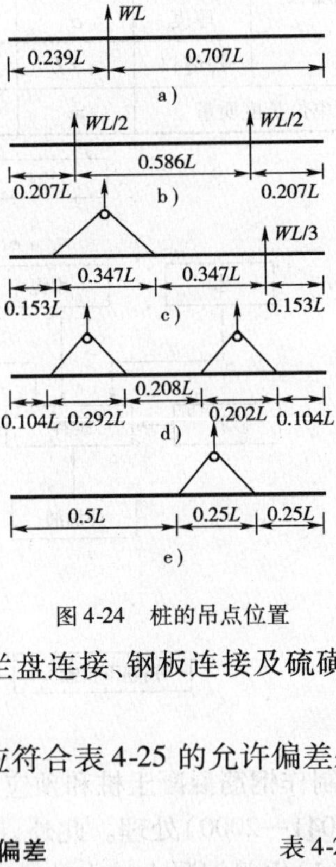

图4-24　桩的吊点位置

当预制桩长度不足时,需要接桩。常用的接桩方法有:法兰盘连接、钢板连接及硫磺胶泥(砂浆)连接等等。

预制桩的混凝土强度应满足设计要求。预制桩的制作除应符合表4-25的允许偏差外,还应符合下列要求。

钢筋混凝土桩和预应力混凝土桩的允许偏差 表4-25

项次	偏差名称及说明		允许偏差
1	长度		±50mm
2	横截面	横截面边长	±5mm
3		空心桩空心(管芯)直径	±10mm
4		空心(管芯或管桩)中心与桩中心	±20mm

续上表

<table>
<tr><th>项次</th><th colspan="2">偏 差 名 称 及 说 明</th><th>允许偏差</th></tr>
<tr><td>5</td><td colspan="2">桩尖对桩纵轴线</td><td>10mm</td></tr>
<tr><td rowspan="2">6</td><td rowspan="2">桩纵轴的弯曲矢高</td><td>桩长的</td><td>0.1%</td></tr>
<tr><td>并不大于</td><td>20mm</td></tr>
<tr><td>7</td><td colspan="2">桩顶顶面与桩纵轴线倾斜偏差为桩顶横截面边长(或直径、对角线)的</td><td>1%及≤3mm</td></tr>
<tr><td>8</td><td colspan="2">桩顶外伸钢筋长度</td><td>±20mm</td></tr>
<tr><td>9</td><td colspan="2">接桩处接头平面与桩轴平面垂直度</td><td>0.5%</td></tr>
</table>

(1)桩的表面平整无蜂窝,麻面深度不得超过15mm;

(2)桩的棱角碰损深度应在10mm以内,其总长度不得大于50mm;

(3)桩顶与桩尖均不得有蜂窝和碰损,桩身不得有钢筋露出;

(4)预应力混凝土桩不得有裂缝,钢筋混凝土桩桩身收缩裂缝宽度不得大于0.2mm,横向裂缝长度,方桩不得超过边长的1/2,管桩和多角桩不得超过直径或对角线的1/2;纵向裂缝长度,方桩不得超过边长的2倍,管桩和多角形桩不得超过直径或对角线的2倍;

(5)预制桩出场前应进行检验,出场时应具备出场合格检验记录。

沉桩顺序应根据现场地形条件、土质情况、桩距大小、斜桩方向、桩架移动方便等来决定。同时应考虑使桩入土深度相差不多,土壤均匀挤密。图4-25为几种沉桩顺序和土壤挤密情况。沉桩的一般工序如图4-26。

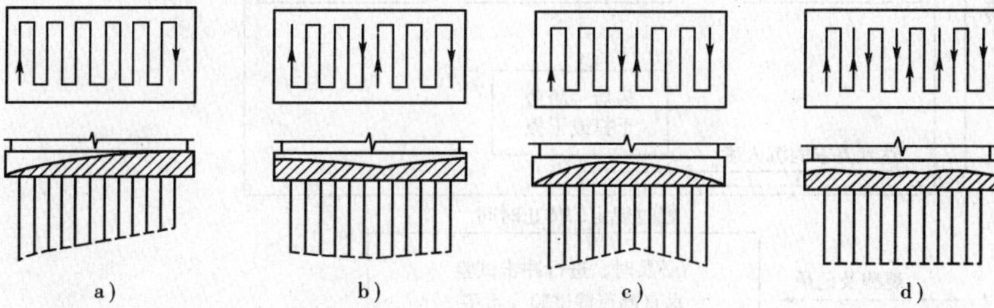

图4-25 沉桩顺序和土壤挤密情况

沉桩前应处理空中和地面上下的障碍物,平整场地或搭设支架、平台,做好准备工作。沉入桩的施工方法主要有:锤击沉桩、振动沉桩、射水沉桩以及静力压桩等。

(一)锤击沉桩

锤击沉桩一般适用于中密砂类土、黏性土。由于锤击沉桩依靠桩锤的冲击能量将桩打入土中,因此一般桩径不能太大(≤0.6m),入土深度在40m左右,否则对沉桩设备要求较高。沉桩设备是桩基施工质量与成败的关键,应根据土质、工程量、桩的种类、规格、尺寸、施工期限、现场水电供应等条件选择。

1.沉桩设备

锤击沉桩的主要设备有桩锤、桩架及动力装置三部分。表4-26为常用沉桩机具的适用性能。图4-27为各种桩锤示意图。冲击锤的选择,原则上是重锤低击。具体选择时可考虑下述因素。

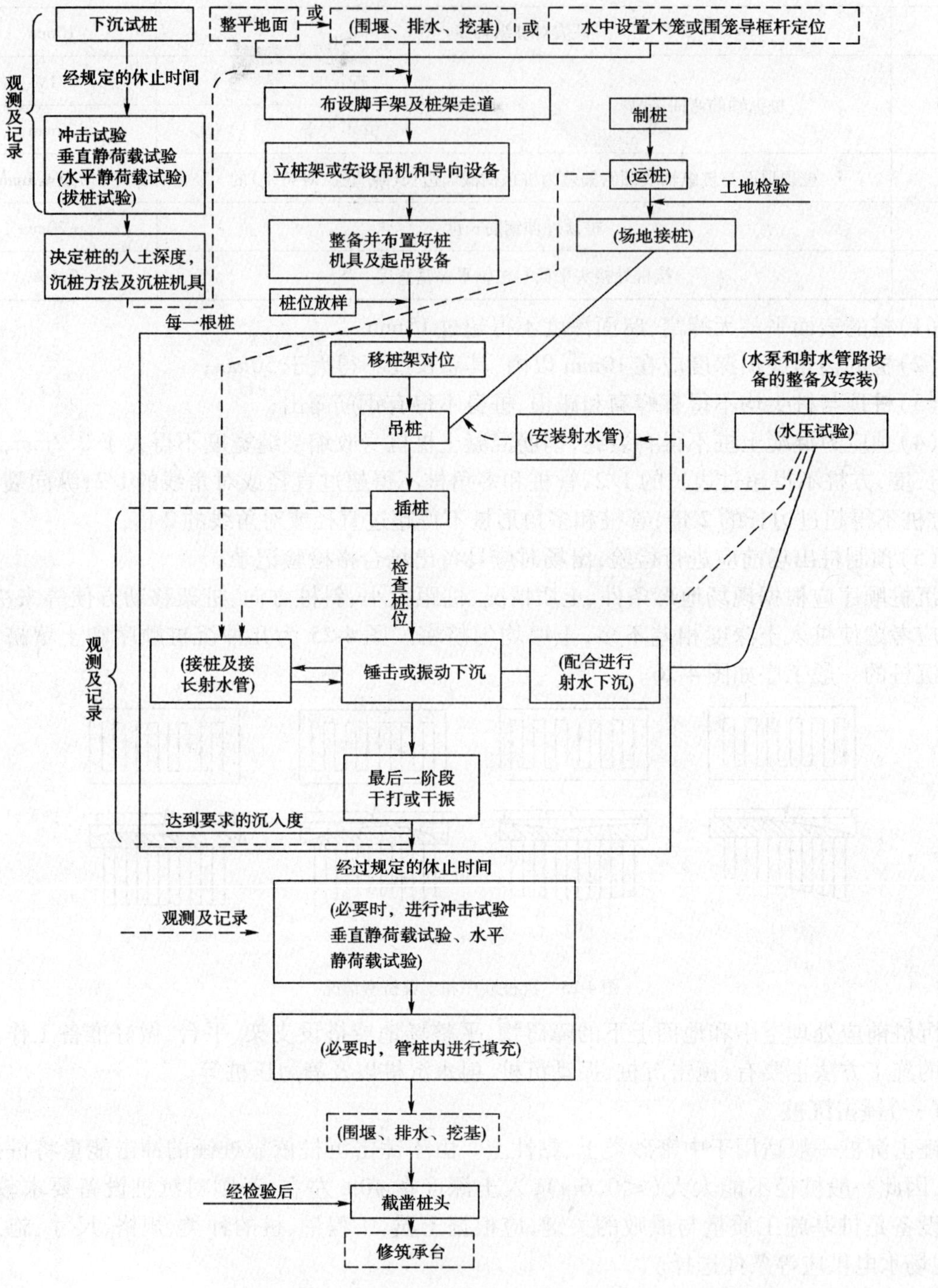

图 4-26　沉桩的一般工序图解。
注：括号内的工序只在某些特定场合时需要。

常用沉桩机具适用范围参考表 表4-26

顺序	沉桩机具种类	适用范围	优缺点
1	坠锤	1. 适宜于打木桩及断面较小的混凝土桩； 2. 在一般黏性土砂类土含有少量砾石的土均可使用	设备简单，使用方便，能调整落距，冲击力可大可小，但速度慢效率较低
2	单动汽锤	适宜于打各种桩	汽锤冲程短，对桩头不易损坏，起落锤速度快，效率较高
3	双动汽锤	1. 适宜于打各种桩； 2. 可用于打斜桩； 3. 使用压缩空气时可于水下打桩； 4. 可作拔桩机	冲击次数多，冲击力大，工作效率高，可不用桩架打桩，但设备笨重，移动不方便
4	柴油机桩锤	1. 适宜于打各种桩及钢板桩； 2. 不宜在过软和过硬土中打桩	附有桩架、动力设备，机架轻，移动方便，燃料消耗少，沉桩效率高
5	振动沉桩机锤	1. 适宜于打各种桩； 2. 不宜于打斜桩及有接头的木桩； 3. 宜用于松散砂土、亚黏土、黄土和软土，对密实黏性土、风化岩、砾石效果差	沉桩速度快，施工操作简易安全，能辅助拔桩
6	静力压桩机	1. 适用于不能有噪声和振动影响邻近建筑物的软土地区； 2. 桩的断面宜≤40cm×40cm 或 ϕ45cm 以内管桩	无噪声、无振动，桩配筋简单，短桩可接，便于运输。只适用松软地基，需要塔架设备，运输安装不便
7	射水沉桩设备	1. 适于砂土、砂砾或其他坚硬的地基； 2. 大断面的混凝土桩及空心管桩配合射水可加快下沉； 3. 不宜用于大卵石及坚硬的黏土层或厚度超过50cm的泥炭层； 4. 不宜用于承受水平推力及上拔的锚固桩或离建筑物较近的桩	配合锤击沉桩，可加快进度，效率高；桩不易打坏；不宜于沉斜桩；设备较多，只能配合锤击或振动沉桩，不能单用射水沉桩

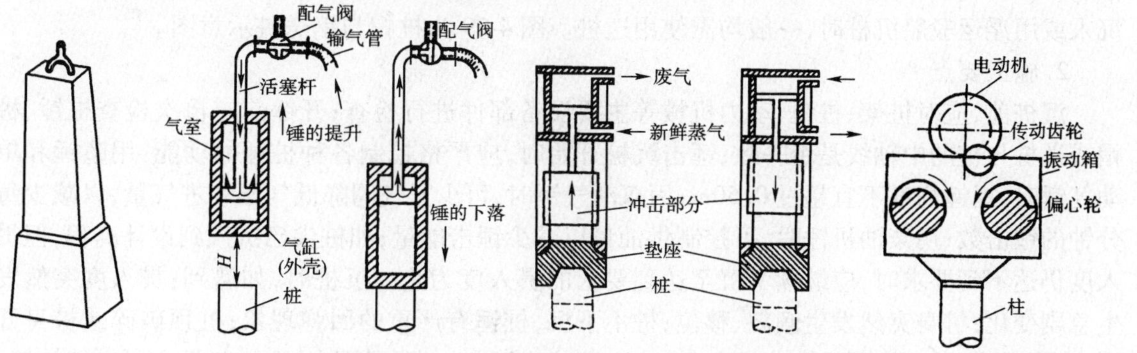

图4-27 桩锤类型

a）坠锤；b）单动汽锤；c）双动汽锤；d）整体结构式振动锤

(1)按锤重与桩重的比值:可依表4-27选用。

锤重与桩重比值表 表4-27

桩的类别	锤的类别			
	单动汽锤	双动汽锤	柴油机锤	坠锤
钢筋混凝土桩	0.4~1.4	0.6~1.8	1.0~1.5	0.35~1.5
木桩	2.0~3.0	1.5~2.5	2.50~3.5	2.0~4.0
钢板桩	0.7~2.0	1.5~2.5	2.0~2.5	1.0~2.0

(2)按桩锤的冲击能:根据单桩的设计荷载估算桩锤所需冲击能,可按下式估算:

$$E \geqslant 250P \tag{4-10}$$

式中:E——桩锤的一次冲击能(kN·m);

P——单桩的设计荷载(kN)。

估算冲击能E后,再用下式验算其适用系数是否符合要求:

$$K=\frac{Q+q}{E} \tag{4-11}$$

式中:K——适用系数(计算的适用系数K值,对于双动汽锤及柴油机锤不宜大于5.0;对于单动汽锤不宜大于3.5;对于坠锤不宜大于2.0);

Q——桩锤重力(kN);

q——桩重包括送桩、桩帽及桩垫的重力(kN)。

下沉钢板桩、工字钢桩及配合射水沉桩时,适用系数K值可提高50%。

柴油机桩锤是一种特殊的二冲程柴油发动机,其本身既是发动机又是工作机,不需要外部能源和蒸汽锅炉、空压机或电动机等,较单动、双动汽锤优越,且沉桩效率较高,工程上应用较为普遍。柴油机桩锤形式多样,总的分为杆式和筒式两种。

桩架在沉桩施工中,承担吊锤、吊桩、插桩、吊插射水管及桩在下沉过程中的导向作用等。桩架可用木料和钢料做成,工程中常用的是钢桩架(图4-28)。桩架的正面是导向杆,用于控制桩锤和桩身的方向;顶上装有滑轮,底盘上装有卷扬机,用于提升桩锤与桩等。其特点是可以在轨道上运行,并可在水平面内转动360°;导向杆能够伸缩、倾斜(用于打斜桩)等。以上作业均由自备的动力设备和机械装置驱动与操纵。这类桩架最大高度可达35m,最大倾斜度可达1:3。缺点是比较笨重,成本较高。

其他设备中主要有桩帽与送桩。桩帽主要是承受冲击,保护桩顶,在沉桩时能保证锤击力作用于桩轴线而不偏心,故要求构造坚固,垫木易于拆换或整修。当桩头低于导杆而仍须继续沉入或用浮运驳船沉桩时,一般均需使用送桩。图4-29为桩帽与钢送桩示意图。

2. 施工要点

沉桩前,应对桩架、桩锤、动力机械等主要设备部件进行检查;开锤前应再次检查桩锤、桩帽或送桩与桩的中轴线是否一致;锤击沉桩开始时,应严格控制各种桩锤的动能:用坠锤和单动气锤时,提锤高度不宜超过0.50m;用双动气锤时,可少开气阀降低气压和进气量,以减少每分钟的锤击数;用柴油机锤时,可控制供油量以减少锤击能量;如桩尖已沉入到设计高程,但贯入度仍达不到要求时,应继续下沉至达到要求的贯入度为止。沉桩时,如遇到:贯入度突然发生急剧变化;桩身突然发生倾斜、移位;桩不下沉,桩锤有严重的回弹现象;桩顶破碎或桩身开裂、变形,桩侧地面有严重隆起现象等,应立即停止锤击,查明原因,采取措施后方可继续施工。

沉桩过程中应注意:桩帽与桩周围应有5~10mm间隙,以便锤击时桩在桩帽内可作微小的自由转动,避免桩身产生超过许可的扭转应力;打桩机的导向杆应予以固定,以便锤打时稳

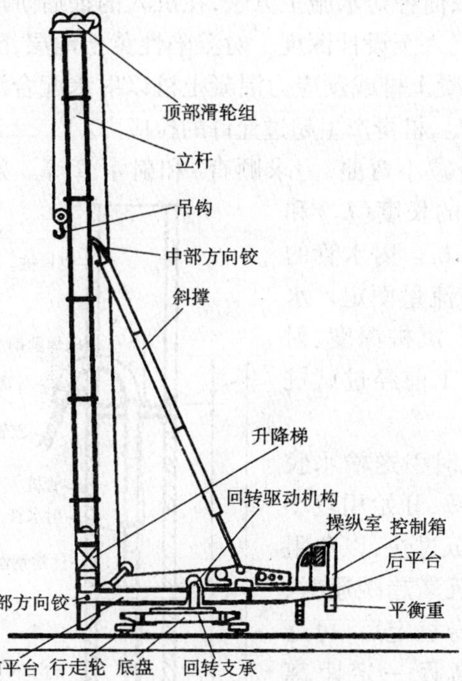

图 4-28 钢制万能桩架

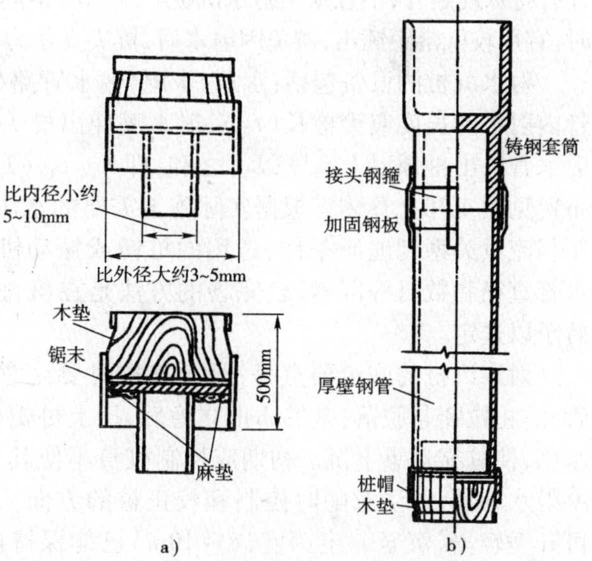

图 4-29 桩帽与钢送桩

a）桩帽；b）钢送桩

定桩身；导向杆设置应保证桩锤上、下活动自由；预制桩顶面应附有适合桩帽大小的桩垫，其厚度视桩垫材料、桩长及桩尖所受抗力大小决定；桩垫破碎后应及时更换；选用的桩帽，应将锤的冲击力均匀分布于桩顶面。

3. 锤击沉桩的停锤控制标准

（1）设计桩尖高程处为硬塑黏性土、碎石土、中密以上的砂土或风化岩等土层时，根据贯入度变化并对照地质资料，确认桩尖已沉入该土层，贯入度达到控制贯入度。

（2）当贯入度已达到控制贯入度，而桩尖高程未达到设计高程时，应继续锤入 0.10m 左右（或锤击 30 ~ 50 次），如无异常变化即可停锤；若桩尖高程比设计高程高得多时，应报有关部门研究确定。

（3）设计桩尖高程处为一般黏性土或其他松软土层时，应以高程控制，贯入度作为校核。当桩尖已达设计高程，而贯入度仍较大时，应继续锤击，使其接近控制贯入度。

（4）在同一桩基中，各桩的最终贯入度应大致接近，而沉入深度不宜相差过大，避免基础产生不均匀沉降。如因土质变化太大，致使各桩贯入度或沉桩深度相差过大时，应报有关部门研究，另行制订停锤标准。对于特殊设计的桩，桩尖设计高程有高低时（如拱桥的桥台桩等），应按设计要求处理。

从沉桩开始起，应严格控制桩位及竖桩的竖直度或斜桩的倾斜度。在沉桩过程中，不得采用顶、拉桩头或桩身的办法来纠偏，以防桩身开裂并增加桩身附加弯矩。

（二）射水沉桩

射水施工方法的选择应视土质情况而异，在砂夹卵石层或坚硬土层中，一般以射水为主，锤击或振动为辅；在亚黏土或黏土中，为避免降低承载力，一般以锤击或振动为主，以射水为辅，并应适当控制射水时间和水量；下沉空心桩，一般用单管内射水。当下沉较深或土层较密实时，可用锤击或振动，配合射水；下沉实心桩，将射水管对称地装在桩的两侧，并能沿着桩身上下自由移动,以便在任何高度上射水冲土。必须注意,不论采取何种射水施工方法,在沉入的最后阶段至设计高程 1 ~ 1.5m 时,应停止射水,单用锤击或振动沉入至设计深度。对湿陷性黄土地层,除设计有特殊规定外,不宜采用射水沉桩。预制的钢筋混凝土桩或预应力混凝土桩以射水配合沉桩时,宜用较低落距锤击,避免因射水后,桩尖支承力不足,桩身产生超过允许的拉应力。

射水沉桩的设备包括:水泵、水源、输水管路(应减小弯曲,力求顺直)和射水管等。射水管内射水的长度应为桩长(L_1)、射水嘴伸出桩尖外的长度(L_2)和射水管高出桩顶以上高度(L_3)之和,即 $L = L_1 + L_2 + L_3$。射水管的布置见图 4-30。具体需根据实际施工需要的水压与流量而定。水压与流量关系到地质条件、选用的桩锤或振动机具、沉桩深度、射水管直径和数目等因素,较完善的方法是在沉桩施工前经过试桩后予以选定。

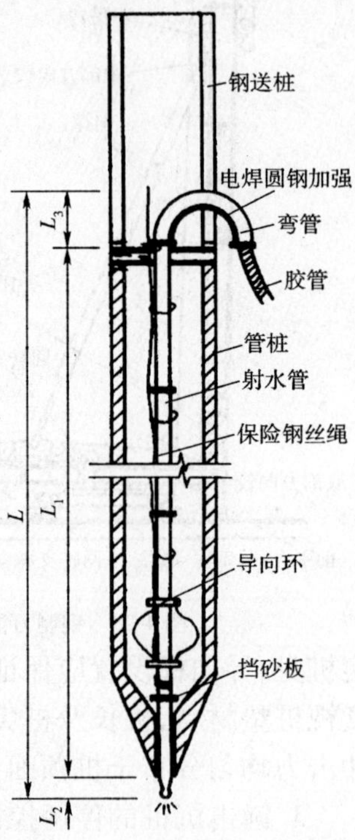

图 4-30 射水管布置示意图

射水沉桩的施工要点是:吊插基桩时要注意及时引送输水胶管,防止拉断与脱落;基桩插正立稳后,压上桩帽桩锤,开始用较小水压,使桩靠自重下沉。初期应控制桩身不使其下沉过快,以免阻塞射水管嘴,并注意随时控制和校正桩的方向;下沉渐趋缓慢时,可开锤轻击,沉至一定深度(8 ~ 10m)已能保持桩身稳定后,可逐步加大水压和锤的冲击动能;沉桩至距设计高程一定距离(>2.0m)时停止射水,拔出射水管,进行锤击或振动使桩下沉至设计要求高程。

若采用中心射水法沉桩,要在桩垫和桩帽上留有排水通道,防止射水从桩尖孔返入桩内,产生水压,造成桩身胀裂。管桩下沉到位后,如设计要求以混凝土填芯时,应用吸泥等法清除沉渣以后,用水下混凝土填芯。

(三)振动沉桩

振动沉桩适用于砂质土、硬塑及软塑的黏性土和中密及较松散的碎、卵石类土。对于软塑类黏土及饱和砂质土,当基桩入土深度小于 15m 时,可只用振动沉桩机。除此情况外,宜采用射水配合沉桩。在选择沉桩机(锤)时,应验算振动上拔力对桩身结构的影响。同时应注意确保振动沉桩机、机座、桩帽连接可靠,沉桩和桩中心轴线尽量保持在同一直线上。每一根桩的沉桩作业应一次完成,不可中途停顿,以免土层的摩阻力恢复,增加下沉困难。

振动沉桩停振控制标准,应以通过试桩验证的桩尖高程控制为主,以最终贯入度(mm/min)或可靠的振动承载力公式计算的承载力作为校核。

(四)静力压桩

静力压桩系采用静压力将桩压入土中,即以压桩机的自重克服沉桩过程中的阻力,适用于高压缩性黏土或砂性较轻的亚黏土层,沉桩速度视土质状况而异。对同一地区、相同截面尺寸与沉入深度的桩,其极限承载能力与锤击沉桩大体相同。

静力压桩的准备工作包括:根据地质钻探、静力触探或试桩资料估算压桩阻力;选用压桩设备,但应注意使设计承载力大于压桩阻力的 40%;压桩施工用辅助设备及测量仪器的检查校定等。压桩作业开始后,应尽可能连续施工,减少停顿次数和时间,以免产生过大的启动阻力。桩尖接近设计高程时,应严格控制压桩进程。当遇到插桩初压时,桩尖即有较大走位和倾斜、或沉桩过程中桩身倾斜或下沉速度加快以及压桩阻力突然剧增或压桩设备倾斜等情况时,应暂停施压,分析原因,及时处理。

(五)水中沉桩

在河流水浅时,一般可搭设施工便桥、便道、土岛和各种类型脚手架组成的工作平台,其上安置桩架并进行水中沉桩作业。

在较宽阔的河中,可在组合的浮体上或固定平台安设预制桩,亦可使用专用打桩船。此外还有如下几种方法。

(1)先筑围堰后沉基桩法:一般在水不深,桩基临近河岸时采用此法。

(2)先沉基桩后筑围堰法:一般适用于较深的水中桩基。此法包括拼装导向围笼并浮运至墩位,抛锚定位,围笼下沉接高;在围笼内插打定位桩,下沉其余基桩,然后插打钢板桩,组成围堰;以及其后的吸泥、水下混凝土封底等工序组成。

(3)用吊箱围堰修筑水中桩基法:一般适用修筑深水中的高桩承台。悬吊在水中的套箱,在沉桩时用作导向定位,沉桩完后封底抽水,浇筑水中混凝土承台。图4-31为采用吊箱围堰施工顺序示意图。

采用浮桩机锤击沉桩时,其自身的稳定性应经过详细计算,并应有防止浮体晃动的设施;锚的重力、数量和位置,钢丝绳的规格以及避风措施均应做出规定,并对其受力状态经常检查调整。当波浪超过二级(波峰高0.25~0.50m)、流速大于1.5m/s或风力超过5级(风速大于8~10.7m/s)时,均不宜沉桩;当其他船舶通过施工区,船行波影响打桩船稳定时,宜暂停沉桩。已沉好的水中桩,宜用钢制杆件把相邻桩连成一体加以防护,并设置标志,严禁在已沉好的桩上系缆等。

沉桩时应认真填写沉桩记录汇总表。沉桩的质量标准应符合现行《公路桥涵施工技术规范》(JTJ 041—2000)的要求。沉桩的允许偏差如下。

(1)桩中轴线偏斜率:竖直桩为1%;斜桩倾斜度(桩纵轴线与垂直线间夹角)为$\pm 0.15\tan\theta$;

(2)承台底群桩平面位置:边桩为$0.25d$;中间桩为$0.50d$且≤250mm;

(3)帽梁底排架桩平面位置:沿帽梁轴线为50mm;垂直帽梁轴线为40mm;

(4)承台边缘至边桩净距:桩径≤1.0m时,不小于$0.50d$并不得小于0.25m;桩径>1.0m时,不小于$0.30d$并不得小于0.50m(以上d为桩的直径或短边尺寸)。

二、就地灌注混凝土桩基础

就地灌注桩系指采用不同的钻(挖)孔方法,在土中形成一定直径的井孔,达到设计高程后,将钢筋骨架(笼)吊入井孔中,灌注混凝土形成桩基础。这种成桩工艺在欧洲始于20世纪40年代初期。我国公路桥梁上使用钻孔灌注桩基础始于20世纪50年代末期,从河南省用人力转动锥头钻孔开始,逐渐在全国发展到冲抓锥、冲击锥、正反循环回转钻、潜水电钻及液压动力钻井机等多种钻孔工艺。钻孔直径由初期的0.25m,到20世纪70年代的2.0m左右,目前最大桩径已达4~6m,如安徽铜陵长江大桥、江西南昌新八一大桥相继采用了桩径为4.0m的钻孔桩基础。桩长也从十余米发展到百米以上。近期施工的武汉白沙洲长江大桥,其主墩基础为40根桩径为1.55m的钻孔灌注桩,实际成孔深度达102m。随着钻井技术的成熟,钻机性能的不断完善,钻孔灌注桩的应用将进入一个新阶段。

(一)钻孔灌注桩的特点

钻孔灌注桩的桩长可以根据持力土层的起伏面变化,并按使用期间可能出现的最不利内

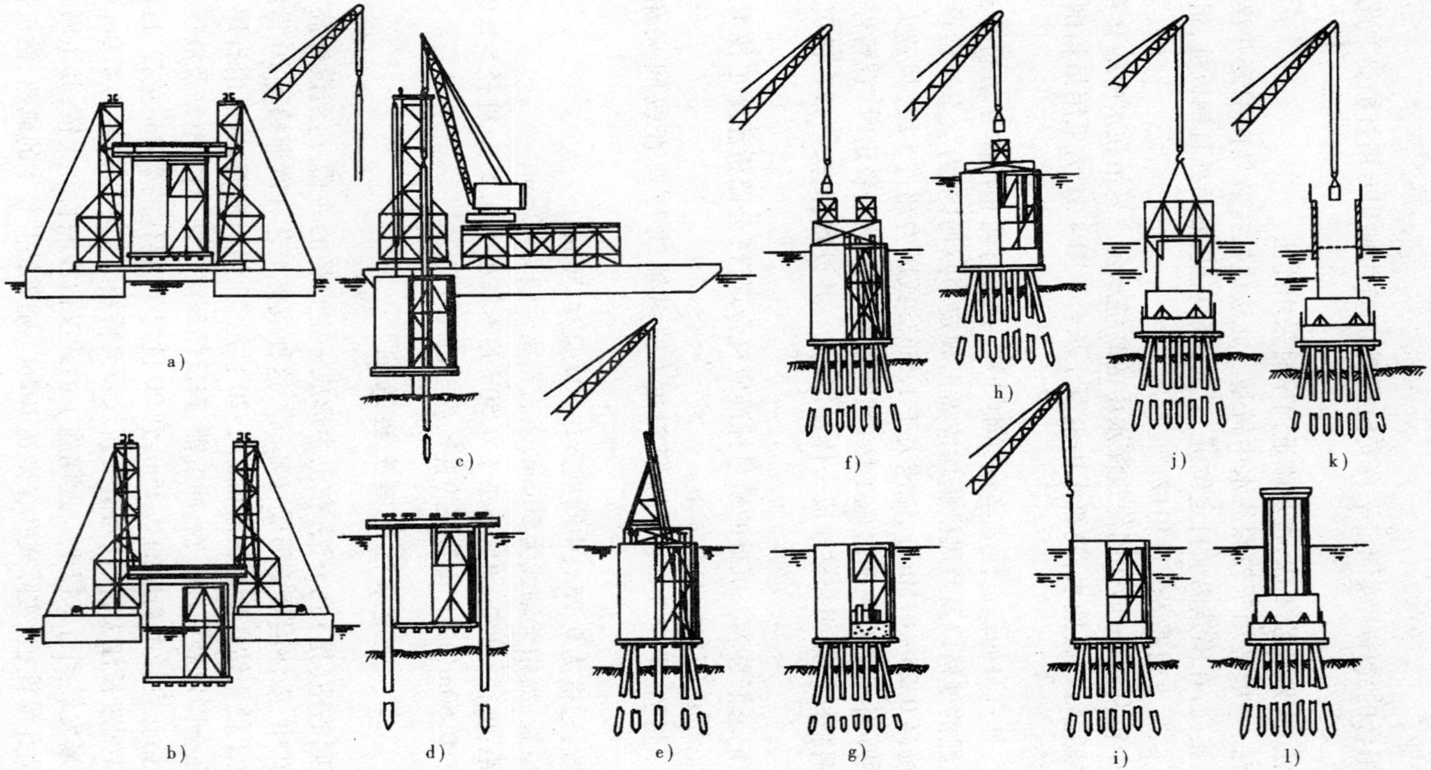

图4-31　用吊箱围堰修建水中桩基施工工序

注：a)、b)、c)、d)、e)、f)、g)、h)、i)、j)、k)、l)为施工工序。

a)拼装吊箱围堰；b)吊箱围堰浮运及下沉；c)插打围堰外定位桩；d)固定吊箱围堰于定位桩上；e)插打基桩；f)灌注水下封底混凝土；g)抽水及拆除送桩；h)灌注基础承台及墩身混凝土；i)拆除吊箱围图连接螺栓及外框；j)吊出钢围图上部；k)连续灌注墩身上部混凝土及顶帽钢筋混凝土；l)桥墩全部竣工

力组合配置钢筋，钢筋用量较少，便利施工，故应用较为普遍，国内某些省市桥梁桩基中钻孔灌注桩占80%以上。表4-28为钻孔灌注桩与沉入桩的比较，两者各有特点，可根据设计要求、机具设备、地质条件、场地情况和施工工期等因素，综合分析，合理选用。

钻孔灌注桩与沉入桩的比较　　表4-28

序号	项目	沉入桩	钻孔灌注桩
1	截面尺寸	截面尺寸较小，一般方桩或圆桩，其边或直径均小于60cm	截面尺寸较大，多为圆桩，直径60～200cm。国外已有ϕ600的反循环钻机
2	桩入土深	采用射水配合沉桩，一般不超过30m	一般可达50m，北镇黄河大桥有直径1.5m长100m的成功施工经验
3	桩的承载力	由于桩径和桩长较小，一根桩的承载力较钻孔桩小，故一个墩台需用的桩数较多	一根桩的承载力较沉入桩大，故一个墩台需用的桩数较少，有些桥墩只有2～4根钻孔桩
4	施工进度	按一根桩计，一般沉入桩较快；按一个墩台的桩基础计，沉入桩较慢	按一根桩计，钻孔桩较慢；按一个墩台的桩基础计，钻孔灌注桩较快
5	需用钢筋数量	由于预制桩在吊桩时要考虑吊装产生的吊装应力，沉桩时要考虑拉应力，故需用钢筋数量较多	不考虑左述情况的拉应力，长桩的下部有时可不设钢筋，故需用钢筋数量较少
6	对周围环境影响	除静力压桩外，锤击和振动沉入的噪声和振动波影响附近环境和建筑物安全	噪声和振动波很小，对周围环境影响不大
7	接桩问题	由于桩架高度控制，一般桩长超过20m的需接桩	一般无需接桩
8	沉桩或钻孔位置	一般沉入桩桩架和沉桩设备较钻孔桩钻架和钻孔设备高大、笨重	一般钻孔钻、钻架和设备较矮小、轻便
9	施工场地	就地预制桩时，需较大的制桩、堆桩场地和制桩用水泥、钢筋和砂石料场地，但沉桩时，占用场地不大	采用正、反循环回转钻孔需设置泥浆沉淀循环池，占地较大，其他钻孔工艺占地不大，灌注混凝土时，需水泥、钢筋、砂石料场地
10	用水情况	用射水配合沉桩时，用水量较大，否则用水量很少	用正、反循环回转钻孔时用水量较多，用其他工艺钻孔，只清孔时用水量较多，总的说钻孔桩用水较多
11	适应的土层	对细粒土均可适应，但对较大的卵漂石层不能采用沉入桩	各种土层均适应，对卵漂石层可采用冲击锥工艺钻孔。遇到岩层时，正、反循环采用牙轮钻头也可钻进
12	施工中可能发生的质量问题	详见沉入桩基础	详见后述

（二）钻孔方法和机具设备

钻孔灌注桩的关键是钻孔。钻孔的方法可归纳为三种类型：冲击法、冲抓法与旋转法。冲击法系用冲击钻机或卷扬机带动冲锥，借助锥头自重下落产生的冲击力反复冲击破碎土石或把土石挤入孔壁中，或用泥浆浮起钻渣，或用抽渣筒或空气吸泥机排出钻渣而形成钻孔。冲抓法系用冲抓锥靠自重产生冲击力切入土层或破碎土层，叶瓣抓土、弃土以形成钻孔。旋转法系用人力或钻机，通过钻杆带动锥或钻头旋转切削土壤，用泥浆浮起排出钻渣形成钻孔。每种方法又因动力与设备功能的不同而分为多种。表 4-29 为国内常用的钻孔方法的适用范围。图 4-32 为钻孔方法的施工布置；图 4-33 为常用的钻孔用钻头示意图，表 4-30 为水上常用旋转钻机类型性能表。根据上述各种钻孔方法的适用范围和特点，结合机具设备供应情况、设计和工期要求以及土层状况，可以正确的选择钻孔方法。

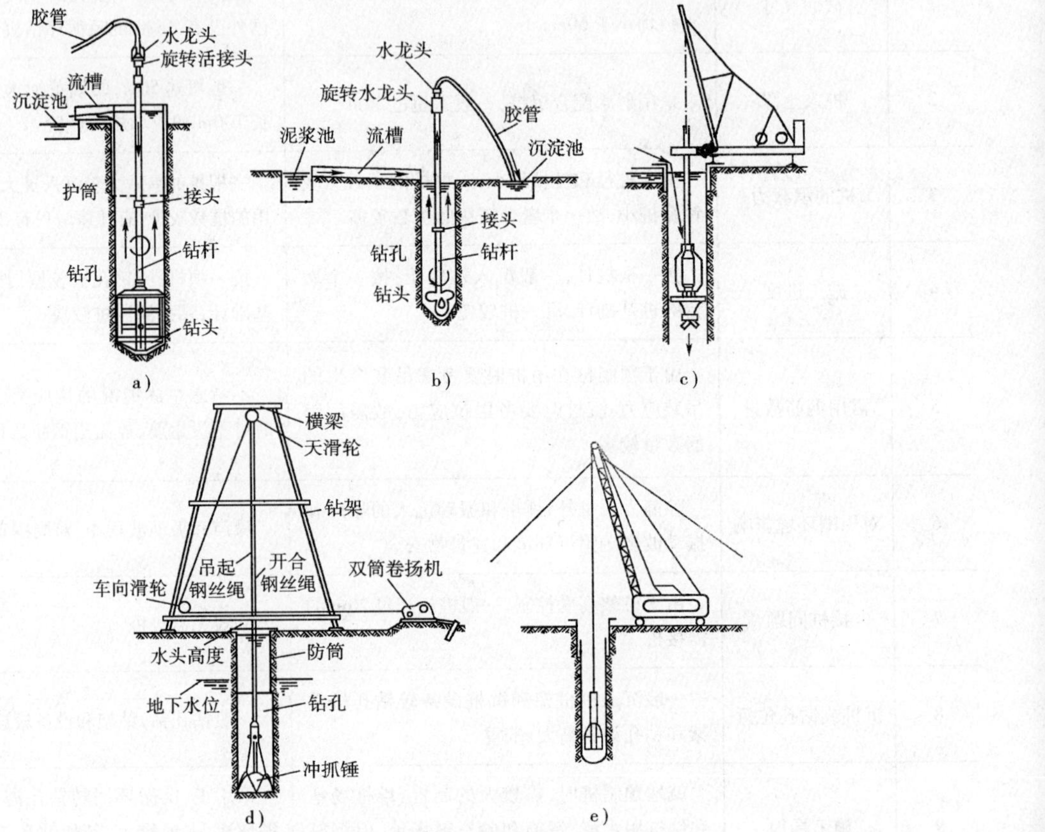

图 4-32　几种钻孔方法的施工布置图

a)正循环旋转钻施工；b)反循环旋转钻施工；c)潜水工程钻施工；d)冲抓钻施工；e)冲击钻施工

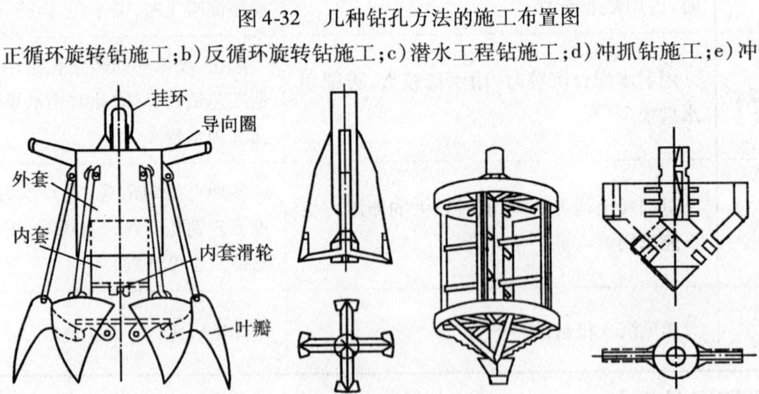

图 4-33　常用钻头形式

a)六瓣双索冲抓锥；b)冲锥；c)圆笼鱼尾钻；d)鱼尾钻

各种成孔设备(方法)的适用范围参考　　表4-29

编号	成孔设备(方法)	适用范围			
		土　层	孔径(cm)	孔深(m)	泥浆作用
1	机动推钻	黏性土,砂土,砾石粒径小于10cm,含量少于30%的碎石土	60~160	30~40	护壁
2	正循环回转钻机	黏性土,砂土,砾、卵石粒径小于2cm,含量少于20%的碎石土,软岩	80~200	30~100	浮悬钻渣并护壁
3	反循环回转钻机	黏性土,砂土,卵石粒径小于钻杆内径2/3,含量少于20%的碎石土,软岩	80~250	泵吸<40 气举100	护壁
4	正循环潜水钻机	淤泥、黏性土,砂土,砾卵石粒径小于10cm,含量少于20%的碎石土	60~150	50	浮悬钻渣并护壁
5	反循环潜水钻机	各类土层	60~150	泵吸<40 气举100	护壁
6	全护筒冲抓和冲击钻机	各类土层	80~200	30~40	不需泥浆
7	冲抓锥	黏性土,砂土,砾石、松散卵石	60~150	20~40	护壁
8	冲击实心锥	各类土层	80~200	50	浮悬钻渣并护壁
9	冲击管锥	黏性土,砂土,砾石、松散卵石	60~150	50	浮悬钻渣并护壁
10	冲击、振动沉管	软土,黏性土,砂土,砾石、松散卵石	25~50	20	不需泥浆

注:①正反循环回转钻机(包括潜水钻机)附装坚硬牙轮钻头,可钻抗压强度达100MPa的硬岩;
②表中所列各种钻孔设备(方法)适用的成孔直径和孔深,系指国内一般情况下的适用范围,随着钻孔设备不断改进,设备功率增强,辅助措施提高,成孔直径和孔深的范围将逐渐增大。

水上常用旋转钻机类型性能表　　表4-30

型　号	QZ—3	SPJ—300	红星—300	BZ—1	旋转钻机
钻孔深度(m)/直径(m)	50/1.2	300/0.5	300/1.2	250/2.2~6.4(扩孔)	40/1.5
泥浆循环方式	反	正	正	反	正
制造厂	辽宁交通局	上海探矿机械厂	郑州勘测机械厂	煤炭部	田心机车厂

(三)钻孔灌注桩的施工工艺流程

钻孔灌注桩施工因成孔方法和现场情况不同,施工工艺流程也各异。在施工前,要安排好施工计划,编制具体的工艺流程图,作为安排各工序施工操作和进度的依据。参照各地的实践经验,钻孔灌注桩的工艺流程一般如图4-34所示。图4-35为旋转式钻孔灌注桩施工示意图。

当同时有几个桩位施工时,要注意相互的配合,避免干扰与冲突,并尽可能地做到均衡地使用机具与劳动力,既要抓紧新钻孔的施工,也要做好已成桩的养护和质量检验工作。

钻孔灌注桩施工,必须由有经验的施工人员主持,并掌握场地的地质与水文地质情况,保

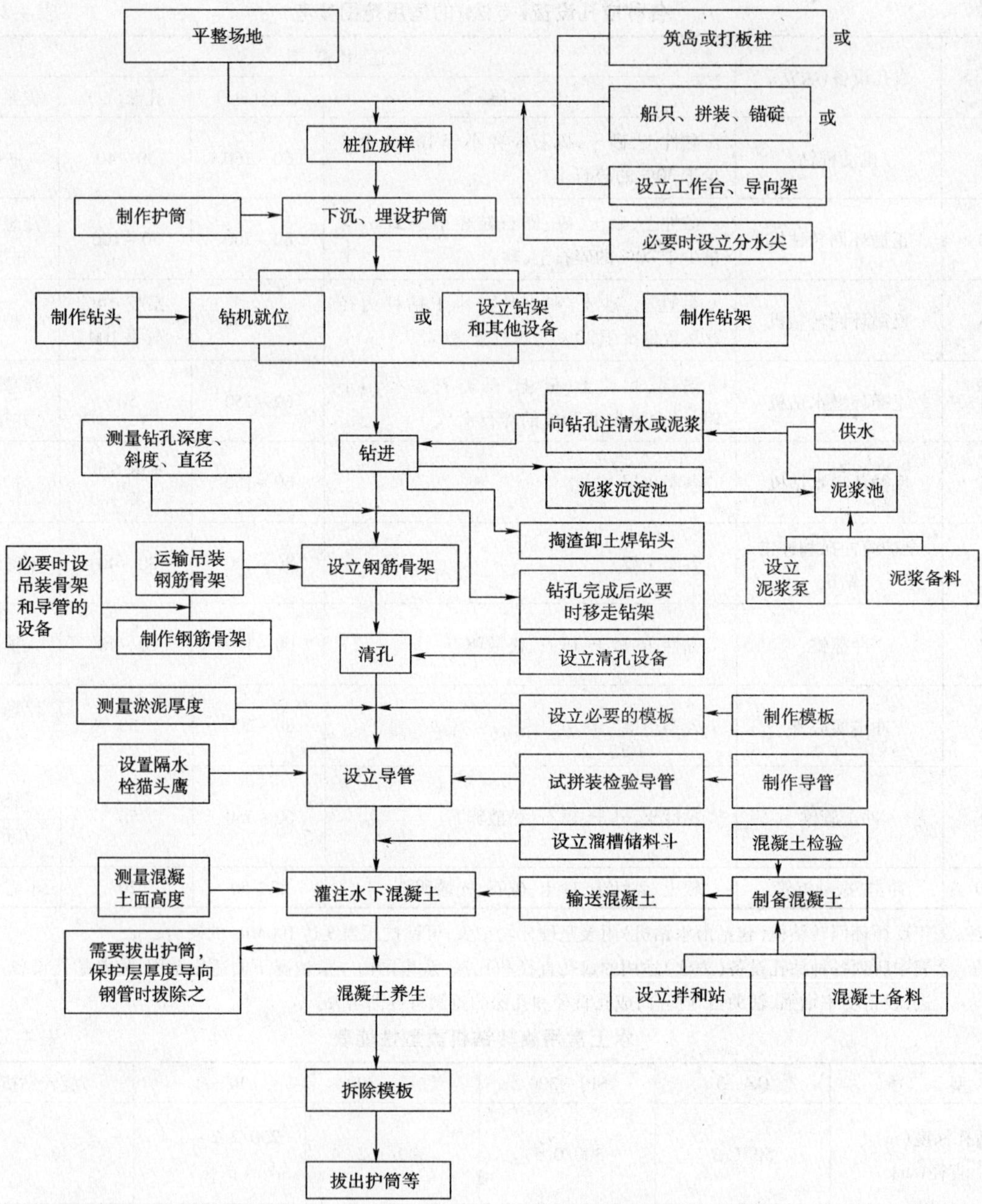

图 4-34　钻孔灌注桩工艺流程图

注:虚线方框表示有时采用的工序。

证钻孔设备完好,施工记录完善。钻孔灌注桩施工的主要工序是:埋设护筒、制备泥浆、钻孔、清底、钢筋笼制作与吊装以及灌注水下混凝土等。下面就其要点简略介绍。

1. 埋设护筒

钻孔成败的关键是防止孔壁坍塌。当钻孔较深时,在地下水位以下的孔壁土在静水压力下会向孔内坍塌,甚至发生流沙现象。钻孔内若能保持比地下水位高的水头,增加孔内静水压力,能稳定孔壁、防止坍孔。护筒除起到这个作用外,同时还有隔离地表水、保护孔口地面、固定桩孔位置和起到钻头导向作用。

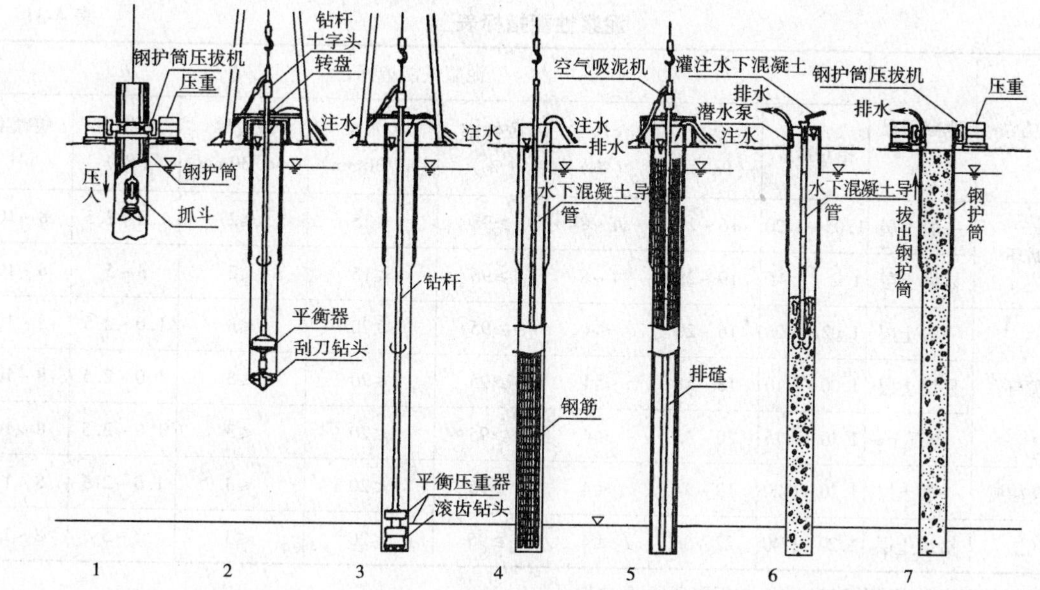

图 4-35 旋转式钻机成孔步骤示意图

1-埋入钢护筒;2-在覆盖层中钻进;3-在岩中钻进;4-安装钢筋及水下混凝土导管;5-清孔;6-灌注水下混凝土;7-拔出钢护筒

制作护筒的材料有木、钢、钢筋混凝土三种。护筒要求坚固耐用,不漏水,其内径应比钻孔直径大(旋转钻约大20cm,潜水钻、冲击或冲抓锥约大40cm),每节长度约2~3m。一般常用钢护筒,在陆上与深水中均能使用,钻孔完成,可取出重复使用。埋设护筒如图4-36所示。护筒底部及其周围一定范围内应夯填黏土,借助黏土压力及隔水作用,保持护筒稳定,保护孔口地面。在深水中埋设护筒时,先打入导向架,再用锤击或振动加压沉入护筒。护筒入土深度视土质、流速而定。护筒平面位置的偏差不得大于5cm,倾斜度不得大于1%。

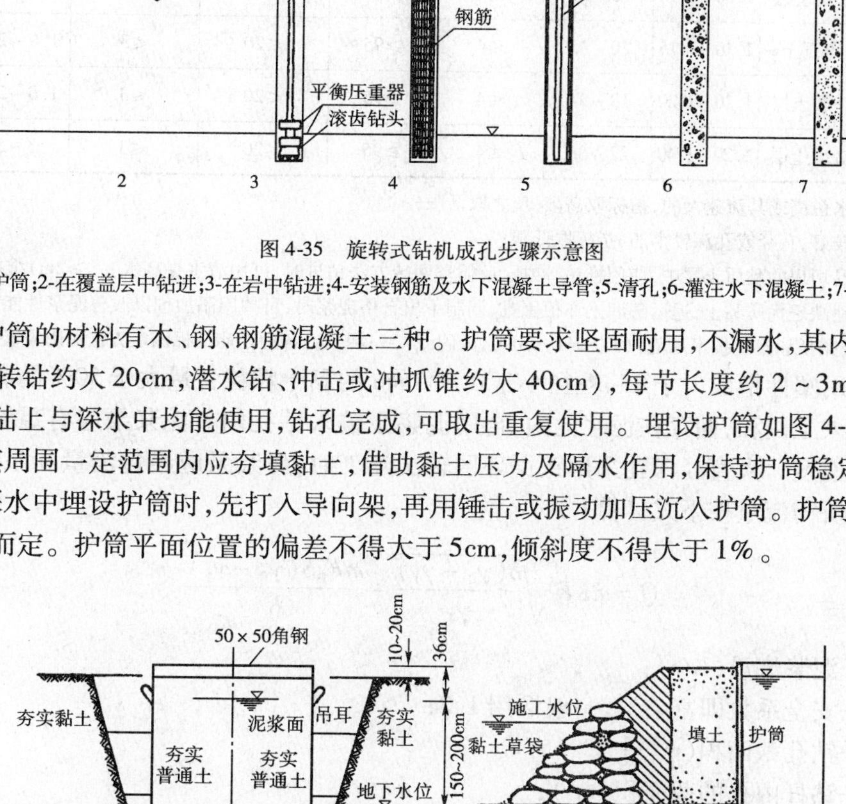

图 4-36 护筒埋设示意图

a)陆地埋设;b)水中埋设

2. 泥浆制备

钻孔泥浆由水、黏土(膨润土)和添加剂组成,具有浮悬钻渣、冷却钻头、润滑钻具、增大静水压力、并在孔壁形成泥皮、隔断孔内外渗流、防止坍孔的作用。调制的钻孔泥浆及经过循环净化的泥浆,应根据钻孔方法和地层情况采用不同的性能指标,一般可参照表4-31选用。泥浆稠度应视地层变化或操作要求机动掌握,泥浆太稀,排渣能力小,护壁效果差;泥浆太稠则削弱钻头冲击功能,降低钻进速度。

泥浆性能指标表 表 4-31

钻孔方法	地层情况	泥浆性能指标							
		相对密度	黏度（Pa·s）	含沙率（%）	胶体率（%）	失水率（ml/30min）	泥皮厚（mm/30min）	静切力（Pa）	酸碱度 pH
正循环	一般土层	1.05～1.20	16～22	4～8	≥96	≤25	≤2	1.0～2.5	8～10
	易塌土层	1.2～1.45	19～28	4～8	≥96	≤15	≤2	3～5	8～10
反循环	一般土层	1.02～1.06	16～20	≤4	≥95	≤20	≤3	1.0～2.5	8～10
	易塌土层	1.06～1.10	18～28	≤4	≥95	≤20	≤3	1.0～2.5	8～10
	卵石土	1.10～1.15	20～35	≤4	≥95	≤20	≤3	1.0～2.5	8～10
推钻、冲抓	一般土层	1.10～1.20	18～24	≤4	≥95	≤20	≤3	1.0～2.5	8～11
冲击	易塌土层	1.20～1.40	22～30	≤4	≥95	≤20	≤3	3～5	8～11

注：①地下水位高或其流速大的，指标取高限，反之取低限；

②地质较好，孔径或孔深较小的，指标取低限；

③在不易坍塌的黏质土层中，使用推钻、冲抓、反循环回转方法钻进时，可用清水提高水头（≥2m）维护孔壁；

④若当地缺乏优质黏土，远运膨润土亦很困难，调制不出合格泥浆时，可掺用添加剂以改善泥浆性能，各种添加掺量见《公路桥涵施工技术规范》（JTJ 041—2000）的附录 C-1；泥浆的各种性能指标测定方法见附录 C-2。

通常采用塑性指数大于25，粒径小于0.005mm的黏土颗粒含量大于50%的黏土，通过泥浆搅拌机或人工调和，储存在泥浆池内，再用泥浆泵输入钻孔内。泥浆泵应有足够的流量，以免影响钻进速度。大直径深孔采用正循环回转法施工时，泥浆泵应经过流量和泵压计算来选择。泥浆泵所需流量按下式计算：

$$Q = mKF\sqrt{\frac{\delta(\gamma_0 - \gamma_1)}{\gamma_1}} + \frac{mF_0S(\gamma_0 - \gamma_1)}{R} \tag{4-12}$$

式中：Q——泥浆流量（L/s）；

m——安全系数即富余量，一般取用1.2；

F——钻孔截面积（m^2）；

F_0——钻杆内孔的截面积（m^2）；

K——根据钻渣颗粒形状而定的系数，圆形颗粒 $K=35\sim40$；扁平或不规则形状的颗粒 $K=25\sim30$；

γ_0——钻渣颗粒的相对密度，取2.6～2.7；

γ_1——压入钻孔的泥浆相对密度或压入清水的相对密度；

R——压入钻孔的泥浆相对密度与返回孔口的泥浆比重的差值，当缺乏实测值时，可采用 $R=0.01\sim0.03$；

δ——钻渣粒径（mm），可按照其他钻孔经验或近似地按下式计算：

$$\delta = \varphi_0 \frac{S}{in} \tag{4-13}$$

式中：φ_0——钻锥给进不均匀系数，一般取2～3；

i——钻锥切削刃数目，鱼尾钻锥 $i=2$；带4个刀片的圆笼钻锥 $i=4$；

n——钻锥转数(r/s),与钻杆相同;

S——最大纯钻进速度(m/s)。

在一般条件下,取 $m=1.2$,$\gamma_1=1.2$,$\gamma_0=2.6$,$R=0.02$,$K=30$。若 Q、S、δ、F、F_0 的单位分别为 L/s、dm/s、cm、dm^2,则可简化为:

$$Q=4.3F\sqrt{\delta}+84F_0S \tag{4-14}$$

泥浆泵的泵压应能克服泥浆在钻杆中流动的摩阻力、输浆胶管中的摩阻力、钻杆接头处的阻力、泥浆在钻孔内上升时与孔壁接触的摩阻力以及钻头出浆口处的阻力等,将这些阻力损失的总和增大20%作为所需的泥浆泵泵压值。对孔深百米以内的钻孔,一般可采用2MPa及以上的泵压。

3.成孔方法

灌注桩的成孔方法很多,各自适应于不同地层与环境条件。在桥梁工程中应用较多的有:沉管灌注桩、钻孔(冲孔)或挖孔灌注桩等。

(1)沉管灌注桩:采用锤击或振动方法将钢管沉入土内,然后在管内灌注混凝土(或钢筋混凝土),随灌随拔管而形成灌注桩(图4-37)。钢管下端应设活瓣桩尖或预制混凝土桩尖,并保持桩尖在桩管中线上。预制混凝土桩尖混凝土强度等级不得低于C30。在拔管过程中,拔管速度应均匀,桩管内应至少保持高2m的压头混凝土。对于易坍塌的土层,压头混凝土还应提高。在淤泥及含水量饱和的软土层中振动拔管时,应采用反插法施工,即指桩管灌入混凝土后,先振动再开始拔管,每次拔管高度0.5~1.0m,往下反插深度0.3~0.5m,同时应分段添加混凝土,保持管内混凝土面始终不低于地表面,或高于地下水位1.0~1.5m以上;拔管速度不得大于0.5m/min。穿过淤泥夹层时,应适当放慢拔管速度,并减小拔管高度和反插深度。

图4-37 套管法施工步骤图

1-插入第1节套管;2-抓泥并晃管下沉;3-安装第2节;4-安装钢筋骨架;5-插入导管;6-灌筑混凝土并上拔套管;7-基桩完成

锤击沉管灌注桩的混凝土充盈系数小于1.0的桩,应采用全部复打处理;对于断桩及缩颈部位明确的桩,可采用局部复打处理,其复打深度必须超过断桩或缩颈段区1.0m以上。复打施工必须在第一次灌注的混凝土初凝前进行,前后两次沉管的轴线应重合。群桩基础施工时,施工邻桩的间隔时间不得超过本桩混凝土的实际初凝时间,使本桩的混凝土尚有随邻桩振动的可塑性,混凝土桩身不致开裂。

沉管灌注桩的一个显著优点是完全排除了坍孔的危险,并且可以将桩的底部清理得十分干净,是就地灌注桩各种施工方法中比较可靠的一种方法,适用于黏性土、砂类土和小粒中密的碎石类土地层。但是，由于振动与向下压入钢管的力量有限，其适用的施工深度一般不大于40m。

(2)钻孔(冲孔)灌注桩：一般采用螺旋钻头或冲击锥等成孔，或用旋转机具辅以高压水冲成孔。国内常用的方法如下。

①正循环回转法：系利用钻具旋转切削土体钻进，泥浆泵将泥浆压进泥浆笼头，通过钻杆中心从钻头喷入钻孔内，泥浆挟带钻渣沿钻孔上升，从护筒顶部排浆孔排出至沉淀池，钻渣在此沉淀而泥浆流入泥浆池循环使用，如图4-32a)所示。其特点是钻进与排渣同时连续进行，在适用的土层中钻进速度较快，但需设置泥浆槽、沉淀池等，施工占地较多，且机具设备较复杂。

②反循环回转法[图4-32b)]：与正循环法不同的是泥浆输入钻孔内，然后从钻头的钻杆下口吸进，通过钻杆中心排出至沉淀池内。其钻进与排渣效率较高，但接长钻杆时装卸麻烦，钻渣容易堵塞管路。另外，因泥浆是从上向下流动，孔壁坍塌的可能性较正循环法的大，为此需用较高质量的泥浆。

③潜水电钻法[图4-32c)]：系将旋转电动机及变速装置均经密封后安装在钻头与钻杆之间，潜入水下作业。其特点是钻具简单轻便、易于搬运、噪声小，钻孔效率较高，但钻孔在水中工作，较易发生故障。

④冲抓锥法[图4-32d)]：冲抓锥不需钻杆，钻进与提锥卸土均较推钻快。由于锥瓣下落时对土层有一股冲击力，故适用的土质较广。但不能钻斜孔；钻孔深度超过20m后，其钻孔进度大为降低；当孔内遇到漂石或探头石时冲抓较困难，需改用冲击锥钻进。

⑤冲击锥法[图4-32e)]：本法适用于各类土层。实心锥适用于漂、卵石和软岩层；空心锥(管锥)适用于其他土层。在冲击锥下冲时有些钻渣被挤入孔壁，起到加强孔壁并增加土层与桩间的侧摩阻力作用。但不能钻斜孔；钻普通土层时，进度比其他方法都慢；钻大直径孔时，需采取先钻小孔逐步扩孔的办法(分级扩孔法)。

钻孔必须在孔位、孔径、孔形、孔深等方面都能满足设计要求，因此在钻孔中必须采取有效措施，以尽量减少事故发生。尤其特别要注意保证钻进的垂直度。

近年来，基岩钻井技术特别是钻机的进步是令人惊喜的，过去只能用爆破法、高压水射流法才可钻进的硬质岩层已能够采用机械钻进法。表4-32、表4-33归纳列出了用于基岩或漂砾石等硬地基的螺旋钻进施工法、回转钻进施工法、冲击钻进施工法及全套管回转钻进施工法的钻进方法、特点、施工法的适用范围等，从中也可了解钻进技术发展的概貌，进而拓宽钻孔灌注桩的应用范围。

钻进方法、适用范围与施工精度 表4-32

项目	螺旋钻进施工法	回转钻进施工法	全套管回转钻进施工法	冲击钻进施工法
钻进方法	通过螺旋钻下端的特殊钻头钻进基岩，或者通过配置在相互反转的外侧套管下端的特殊钻头钻进基岩，通过螺旋钻杆排渣	通过钻链给滚刀钻头加压，由转盘或动力头回转钻头钻进基岩。钻渣采用泵吸方式或者气举方式排出	利用配置在回转套管下端的特殊钻头钻进基岩，套管内挖岩通过冲抓头、螺旋钻、钻头钻挖。一般多使用冲抓头通过强大的回转力除去地下障碍物	障碍物利用重锤或者潜孔锤钻进基岩，钻渣采用泵吸方式或者气举正循环方式排出

续上表

项目	螺旋钻进施工法	回转钻进施工法	全套管回转钻进施工法	冲击钻进施工法
特点	• 钻进不需要泥浆 • 施工简单 • 垂直精度高 • 噪声低，振动小	• 可任意旋转钻井直径 • 适于水上施工 • 不需要长护筒 • 噪声低，振动小	• 通过强力回转可钻进各种硬岩 • 减摩阻性好 • 可钻进深井 • 井壁坍塌少	• 钻渣处理效果好 • 可防止泥浆漏失 • 结构简单，故障少 • 可自动运转
地基条件	适用钻进岩块、卵石、漂石、软岩、硬岩，但是，钻进硬岩时需辅以冲击	可根据岩质选定有互换性的钻头形式，从软岩到硬岩均能钻进	适于钻进岩块、卵石、漂石、软岩、硬岩，钻进硬岩时需辅以冲击	适于钻进岩块、卵石、软岩、硬岩。
钻进直径 钻进深度	钻井直径 ϕ650mm ~ ϕ1 500mm 钻进深度 50m	钻井直径 ϕ800mm ~ ϕ3 000mm 钻进深度 70m	ϕ1 000mm ~ ϕ2 000mm 钻进深度 50m	钻井直径 ϕ650mm ~ ϕ1 200mm 钻进深度 40m
施工条件 施工精度	斜桩的最大施工角度：陆地 15°，海上 20°。垂直精度：螺旋钻 1/200，螺旋钻 + 环形削式 1/300	可在水上施工，垂直精度1/200	斜桩的施工角度陆地 12°，垂直精度1/400 ~ 1/300	可在水上施工，垂直精度 1/200
施工注意事项	用特殊形状专业钻头能够破碎、钻进岩块和卵石	在岩石、卵石块径比钻杆直径大的地层钻进能力下降	钻进节理少的基岩，需要研究排渣方法	在有大块坚硬漂石的地层，压入套管困难

钻进施工法的种类和选定条件 表 4-33

施工法 选定条件	螺旋钻钻进		回转钻进	冲击钻进		全套管回转钻进
主要用途	• 钢板桩、钢管板桩等的预先钻井工程 • 挡土工程 • 桥基桩工程 • 建筑基桩工程 • 地下障碍物钻孔清除工程		• 桥基桩工程 • 海上构造物基础工程 • 建筑基桩工程 • 地铁基桩工程 • 抗滑桩、挡土桩工程 • 钢管板桩等的预先钻井工程	• 桥基桩工程 • 海上构造物基桩工程 • 打井工程 • 建筑基桩工程 • 截水、挡土等排柱式连续墙工程		• 桥基桩工程 • 建筑基桩工程 • 抗滑桩工程 • 截水、挡土等排柱式连续墙工程 • 钢管板桩等的预先钻井工程 • 地下障碍物钻井清除工程
钻进方式	螺旋钻	螺旋钻 + 环形削式	回转式	重锤式	潜孔锤式	环形削式

续上表

选定条件 \ 施工法			螺旋钻钻进		回转钻进	冲击钻进		全套管回转钻进
钻进方式			螺旋钻	螺旋钻十环形削式	回转式	重锤式	潜孔锤式	环形削式
施工条件	钻进深度（m）	5 以下	◎	◎	△	○	○	○
		5～15	◎	◎	○	◎	◎	◎
		15～25	◎	◎	◎	◎	◎	◎
		25～40	◎	◎	◎	○	○	◎
		40～50	○	○	◎	△	△	○
		50～60	△	△	○			△
		60～80	△	△	○			△
		80～100			△			
	钻进直径（m）	0.6～0.8	◎	◎	△	○	◎	△
		0.8～1.0	◎	◎	○	◎	◎	○
		1.0～1.2	◎	◎	◎	◎	◎	◎
		1.2～1.5	○	○	◎	◎	◎	◎
		1.5～2.0	○	△	◎	◎	○	◎
		2.0～4.0	△		○	○		△
		4.0～6.0			△			
地基条件	岩石分类	软岩	◎	◎	◎	○	○	◎
		软岩	◎	◎	◎	◎	◎	◎
		中硬岩	◎	◎	◎	◎	◎	◎
		硬岩	◎	◎	◎	◎	◎	◎
		硬岩	○	◎	◎	◎	◎	◎
	岩石、卵石		◎	◎	△	○	○	◎
	漂砾		○	○	△	△	○	◎
	素混凝土		◎	◎	◎	◎	◎	◎
	钢筋混凝土		○		○			◎

注：◎施工成绩多；○有施工成绩；△施工成绩少。

（3）挖孔灌注桩：系用人工和适当的小型爆破，配合简单机具挖掘成孔，灌注混凝土（或钢筋混凝土）成桩，适用于无地下水或少量地下水的土层和岩层。桩分圆形和方形两种，用人力挖掘的方桩边长或圆桩孔径不宜小于1.4m，孔深一般不宜超过20m；用机械挖掘并用钢护筒护壁的孔，其孔径不宜小于0.8m。挖孔时必须采取孔壁支撑，支撑形式视土质、渗水情况、工期与工地条件而定，一般可用就地灌注混凝土或用便于拆装的钢、木支撑。支护应高出地面，支护结构应经过验算。挖孔过程中，必须有可靠的安全措施，并应经常检查孔洞内的二氧化碳含量，二氧化碳浓度如超过3%，应增设通风设施，以保人身安全。挖孔达到设计深度后，应进行孔底处理，孔底不应有松渣、淤泥、沉淀等扰动过的软层。如遇孔底地质条件与设计要求不符，应会同相关单位研究处理措施。

挖孔灌注桩的优点是需要机具设备少，成孔后可直观检查孔内土质状况，基桩质量有可靠保证。对于挖掘过深（超过15～20m）、或渗水量稍大等情况，应慎重地选择施工工艺，增加防范措施和通风，加强施工监测，以确保施工质量和人身安全。

4. 孔径检查与清孔

钻孔的直径、深度和孔形直接关系到成桩质量，是钻孔桩成败的关键。为此，除了钻孔过程中严谨操作、密切观测监督外，在钻孔达到设计要求深度后，应采用适当器具对孔深、孔径、孔形等认真检查，符合设计要求后，填写"终孔检查证"。

清孔的目的是抽、换孔内泥浆，清除钻渣和沉淀层，尽量减少孔底沉淀土厚度，防止桩底存留过厚沉淀土层而降低桩的承载能力；其次，清孔还为灌注水下混凝土创造良好条件，使测深正确，灌注顺利。清孔应紧接在终孔检查后进行，避免隔时过长引起泥浆沉淀过厚，导致孔壁坍塌。清孔的方法有抽浆法、换浆法、掏渣法、喷射清孔法以及用砂浆置换钻渣清孔法等，具体应根据设计要求、钻孔方法、机具设备和土质条件选定。其中抽浆法清孔较为彻底，适用于各种钻孔方法的灌注桩。对孔壁易坍塌的钻孔，清孔时操作要细心，防止坍孔，图 4-38 为抽浆时使用吸泥机清孔示意图。换浆法适用于正、反循环旋转钻机，优点是不易坍孔，不需增加机具，只需将钻机稍提离孔底 0.1 ~ 0.2m 空转，把钻孔内悬浮钻渣较多的泥浆换出，缺点是因要使排出泥浆的含砂率与换入泥浆的含砂率接近，故清孔时间较长，且清孔不彻底。

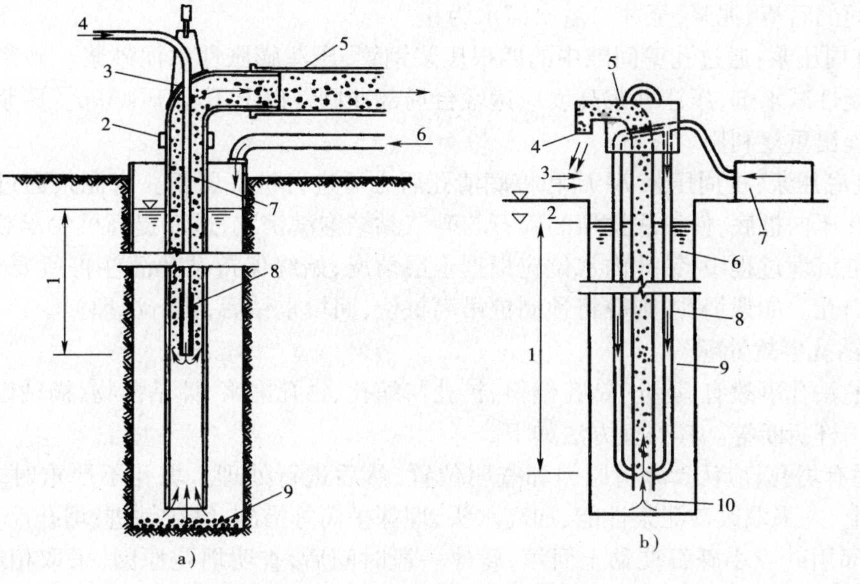

图 4-38 吸泥机清孔示意图

a) 内风管吸泥清孔：1-高压风管入水深；2-弯管和导管接头；3-焊在弯管上的耐磨短弯管；4-压缩空气；5-排渣软管；6-补水；7-输气软管；8-ϕ25 钢管长度大于 2m；9-孔底沉渣

b) 外风管吸泥清孔：1-水面至导管进风管口；2-钻孔水面；3-地面；4-浆渣出口；5-接在导管上的弯管；6-钻孔；7-空压机；8-风管；9-灌注混凝土导管；10-浆渣进口

清孔的质量要求：对摩擦桩，孔底沉淀土的厚度不大于设计规定。清孔后的泥浆性能指标，含砂率不大于 2%，相对密度为 1.03 ~ 1.10，黏度为 17 ~ 20s，胶体率≥98%。对支承桩（柱桩、嵌岩桩），宜用抽浆法清孔，并宜清理至吸泥管出清水为止。灌注混凝土前，孔底沉淀土厚度不得超过设计规定。若孔壁易坍塌，必须在泥浆中灌注混凝土时，建议采用砂浆置换钻渣清孔法。对于沉淀土厚度的测量，用冲击、冲抓锤时，沉淀土厚度从锥头或抓锥底部所到达的孔底平面算起。沉淀土厚度测量方法可在清孔后用取样盒（开口铁盒）吊到孔底，待到灌注混凝土前取出，直接量测沉淀在盒内的渣土厚度。

（四）钻孔埋置预制空心桩

钻孔埋置预制空心桩的施工步骤为：在已钻成的孔内，按照要求清孔并清除沉渣；于孔底填厚度约1m的砾卵石；再将先分节预制的空心桩壳（底节底部设有钢板封底，板中部焊设有压浆管，节段间用预应力筋串通连接，桩壳外径比孔径小0.3~0.6m）用吊机逐段吊入孔内，沉至填石面上，顶部应高于护筒内水位；孔壁与桩壳间隙先插入若干根压浆管，再填入砾、卵石至设计高程；然后在封闭条件下对桩周填石和桩底填石分别压注水泥浆，即完成埋置空心桩。

钻孔埋置桩自身特有的沉埋、清孔、压浆等工艺，应按以下规定办理。

(1)圆形空心桩沉埋：当钻孔、清孔符合要求后，宜先在孔底抛埋碎石处理，然后沿孔壁插入兼作压浆用的导向钢管四根，伸至孔底，再将最下一节带底的圆形空心桩吊装就位，浮于孔内水中，再依次吊装、拼接其余各节圆形空心桩，边拼接边往桩内灌水，使之下沉到孔底。每次吊装、拼接、沉入一节圆形空心桩，应随时检查其平面位置和倾斜度，使之符合设计要求。

(2)清孔通过桩底板预留的压浆管压注清水，冲洗桩底碎石中和圆形空心桩外壁四周与孔壁空隙间的石渣、泥浆，至井口溢出清水为止。

(3)桩周压浆：通过孔壁间隙中的四根压浆钢管，压注膨胀性水泥砂浆。砂浆中可掺入粉煤灰和缓凝性减水剂，压注砂浆高度应达墩台局部冲刷线以上不小于1.0m。压浆钢管在压浆完毕后可提出重复利用。

(4)桩底压浆：桩周压浆7d后和桩底清孔后方可进行桩底压浆。水泥浆通过桩底板上预留的压浆孔压向桩底，使桩底抛填的碎石与砂浆黏结饱满密实，进而提高桩尖承载力。

预制桩沉埋过程中，钻孔内水位应根据土层情况，始终保持钻孔灌注桩所要求的高度，以防止出现坍孔。如遇坍孔，则应将预制桩吊离桩位，回填重钻后，再行沉埋。

（五）钻孔事故处理

常见的钻孔事故有：坍孔、钻孔偏斜、扩孔与缩孔、钻孔漏浆、掉钻落物、糊钻以及形成梅花孔、卡钻、钻杆折断等。其处理方法如下。

(1)遇有坍孔，应认真分析原因和查明位置，然后进行处理。坍孔不严重时，可回填至坍孔位置以上，并采取改善泥浆性能、加高水头、埋深护筒等措施，继续钻进；坍孔严重时，应立即将钻孔全部用砂或小砾石夹黏土回填，暂停一段时间后，查明坍孔原因，采取相应措施重钻。坍孔部位不深时，可采取深埋护筒法，将护筒周围土夯填实，重新钻孔。

(2)遇有孔身偏斜、弯曲时，一般可在偏斜处吊住钻锥反复扫孔，使钻孔正直。偏斜严重时，应回填黏性土到偏斜处，待沉积密实后重新钻进。

(3)遇有扩孔、缩孔时，应采取防止坍孔和钻锥摆动过大的措施。缩孔是钻锥磨损过甚、焊补不及时或因地层中有遇水膨胀的软土、黏土泥岩造成的。对前者应及时补焊钻锥，对后者应用失水率小的优质泥浆护壁。对已发生的缩孔，宜在该处用钻锥上下反复扫孔以扩大孔径。

(4)钻孔漏浆时，如护筒内水头不能保持，宜采取将护筒周围回填土筑实、增加护筒埋置深度、适当减小水头高度或加稠泥浆、倒入黏土慢速转动等措施；用冲击法钻孔时，还可填入片石、碎卵石土，反复冲击以增强护壁。

(5)由于钻锥的转向装置失灵、泥浆太稠、钻锥旋转阻力过大或冲程太小，钻锥来不及旋转，易发生梅花孔（或十字槽孔，多见于冲击钻孔），可采用片石或卵石与黏土的混合物回填钻孔，重新冲击钻进。

(6)糊钻、埋钻常出现于正、反循环(含潜水钻机)回转钻进和冲击钻进中,遇此应对泥浆稠度、钻渣进出口、钻杆内径大小、排渣设备进行检查计算,并控制适当的进尺。若已严重糊钻,则应停钻,提出钻锥,清除钻渣。冲击钻锥糊钻时,应减小冲程、降低泥浆稠度,并在黏土层上回填部分砂、砾石。遇到坍方或其他原因造成埋钻时,应使用空气吸泥机吸出埋钻的泥沙,提出钻锥。

(7)卡钻常发生在冲击钻孔,卡钻后不宜强提,只宜轻提,轻提不动时,可用小冲击钻锥冲击或用冲、吸的方法将钻锥周围的钻渣松动后再提出。

(8)掉钻落物时,宜迅速用打捞叉、钩、绳套等工具打捞;若落物已被泥沙埋住,应按前述各条内容,先清除泥沙,使打捞工具接触落体后再行打捞。

处理钻孔事故时,在任何情况下,严禁施工人员进入没有护筒或其他防护设施的钻孔中处理故障。

(六)质量检验与质量标准

钻孔在终孔和清孔后,应使用仪器对成孔的孔位、孔深、孔形、孔径、竖直度(斜度)、泥浆相对密度、孔底沉淀厚度等进行检验。挖孔桩可采用直观检验丈量法。钻、挖孔灌注桩成孔质量允许偏差见表4-34,沉管灌注桩的质量允许偏差见表4-35。

钻孔灌注桩成孔质量允许偏差 表4-34

项 目	允 许 偏 差
孔的中心位置(mm)	群桩:100;单排桩:50
孔径(mm)	不小于设计桩径
倾斜度	钻孔:<1%;挖孔:<0.5%
孔深	摩擦桩:不小于设计规定;支承桩:比设计深度超深不小于50mm
沉淀厚度(mm)	摩擦桩:符合设计要求,当设计无要求时,对于直径≤1.5m的桩,≤300mm;对桩径>1.5m或桩长>40m或土质较差的桩,≤500mm; 支承桩:不大于设计规定
清孔后泥浆指标	相对密度:1.03~1.10;黏度:17~20Pa·s,含砂率:<2%;胶体率:>98%

注:清孔后的泥浆指标是从桩孔的顶、中、底部分别取样检验的平均值。本项指标的测定限指大直径桩或有特定要求的钻孔桩。

沉管灌注桩质量允许偏差 表4-35

项 目			允 许 偏 差
桩位	排架桩		顺桥向:4cm;横桥向:5cm
	群桩	最外边的桩	$d/4$
		中间桩	$d/2$且不大于25cm
倾斜度	直桩		1/100
	斜桩		15% $\tan\theta$

注:①d为桩径;

②θ为斜桩轴线与垂线间的夹角。

每根灌注桩应留取混凝土抗压强度试件不少于2组。同时应以钻取芯样法或超声波法、机械阻抗法、水电效应法等无破损检测法对桩的匀质性进行检测。检测应符合下列规定:其一,宜对各墩台有代表性的桩用无破损法进行检测,重要工程或重要部位的桩宜逐根检测;无条件用无破损法检测时，以及钻孔桩为柱桩时，应采用钻取芯样法对至少3% ~5%根（同时不少于2根）桩进行检测；对柱桩应钻到桩底0.5m以下；其二，对质量有怀疑的桩及因灌注故障处理过的桩，均应进行检测。

钻孔桩水下混凝土的质量应符合以下几点。

（1）强度应不低于设计强度。除检查灌注过程中预留试块的抗压强度外，还应凿平桩头，凿取桩头混凝土试块做抗压强度试验，一般可按基桩总数的5% ~10%抽查；大桥的钻孔桩，应以地质钻机钻取桩身混凝土芯样做抗压试验，同时检查桩尖沉淀土实际厚度和桩底土层情况，钻取的芯样直径应不小于70mm。

（2）桩身混凝土无断层或夹层，钻孔桩桩底不高于设计高程，桩底沉淀厚度不大于设计规定。应仔细检查分析所有桩的混凝土灌注记录，并用无破损方法检验桩身，认为其中某些桩的质量可疑，则应以地质钻机钻通全桩取芯样，检查该桩有无夹泥、断桩、混凝土质量松软，并做芯样的抗压强度试验。

（3）凿除桩头预留混凝土后，桩顶应无残余松散层和薄弱混凝土层；需嵌入承台内的桩头及锚固钢筋长度符合规范要求。

在质量检查中，如发现断桩或其他重大质量事故，应会同有关部门共同研究提出处理方案。在处理过程中，应作详细记录。处理完毕后，再做一次检查，认为合格后方可进行下一道工序的施工。钻孔灌注桩经检验后，应按各项原始记录填写施工记录汇总表，以存档备查。

（七）水中钻孔灌注桩基础施工

对处于河道中的钻孔灌注桩基础，施工中所采用的典型方法是以双壁钢围堰或钢套箱辅助施工。

大型双壁钢围堰加钻孔桩基础是近30年开发的大型深水基础工程理想结构物，它不仅能起到深水基础工程的围水与施工平台作用，而且可以参与部分结构受力，既增加了深水基础工程结构的整体性能，又提高了下部结构的防撞能力，方便施工，降低了工程造价。在水深流急的江河中，具有其他结构难与比拟的优越性。国内重庆、泸州、九江、武汉、黄石、铜陵等长江大桥，以及常德沅水大桥等都采用了双壁钢围堰钻孔桩基础，表4-36为20世纪90年代建成的几座长江大桥应用双壁钢围堰钻孔桩基础情况。尤其是武汉、黄石与钢陵长江大桥的深水桥墩都全部采用了双壁钢围堰钻孔桩基础。如此庞大规模的应用，充分表明该类型基础的强大生命力。

几种长江大桥应用双壁钢围堰钻孔桩基础情况 表4-36

桥　名	桥　型	双壁钢围堰 直径(ϕ)、高度(h)	钻孔灌注桩 根数、直径与桩长(L)	备　注
江西九江 长江大桥	主跨为216m的刚梁柔拱钢桥	$\phi=19.8$m $h=42.3$m	$9\phi2.5$m $L\approx19$m	
湖北武汉第二 长江大桥	主跨为400m的预应力混凝土斜拉桥	$\phi=28.4$m $h=46.5$m	$21\phi2.5$m $L\approx25$m	江中八个深水墩均采用
湖北武汉黄石 长江大桥	主跨为245m的预应力混凝土连续刚构桥	$\phi=28.0$m $h=38.5\sim41.2$m	$16\phi3.0$m $L\approx41$m	江中六个深水墩均采用
安徽铜陵 长江大桥	主跨为432m的预应力混凝土斜拉桥	$\phi=31.0$m $h=54.6$m	$19\phi2.8$m $L\approx68\sim73$m	江中五个深水墩均采用

图 4-39 为常德沅水大桥 3 号墩基础构造示意图。其构造特点是采用 16m 圆形双壁钢围堰加 7 根 $\phi2.5$m 冲孔嵌岩桩基础,施工进度快且安全稳妥。基础施工水深 8 ~ 18m。钢围堰高 18.2 ~ 18.7m,分四节拼装,底节围堰就位后,先在中壁内灌水下沉,再用缆索吊机(500kN)逐节接高,节与节间整体焊接,在准备回收的分割线外壁板处设置一道法兰,以便拆除回收。围堰接高后精确定位,井壁底层 9m 内浇灌水下混凝土,然后吹砂沉至岩面。堰内安装 7 根直径 2.7m 的钢护筒,浇筑 4.5m 厚的封底混凝土,在护筒内钻孔,嵌入岩层 11 ~ 14m,灌注混凝土成钻孔桩,最后,围堰内抽干水,浇筑承台(厚度为 4.0m)。

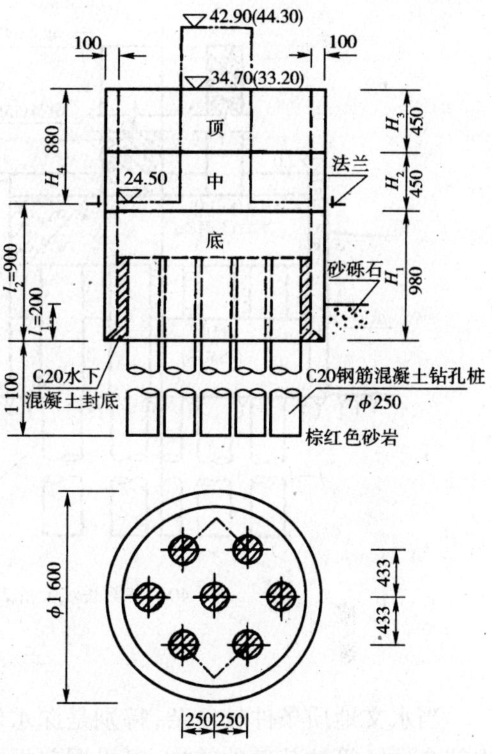

图 4-39　常德沅水桥 3 号墩示意图(尺寸单位:cm)

图 4-40 为黄石长江大桥 2 ~ 5 号墩基础构造示意图。黄石大桥位于弯曲河段,桥址处水深流急,地质复杂,覆盖层厚薄相差悬殊。其施工特点如下。

(1)摒弃了在墩位导向船内分块拼装接高钢围堰的传统工艺,采用了"工厂分块预制,水运至工地,水上拼装平台上组拼分节(分为 5 ~ 7 节),用2 500kN 起重船分节整体吊装接高"新工艺,使得劳动条件大为改善,质量更加可靠,施工安全更有保证。

(2)采用了标准反力型橡胶护舷作为柔性导向装置,有效地避免了偶然因素引起的围堰剧烈起伏摇摆所造成的危害。在主要锚缆上安装微调装置和测力设备,使锚缆受力明确,便于施工过程中随时观测调整。

(3)由于基岩顶面非常不平,周边岩面最大高差达 4.78m,故采用了高低异形刃脚,最大高差达 4.40m。

(4)由于主墩处砂和砂夹卵石覆盖层厚达 17 ~ 25m,双壁钢围堰下沉系数只有 0.7 左右,故首创并成功地采用了水下不离析泥浆润滑套助沉技术,使围堰侧面摩阻力由 30 ~ 40kN/m^2 降低到 20kN/m^2。

(5)为解决施工和通航的突出矛盾,主墩混凝土施工采用了陆上工厂拌制混凝土,搅拌车上汽渡,运输至墩位,再入混凝土泵泵送,经布料杆分配混凝土的工艺流程。该工艺的优点是:水上施工船舶少,对通航无影响;机械化程度高、劳动力投入少;混凝土施工受气候条件影响较小,质量容易控制;设备常备量较少。

(6)2 ~ 5 号主墩施工时,用 $\phi3.3$m 钢护筒事先在封底混凝土中留出桩孔,围堰内的护筒及其定位架用经计算和调整好长度的多根钢索悬架固定(图 4-40)。该方法的优点是:钢护筒的安装不受围堰偏位、倾斜和扭转的影响;潜水作业量少,施工速度快;护筒安装精度高。1 号和 6 号主墩采用了无护筒钻孔施工法,即在封底后,直接在封底混凝土顶面开孔钻进,获得了良好的综合技术经济效果。黄石长江大桥首创的多项新技术、新工艺、新材料,进一步完善和发展了双壁钢围堰钻孔桩基础施工技术。

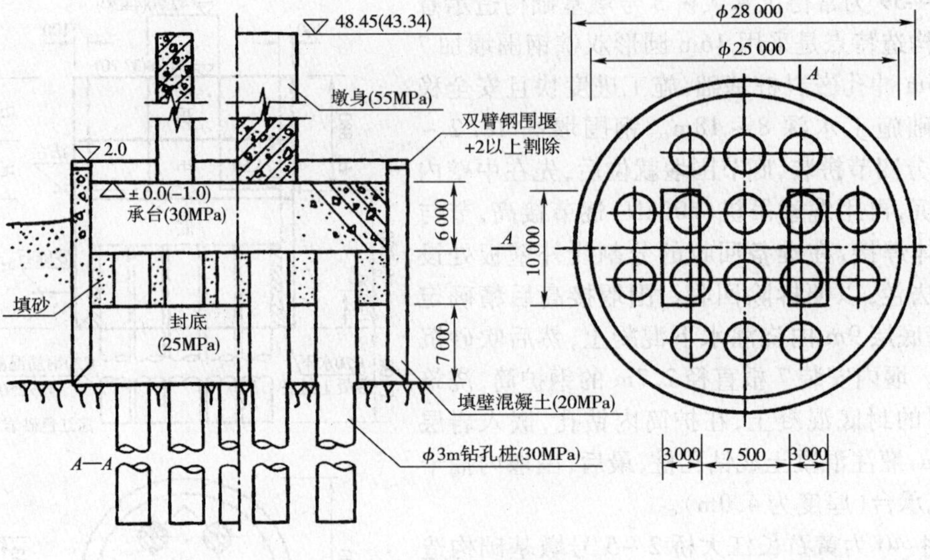

图4-40　黄石长江大桥2~5号主墩一般构造图(尺寸单位:mm)

三、管柱基础

当水文地质条件较复杂,特别是深水岩面不平、无覆盖层或覆盖层很厚时,采用管柱基础比较合适。管柱基础的结构,可采用单根或多根形式,使之穿过覆盖层或溶洞、孤石,支承于较密实的土壤或新鲜岩面。管柱基础施工系在水面上进行,不受季节性影响,能尽量使用机械操作,从而改善劳动条件,提高工作效率,加快工程进度。管柱基础是我国于1953年修建武汉长江大桥时所首创的一种新型基础形式,随之在前苏联、日本与欧美等国先后应用。国内在长江、黄河等多座重要大桥上都采用成功。20世纪60年代修建南京长江大桥时,曾将钢筋混凝土管柱改为预应力混凝土管柱,直径亦增大到3.6m。目前国内管柱基础深度已达70m(其中穿过45m覆盖层),最大直径达5.8m。国外,日本对管柱基础的推广、提高最为有力,并将其命名为多柱式基础,大鸣门大桥管柱直径达7.0m,横滨港湾大桥井柱直径达10.0m,使管柱基础的适用范围由内河深水基础,走向海洋深水基础。

管柱基础主要由三部分组成,即承台、多柱式柱身和嵌岩柱基。按承台的高低分为低承台管柱基础和高承台管柱基础两类。施工时是否需设置防水围堰,对施工技术的要求将有重大的差别。需要设置防水围堰的管柱基础,其施工较为复杂,技术难度较高。图4-41为施工过程示意图,图4-42为施工程序流程图。

管柱一般包括管柱体、连接法兰盘和管靴三部分。管柱体有钢筋混凝土、预应力混凝土和钢管柱三种。钢筋混凝土管柱适用于入土深度不大于25m,下沉振动力不大的条件,其制造工艺和设备较简单。预应力混凝土管柱下沉深度可超过25m,能承受较大的振动荷载,管壁抗裂性强,但制造工艺较复杂,需要张拉设备等。管柱系装配式构件,分节制造,管节长度由运输设备、起重能力及构件情况而定。直径1.55m,管节长度有3m、4m、5m、6m、9m、12m几种;直径3.0m、3.6m、5.0m、5.8m,管节长度有4m、5m、7.5m、10m几种;钢管柱管节长度有12~16m。表4-37提供了钢筋混凝土管柱管节主要尺寸,表4-38为预应力混凝土管柱主要技术指标。预制的管柱管节属于薄壁构件,应提高混凝土的强度和密实度。预制管柱宜采用离心、强振或辊压以及高压釜蒸养等工艺。管节下沉前,应遵循施工规范要求,严格检验管柱成品的质量,

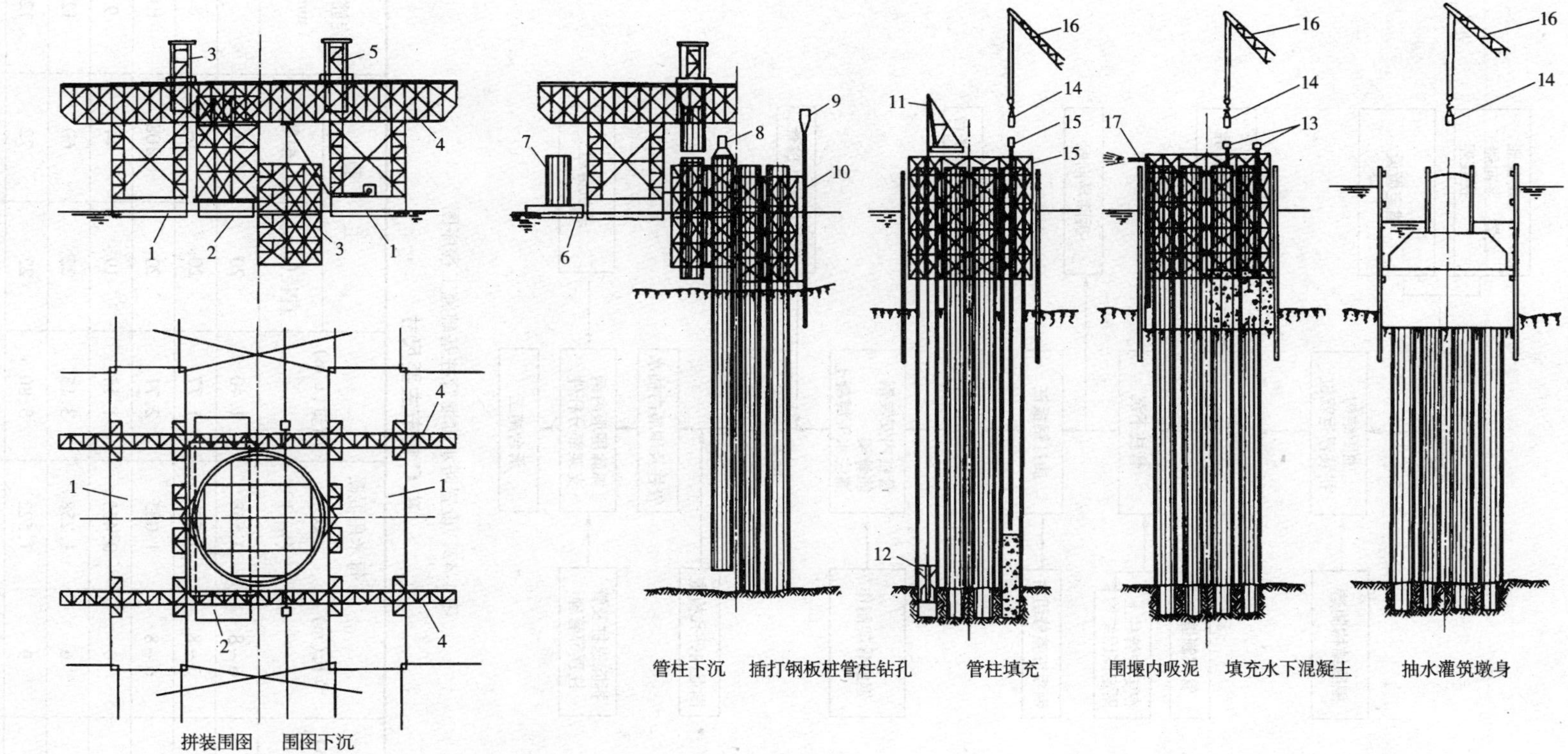

图 4-41　设置防水围堰管柱基础施工示意图

1-导向船;2-拼装铁驳;3-钢围囹;4-联结梁;5-天车;6-运输铁驳;7-管柱;8-振动打桩机;9-打桩机;10-钢板桩;11-钻机;12-钻头;13-灌注混凝土导管;14-混凝土吊斗;15-钻机平台;16-吊机;17-吸泥机

根据成品管节检验资料及设计所需每根管柱长度,组合配套,做好标志,使整根管柱的曲折度满足设计要求。

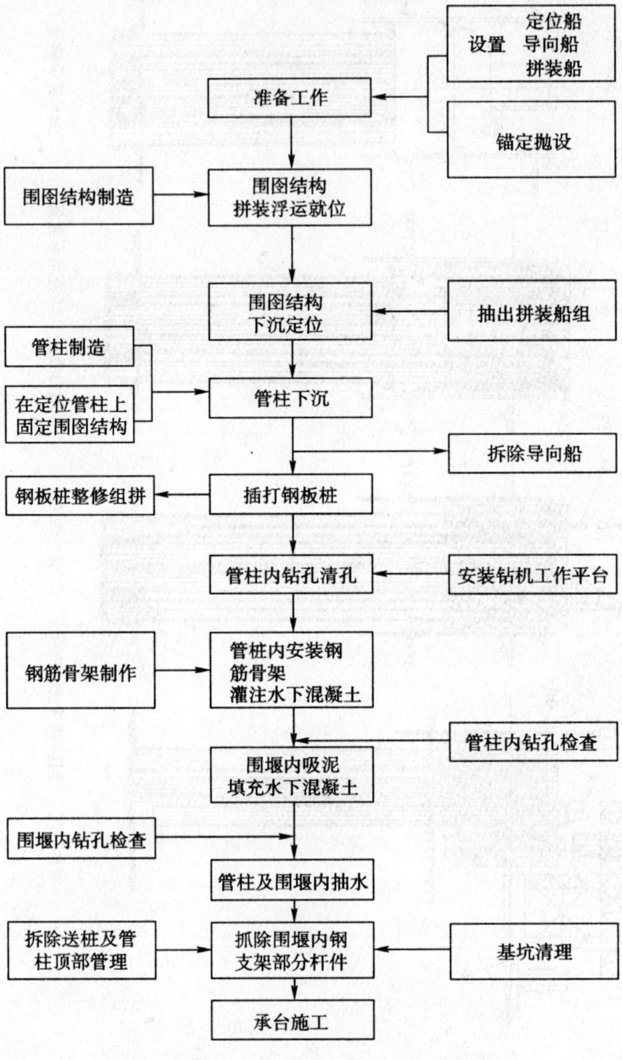

图4-42 设置防水围堰管柱基础施工程序图

R.C管节主要尺寸

表4-37

直径(m)	壁厚(cm)	节长(m)	每米用混凝土数量(m^3)	质量(t/m)	主筋		螺旋筋直径(mm)	国别
					直径(mm)	根数		
1.6	12	6~8	0.558	1.40	20	56		前苏联
2.0	12	6~8	0.708	1.77	20	64	8	前苏联
3.0	12	6~8	1.085	2.71	20	108	10	前苏联
1.55	10	9	0.455	1.15	19	44	9	中国
3.0	14	6	1.258	3.15	22	60	12	中国
3.6	14	9	1.522	3.80	22	72	12	中国
5.8	14	7.5	2.489	6.23	22	116	12	中国

预应力混凝土管柱主要技术指标 表4-38

管柱直径 D(m)	壁厚 δ(cm)	节长 L (m)	预加拉力 (kN)	混凝土强度等级	钢筋				管节横截面		每米管节质量 (t)
					纵筋		螺栓筋		面积	惯性矩	
					直径 (mm)	根数	直径 (mm)	间距 (cm)	(m^2)	(m^4)	
3.0	14	7.5	7 300	40	16	140	ϕ12	10	1.258	1.290	3.16
3.6	14	7.5	8 700	40	16	166	ϕ12	10	1.522	2.281	3.85
3.0	14	7.5	7 440	40	16*	100	ϕ12	10	1.268	1.290	3.13
3.6	14	7.5	7 740	40	16*	114	ϕ12	10	1.522	2.281	3.77

注:16* 系冷拉5号钢筋。

管柱下沉应根据覆盖层土质和管柱下沉深度等采用不同的施工方法，如有：振动沉桩机振动下沉；振动与管内除土下沉；振动配合吸泥机吸泥下沉；振动配合高压射水下沉；振动配合射水、射风、吸泥下沉等。按照土质、管柱下沉深度、结构特点、振动力大小及其对周围建筑设施的影响等具体情况，规定振动下沉速度的最低限值，每次连续振动时间不宜超过5min。管柱下沉到设计高程后，钻岩与清孔等工序按钻孔桩有关规定进行。管柱内安装钢筋骨架、填充水下混凝土及质量检查应符合下列规定。

(1)钢筋骨架应按设计要求的埋置深度安装。

(2)用垂直导管法填充水下混凝土应符合的要求是：

①为防止孔壁坍塌或流沙淤入孔内，每孔钻岩完成后，应迅速进行清孔和填充水下混凝土；

②要避免填充水下混凝土时，砂浆流入相邻钻孔内；

③为使钻孔混凝土和孔底岩体黏结良好，开始填充混凝土前可用高压射水、射风或其他办法冲起残留渣物，在渣物尚未沉淀时，立即浇筑混凝土；

④导管埋入混凝土的深度不宜小于1.0m，但也不宜过大，应尽量促使导管周围混凝土流动，防止混凝土开始硬化时与导管黏结成块。

(3)管柱内填充混凝土的质量检查要求如下：

①混凝土强度应符合设计要求；

②管柱群桩基础应有不少于10%的管柱做钻探检查，钻探孔的深度应至管柱钻孔底以下0.5m，并在混凝土芯取出后立即用水泥浆封孔；

③混凝土与岩层间应无残留渣物，且黏结良好；

④混凝土芯样外观应良好，各区段取芯率一般宜>90%。

第四节 沉井和重力式深水基础施工

当表层地基土的承载力不足，地下深处有较好的持力层，或山区河流冲刷大，或河中有较大卵石不便于桩基施工；或岩层表面较平坦，覆盖层不厚，但河水较深等条件下，即当水文地质条件不宜修筑天然地基和桩基时，根据经济比较分析，可考虑采用沉井基础。沉井基础的特点是埋置深度可以很大、整体性强、稳定性好、刚度大、能承受较大的荷载作用。沉井本身既是基础，又是施工时的挡土、防水围堰结构物，且施工设备简单，工艺不复杂，可以几个沉井同时施工，场地紧凑，所需净空高度较低，故在桥梁工程中得到较广泛的应用。但沉井施工工期较长；

对粉砂类土在井内抽水易发生流沙现象，造成沉井倾斜；下沉时如遇有大孤石、沉船、落梁、大树根或井底岩层表面倾斜过大，均会给施工带来很大困难。因此要求在施工前，应事先详细钻探，探明地层情况及获取有关资料，以利于制定沉井下沉方案。

南京长江大桥1号墩基础就是用筑岛沉井修成的，其平面尺寸为20.2m×24.9m，沉井下沉入土深度为54.87m，是世界上有名的深置沉井之一。世界上最深的沉井已达70m以上，最大平面尺寸为64m×75m。江阴长江大桥北锚碇的沉井基础平面尺寸为51m×69m，下沉深度达58m，以如此深度的沉井体积而言，居当今世界之前列。

在岸滩或浅水中修筑沉井基础时，可在墩位筑岛，在岛上制作沉井，井内取土靠沉井自重下沉，并可采取辅助下沉措施，诸如采用射水吸泥、泥浆润滑套、空气幕等方法，以减小下沉时的井壁阻力，减小井壁厚度；在水深流急、设置围堰困难的情况下，可采用自浮式沉井，我国南京长江大桥、枝城长江大桥等均采用了带钢气筒的自浮式沉井。沉井一般用钢筋混凝土制造，也有用钢制的。图4-43为沉井施工一般工艺流程图。

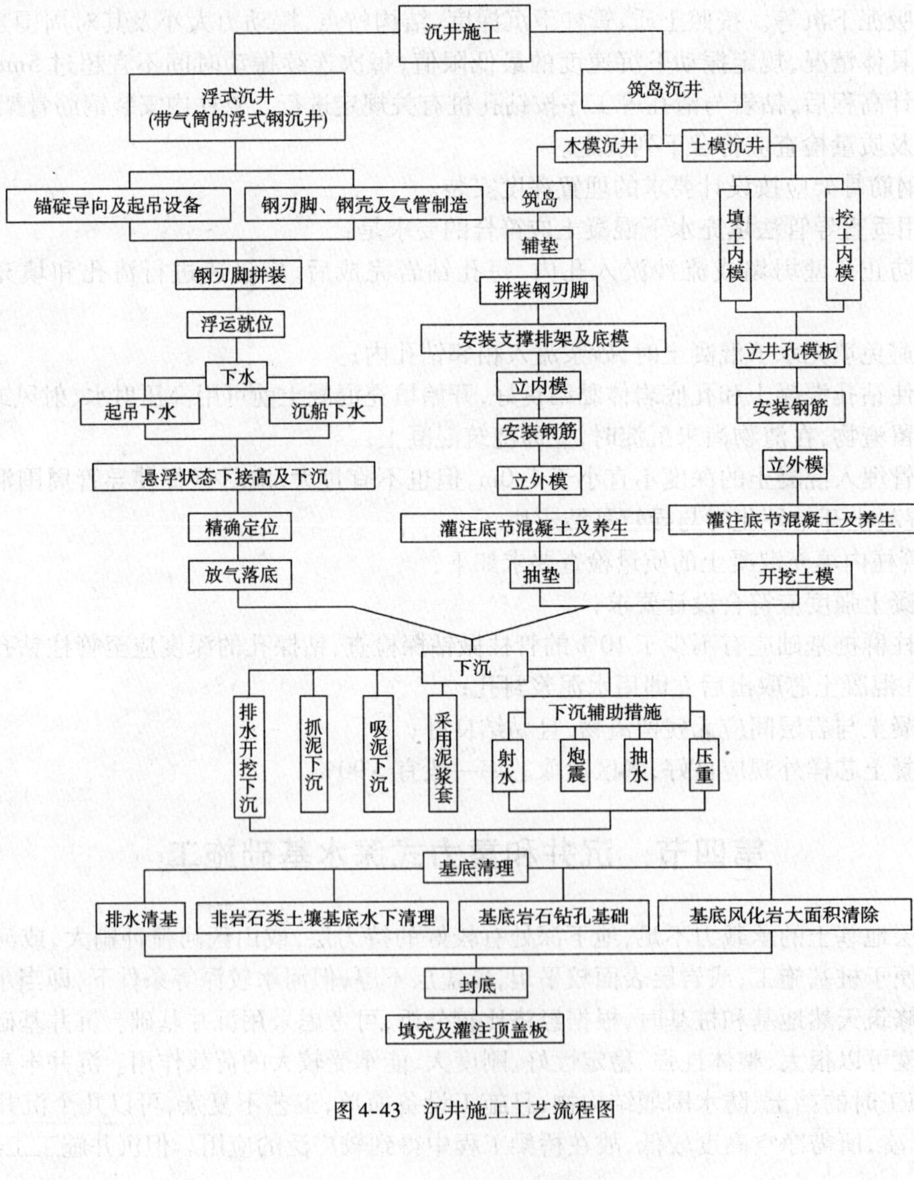

图4-43 沉井施工工艺流程图

一、筑岛沉井施工

根据土质、水流和风浪情况，筑岛分为无围堰的土岛和有围堰的筑岛(图4-44)。土岛适用于浅水、流速不大的场所，其外侧边坡不应陡于1:2。筑岛土料与容许流速的关系参考表4-39，有关筑岛的基本要求见表4-40。

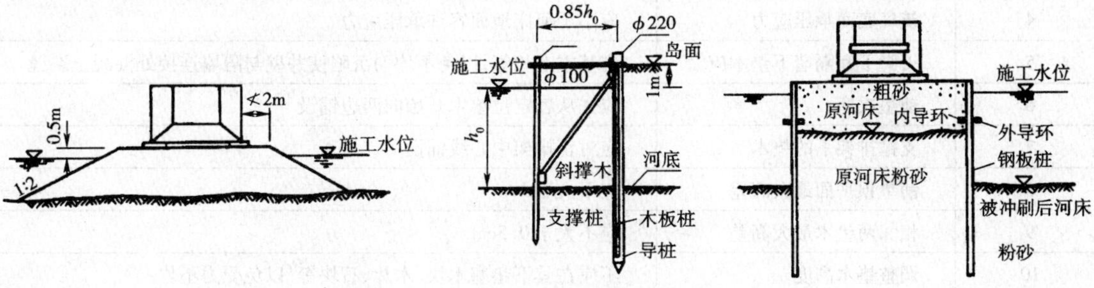

图4-44 围堰筑岛类型

a)土岛；b)单层木板围堰筑岛；c)钢板桩围堰筑岛

筑岛土料与容许流速关系表 表4-39

筑岛土料	容许流速(m/s)		筑岛土料	容许流速(m/s)	
	土表面处	平均流速		土表面处	平均流速
细砂(粒径0.05~0.25mm)	0.25	0.3	中等砾石(粒径25~40mm)	1.0	1.2
粗砂(粒径1.0~2.5mm)	0.65	0.8	粗砾石(粒径40~75mm)	1.2	1.5

筑岛基本要求 表4-40

编号	项目	要求
1	筑岛填料	砂、砂类卵石、小砾石等。不应采用黏性土、淤泥、泥浆及大块砾石等填筑
2	岛面高程	应高出最高施工水位或地下水位至少0.5m
3	水面以上部分的填筑	应分层夯实或碾压密实，每层厚度不宜大于30cm
4	岛面容许承压应力	一般不宜小于10kPa，或按设计要求办理
5	护道最小宽度	土岛为2m，围堰筑岛为1.5m，当需设置暖棚或其他施工设施需另行加宽
6	冬季筑岛	应将冰冻层清除，填料也不应含有冰块
7	倾斜河床面上筑岛	应构筑坚实的围堰，防止筑岛沿倾斜面滑移
8	水中筑岛	因压缩过水断面，水位提高，流速加大，需妥善防护

底节沉井的预制包括：场地整平夯实、铺设垫木、立沉井模板及支撑、钢筋扎焊、浇筑混凝土等。其中铺设垫木的基本要求见表4-41。刃脚下应满铺垫木。一般常使用长短两种垫木相间布置，在刃脚的直线段应垂直铺设，圆弧部分应径向铺设。垫木布置示意图见图4-45。

铺设垫木的要求　　表 4-41

编　号	项　　目	要　　求
1	垫木材料	质量良好的普通枕木及短方木
2	垫木铺设方向	刃脚的直线段垂直铺设,圆弧段径向铺设
3	垫木下承压应力	应小于岛面容许承压应力
4	筑岛底面承压应力	应小于河床地面容许承压应力
5	刃脚下和隔墙下垫木应力	应基本上相等,以免不均匀沉陷使井壁与隔墙连接处混凝土裂缝
6	铺垫次序	应先从各定位垫木开始向两边铺设
7	支撑排架下的垫木	应对正排架中心线铺设
8	铺垫顶平面最大高差	应不大于 3cm
9	相邻两垫木最大高差	应不大于 0.5cm
10	调整垫木高度	不应在其下垫塞木块、木片、石块等,以免受力不均
11	垫木间空隙	应填砂捣实
12	垫木埋入岛面深度	应为垫木高度的一半

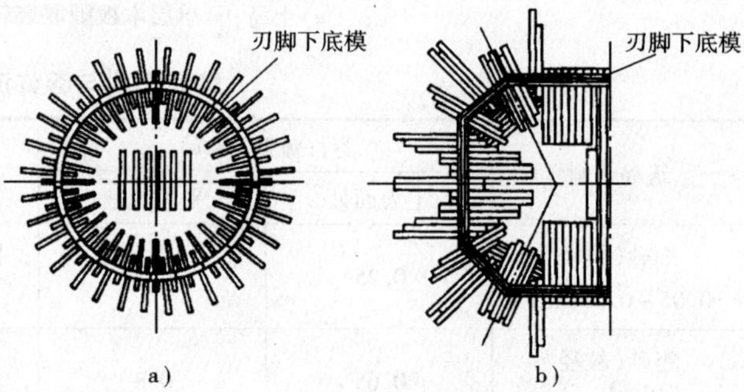

图 4-45　沉井垫木

a)圆形沉井垫木;b)矩形沉井垫木

沉井接高时应注意:各节沉井的竖向中轴线应与第一节的重合,外壁应竖直平滑;要保证各节混凝土间紧密接合;立接高沉井模板时,不宜直接支撑于地面上,以免沉井因自重增加产生不均匀下沉,致使新浇筑的混凝土发生裂缝。

沉井下沉前的抽垫木是沉井施工中的重要工序之一,应精心而谨慎地进行,否则会带来许多麻烦。拆除垫木必须在沉井混凝土已达到设计强度后方可抽垫。抽垫时应遵循的原则是:以固定垫木为中心,由远到近,先短边后长边,最后撤四根固定垫木。四根固定垫木的位置是根据沉井支承点和跨中拉应力相等原则确定的。抽垫的顺序是:先拆内模→拆外模→拆隔墙下支撑和底模→撤隔墙下的垫木→撤井壁下的垫木。如图 4-46 所示,应分区、依次、对称、同步地进行。垫木抽出后应立即用砂或碎石分层回填夯实,不得在垫木下垫塞木块、石块。拆除土模时,不得先挖沉井外围的土,应清除刃脚斜面及隔墙底面黏附的残留物。抽垫木是关键性工序,必须制订出详细的操作工艺流程和严密的组织措施。

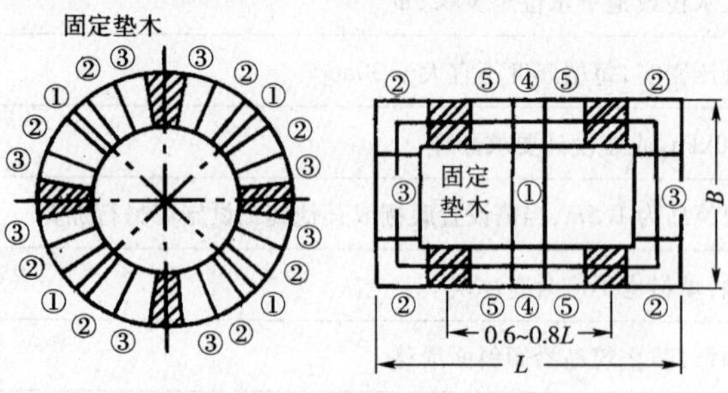

图 4-46　井壁下垫木撤除

沉井下沉主要是通过从井孔除土,消除刃脚正面阻力及沉井内壁摩阻力后,依靠沉井自重下沉。井内挖土方法视土质情况而定,一般分为排水挖土下沉和不排水挖土下沉两种。在稳定性较好且渗水量不大的土层中(每平方米沉井面积渗水量小于 $1.0m^3/h$),抽水时不会发生翻砂现象,可采用排水挖土下沉,否则应采用不排水挖土下沉方法(图 4-47)。不排水开挖下沉的挖土方法,可根据土质情况参考表 4-42

选用。一般宜采取抓泥、吸泥、射水交替或联合作业。必要时可辅以其他措施,诸如压重、高压射水、炮震、降低井内水位减小浮力以增加自重以及采用泥浆润滑套或空气幕等方法。

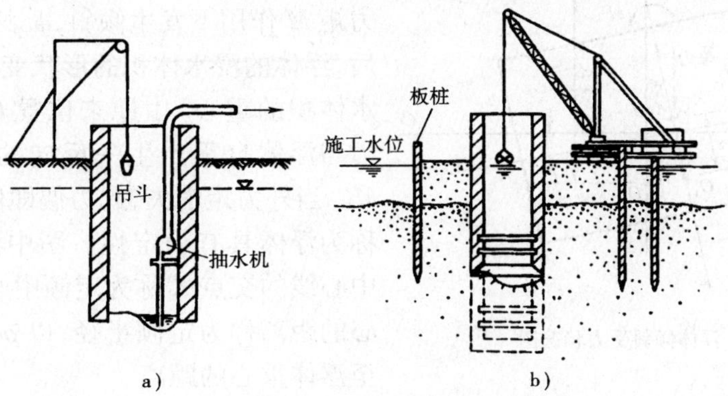

图 4-47 沉井下沉施工法

a)排水施工;b)不排水施工

下沉除土方法选用参考 表 4-42

土质	下沉除土方法	说明
砂土	抓土、吸泥	若抓土宜用两瓣式挖斗抓土
卵石	吸泥、抓土	以直径大于卵石直径的吸泥机吸泥为好,若抓土宜用四瓣式挖斗抓土
黏性土	吸泥、抓土	一般需辅以高压射水,冲碎土层
风化岩	射水、放炮	碎块可用抓斗或吸泥机取出

二、浮式沉井

在水深流急、筑岛困难的情况下修建沉井基础,可采用浮式沉井。此法系把沉井底节做成空体结构,或采取其他办法使其在水中漂浮,用船只将其拖运到设计位置,再逐步用混凝土或水灌注,增大自重,使其在水中徐徐下沉,直达河底。浮式沉井有木沉井、带有临时性井底的浮运沉井、带钢气筒的浮运沉井、钢筋混凝土薄壁浮运沉井、钢丝网水泥薄壁沉井、装配式钢筋混凝土薄壁沉井、钢壳底节浮式沉井等。一般在特大河流上多采用钢质的浮式沉井,在中小河流上则采用钢丝网水泥薄壁沉井等。浮式沉井在施工技术上的难度比就地下沉沉井要大,只是在特殊条件下才被采用。

浮式沉井浮运或下水前,应掌握河床、水文、气象及航运等情况,并检查锚碇工作及有关施工设备(如定位船、导向船等)。沉井底节入水后的初步定位位置,应根据水深、流速、河床面高低及土质情况、沉井大小及形状等因素,并考虑沉井在悬浮状态下接高和下沉中墩位处的河床面受冲淤的影响,综合分析确定,一般宜设在墩位上游适当位置。在施工中,尤其是在汛期,必须对锚碇设备,特别是导向船和沉井边锚绳的受力状态进行检查,防止导向船左右摆动。沉井落河床后,应采取措施尽快下沉,使沉井保持稳定,并随时观测沉井的倾斜、位移及河床冲刷情况,必要时采取调整措施。

(一)浮体的稳定性计算

浮式沉井在其浮运、就位、接高直至落入河床的过程中,是以悬浮于水中的浮体而存在,在

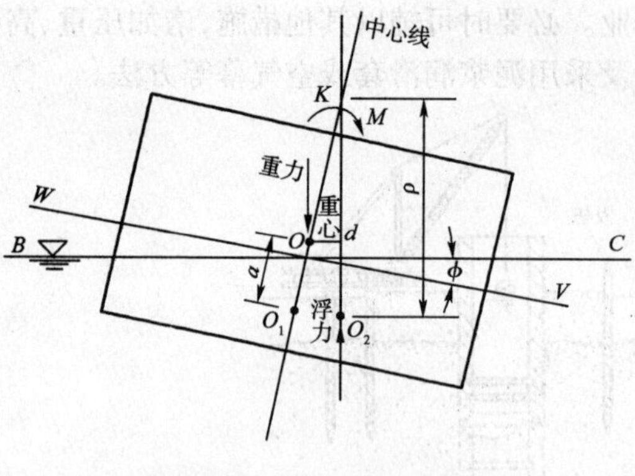

图 4-48 浮体倾斜受力状况图

每一工序中都必须是一个稳定的浮体。浮体稳定的概念如图 4-48 所示。图 4-48 表示浮体在外力矩 M 作用下发生倾斜，ϕ 表示倾斜角度。倾斜后，浮体的浸水体积的形状变化，浮心（即浮体浸水体积的重心）由原来位置 O_1 移至 O_2，因而浮力与浮体自重产生一反向的力偶，抵抗外力矩 M。当外力矩消失，此力偶即使浮体恢复水平，这称为浮体具有稳定性。图中浮力作用线与浮体中心线的交点 K 称为定倾中心；新浮心至定倾中心的距离称为定倾半径，以 ρ 表示。a 为原浮心至浮体重心的距离。

当浮体倾斜后，只有当定倾中心位于浮体重心以上时，浮力与重力才能产生一反向抵抗力偶，否则将产生与倾斜方向相同的力偶，使稳体失去稳定。因此，维持浮体稳定的必要条件是：$\rho > a$，或 $\rho - a > 0$。重心越高，a 值越大。当 a 大于 ρ 时，浮体丧失稳定。定倾半径决定于浮体浸水线截面的形状及其排开水的体积，其关系式为：

$$\rho = I/V \tag{4-15}$$

式中：I——浮体浸水截面绕倾斜旋转轴的惯矩（m^4）；

V——浮体排开水的体积（m^3）。

浮体在外力矩 M 作用下所处的力平衡状态，取 O 点的力矩平衡方程式为：

$$V \times \bar{d} = M \quad (\text{浮力 } F = V\gamma = V \times 1 = V)$$

$$V(\rho - a)\sin\phi = M$$

当 ϕ 角很小时，$\sin\phi \approx \tan\phi$，故可写成：

$$\tan\phi = M/V(\rho - a) \tag{4-16}$$

M 指施工中所有外力（包括风力、流水压力、接高时可能产生的偏心外力等）引起的力矩。$V(\rho - a)$ 为浮式沉井的抗倾斜力矩，其值大小反应浮式沉井的稳定程度。通常倾角 ϕ 不应大于 6°，以免倾斜过大而产生不安全感及对施工带来不便。浮式沉井在浮运和接高下沉的各个施工步骤都必须具备稳定条件，并具有所需的稳定度（稳定程度）。

（二）钢丝网水泥薄壁沉井

图 4-49 为某桥采用的钢丝网水泥薄壁浮运沉井的构造示意图。系由 30mm 左右的钢丝水泥制成的薄壁隔成一个空腹壳体，入水后能自浮于水中，浮运就位后向内灌水下沉落于河床上，再逐格对称地灌注水下混凝土，从而使薄壁空腹沉井变成普遍的重力式沉井。钢丝网水泥薄壁沉井包括钢丝网水泥薄壁、横撑骨架和横隔板等。前者由钢筋网、钢丝网和水泥砂浆组成（图 4-50）。钢筋网焊在横撑上作为水泥薄壁的骨架，钢丝网分别铺在钢筋网的两侧，抹上水泥砂浆，使之充满整个钢筋网和钢丝网之间的空隙与网眼中，然后再抹上 1～3mm 的砂浆作为保护

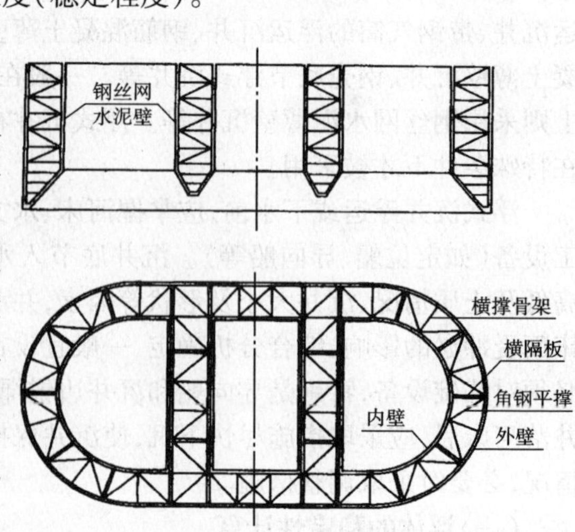

图 4-49 钢丝网水泥薄壁沉井图

层。横撑骨架由圆钢与型钢焊成(图4-51),各横撑间以水平型钢连接。每间隔若干道横撑设置一道横隔板,目的是将井壁和横墙的壁胸分隔为若干空格,以便于对灌水、抽水、浇筑混凝土时进行控制。内外井壁的间距,应按浮体计算和沉入土中所需重力等要求确定,并要考虑人工在壁腔内操作的方便,一般不得小于0.8m。

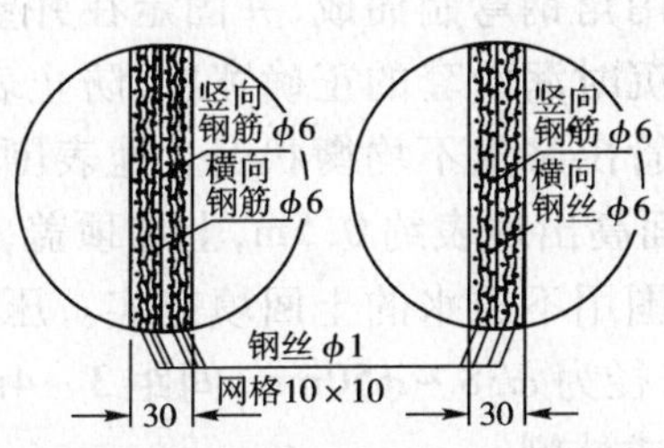

图4-50 钢丝网水泥壁(尺寸单位:mm)

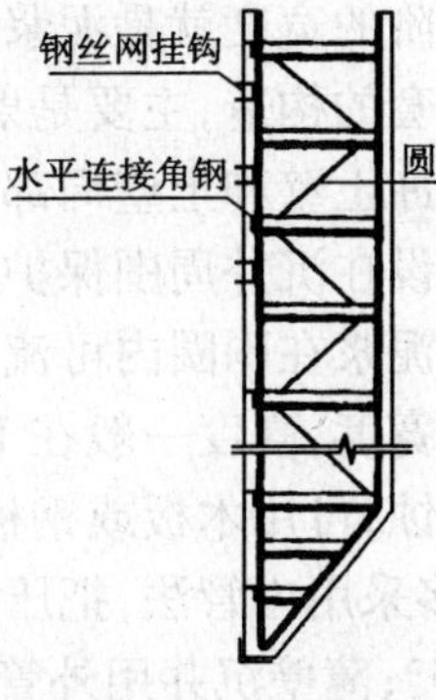

图4-51 横撑骨架

钢丝网水泥薄壁沉井由于钢丝网均匀分布在砂浆中,增加了砂浆的内聚力和握裹力,钢丝网眼分散了砂浆的收缩力,抑制了砂浆裂缝的发生和开展,从而提高了砂浆的抗拉强度和韧性,使钢丝网水泥薄壁具有很大的弹性和抗裂性,能抵抗一定程度的冲击。故而具有以下优点:

(1)结构薄而轻,有足够的强度和刚度,使用材料节省;

(2)操作简便,适宜于多点平行作业,且施工时无需模板,可节约木材与钢材;

(3)当河流不太宽时(如200m左右),采取半通航措施,可用钢绳牵引沉井下水;浮运就位的方法简便,设备简单,且稳妥可靠。

三、泥浆润滑套沉井

泥浆润滑套是在沉井外壁周围与土层间设置泥浆隔离层(图4-52),以减小土壤与井壁的摩擦力(泥浆对井壁的摩擦力为3~5kPa),从而可以减轻沉井自重,加大下沉深度,提高下沉效率。九江长江大桥用此法配合井内射水吸泥下沉,平均下沉速度为0.27m/h,取得了良好效果。

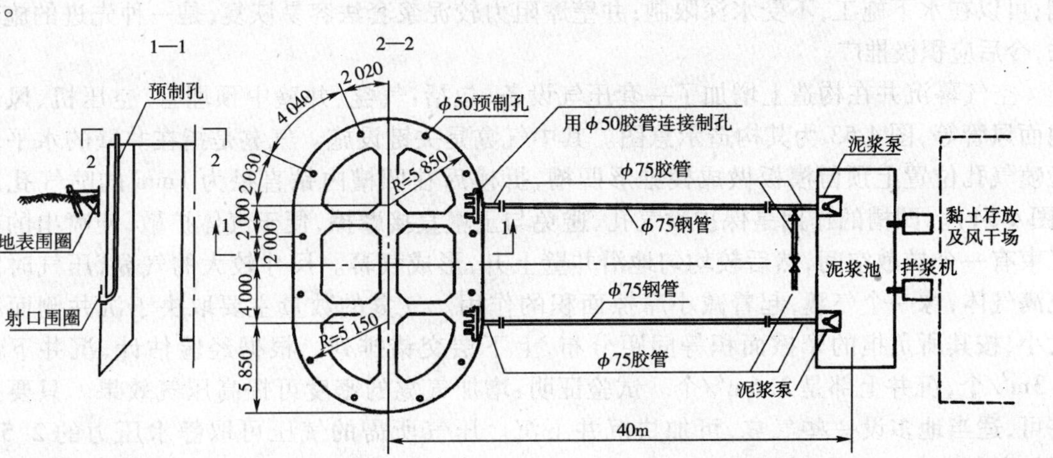

图4-52 泥浆润滑套示意图(尺寸单位:mm)

采用泥浆套施工的沉井，其构造要求为：沉井刃脚踏面宽度不宜大于10cm，最好采用钢板包护无踏面的尖刃脚，以利于减小下沉时的正面阻力，并可防止漏浆。沉井外壁应做成单台阶形。为防止泥浆穿过沉井侧壁而渗漏到井内，并保持沉井下沉的稳定性，对直径不大于8m的圆形沉井，台阶位置多设在距刃脚底面2～3m处；对面积较大的沉井，台阶可设在底节与第二节接缝处。台阶的宽度就是泥浆套的宽度，一般宜为10～20cm。

泥浆润滑套的构造，主要是射口挡板、地表围圈及压浆管。射口挡板的作用为防止泥浆管射出的泥浆直冲土壁和土壁局部坍落堵塞出浆口，其用角钢弯制而成，并固定在井壁台阶上。地表围圈是埋设在沉井周围保护泥浆的围壁，确保下沉时润滑套的正确宽度，防止表土坍落，储存泥浆等。泥浆在围圈内可流动，用以调整各压浆管出浆量不均衡状况。地表围圈的宽度即沉井台阶的宽度，高度一般在1.5～2.0m左右，顶面高出地表约0.5m，上加顶盖，防止土石落入或流水冲蚀，可用木板或钢板做成。地表围圈外围用不透水的土回填夯实。压浆管的布置，厚壁沉井多采用内管法，把压浆管埋在井壁内。管径为ϕ38～ϕ50mm，间距3～4m，射口方向与井壁成45°；薄壁沉井用外管法，布置在井壁内侧或外侧。

沉井挖土下沉时，应避免刃脚下土层掏空过多，吸泥取土时井内水位应不低于井外水位，以免翻砂冒水和泥浆流失。下沉中沉井偏倾不能过大，以免挤坏地表围圈。施工中要及时补浆，使泥浆面保持在地表围圈顶面下0.3～0.1m，即必须高出地表面。沉井下沉至设计高程后，应设法破坏泥浆套，或沿井壁内侧布置排浆管，排除泥浆，以恢复土对井壁的固结作用。

施工实践证明，泥浆润滑套沉井施工进度快，可以减轻自重，同时下沉倾斜小，容易纠偏，在旱地或浅滩上应用效果较好。存在问题是当基底为一般土质，因井壁摩阻力小，致使刃脚对地基压力过大，容易造成边清基边下沉的情况。在卵石、砾石层中应用效果较差。

四、空气幕沉井

空气幕沉井亦称壁后压气沉井，系在沉井井壁周围预埋若干层管路，每层管钻有许多小孔，接通压缩空气向井壁外面喷射，气流沿沉井外壁上升，带动砂粒翻滚，形成液化，黏土则形成泥浆，从而使土对井壁的摩擦力减小，沉井顺利下沉。空气幕沉井适用于地下水位较高的细、粉砂类土及黏性土层中，其优点是：施工设备简单，经济效果较好；下沉中要停要沉容易控制；可以在水下施工，不受水深限制；井壁摩阻力较泥浆套法容易恢复，是一种先进的施工方法，今后应积极推广。

空气幕沉井在构造上增加了一套压气设备，包括：气龛、井壁中预埋管、空压机、风包及地面风管等，图4-53为其构造示意图。其中气龛是关键设施。气龛是指在井壁的水平环形管喷气孔位置上预留模板做成棱锥形凹槽，拆模后在凹槽内钻直径为1mm的喷气孔即可（图4-54）。凹槽的作用是保护喷气孔，避免与土壤直接摩擦，便于气体扩散，使喷出的高压气束有一个扩散空间，然后较均匀地沿井壁上升，形成气幕。尺寸较大的气龛，压气时凹槽充满气体，像一个气囊，起着减小摩擦面积的作用。气龛的数量主要取决于沉井侧面积的大小，按其所负担的摩擦面积等间距分布，上下层交错排列。根据经验估计，沉井下部是1.3m^2/个，沉井上部是2.6m^2/个。试验证明：增加气龛的密度可提高压气效果。只要条件许可，适当地多设一些气龛，可加快沉井下沉。压气所需的气压可取静水压力的2.5倍。压气必须从上层气龛逐渐向下层进行，决不可由下向上，否则可能造成气流向下经刃脚由井孔内逸出，出现翻砂现象。

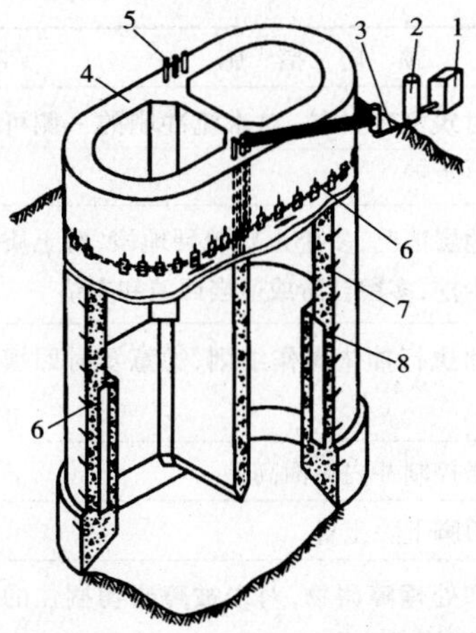

图 4-53　空气幕沉井压气系统构造示意图

1-压风机；2-风包；3-地面风管路；4-沉井；5-井壁预埋竖管；6-井壁顶埋环形管；7-气龛；8-气龛中的喷气孔

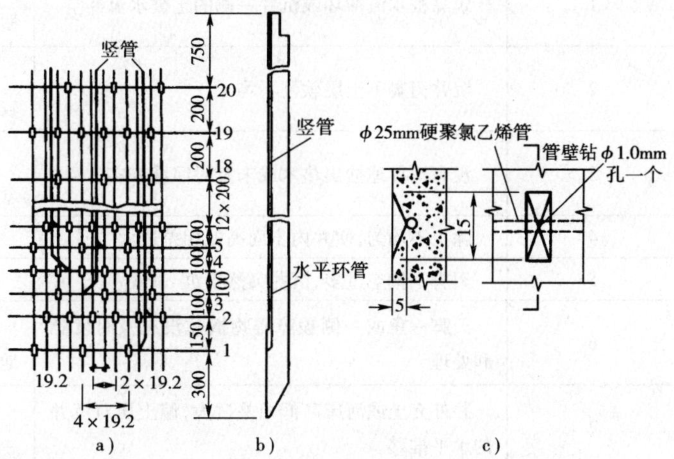

图 4-54　空气幕构造（尺寸单位：cm）

a）气龛布置展开图；b）井壁纵剖图（钢筋未示）；c）气龛构造

空气幕沉井的重量比一般普遍沉井轻，表 4-43 列有几个沉井的重力、壁厚和重率。所谓重率是沉井重力与侧面积的比值。随着下沉深度加大，空气幕效率有递减趋势，但仍能使井壁摩阻力降到 10kPa 左右，故其重力可较一般沉井大大降低。重率宜选择在 2.0～2.6 之间。

空气幕沉井重率参考表　　表 4-43

沉井编号	下沉深度（m）	重力（kN）	壁厚（m）	重率（kN/m^2）	沉井编号	下沉深度（m）	重力（kN）	壁厚（m）	重率（kN/m^2）
1	38.5		0.90	20.0	4	30.29	11 900	0.6	
2	23.23	16 870	0.70	16.0	5	33.19	13 200	0.6	
3	24.60	18 360	0.70	16.0					

五、沉井基础检验

沉井下沉进度随沉井入土深度、地质情况、沉井大小及形状、施工机具设备能力大小及不同的施工方法等情况而有所不同，其变化幅度很大，特别是土质结构复杂，影响更大。根据部分沉井下沉统计资料综合如下可供参考。

1. 平均综合下沉进度

筑岛沉井自抽垫下沉至沉到设计高程、浮式沉井自落入河床至沉到设计高程的全部作业时间内，其平均综合下沉进度为：砂土中 0.3～0.5m/d；卵石中 0.15～0.25m/d；砂黏土及黏砂土互层中 0.20～0.30m/d；黏土中 0.10～0.20m/d。

2. 各工序耗用时间

对下沉总延续时间为 100%；接筑圬工及养护时间为 30%～45%；安装防水围堰时间为 10%～15%；下沉作业时间为 50%～60%。

沉井施工出现偏差的原因及预防措施，见表 4-44。

沉井偏差原因及预防措施 表4-44

序号	产生原因	预防措施
1	筑岛被水流冲坏或沉井一侧的土被水流冲空	事先加强对筑岛的防护,对水流冲刷的一侧可抛卵石或片石防护
2	沉井刃脚下土层软硬不均	随时掌握地层情况,多挖土层较硬地段,对土质较软地段应少挖,多留台阶或适当回填和支垫
3	没有对称地抽出垫木或未及时回填夯实	认真制订和执行抽垫操作细则,注意及时回填夯实
4	除土不均匀,使井内土面高低相差过大	除土时严格控制井内泥面高差
5	刃脚下掏空过多,沉井突然下沉	严格控制刃脚下除土量
6	刃脚一角或一侧被障碍物搁住没有及时发觉和处理	及时发现和处理障碍物,对未被障碍物搁住的地段,应适当回填或支垫
7	井外弃土或河床高低相差过大,偏土压对沉井的水平推移	弃土应尽量远弃,或弃于水流冲刷作用较大的一侧,对河床较低的一侧可抛土(石)回填
8	排水开挖时,井内大量翻砂	刃脚处应适当留有土台,不宜挖通,以免在刃脚下形成翻砂涌水通道,引起沉井偏斜
9	土层或岩面倾斜较大,沉井沿倾斜面滑动	在倾斜面低的一侧填土挡御,刃脚到达倾斜岩面后,应尽快使刃脚嵌入岩层一定深度,或对岩层钻孔,以桩(柱)锚固
10	在软塑至流动状态的淤泥土中,沉井易于偏斜	可采用轻型沉井、踏面宽度宜适当加宽,以免沉井下沉过快而失去控制

纠正沉井倾斜和位移应按下述规定进行。

(1)纠偏前,应先摸清情况,分析原因,然后采取相应措施。如有障碍物,应首先排除;

(2)纠正倾斜时,可采用偏除土、偏压重、顶部施加水平力或刃脚下支垫等方法;

(3)纠正位移时,如沉井倾斜方向有利于纠正位移时,则继续下沉,待沉井底面中心接近墩位设计中心,再纠正倾斜;如沉井垂直或倾斜方向不利于纠正位移时,则沉井应先调整至有利方向倾斜下沉,直至沉井符合要求。

对沉井施工的全过程应进行阶段检验,并填写隐蔽工程检查记录。对有关沉井制作、基底处理、封底混凝土以及填充、封顶等项目的检验,均应符合规范规定要求。沉井制作的允许偏差,应符合表4-45的规定,且每节沉井平面尺寸不应大于刃脚处的平面尺寸。沉井(沉完就位)的质量应符合下列规定。

沉井制造的允许偏差 表4-45

序号	项目		允许偏差
1	沉井平面尺寸	长度、宽度	±0.5%,当长、宽大于24m时,应不超过±12cm
		曲线部分的半径	±0.5%,当半径大于12m时,应不超过±6cm
		两对角线的差异	对角线长度的±1%,最大不超过±18cm
2	沉井井壁厚度	混凝土、片石混凝土	-40mm +30mm
		钢筋混凝土	15mm

注:①对于钢沉井及结构构造、拼装等方面有特殊要求的沉井,其平面尺寸容许偏差值应根据设计要求确定;

②井壁的表面要平滑而不外凸,且不得向外倾斜。

(1)沉井刃脚底面高程应符合设计要求；

(2)底面中心和顶面中心在纵横方向的偏差不大于沉井高度的1/50(包括因倾斜而产生的位移)；对于浮式沉井，允许偏差值增加0.25m；

(3)沉井的最大倾斜度为1/50沉井高度；

(4)矩形、圆形沉井的平面扭转角允许偏差，就地制作的沉井不得大于1°，浮式沉井不得大于2°。

六、重力式深水基础

重力式深水基础系采用先在陆地上将基础结构物预制好，然后在深水中设置的一种基础形式，适用于水深、潮急、航运频繁等修建基础甚为困难的场合。采用这类基础形式时，必须首先将海底爆破取平，用挖泥船或抓斗式吊船把残渣清除，形成基底台面，然后再用浮式沉井下沉或用大型浮吊吊装等方法，在深水中安置预制的桥梁基础及墩身。这种基础施工安全、施工质量有保障、施工速度快，对航运影响甚小。

目前，重力式深水基础按基础形式基本上分两种，一是沉井基础，另一种是钟形基础。

对于跨海桥梁，在基础施工时，为了适应海上恶劣的环境条件，尽量减少为使深水基础结构稳定所需要的海上作业时间是非常关键的。日本的北南备赞濑户大桥基础采用了浮运法将沉井基础直接安置在已整好的地基上，即为设置沉井基础(图4-55)。

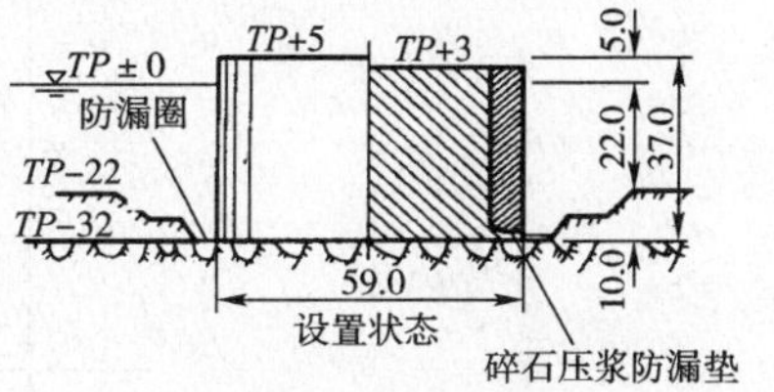

图4-55　北南备赞濑户大桥设置沉井基础(尺寸单位:m)

该沉井施工方法是：首先利用自升式平台在海床下岩盘中成群钻孔[图4-56a)]；再炸碎风化岩或凸出的岩面，并用挖泥船挖除泥沙及炸碎的岩块；最后用钻机磨平岩盘[图4-56b)]，并将岸边已制作好的沉井浮运就位、锚碇、灌水下沉设置在整平的地基上，沉井内填满片石，用片石灌浆混凝土填筑出水面。

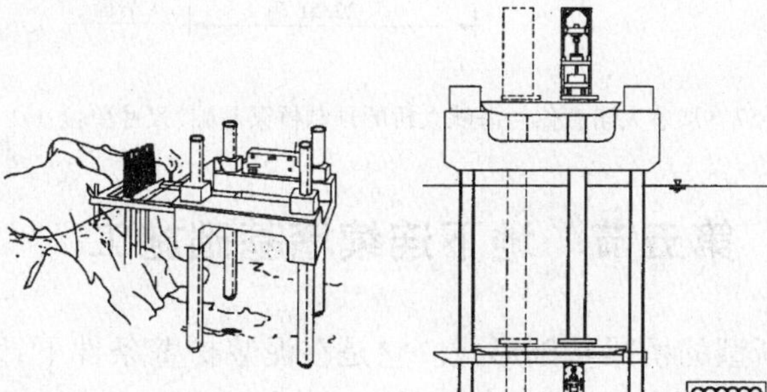

图4-56　用自升式平台整平设置沉井基础的岩石地基

a)成排地在岩盘上钻爆破孔；b)用大直径钻机对爆破后的岩面进行加工

钟形基础是一种类似套箱而形状像古代钟铃的基础。它的技术特点是：先在岸边按基础和部分墩身的形状用钢板焊制或用钢筋混凝土、预应力钢筋混凝土预制一个钟形的薄壳套箱，然后将此套箱吊装安置在已整理好的地基上。接下来，将基础承台与墩身混凝土同时浇筑，使其连成整体。这一薄壳套箱，既是施工用的防水围堰，又是基础混凝土浇筑的模板。由于钟形基础将防水围堰、施工用模板和部分主体结构巧妙地合而为一，从而具有施工用料少、施工方法简单、施工速度快等优点。但其最大缺点则是对施工技术要求高。图4-57为1997年完工的加拿大联邦大桥的深水设置基础示意图，其将基础和墩身分两大构件预制，预制构件分别重达4 500t、5 400t，利用大型浮吊进行整体吊运施工，极大程度地减少了海上施工作业时间。

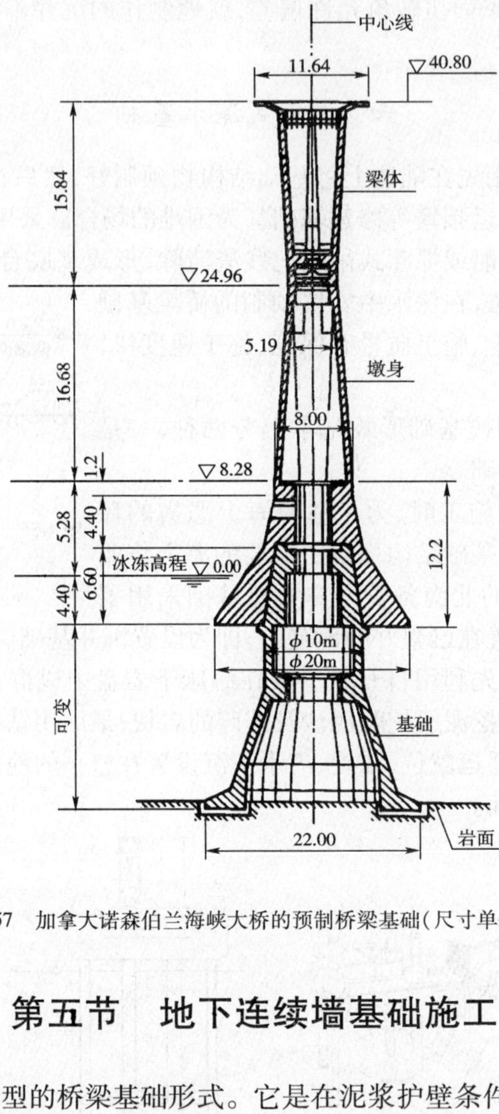

图4-57　加拿大诺森伯兰海峡大桥的预制桥梁基础（尺寸单位：m）

第五节　地下连续墙基础施工

地下连续墙是一种新型的桥梁基础形式。它是在泥浆护壁条件下，采用专用的挖槽（孔）设备，沿着基础结构物的周边，在地基中顺次开挖出一个具有一定宽度与深度的槽孔，然后在槽内安放钢筋笼，浇筑混凝土，逐步形成的一道连续的地下钢筋混凝土墙。当混凝土硬化达到一定强度后，即可作为基坑开挖时挡土、防渗、对邻近建筑物的支护以及直接成为承受垂直荷载的基础的一部分。地下连续墙施工工艺最早始于欧洲，20世纪50年代在意大利、法国用于土坝中建造防渗墙或作为施工措施以代替板桩，后来在墨西哥、美国、日本等国相继用于地铁建造中，并因采用地下连续墙技术，创造了高速施工的新记录。其后，20世纪70年代日本把地下连续墙应用于桥梁基础，在结构形式、施工技术等方面得到了迅速发展。国内最早于1958年在密云水库白河主坝中，采用壁板式素混凝土地下连续墙做防渗芯墙获得成功，其后相继推广到城建、工业与民用建筑与桥梁工程等项目。

一、地下连续墙的分类与特征

（一）分类

按槽孔形式，分为壁板式、桩排式和组合式（图4-58），按墙体材料分为钢筋混凝土、素混凝土、塑性混凝土（由黏土、水泥和级配砂石所合成的一种低强度混凝土）和黏土等；按挖槽方式分为抓斗、冲击钻和回转钻等。基础的平面形状根据工程的需要做成矩形、圆形、多角形及井字形等。

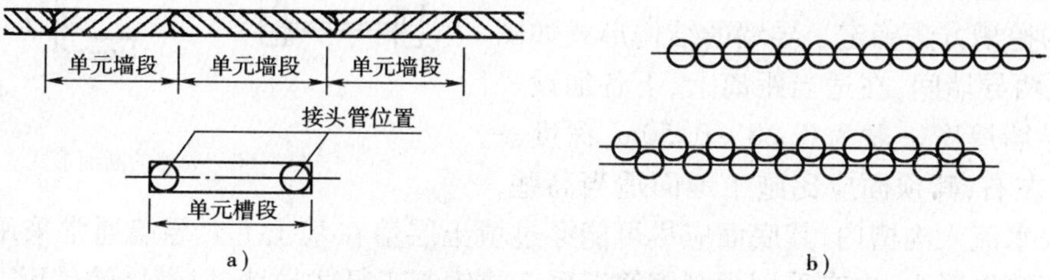

图4-58　地下连续墙的平面形式图

a）壁板式连续墙；b）桩排式连续墙

（二）特征与应用范围

（1）地下连续墙刚度大、强度高，是一种变形较小的刚性基础。日本曾进行沉井与地下连续墙基础在水平力作用下变形对比的实桥试验，在平面尺寸、井壁厚度与下沉深度大体相同的条件下，在12 000kN水平力作用下，前者位移为18mm、后者位移为4mm，前者转角为16×10^{-4}rad、后者转角为2×10^{-4}rad，地下连续墙基础比沉井基础的变形小得多。

（2）施工时不扰动围岩，基础与地基的密着性好，墙壁的摩擦阻力比沉井井壁的大，在无明显坚硬持力层的情况下，地下连续墙能提供较大的承载力。

（3）施工时所占空间较小，对周围地基和现有建筑物的影响小，可近距离施工，特别适用于在建筑群中施工。

（4）施工时振动小，噪声低，无需降低地下水位的设施，浇筑混凝土无需支模和养护，故可降低成本费。

（5）对地基的适用范围广，施工可全盘机械化，工作效率高，施工速度快。

地下连续墙具有防渗、截水、抗滑、防爆、挡土和承重等多种功能，应用较为广泛。但是，其施工工序较多、技术要求较高，尤其因墙壁是钻挖成槽后就地灌注水下混凝土的薄壁结构，如果施工不当，容易因竖直度达不到要求，不能形成封闭的地下围墙，或者出现槽壁坍塌、墙体厚薄不匀、水下浇筑混凝土质量低劣等事故。为了保证施工质量，工地施工检测和控制的可靠性是十分重要的。

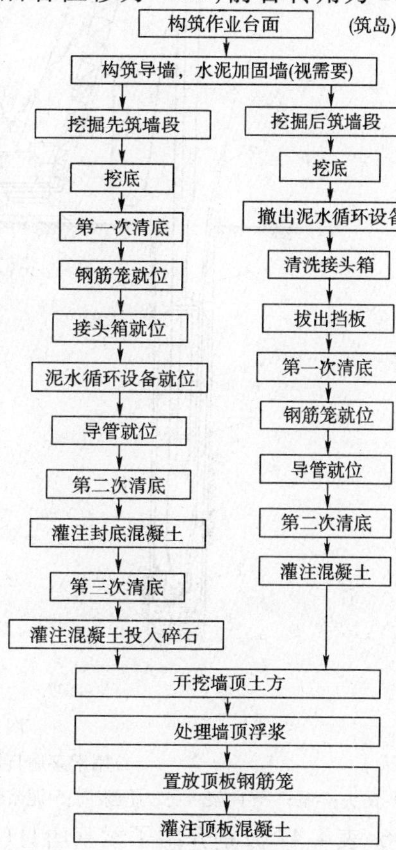

图4-59　地下连续墙基础施工步骤框图

二、地下连续墙基础施工要点

图4-59为地下连续墙基础施工步骤框图，其中有的

工序、技术要求等与就地钻孔灌注桩类似。施工要点如下。

1. 修筑导墙

槽孔施工前,为保证槽壁垂直,防止挖槽机械碰坏槽壁,必须沿着设计轴线开挖导墙,以起导向和防护作用,同时还可起到容蓄泥浆、吊放钢筋笼与混凝土导管等支撑点的作用。导墙的厚度、深度和结构形式应根据现场的地质条件、施工荷载以及选用的挖槽方法确定。导墙的结构形式如图4-60所示,两导墙间,在适当距离上、下各加设一道支撑。导墙厚度一般为0.20~0.50m,深度一般为2.0m左右,其顶面应比施工地面适当高些,以防止地表水流入沟槽内,其底面应尽可能穿过填土层落在基土上。导墙通常采用含筋率较低的现浇钢筋混凝土,也有采用预制钢筋混凝土或钢制工具式导墙,以利周转使用。

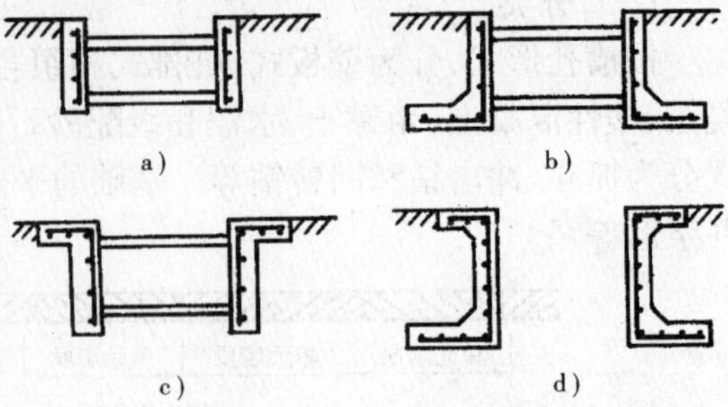

图4-60 导墙的断面形式

2. 成槽

成槽工艺是施工中最主要的工序,是决定施工方法能否取得高速、优质、低耗等经济技术指标的主要关键。现浇连续墙的厚度一般为0.80~1.50m,成槽机械常用的有:抓斗式(吊索、导板和导杆式)和钻头式(回转式、冲击式)两类,图4-61为目前使用较为有效的两种机械,表4-46、表4-47分别介绍了索莱唐日(sole'tanche)液压铣钻机的工作性能和BW型连续墙钻机主要技术性能。索莱唐日钻机可钻抗压强度100MPa的岩层。钻50MPa的石灰岩的成槽速度

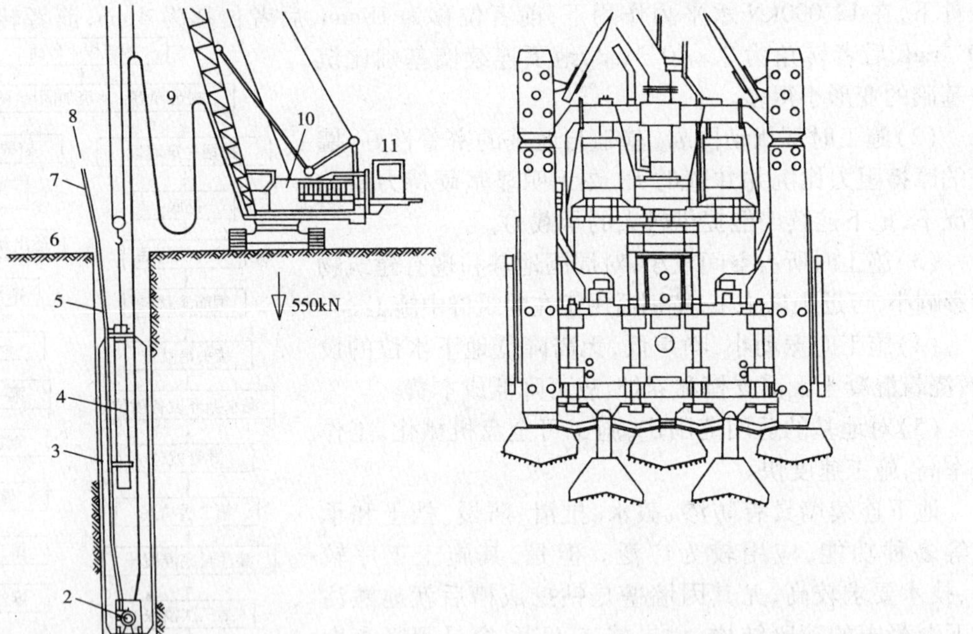

图4-61 两种常用的钻头式钻机

a)用索莱唐日铣钻机钻挖;b)BW型地下连续墙钻机外型

1-钻头;2-泵;3-导向架;4-水力压浆筒;5-泥浆管;6-泥浆返循环;7-泥浆嘴;8-至泥浆处理池;9-供水软管;10-吊机;11-动力

为 $8m^2/h$，钻砂层和黏土层的成槽速度可达 $20m^2/h$，钻进精度可达深度的 0.5%，钻进深度最大可达 100m。

索莱唐日液压铣钻机工作性能　　表 4-46

有效长度(m)	2.36	2.36	2.36	2.36	2.36
挖掘长度(m)	2.40	2.40	2.40	2.40	2.40
有效宽度(m)	0.59	0.76	0.96	1.16	1.46
挖掘宽度(m)	0.63	0.80	1.00	1.20	1.50
钻机全高(m)	15.00	15.00	15.00	15.00	15.00
挖掘深度(m)	35~50(最大 100m)				

BW 型连续墙钻机主要技术性能　　表 4-47

	BWN—4055	BWN—5580	BWN—80120
钻径或壁宽(mm)	400,450,500,550	550,600,650,700,750,800	800,900,1 000,1 100,1 200
单挖掘长度(mm)	2 500,2 550,2 600,2 650	2 470,2 520,2 570, 2 620,2 670,2 720	3 600,3 700,3 800,3 900,4 000
有效长度(mm)	2 100	1 920	2 800
钻机全高(mm)	4 300~4 320	4 525~4 555	5 505~5 555
挖掘深度(m)	50	50	50
钻头数量	7	5	5
钻头转速(r/min)	50	35	20
排水管内径(mm)	150	150	200
电动机功率 (千瓦×台)	15×2	15×2	18.5×2
钻机总重(kg)	7 500	10 000	18 000

旋转式挖槽机可分为独头钻及多头钻两种。采用多头钻机开槽时，需沿墙体的长度方向把地下墙划分成许多有一定长度的施工单元，在地质与水文条件、施工机具、土渣处理以及混凝土供应量等可能情况下，宜采用较大的单元槽段长度，这样不仅可减少接头数量，还可提高墙体连续性和防渗能力，以及提高施工效率。一般每段槽孔长度为 6~10m。采用抓斗或冲击钻机时，槽段长度可增大。国内在施工地下防渗墙时，槽段长度有达 38m 的记录。用旋转式钻机挖槽有"分层平挖"与"分层直挖"两种方法；用抓斗挖槽有"分条抓"、"分块抓"及"两钻一抓"等方法。广东省虎门大桥西锚碇地下连续墙基础施工就是采用先用钻机钻两个导孔，再用抓斗抓去两孔间土体形成槽孔的"两钻一抓"施工法。该法适用土层较硬、孔深较大的工程。挖槽质量控制应包括：槽位、槽深、槽宽和倾斜度。在挖槽过程中应经常检查单元槽段的垂直度，其偏差一般不应超过 1/200；槽位允许偏差为 ±30mm；槽底高度不得高于墙底设计高度；槽宽在任一深度上应保证地下墙的设计厚度；相邻两槽段竖向中心线的偏差在任一深度上不得大于设计墙厚的 1/3。根据经验，施工顺序规划的原则是：先内后外，新开挖的单元要尽可能远离刚完成的单元，要尽早灌注待完成接头的墙壁混凝土。图 4-62 为日本青森大桥主塔地下连续墙基础单元施工的顺序(该基础深度为 37m)。

3. 泥浆护壁

地下连续墙在成槽过程中，槽壁保持稳定不坍塌的主要原因是由于槽内泥浆起到护壁作

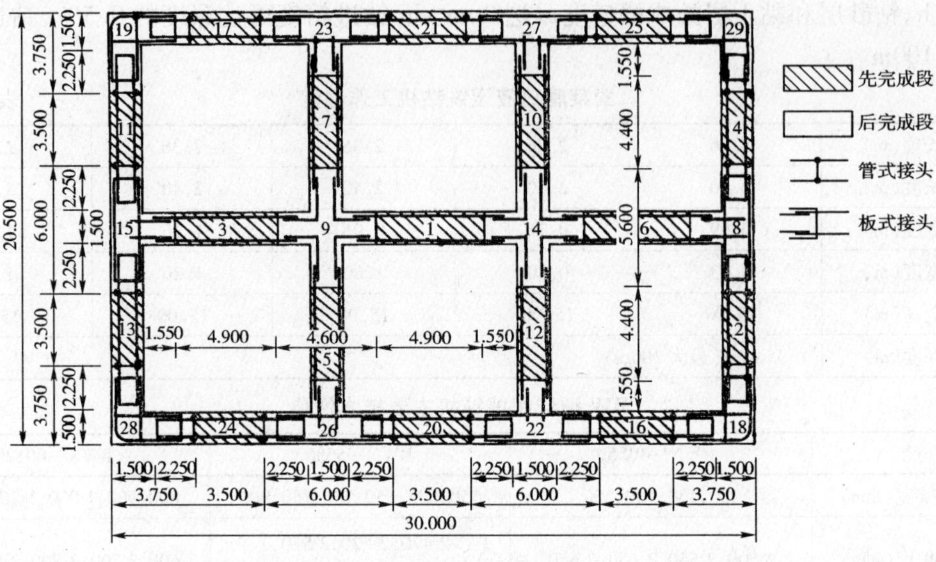

图 4-62　青森大桥主塔墩地下连续墙井箱基础分单元施工的顺序(尺寸单位:m)

用。泥浆宜选用膨润土或优质黏土配制。泥浆的容重大于地下水的容重,通过保持泥浆的液面高出地下水位 0.5 ~ 1.0m,使泥浆的液柱压力足以平衡地下水、土压力,成为槽壁土体的一种液态支撑。此外,泥浆压力将泥浆渗入土体孔隙,填充其间并形成一层组织致密、透水性很小的泥皮,维护槽壁的稳定性。

保证泥浆质量,正确选用泥浆性能指标,是加快施工速度、确保施工安全的重要环节。施工时要经常检查泥浆的各项指标,必要时需加入适量的化学剂以改善泥浆性能。合适的泥浆容重,膨润土泥浆为 10.5 ~ 11.5kN/m^3,黏土泥浆为 11.5 ~ 13.0kN/m^3。不同土层对护壁泥浆的要求是不同的,表 4-48 所列的不同土层护壁泥浆指标,可供选用时参考。其中:(1)静切力是指施加外力使静止的泥浆流动,当泥浆开始流动的一瞬间阻止其流动的内在力称为静切力。泥浆的静切力大,悬浮土渣钻屑稳定,钻孔阻力也大;静切力小则土渣钻屑容易沉淀。(2)漏失层是指由于土层间隙较大、结构松散,有集中的渗漏通道。为防止泥浆漏失,要求采用黏度较高、容重小、静切力大的泥浆。同时,可加配泥球进行堵漏。

不同土层护壁泥浆指标　　表 4-48

土层	黏度(s)	容重(kN/m^3)	含沙量(%)	失水量(%)	胶体率(%)	稳定性	泥皮厚(mm)	静切力(kPa)	pH 值	备　注
黏土层	18 ~ 20	11.5 ~ 12.5	<4	<30	>96	<0.003	<4	3 ~ 10	>7	—
砂砾石层	20 ~ 25	12 ~ 12.5	<4	<30	>96	<0.003	<3	4 ~ 12	7 ~ 9	—
漂卵石层	25 ~ 30	11 ~ 12	<4	<30	>96	<0.004	<4	6 ~ 12	7 ~ 9	—
碾压土层	20 ~ 22	11.5 ~ 12	<6	<30	>96	<0.003	<4	—	7 ~ 8	—
漏失层	25 ~ 40	11 ~ 12.5	<15	<30	>97	—	—	—	—	黏土球配浓浆度堵漏

泥浆由泥浆搅拌机拌制。由于地下墙对泥浆的需用量很大,在保证泥浆质量的前提下,应

当尽可能地利用就近材料，合理配制，循环使用，以降低工程成本。

4. 槽段的连接

地下连续墙施工根据划分好的墙段逐段进行，通过各单元槽段间接头连接形成连续墙体，因此，接头处理是连续墙施工的关键，其施工质量优劣直接关系到墙的受力性能与抗渗能力。接头的设置既要满足功能要求，又要施工简单。国内目前使用最多的是用接头管连接的非刚性接头。在单元槽段内土体被挖去后，在槽段的一端先安放接头管，再吊入钢筋笼，浇筑混凝土后逐渐将接头管拔出，形成半圆形接头，如图 4-63 所示。图 4-64 为几项实际工程中应用的接头形式。

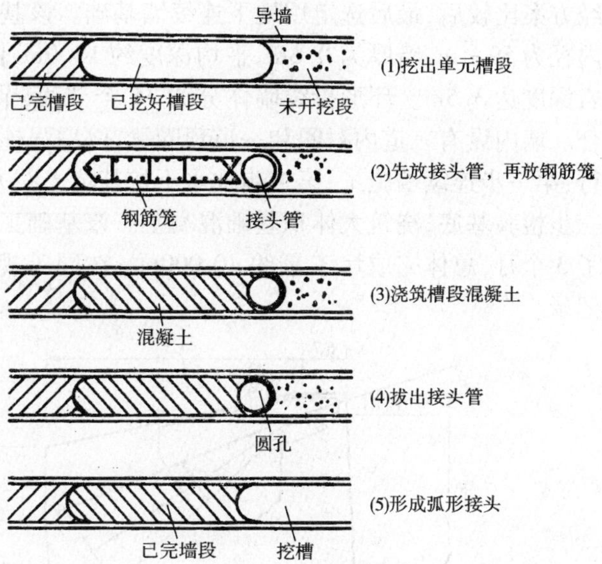

图 4-63 槽段的连接

三、地下连续墙基础实例

(一)广东省虎门大桥(主跨 888m 的单跨悬索桥)西锚碇

广东省虎门大桥西锚碇设计为重力式锚，每锚承受来自主缆的强大拉力约 2 × 170 000 kN。西锚碇位于人工填筑的砂岛上，原设计用沉井加桩基方案。由于基础处原为暗礁区，石

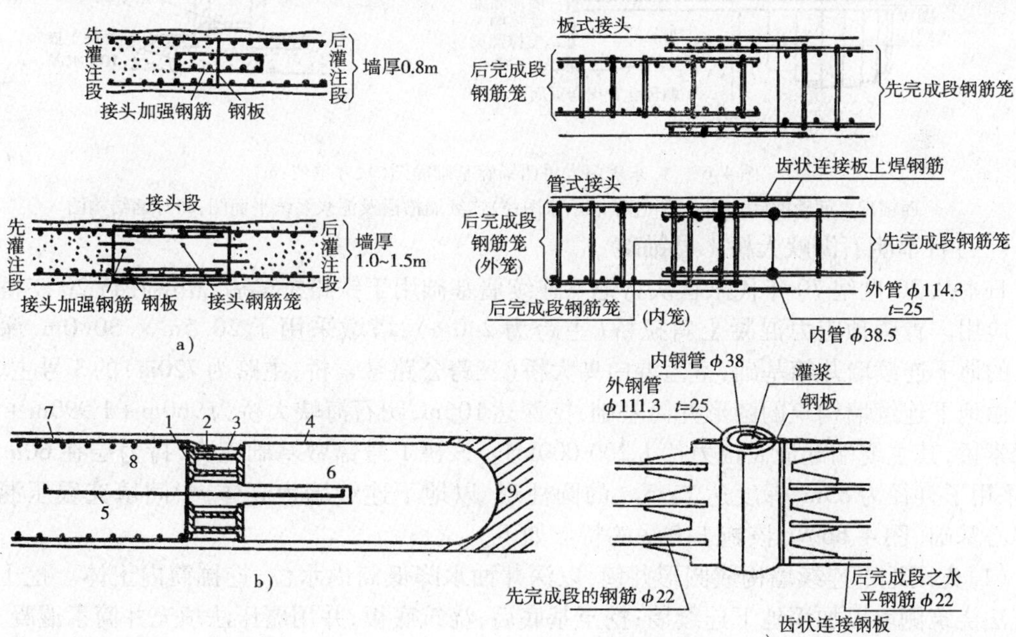

图 4-64 地下连续墙的井壁接头(尺寸单位：mm)

a)日本初期所用的接头；b)上海耀华玻璃厂熔化窖地下连续墙接头(μ = 1)；c)青森大桥地下连续墙基础所用接头

1-钢板；2-气袋；3-连接箱；4-U 形端止管；5-带孔连接钢板；6-端板；7-钢筋笼；8-灌注混凝土；9-土体

笋林立，岩石风化腐蚀不一，且沉井刃脚周边岩面高差极大(达 10.5m)，沉井施工困难很大，

经方案比较后，最后选定用地下连续墙基础。该基础为一圆形结构（图 4-65），外径为 61.0m，内径为 59.4m，墙厚为 0.8m，平均深度约 14.0m，嵌入弱风化岩的平均深度为 1.95m，最大嵌岩深度达 3.5m。环形折线墙体分为 35 个节段，节段间采用人字形钢板接头，使墙体互相契合。墙内设有三道内衬圈和一道顶圈梁，以增强连续墙的整体性和刚度。基础施工分三步进行：第一步连续墙施工；第二步抽水干挖基坑土石方，并相应自上而下浇筑内衬圈梁混凝土；第三步检验基底，浇筑大体积基础混凝土。该基础工程历时 11 个月，其中地下连续墙施工仅用了 3 个月，总体完成圬工量约 40 000m^3，在同等规模基础工程施工中，创下了施工速度的新记录。

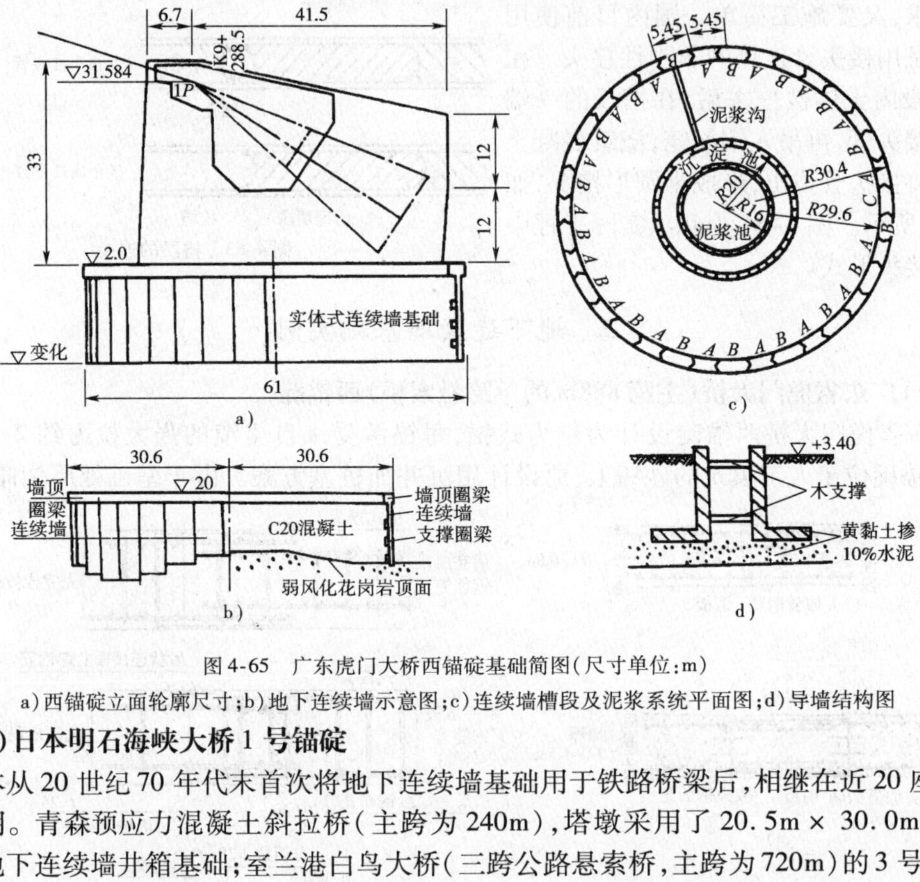

图 4-65　广东虎门大桥西锚碇基础简图（尺寸单位：m）

a）西锚碇立面轮廓尺寸；b）地下连续墙示意图；c）连续墙槽段及泥浆系统平面图；d）导墙结构图

（二）日本明石海峡大桥 1 号锚碇

日本从 20 世纪 70 年代末首次将地下连续墙基础用于铁路桥梁后，相继在近 20 座桥梁工程上应用。青森预应力混凝土斜拉桥（主跨为 240m），塔墩采用了 20.5m × 30.0m、深度达 42m 的地下连续墙井箱基础；室兰港白鸟大桥（三跨公路悬索桥，主跨为 720m）的 3 号主墩，采用了由地下连续墙构筑的圆形井筒基础，挖深达 106m；明石海峡大桥为 960m + 1 990m + 960m 的悬索桥，其主缆端部最大拉力达 1 200 000kN。该桥 1 号锚墩基础庞大，持力层在 60m 深以下，采用了直径为 85m、深度达 75.5m 的圆柱形、以地下连续墙为壳体、中间填充碾压混凝土的实心基础（图 4-66）。该施工方法的特点如下。

（1）先用地下连续墙构成圆形井筒，以深井抽水降低筒内水位，挖掘筒内土体。挖土时用逆筑法浇筑侧墙以加固地下连续墙；挖至基底后，浇筑底板，并用碾压法填充井筒素混凝土，收到了效率高、造价低的效果。

（2）本法可细察基底岩层情况，及时清除隐患，得到承载能力大的稳定基础。

（3）除地下连续墙施工必须在半年内昼夜施工外，其他工程均只需昼间作业，有利于环境与安全。

（4）地下连续墙是主体结构的一个组成部分。

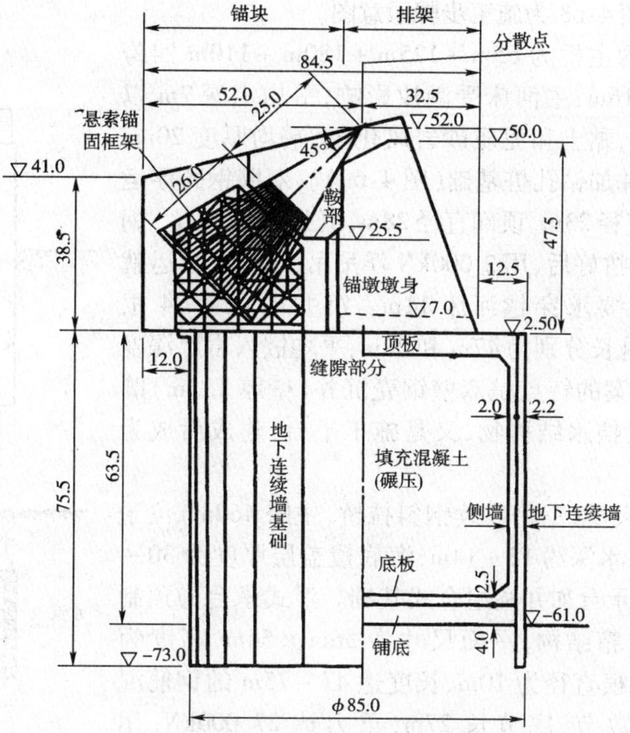

图 4-66 日本明石海峡大桥 1 号锚碇简图(尺寸单位:m)

第六节 组合和特殊基础施工

处于特大水流上的桥梁基础工程,墩位处往往水深流急,地质条件极其复杂,河床土质覆盖层较厚,施工时水流冲刷较深,施工工期较长,采用常用的单一形式的基础已难以适应。为了确保基础工程安全可靠,同时又能维持航道交通,宜采用由两种以上结构形式组成的组合式基础。其功能要满足既是施工围堰、挡水结构物,又是施工作业平台,能承担所有施工机具与用料等,同时还应成为整体基础结构物的一部分,在桥梁营运阶段亦有所作为。

典型的双壁钢围堰钻孔桩基础就是从施工角度考虑而形成的组合基础,其双壁钢围堰可谓施工机具。其他的组合基础还有钢沉井加管柱(钻孔桩)基础、钟形基础加桩基础、浮运承台与管柱、井柱、钻孔桩基础以及地下连续墙加箱形基础等,可根据设计要求、桥址处的地质水文条件、施工机具设备状况、施工安全及通航要求等因素,通过综合技术经济分析,论证比较,因地制宜,合理选用。

一、沉井加管柱(钻孔桩)基础

南京长江大桥 2 号、3 号墩,水深 30m,覆盖层厚约 40m,基岩强度为 7 ~9MPa,河床最大冲刷深度可达 23m,采用钢沉井加管柱基础。钢沉井采用矩形,平面尺寸为 16.19m ×25.01m,井内分成 15 个方格,内插 13 根直径 3m 的预应力混凝土管柱。管柱下沉到岩面后钻孔,孔径2.4m,孔深 7 ~9m,钻孔内放置钢筋骨架,然后灌注水下混凝土,一直填充至管柱顶面。管柱下端嵌入基岩,上端嵌固在承台混凝土中,沉井的封底和封顶混凝土将管柱群连接成整体。本方案的特点是:钢沉井能减少管柱所要穿过的覆盖层厚度,兼做下沉管柱的导向架,灌注上下封底、封顶混凝土及承台混凝土时作防水围堰;同时又是永久结构的组成部分,可增强桥墩基础的刚度。图 4-67 为

3 号墩基础形式图,图 4-68 为施工步骤示意图。

广东洛溪大桥的主桥为 65m + 125m + 180m + 110m 四跨连续刚构,全长 1 916m,主河床受潮汐影响,平均水深 7m 以上,覆盖层为中细砂、黏土和泥质砂岩风化土,平均厚度 20m。主墩基础采用钢沉井加钻孔桩基础(图 4-69)。双壁钢壳浮运沉井呈 Y 形,底部直径 23m,顶部直径 28m,沉井全高 20m。钢沉井分三节,岸上组拼好后,用 2 000kN 浮吊吊放入水,浮运就位,注水吹砂下沉,要求穿越河床 11m。沉井内布置 24 根 ϕ150 钻孔桩,平均桩长分别为 47m 和 22m,平均嵌入岩层深度为 3m 和 5m。本方案的特点是双壁钢壳沉井(壁厚 1.5m)既是基础施工的围堰、挡水结构物,又是施工平台,建成后成为主墩的防撞岛。

日本横滨港湾大桥(三跨连续钢斜拉桥,主跨 460m)位于横滨港国际航道上,水深约 12 ~ 14m,海底覆盖层厚度为 30 ~ 40m,主墩采用浮式承台加井柱组合式基础。浮式承台为预制的预应力混凝土空箱结构,平面尺寸为 56m × 54m,高度为 12m;空箱内插入 9 根直径为 10m、长度达 47 ~ 75m 的钢筋混凝土沉井;沉井分数节,底节长 27m,重力达 27 000kN,用 30 000kN 浮吊吊运就位与安装。图 4-70 为横滨桥主墩构造示

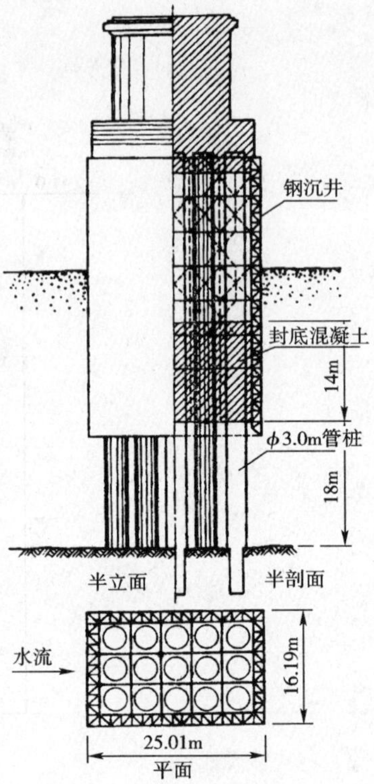

图 4-67　3 号墩基础形式图

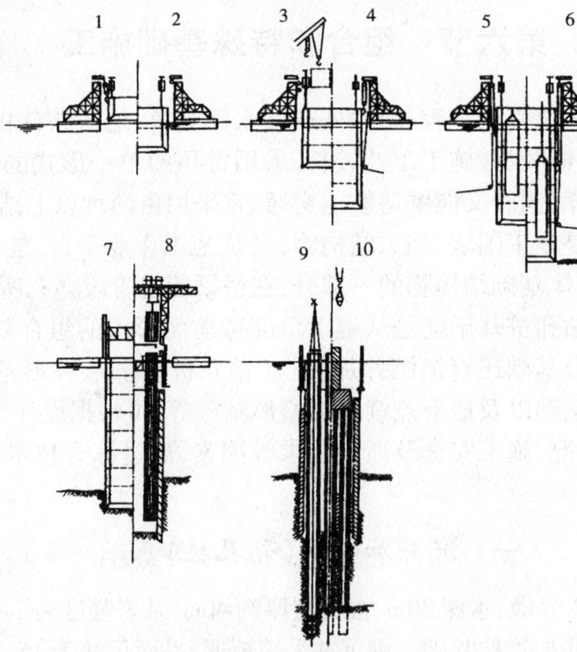

图 4-68　施工步骤示意图

1-吊起第一节沉井,移走拼装船;2-拼装第二节沉井,灌水下沉;3、4-拼第 3 ~ 5 节沉井,灌水下沉;5-拼装第 6 节沉井,井内吊装钢气筒;6-沉井沉入河床;7-吸泥下沉,拼装上层防水围堰;8-下沉管柱至岩面;9-管柱内钻岩、清孔、吊放钢筋骨架灌注水下混凝土;10-浇筑承台、墩身等

意图,图 4-71 为浮式承台井柱基础施工主要工序示意图。该基础工程的主要特点是:其一,大

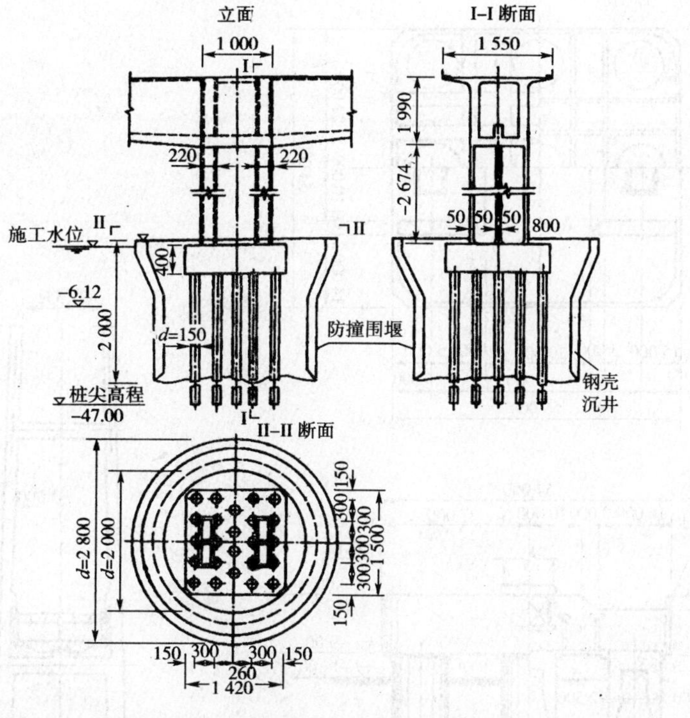

图 4-69　洛溪大桥主墩示意图(尺寸单位:cm)

型构件预制化,多功能预应力混凝土浮式承台与巨型沉井都是在岸边干船坞与专设预料厂制作,不仅施工质量有保障,而且可以加快施工进度,减少海上作业难度;其二,采用专门研制成功的大型摇臂式水中挖掘机,开挖水下深层泥岩,挖掘机工作面直径可扩大到 11m,保证井柱的嵌岩深度至 14m 左右;其三,施工中作业面较小,能完全保证国际航道的通行安全。该桥的顺利建成为海湾地区的桥梁工程快速建设提供了范例。

二、钟形基础加桩基础

美国俄勒岗大桥的双曲钟形基础的薄壳全部采用钢板焊制而成, 并采取整体制造、整体安装,其施工方法如下(图 4-72)。

(1)将吊挂在两只铁驳船上的钢筋笼按天车高度需要沉入水中一定深度,并浮运至已吊起钟形钢壳的天车下,等钢筋笼提起套入并悬吊于钟形钢壳内时,装钢筋笼的铁驳退出;

(2)天车准确就位于已施打完成的桩基位置上;

(3)将钟形钢壳连同钢筋笼一起吊放下沉入水落底,并准确地按设计位置套设在已完成的桩基上;

(4)在钢壳内灌注厚度为 2.7m 的封底混凝土后,抽水浇筑墩身混凝土。

三、地下连续墙箱形基础

地下连续墙与挖掘机等技术的新发展,使得围堰支撑深挖直接基础有可能在水下基础工程中实现。日本从 1979 年开始在桥梁工程中应用地下连续墙技术,其中,日本室兰港的白鸟大桥的主塔墩基础可为典型示例。该桥为主跨 720m 的三跨公路悬索桥,桥宽 14.25m,全长 1 380m。由于墩位处水深约 15m,且地质复杂,砂砾层中含有直径大于 1.0m 的漂石,基岩为凝灰砂质砂岩,岩面又在水下 73m 处,不宜采用气压沉箱及刚性低的桩基础,只得采用以地下连续围堰支护

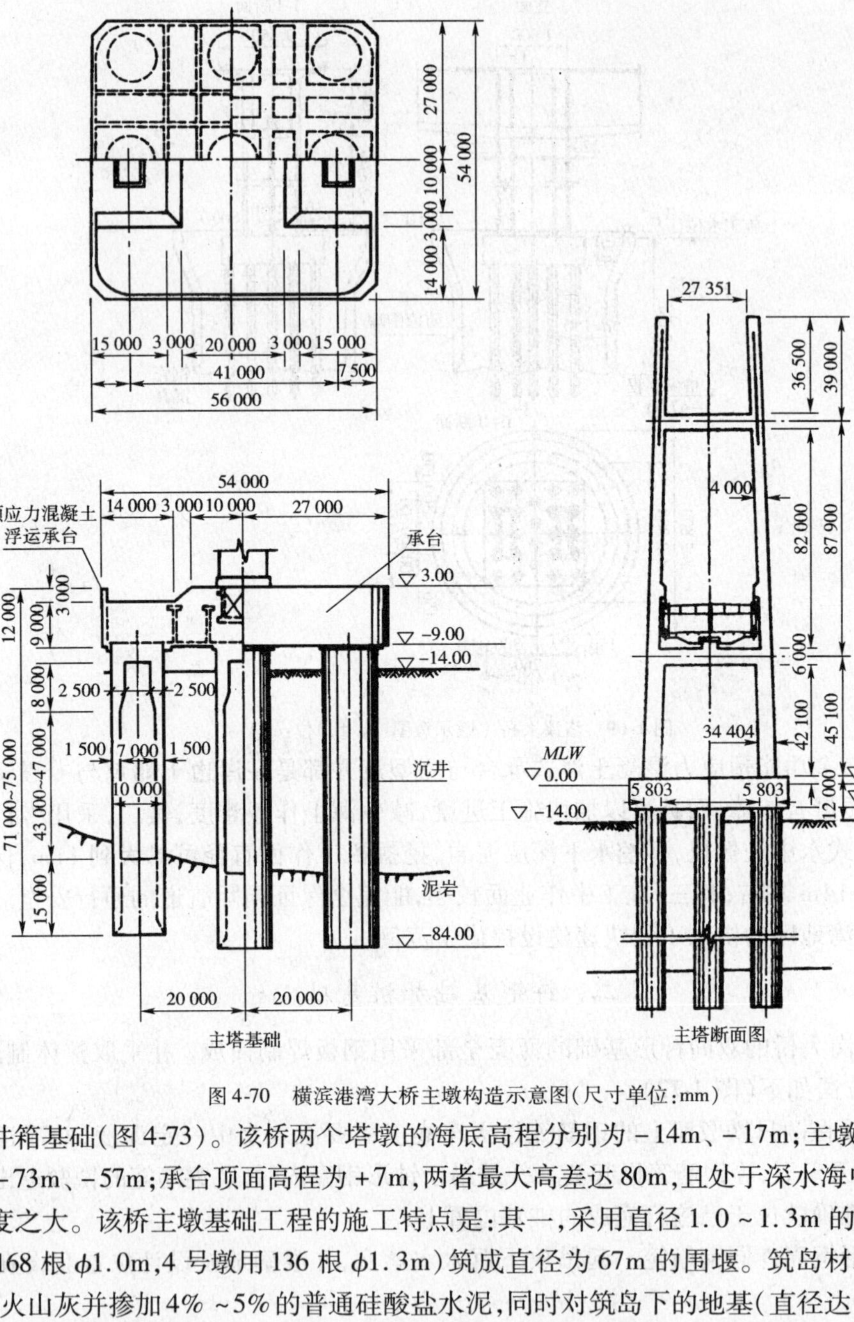

图 4-70　横滨港湾大桥主墩构造示意图(尺寸单位:mm)

的筒形井箱基础(图 4-73)。该桥两个塔墩的海底高程分别为 -14m、-17m;主墩基础底面高程分别为 -73m、-57m;承台顶面高程为 +7m,两者最大高差达 80m,且处于深水海中,可见其施工技术难度之大。该桥主墩基础工程的施工特点是:其一,采用直径 1.0 ~ 1.3m 的锁口钢管桩(3 号墩用 168 根 ϕ1.0m,4 号墩用 136 根 ϕ1.3m)筑成直径为 67m 的围堰。筑岛材料为 70% 粉煤灰,30% 火山灰并掺加 4% ~5% 的普通硅酸盐水泥,同时对筑岛下的地基(直径达 97m)进行改良加强,以求挖槽时槽壁稳定性好;其二,用地下连续墙构筑直径为 37m 的钢筋混凝土井筒,壁厚为 1.5m,井筒底面高程:3 号墩为 -103m,4 号墩为 -67m,井筒顶面高出水面 3m,地下连续墙高度达 106m,为当今同类型桥梁基础之最;其三,挖基系在围堰内抽干水的条件下进行,并以先挖深后浇筑混凝土井箱基础外壁的逆向施工法(倒卷帘法),紧贴地下连续墙内壁面,由上而下地逐节浇筑厚度为 2m 的井箱外壁,直至达到要求的井箱基础底面高程为止,井箱外壁连同地下连续墙壁形成厚度达 3.5m 的墙体,不仅很大程度上提高了围堰整体强度和防渗能力,也使地下连续墙成为基础主体结构的一部分;其四,施工方便[图 4-73c)],减少了海上深水作业,切实保证了施工质量、施工安全及通航要求等。

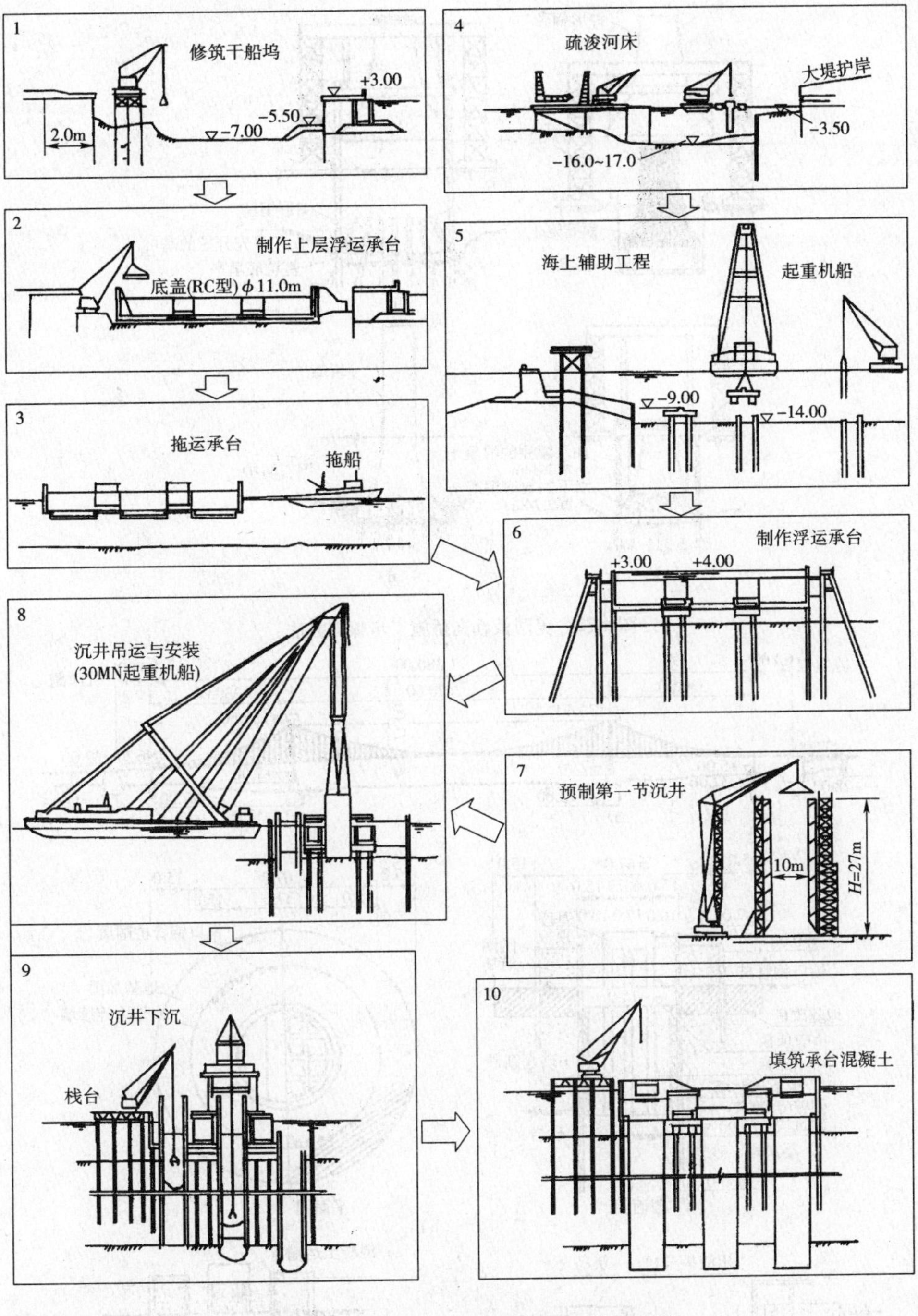

图 4-71　井柱式组合基础施工主要工序示意图

四、锁口钢管桩基础

锁口钢管桩基础(图 4-74)多用大直径钢管桩(1.0～1.3m,壁厚 10～15mm,两侧焊上钢锁口)打入土中,形成圆形或椭圆形的井筒基础。其优点是既具有桩基础那种能适应基岩高低不平的灵活性,又具有像沉井那样的整体刚度,且设备简单、施工快速、水上作业面小、有利通航等。国内在修建宁波大桥主塔墩基础时,首次采用了锁口钢管桩作防水围堰。

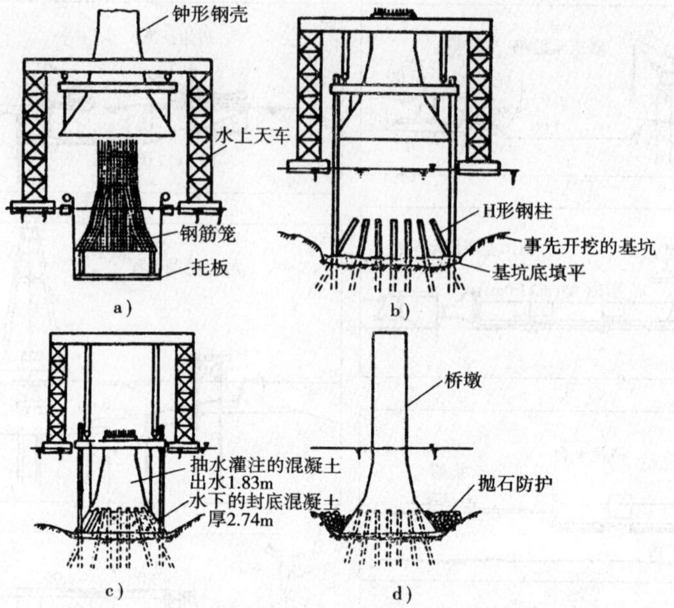

图4-72 美国俄勒岗桥施工步骤与方法

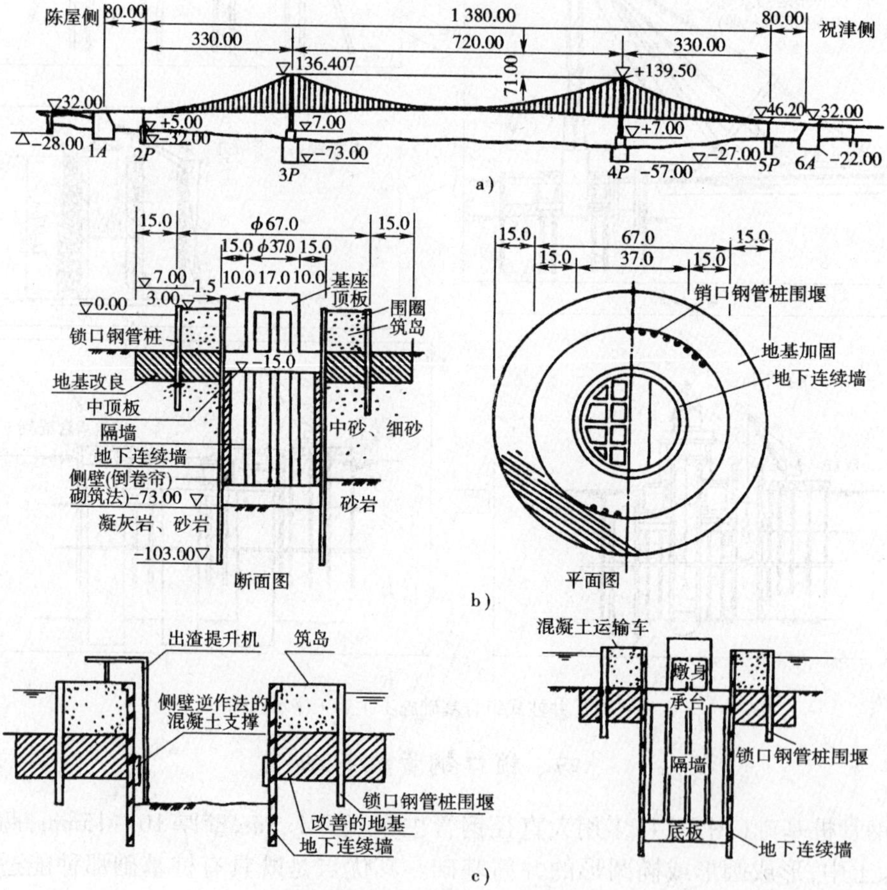

图4-73 白鸟大桥主塔墩基础(尺寸单位:m)

a)全桥概貌;b)主塔墩构造;c)基础施工示意图

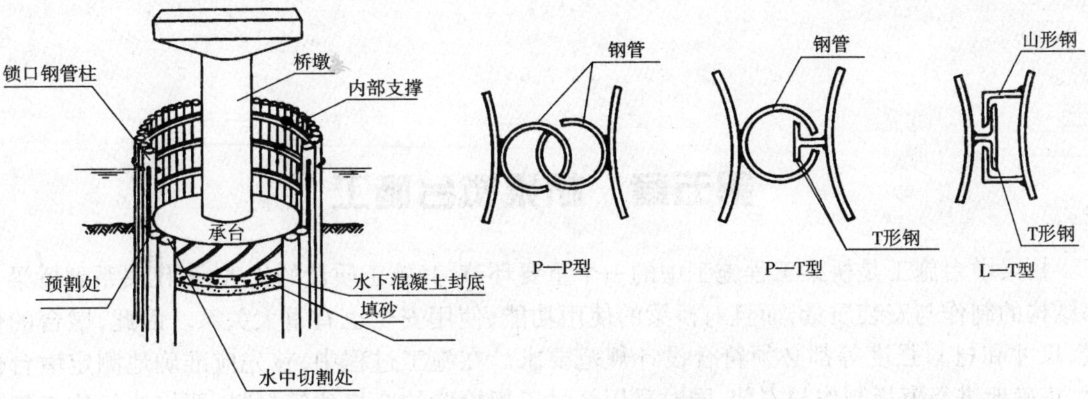

图 4-74　锁口钢管桩基础示意图及锁口的不同形式

第五章　桥梁墩台施工

桥梁墩台施工是桥梁工程施工中的一个重要环节，其施工质量的优劣，不仅关系到桥梁上部结构的制作与安装质量，而且对桥梁的使用功能、使用安全也有重大关系。因此，墩台的位置、尺寸和材料强度等都必须符合设计规范要求。在施工过程中，首先应准确地测定墩台位置，正确地进行模板制作与安装，同时采用经过正规检验的合格建筑材料，严格执行施工规范的规定，以确保施工质量。

桥梁墩台施工方法通常分为两大类：一类是现场就地浇筑与砌筑；一类是预制拼装的混凝土砌块、钢筋混凝土或预应力混凝土构件。多数工程采用前者，优点是工序简便、机具较少、技术操作难度较小，缺点是施工期限较长，需耗费较多的劳力与物力。近年来，交通建设迅速发展，施工机械（起重机械、混凝土泵送机械及运输机械）也随之有了很大进步，采用预制装配构件建造桥梁墩台的施工方法有了新的进展，其特点是既可确保施工质量、减轻工人劳动强度，又可加快工程进度、提高工程效益，对施工场地狭窄，尤其对缺少砂石地区或干旱缺水地区的墩台建造、跨海桥梁工程中桥墩建造有着更重要意义。

第一节　混凝土墩台、钢筋混凝土墩台、石砌墩台施工

一、混凝土及钢筋混凝土墩台的施工

就地浇筑的混凝土墩台施工有两个主要工序，一是制作与安装墩台模板；二是混凝土浇筑。

(一)墩台模板

根据现行《公路桥涵施工技术规范》(JTJ 041—2000)的规定，模板的设计与施工应符合如下要求。

(1)具有必需的强度、刚度和稳定性，能可靠地承受施工过程中可能产生的各项荷载，保证结构物各部分形状、尺寸准确；

(2)宜优先使用胶合板和钢模板；

(3)模板板面平整，接缝严密不漏浆；

(4)拆装容易，施工时操作方便，保证安全。

模板一般用木材、钢材或其他符合设计要求的材料制成。木模重量轻，便于加工成结构物所需要的尺寸和形状，但装拆时易损坏，重复使用少。对于大量或定型的混凝土结构物，则多采用钢模板。钢模板造价较高，但可重复多次使用，且拼装拆卸方便。

常用的模板类型有如下几种。

1. 拼装式模板

系用各种尺寸的标准模板利用销钉连接，并与拉杆、加劲构件等组成墩台所需形状的模

板。如图 5-1 所示，将墩台表面划分为若干小块，尽量使每部分板扇尺寸相同，以便于周转使用。板扇高度通常与墩台分节灌筑高度相同，一般可为 3 ~ 6m，宽度可为 1 ~ 2m，具体视墩台尺寸和起吊条件而定。拼装式模板由于在厂内加工制造，因此板面平整、尺寸准确、体积小、重量轻、拆装容易、运输方便，故应用广泛。

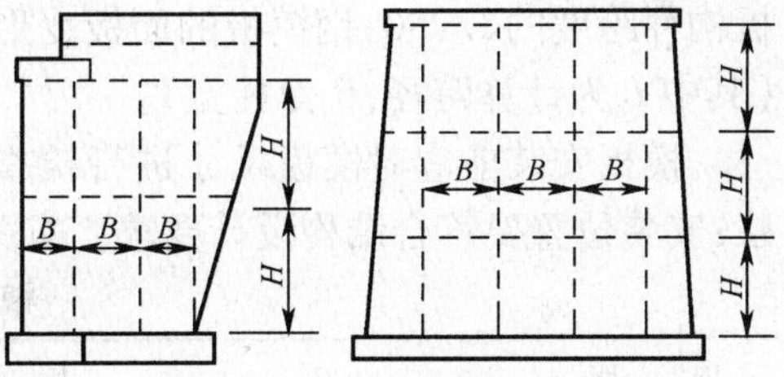

图 5-1　墩台模板划分示意图

2. 整体吊装模板

系将墩台模板水平分成若干段，每段模板组成一个整体，在地面拼装后吊装就位(图5-2)。分段高度可视起吊能力而定，一般可为 2 ~ 4m。整体吊装模板的优点：安装时间短，无需设施工接缝，加快施工进度，提高了施工质量；将拼装模板的高空作业改为平地操作，有利施工安全；模板刚性较强，可少设拉筋或不设拉筋，节约钢材；可利用模外框架作简易脚手架，不需另搭施工脚手架；结构简单，装拆方便，对建造较高的桥墩较为经济。

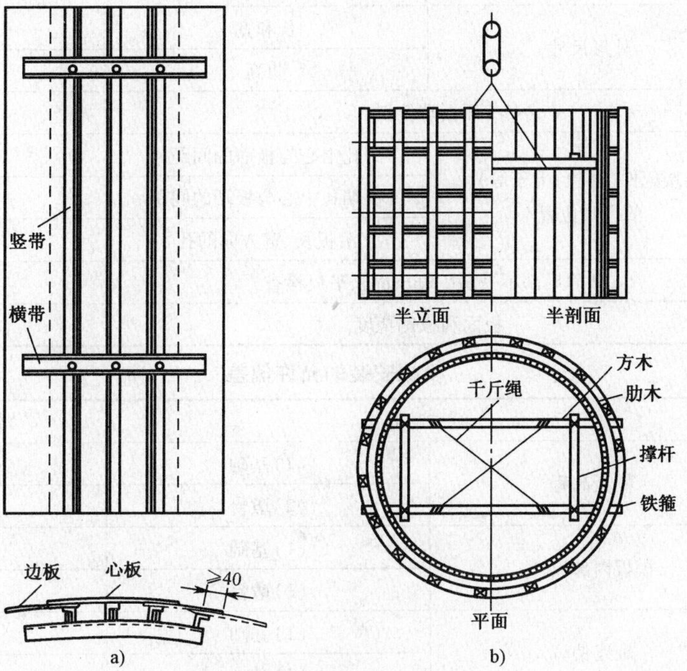

图 5-2　圆形桥墩整体模板(尺寸单位:cm)

a)拼装式钢模板;b)整体式吊装模板

3. 组合型钢模板

系以各种长度、宽度及转角标准构件，用定型的连接件将钢模拼成结构用模板，具有体积小、重量轻、运输方便、装拆简单、接缝紧密等优点，适用于在地面拼装、整体吊装的结构上。

4. 滑动模板和提升模板

适用于各种类型的桥墩(详见第二章)。

各种模板在工程上的应用，可根据墩台高度、墩台形式、机具设备、施工期限等条件，因地制宜，合理选用。

模板的设计可参照交通部有关设计标准的规定，验算模板的刚度时，其变形值不得超过下列数值：结构表面外露的模板，挠度为模板构件跨度的 1/400；结构表面隐蔽的模板，挠度为模板构件跨度的1/250；钢模板的面板变形为1.5mm，钢模板的钢棱、柱箍变形为$L/500$和$B/500$（其中L为计算跨径，B为柱宽）。

模板安装前应对模板尺寸进行检查；安装时要坚实牢固，以免振捣混凝土时引起跑模漏浆；安装位置要符合结构设计要求。有关模板制作与安装的允许偏差见表5-1、表5-2。

模板制作的允许偏差 表5-1

<table>
<tr><th>项　次</th><th colspan="2">项　目</th><th>允许偏差（mm）</th></tr>
<tr><td rowspan="7">木模板</td><td colspan="2">模板的长度和宽度</td><td>±5</td></tr>
<tr><td colspan="2">不刨光模板相邻两板表面高低差</td><td>3</td></tr>
<tr><td colspan="2">刨光模板相邻两板表面高低差</td><td>1</td></tr>
<tr><td rowspan="2">平板模板表面最大的局部不平
（用2m直尺检查）</td><td>刨光模板</td><td>3</td></tr>
<tr><td>不刨光模板</td><td>5</td></tr>
<tr><td colspan="2">拼合板中木板间的缝隙宽度</td><td>2</td></tr>
<tr><td colspan="2">榫槽嵌接紧密度</td><td>2</td></tr>
<tr><td rowspan="8">钢模板</td><td rowspan="2">外形尺寸</td><td>长和宽</td><td>0，-1</td></tr>
<tr><td>肋高</td><td>±5</td></tr>
<tr><td colspan="2">面板端偏斜</td><td>≤0.5</td></tr>
<tr><td rowspan="3">连接配件（螺栓、卡子等）
的孔眼位置</td><td>孔中心与板面的间距</td><td>±0.3</td></tr>
<tr><td>板端孔中心与板端的间距</td><td>0，-0.5</td></tr>
<tr><td>沿板长、宽方向的孔</td><td>±0.6</td></tr>
<tr><td colspan="2">板面局部不平（用300mm长平尺检查）</td><td>1.0</td></tr>
<tr><td colspan="2">板面和板侧挠度</td><td>±1.0</td></tr>
</table>

模板安装的允许偏差 表5-2

<table>
<tr><th>项次</th><th colspan="2">项　目</th><th>允许偏差（mm）</th></tr>
<tr><td rowspan="2">一</td><td rowspan="2">模板高程</td><td>（1）基础</td><td>±15</td></tr>
<tr><td>（2）墩台</td><td>±10</td></tr>
<tr><td rowspan="2">二</td><td rowspan="2">模板内部尺寸</td><td>（1）基础</td><td>±30</td></tr>
<tr><td>（2）墩台</td><td>±20</td></tr>
<tr><td rowspan="2">三</td><td rowspan="2">轴线偏位</td><td>（1）基础</td><td>±15</td></tr>
<tr><td>（2）墩台</td><td>±10</td></tr>
<tr><td>四</td><td colspan="2">装配式构件支撑面的高程</td><td>+2，-5</td></tr>
<tr><td rowspan="2">五</td><td colspan="2">模板相邻两板表面高低差</td><td>2</td></tr>
<tr><td colspan="2">模板表面平整（用2m直尺检查）</td><td>5</td></tr>
<tr><td rowspan="3">六</td><td colspan="2">预埋件中心线位置</td><td>3</td></tr>
<tr><td colspan="2">预留孔洞中心线位置</td><td>10</td></tr>
<tr><td colspan="2">预留孔洞截面内部尺寸</td><td>+10，-0</td></tr>
</table>

（二）混凝土浇筑施工要点

墩台身混凝土施工前，应将基础顶面冲洗干净，凿除表面浮浆，整修连接钢筋。浇筑混凝土时，应经常检查模板、钢筋及预埋件的位置和保护层的尺寸，确保位置正确，不发生变形。混凝土施工中，应保证混凝土的配合比、水灰比和坍落度等技术性能指标满足规范要求。

1. 混凝土的运送

桥梁墩台具有垂直高度较高、平面尺寸相对较小的特点，因此其混凝土的浇筑方法有别于梁或承台等的混凝土浇筑。墩台混凝土运输不仅有水平距离，而且存在施工较为困难的垂直距离。通常混凝土运输有：利用卷扬机、升降电梯送手推车上平台；利用塔式吊机吊斗输送混凝土；利用混凝土输送泵将混凝土送至高空吊斗等。墩台混凝土的水平与垂直运输相互配合方式与适用条件可参照表5-3。如混凝土数量大，浇筑振捣速度快时，可采用混凝土皮带运输机或混凝土输送泵。运输带速度应不大于1.2m/s，其最大倾斜角当混凝土坍落度小于4cm时，向上传送为18°，向下传送为12°；当坍落度为4～8cm时，则分别为15°与10°。

墩台混凝土运输方式与适用条件　　表5-3

水平运输	垂直运输	适用条件		附　注
人力混凝土手推车、内燃翻斗车、轻轨人力推运翻斗车或混凝土吊车	手推车	中、小桥梁，水平运输距离较近	墩高 $H<10$m	搭设脚手架，铺设坡道，用卷扬机拖拉手推车上平台
	轨道爬坡翻斗车		$H<10$m	
	皮带输送机		$H<10$m	倾斜角不超过15°，速度不超过1.2m/s。高度不足时，可用两台串联使用
	履带（或轮胎）起重机起吊高度≈30m		$10\text{m}<H<20\text{m}$	用吊斗输送混凝土
	木制或钢制扒杆		$10\text{m}<H<20\text{m}$	用吊斗输送混凝土
	墩外井架提升		$H>20$m	在井架上安装扒杆提升吊斗
	墩内井架提升		$H>20$m	适用于空心桥墩
	无井架提升		$H>20$m	适用于滑动模板
轨道牵引车输送混凝土翻斗车或混凝土吊斗汽车、倾卸车、汽车运送混凝土吊斗、内燃翻斗车	履带（或轮胎）起重机起吊高度≈30m	大、中桥，水平运输距离较远	$20\text{m}<H<30\text{m}$	用吊斗输送混凝土
	塔式吊机		$30\text{m}<H<50\text{m}$	用吊斗输送混凝土
	墩外井架提升		$H<50$m	井架可用万能杆件组装
	墩内井架提升		$H>50$m	适用于空心桥墩
	无井架提升		$H>50$m	适用于滑动模板
索道吊机			$H>50$m	
混凝土输送泵			$H<50$m	可用于大体积实心墩台

2. 混凝土的浇筑速度

为保证浇筑质量，混凝土的配制、输送及浇筑的速度不得小于：

$$v \geqslant Ah/t \tag{5-1}$$

式中：v——混凝土配料、输送及浇筑的容许最小速度（m^3/h）；

A——浇筑的面积（m^2）；

h——浇筑层的厚度（m）；

t——所用水泥的初凝时间（h）。

如混凝土的配制、输送及浇筑需时较长，则应采用下式计算：

$$v \geqslant Ah/(t-t_0) \tag{5-2}$$

式中：t_0——混凝土配制、输送及浇筑所耗费的时间（h）。

混凝土浇筑层的厚度 h，可根据使用的振捣方法按规定数值采用。

墩台是大体积圬工，为避免水化热过高，导致混凝土因内外温差引起裂缝，可采取如下措施：

(1)用改善集料级配、降低水灰比、掺加混合材料与外加剂、掺入片石等方法减少水泥用量；

(2)采用水化热低的大坝水泥、矿渣水泥、粉煤灰水泥、低强度等级水泥等；

(3)减小浇筑层厚度，加快混凝土散热速度；

(4)混凝土用料应避免日光曝晒，以降低初始温度；

(5)在混凝土内埋设冷却管通水冷却。

当浇筑的平面面积过大，不能在前层混凝土初凝或重塑前浇筑完成次层混凝土时，为保证结构的整体性，宜分块浇筑。分块时应注意：各分块面积不宜小于 $50m^2$；每块高度不宜超过 2m；块与块间的竖向接缝面应与墩台身或基础平截面短边平行，与平截面长边垂直；上下邻层间的竖向接缝应错开位置做成企口，并应按施工接缝处理。混凝土中埋放石块时应符合以下规定：

(1)埋放石块的数量不宜超过混凝土结构体积的 25%；当设计为片石混凝土砌体时，石块含量可增加为 50% ~60%；

(2)应选用无裂纹、无夹层且未被煅烧过的、高度不小于 15cm、具有抗冻性能的石块；

(3)石块的抗压强度不应低于 30MPa；

(4)石块应清洗干净，应在捣实的混凝土中埋入一半左右；

(5)石块应均匀分布，净距不小于 10cm，距结构侧面和顶面净距不小于 15cm；对于片石混凝土，石块净距可不小于 4 ~6cm；石块不得接触钢筋或预埋件；

(6)受拉区混凝土或当气温低于 0℃时，不得埋放石块。

3. 混凝土浇筑

为防止墩台基础第一层混凝土中的水分被基底吸收或基底水分渗入混凝土，对墩台基底处理除应符合天然地基的有关规定外，尚应符合以下规定：

(1)基底为非黏性土或干土时，应将其润湿；

(2)基底面为岩石时，应加以润湿，铺一层厚 2 ~3cm 的水泥砂浆，然后于水泥砂浆凝结前浇筑第一层混凝土。

墩台身钢筋的绑扎应和混凝土的浇筑配合进行。在配置第一层垂直钢筋时，应有不同的长度，同一断面的钢筋接头应符合施工规范的规定。水平钢筋的接头，也应内外、上下相互错开。钢筋保护层的净厚度，应符合设计要求，并不得超过 ±10mm。墩台身混凝土宜一次连续浇筑，否则应按桥涵施工规范的要求，处理好连接缝。墩台身混凝土未达到终凝前，不得泡水。混凝土墩台的位置及外形尺寸允许偏差见表 5-4。

混凝土、钢筋混凝土基础及墩台允许偏差(mm) 表 5-4

项次	项　目	扩大基础	承台	墩台身	柱式墩台	墩台帽
1	断面尺寸	±50	±30	±20	±15	±20
2	垂直或斜坡			0.3%H，且不大于 20	0.3%H，且不大于 20	
3	底面高程	±50				
4	顶面高程	±30	±20	±10	±10	±10
5	轴线偏位	25	15	10	10	10
6	预埋件位置			10		

续上表

项次	项目		扩大基础	承台	墩台身	柱式墩台	墩台帽
7	相邻间距					±20	
8	平整度						
9	跨径	$L_0 \leqslant 60m$			±20		
		$L_0 > 60m$			$\pm L_0/3\ 000$		
10	支座垫石顶面高程						±2

注：表中 H 为结构高度；L_0 为标准跨径。

二、石砌墩台施工

石砌墩台具有就地取材和经久耐用等优点，在石料丰富地区建造墩台时，在施工期限许可的条件下，为节约水泥，应优先考虑石砌墩台方案。

（一）石料、砂浆与脚手架

石砌墩台系用片石、块石及粗料石以水泥砂浆砌筑的，石料与砂浆的规格要符合有关规定。浆砌片石一般适用于高度小于 6m 的墩台身、基础、镶面以及各式墩台身填腹；浆砌块石一般用于高度大于 6m 的墩台身、镶面或应力要求大于浆砌片石砌体强度的墩台；浆砌粗料石则用于磨耗及冲击严重的分水体及破冰体的镶面工程以及有整齐美观要求的桥墩台身等。

将石料吊运并安砌到正确位置是砌石工程中比较困难的工序。当重量小或距地面不高时，可用简单的马凳跳板直接运送；当重量较大或距地面较高时，可采用固定式动臂吊机或桅杆式吊机或井式吊机，将材料运到墩台上，然后再分运到安砌地点。用于砌石的脚手架应环绕墩台搭设，用以堆放材料，并支撑施工人员进行砌镶面、定位行列及勾缝。脚手架一般常用固定式轻型脚手架（适用于 6m 以下的墩台）、简易活动脚手架（能用在 25m 以下的墩台）以及悬吊式脚手架（用于较高的墩台）。

（二）墩台砌筑施工要点

砌筑前应按设计图放出实样，挂线砌筑。砌筑基础的第一层砌块时，如基底为土质，只在已砌石块的侧面铺上砂浆即可，不需坐浆；如基底为石质，应将其表面清洗、润湿后，先坐浆再砌石。砌筑斜面墩台时，斜面应逐层放坡，以保证规定的坡度。砌块间用砂浆黏结并保持一定的缝厚，所有砌缝要求砂浆饱满。形状比较复杂的工程，应先做出配料设计图（图 5-3），注明

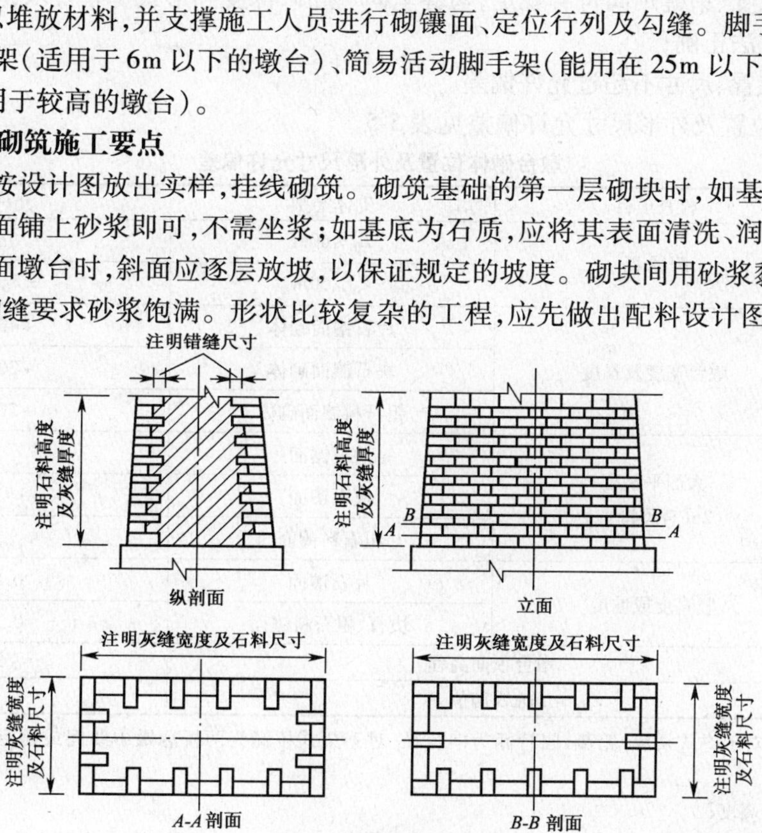

图 5-3　桥墩配料大样图

块石尺寸。形状比较简单的,也要根据砌体高度、尺寸、错缝等,先行放样配好料石再砌。

砌筑方法:同一层石料及水平灰缝的厚度要均匀一致,每层按水平砌筑,丁顺相间,砌石灰缝要互相垂直,灰缝宽度和错缝要求可按现行《公路桥涵施工技术规范》(JTJ 041—2000)有关规定办理。砌石顺序为先角石,再镶面,后填腹。填腹石的分层高度应与镶面相同;圆端、尖端及转角形砌体的砌石顺序,应自顶点开始,按丁顺排列接砌镶面石。以图 5-4 所示的桥墩砌筑为例,圆端形桥墩的圆端顶点不得有垂直灰缝,砌石应从顶端开始先砌石块 1[图 5-4a)],然后按丁顺相间排列,安砌四周镶面石;尖端桥墩的尖端及转角处不得有垂直灰缝,砌石应从两端开始,先砌石块 1[图 5-4b)],再砌侧面转角 2,然后按丁顺相间排列,接砌四周的镶面石。

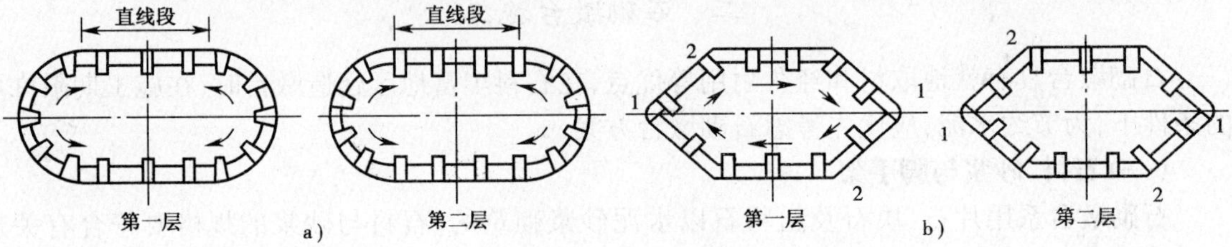

图 5-4 桥墩的砌筑

a)圆端形桥墩的砌筑;b)尖端形桥墩的砌筑

砌体质量应符合以下规定:

(1)砌体所用各项材料类别、规格及质量符合要求;

(2)砌缝砂浆或小石子混凝土铺填饱满、强度符合要求;

(3)砌缝宽度、错缝距离符合规定,勾缝坚固、整齐,深度和形式符合要求;

(4)砌筑方法正确;

(5)砌体位置、尺寸不超过允许偏差。

墩台砌体位置及外形尺寸允许偏差见表 5-5。

墩台砌体位置及外形尺寸允许偏差 表 5-5

项次	检查项目	砌体类别	允许偏差
1	跨径 L_0	$L_0 \leq 60$m	±20
		$L_0 > 60$m	$\pm L_0/3\ 000$
2	墩台宽度及长度	片石镶面砌体	+40,-10
		块石镶面砌体	+30,-10
		粗石料镶面砌体	+20,-10
3	大面平整度(2m 直尺检查)	片石镶面	50
		块石镶面	20
		粗石料镶面	10
4	竖直度或坡度	片石镶面	0.5%H
		块石、粗石料镶面	0.3%H
5	墩台顶面高程		±10
6	轴线偏位		10

注:①跨径 L_0,对于拱式桥涵、箱涵、圆管涵为净跨径;对于梁式桥涵为两桥涵墩中线间或桥涵墩中线与台背前缘间距离;

②H 为墩台高度;

③混凝土预制块砌体和砖砌体允许偏差参照粗石料镶面标准。

三、墩台帽施工

墩台帽是用以支承桥跨结构的，其位置、高程及垫石表面平整度等，均应符合设计要求，以避免桥跨结构安装困难，或出现压碎或裂缝，影响墩台的正常使用功能与耐久性。墩台帽施工的主要工序如下。

（1）墩、台帽放样。墩台混凝土（或砌石）浇筑至离墩、台帽底下约 30～50cm 高度时，即需测出墩台纵横中心轴线，并开始竖立墩、台帽模板，安装锚栓孔或安装预埋支座垫板、绑扎钢筋等。台帽放样时，应注意不要以基础中心线作为台帽背墙线，浇筑前应反复核实，以确保墩、台帽中心、支座垫石等位置方向与水平高程等不出差错。

（2）墩、台帽模板。墩台帽系支承上部结构的重要部分，其尺寸位置和水平高程的准确度要求较严，浇筑混凝土应从墩台帽下约 25～30cm 处至墩台帽顶面一次浇筑，以保证墩、台帽底有足够厚度的紧密混凝土。图 5-5 为混凝土桥墩墩帽模板图，墩帽模板下面的一根拉杆可利用墩帽下层的分布钢筋，以节省铁件。台帽背墙模板应特别注意纵向支撑或拉条的刚度，防止浇筑混凝土时发生鼓肚，侵占梁端空隙。

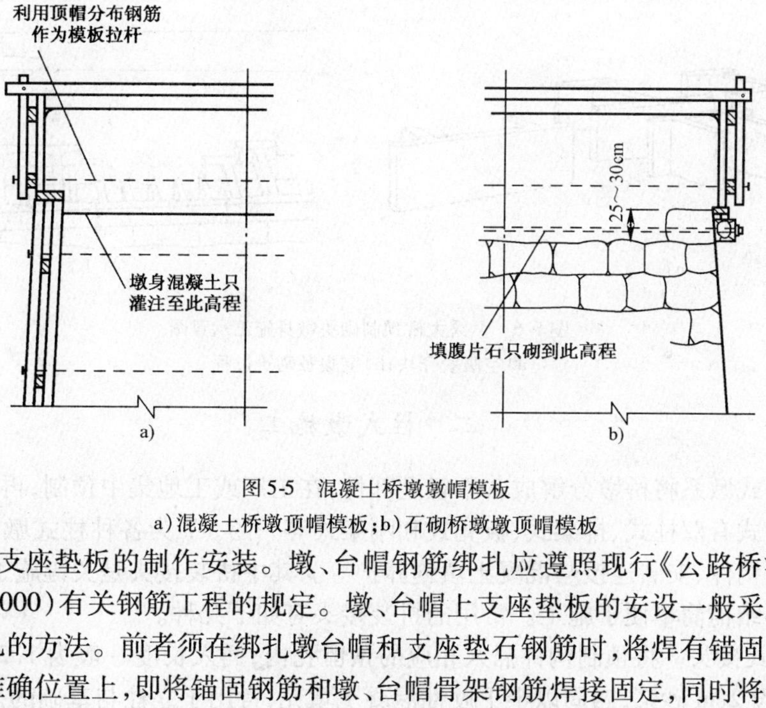

图 5-5　混凝土桥墩墩帽模板

a）混凝土桥墩顶帽模板；b）石砌桥墩墩顶帽模板

（3）钢筋和支座垫板的制作安装。墩、台帽钢筋绑扎应遵照现行《公路桥涵施工技术规范》（JTJ 041—2000）有关钢筋工程的规定。墩、台帽上支座垫板的安设一般采用预埋支座垫板和预留锚栓孔的方法。前者须在绑扎墩台帽和支座垫石钢筋时，将焊有锚固钢筋的钢垫板安设在支座的准确位置上，即将锚固钢筋和墩、台帽骨架钢筋焊接固定，同时将钢垫板作一木架，固定在墩、台帽模板上。此法在施工时垫板位置不易准确，应经常检查与校正。后者须在安装墩台帽模板时，安装好预留孔模板，在绑扎钢筋时注意将锚栓孔位置留出。此法优点是支座安装施工方便，支座垫板位置准确。

第二节　装配式墩台施工

装配式墩台是将高大的墩台沿垂直方向和水平方向按一定模数分成若干构件，在桥址周围的预制场地上进行浇筑，通过车船运输，现场拼装。目前经常采用的有砌块式、柱式和管节式或环圈式墩台等。在起吊能力允许的情况下，可将整个桥墩作为独立构件预制。

对桥梁长度较长，桥墩数量较多，桥墩高度相对较高；现场无混凝土拌和施工场地或较难布置；混凝土输送管道设备较难布置的桥梁墩台可采用装配式墩台。

装配式墩台的主要特点：可以在预制场预制构件，受周围外界干扰少，但相对来说运输、起重机械设备要求较高。

一、砌块式墩台施工

砌块式墩台的施工大体上与石砌墩台相同，只是预制砌块的形式因墩台形状不同而有很多变化。例如1975年建成的兰溪大桥，主桥墩身系采用预制的素混凝土壳块分层砌筑而成。壳块按平面形状分为Π形和工形两大类，再按其砌筑位置和具体尺寸又分为5种型号，每种块件等高，均为35cm，块件单元重力为0.9～1.2kN，每砌三层为一段落。该桥采用预制砌块建造桥墩，不仅节约混凝土数量约26%，节省木材$50m^3$和大量铁件，而且砌缝整齐，外貌美观，更主要的是加快了施工速度，避免了洪水对施工的威胁，图5-6为预制块件与空腹墩施工示意图。

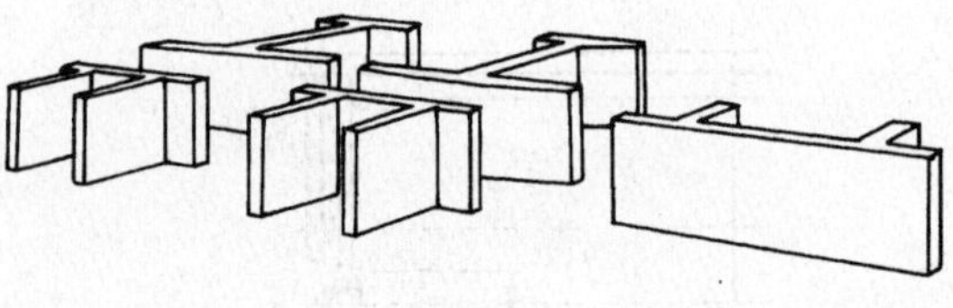

a)

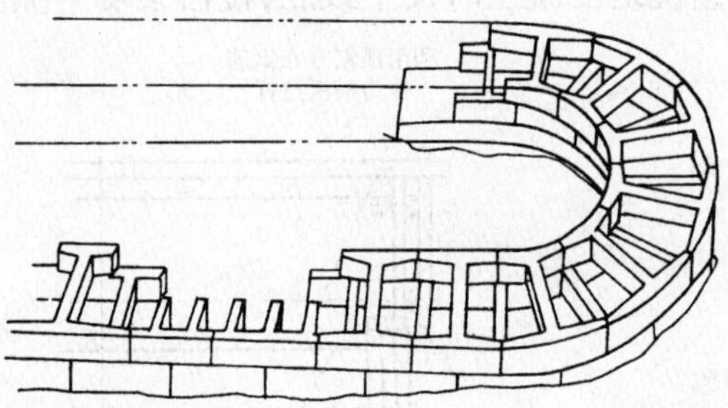

b)

图5-6　兰溪大桥预制砌块墩身施工示意图

a)空腹墩壳块；b)空腹墩砌筑过程

二、柱式墩施工

装配式柱式墩系将桥墩分解成若干轻型部件，在工厂或工地集中预制，再运送到现场装配成桥梁。其形式有双柱式、排架式、板凳式和刚架式等。图5-7为各种柱式墩构造示意图。施工工序为预制构件、安装连接与混凝土填缝养护等。其中拼装接头是关键施工工序，它既要牢固、安全，又要结构简单便于施工。常用的拼装接头有如下几种。

(1)承插式接头。将预制构件插入相应的预留孔内，插入长度一般为1.2～1.5倍的构件宽度，底部铺设2cm砂浆，四周以半干硬性混凝土填充，常用于立柱与基础的接头连接。

(2)钢筋锚固接头。构件上预留钢筋或型钢，插入另一构件的预留槽内，或将钢筋互相焊接，再灌注半干硬性混凝土，多用于立柱与顶帽处的连接。

(3)焊接接头。将预埋在构件中的铁件与另一构件的预埋铁件用电焊连接，再外包混凝土。这种接头易于调整误差，多用于水平连接杆与主柱的连接。

(4)扣环式接头。相互连接的构件按预定位置预埋环式钢筋，安装时柱脚先坐落在承台的柱芯上，上下环式钢筋互相错接，扣环间插入U形短钢筋焊牢，四周再绑扎钢筋一圈，立模浇筑外围接头混凝土。要求上下扣环预埋位置正确，施工较为复杂。

(5)法兰盘接头。在相连接构件两端安装法兰盘，连接时用法兰盘连接，要求法兰盘预埋位置必须与构件垂直。接头处可不用混凝土封闭。

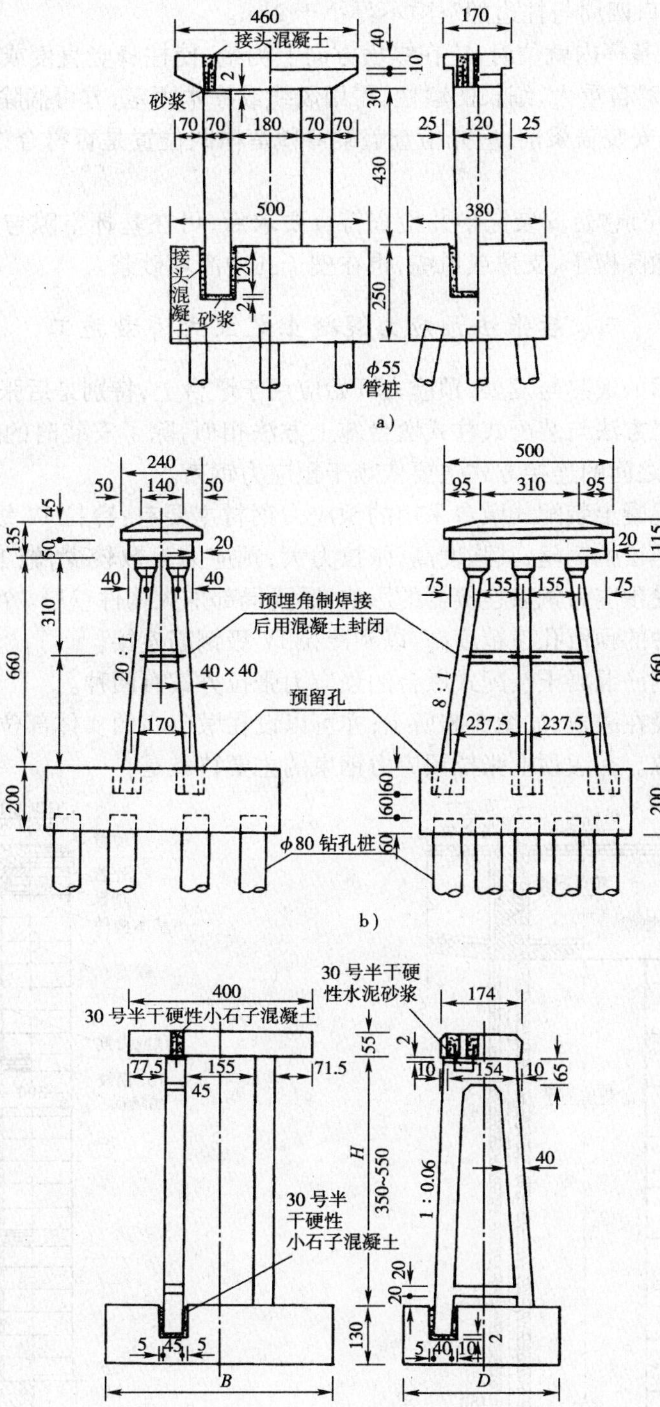

图 5-7　装配柱式墩示意图(尺寸单位:cm)

a)双柱式拼装墩;b)排架式拼装墩;c)刚架式拼装墩

装配式柱式墩台应注意以下几点。

(1)墩台柱构件与基础顶面预留杯形基座应编号,并检查各个墩、台高度和基座高程是否符合设计要求；基杯口四周与柱边的空隙不得小于2cm。

(2)墩台柱吊入基杯内就位时，应在纵横方向上测量，使柱身竖直度或倾斜度以及平面位置均符合设计要求；对自重大、细长的墩柱，需用风缆或撑木固定，方可摘除吊钩。

(3)在墩台柱顶安装盖梁前，应先检查盖梁口预留槽眼位置是否符合设计要求，否则应先修凿。

(4)柱身与盖梁(顶帽)安装完毕并检查符合要求后，可在基杯空隙与盖梁槽眼处灌注稀砂浆，待其硬化后，撤除楔子、支撑或风缆，再在楔子孔中灌填砂浆。

三、后张法预应力混凝土装配式桥墩施工

随着预应力技术的成熟与发展，预应力开始应用于墩台上，特别是后张法预应力混凝土装配式墩台。它的施工方法与装配式柱式墩台施工方法相似，除了安装时的连接接头处理技术之外，节段预制构件之间的连接方式主要依赖于预应力钢束。

后张法预应力混凝土装配式墩台采用的预应力钢材主要有：冷拉IV级粗钢筋、高强钢丝和钢绞线。高强度低松弛钢丝，其强度高，张拉力大，预应力束数较少；施工时穿束较容易，在预应力钢束连接处受预应力钢束连接器的影响，需要局部加大构件壁厚。冷拉IV级粗钢筋要求混凝土预制构件中的预留孔道精度高，以利冷拉IV级钢筋连接。

后张法预应力钢筋混凝土装配式墩台的预应力张拉方式有两种。

张拉位置可以设在墩顶，如图5-8所示；亦可以设在墩台底的实体部位如图5-9所示。一般采用墩帽顶上张拉。在墩顶上张拉预应力钢束的主要特点是：

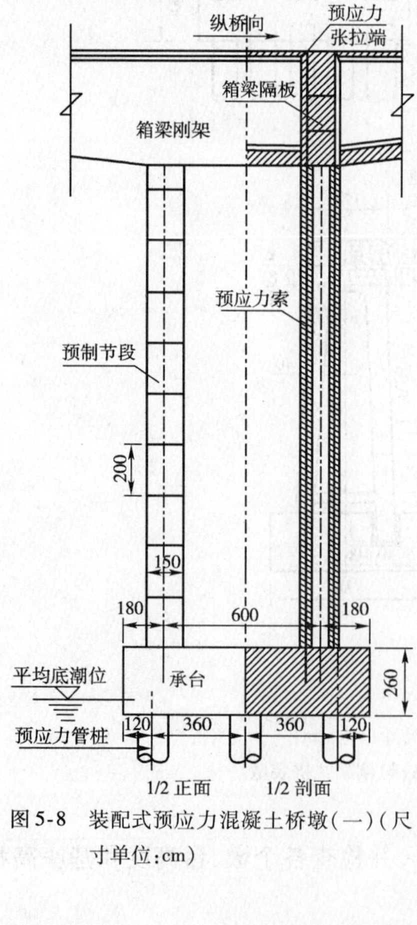

图5-8　装配式预应力混凝土桥墩(一)(尺寸单位：cm)

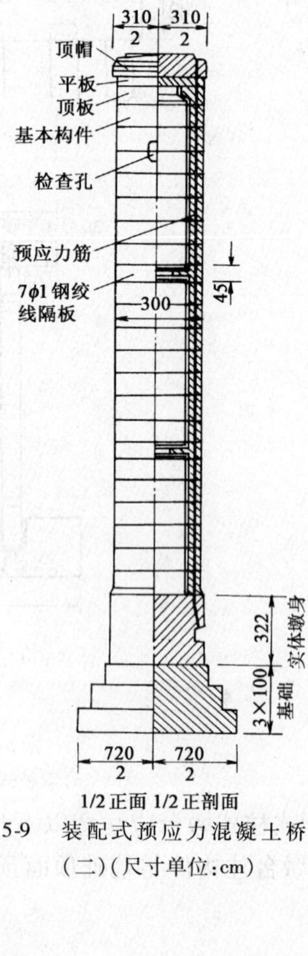

图5-9　装配式预应力混凝土桥墩(二)(尺寸单位：cm)

(1)张拉操作人员及设备均处于高空作业,张拉操作虽然方便,但安全性较差;

(2)预应力钢束锚固端可以直接埋入承台,而不需要设置过渡段;

(3)在墩底截面受力最大位置可以发挥预应力钢束抗弯能力强的特点。

在墩底实体部位张拉预应力钢束的主要特点是:

(1)张拉操作均为地面作业,安全方便;

(2)在墩底处要设置过渡段,既要满足预应力钢束张拉千斤顶安放要求,同时又要布置较多的受力钢筋,满足截面在运营阶段的受力要求;

(3)过渡段构件中预应力钢束的张拉位置与竖向受力钢筋相互关系较为复杂。

预应力钢束的张拉要求和预应力管道内的压浆要求与预应力混凝土梁的要求一致,不再重述。特别应注意的是压浆最好由下而上压注;构件装配的水平拼装缝可采用环氧树脂或C35 水泥砂浆,砂浆厚度为 15mm,一方面可以起调节作用,另一方面可避免因渗水而影响预制构件的连接质量。

在跨海桥梁工程建设中,为了减少因海洋气候环境而影响海上施工,尽可能地减少海上作业工作量,较多地采用预制安装的后张预应力混凝土桥墩,上海东海大桥的非通航孔桥墩就采用了预制安装的施工方案。

图 5-10 为东海大桥的桥墩构造。预制墩身节段分全预制和部分预制两种形式, 全预制为墩身节段与墩帽一起整体预制;部分预制为预制墩身下部节段, 其上部分墩身和墩帽则采用海上现浇施工, 以解决预制场起吊设备起吊高度不够的问题。

墩身节段预制及安装施工的主要步骤:

(1)在预制台座上, 搭设墩身模板拼装支架, 拼装内模;绑扎墩身、墩帽钢筋, 安装预埋件;分块吊装墩身外模及墩帽模板;检查验收钢筋、模板, 浇筑混凝土并养护;混凝土达到设计强度后,转运墩身至存放台座等待吊运安装;

(2) 海上承台上混凝土短柱安装, 测量调试;

(3)起吊墩身节段, 装船并运输到墩位处吊装定位后,临时焊接连接钢筋固定(图 5-11);

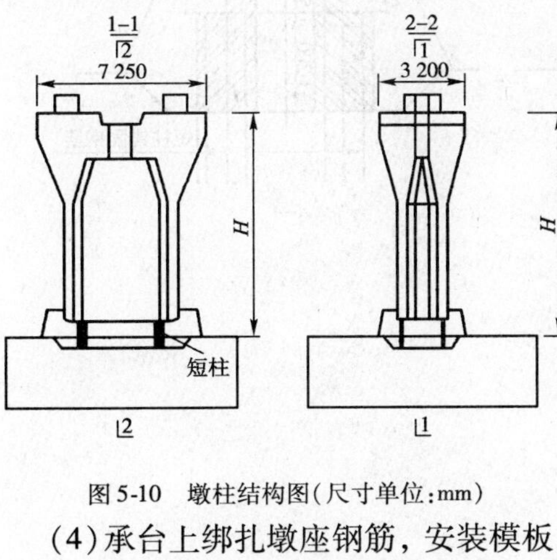

图 5-10 墩柱结构图(尺寸单位:mm)

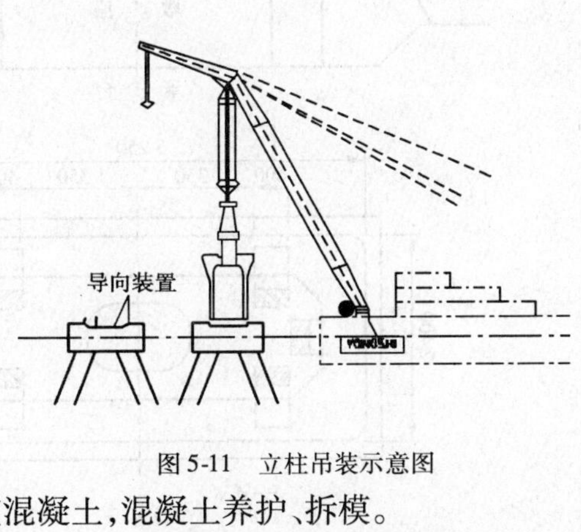

图 5-11 立柱吊装示意图

(4)承台上绑扎墩座钢筋, 安装模板, 浇筑墩座混凝土,混凝土养护、拆模。

对全预制墩身的起吊点设置在墩顶处,利用墩顶人孔两侧增设的宽 160mm 吊索槽(图 5-12)安装 2 根 LM 7-151 冷铸锚具吊索起吊。

为保证墩身预制件的准确定位,承台与墩身间设置了供支承、导向的混凝土预制短柱,短柱的布置见图 5-13,其中位于墩身短边上的短柱为导向立柱,位于墩身长边上的 4 个短柱为支

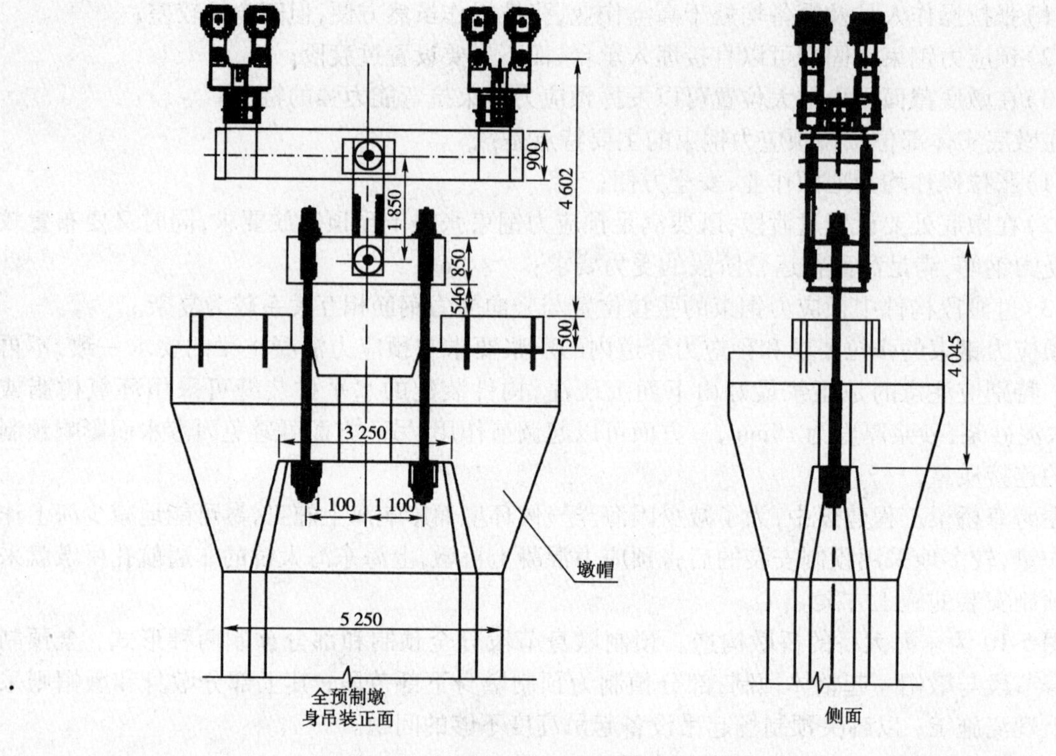

图 5-12　全预制墩身吊点结构图(尺寸单位:mm)

承柱兼作导向。承台顶和预制短柱均有预留孔洞，安放直径为 32mm 的精轧螺纹钢筋后，进行灌浆固结。

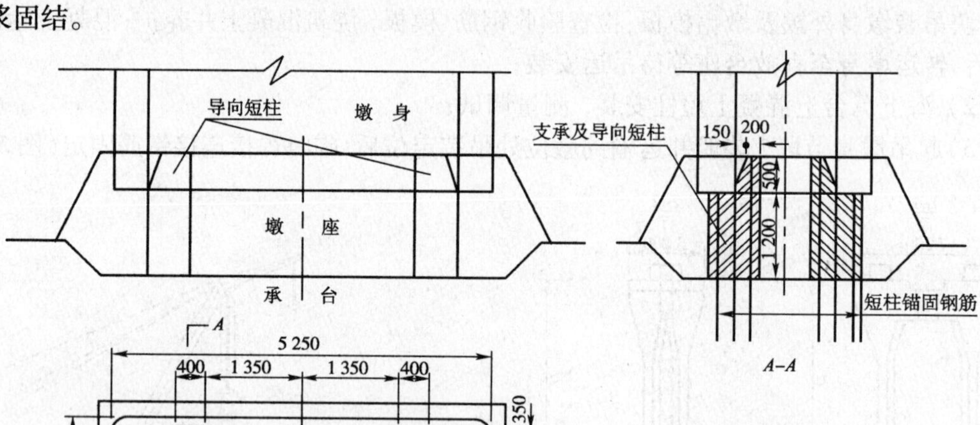

图 5-13　墩身短柱平面布置图(尺寸单位:mm)

由于东海大桥地处腐蚀性较强的外海区域,因此结构的耐久性至关重要,必须采取措施防止有害成分渗透到混凝土中,使混凝土中的钢筋锈蚀,导致钢筋体积膨胀,混凝土剥落,使结构破坏。

为了消除或减弱海洋环境中氯离子对混凝土结构的侵蚀,工程中采取了以下几方面措施:

(1)采用小的水灰比;

(2)增加胶凝材料用量,使混凝土密实性增强;

(3)用低碱水泥和掺用活性掺和料;

(4)不使用碱活性集料;

(5)增加混凝土保护层厚度。

第三节 滑动模板施工

公路或铁路通过深沟宽谷或大型水库,采用高桥墩,能使桥梁更为经济合理,不仅可以缩短线路,节省造价,而且可以提高营运效益,减少日常维护工作。

高桥墩可分为实体墩、空心墩与刚架墩,其中以空心墩较为常用。施工采用的模板有滑动模板、爬升模板、翻身模板等。

滑动模板施工的主要优点:施工进度快,在一般温度下,每昼夜平均进度可达 5 ~ 6m;混凝土质量好,采用干硬性混凝土,机械振捣,连续作业,可提高墩台质量;节约木材和劳力;滑动模板可用于直坡墩身,也可用于斜坡墩身,模板本身附带有内外吊篮、平台与拉杆等,以墩身为支架,墩身混凝土的浇筑随模板的缓慢滑升连续不断地进行,故而安全可靠。

一、滑动模板提升工艺

滑动模板结构如图 2-9 所示,该模板的提升设备主要有提升千斤顶、支承顶杆及液压控制装置等几部分,其提升工艺有二:

1. 螺旋千斤顶提升步骤(图 5-14)

(1)转动手轮 2 使螺杆 3 旋转,使千斤顶顶座 4 及顶架上横梁 5 带动整个滑模徐徐上升。此时,上卡头 6、卡瓦 7、卡板 8 卡住顶杆,而下卡头 9、卡瓦 7、卡板 8 则沿顶杆向上滑行,当滑至与上下卡瓦接触或螺杆不能再旋转时,即完成一个行程的提升。

(2)向相反方向转动手轮,此时,下卡头、卡瓦、卡板卡住顶杆 1,整个滑模处于静止状态。仅上卡头、卡瓦、卡板连同螺杆、手轮沿顶杆向上滑行,至上卡头与顶架上横梁接触或螺杆不能再旋转时为止,即完成整个一个循环。

2. 液压千斤顶提升步骤(图 5-15)

(1)进油提升:利用油泵将油压入缸盖 3 与活塞 5 间,在油压作用时,上卡头 6 立即卡紧顶杆 1,使活塞固定于顶杆上[图 5-15a)]。随着缸盖与活塞间进油量的增加,使缸盖连同缸筒 4、底座 9 及整个滑模结构一起上升,直至上、下卡头 8 顶紧时[图 5-15b)],提升暂停。此时,缸筒内排油弹簧完全处于压缩状态。

(2)排油归位:开通回油管路,解除油压,利用排油弹簧 7 推动下卡头使其与顶杆卡紧,同时推动上卡头将油排出缸筒,在千斤顶及整个滑模位置不变的情况下,使活塞回到进油前位置。至此,完成一个提升循环[图 5-15c)]。为了使各液压千斤顶能协同一致地工作,应将油泵与各千斤顶用高压油管连通,由操纵台统一集中控制。

提升时,滑模与平台上临时荷载全由支承顶杆承受。顶杆多用 A3 与 A5 圆钢制作,直径 25mm,A5 圆钢的承载能力约为 12.5kN(A3 则为 10kN)。顶杆一端埋置于墩、台结构的混凝土中,一端穿过千斤顶芯孔,每节长 2.0 ~ 4.0m,用工具式或焊接连接。为了节省钢材,使支承

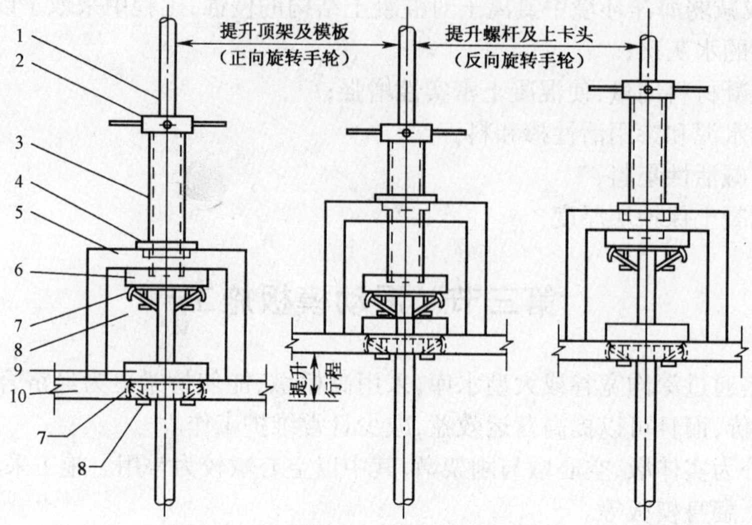

图 5-14　螺旋千斤顶提升示意图

1-顶杆；2-手轮；3-螺杆；4-顶座；5-顶架上横梁；6-上卡头；7-卡瓦；8-卡板；9-下卡头；10-顶架下横梁

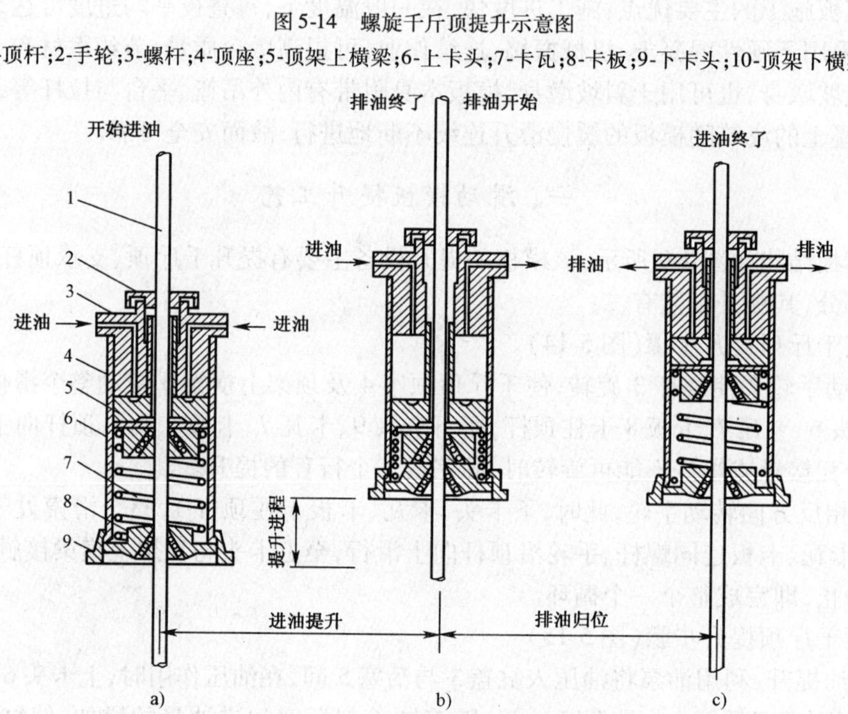

图 5-15　液压千斤顶提升示意图

1-顶杆；2-行程调整帽；3-缸盖；4-缸筒；5-活塞；6-上卡头；7-排油弹簧；8-下卡头；9-底座

顶杆能重复使用，可在顶杆外安上套管，套管随同滑模整个结构一起上升，待施工完毕后，可拔出支承顶杆。

二、滑模浇筑混凝土施工要点

1.滑模组装

在墩位上就地进行组装时，安装步骤为：

（1）在基础顶面搭枕木垛，定出桥墩中心线；

(2)在枕木垛上先安装内钢环,并准确定位,再依次安装辐射梁、外钢环、立柱、顶杆、千斤顶、模板等;

(3)提升整个装置,撤去枕木垛,再将模板落下就位,随后安装余下的设施;内外吊架待模板滑升至一定高度,及时安装;模板在安装前,表面需涂润滑剂,以减少滑升时的摩阻力;组装完毕后,必须按设计要求及组装质量标准进行全面检查,并及时纠正偏差。

2. 浇筑混凝土

滑模宜浇筑低流动度或半干硬性混凝土,浇筑时应分层、分段对称地进行,分层厚度 20 ~ 30cm 为宜,浇筑后混凝土表面距模板上缘宜有不小于 10 ~ 15cm 的距离。混凝土入模时,要均匀分布,应采用插入式振动器捣固,振捣时应避免触及钢筋及模板,振动器插入下一层混凝土的深度不得超过 5cm;脱模时混凝土强度应为 0.2 ~0.5MPa,以防在其自重压力下坍塌变形。为此,可根据气温、水泥强度等级经试验后掺入一定量的早强剂,以加速提升;脱模后 8h 左右开始养生,用吊在下吊架上的环绕墩身的带小孔的水管来进行。养生水管一般设在距模板下缘 1.8 ~2.0m 处效果较好。

3. 提升与收坡

整个桥墩浇筑过程可分为初次滑升、正常滑升和最后滑升三个阶段。从开始浇筑混凝土到模板首次试升为初次滑升阶段;初浇混凝土的高度一般为 60 ~ 70cm,分三次浇筑,在底层混凝土强度达到 0.2 ~0.4MPa 时即可试升。将所有千斤顶同时缓慢起升 5cm,以观察底层混凝土的凝固情况。现场鉴定可用手指按刚脱模的混凝土表面,基本按不动,但留有指痕,砂浆不沾手,用指甲画过有痕,滑升时能耳闻"沙沙"的摩擦声,这些表明混凝土已具有 0.2 ~0.4MPa 的脱模强度,可以开始再缓慢提升 20cm 左右。初升后,经全面检查设备,即可进入正常滑升阶段。即每浇筑一层混凝土,滑模提升一次,使每次浇筑的厚度与每次提升的高度基本一致。在正常气温条件下,提升时间不宜超过 1h。最后滑升阶段是混凝土已经浇筑到需要高度,不再继续浇筑,但模板尚需继续滑升的阶段。浇完最后一层混凝土后,每隔 1 ~2h 将模板提升 5 ~10cm,滑动 2 ~3 次后即可避免混凝土与模板胶合。滑模提升时应做到垂直、均衡一致,顶架间高差不大于 20mm,顶架横梁水平高差不大于 5mm。并要求三班连续作业,不得随意停工。

随着模板的提升,应转动收坡丝杆,调整墩壁曲面的半径,使之符合设计要求的收坡坡度。

4. 接长顶杆、绑扎钢筋

模板每提升至一定高度后,就需要穿插进行接长顶杆、绑扎钢筋等工作。为不影响提升的时间,钢筋接头均应事先配好,并注意将接头错开。对预埋件及预埋的接头钢筋,滑模抽离后,要及时清理,使之外露。

5. 混凝土停工后的处理

在整个施工过程中,由于工序的改变,或发生意外事故,使混凝土的浇筑工作停止较长时间,即需要进行停工处理。例如,每间隔适当时间(1h 左右)稍微提升模板一次,以免黏结;停工时在混凝土表面要插入短钢筋等,以加强新老混凝土的黏结;复工时还需将混凝土表面凿毛,并用水冲走残渣,湿润混凝土表面,浇筑一层厚度为 2 ~3cm 的 1∶1水泥砂浆,然后再浇筑原配合比的混凝土,继续滑模施工。

三、滑动模板的设计要点

滑动模板整体结构是混凝土成型的装置,也是施工操作的主要场地,必须具有足够的整体刚度、稳定性和合理的安全度。为了保证施工质量与安全，滑动模板各组成部件必须按强度和刚度要求进行设计与验算。

（一）荷载取值

作用在滑动模板整个结构上的荷载有静荷载和活荷载。工作平台、内外模板、混凝土平台、工作吊篮、提升设备、液压管线等自重都属于静荷载；操作人员、施工机具、平台上堆放的材料及半成品等的重力以及滑升时混凝土与模板间的摩阻力等属于垂直活荷载；向模板内倾倒混凝土时所产生的冲击力、新浇筑混凝土对模板的侧压力以及风荷载等属于水平活荷载。具体可按有关规范与设计要求分别取值。

（二）确定支承顶杆和千斤顶的数量

（1）支承顶杆的数量。其最小值 n 按下式计算：

$$n = KP/N \tag{5-3}$$

式中：P——滑动模板提升时全部静荷载和垂直活荷载（kN）；

N——单根支承顶杆的容许承载能力，按下式取值：

$$N = \phi A[\sigma] \tag{5-4}$$

ϕ——纵向弯曲系数，可根据长细比大小查表确定；支承顶杆的计算长度 L_0 应根据不同的施工情况予以决定，如正常提升时，其自由长度 L 取千斤顶上卡头至新浇筑层混凝土底部的距离，并视上卡头处为固结、下端为铰接，所以 $L_0 = 0.7L$；

A——支承顶杆的截面面积（m^2）；

$[\sigma]$——支承顶杆的抗压容许应力（kPa）；

K——工作条件系数，液压千斤顶取值为 0.8。

提升过程中支承顶杆实际受力情况比较复杂，其容许承载能力应根据工程实践的经验选用。上述计算确定的支承杆数量，还应根据结构物的平面和局部构造加以适当的调整。

（2）千斤顶的数量。液压千斤顶起重力约为 30kN，施工时考虑其他因素后，按 15kN 取值，大体上与支承顶杆的承载能力相同。即一根支承顶杆上安装一台千斤顶，所需千斤顶数量与支承杆数量相同。

（三）确定支承顶杆、千斤顶、顶升架和工作平台的布置方案

1. 支承顶杆和千斤顶的布置方案

一般有均匀布置、分组集中布置以及分组集中与均匀布置相结合等。在筒壁结构中多采用均匀布置方案，在平面较为复杂的结构中则宜采用分组集中与均匀相结合的布置方案。

千斤顶在布置时，应使各千斤顶所承受的荷载大致相同，以利同步提升。当平台上荷载分布不均匀时，荷载较大的区域和摩阻力较大的区段，千斤顶布置的数量要多些。考虑到平台荷载内重外轻，在数量上内侧应较外侧布置多些，以避免顶升架提升时向内倾斜。

2. 顶升架的布置方案

应根据结构形式、建筑平面、平台荷载与刚度等进行布置。筒壁结构顶升架可采用均匀布置方案，间距控制在 1.2～2.5m。

3. 工作平台的布置方案

必须保证其结构的整体性与足够的刚度，应根据施工对象的结构特点、荷载大小和分布情况、顶升架和千斤顶的布置要求以及垂直运输方式等来确定工作平台的布置方案。圆形结构中，工作平台的承重结构、承重桁架或梁宜采用辐射形布置，使平台的刚度足够，作用在各顶升架上的荷载比较均匀。方形结构中，工作平台的承重结构可单向或双向布置，单向布置时，承重梁间应设置水平支撑，两端的承重梁应设置垂直支撑，以加强平台的结构整体性和稳定性。

（四）模板的设计

模板的设计包括模板尺寸的确定和模板的刚度。模板必须具有足够的刚度，才能保证浇筑混凝土和提升过程中不因混凝土侧压力作用而发生超过允许的变形值。一般条件下，模板在水平荷载作用下，在力作用方向的变形不应超过 1/1 000 支点间距。作用在模板上的水平荷载主要是新浇筑混凝土的侧压力，此时，模板按简支板计算。因为滑模施工中，模板有一定倾斜度，出模混凝土具有 0.05 ~ 0.25MPa 的强度，所以模板底部的混凝土对模板已不存在侧压力。在侧压力作用的高度范围内，模板承受的侧压力图形如图 5-16。

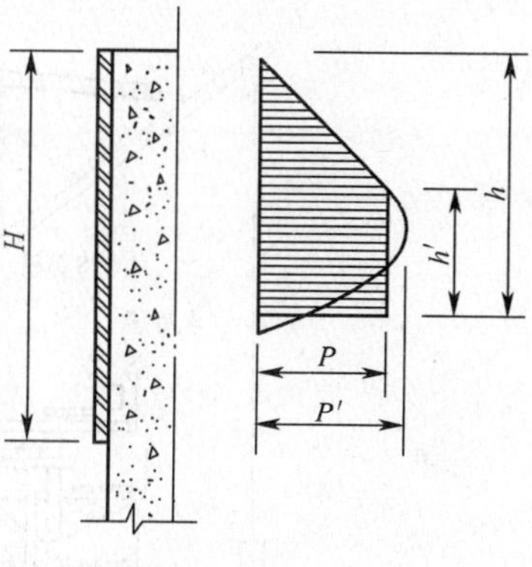

图 5-16　作用在模板上的侧压力计算简图

新浇混凝土的侧压力计算式为：

$$P=\gamma h/2 \tag{5-5}$$

式中：P——新浇混凝土侧压力的计算最大值（kPa）；

γ——混凝土的容重（kN/m^3）；

h——侧压力的计算作用高度（m），$h=0.65H \sim 0.70H$，H 为模板高度。

侧压力的合力为 $0.75Ph$，合力作用点距模板上口的距离在 $3h/5$ 处。

（五）顶升架与工作平台的设计

顶升架的构造形式，主要是根据结构水平截面形状、部位和千斤顶的类型决定的。一般常采用一字形的单横梁式或双横梁式。顶升架承受提升时的全部垂直荷载，以及混凝土与模板的侧压力等水平荷载，其计算内容包括顶升架立柱间的净宽 W 和立柱设计。对于等截面结构的滑模工程，净宽 W 为：

$$W=A+2(B+C+D)+E \tag{5-6}$$

式中：A——结构的截面宽度（m）；

B——模板的厚度（m）；

C——围圈的宽度（m）；

D——支承围圈的支托宽度（m）；

E——由于模板的倾斜度要求两侧放宽的尺寸（m）。

顶升架的横梁底面与模板顶面间的距离，对于钢筋混凝土结构取值 0.45 ~ 0.50m，主要是为了满足绑扎水平钢筋和预埋件的要求。顶升架的立柱按拉弯构件计算。

工作平台的计算可视其具体受力情况，按常用的结构计算方法验算其强度。

此外，还有液压系统的设计。

图 5-17 为泸州长江大桥主墩用滑动模板构造示意图。该滑模的最大平面尺寸为 18.5m ×11.9m，高度为 4.6m，系按自重、施工卷扬机重力（约 600kN）、操作人员荷载、施工机具（600kN）、起吊荷载（90kN）及摩阻力等总计 1 540kN 提升力进行设计。选用 84 个 QY3.5 油压千斤顶进行顶升，为安全考虑，每个千斤顶按 20kN 顶升力计，共可顶升 1 680kN。支承顶杆用 A3 钢 ϕ28mm，共计 84 根。千斤顶共分 9 组，供油根据滑模各部分受力的大小，布置在35 个提升架上，由一台油泵给各千斤顶供油。主墩施工高度为 30 ~ 40m。

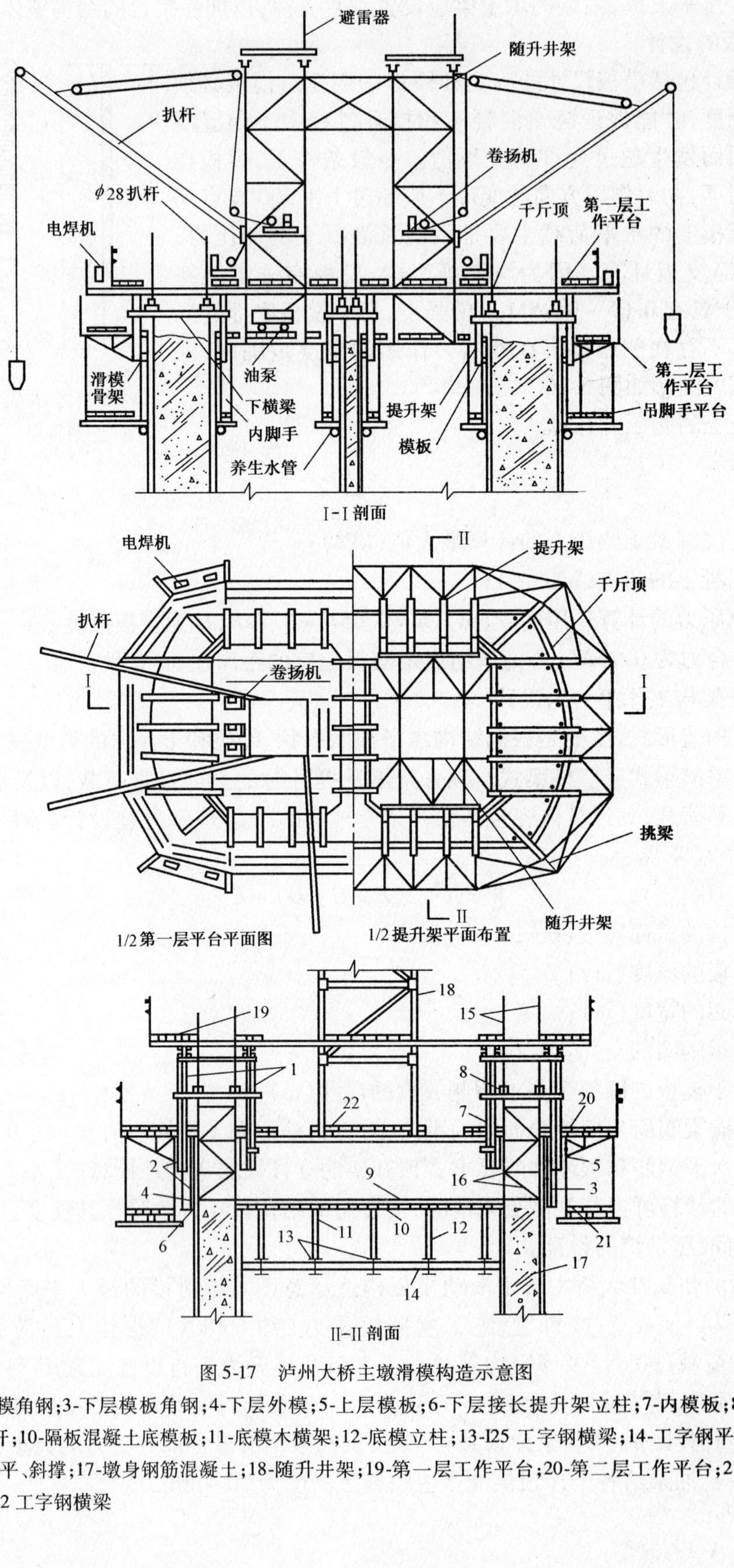

图 5-17　泸州大桥主墩滑模构造示意图

1-提升架；2-滑模角钢；3-下层模板角钢；4-下层外模；5-上层模板；6-下层接长提升架立柱；7-内模板；8-液压千斤顶；9-下层外模拉杆；10-隔板混凝土底模板；11-底模木横架；12-底模立柱；13-I25 工字钢横梁；14-工字钢平撑；15-支承杆；16-加固支承杆平、斜撑；17-墩身钢筋混凝土；18-随升井架；19-第一层工作平台；20-第二层工作平台；21-吊脚手平台；22-随升井架 I22 工字钢横梁

第四节　液压爬升模板施工

20世纪70年代出现的爬升模板，特别适宜于空心高桥墩的施工。此种模板具有设备投资较省、节约劳动力、降低劳动强度、实用范围较广和易于保证质量等优点。液压爬升模的结构组成见图2-12。

一、液压爬升模的工艺原理

液压爬升模的工艺原理是：以空心墩的已凝固的混凝土墩壁为承力主体，以内爬支腿机构的上下爬架及液压顶升油缸为爬升设备的主体。先将上爬架的4个支腿（爬靴）收紧以缩小外廓尺寸，然后操作液压控制台开关，两顶升油缸活塞杆支撑在下爬架上，两缸体同时向上顶升，并通过上爬架、外套架带动整个爬模向上爬升。待行程达到要求的高度时，停止爬升，调节专门杆件，伸出4个支腿，并使就位爬靴支在爬升支架上，然后操纵液压控制台，使活塞杆收回，带动下爬架、内套架上升就位，并把下爬架支腿支撑好。

二、模板液压爬升的施工要点

1. 爬模组装

可在地面拼装成几组大件，利用辅助起重设备在基础上进行组拼，也可将单构件在基础上拼装。其组装施工流程如图5-18所示。

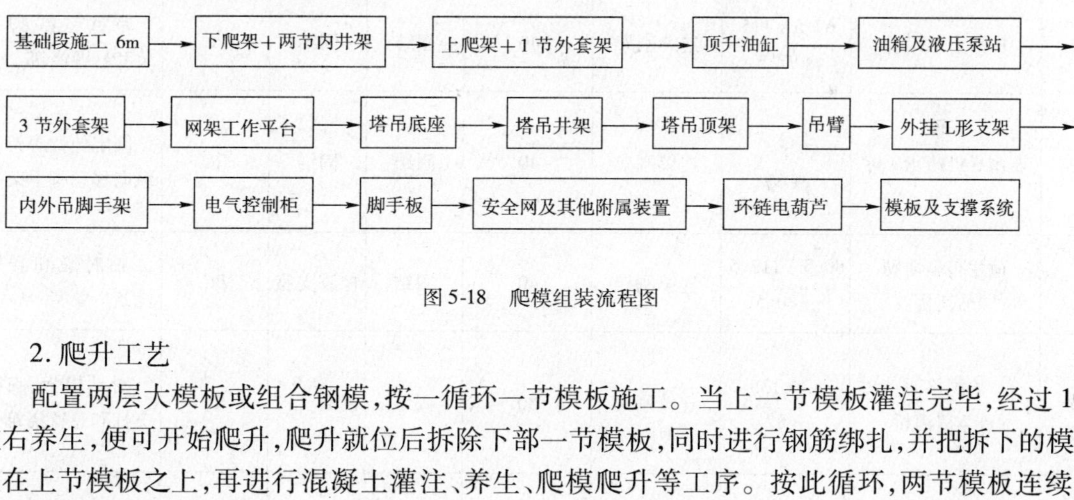

图5-18　爬模组装流程图

2. 爬升工艺

配置两层大模板或组合钢模，按一循环一节模板施工。当上一节模板灌注完毕，经过10h左右养生，便可开始爬升，爬升就位后拆除下部一节模板，同时进行钢筋绑扎，并把拆下的模板立在上节模板之上，再进行混凝土灌注、养生、爬模爬升等工序。按此循环，两节模板连续倒用，直到浇筑完整个墩身。

3. 墩帽施工

当网架工作平台的上平面高于墩顶30cm时停止爬升。在墩壁的适当位置预埋连接螺栓，将墩壁内模拆除，并把L形外挂支架顶部杆件连接在预埋螺栓上，以此搭设墩帽外模板。将内爬井架的外套架的一节杆件嵌入桥墩帽里，并利用空心墩顶部内爬井架结构以及墩壁预埋螺栓支设实墩的底模，仍用爬模本身的塔吊完成墩顶实心段和墩帽的施工。

4. 爬模拆卸

爬模的拆卸是伴随着墩顶段施工同时进行的，具体拆卸程序可参见相关手册。

第五节 V 形墩施工要点

V 形墩其结构轻盈、造型美观,如飞鸟双翼与周围山水相融,是力和美的有机结合。采用 V 形桥墩的桥梁结构主要可分为 V 形墩连续刚构、V 形墩连续梁桥、V 形墩刚构—双悬臂带挂孔等结构形式。另外,宝石形斜拉桥主塔的下塔柱也是典型的 V 形墩构造。

这类桥墩的施工方法与桥梁结构体系有密切关系。表 5-6 列有国内外几座同类型桥梁的结构特征和施工方法。

几座 V 形墩桥梁的结构特征及施工方法 表 5-6

序号	项目 / 桥名	跨径组合(m)	结构特征	斜腿角度(°)	V 形墩连接方式		V 形墩结构类型	V 形墩及主梁施工方法
					上端	下端		
1	中国宝鸡金陵河桥	21.5 +2×30 +21.5	连续刚架	~60	固结	橡胶支座	RC	预制和无支架拼装
2	中国桂林漓江雉山桥	67.5 +90 +67.5	带挂孔的 V 形刚构	~45	固结	固结	SRC	膺架和悬臂浇筑
3	中国八渡南盘江桥	54.7 +2×90 +54.7	连续梁	22.5	橡胶支座		SRC	斜拉轻型悬臂平台和碗扣脚手架
4	日本十王川桥	67.5 +115 +97.5	连续刚架	40	固结	固结	PC	承重支架、脚手架和悬臂浇筑
5	泰国 SATHORN 桥	66 +92 +66	连续刚架	40	固结	固结	RC	固定伸臂膺架和纵向移动脚手架
6	荷兰布里斯勒马斯桥	80.5 +112.5 +80.5	连续刚架	40	固结	橡胶支座	PC	临时墩和悬臂浇筑
7	德国格明登美茵河桥	82 +135 +82	连续刚架	30	固结	混凝土铰	RC	滑动模板、临时支柱和悬臂浇筑
8	英国卡埃来斯库桥	71.9 +132 +71.9	连续刚架	~50	固结	固结	RC	膺架、临时支柱、悬臂浇筑和预制

V 形墩施工方法的制定主要取决于以下几方面。

(1)取决于桥址处的水文、地质条件。如水深较深,河床以下工程地质条件较差,施工期间有通航要求,则应选择少支架或悬臂浇筑和预制拼装的施工方法;反之,则可以选择满堂膺架现场浇筑的施工方法。

(2)取决于 V 形墩桥梁的结构体系和结构受力特点。V 形墩桥梁的施工方法应尽可能地符合桥梁结构体系的最终受力要求，减少施工荷载引起的结构次内力。

下面以桂林漓江雉山大桥为例说明V形墩施工要点。

V形墩类桥梁属刚架桥系统，其施工方法除了具有连续梁桥的施工特点外，还有着本身结构的施工特点。通常对这类桥梁可分为V形墩结构、锚跨结构和挂孔部分三个施工阶段，其中V形墩结构是全桥的施工重点。V形墩结构的施工方法与斜腿刚构相类似，它由2个斜腿和其顶部主梁组成倒三角形结构(图5-19)。V形墩可做成劲性预应力混凝土结构。

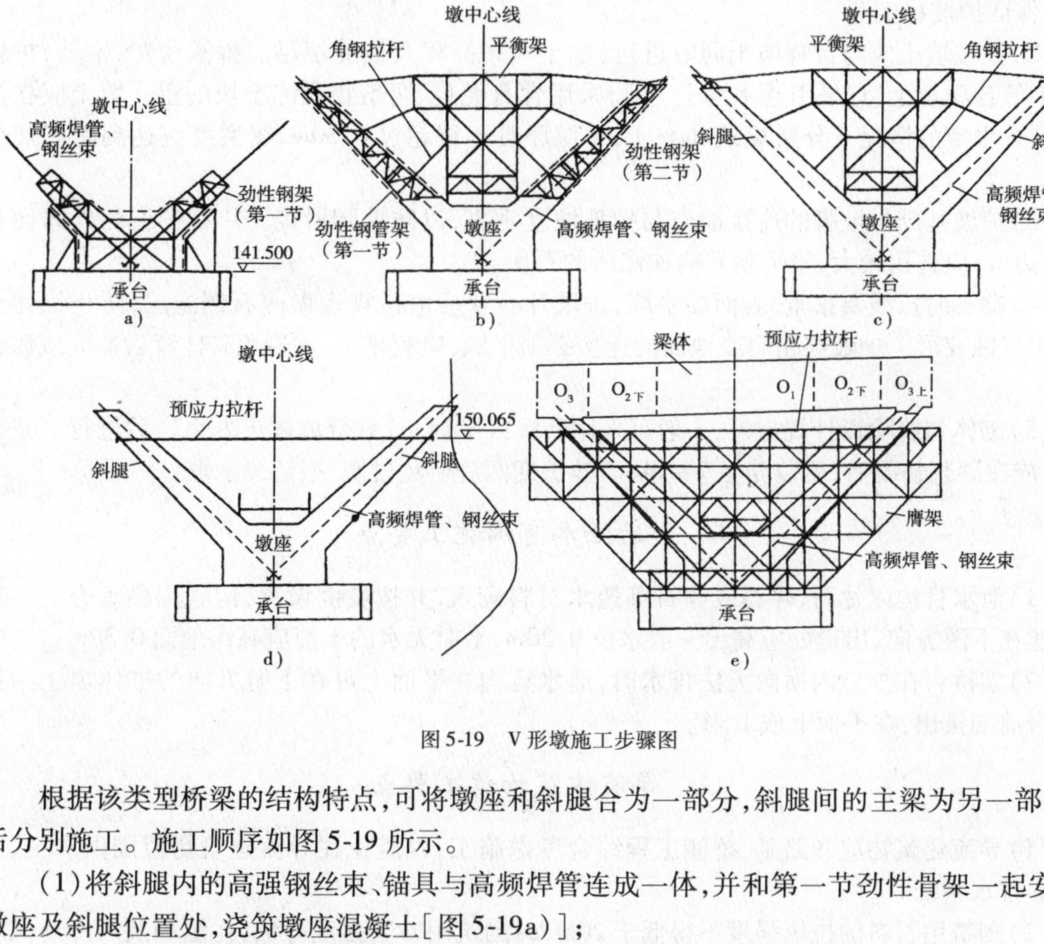

图5-19 V形墩施工步骤图

根据该类型桥梁的结构特点，可将墩座和斜腿合为一部分，斜腿间的主梁为另一部分，先后分别施工。施工顺序如图5-19所示。

(1)将斜腿内的高强钢丝束、锚具与高频焊管连成一体，并和第一节劲性骨架一起安装在墩座及斜腿位置处，浇筑墩座混凝土[图5-19a)]；

(2)安装平衡架、角钢拉杆及第二节劲性骨架[图5-19b)]；

(3)分两段对称浇筑斜腿混凝土[图5-19c)]；

(4)张拉临时斜腿预应力拉杆，并拆除角钢拉杆及部分平衡架构件[图5-19d)]；

(5)拼装V形腿间墩旁膺架，浇筑主梁0号节段混凝土，张拉斜腿及主梁钢丝束或粗钢筋，最后拆除临时预应力拉杆与墩旁膺架，使其形成V形墩结构[图5-19e)]。

斜腿内采用劲性骨架和在斜腿顶部采用临时预应力拉杆的作用：一是吊挂斜腿模板及承受其他施工荷载；二是在结构中替代部分主筋和箍筋；三是可减小施工时的斜腿截面内力。为保证施工中结构自身的稳定和刚度，将两侧劲性骨架用角钢拉杆联结在平衡架上。施工中应十分重视斜腿混凝土的浇筑与振捣，以确保其质量要求。两斜腿间主梁在墩旁膺架上分三段浇筑，其大部分重力由膺架承受并传至承台上。只有在V形墩顶主梁合拢时，合拢段有1/3的重力由斜腿承受。

第六节　墩台附属工程

一、桥台锥体护坡施工要点

(1)石砌锥坡、护坡和河床铺砌层等工程,必须在坡面或基面夯实、整平后,方可开始铺砌,以保证护坡稳定。

(2)锥坡填土应与台背填土同时进行,填土应按高程及坡度填足。桥涵台背、锥坡、护坡及拱上等各项填土,宜采用透水性土,不得采用含有泥草、腐殖物或冻土块的土。填土应在接近最佳含水率的情况下分层填筑和夯实,每层厚度不得超过0.30m,密实度应达到路基规范要求。

(3)护坡基础与坡脚的连接面应与护坡坡度垂直,以防坡脚滑走。片石护坡的外露面和坡顶、边口,应选用较大、较平整并略加修凿的石块。

(4)砌石时拉线要张紧,表面要平顺,护坡片石背后应按规定做碎石倒滤层,防止锥体土方被水侵蚀变形。护坡与路肩或地面的连接必须平顺,以利排水,并避免砌体背后冲刷或渗透坍塌。

(5)砌体勾缝除设计规定外,一般可采用凸缝或平缝,且宜待坡体土方稳定后进行。浆砌砌体,应在砂浆初凝后,覆盖养生7~14d。养护期间应避免碰撞、振动或承重。

二、台后泄水盲沟施工要点

(1)泄水盲沟以片石、碎石或卵石等透水材料砌筑,并按坡度设置,沟底用黏土夯实。盲沟应建在下游方向,出口处应高出一般水位0.20m,平时无水的干河应高出地面0.30m;

(2)如桥台在挖方内横向无法排水时,泄水盲沟在平面上可在下游方向的锥体填土内折向桥台前端排出,在平面上成L形。

三、导流建筑物施工要点

(1)导流建筑物应和路基、桥涵工程综合考虑施工,以避免在导流建筑物范围内取土、弃土破坏排水系统。

(2)砌筑用石料的抗压强度不得低于20MPa;砌筑用砂浆强度等级,在温和及寒冷地区不低于M5,在严寒地区不低于M7.5。

(3)导流建筑物的填土应达到最佳密度90%以上。坡面砌石按照锥体护坡要求办理。若使用漂石时,应采用栽砌法铺砌;若采用混凝土板护面,板间砌缝为10~20mm,并用沥青麻筋填塞。

(4)抛石防护宜在枯水季节施工。石块应按大小不同的规格掺杂抛投,但底部及迎水面宜用较大石块。水下边坡不宜陡于1∶1.5。顶面可预留10%~20%的沉落量。

(5)石笼防护基底应铺设垫层,使其大致平整。石笼外层应用较大石块填充,内层则可用较小石块码砌密实,装满石块后,用铁丝封口。石笼间应用铁丝连成整体。在水中安置石笼,可用脚手架或船只顺序投放,铺放整齐,笼与笼间的空隙应用石块填满。石笼的构造、形状及尺寸应根据水流及河床的实际情况确定。

第六章 梁式桥施工

第一节 概　　述

传统的桥梁施工方法为满堂支架现浇施工，随着预应力技术的发展，产生了悬臂法、预制安装法、顶推法、逐孔施工法和转体施工法等。可以说，所有桥梁的施工方法都能运用到梁式桥和刚架桥的施工中。

根据施工所用的机具设备和结构的形成方式，可将典型的施工方法再细分成如图 6-1 所示。

- 脚手架施工法
  - 固定支架整体浇筑法
  - 逐孔施工法
    - 移动支架预制安装法
    - 移动模架就地浇筑法
- 预制安装施工法
  - 整孔架设施工法
  - 梁段-整体施工
    - 简支-连续
    - 单悬臂-连续
    - 双悬臂-连续
- 悬臂施工法
  - 悬臂拼装法
    - 悬臂吊机法
    - 移动式连续桁架吊机
    - 固定式连续桁架吊机
    - 起重机拼装
    - 递增装配法
  - 悬臂浇筑法
    - 挂篮浇筑法
    - 移动式连续桁架浇筑法
    - 固定式连续桁架浇筑法
    - 挂篮与桁架联合浇筑法
- 顶推施工法
  - 单向顶推
  - 双向顶推
- 转体施工法

图 6-1　梁式桥和刚构桥施工方法

以下对固定支架整体浇筑施工法、预制安装施工法、悬臂施工法、逐孔施工法和顶推施工法进行逐一介绍，有关转体施工法详见第七章。

第二节　固定支架整体就地浇筑施工法

固定支架整体就地浇筑施工是一种古老的施工方法，它是在支架上完成梁体制作的施工方法。由于施工需用大量的支架模板，一般仅在小跨径桥或交通不便的边远地区采用。随着桥梁结构形式的发展，出现了一些变宽桥、弯桥等复杂的预应力混凝土结构，又由于近年来临时钢构件、万能杆件和贝雷梁等的大量应用，在其他施工方法都比较困难或经过比较具有施工方便、费用较低时，在大、中桥梁也能采用就地浇筑施工方法。

一、支　　架

支架按其构造分为支柱式、梁式和梁-柱式支架；按材料可分为木支架、钢支架、钢木混合支架，其他还有万能杆件、贝雷梁等常备式构件拼装的支架。图6-2为各种支架的构造简图。

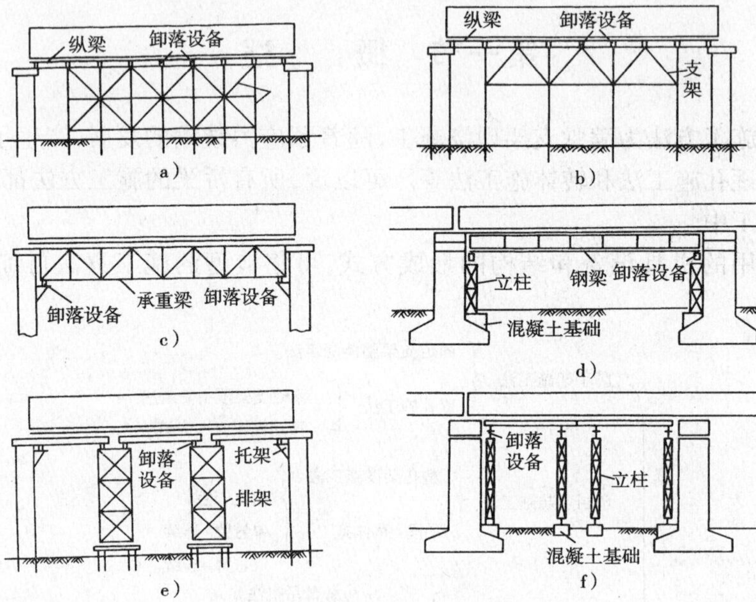

图6-2　常用支架的主要构造图

1. 立柱式支架

立柱式支架构造简单，可用于陆地或不通航河道以及桥墩不高的小跨径桥梁施工。支架通常由排架和纵梁等构件组成。排架由枕木或桩、立柱和盖梁组成[图6-2a）、b）]。排架间距一般为4m，桩的入土深度按施工设计要求设置，但不小于3m。当水深大于3m时，桩要用拉杆加强。一般须在纵梁下布置卸落设备。

立柱式支架也可采用ϕ48mm、壁厚3.5mm的钢管搭设。水中支架须先设置基础、排架桩，钢管支架在排架上设置。陆地现浇桥梁，可在整平的地基上铺设碎石层或砂砾石层，在其上浇筑混凝土作为支架的基础，钢管排架纵、横向密排，下设槽钢支承钢管，钢管间距依桥高及现浇梁自重、施工荷载的大小而定，通常为0.4～0.8m。钢管由扣件接长或搭接，上端用可调节的槽形顶托固定纵、横木龙骨，形成立柱式支架。搭设钢管支架要设置纵、横向水平杆加筋，桥较高时还需加剪刀撑，水平加劲杆与剪刀撑均须用扣件与立柱钢管连成整体。排架顶高程应考虑设置预拱度。

2. 梁式支架

根据跨径不同，梁可采用工字钢、钢板梁或钢桁梁[图6-2c）、d）]。一般工字钢用于跨径小于10m、钢板梁用于跨径小于20m、钢桁梁用于跨径大于20m的情况。梁可以支承在墩旁支柱上，也可支承在桥墩上预留的托架或支承在桥墩处的横梁上。

3. 梁-柱式支架

当桥梁较高、跨径较大或必须保证在支架下通航或排洪时可用梁-柱式支架[图6-2e）、

f)]。梁支承在桥墩台以及临时支柱或临时墩上，形成多跨的梁-柱式支架。

二、模　　板

就地浇筑桥梁的模板主要有木模和钢模。对预制安装构件，除钢、木模外，也可采用钢木结合模板、土模和钢筋混凝土模板等。模板形式的选择主要取决于同类桥跨结构的数量和模板材料的供应。当建造单跨或多跨不等的桥梁结构时，一般采用木模；而对于多跨相同跨径的桥梁，为了经济可采用大型模板块件组装或用钢模。实践表明：模板工程的造价与上部结构主要工程造价的比值，在工程数量和模板周转次数相同的情况下，木模为4%～10%；钢筋混凝土模板为3%～4%；钢模为2%～3%。

模板制造宜选用机械化方法，以保证模板形状的正确和尺寸的精度。模板制作尺寸与设计的偏差、表面局部平面度、板间缝隙宽度和安装偏差均应符合有关规定。尤其要保证模板构造具有足够的强度、刚度和稳定性。

1. 木模

木模包括用胶合板制成的大型整体定型的块件模板，它可按结构要求预先制作，然后在支架上用连接件迅速拼装。

以钢筋混凝土肋式桥跨结构的木模为例（图6-3），它由横向内框架、外框架和模板组成。框架由竖向、水平向及斜向的方木或木条用钉或螺栓结合而成。框架间距一般取用0.7～1.0m，模板厚可选用4～5cm，在梁肋的模板之间设置穿过混凝土撑块的螺栓，一方面可减小新浇筑混凝土的侧压力对框架立柱产生的弯矩，同时也保证梁肋的施工尺寸符合设计规定。

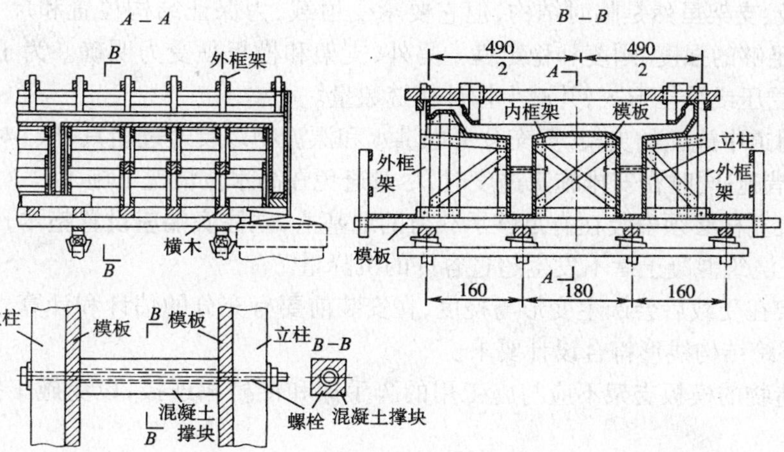

图6-3　木模板的一般构造图（尺寸单位：cm）

2. 钢模

钢模大多数做成大型块件，一般长3～8m，由钢板和加劲骨架焊接组成。钢板厚通常取用4～8mm。骨架由水平肋和竖向肋形成，肋由钢板或角钢做成，肋距0.5～0.8m。大型钢模块件用螺栓或销钉连接。对简支梁而言，在梁的下部常集中布置受力钢筋或预应力索，必要时可在钢模板上开设天窗（图6-4），以便浇筑和振实混凝土。多次周转使用的钢模，在使用前可用化学方法或机械方法清扫，在浇筑混凝土前，在模板内壁涂润滑油或废机油，以利脱模。

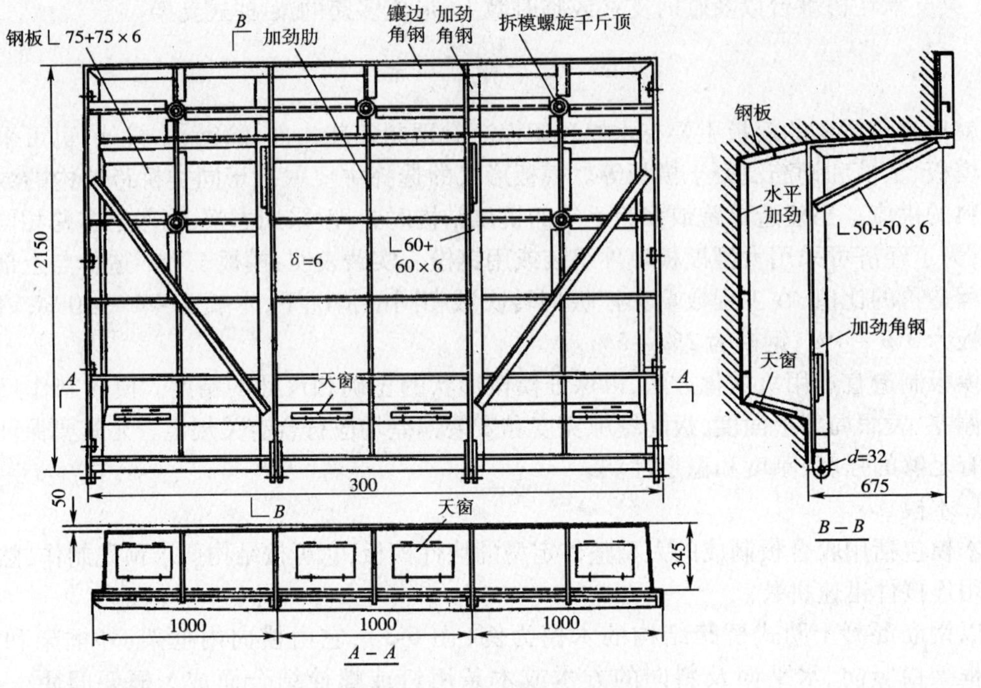

图 6-4 钢模板的一般构造图(尺寸单位:mm)

三、对支架、模板的要求

(1)模板、支架虽然是临时结构,但它要承受恒载,为保证结构位置和尺寸的准确,模板、支架必须有足够的强度、刚度和稳定性。另外,支架和模板须受力明确。为了减少变形,构件应主要选用受压或受拉形式,并减少构件接缝数量。

(2)在河道中施工的支架,要充分考虑洪水和漂流物以及通过船只(队)对其的影响,要有足够的安全措施;同时在安排施工进度时,尽量避免在高水位情况下施工。

(3)支架立柱必须安装在有足够承载力的地基上,立柱底端应设置垫木,用以分布和传递压力,并保证浇筑混凝土后不发生超过容许的沉降量。

(4)支架在受载后会产生变形与挠度,在安装前要有充分的估计和计算,并在安装时设置预拱度,使桥跨结构线形符合设计要求。

(5)构造物的模板支架不应与施工用的脚手架和便桥相连接,以免施工振动时影响浇筑混凝土质量。

(6)模板的接缝必须密合,如有缝隙,须用胶带纸、泡沫塑料等塞堵严密,以免漏浆。

(7)为减少施工现场的安装和拆卸工作,便于周转使用,模板、支架应尽量做成装配式组件或块件。

四、模板、支架的设计要求

模板、支架的设计,应根据结构形式、设计跨径、施工组织设计、荷载大小、地基土类别及有关的设计、施工规范进行。

计算模板、支架和拱架时,应考虑下列荷载并按表 6-1 进行荷载组合。

(1)模板、支架的自重;

模板、支架和拱架的荷载组合 表6-1

模板结构名称	荷载组合	
	计算强度用	验算刚度用
梁、板和拱的底模板以及支承板、支架及拱等	(1)+(2)+(3)+(4)+(7)	(1)+(2)+(7)
缘石、人行道、栏杆、柱、梁、板、拱等的侧模板	(4)+(5)	(5)
基础、墩台等厚大建筑物的侧模板	(5)+(6)	(5)

(2)新浇筑混凝土、钢筋混凝土或其他圬工结构物的重力;

(3)施工人员和施工材料、机具等行走运输或堆放的荷载;

(4)振捣混凝土时产生的荷载;

(5)新浇筑混凝土对侧面模板的压力;

(6)倾倒混凝土时产生的水平荷载;

(7)其他可能产生的荷载,如雪荷载、冬季保温设施荷载等。

模板、支架和拱架的计算荷载组合,可按照表6-1进行组合计算。

在计算模板、支架和拱架的强度和稳定性时,应考虑作用在模板、支架和拱架上的风力。设于水中的支架,还应考虑水流压力、流冰压力和船只漂流物等冲击力荷载。当验算模板及其支架在自重和风荷载等作用下的抗倾覆稳定时,验算倾覆的稳定系数不得小于1.3。

验算模板、支架及拱架的刚度时,其变形值不得超过下列数值。

(1)结构表面外露的模板,挠度为模板构件跨度的1/400;

(2)结构表面隐蔽的模板,挠度为模板构件跨度的1/250;

(3)支架、拱架受载后挠曲的杆件(盖梁、纵梁),其弹性挠度为相应结构跨度的1/400;

(4)钢模板的面板变形为1.5mm;

(5)钢模板的钢棱和柱箍变形为 $L/500$ 和 $B/500$(其中 L 为计算跨径,B 为柱宽)。

五、预拱度的设置

支架受载后将产生弹性变形和非弹性变形;桥梁上部结构在自重作用下会产生挠度,为了保证桥梁竣工后尺寸准确,在施工时,支架须设置一定数量的预拱度。在确定预拱度时应考虑下列因素:

(1)由结构重力和1/2汽车荷载(不计冲击力)所产生的竖向挠度 δ_1;

(2)支架在荷载作用下的弹性压缩 δ_2;

(3)支架在荷载作用下的非弹性变形 δ_3;

(4)支架基底在荷载作用下的非弹性沉陷 δ_4;

(5)由混凝土收缩、徐变及温度变化而引起的挠度 δ_5;

1. 预拱度的计算

上部构造和支架的各项变形值之和,即为应设置之预拱度。各项变形值可按下列方法计算和确定。

(1)当恒载和活载产生的挠度不超过跨径的1/600时,在预拱度设置中可不考虑 δ_1 项。

(2)满布式支架，当其杆件长度为 l，压力为 δ 时，其弹性变形为：

$$\delta_2 = \frac{\delta l}{E} \tag{6-1}$$

当支架为桁架等形式时，应按具体情况计算其弹性变形。

(3)支架在每一个接缝处的非弹性变形，在一般情况下，对木与木的接缝，每个接头约顺纹 2mm，横纹 3mm；木料与金属接头为 2mm。

卸落设备的非弹性压缩量，对砂筒为 2～4mm，对木楔或木马为 1～3mm。

(4)支架基底的沉陷，可通过试验确定或参考表 6-2 估算。

支架基底沉陷值(cm) 表 6-2

土壤	底梁	桩	
		当桩上有极限荷载时	桩的支承能力不允许利用时
砂土	0.5～1.0	0.5	0.5
黏土	1.0～2.0	1.0	0.5

(5)混凝土的收缩、徐变引起的结构挠度则根据混凝土的加载龄期和荷载进行计算。

2. 预拱度的设置

根据梁的挠度和支架的变形所计算出来的预拱度之和为预拱度的最高值，设置在梁的跨径中点。其他各点的预拱度，应以中间点为最大值，以梁的两端为零，按直线或二次抛物线比例分布。

六、施 工 要 点

固定支架整体就地浇筑施工的主要工序有：施工场地整理、支架和模板设立、钢筋和预应力钢束绑扎等准备工作；混凝土的制备、浇筑和养护；预应力钢束的张拉；模板、支架的拆除等。图 6-5 为就地浇筑钢筋混凝土简支梁桥的施工工序。

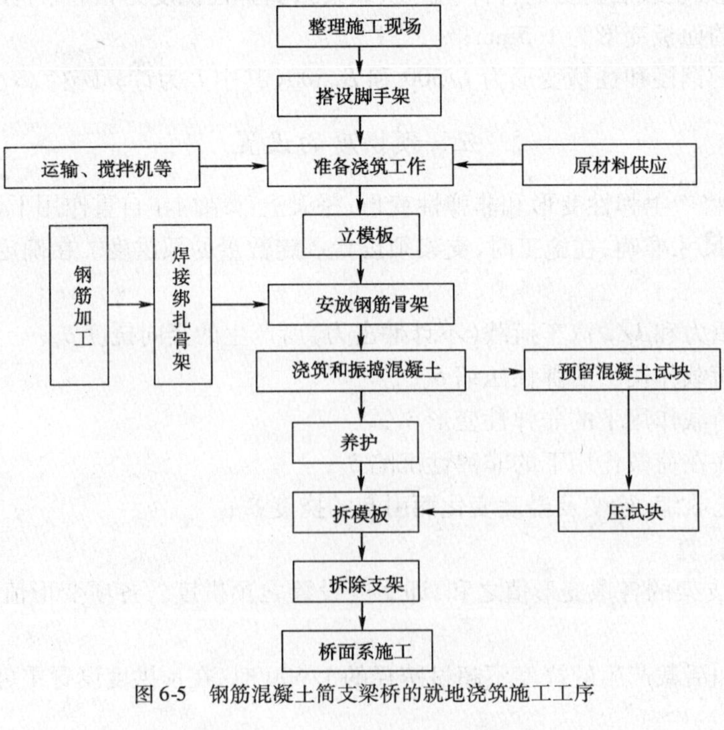

图 6-5 钢筋混凝土简支梁桥的就地浇筑施工工序

(一)准备工作

现场浇筑施工的梁式桥,在浇混凝土前要进行周密的准备工作和严格的检查。一般来说,就地浇筑施工在正常情况下一次灌注的混凝土工作量较大,且需要连续作业,因此,准备工作相当重要,不可疏忽大意。

1. 支架与模板的检查

在浇筑混凝土之前应对支架和模板进行全面、严格的检查,核对设计图纸要求的尺寸、位置,检查支架的接头位置是否准确、可靠,卸落设备是否符合要求;检查模板的尺寸、制作是否密贴,螺栓、拉杆、撑木是否牢固,是否涂抹模板油及其他脱模剂等。

2. 钢筋和钢束位置的检查

检查钢筋与预应力孔道是否按设计图纸规定的位置布置,钢筋骨架绑扎是否牢固,预留孔道管端部、连接部分与锚具处应特别注意防止漏浆,检查锚具位置、压浆管和排气孔是否可靠。

3. 浇筑混凝土前的准备工作

应检查混凝土供料、拌制、运输系统是否符合规定要求,在正式浇筑前对灌注的各种机具设备进行试运转,以防在使用中发生故障。要依照浇筑顺序布置好振捣设备,检查螺母紧固的可靠程度。对大型就地浇筑施工结构,必须准备备用的机械、动力。

在浇筑混凝土前,应会同监理部门对支架、模板、钢筋、预留管道和预埋件进行检查,合格后方可进行浇筑混凝土工作。

(二)混凝土制备

混凝土配合比是决定混凝土强度的关键因素。实际拌制用配合比需根据设计配合比的数据和资料,综合施工现场的实际情况加以决定。配制的混凝土拌和物应满足和易性、凝结速度等施工技术条件,制成的混凝土应符合强度、耐久性(抗冻、抗渗、抗侵蚀)等质量要求。

为节约水泥和改善混凝土的技术性能,在混凝土中可适量掺入外加剂和混合材料。主要的外加剂类型有普通和高效减水剂、早强减水剂、缓凝减水剂、引气减水剂、抗冻剂、膨胀剂、阻锈剂和防水剂等。混合材料包括粉煤灰、火山灰质材料、粒化高炉矿渣等。应注意在预应力混凝土结构中不得使用加气剂和各种氯盐。

在混凝土拌制过程中,要始终注意稠度的大小,倘若不符合规定,应立即查明原因,予以纠正。

随着混凝土拌制的工厂化,商品混凝土及泵送混凝土运用得越来越广泛,但同时也带来了许多问题,如:

(1)商品混凝土强度离散程度大,坍落度波动大,造成卸料、泵送困难(坍落度很小时),或振捣时间难以掌握(坍落度过大时);

(2)因商品混凝土搅拌站机械设备发生故障及交通堵车,造成混凝土不能完全保障连续浇筑;

(3)商品混凝土浇筑的结构表面可能出现收缩裂纹;

(4)泵送混凝土气泡多,在构件表面产生麻面、气孔。

这些问题将直接影响混凝土的正常浇筑作业,影响混凝土的强度及其外观质量。究其原因主要是混凝土强度控制水平较差。坍落度波动大,造成混凝土浇筑分层困难,易出现离析、“过振”现象;商品混凝土供应搅拌站设备能力小,就不能保障在机械发生故障时仍能连续供料;商品混凝土一般水泥用量大,易使混凝土硬化中出现较大干缩而形成裂纹;掺用引气型减水剂等原因造成泵送混凝土产生较多气泡且不宜消散。

为此,必须严格控制混凝土配合比和坍落度,随时测定混凝土的坍落度,并根据实际情况加入商品混凝土塑化剂等改善坍落度,使其混凝土生产质量水平维持在优良。

控制商品混凝土最大单方水泥用量,一般不宜超过 $500kg/m^3$,大体积混凝土不宜超过 $300kg/m^3$。优先采用高强度等级水泥,加强混凝土配合比设计、振捣和养护,以防裂纹发生。

对泵送混凝土采用二次振捣,消散气泡,防止混凝土形成麻面、气孔缺陷。

(三)混凝土的浇筑

混凝土的浇筑必须依据施工支架类型的不同,制定合适的混凝土浇筑方案进行施工。当混凝土方量较大,混凝土浇筑质量将受支架变形、混凝土收缩等影响时,桥梁施工规范允许设置临时工作缝。

1.施工工作缝的设置

(1)工作缝设置原因

悬臂梁、连续梁及刚架桥的上部结构在支架上浇筑时,由于桥墩为刚性支点,桥跨下的支架为弹性支撑,在混凝土浇筑时支架会产生不均匀沉降。因此,在浇筑混凝土时,必须采取有效措施,以防止上部结构在桥墩处产生裂缝。除了采取预压支架的方法外,另一通常采用的方法是设置临时工作缝。当浇筑混凝土时,在桥墩上设置临时工作缝,待梁体混凝土浇筑完成、支架稳定、上部结构沉降停止后,再将此工作缝填筑起来。根据同样原因,当支架中有较大跨径的梁式构造时,在该梁的两端支点上也应设置临时工作缝。

另外,受混凝土收缩的影响,如果一次灌注时间过长,则在梁体中会发生收缩裂缝(纵向分布钢筋和主筋仅能部分避免收缩裂缝)。因此,在施工中采取设工作缝并分段浇筑即可避免收缩裂缝的产生。

(2)工作缝的构造

工作缝两端以木板与主梁体隔开,并留出分布加强钢筋通过的孔洞。由主梁底一直隔到桥面板顶部,木板外侧用垂直木条钉牢。工作缝宽度一般为 80~100cm。工作缝两端穿过隔板设置长 65cm、直径 8~12mm 的分布钢筋,上下间距为 10cm,其布置如图 6-6。

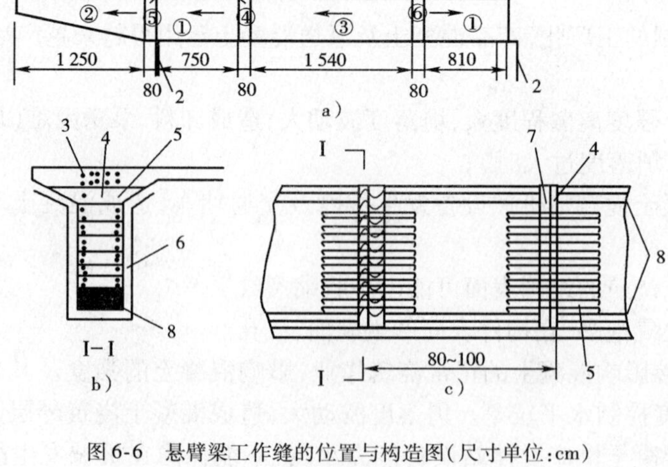

图 6-6 悬臂梁工作缝的位置与构造图(尺寸单位:cm)

a)纵面;b)I-I 剖面;c)工作缝大样

1-工作缝;2-桥墩;3-主梁钢筋;4-隔板;5-分布钢筋;6-主梁模板;7-垂直木条;8-穿过隔板的主钢筋

2. 混凝土的浇筑

(1)混凝土的浇筑速度

为了达到桥跨结构的整体性要求和防止浇筑上层混凝土时破坏下层,浇筑层次的增加须有一定的速度,保证在先浇筑的一层混凝土初凝之前完成次一层的浇筑,其最小增长速度可由下式计算:

$$h \geqslant \frac{s}{t} \tag{6-2}$$

式中:h——浇筑时混凝土面上升速度的最小允许值(m/h);

s——搅动深度,以浇筑时的规定为准,一般可为0.25～0.50m;

t——水泥实际初凝时间(h)。

(2)混凝土的浇筑顺序

在考虑主梁混凝土浇筑顺序时需遵循的原则是都不应使模板和支架产生有害的下沉。同时对不同的支架形式,混凝土的浇筑方案应分别对待处理。

混凝土的浇筑方法一般有分层浇筑法、斜层浇筑法、单元浇筑法。实际施工时考虑到对浇筑的混凝土进行振捣等,往往采用几种方法的组合。

①简支梁

对于跨径不大的简支梁桥,可在钢筋全部绑扎完成后,沿一跨全长分层浇筑,在跨中合龙。为避免支架不均匀沉降的影响,浇筑速度应尽量快,以便在混凝土失去塑性之前完成。

用斜层浇筑法进行混凝土浇筑时,应从主梁的两端对称地向跨中斜层浇筑,在跨中合龙。其中,混凝土的适宜倾斜角与混凝土的稠度有关,一般可用20°～25°(图6-8)。采用这一浇筑方法的最典型示例即为在固定台座上预制T形和箱形简支梁[图6-7a)]。

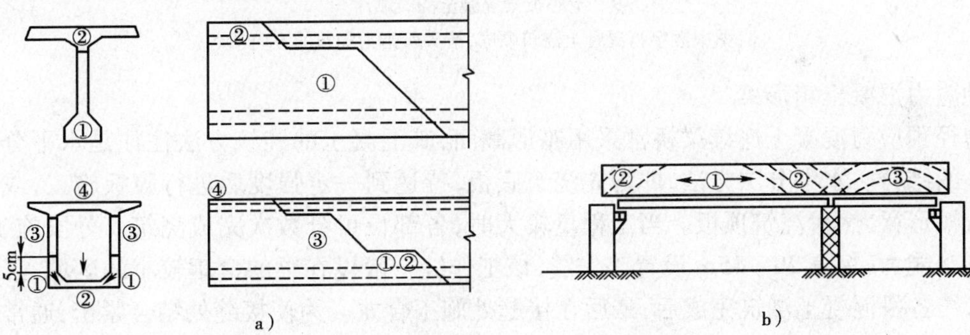

图6-7　简支梁桥在支架上的浇筑顺序

当采用梁式支架,支点不设在跨中时,则应在支架下沉量大的位置先浇混凝土,使应该发生的支架变形及早完成,其浇筑顺序见图6-7b)。

当桥梁跨径较大时,可先浇筑纵横梁,待纵横梁完成浇筑后,再沿桥的全宽浇筑桥面混凝土,在桥面与纵横梁间应按设置工作缝处理。

当桥面较宽且混凝土数量较大时,可分成若干纵向单元分别浇筑。每个单元可沿其长度分层浇筑,在纵梁间的横梁上设置连接缝,并在纵横梁浇筑完成后填缝连接。之后桥面板可沿桥全宽一次浇筑完成。桥面与纵横梁间设置水平工作缝。

②悬臂梁

混凝土的浇筑顺序、方向如图6-6中圆圈内数字和箭头所示。首先施工①②③梁段,待①

②③梁段浇筑完毕,并且强度达到强度等级的70%之后,才可浇筑④⑤⑥梁段的工作缝。①段由桥墩以远向墩身进行,可减少沉落应力;因主梁底板有坡度,②段由墩身向桥墩以远进行,避免浇筑时水泥浆流失;③段从⑥段开始浇筑,因为浇筑③段时,⑥段右边的①段已终凝,不致于因使用振捣器而影响①段的凝结。

分段浇筑混凝土时,应就每一段的全部高度连同桥面板一起,沿上部结构整个横断面以斜坡层向前推进。斜坡层倾斜角为20°~25°(图6-8)。

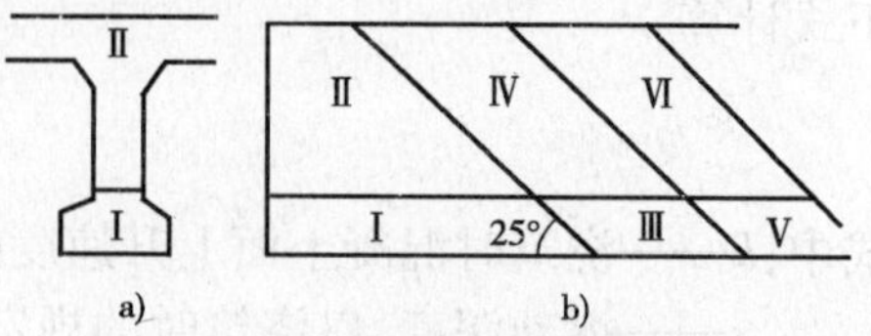

图6-8 每段梁体纵向浇筑顺序

a)剖面;b)纵面

浇筑④⑤⑥段工作缝混凝土时,先将两侧隔板拆除,再将接头混凝土面的浮浆清洗干净,并凿毛,以增强新旧混凝土的黏结。

对悬臂梁桥孔中的挂梁如采用就地浇筑施工,则须待悬臂梁混凝土浇筑完成且其强度达到70%后才能进行。

③连续空心板梁

一五跨一联的钢筋混凝土连续空心板梁,每跨14.68m,桥面净空10m,采用满布式钢支架,空心板梁内模采用钢圆筒。浇筑程序及工作缝的设置见图6-9,图中圆圈内数字为混凝土浇筑顺序,箭头所指为浇筑的方向。

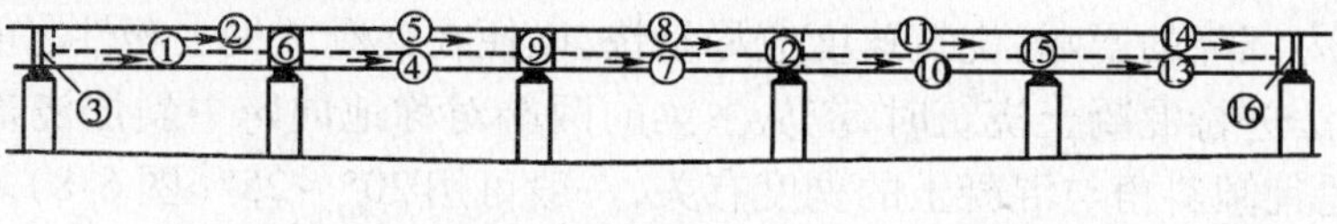

图6-9 空心板梁混凝土浇筑顺序

注:图中数字为混凝土浇筑顺序,箭头所指为浇筑的方向

④预应力混凝土箱形梁

大跨径预应力混凝土连续梁桥常采用箱形截面,其混凝土的浇筑方法往往是水平分层法和分段法的结合。水平分层方法,即为先浇筑底板,待达到一定强度后进行腹板施工,或直接先浇筑成槽形梁,然后浇筑顶板。当工程量较大时,各部位可分数次完成浇筑。分段施工法,即根据施工能力,每隔20~45m设置工作缝,该工作缝一般设在梁的弯矩较小的区域,工作缝宽约1m,待各段混凝土浇筑完成后,最后在接缝处施工合龙。为使接缝处结合紧密,通常在梁的腹板上做成齿形或留企口缝。对分段施工法,大部分混凝土重量在梁合龙之前已作用,可减少因支架早期变形而引起梁的开裂。

上海南浦大桥浦东引桥的一匝道桥为4跨一联的预应力曲线连续箱梁,梁长121m,中心轴曲率半径为90m,采用在重锤夯实加固地基上的排架式支架(图6-10)上整体现浇混凝土施工,混凝土浇筑方法为分段分层法(图6-11),每条施工缝有2~3天的间隔时间,混凝土的早期收缩裂缝和不均匀沉降裂缝通过分段施工得到了克服。

(四)混凝土养护、预应力筋张拉及模板拆除

1. 混凝土养护

混凝土浇筑完成后进行养生,能促使混凝土硬化,并在获得规定强度的同时,防止混凝土干缩引起的裂缝,防止混凝土受雨淋、日晒、受冻及受荷载的振动、冲击。由于混凝土在硬化过程中发热,在夏季和干燥的气候下应进行湿润养生,而冬季则主要保护其不受冻,采用加温的养生。

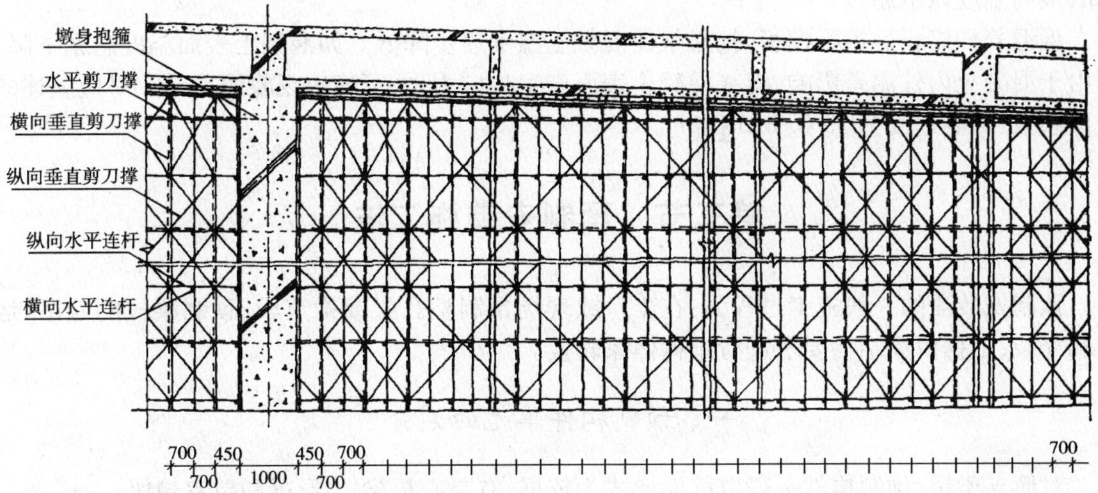

图 6-10　曲梁排架支撑搭设

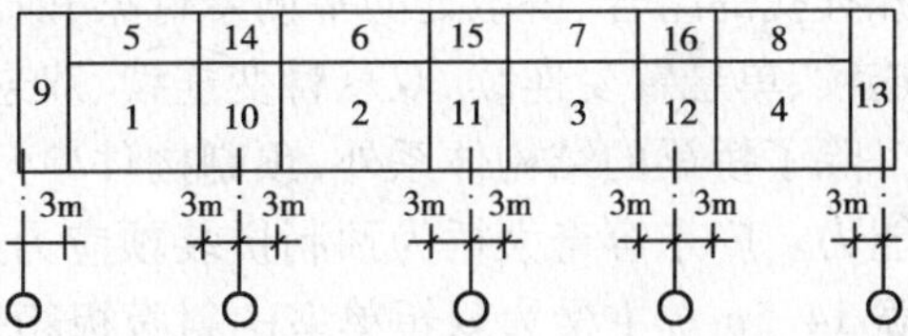

图 6-11　分段分层混凝土浇筑示意图

2. 预应力筋张拉

后张法预应力混凝土梁，须待混凝土强度达到设计要求后才能进行张拉，在无规定时，一般要在混凝土强度达到设计强度等级的 70% 以上才能进行。

3. 模板拆除及卸架

当混凝土抗压强度达到 2.5MPa 时方可拆除侧模；当混凝土强度不小于设计强度标准值的 75% 以后，方可拆除各种梁的模板；但如设计上有规定应按照设计规定执行。

对于预应力梁，应在预应力筋张拉完毕或张拉到一定数量后（根据设计要求），再拆除模板，以免梁体混凝土受拉。

梁的落架程序应从梁挠度最大处的支架节点开始，逐步卸落相邻两侧的节点，并要求对称、均匀、有顺序地进行；同时要求各节点应分多次进行卸落，以使梁的沉落曲线逐步加大。通常简支梁、连续梁及刚架桥可从跨中向两端进行；悬臂梁则应先卸落挂梁及悬臂部分，然后卸落主跨部分。

（五）混凝土的冬期施工

冬期施工指的是根据当地多年气温资料，室外日平均气温连续 5d 稳定低于 5℃ 时钢筋混凝土、预应力混凝土和砌体工程的施工。

冬期施工期间，在混凝土抗压强度未达到设计强度的 40% ~50% 时不得受冻，需要采取保温措施。对于寒冷地区宜选用早期强度较高的水泥，使其能较早达到耐冻的强度；使用矿渣水泥时，因其后期强度不降低，宜优先考虑采用蒸汽养护。使用其他品种水泥时，为节约水泥并增强混凝土的和易性，可掺入适量的外加剂用以提高混凝土的抗冻性。用于冬期施工的混凝土的集料和水可采用加热拌制，所规定的加热温度与使用的水泥种类有关，可按施工规定处理。

寒冷季节，混凝土一般养护方法有蓄热法、暖棚养护法和蒸汽养护法。蒸汽养生通常从混凝土浇筑完成后约 2h 开始加温，升温速度由表面系数（结构冷却面积与结构体积之比）决定，如表面系数大于等于或小于 $6m^{-1}$，则升温速度分别为 15℃/h、10℃/h。养护的时间约 8 ~

12h，最高温度以不超过65℃为宜。

保温养护终止后拆除模板时，必须使混凝土温度逐步降低。如混凝土表面温度急剧下降，则由于混凝土内外温差影响，将在混凝土表面产生拉应力，并可能出现收缩裂缝。对应上述的表面系数，降温速度为10℃/h、5℃/h。

第三节　预制安装施工法

预制安装法的一般施工过程为：在工厂或现场预制整孔梁或梁节段；预制梁段的起吊、运输和安装；根据桥梁结构要求进行结构体系转换。

一、预制构件单元的划分

对简支梁桥，预制构件一般以截面形式为依据，有空心板梁、T形梁和单室箱梁。

对连续梁，预制构件的形式较多，有简支梁组合、单悬臂简支梁和挂孔的组合、双悬臂简支梁和挂孔的组合、桥墩处的平衡悬臂梁和挂孔的组合；以各种预制构件的组合形式而形成简支变连续、单悬臂变连续、双悬臂变连续、双悬臂T形刚构变连续的结构体系。

除了桥梁的结构体系外，预制构件单元的划分很大程度上还取决于施工时安装设备的吊装能力。广东容奇大桥为预制拼装预应力连续梁桥，跨径组合为73.5m+3×90m+73.5m，桥面宽14.5m。主梁为双箱单室的斜腹板箱形断面，其主梁沿纵向分成三大块，即边部梁、根部梁和中部梁；两箱间现浇行车道板和箱外横隔板连成整体（图6-28）。加拿大联邦大桥的上部结构形成是采用双悬臂T形刚构变连续，大型双悬臂构件的总重量达7 500t，跨中连接段的预制重量为1 200t，其中双悬臂构件又运用小节段预制方法制作，并在预制场内进行悬臂拼装而成，最后通过大吨位浮吊运输、安装形成整体结构（图6-12）。

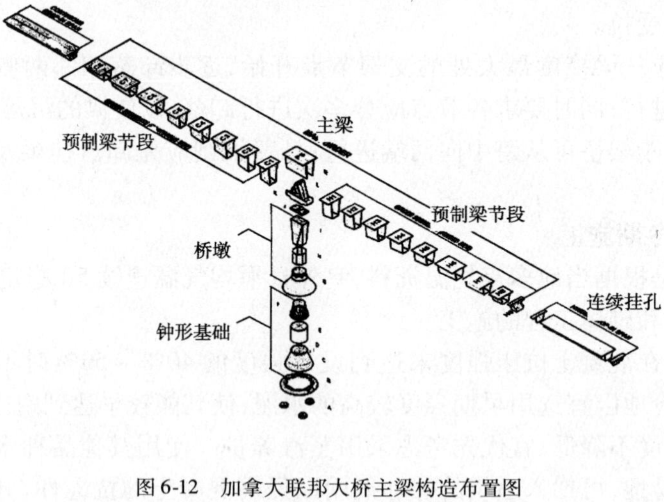

图6-12　加拿大联邦大桥主梁构造布置图

二、梁体预制

如上所述，预制的梁体构件主要有简支梁和悬臂梁，并有钢筋混凝土梁和预应力混凝土梁之分。

图 6-13 为先张法预应力简支板梁的预制工艺流程图。

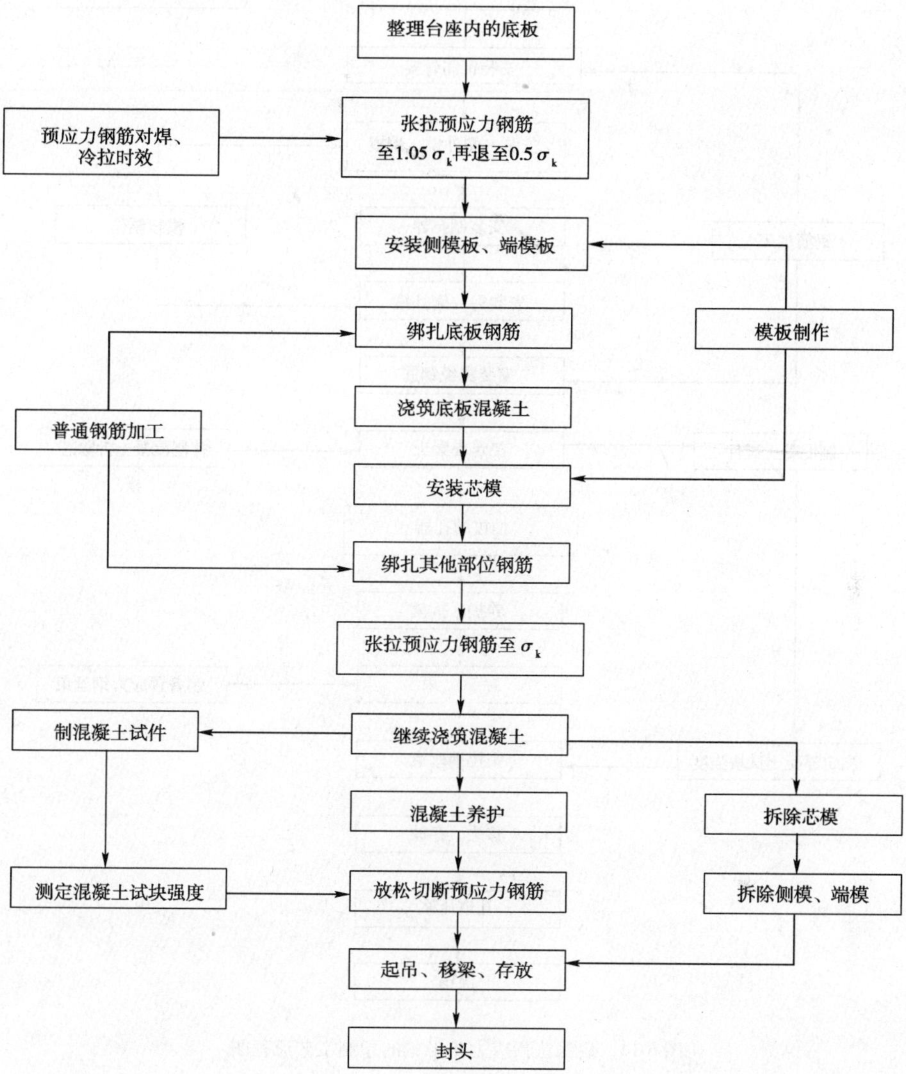

图 6-13　先张法预应力简支板梁的预制工艺流程图

图 6-14 为后张法预应力 T 形梁的预制工艺流程图。

预弯组合梁又称预弯预应力混凝土组合梁，是中国 20 世纪 80 年代中期引进的一种新型桥梁结构。以上海莘奉金高速公路上的某一跨线桥为例，桥梁结构为 40m 跨径的简支梁，梁高 1.3m，高跨比为 1/30。工字型钢骨混凝土组合梁截面如图 6-15 所示，截面内钢骨为整体预制全焊接钢梁，钢材为 Q245—C 级，下缘底板混凝土强度等级为 C60，腹板、顶板混凝土强度等级为 C40，钢梁的顶、底板焊有抗剪 T 形栓钉以提供上下缘混凝土与钢梁间的有效剪切传递。腹板设有加劲肋，保证钢梁的稳定。

预弯组合梁的制作工艺为：将屈服强度较高的高强钢材制作成呈抛物线上拱的工字形预弯钢梁，在钢梁两端和距梁端 1/4 ~ 1/3 跨度位置安装千斤顶并分级加载，作用两对大小、方向相反的集中荷载，使钢梁产生一个大于结构梁最大设计弯矩的正弯矩，在保证钢梁下缘底板受拉的状态下，浇筑下缘混凝土板，待混凝土的弹性模量和强度都达到设计值的 95% 以上时，再

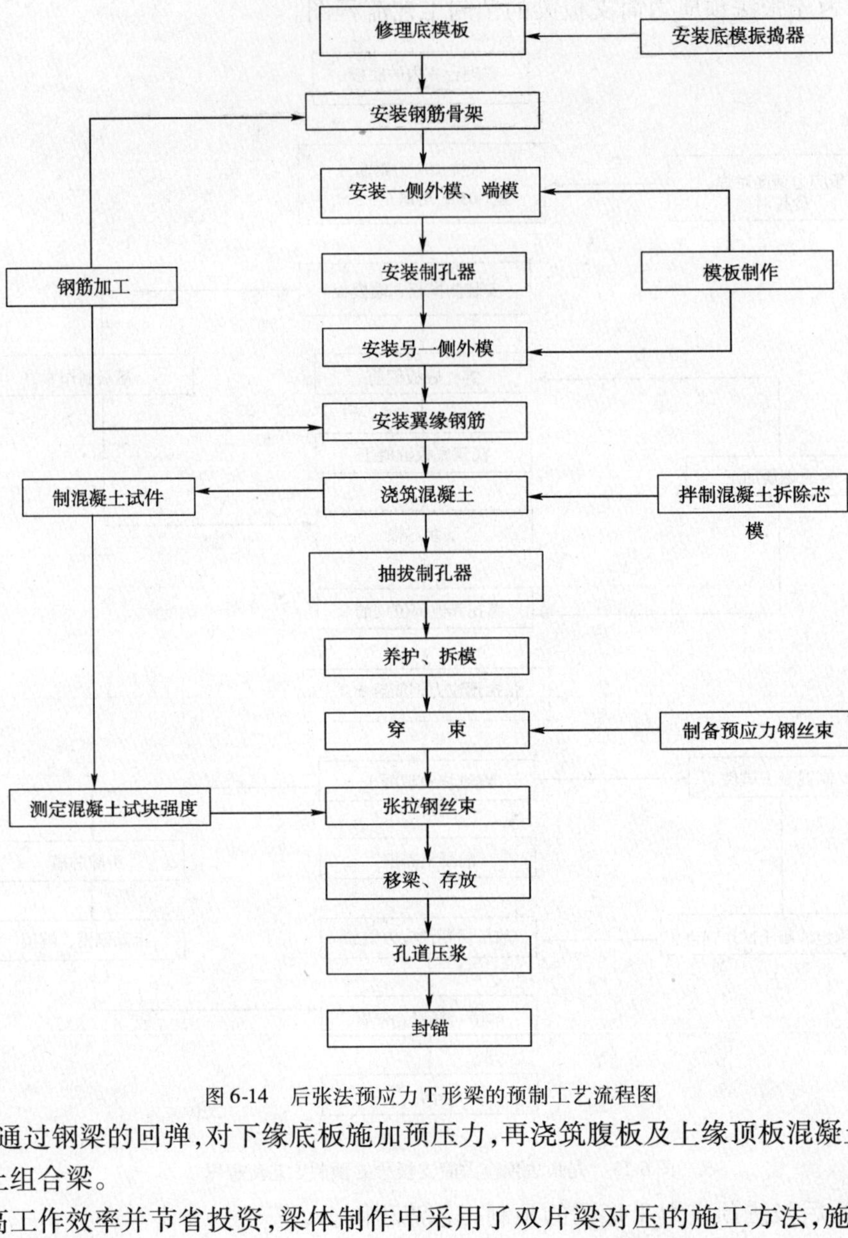

图 6-14　后张法预应力 T 形梁的预制工艺流程图

分级卸载，通过钢梁的回弹，对下缘底板施加预压力，再浇筑腹板及上缘顶板混凝土，形成预弯钢骨混凝土组合梁。

为提高工作效率并节省投资，梁体制作中采用了双片梁对压的施工方法，施工工序见图 6-16。

三、预制梁的安装

预制梁的主要安装施工方法见图 6-17。

1. 自行式吊车安装

陆地桥梁、城市高架桥预制梁安装常采用自行吊车安装。一般先将梁运到桥位处，采用一台或两台自行式汽车吊机或履带吊机直接将梁片吊起就位，方法便捷，履带吊机的最大起吊能力达 3MN。

2. 缆索起重机架设法(图 6-18)

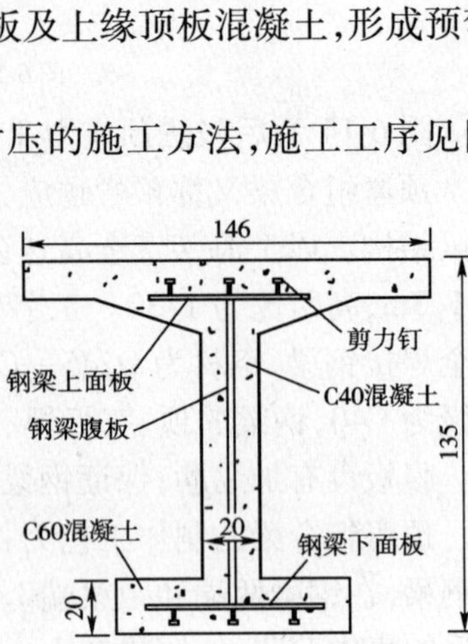

图 6-15　预弯梁截面示意图(尺寸单位:cm)

施工阶段	图示	横截面	要点说明
施压准备	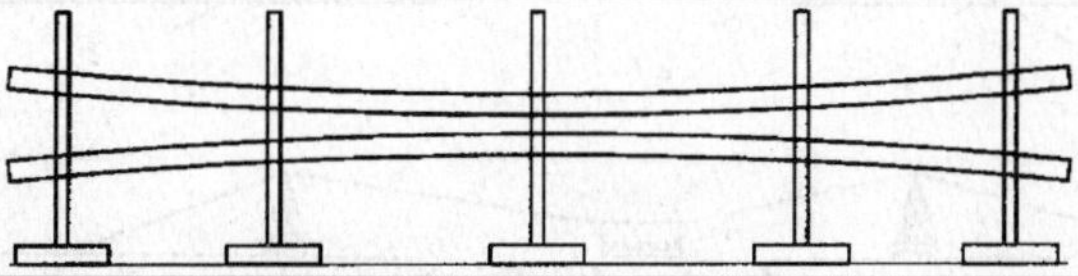	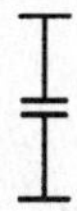	将钢梁固定在端部支架上，中间支架保证不发生局部屈曲，其他支架提供加力平台
施压并浇筑下翼缘混凝土	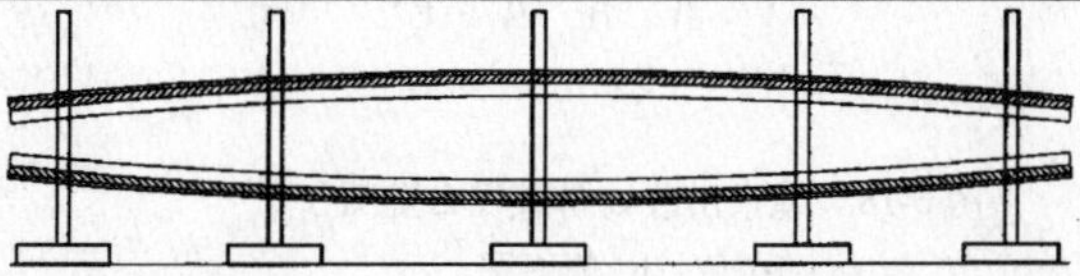	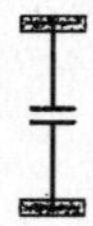	浇筑下翼缘混凝土时，最好用附着式振捣器振捣，插入式振捣器辅之
卸载	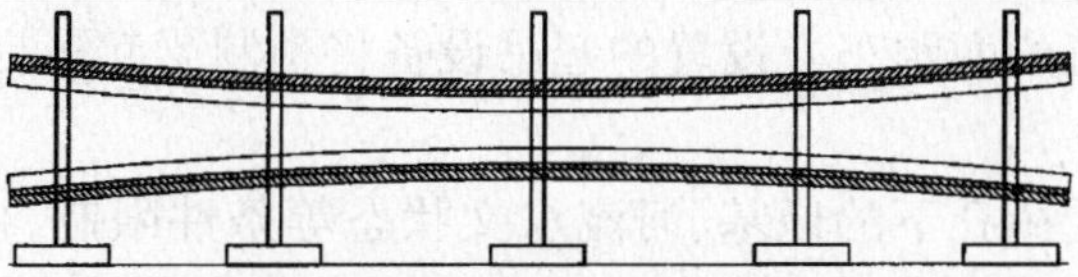	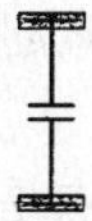	高强度等级混凝土养护期不小于10d,应逐级卸载
上片梁吊出并翻转	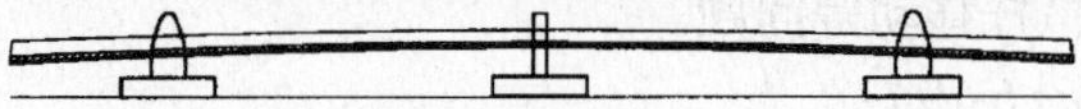		翻转时应注意形心轴的选择，保证翻转的同步性和平稳性
浇筑腹板混凝土	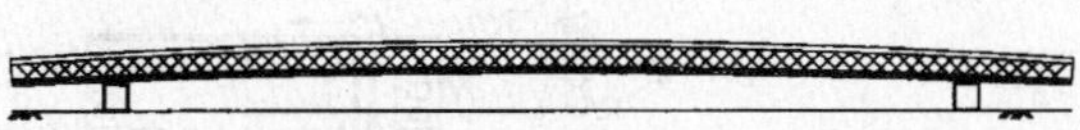		腹板浇筑时，要防止过振，中间最好不要加设支点
架设后,浇筑横隔板、上翼缘混凝土	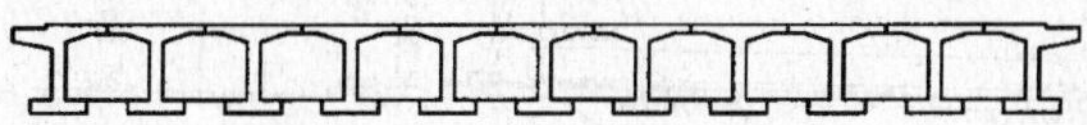	单跨截面	浇筑上翼缘混凝土时，应准确预计混凝土和沥青铺装将引起的下沉量

图 6-16　采用双片梁对压技术施工预弯梁的主要步骤

预制梁的架设方法
- 起重机架设法
  - 塔式起重机架设法
    - 单吊式塔架
    - 双吊式塔架
  - 自行式吊机架设法
    - 汽车起重机
    - 轮胎起重机
    - 履带起重机
  - 缆索起重机架设法
  - 跨墩式龙门架架设法
  - 浮运架设法
    - 浮吊运输安装法
    - 浮船充排水架设法
    - 浮船支架拖拉架设法
- 架桥机架设法
  - 穿巷式架桥机架设法
    - 宽巷式
    - 窄巷式
  - 联合架桥机架设法
  - 拼装式双导梁架桥机架设法
- 支架架设法
  - 支架便桥架设法
  - 移动式支架架设法
  - 摆动式支架架设法
  - 活动支架横移架设法
- 简易机具组合架设法
  - 扒杆导梁法
  - 千斤顶导梁法
  - 主梁纵向拼接伸臂架设法
  - 简易型钢导梁架设法
  - 土牛通道法

图 6-17　预制梁的架设方法

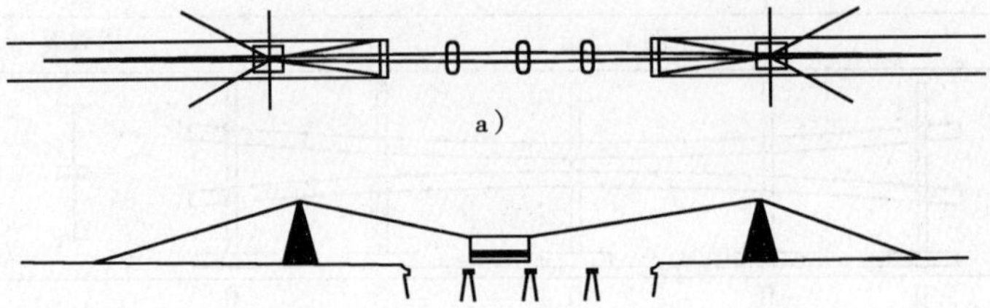

图 6-18　缆索吊装设备架设布置图

a) 平面图；b) 侧面图

本法是通过在缆索起重机的两跑车上设置的起吊设备将预制梁起吊提升、牵拉运行、就位安装。

该方法的最大优点是不受桥孔下的地基、河流水文状态等条件限制，也不需要导梁、龙门吊机等重型吊装设备，而且无扒杆移动等问题。

3. 跨墩式龙门架架设法（图 6-19）

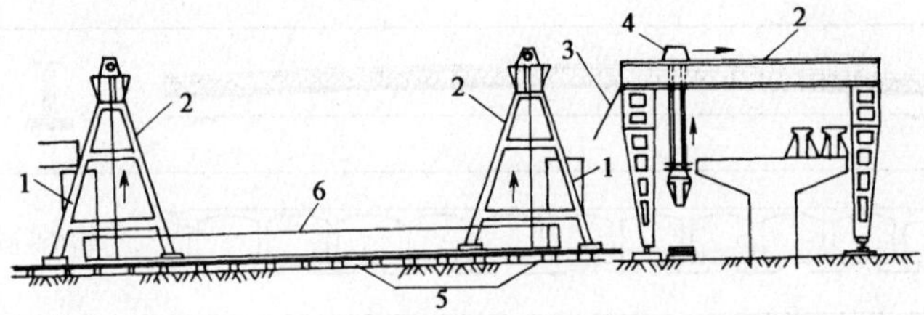

图 6-19　跨墩龙门架架设

1-桥墩；2-龙门架吊机（自行式）；3-风缆；4-横移行车；5-轨道；6-预制梁

跨墩式龙门架架设法适用于岸上和浅水滩以及不通航浅水区域安装预制梁。

两台跨墩龙门吊机分别设于待安装孔的前、后墩位置，预制梁由平车顺桥向运至安装孔的一侧，移动跨墩龙门吊机上的吊梁平车，对准梁的吊点放下吊架，将梁吊起。当梁底超过桥墩顶面后，停止提升，用卷扬机牵引吊梁平车慢慢横移，使梁对准桥墩上的支座，然后落梁就位，接着准备架设下一根梁。

在水深不超过 5m、水流平缓、不通航的中小河流上的小桥孔，也可采用跨墩龙门吊机架梁。这时必须在水上桥墩的两侧架设龙门吊机轨道便桥，便桥基础可用木桩或钢筋混凝土桩。在水浅、水流较缓而无冲刷的河上，也可用木笼或草袋筑岛来做便桥的基础。便桥的梁可用贝雷组拼。

4. 浮运架设法

在通航河道或水深河道上架桥，可采用浮吊安装预制梁（图 1-2）。该方法的施工速度快，高空作业较少，吊装能力强，是大跨多孔河道桥梁的有效施工方法。采用浮吊架设要配置运输驳船，岸边设置临时码头，同时在浮吊架设时应有牢固锚碇，要注意施工安全。

利用浮船进行预制梁安装的另两种方法是：浮船充排水架设法和浮船支架拖拉架设法（图 6-20）；前者将预制梁装载在浮船上的支架枕木垛上，使梁底的高度高于墩台支座顶面 0.2 ~ 0.3m，然后将浮船拖运至架设孔，充水入浮船，使浮船吃水加深，降低梁底高度使预制梁安装就位。后者是将预制梁拖拉滚移到岸边，并将其一端拖

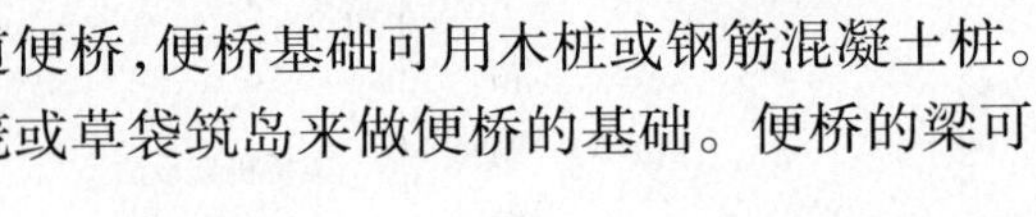

图 6-20　浮船支架拖拉架设

至浮船支架上，再利用浮船将预制梁拖拉至对岸，用龙门架或扒杆安装就位。

5. 穿巷式架桥机架设法

穿巷式吊机可支承在桥墩和已架设的桥面上，不需要在岸滩或水中另搭脚手架与铺设轨道。因此，它适用于在水深流急的大河上架设水上桥孔。

根据穿巷式吊机的导梁主桁架间净距的大小，可分为宽、窄两种。宽穿巷式吊机可以进行边梁的吊起并横移就位；窄穿巷式吊机的导梁主桁净距小于两边T形梁梁肋之间的距离。因此，边梁要先吊放在墩顶托板上，然后再横移就位。

宽穿巷吊机见图6-21所示，宽穿巷吊机可以进行梁体的垂直提升、顺桥向移动、横桥向移动和吊机纵向移动四种作业。吊机构造虽然较复杂，但工效却较高，且横移就位也较安全。

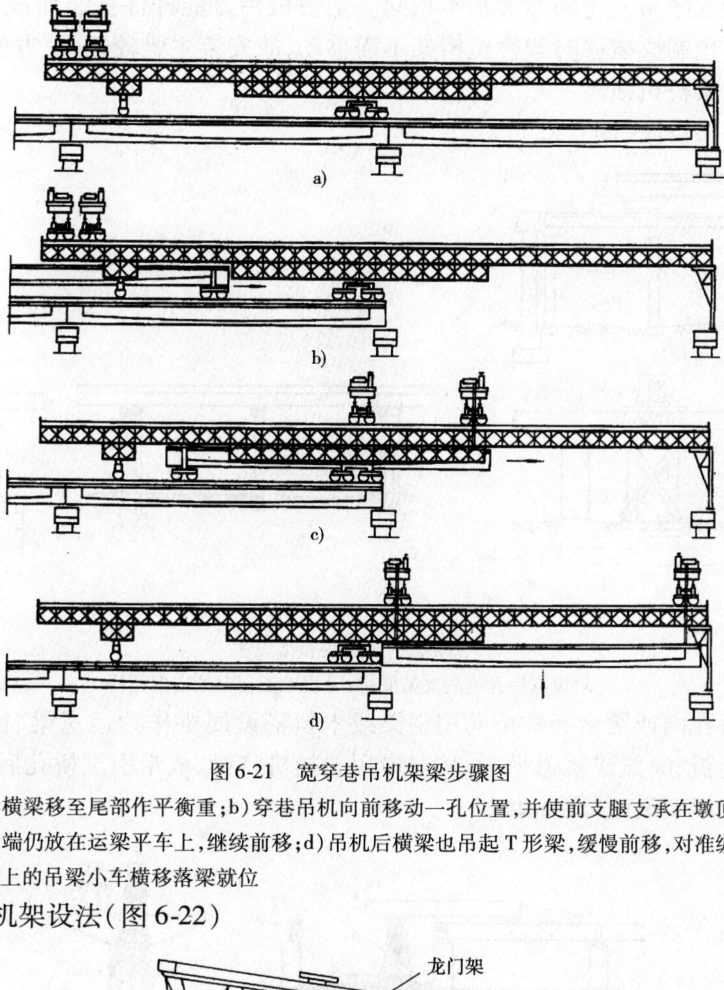

图6-21　宽穿巷吊机架梁步骤图

a)一孔架完后，前后横梁移至尾部作平衡重；b)穿巷吊机向前移动一孔位置，并使前支腿支承在墩顶上；c)吊机前横梁吊起T形梁，梁的后端仍放在运梁平车上，继续前移；d)吊机后横梁也吊起T形梁，缓慢前移，对准纵向梁位后，先固定前后横梁，再用横梁上的吊梁小车横移落梁就位

6. 联合架桥机架设法(图6-22)

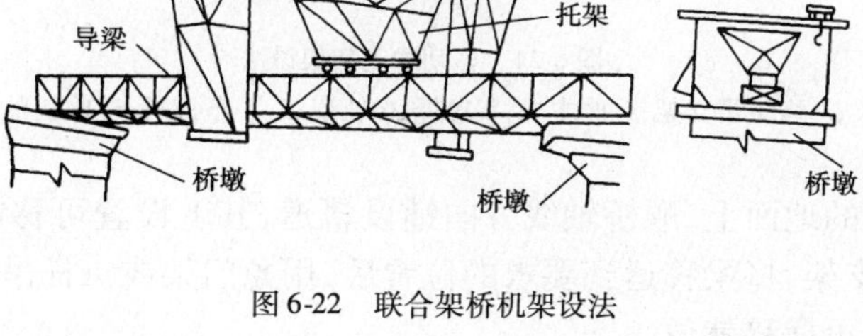

图6-22　联合架桥机架设法

本法系以联合架桥机并配备若干滑车、千斤顶、绞车等辅助设备架设安装预制梁。

架梁时,先设导梁和轨道,用绞车将导梁拖移就位后,把蝴蝶架用平板小车推上轨道,由蝴蝶架将龙门吊机托运至墩上,再用千斤顶将吊机降落在墩顶,并用螺栓固定在墩的支承垫块上,用平车将梁运到两墩之间,由吊机起吊、横移、下落就位。待全跨梁就位后,铺设轨道,用蝴蝶架把吊机移至下一跨架梁。

联合架桥机架设法的优点是可完全不设桥下支架,不受洪水威胁,架设过程中不影响桥下通车、通航。预制梁的纵移、起吊、横移、就位都比较便利。缺点是架设设备用钢材较多(可周转使用),较适用于多孔30m以下跨径的装配式桥。

7. 拼装式双导梁架桥机架设法

本法的安装程序与上述两方法基本相同。架桥机用万能杆件拼装而成,其三个支点下面均设有铰支座。预制梁横移时架桥机桁架不需移动,故安装主梁较迅速、方便。但桥墩应比桥面稍宽以便搁置架桥机横梁。

8. 支架便桥架设法(图6-23)

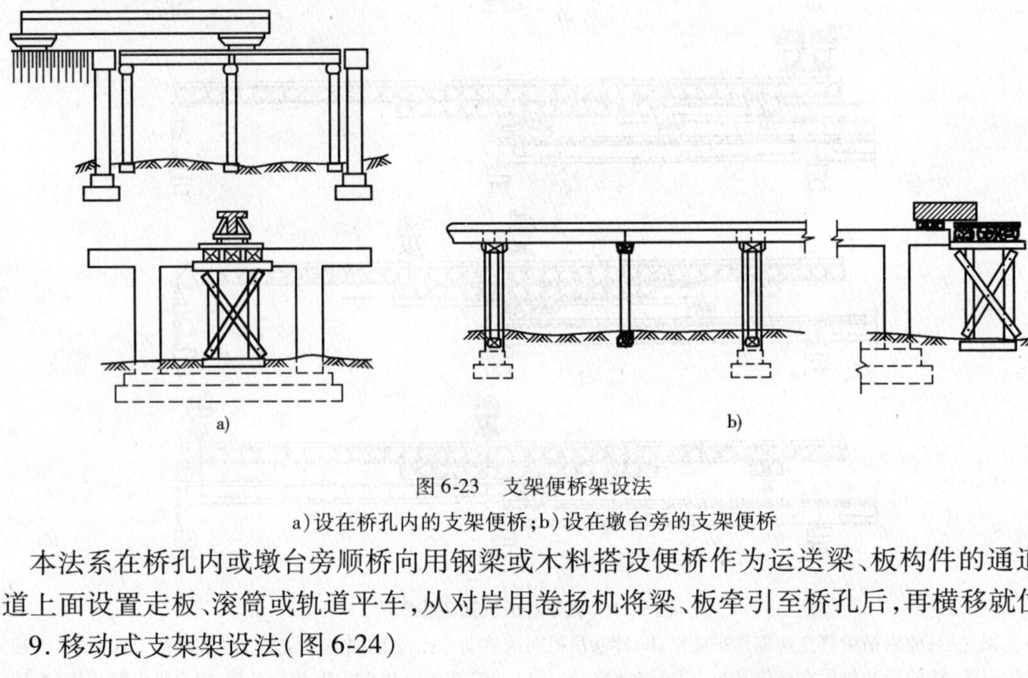

图6-23　支架便桥架设法

a)设在桥孔内的支架便桥;b)设在墩台旁的支架便桥

本法系在桥孔内或墩台旁顺桥向用钢梁或木料搭设便桥作为运送梁、板构件的通道。在通道上面设置走板、滚筒或轨道平车,从对岸用卷扬机将梁、板牵引至桥孔后,再横移就位。

9. 移动式支架架设法(图6-24)

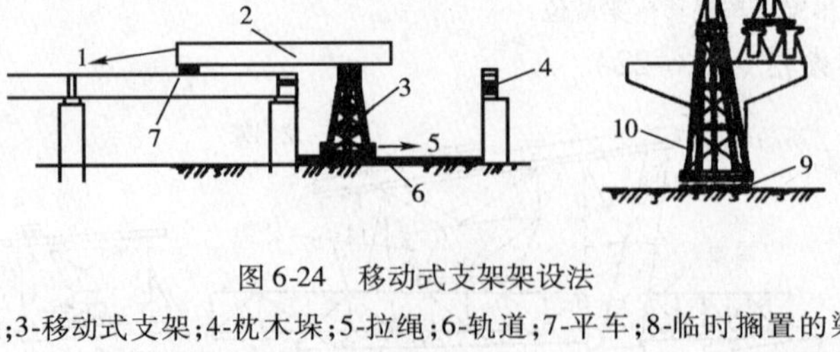

图6-24　移动式支架架设法

1-后拉绳;2-预制混凝土梁;3-移动式支架;4-枕木垛;5-拉绳;6-轨道;7-平车;8-临时搁置的梁(支架拆除后再架设);9-平车;10-移动式支架

本法是在架设孔的地面上,顺桥轴线方向铺设轨道,其上设置可移动的支架,梁的前端搭在支架上,通过牵引支架,将梁移运到要求的位置后,用龙门架或扒杆吊装,或在桥墩上组成枕木垛,用千斤顶卸下,再横移就位。

10. 摆动式支架架设法（图6-25）

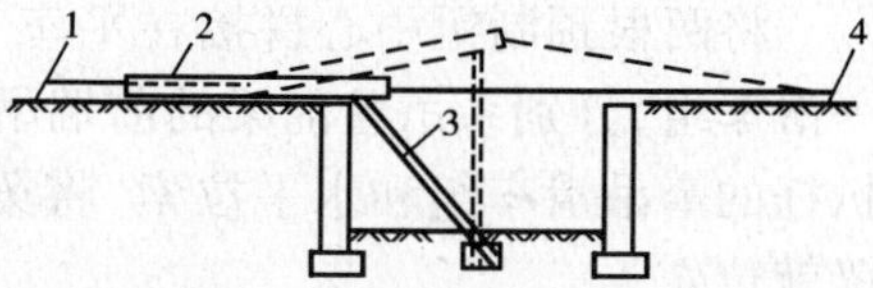

图6-25　摆动式排架架设法

1-制动绞车；2-预制混凝土梁；3-排架；4-牵引绞车

本法是将预制混凝土梁沿路基牵引到桥台或已架成的桥孔上并稍悬出一段，从桥孔中心河床上至悬出的梁端底下设置人字扒杆或木支架，前方用牵引绞车牵引梁端，此时支架随之摆动而使梁运至对岸。

11. 活动支架横移架设法

本法是从预制场将预制梁运至桥孔墩一侧，再用扒杆将梁吊起，撤出运梁设备，将活动支架从旁边移至梁下，将梁搁放在靠桥墩旁边的两个活动支架上，活动支架沿横桥向设置的轨道移入桥孔落梁位置，然后从墩台上将梁顶起，抽出支架上的垫木将梁安装就位。

12. 扒杆导梁法（图6-26）

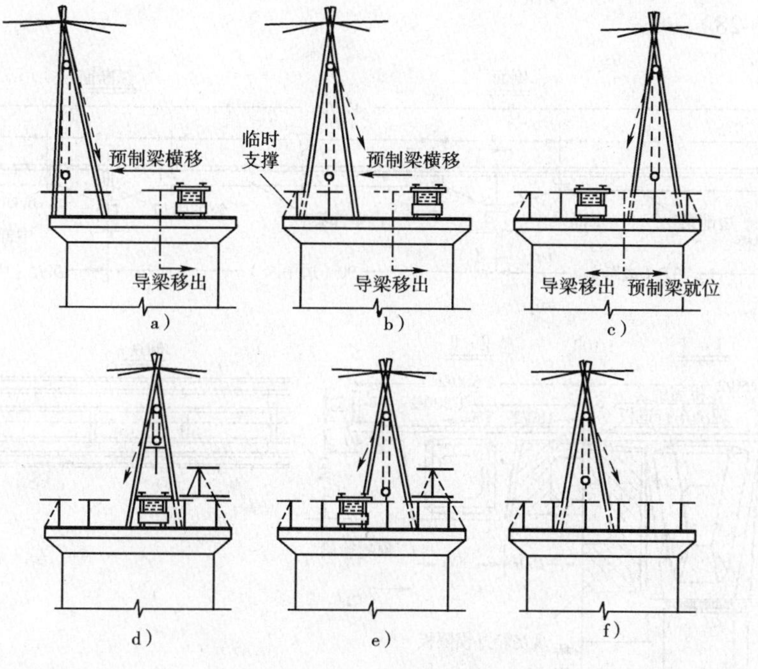

图6-26　用扒杆与导梁安装预制梁

a）1号梁就位；b）2号梁就位；c）5、6号梁就位；d）吊起4号梁；e）导梁移出，4号梁就位；f）3号梁就位

将两套扒杆设在安装孔的前后两个桥墩上，预制梁从导梁上运到桥孔起吊，移出导梁后，预制梁落在墩上经横移就位。

13. 主梁纵向拼接伸臂架设法（图6-27）

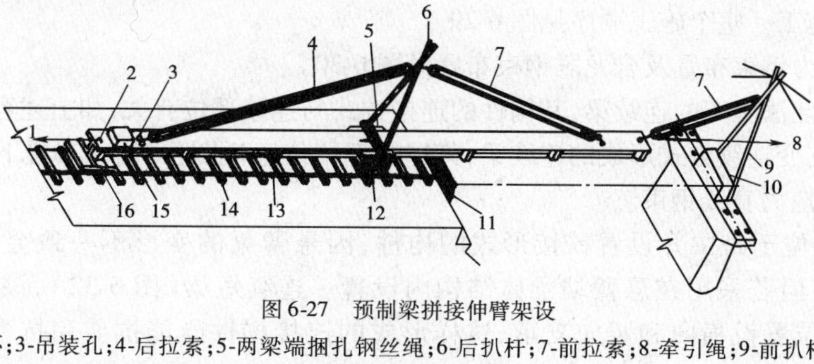

图6-27　预制梁拼接伸臂架设

1-制动绳；2-吊环；3-吊装孔；4-后拉索；5-两梁端捆扎钢丝绳；6-后扒杆；7-前拉索；8-牵引绳；9-前扒杆；10-临时木垛；11-桥台临时木垛；12-二号平车；13-钢轨；14-枕木；15-压重；16-三号平车

将两根预制梁中心拼接在平车上，靠近拼接处的前梁上端竖立扒杆，扒杆顶前后各设一滑车组，分别系吊着前梁的前端吊孔（或吊环）和后梁的后端吊孔（或吊环），再通过前墩扒杆的牵吊滑车组和水平拉索，将梁牵拉进入桥孔，到设计位置后再采用横移方法横移落梁就位。

四、结构的连接措施

广东容奇大桥为预制安装施工的连续梁桥，跨径组合为73.5m + 3 × 90m + 73.5m，桥面宽14.5m。主梁为双箱单室的斜腹板箱形断面，预应力体系为 $24\phi5$ 高强钢丝及 $\phi25$ 精轧螺纹钢筋。

主梁沿纵向分成三大块，即边部梁、根部梁和中部梁；两箱间现浇行车道板和箱外横隔板连成整体（图6-28）。

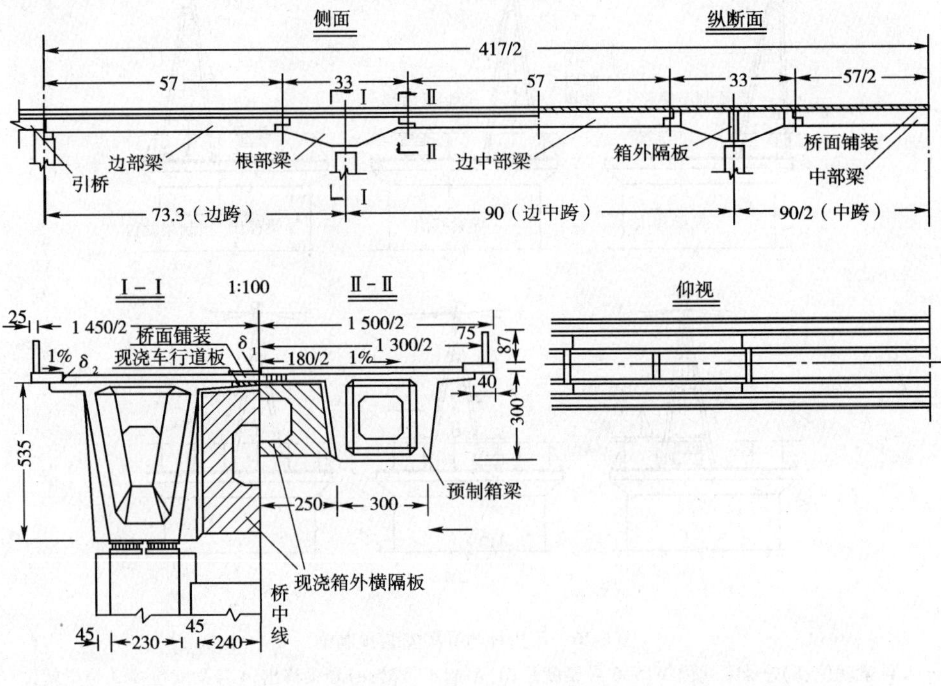

图6-28 主梁构造布置图（纵断面尺寸单位：m）

预制梁分段吊装合龙的施工顺序为从两边跨向桥中央依次安装根部梁、边部梁，合龙边跨；安装中部梁及次边跨合龙；安装中部梁及中跨合龙，拆除临时墩，形成五跨连续梁；横向整体化；桥面系施工。整个施工顺序见图6-29。

全桥预应力钢束布置及合龙段钢束布置见图6-30。

以预制安装法施工的连续梁，其构件的连接方式与连接部位有关，如上述容奇大桥的连接方式，而以简支变连续方式形成的连续梁，其连接部位位于桥墩顶，往往布置下弯钢束或如图6-31所示的预应力直线钢束。

对连接点位于跨中并设置铰接形式的构件，因悬臂梁的变形不一致会在行车舒适方面产生影响。但若采用在悬臂端梁体结构内设置一连续短梁（图6-32），该梁的一端设三向支承，其余位置设横向和竖向支承，这样形成的连接构件既能抗剪和抗弯，并能使行车舒适。

施工步骤	示意图
安装②、⑧号根部梁	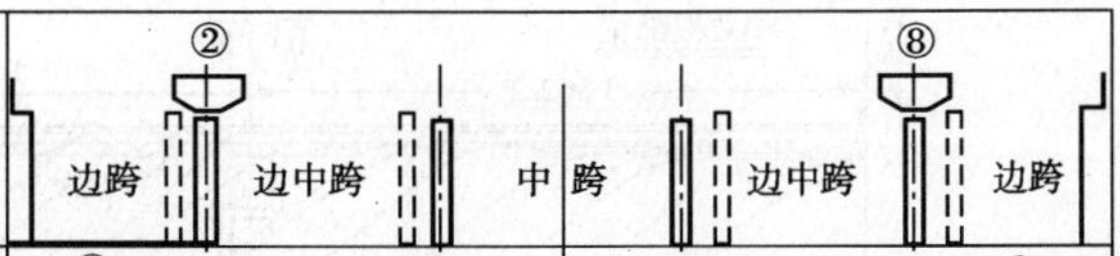
安装①、⑨号边部梁及④、⑥号根部梁	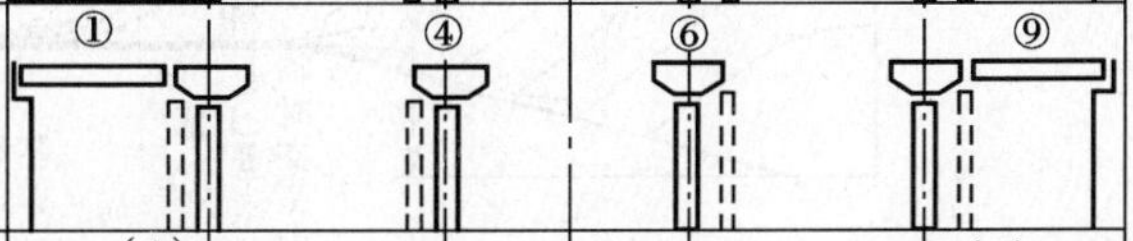
浇筑节点（1）,待混凝土达到强度后，张拉节点（1）后期连接束及接缝中的竖向预应力筋，并张拉②、⑧号根梁后期束	
安装③，⑦号中部梁	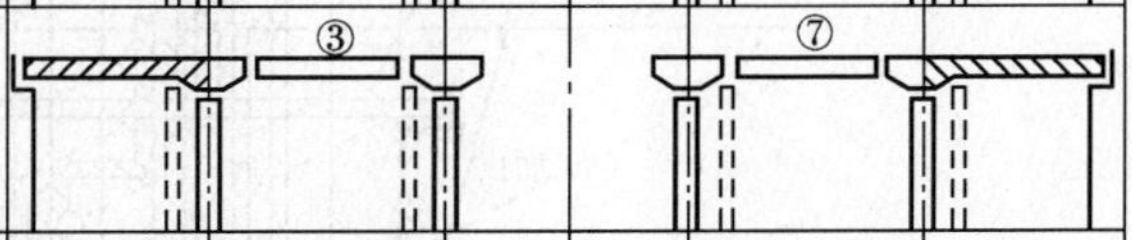
浇筑节点（2）（3），待混凝土达到要求强度后，对称张拉节点（2）（3）的后期连接束及接缝中的竖向预应力筋，并张拉④、⑥ 号根梁后期束	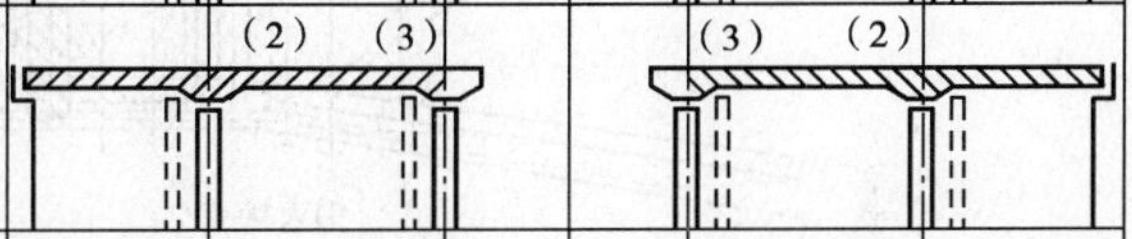
先张拉②、⑧号根部梁后期贯通束，然后张拉③、⑦号中部梁后期贯通束	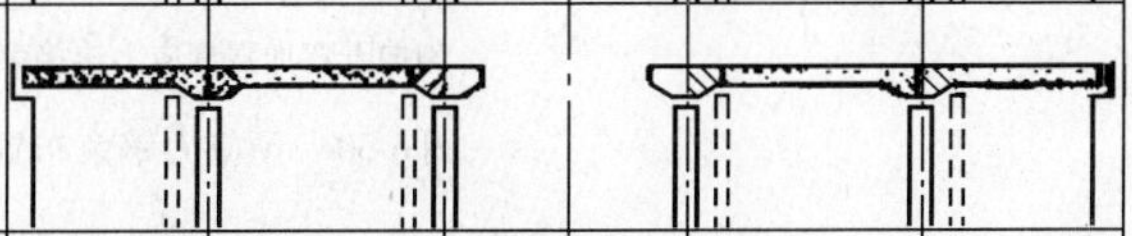
安装⑤号中部梁	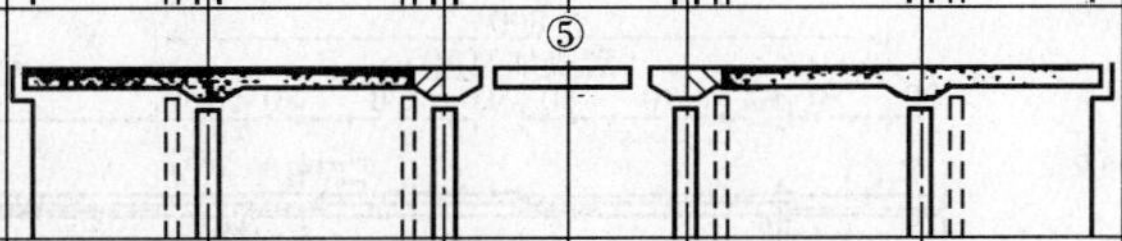
同时浇筑节点(4),待混凝土达到要求强度后对称张拉两节点(4)的后期连接束及接缝中的竖向预应力筋	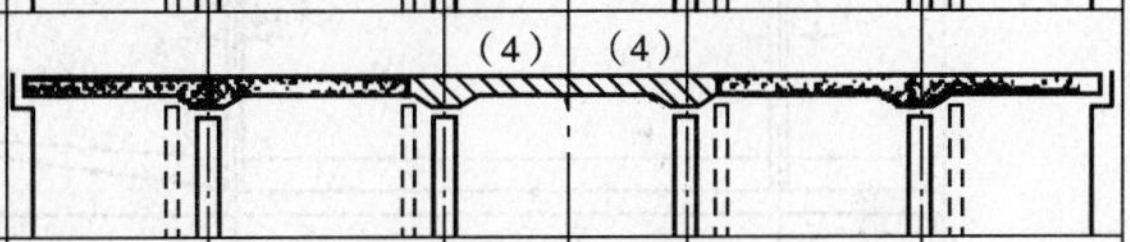
先对称张拉④、⑥号根部梁后期贯通束，最后张拉⑤号中部梁的后期贯通束	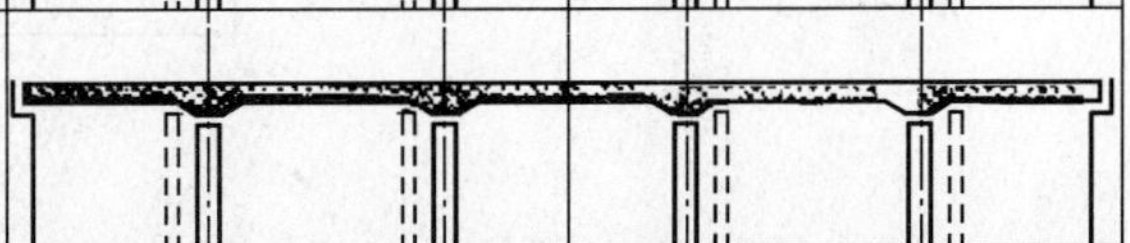
拆除临时墩，形成五跨连续梁	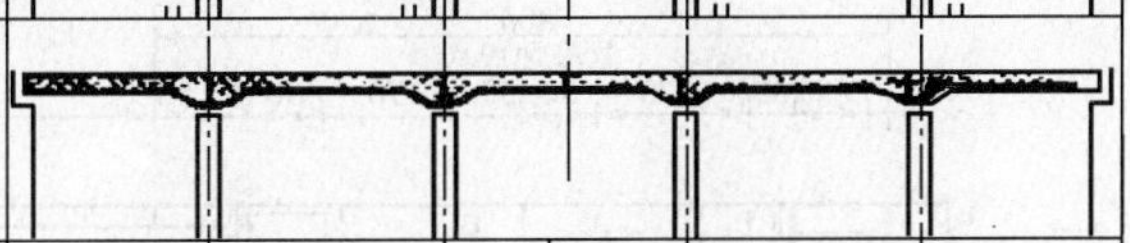
横向整体化：待上下游纵向整体化后，浇筑箱外横隔板及现浇行车道板	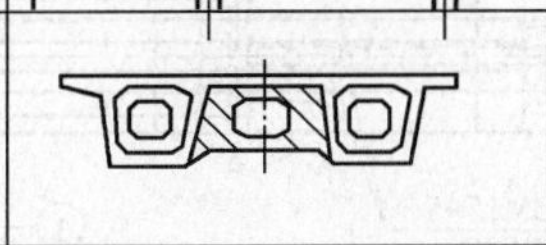
桥面系施工：安装人行道，栏杆、伸缩缝及桥面铺装	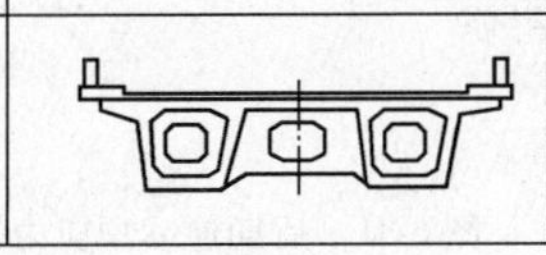

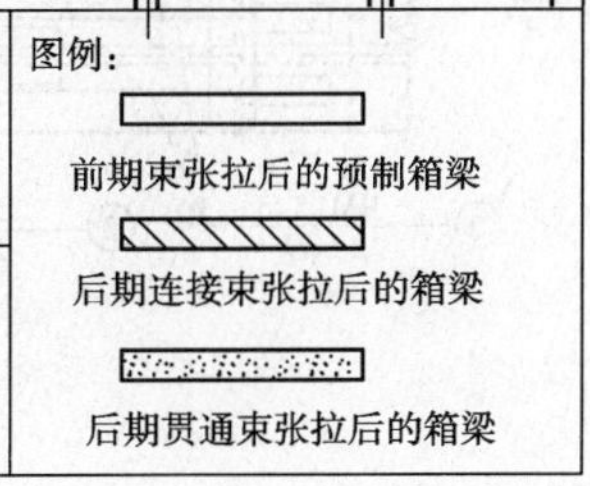

图 6-29　施工顺序图

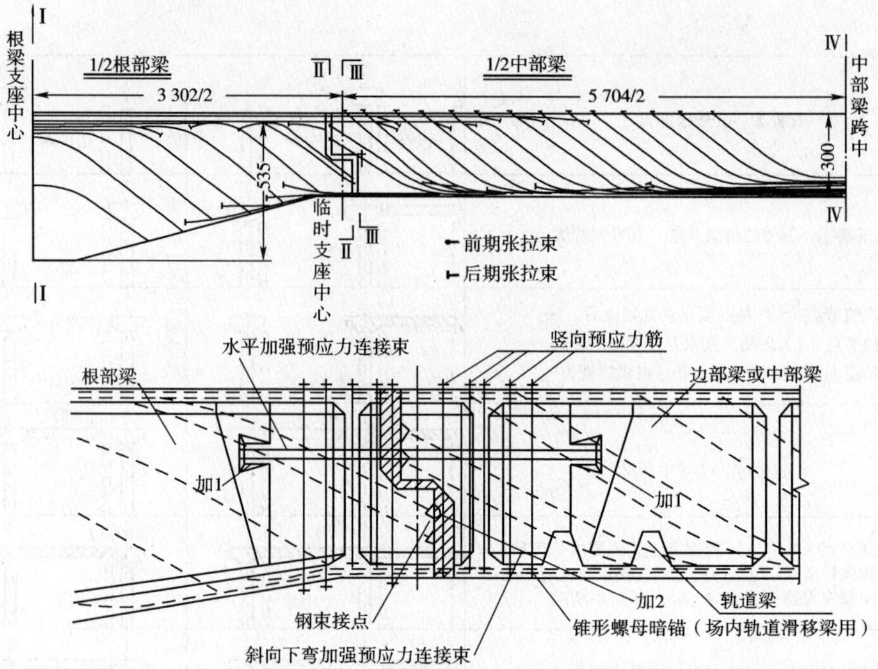

图6-30　预应力钢束布置图(尺寸单位:cm)

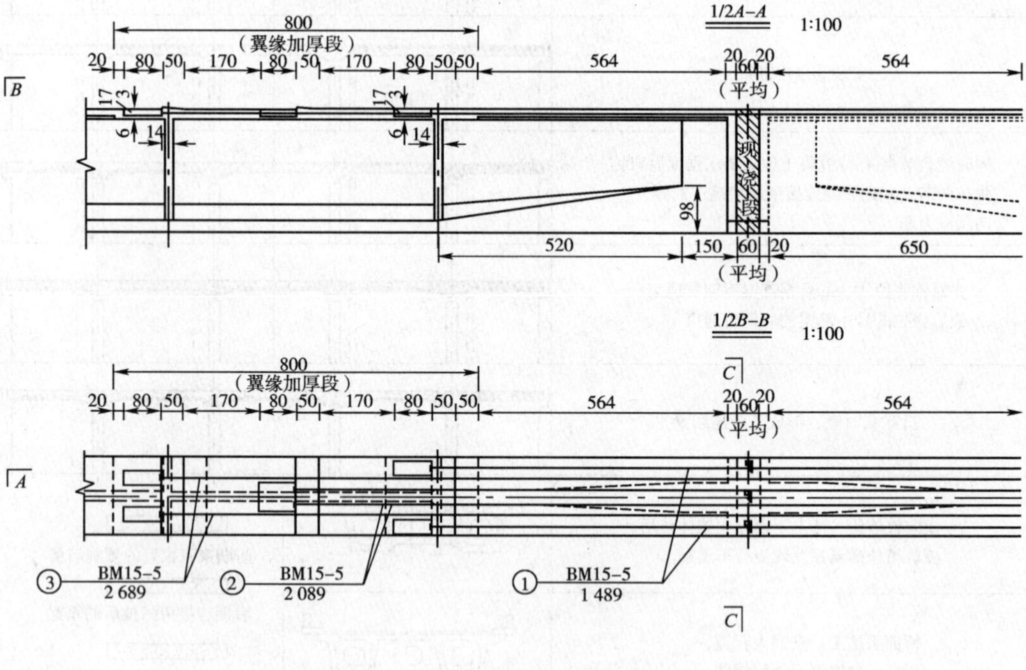

图6-31　后期连续预应力钢束(尺寸单位:cm)

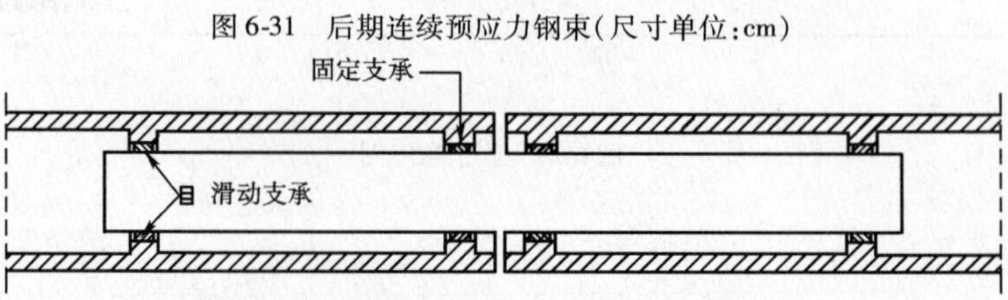

图6-32　悬臂端设置连续短梁的构造示意图

第四节　悬臂施工法

悬臂施工法是国内外大跨径预应力混凝土悬臂梁、连续梁及刚构桥中最常用的施工方法之一。它不仅在施工期间不影响桥下通航或行车，同时密切配合设计和施工的要求，充分利用了预应力混凝土承受负弯矩能力强的特点，将跨中正弯矩转移为支点负弯矩，提高了桥梁的跨越能力。

悬臂施工法主要有悬臂拼装法及悬臂浇筑法两种。

悬臂拼装法利用移动式或固定式悬拼吊机逐步将预制梁段起吊就位，以环氧树脂胶为接缝材料，通过对预应力钢束施加应力，使各梁段连接成整体。

悬臂浇筑法采用移动式挂篮作为主要的施工设备之一，以桥墩为中心，对称向两岸利用挂篮逐段浇筑梁段混凝土，待混凝土达到要求强度后，张拉预应力束，再移动挂篮，进行下一节段的施工。

悬臂拼装和悬臂浇筑两种施工方法各有利弊。

1. 在施工进度方面

利用挂篮进行悬臂浇筑时，混凝土中加入早强剂，每个节段施工周期通常为 5 ~ 7d。悬臂拼装施工时，预制节段可以在桥梁下部结构施工的同时进行拼装，拼装时有吊装定位、环氧胶粘贴和穿束张拉等工序，一个节段拼装时间仅 1 ~ 1.5d。所以从施工进度方面比较，悬臂拼装速度比悬臂浇筑要快得多，悬臂拼装适合于快速施工。

2. 在结构整体性方面

由于采用悬臂浇筑法施工时，梁体钢筋采用焊接，并对已建梁体表面混凝土进行了凿毛等类似工作缝的处理，结构整体性较好。采用悬臂拼装法施工，虽因块件在预制场预制，块件本身质量较易保证，但组拼时块件间的接缝、预应力束的穿束连接张拉，使结构整体性相对差一些。

3. 在施工变形控制方面

悬臂浇筑法施工时，可采用计算机程序对梁体逐段进行高程的控制和调整。

悬臂拼装法施工时，因梁段已完成预制，能调整的余地相对较小，再加上施工中有许多不确定的荷载等因素，造成施工变形控制难度较大。

4. 在施工适应性方面

悬臂浇筑施工时，遇冬期寒冷时段施工时，混凝土蒸汽养护难度较大，所以受到地域季节条件的影响，但不受桥下地形、水文或建筑物影响。

悬臂拼装施工时，由于节段块件在预制场预制，养生条件较好，对低温状况下环氧树脂胶接缝的处理有较成熟的经验，如采用干接缝则不受低温影响。但悬臂拼装时，一般从桥下运输节段，再由悬拼吊机吊起就位，所以对桥下地形及水文等情况有一定要求。

5. 在起重能力要求方面

悬臂浇筑法施工时，悬浇起重能力要求不高，仅起吊钢筋骨架及混凝土。但主梁节段长度的加大将增加混凝土自重及挂篮结构的重力，而且要增加平衡重及挂篮后锚设施。一般悬臂浇筑的节段长度为 2 ~ 6m。

悬臂拼装法施工时，需起吊节段块件，则要求悬拼吊机起吊能力较大。一般节段长度为 2 ~ 5m，悬拼吊机一般可采用贝雷桁架或万能杆件拼装。

从上面几点分析，可以看出悬臂浇筑法具有结构整体性好，不受桥下地形条件限制，优越性较明显，一般大跨径预应力混凝土桥梁均可采用悬臂浇筑法施工。

采用悬臂施工法的常用结构体系见图6-33。

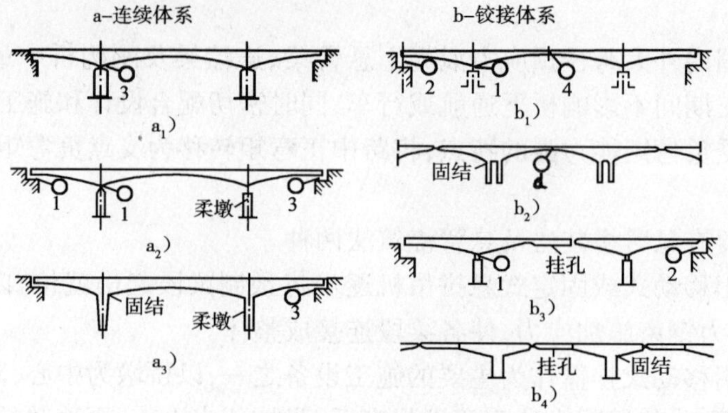

图6-33　悬臂施工法的常用结构体系

a_1）；刚墩铰支连续梁；a_2）柔墩铰支连续梁；a_3）柔墩固结连续梁；b_1）铰接悬臂梁；b_2）连续框式悬臂梁；b_3）挂孔悬臂梁；b_4）框式挂孔悬臂梁

1-混凝土铰；2-钢筋混凝土摆座；3-橡胶支座；4-剪力铰

对采用悬臂法进行桥梁结构施工，总的施工顺序是：墩顶0号块的浇筑；悬臂节段的预制安装或挂篮现浇；各桥跨间的合龙段施工及相应的结构体系转换；桥面系施工。

一、墩顶梁段(0号块)的施工

在悬臂法施工中，0号块（墩顶梁段）一般均在墩顶托架上立模现场浇筑，除刚构桥外，如连续梁、悬臂梁桥均需在施工过程中设置临时梁墩锚固或支承措施，使0号块梁段能承受两侧悬臂施工时产生的不平衡力矩。

1. 施工托架

施工托架有扇形、门式等形式，托架可采用万能杆件、贝雷梁、型钢等构件拼装，也可采用钢筋混凝土构件做临时支承。根据墩身高度、承台形式和地形情况，施工托架可分别支承在墩身、承台或经过加固的地面上。托架的总长度视拼装挂篮的需要而决定，其横桥向宽度要考虑箱梁外侧模板的要求，托架顶面应与箱梁底面纵向线形一致。

扇形施工托架与门式施工托架形式参见图6-34。

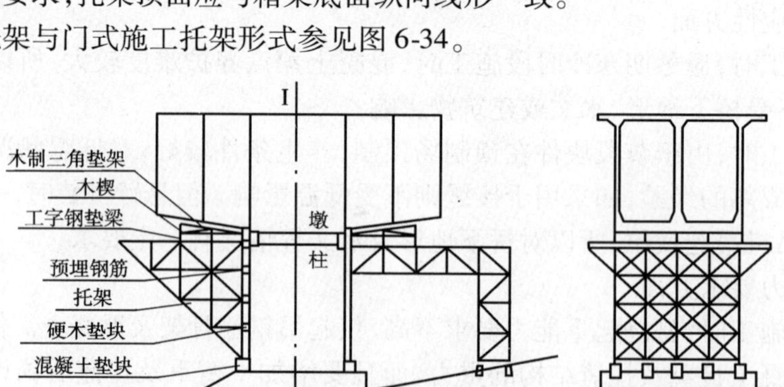

图6-34　扇形与门式托架示意图

为保证在托架上浇筑混凝土的施工质量,应有效防止和减少由于托架变形所产生的不良影响。因此,在设计托架时,除考虑强度要求外,还须尽可能增大托架主桁的刚度和整体性,采用大型型钢、板梁、贝雷梁或节点较少的组合体系进行拼装,并采用预压、抛高(预留沉降度)及调整措施以减少托架变形对混凝土质量的影响。

2.0 号节段的临时固结及支承措施

对T型刚构及刚构桥,因墩身与梁本身采用刚性连接,所以不存在梁墩临时固结问题。悬臂梁桥及连续梁桥采用悬臂施工法时,为保证施工过程中结构的稳定可靠,必须采取0号块梁段与桥墩间临时固结或支承措施。

临时固结、支承措施有如下几点。

(1)将0号块梁段与桥墩用普通钢筋或预应力筋临时固结,待需要解除固结时切断,见图6-35所示;

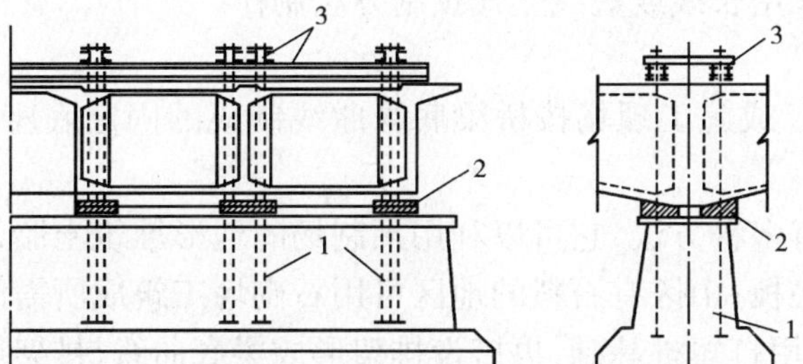

图6-35 零号块件与桥墩的临时固结构造图

1-预埋临时锚固用预应力筋;2-支座;3-工字钢

(2)在桥墩一侧或两侧加临时支承或支墩,见图6-36所示;

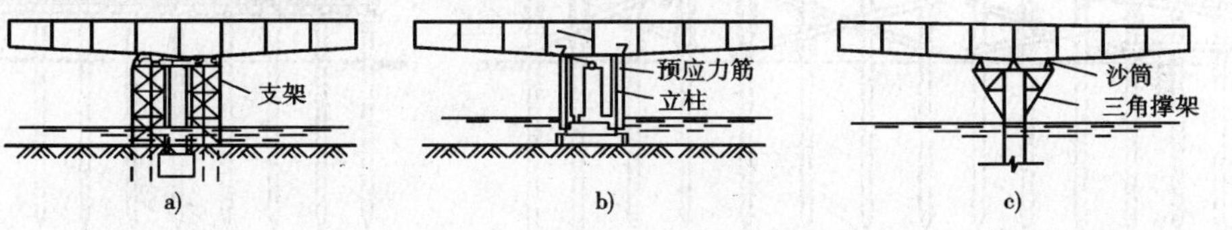

图6-36 临时支承措施

(3)将0号块梁段临时支承在扇形或门式托架的两侧;

(4)临时支承可用硫磺水泥砂浆块、砂筒或混凝土块等卸落设备,以使体系转换时,较方便地撤除临时支承。

在临时梁墩固结或支承的构造设计中,一般应考虑最大悬臂状态时悬臂结构一侧有一梁段施工超前而产生的不平衡力矩,验算临时构件的强度、刚度和稳定性及相应的桥墩强度指标,稳定性系数不小于1.5。

当采用硫磺水泥砂浆块作临时支承的卸落设备时,在用高温熔化撤除支承时,必须在支承块之间设置隔热措施,以免损坏支座部件。

上海奉浦大桥采用的临时固结构造为C50级混凝土长方体,其中顺桥向靠外侧分别设置两排24根长2.5m、ϕ32mm的螺纹钢筋,上下端分别锚固于梁体与墩身内,以增加抗振、防滑性能。为便于合龙时临时固结的拆除,在混凝土块中间设置一层6cm厚的硫磺砂浆间隔层。

二、悬臂拼装节段的预制、运输和安装

无论是采用悬拼或悬浇施工，梁体节段的划分是依据施工设备的负荷能力和设备安装所需的长度、同时考虑尽量使模板简单通用而确定。图6-37为上海奉浦大桥箱梁节段划分图。

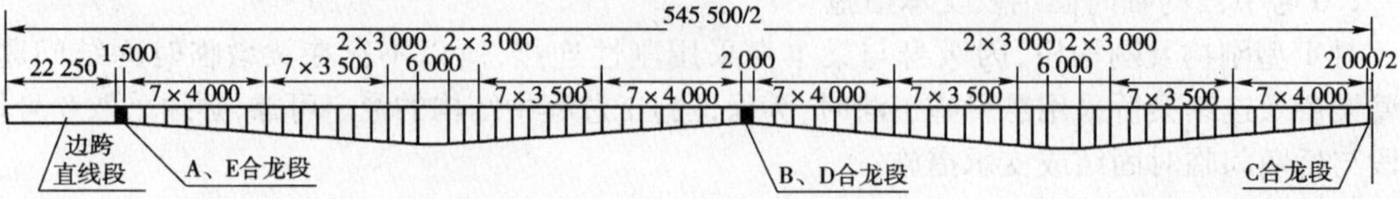

图6-37　箱梁节段划分图（尺寸单位：mm）

（一）预制方法

梁体块件制作通常采用长线或短线立式预制方法制作。

1. 长线预制

长线预制是在预制厂或施工现场按桥梁底缘曲线制成的固定底座上安装模板进行块件预制。

形成梁底缘的底座有多种方法，它可以利用预制场的地形堆筑土胎，经加固夯实后铺砂石层并在其上面做混凝土底板；山区有石料的地区可用石砌圬工筑成所需的梁底缘形状；地质条件较差的预制场地，需采用打短桩基础，再搭设排架形成梁底曲线，排架可用木材或型钢组成。图6-38为预应力混凝土T型刚构桥的箱梁预制台座的构造。

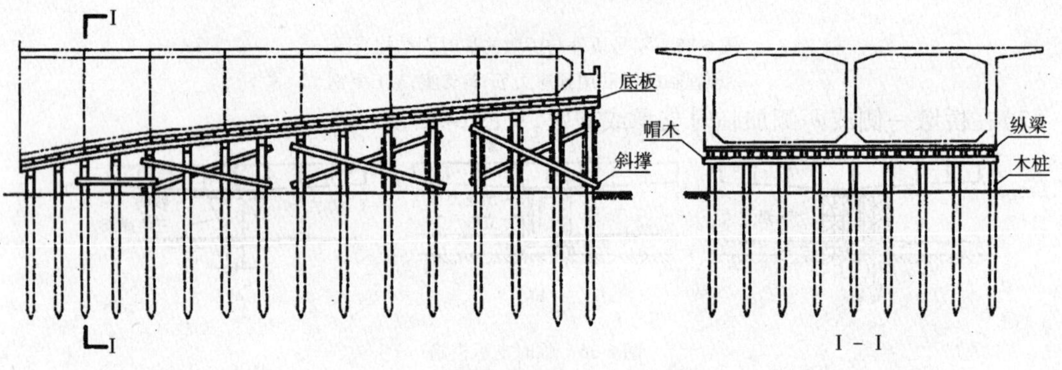

图6-38　长线法预制箱梁块件台座

箱梁节段的预制在底板上进行。模板常采用钢模，每段一块，以便于装拆使用。为加快施工进度，保证节段之间密贴，可采用间隔浇筑法和分区连续浇筑法（图6-39），即待某段箱梁浇筑完成后，将其端面作为下一节段的端模，在上面涂刷隔离剂，以致相邻块件在操作时既不黏结又保证其间接触密贴。当节段混凝土强度达到设计强度的70%以上后，可吊出预制场地。

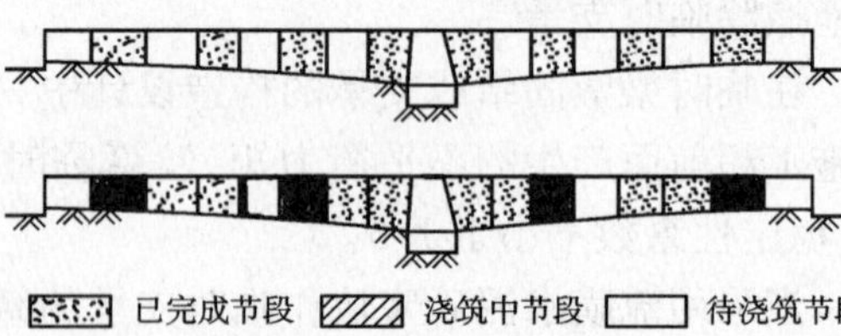

图6-39　长线预制施工方法

2. 短线预制

短线预制箱梁块件的施工，是由可调整外部及内部模板的台车与端模架来完成，见图6-40。第一节段混凝土浇筑完成后，在其相对位置上安装下一段模板，并利用第一节段的端面作为第二节段的端模完成混凝土的浇筑工作。

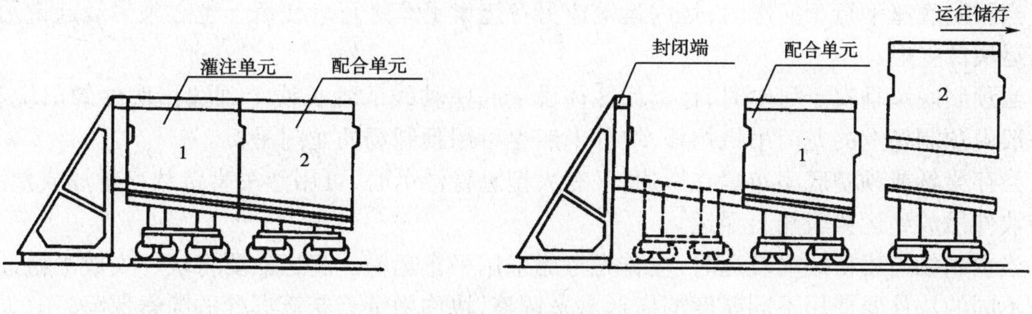

图 6-40　短线预制的施工方法

短线预制适合工厂节段预制，设备可周转使用，每条生产线平均五天可生产四块，但节段的尺寸和相对位置的调整要复杂一些。

为保证悬臂拼装顺利进行，在预制节段起吊运输前需进行块件整修。即：湿接缝两侧的块件端面混凝土必须凿毛；胶接缝块件端面，先清洗掉隔离剂，将突出端面的混凝土凿平，使端面平整、清洁，以免影响环氧树脂的黏结效果；检查各锚头垫板是否与预应力孔道垂直，不垂直者则在锚垫上加焊楔形垫板纠正；检查相邻梁段孔道接头是否正位，对错位严重者要分别凿打予以调整；压水检查预应力束孔道是否串孔，凡有串孔现象的要进行修补。

为使预制梁块在拼装时能准确而迅速地安装就位，在预制节段的端面（箱梁的顶板、腹板）设有定位器。有的定位器不仅能起到固定位置的作用，而且能承受剪力，这种定位装置称抗剪楔或防滑楔。

块件预制时，除注意预埋定位器装置外，尚需注意按正确位置预埋孔道形成器和吊点装置（吊环或竖向预应力粗钢筋）等。

（二）块件运输

箱梁块件自预制底座上出坑后，一般先存放于存梁场，块件拼装时由存梁场运至桥位处，预制块件的运输方式一般可分为场内运输、块件装船和浮运三个阶段。

1. 场内运输

根据预制场制梁底座与河流的相互关系，预制场的布置有三种，如平行式、垂直式和沿河式（图 6-41）。

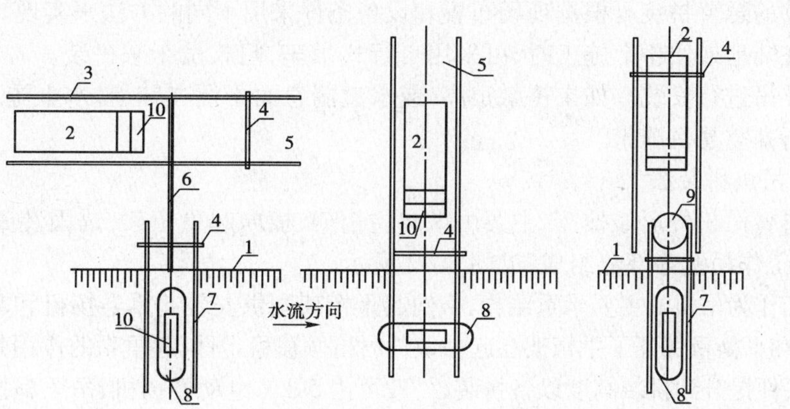

图 6-41　预制场的布置图

a）平行式；b）垂直式；c）垂直式附块件转向设施

1-河岸线；2-预制台座；3-轻便轨道；4-龙门吊机；5-存梁场；6-运梁轨道；7-栈桥；8-运梁驳船；9-块件转向转盘；10-预制块件

当预制底座平行于河岸时，场内运输应另备运梁平车进行。栈桥上也必须另设起重吊机，供吊运块件上船。

当预制底座垂直于河岸时，存梁场往往设于底座轴线的延长线上，此时，块件的出坑和运输一般由预制场上的龙门吊机担任，块件上船也可用预制场的龙门吊机。

当存梁场或预制底座布置在岸边，又有大型悬臂浮吊时，可用浮吊直接从存梁场或预制底座将块件吊放到运梁驳船上浮运。

当预制场与栈桥距离较远时，应首先考虑采用平车运输。起运前要将块件安放平稳，底面坡度不同的块件要使用不同厚度的楔形木来调整，块件用带有花篮螺栓的缆索保险。

当采用无转向架的运梁平车时，运输轨道不能设平曲线，纵坡一般应为平坡，当地形条件限制时，最大纵坡也不得大于1%。下坡运行时，平车后部要用钢丝绳牵引保险，不得溜放。

块件的起吊应该配有起重扁担。每块箱梁四个吊点，使用两个横扁担用两个吊钩起吊。如用一个主钩以人字千斤顶起吊时，还必须配一根纵向扁担以平衡水平分力。

2. 块件装船

块件装船在专用码头上进行。码头的主要设施是施工栈桥和块件装船吊机。栈桥的长度应保证在最低施工水位时驳船能进港起运，栈桥的高度要考虑在最高施工水位时栈桥主梁不应被水淹，栈桥宽度要考虑到运梁驳船两侧与栈桥之间需有不少于0.5m的安全距离。栈桥起重机的起重能力和主要尺寸（净高和跨度）应与预制场上的吊机相同。

3. 浮运

浮运船只应根据块件重量和高度来选择，可采用铁驳船、坚固的木趸船、水泥驳船或用浮箱装配。

为了保证浮运安全，应设法降低浮运重心。开口舱面的船应尽量将块件置于船舱底板；必须置放在甲板面上时，要在舱内压重。

块件的支垫应按底面坡度用碎石子堆成，或满铺支垫或加设三角形垫木，以保证块件安放平稳。另外还需以缆索将块件系紧固定。

（三）节段的悬臂拼装

1. 悬拼方法

预制块件的悬臂拼装可根据现场布置和设备条件采用不同的方法来实现。当靠岸边的桥跨不高且可在陆地或便桥上施工时，可采用自行式吊车、门式吊车来拼装。对于河中桥孔，也可采用水上浮吊进行安装。如果桥墩很高，或水流湍急而不便在陆上、水上施工时，就可利用各种吊机进行高空悬拼施工。

（1）悬臂吊机拼装法

移动式悬臂吊机外形似挂篮，主要由纵向主桁架、横向起重桁架、锚固装置、平衡重、起重系、行走系和工作吊篮等部分组成，见图6-42所示。

纵向主桁作为吊机的主要承重结构；横向起重桁架则供安装起重卷扬机和起吊箱梁块件之用；锚固装置和平衡重保证了主桁架在起吊块件时抗倾覆稳定性；起重系的作用是将由驳船浮运到桥位处的块件提升到拼装高度以备拼装，一般可由50kN电动卷扬机、吊梁扁担及滑车组等组成；悬架于纵向主桁前端的工作吊篮作为预应力钢丝穿束、张拉、压注灰浆等操作平台。

为适应不同位置主梁节段的吊装施工，可设立不同受力形式的吊机。当吊装墩柱两侧附近块件时，采用双悬臂形式吊机；当块件拼装至一定长度后，可将双悬臂吊机改装成两个独立的单悬臂吊机（见图6-42）；或不拆开墩顶桁架而在吊机两端不断接长进行悬拼，以减少吊机

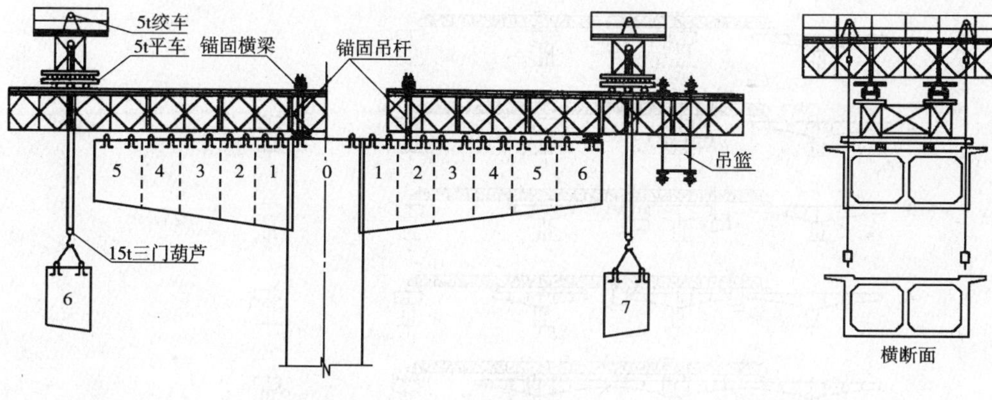

图6-42　吊机构造图

前移的施工工序，但此吊机仅适合桥的跨径不太大、孔数也不多的情况。

根据箱梁块件的重量和悬拼长度，悬臂吊机可采用贝雷桁架、万能杆件或型钢拼制而成。

当河中水位较低，运输箱梁块件的驳船船底高程低于承台顶面高程，驳船无法靠近墩身时，双悬臂吊机的设计往往要受安装一号块件时的受力状态所控制。为了不增大主桁断面以节约用钢量，对这种情况下的双悬臂吊机必须采取特别措施，例如斜撑法和对拉法。

斜撑法即以临时斜撑增加纵向主桁的支点以改善主桁的受力状况。斜撑的下端支于墩身牛腿上，上端与主桁加强下弦杆铰接。当块件从驳船上吊起并内移至安全距离以后，将块件临时搁置于承台上的临时支架上，再以千斤顶顶起吊机，除去斜撑，继续起吊块件，内移就位。用此法起吊块件安全可靠，但增加了起吊工序和材料用量。

对拉法即将横向起重桁架放置于起吊安全距离内，将块件直接由船上斜向起吊，两横向起重桁架用钢丝绳互相拉住以平衡因斜向起吊而产生的水平分力，防止横向起重桁架向悬臂端滚移。对拉法不需附加任何构件，起吊程序简单，但必须确保块件与承台不致相撞。这个方法一般使用在起吊钢丝绳的斜向角度很小的情况下。

(2)连续桁架(闸式吊机)拼装法

移动桁式吊在悬臂拼装施工中使用较多，依桁梁的长度分两类。第一类桁梁长度大于最大跨径，桁梁支承在已拼装完成的梁段上和待悬臂拼装的墩顶上，由吊车在桁梁上移运节段进行悬臂拼装；第二类桁梁的长度大于两倍桥梁跨径，桁梁的支点均支承在桥墩上，而不增加梁段的施工荷载，同时前方墩0号块的施工可与悬臂拼装同时进行；图6-43采用桁式吊进行悬拼施工。采用移动桁式吊悬拼施工，其节段重量一般可取1 000～1 300kN。

(3)起重机拼装法

能用于悬臂拼装的施工设备有伸臂吊机、缆索吊机、龙门吊机、人字扒杆、汽车吊、履带吊、浮吊等。根据吊机的类型和桥孔处具体条件的不同，吊机可以支承在墩柱上、已拼好的梁段上或处在栈桥上、桥孔下。

不管是利用现有起重设备或专门制作，悬臂吊机需满足如下要求：

①起重能力能满足起吊最大块件的需要；

②吊机便于做纵向移动，移动后又能固定于一个拼装位置；

③吊机处在一个位置上进行拼装时，能方便地起吊块件做竖向提升和纵、横向移动，以便调整块件拼装位置；

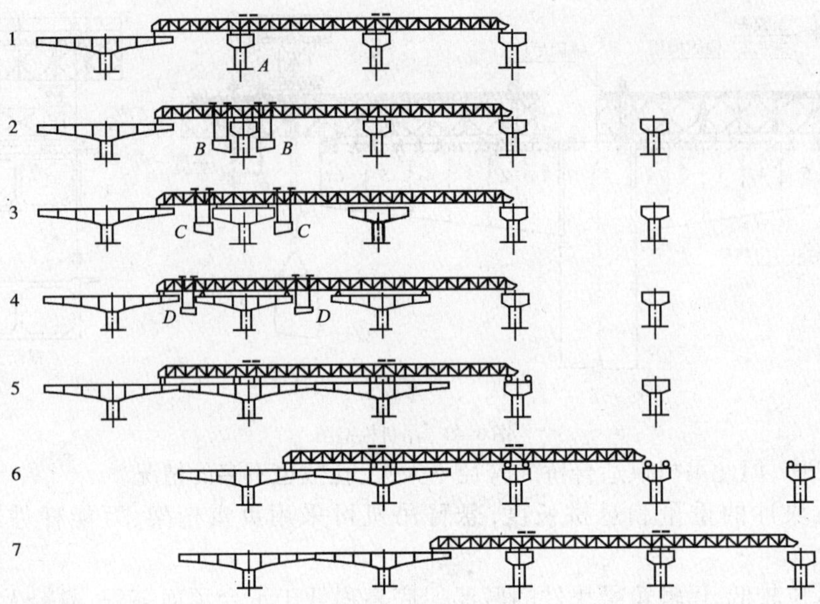

图6-43　移动式连续桁架拼装法

④吊机的结构尽量简单，便于装拆。

2. 接缝处理及拼装程序

梁段拼装过程中的接缝有湿接缝、干接缝和胶接缝等几种。不同的施工阶段和不同的部位，将采用不同的接缝形式。

(1)1号块和调整块用湿接缝拼装

悬拼施工时，防止梁体上翘和下挠的关键在于1号块的准确定位，它是基准块件。一般1号块件与墩顶0号块以湿接缝相接。定位后的1号块可用下面的临时托架支承，也可由吊机悬吊支承。为便于进行接缝处管道接头操作、接头钢筋的焊接和混凝土振捣作业，湿接缝宽度一般为0.1～0.2m。

0～1号块件间湿接缝的施工程序如下。

将桥墩两侧的1号块件提升到设计高程并初步定位，测量调整1号块件的轴线，使之纵、横轴线与0号块件相对应，并保证两块件的间距符合设计要求；调整并制作接缝间预应力管道接头；固定1号块件后，进行接缝的普通钢筋制作和模板安装、混凝土浇筑养护等工序；最后穿预应力钢束，张拉锚固。

跨度大的T型刚构桥，由于悬臂很长，往往在悬臂中部设置一道现浇箱梁横隔板，同时设置一道湿接缝。这道湿接缝除了能增加箱梁的结构刚度外，也可以调整拼装位置。

在拼装过程中，如拼装上翘的误差很大，难以用其他办法补救时，也可以增设一道湿接缝来调整。但应注意增设的湿接缝宽度必须用凿打块件端面的办法来提供。

(2)环氧树脂胶接缝拼装

除上述块件之间采用湿接缝外，一般块件之间采用干接缝或胶接缝。

环氧树脂胶接缝可使块件连接密贴，可提高结构抗剪能力、整体刚度和不透水性。

环氧树脂胶由环氧树脂、固化剂、增塑剂、稀释剂、填料等组成。其中环氧树脂一般选用环氧树脂E—44(6101)，它具有工艺性能好、施工方便、可加入大量填料等优点；增塑剂能降低树脂的黏度，固化后增加胶体的塑性；稀释剂的主要作用是降低环氧树脂的黏度，增加流动性，便于施工时调配；单纯环氧树脂固化后胶体的弹性模量很低，而温度膨胀系数很大，填料的加入将降低成本及改善环氧树脂胶的性能。

一般对接缝混凝土面先涂环氧树脂底层胶（环氧树脂底层胶由环氧树脂、固化剂和稀释剂按试验决定比例调配），然后再涂加入填料的环氧树脂胶。环氧树脂胶随用随配并调制。

环氧树脂胶接缝拼装程序见图6-44。

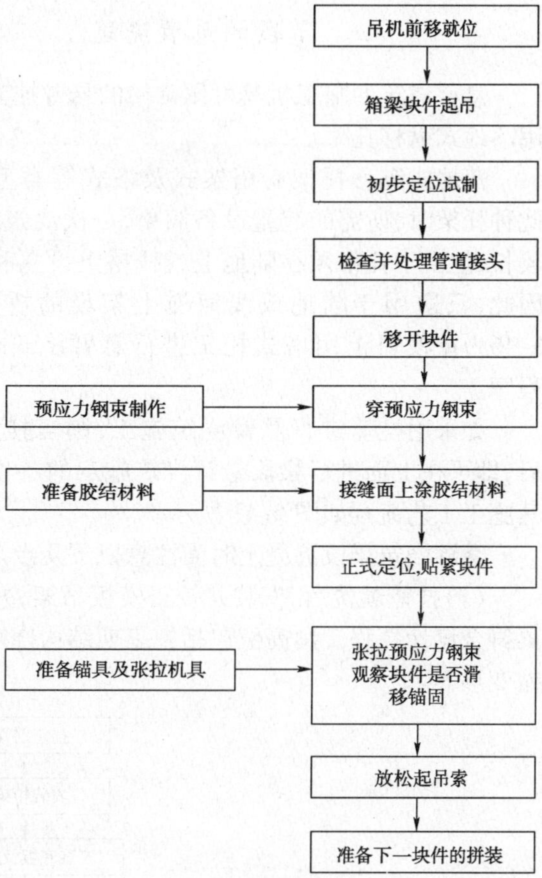

图6-44　胶接缝拼装块件的工艺流程图

3. 穿束及张拉

(1)穿束

采用悬臂施工的桥梁，其纵向预应力钢筋布置有两个特点：①较多集中于顶板与腹板交接部位。②钢束布置基本对称于桥墩，并有明槽布设和暗管布设两种。

明槽钢束通常为等间距排列，锚固在顶板加厚的部分（这种板俗称“锯齿板”）。加厚部分预制时留有管道（图6-45）。穿束时先将钢束在明槽内摆放平顺，然后再分别将钢束穿入两端管道之内。钢束在管道两头伸出长度要满足张拉设备所要求的工作长度。

暗管穿束比明槽难度大。经验表明，60m以下的钢丝束穿束一般均可采用人工推送，较长钢丝束穿入端可点焊成箭头状缠裹黑胶布；60m以上的长束穿束时，可先从孔道中插入一根钢丝与钢束引丝连接，然后一端以卷扬机牵引，一端以人工送入。

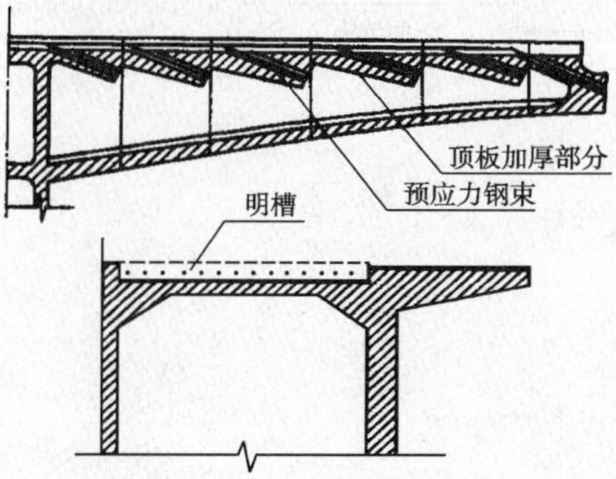

图6-45　明槽钢丝束布置图

(2)张拉

钢束张拉次序的确定与箱梁横断面形式、同时工作的千斤顶数量、是否设置临时张拉系统等因素关系很大。在一般情况下，纵向预应力钢束的张拉次序按以下原则确定：

①对称于箱梁中轴线，钢束两端同时成对张拉；

②先张拉肋束，后张拉板束；

③肋束的张拉次序是先张拉边肋，后张拉中肋（若横断面为三根肋，仅有二对千斤顶时）；

④同一肋上的钢丝束先张拉下边的钢丝束，后张拉上边的钢丝束；

⑤板束的次序是先张拉顶板中部的板束，后张拉边部的板束。

每一预应力钢束的张拉应采取张拉力与延伸量双控制，最大张拉应力不得超过设计规定，张拉程序可参见有关后张法预应力张拉工艺。

三、节段的悬臂浇筑

悬臂浇筑的施工机具可用常用的悬臂挂篮,也可用落地式纵移托架。

落地式纵移托架有桁架式及塔式等类型,采用此种托架时,所需的起重设备简单,一次浇筑的梁段较长,但由于托架须在陆地上或栈桥上设立和移动,因此,只适用于陆地或浅河滩上架设的桥梁。图6-46为在栈桥上用塔式托架进行悬臂浇筑施工的程序。

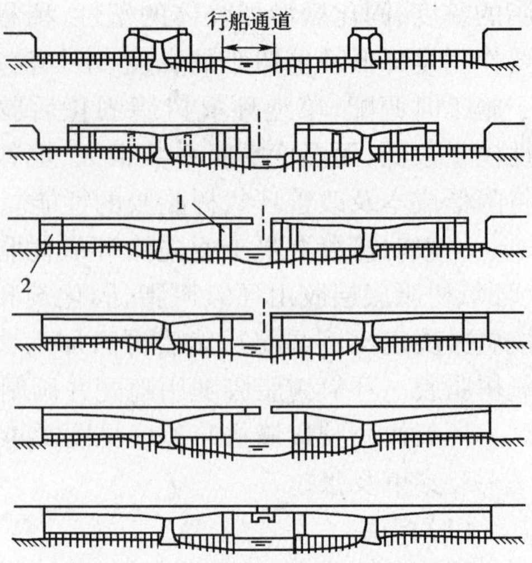

图6-46 用塔式托架浇筑时的施工程序

1-可移动的浇筑用支架;2-固定的支架

如采用挂篮进行悬臂浇筑施工,则当挂篮就位后,即可在上面进行梁段悬臂浇筑施工的各项作业,其施工工艺流程如图6-47所示。

悬臂浇筑梁段混凝土时需注意以下几点。

(1)挂篮就位后,安装并校正模板吊架,并根据实际情况进行抛高,以使施工完成后的桥梁符合设计高程。抛高值包括施工期结构挠度、因挂篮重力和临时支承释放时支座产生的压缩变形等。

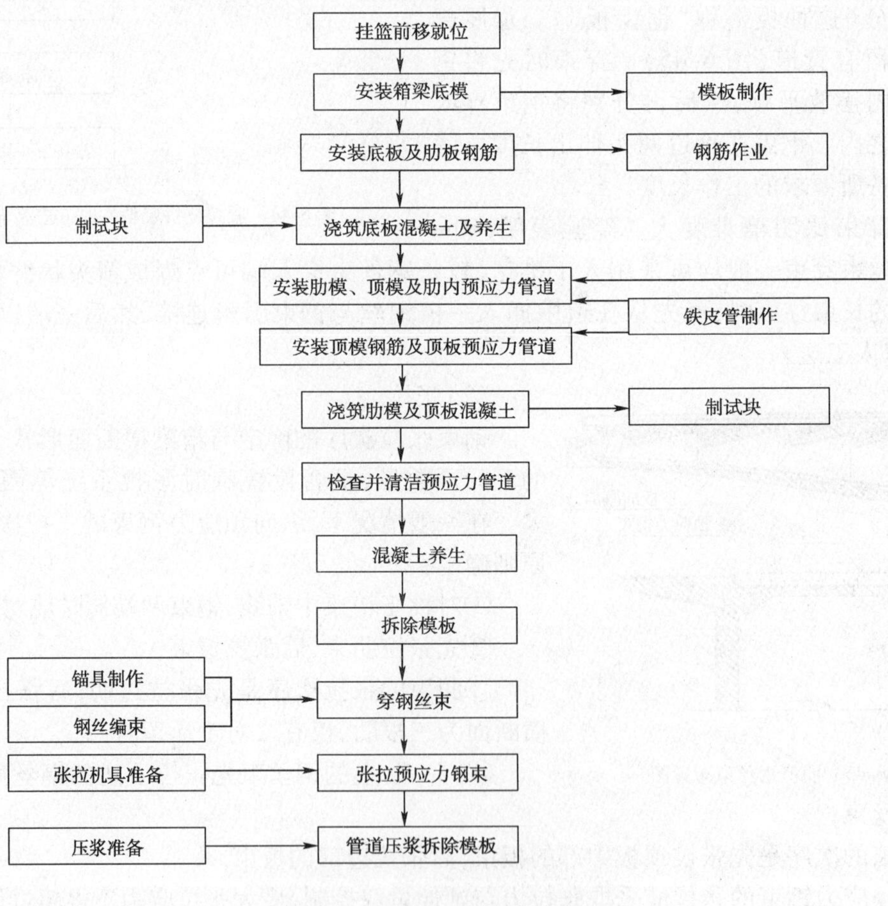

图6-47 悬臂浇筑施工工艺流程图

(2)模板安装应核准中心位置及高程,模板与前一段混凝土面应平整密贴。如上一节段施工后出现中线或高程误差需要调整时,应在模板安装时予以调整。

(3)安装预应力预留管道时,应与前一段预留管道接头严密对准,并用胶布包贴,防止灰浆渗入管道。管道四周应布置足够的定位钢筋,确保预留管道位置正确、线形和顺。

(4)浇筑混凝土时,应尽量对称平衡浇筑。浇筑时应加强振捣,并注意对预应力预留管道的保护。

(5)为提高混凝土早期强度,以加快施工速度,在设计混凝土配合比时,一般加入早强剂或减水剂。为防止混凝土出现过大的收缩、徐变,应在配合比设计时按规范要求控制水泥用量。

(6)梁段拆模后,应对梁端的混凝土表面进行凿毛处理,以加强接头混凝土的连接。

(7)箱梁梁段混凝土浇筑,可采用一次浇筑法。当箱梁断面较大时,考虑梁段混凝土数量较多,每个节段可分二次浇筑,先浇筑底板到肋板倒角以上,待底板混凝土达一定强度后,再安装肋模,浇筑肋板上段和顶板。其接缝按施工缝要求进行处理。

(8)箱梁梁段分次浇筑混凝土时,为了不使后浇混凝土的重力引起挂篮变形,导致先浇混凝土开裂,要有消除后浇混凝土引起挂篮变形的措施。一般可采取下列方法。

①水箱法:浇筑混凝土前先在水箱中注入相当于混凝土重量的水,在混凝土浇筑中逐渐放水,使挂篮负荷和挠度基本不变。

②浇筑混凝土时根据混凝土重量变化,随时调整吊带高度。

③将底模梁支承在千斤顶上,浇筑混凝土时,随混凝土重量的变化,随时调整底模梁下的千斤顶,抵消挠度变形。

四、悬臂施工挠度控制

悬臂施工过程挠度控制是桥梁施工中的一个难点,它涉及梁体自重、预应力、混凝土徐变、施工荷载等诸多因素,控制不好,两端悬臂施工至合龙时,梁底高程误差会大大超出允许范围(公路桥梁挠度允许误差为20mm,轴线允许偏位为10mm),不仅对结构受力不利,而且因梁底曲线产生转折点而影响美观,形成永久性缺陷。

悬臂施工大跨径桥梁过程中,由于有如混凝土收缩徐变、温度等诸多因素,并由于施工中荷载随时间变化以及梁体截面组成也随施工进程中预应力筋的增多而发生变化等,施工中的实际结构状态将偏离预定的目标,这种偏差严重的将影响结构的使用。为了使悬臂浇筑状态尽可能达到预定的目标,必须在施工过程中逐段进行跟踪控制和调整。

采用计算机程序控制施工挠度将提高控制速度和精度。悬臂浇筑施工中,计算机程序跟踪控制的步骤如下。

(1)将施工中实际结构状态信息(如量测的高程、钢束张拉力、温度变化、截面应力)以及设计参数的实测值(如混凝土及钢材的重度和弹性模量、构件几何尺寸、施工荷载、混凝土的徐变系数等)输入计算机程序。

(2)通过对各种量测信息的综合处理,得到结构的误差。

(3)对成果进行判断,决定是否要采取有效措施来纠正已偏离目标的结构状态。纠正措施主要是采用调整浇筑梁段的高程。其他如改变预应力束的张拉次序、改变张拉力等,在不改变结构承力的条件下也是可考虑的办法。

通过上述每个节段反复循环的跟踪控制调整办法,使结构与预定目标始终控制在很小误差范围内，最后合龙时，可达到理想目标。

同样，此计算机程序跟踪控制也可应用到悬拼施工中。

悬臂拼装施工中，影响挠度的因素主要是预应力、自重力和在接缝上引起的弹性和非弹性变形，还有块件拼装的安装误差。

影响安装误差的因素很多，最关键的是1号块件定位和胶接缝施工。1号块件定位不准，则以后拼装的各个块件均将偏离预计的位置，其偏离值与该块件距梁根部的距离成正比。胶接缝施工时胶涂层太厚、接缝加压不均匀，势必也引起梁的意外上翘。

为控制和纠正过大上翘，可采取如下措施。

(1)一号块件定位时按计算的悬臂挠度及须设的预拱度确定正确的定位位置，并仔细准确地进行定位；

(2)其他块件胶接缝的涂层尽量减薄，并使其在临时的均匀压力下固化；

(3)悬拼过程中发现实际悬拼挠度过大时，须认真分析原因，及时采取措施。可采取的措施按上翘程度不同大体上有：通过多次涂胶将胶接缝做成上厚下薄的胶接层，以调整上翘度；在接缝上缘的胶层内加垫钢板，增加接缝厚度；凿打端面，将块件端面凿去一层混凝土，凿去的厚度沿截面的上、下方向按需要变化，然后涂胶拼接；增加一个湿接缝，即改胶接缝（或干接缝）为湿接缝，将块件调整到要求的位置。

五、合龙段施工

用悬臂施工法建造的连续梁、连续刚构桥，需在跨中将悬臂端刚性连接、整体合龙。

结构的合龙施工顺序取决于设计方所拟定的施工方案，通常采用的合龙顺序有：边跨至中跨的顺序合龙；中跨至边跨的顺序合龙；先形成双悬臂刚构再顺序合龙；全桥一次性合龙。

上海奉浦大桥主桥为五跨预应力混凝土连续梁，采用悬臂施工，其施工顺序（图6-48）为：悬臂施工中间墩上梁段形成单T型结构，在支架上现浇边跨梁段并合龙，按边跨至中跨顺序依次合龙完成整个结构体系。

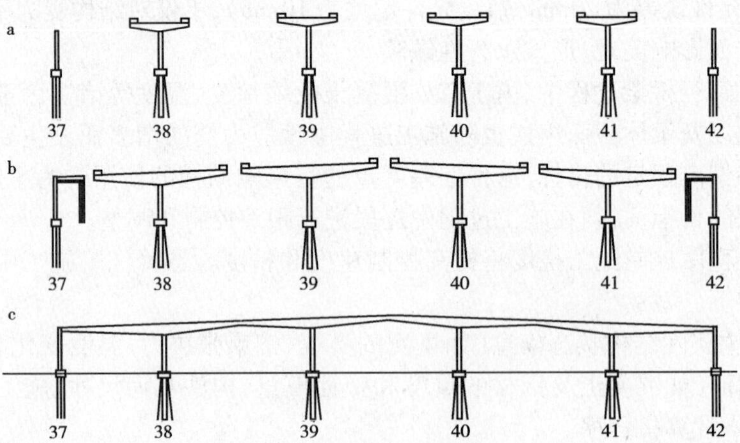

图6-48 箱梁施工顺序图

山东省东明黄河公路大桥为预应力混凝土刚构-连续组合梁桥，9跨一联，总长990m，悬臂施工，所确定的施工方案为（图6-49）：在完成下部结构的施工后，首先进行两边跨的合龙形成单悬臂体系，将施工挂篮移至四个中墩进行悬臂施工，全桥一次性合龙并进行结构体系转换。

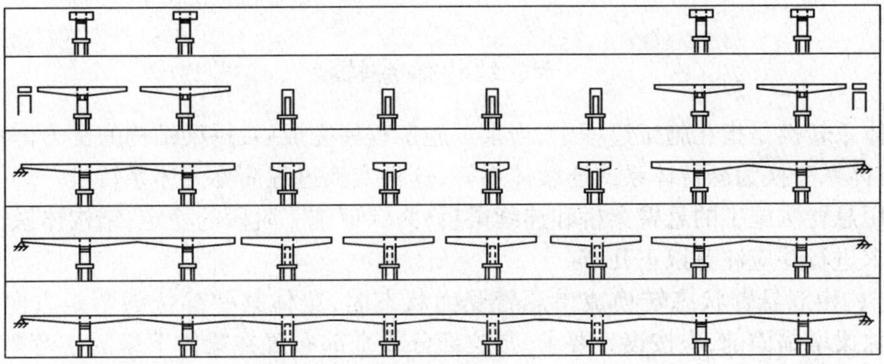

图 6-49　东明黄河公路大桥施工方案示意图

合龙段的施工常采用现浇和拼装两种方法。

节段拼装合龙对预制和拼装的精度要求较高。以下主要说明合龙段的现浇施工要点。

在合龙段施工过程中,受到昼夜温差、现浇混凝土的早期收缩和水化热、已完成梁段混凝土的收缩徐变、结构体系的转换及施工荷载等因素的影响,因此,须采取必要措施以保证合龙段的质量。

(1)合龙段长度选择。合龙段长度在满足施工操作要求的前提下,应尽量缩短,一般采用1.5~2.0m。

(2)合龙温度选择。一般宜在低温合龙,遇夏季应在晚上合龙,并用草袋等覆盖,以加强接头混凝土养护,使混凝土早期结硬过程中处于升温受压状态。

(3)合龙段混凝土选择。混凝土中宜加入减水剂、早强剂,以便及早达到设计要求强度,及时张拉预应力束筋,防止合龙段混凝土出现裂缝。

(4)合龙段采用临时锁定措施,采用劲性型钢或预制的混凝土柱安装在合龙段上下部作支撑,然后张拉部分预应力钢束,待合龙段混凝土达到要求强度后,张拉其余预应力束筋,最后再拆除临时锁定装置。图 6-50 为上海奉浦大桥的合龙段临时锁定措施。

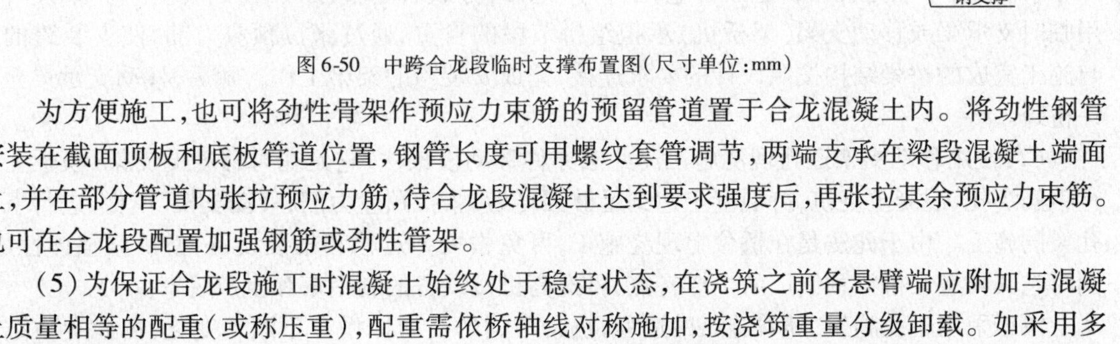

图 6-50　中跨合龙段临时支撑布置图(尺寸单位:mm)

为方便施工,也可将劲性骨架作预应力束筋的预留管道置于合龙混凝土内。将劲性钢管安装在截面顶板和底板管道位置,钢管长度可用螺纹套管调节,两端支承在梁段混凝土端面上,并在部分管道内张拉预应力筋,待合龙段混凝土达到要求强度后,再张拉其余预应力束筋。也可在合龙段配置加强钢筋或劲性管架。

(5)为保证合龙段施工时混凝土始终处于稳定状态,在浇筑之前各悬臂端应附加与混凝土质量相等的配重(或称压重),配重需依桥轴线对称施加,按浇筑重量分级卸载。如采用多跨一次合龙的施工方案,也应先在边跨合龙,同时需经大量计算,进行工艺设计和设备系统的优化组合。

六、结构体系转换

结构体系转换是指在施工过程中，当某一施工程序完成后，桥梁结构的受力体系发生了变化，如简支体系变换为悬臂体系或连续体系等，这种变换过程简称为体系转换。

对采用悬臂法施工的悬臂梁桥和连续梁桥，为保证施工阶段的稳定，结构体系转换应严格按设计要求进行并应注意以下几点。

(1)结构由双悬臂状态转换成单悬臂受力状态时，梁体某些部位的弯矩方向发生转换。所以在拆除梁墩锚固前，应按设计要求，张拉部分或全部布置在梁体下缘的正弯矩预应力束，对活动支座还需保证解除临时固结后的结构稳定，如控制和采取措施限制单悬臂梁发生过大纵向水平位移。

(2)梁墩临时锚固的放松，应均衡对称进行，确保逐渐均匀地释放。在放松前应测量各梁段高程，在放松过程中，注意各梁段的高程变化，如有异常情况，应立即停止作业，找出原因，以确保施工安全。

(3)对转换为超静定结构，需考虑钢束张拉、支座变形、温度变化等因素引起结构的次内力。若按设计要求，需进行内力调整时，应以高程、反力等多因素控制，相互校核。如出入较大时，应分析原因。

(4)在结构体系转换中，临时固结解除后，将梁落于正式支座上，并按高程调整支座高度及反力。支座反力的调整，应以高程控制为主，反力作为校核。

第五节 逐孔施工法

一、概 述

随着高速公路、城市高架道路、轻轨交通的建设，中、小跨径的梁桥越来越多，逐孔施工法也应运而生。

逐孔施工法从桥梁一端开始，采用一套施工设备或一、二孔施工支架逐孔施工，周期循环，直到全部完成。它使施工单一标准化、工作周期化，并最大程度地减少了工费比例，降低了工程造价，自20世纪50年代末以来，在连续梁桥的施工中得到了广泛应用和发展。

逐孔施工法从施工技术方面可分为两种类型。

(1)预制节段逐孔组拼施工。它是将每一桥跨分成若干节段，在预制场生产。架设时采用临时支承梁或移动支架(架桥机)承担组拼节段的自重，通过张拉预应力筋，使安装跨的梁与施工完成的桥梁结构按照设计的要求连接，完成安装跨的架梁工作。随后，移动支承梁至下一桥跨。

(2)使用移动支架逐孔现浇施工。此法亦称移动模架法，它是在可移动的支架、模板上进行钢筋绑扎、混凝土浇筑，待混凝土达到足够强度后，张拉预应力筋，移动支架、模板，进行下一孔梁的施工。由于此法是在桥位上现浇施工，可免去大型运输和吊装设备，使桥梁整体性好，同时它又具有在桥梁预制厂的生产特点，可提高机械设备的利用率和生产效率。

由于采用逐孔施工，随着施工的进程，桥梁结构的受力体系在不断地变化，由此导致结构内力也随之起着变更。

逐孔施工的体系转换有三种：由简支梁状态转换为连续状态、由悬臂梁转换为连续梁以及由少跨连续梁逐孔伸延转换为所要求的体系等。在体系转换中，不同的转换途径将得到不同的结构内力叠加过程，而最终的恒载内力（包括混凝土的收缩、徐变内力重分布）将向着连续梁桥按照全联一次完成的恒载内力靠近。

二、预制节段逐孔组拼施工

对逐孔组拼预制节段的施工工艺，关键在于节段的预制、架桥设备的选择和工作原理、预制节段的安装定位以及梁体构件的连接等问题。

（一）节段的类型

主梁节段的划分原则需综合考虑桥梁跨径大小，架桥机的总吊装能力和性能，节段的横断面形状、预制工艺、运输，预应力布置和施工工期等因素。

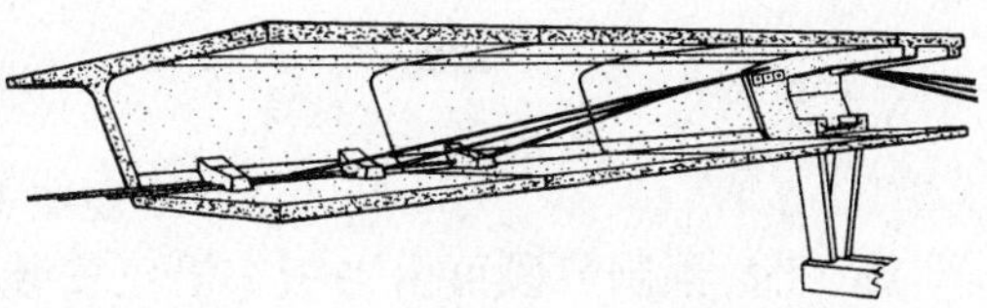

图 6-51　预制节段逐孔组拼的一般构造图

按节段组拼进行逐孔施工，一般的组拼长度为桥梁的跨径；已成梁体与待连接的梁节段的接头设在桥墩处；预应力体系以体外无黏结预应力束居多。为适应主梁受力及预应力钢束布置的要求，一般主梁的构造特点（图 6-51）是：在桥墩处，增加截面的顶、底、腹板厚度，以适应抵抗负弯矩和剪力的需要；设置较强的横隔板，以配合预应力钢束的接长、锚固和转向的需要；根据预应力钢束的纵向布置，在梁内设置锚固块和转向块。故每跨主梁通常分为桥墩顶节段和标准节段，主梁节段长度取 4 ~ 6m。图 6-52 为上海嘉浏公路二期工程新浏河桥的预制节段划分图及端横梁、转向块构造示意图。

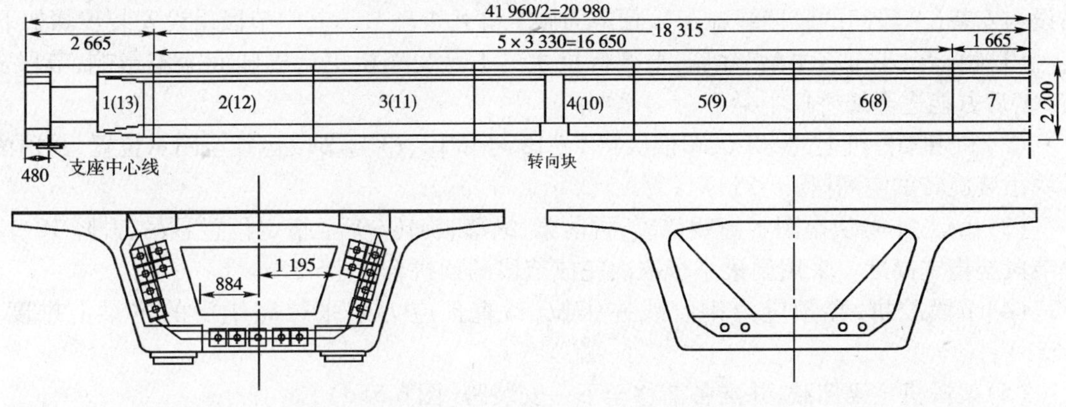

图 6-52　节段划分图及端横梁、转向块构造示意图

主梁构造布置的另一特点是节段间的连接部位，一般节段的腹板设有齿键，顶板和底板设有企口缝（图 6-53），使接缝剪应力传递均匀，并便于拼装就位。前一跨墩顶节段与安装跨第一节段间可以设置现浇混凝土封闭接缝，用以调整安装跨第一节段的准确程度。封闭接缝宽 15 ~ 20cm，拼装时由混凝土垫块调整，在施加初预应力后用混凝土封填，这样可调整节段拼装和节段预制的误差，但施工周期要长些。采用不设湿接缝的节段拼合可加快拼装

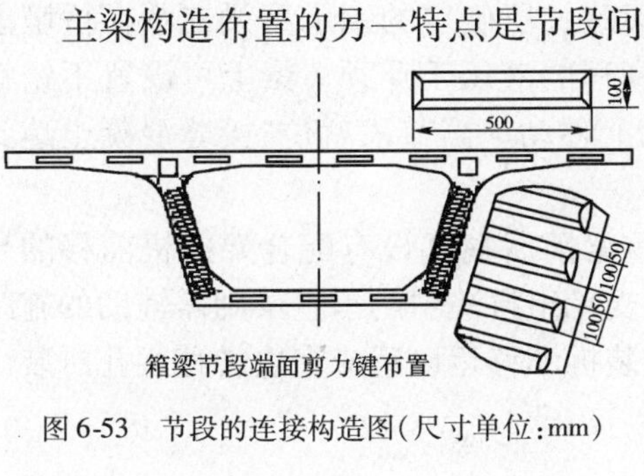

箱梁节段端面剪力键布置

图 6-53　节段的连接构造图（尺寸单位：mm）

速度,但对预制和组拼施工精度要求较高。

(二)拼装架设

在逐孔组拼节段施工中常采用的设备有:上承式架桥机、下承式架桥机、支承桁架辅以起吊运输机械以及悬臂吊机辅以索塔等四种。对应的安装方法为:上承式架桥机安装法(下挂式高架钢桁架法)、下承式架桥机安装法(支承式钢桁架导梁法)、临时支承组拼法和递增装配法。

1. 上承式架桥机安装法(图6-54)

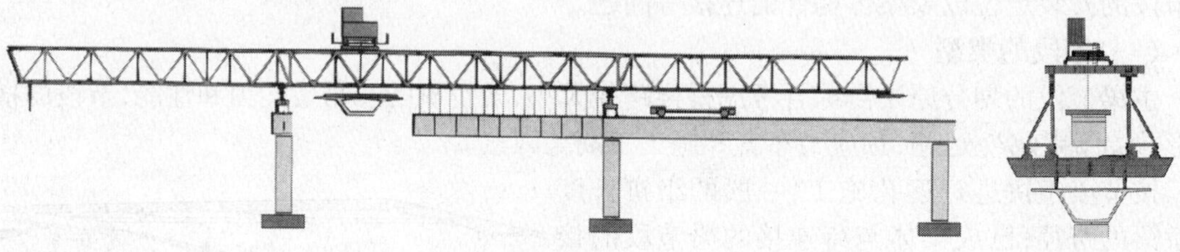

图6-54　上承式架桥机安装法

施工时,预制节段可由平板车沿已安装的桥孔或由驳船运至桥位后吊装,跨内的各主梁节段分别悬吊在架桥机的吊杆上,经节段位置调整准确后,张拉预应力,并使梁体落在支座上,完成一跨的节段安装。

上海嘉浏公路二期工程新浏河桥为我国第一座采用此类架桥机施工的桥梁。该桥上部结构为3跨42m简支箱形梁,横截面为四箱单室,梁高2.2m,每跨箱梁划分为13个节段,每个节段重约38t,施工设备为DP450架桥机(见第二章)。

主桥箱梁主要施工工艺流程为:长线法预制主梁节段、架桥机的拼装行走及就位、节段的吊设与安装(节段间的胶接缝施工)、预应力施工等几个环节。其中节段吊设安装步骤如下。

(1)由运梁小车将主梁节段运至架桥机主梁下。受架桥机后支腿间净空影响,节段需旋转90°后方能进至架桥机主梁下;

(2)利用架桥机上的50t天车依次将1~10号和12、13号节段运挂至图示位置,并预留11号块吊装旋转的空间[图6-55a)];

(3)吊运11号块至图示虚线位置,再落梁、纵移、旋转90°至指定位置悬吊,升降10、12号块节段至指定高度。采用调梁小车依次完成节段的预拼合[图6-55a)、b)];

(4)节段胶拼,穿预应力钢绞线并张拉,检查预应力束张拉完毕后的主梁上拱度[图6-55c)];

(5)架桥机主梁卸载,并准备前移至下一安装跨[图6-55d)]。

2. 下承式架桥机安装法(图6-56)和临时支承组拼法

该两种施工方法的基本工作原理相同,即按桥墩间跨长所确定的钢承重梁支承在桥墩上的横梁或墩旁支架上,承重梁的支承处设有用于调整高程的液压千斤顶。梁上可设置不锈钢轨,配合置于节段下的聚四氟乙烯板,便于节段在导梁上移动。当节段就位、接缝混凝土达到一定强度后,张拉预应力筋与前一跨桥组拼成整体。

两种施工方法的不同点在于,下承式架桥机的承重梁前后端都设有配合架桥机前移的导梁,承重梁的前移通过液压千斤顶的顶进完成,而临时支承组拼法中的承重梁则需辅助的施工设备帮助移动至下一安装孔。这就要求钢承重梁便于装拆和移运以适应多次转移逐孔拼装。

图6-57为节段组拼的施工程序。

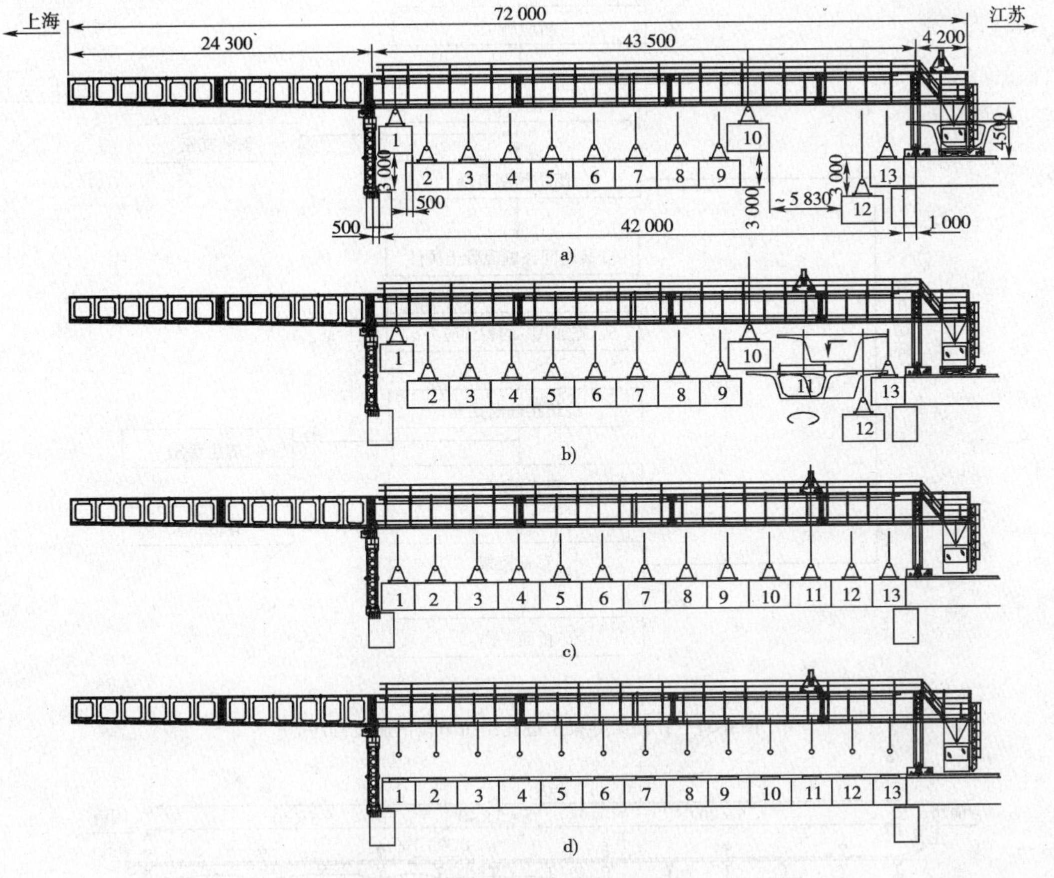

图 6-55　节段吊设安装步骤图(尺寸单位:cm)

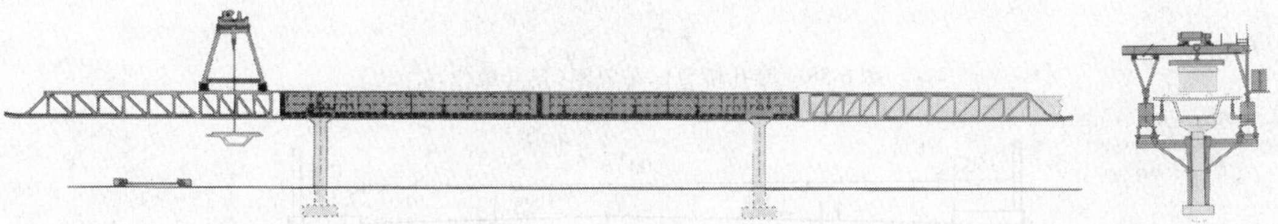

图 6-56　上承式架桥机安装法

福州洪塘大桥滩孔为 33 孔、跨径 40m 的逐孔拼装无黏结预应力混凝土连续梁,共分6 联,桥面总宽 12.5m,主梁为双箱单室等高度箱梁,预应力体系为 56ϕ5 大吨位、无黏结碳素高强钢丝辅以镦头锚(图 6-58、图 6-59、图 6-60)。

上部结构利用由万能杆件组拼的架桥机和下导梁进行安装。架桥机前跨跨径 43m,后跨跨径 34m,总长度 90m;下导梁长度 37.3m,高 2m,宽度 2.2m。

其中五跨一联主梁的安装分为三个阶段。

(1)节段运输就位阶段:由龙门吊机、桥面平车将箱梁节段从预制场运至架桥机后跨,然后由架桥机按顺序依次吊运就位。每孔节段就位顺序为:两边孔节段由中间墩位向连接桥跨方向进行;中间跨各节段则先安前方墩顶处的节段,待墩顶节段定位完成后依次向后安装箱梁各节段至预留 10cm 现浇缝,安装时每就位一个节段就用特制的夹具与前节段夹紧。

由于是双箱结构只设一根下导梁,所以在每孔箱梁上游安装完成后必须将下导梁横移至

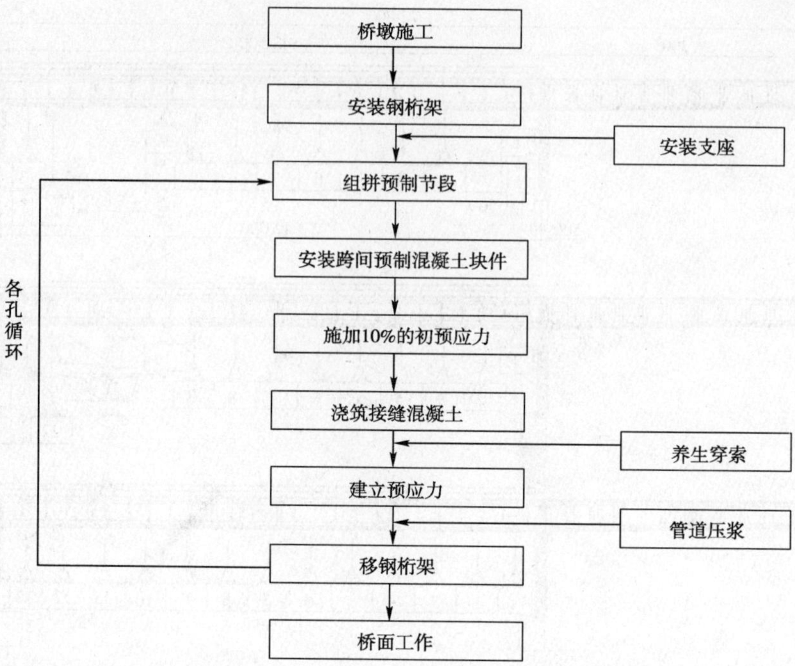

图 6-57　在桁架导梁上逐孔组拼节段的施工程序

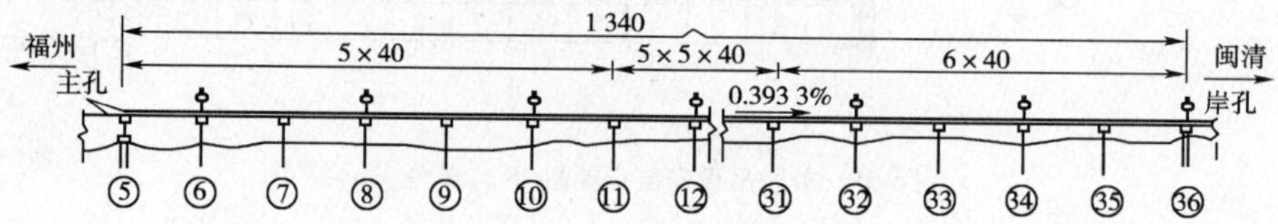

图 6-58　滩孔桥总体布置图(尺寸单位:m)

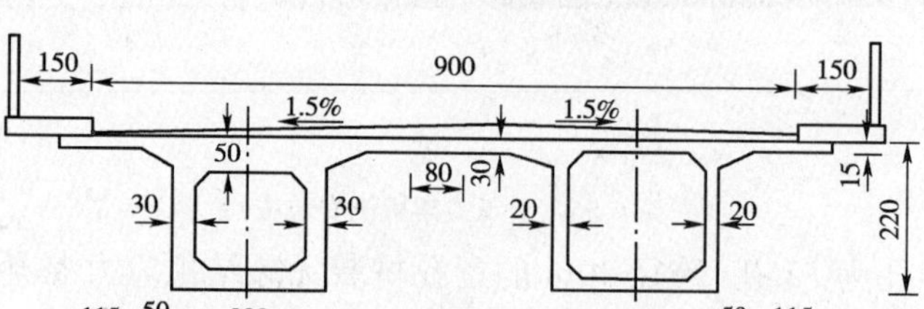

图 6-59　横断面结构图(尺寸单位:cm)

下游就位,待下游安装完成后才可以移至下一孔继续安装。

(2)预应力张拉阶段:本结构预应力有主束、附加束和临时束三种,预应力张拉顺序为第一跨先张拉主束,然后张拉跨中的附加束和临时束。在第二跨施工中,先安装第一跨的墩旁节段,并张拉墩顶处的附加预应力钢束;再按从安装跨的前端至后端,依次完成节段的吊运就位。在 10cm 预留的调节缝中垫上混凝土垫块后,对称张拉两根主束至控制张拉力的 10% 再临时锚固,用早强混凝土浇筑调节缝,待调节缝混凝土达到设计强度的 80% 以上时张拉全部主束

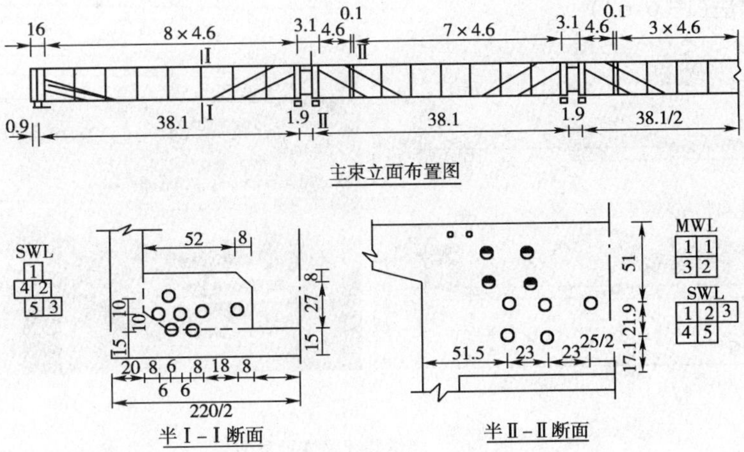

图 6-60　主束布置图(尺寸单位:m)

注:MWL 为第二跨主束,SWL 为第一跨主束。

和临时束。第三、第四跨的预应力钢束张拉顺序与第二跨基本类同,仅缺少第二、第三跨间和第三、第四跨间墩顶段附加束张拉。第五跨在墩顶处节段安装完成并张拉墩顶段的附加束,再安装张拉全部跨内预应力钢束。

(3)架桥机下导梁纵移阶段:第一跨预应力张拉完成后,纵移架桥机至前一跨就位,下导梁则在架桥机就位后,利用架桥机吊绳通过两箱中间预留的 80cm 后浇段间隙运至下一跨就位,待下导梁调整完成后进行下一跨的节段安装工作,安装过程见图 6-61。

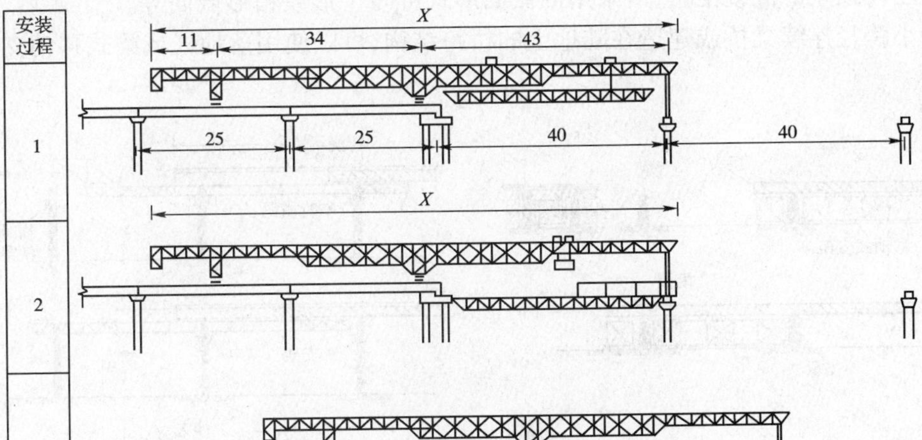

图 6-61　安装过程图

3. 递增装配法（图 6-62）

图 6-62　递增装配梁体示意图

递增装配法的施工程序大致为：块件经过桥面运到正在拼装的悬臂跨前端，靠旋转吊车逐一将块件安放在设计位置，1/3 跨长部分可依靠自由悬臂长以桥墩一侧悬伸挑出，块件靠外部拉杆和预应力钢束张紧就位。为了平衡桥跨，一般在已完成桥跨的前方桥墩上设立可移动式桥塔，在塔架上设置 1 对拉索，拉索一端在安装主梁节段顶缘的适当位置定位拉紧，另一端连续通过塔架并锚固在已完成的桥面上，靠轻型千斤顶调整其中的预应力钢束。

三、使用移动支架逐孔现浇施工（移动模架法）

可使用移动模架法进行现浇施工的桥梁结构形式有简支梁、连续梁、刚构桥和悬臂梁桥等钢筋混凝土或预应力混凝土桥，所采用的截面形式可为 T 形或箱形截面等。

对中小跨径连续梁桥或建造在陆地上的桥跨结构，可以使用落地式或梁式移动支架，见图 6-63 所示。

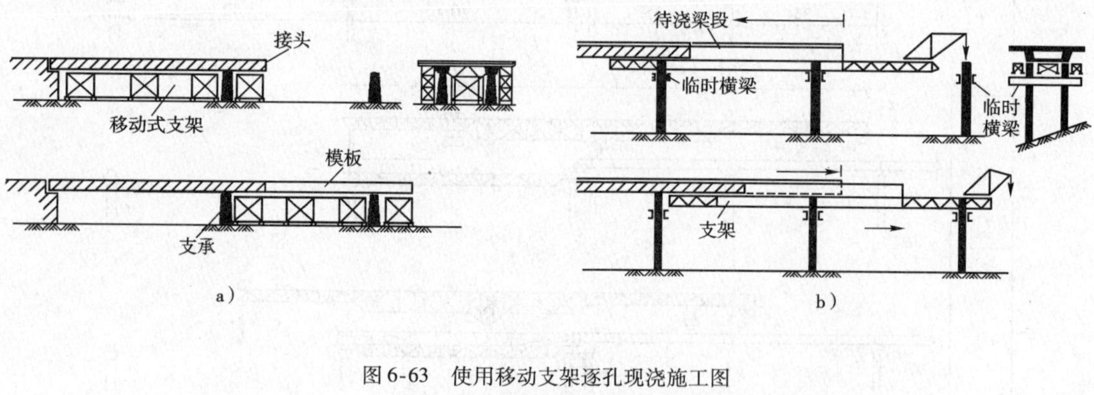

图 6-63　使用移动支架逐孔现浇施工图

a）落地式支架；b）梁式支架

当桥墩较高，桥跨较长或桥下净空受到约束时，可以采用非落地支承的移动模架逐孔现浇施工，常用的移动模架可分为移动悬吊模架与支承式活动模架两种类型。

1. 移动悬吊模架施工

移动悬吊模架的形式很多，各有差异，其基本结构包括三部分：承重梁、从承重梁上伸出的肋骨状的横梁、吊杆和承重梁的固定及活动支承，见图 6-64。承重梁也称支承梁，是承受施工设备自重、模板和悬吊脚手架系统重量和现浇混凝土重量的主要构件,按桥宽大小可有单梁式和双梁式。承重梁的前端支承在前方桥墩上,并与前移导梁相连。承重梁的后端通过可移式支承落在已完成的梁段上,它将重量传给桥墩或直接坐落在墩顶。移动悬吊模架也称为上行式移动模架、吊杆式或挂模式移动模架。

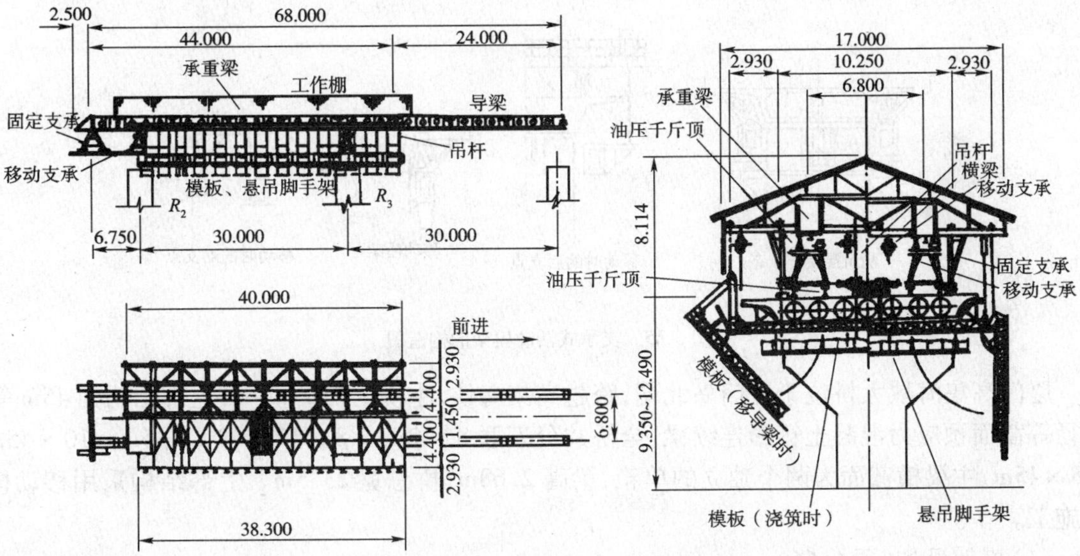

图 6-64 移动悬吊模架的构造图(尺寸单位:m)

在一孔梁施工完成后,承重梁配合导梁带动悬吊模架纵移至下一施工跨。承重梁的设计挠度一般控制在 $L/800 \sim L/500$ 范围内,钢承重梁制作时要设置预拱度,并在施工中加强观测。

从承重梁两侧悬出的许多横梁覆盖桥梁全宽,它由承重梁上左右各 2 ~ 3 组钢束拉住,以增加其刚度;横梁的两端悬挂吊杆,下端吊住呈水平状态的模板,形成下端开口的框架并将主梁(待浇制的)包在内部。当模板支架处于浇筑混凝土的状态时,模板依靠下端的悬臂梁和锚固在横梁上的吊杆定位,并用千斤顶固定模板浇筑混凝土。当模板需要向前运送时,放松千斤顶和吊杆,模板固定在下端悬臂梁上,并转动该梁,使模架在运送时可顺利地通过桥墩,见图 6-64。

2. 支承式活动模架施工

支承式活动模架的构造形式较多,其中一种构造形式是由承重梁、导梁、台车和桥墩托架等构件组成的(图 6-65)。在混凝土箱形梁的两侧各设置一根承重梁支撑模板和承受施工重量,承重梁的长度要大于桥梁跨径,浇筑混凝土时承重梁支撑在桥墩托架上。导梁主要用于运送承重梁和活动模架,因此需要有大于两倍桥梁跨径的长度,当一孔梁施工完成后进行脱模卸架,由前方台车(在导梁上移动)和后方台车(在已完成的梁上移动)沿桥纵向将承重梁和活动模架移送至下一孔,承重梁就位后导梁再向前移动。

支承式活动模架的另一种构造是采用两根长度大于两倍跨径的承重梁分设在箱梁截面的翼缘板下方,兼作支承和移运模架的功能,因此不需要再设导梁,两根承重梁置于墩顶的临时横梁上,两根承重梁间用支承上部结构模板的钢螺栓框架将两个承重梁连接起来,移动时为了跨越桥墩前进,需先解除连接杆件,承重梁逐根向前移动。

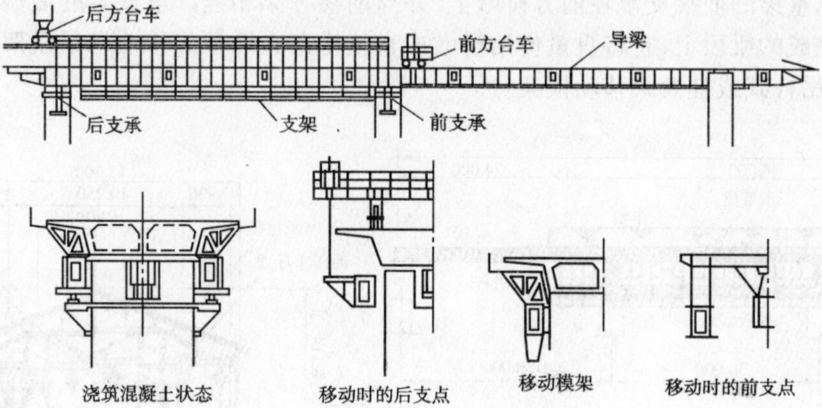

图6-65　支承式活动模架的构造图

厦门高集海峡大桥位于厦门岛北端，跨越高集海峡，主桥全长2 070m，上部结构为45m等跨径等截面预应力混凝土箱形连续梁，全桥共分五联8×45m+8×45m+12×45m+10×45m+8×45m，主梁横截面为两个独立的单箱，梁高2.68m，桥总宽23.5m。上部结构采用移动模架施工。

(1)模架设备(图6-66)

本桥施工所用的移动模架长132.5m。支承梁由10节桁架、12节箱梁、4节转向节组成，设置在箱梁两腹板外侧。每根支承梁前段桁架长25m，用于导向和纵移，中段箱梁长62.5m，用于支承施工荷载，尾端桁梁长45m，供支承和纵移用。设置在支承梁间的模板系统包括底模、外侧模、内模及模板支承框架、立柱等附属部件。此外还有模板移动装置及模架的支承及移动系统等。整个模架操作由机械装置、液压装置和机械手完成，由控制室操作。

(2)施工工艺

箱梁采用移动式模架逐跨施工，每段浇筑长度除头尾段有增减外，中间段长45m，施工缝设置在离支点0.2L处。

箱梁的预应力体系为VSL预应力体系，钢束布置见图6-67，主索连续配置，钢绞线在接缝处用连接器接长，以提高连续梁的整体性能。图6-68为箱梁移动模架施工工艺流程图。

施工中的体系转换包括固定支座与活动支座的转换。比如中支承点为固定支座，但施工中为活动支座，施工完成后转为固定式，每个支座安装时所留的提前量按施工时的气温、混凝土收缩、徐变、混凝土的水化热等因素仔细计算，并在施工中加强观测。

必须强调的是：移动模架需要一整套机械动力设备、自动装置和大量钢材，一次投资是相当大的，为了提高使用效率必须解决装配化和科学管理的问题。装配化就是设备的主要构件能适用不同的桥梁跨径、不同的桥宽和不同形状的桥梁，扩大设备的使用面，降低施工成本。科学管理的目的在于充分发挥设备的使用能力，注意设备的配套和维修养护。如果具有专业队伍的固定操作，并能持久地使用到它所适用的桥梁施工上，必将得到较好的效益。

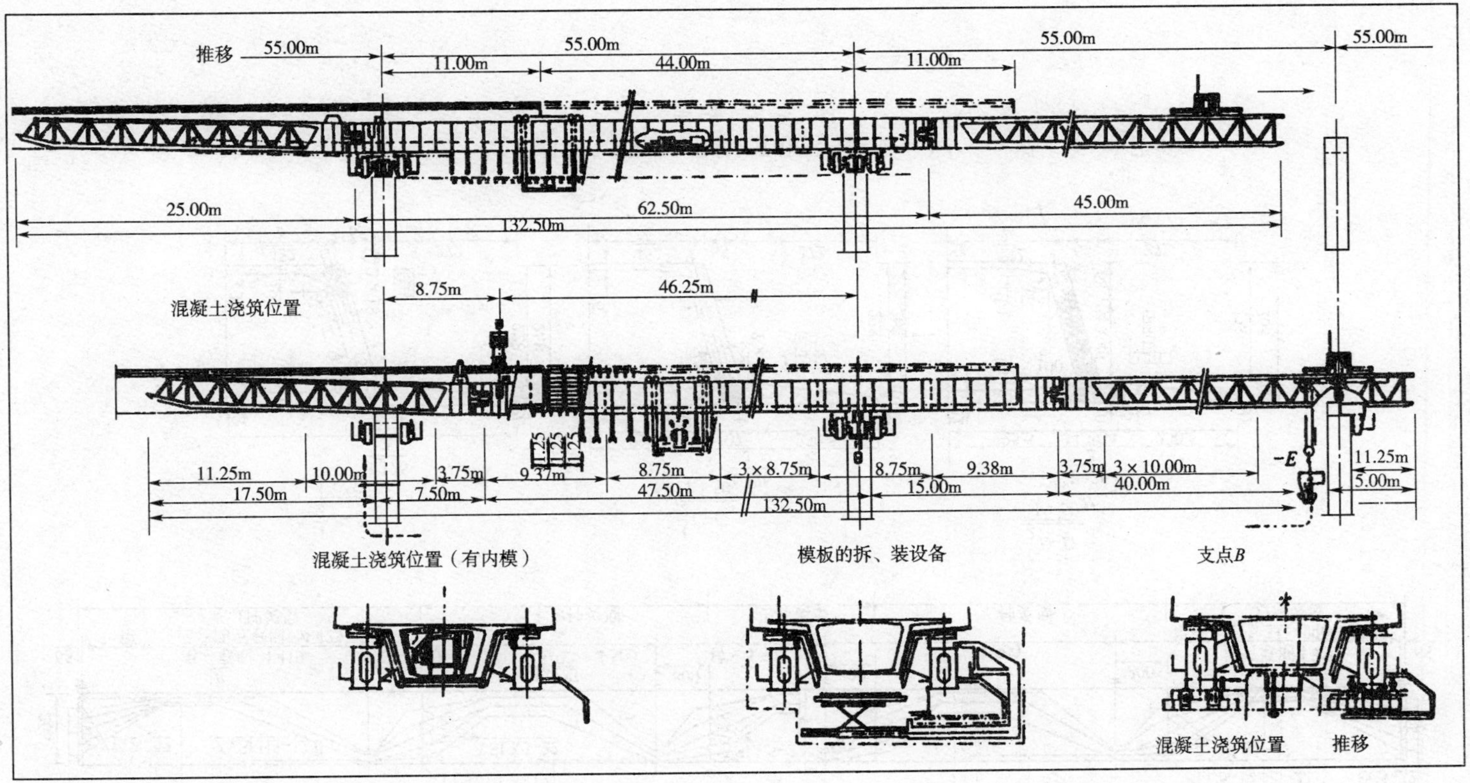

图 6-66　滑模施工布置图

滑模总重量:750t(包括模板)

最大支承力:

——中间支点 B:1020t

最大挠度:1/500

需要的净空截面:见横截面 12.5m×6.3m

当跨径 55m 时允许的每延米使用荷载:15t/m

——滑动支架前导梁 A:35t

——上部构造的悬臂端 D:540t

最大单件重 E:26t

连接电源:60kW

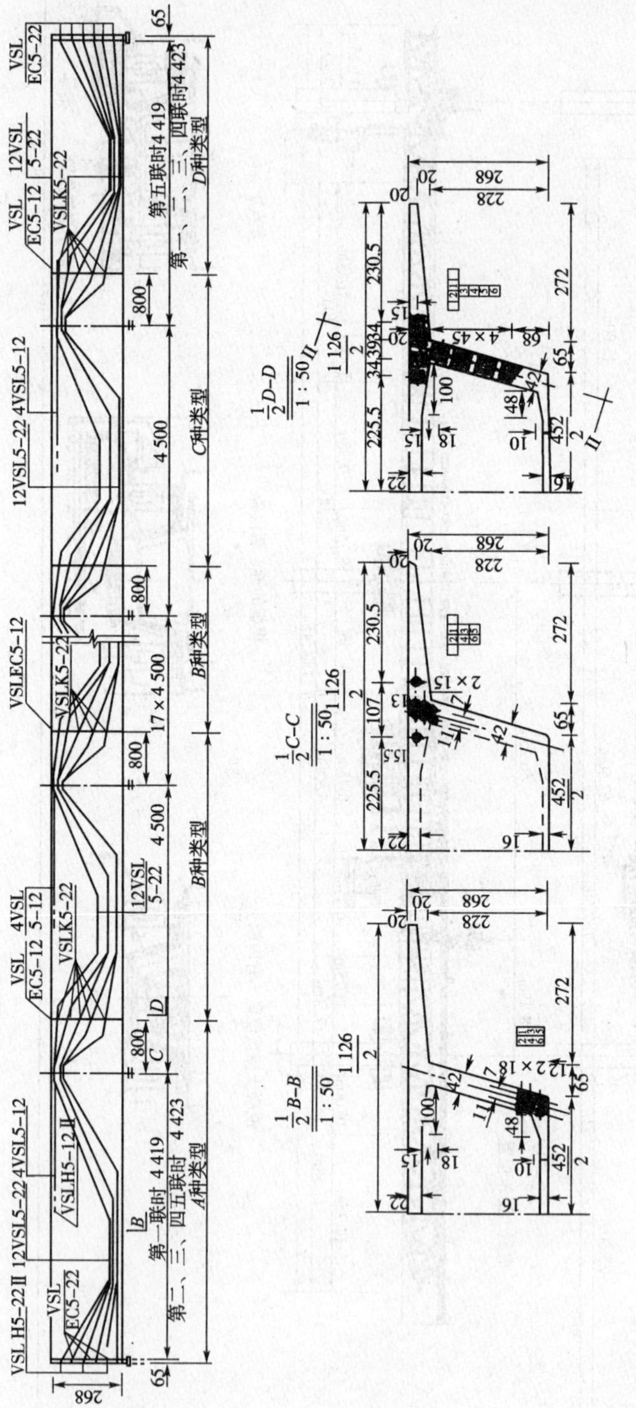

图 6-67　预应力钢束布置图(尺寸单位:cm)

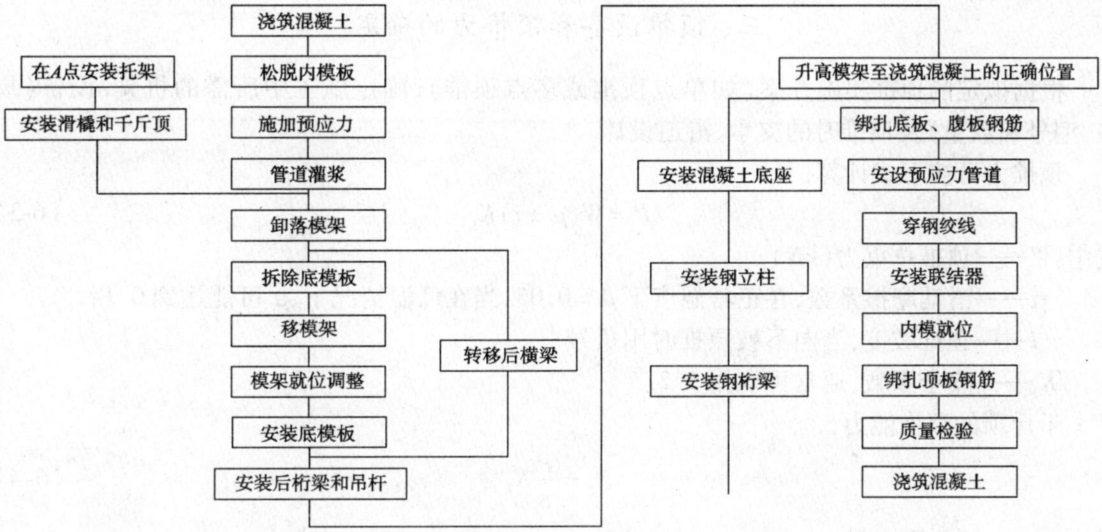

图 6-68　移动模架施工工艺流程图

第六节　顶推施工法

一、概　　述

顶推法施工是在沿桥纵轴方向设立预制场，采用无支架的方法推移就位。此法可用在水深、桥高以及高架道路等情况下进行施工，避免大量施工脚手架，不中断现有交通及可在较小的场地上施工，安全可靠。同时可以使用简单的设备建造长、大桥梁。

它的主要施工工序是在台后开辟预制场地，分节段预制梁身并用纵向预应力筋将各节段连成整体，然后通过顶推装置，并借助不锈钢板与聚四氟乙烯模压板组成的滑动装置，将梁逐段向对岸推进，待全部顶推就位后落梁，更换正式支座，完成桥梁施工。

顶推法施工，不仅用于连续梁桥（包括钢桥），同时也可用于其他桥型，如结合梁桥中的预制桥面板可在钢梁架设后，采用纵向顶推就位，此法在 1969 年首先在瑞士使用，至今有十余座桥施工完成；简支梁桥则可先连续顶推施工，就位后解除梁跨间的连接；拱桥的拱上纵梁，可采用在立柱间顶推架设；顶推法还可在立交箱涵、地道桥和房屋建筑中使用。

二、顶推法的分类

顶推施工法的分类方式很多，一般按顶推力的施加位置和顶推装置的类型进行划分，即顶推装置集中设置在桥台上或某一桥墩上时称为单点顶推；在多个墩（台）顶上设置顶推装置的称为多点顶推。按顶推装置类型则有水平—竖向千斤顶法或拉杆千斤顶法之分。上述两点的组合又形成了多种顶推方式。

其他的分类方法主要是注重于构件的制作、顶推时的支承装置和为减小顶推时的主梁内力而采取的辅助措施。如逐段浇筑或拼装，逐段顶推；设置导梁、临时墩或塔架拉索加劲体系的顶推施工，以及双向顶推等。

三、顶推设备和顶推力的确定

根据拟定的顶推实施方案(如单点顶推或多点顶推),确定施工中所需的机具、设备(规格、型号和数量)及顶推时的支承、滑道设计。

顶推力可按下式计算:

$$P = W(\mu \pm i)K_1 \tag{6-3}$$

式中:W——顶推总重力(kN);

μ——滑动摩擦系数,在正常温度下 $\mu = 0.05$,当在低温情况下,μ 可能达到 0.1;

i——顶推坡度,当向下坡顶推时用负号;

K_1——安全系数,通常可取用 1.2。

千斤顶的顶推能力:

$$P_f = \frac{P}{n}K_2 \tag{6-4}$$

式中:n——千斤顶台数;

K_2——千斤顶的安全系数,一般取 1.2~1.25。

当需要用竖向千斤顶顶升主梁时,每个竖向千斤顶的起顶力可由下式计算:

$$P_v = VK/2 \tag{6-5}$$

式中:V——顶推时的最大反力(kN);

K——安全系数,取用 1.4。

在计算顶推力时,如果顶推梁段在桥台后连有台座、台车等需同时顶推向前时,也应计入这一部分影响。

四、顶推施工设备

在梁体顶推施工过程中所需的设备有两类,一是主梁的顶推和支承设备,二是减小顶推过程中主梁内力而增设的临时设施。

(一)主梁的顶推和支承设备

1. 水平-竖向千斤顶顶推装置

此类装置由水平和竖直千斤顶组成。

它每一顶推行程的施工程序为顶梁、推移、落下竖直千斤顶和收回水平千斤顶的活塞杆,如图 6-69 所示。顶推时,升起竖直顶活塞,使临时支承卸载,开动水平千斤顶去顶推竖直顶,由于竖直顶下面设有滑道,顶的上端装有一块橡胶板,在前进过程中可带动梁体向前移动。当水平千斤顶达到最大行程时,降下竖直顶活塞,使梁体落在临时支承上,收回水平顶活塞,带动竖直千斤顶后移,回到原来位置,如此反复不断地将梁顶推到设计位置。

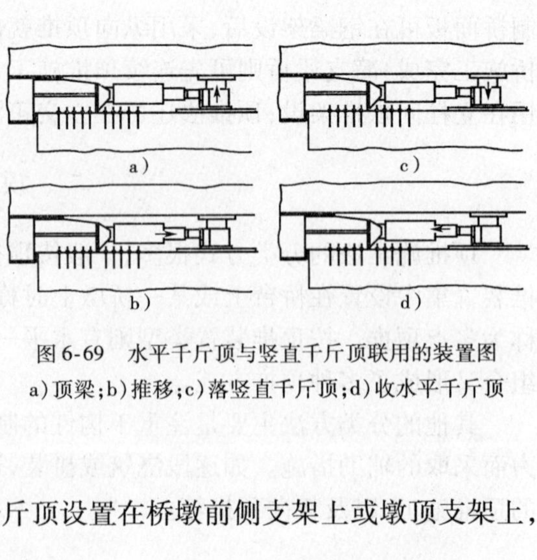

图 6-69　水平千斤顶与竖直千斤顶联用的装置图
a)顶梁;b)推移;c)落竖直千斤顶;d)收水平千斤顶

2. 拉杆千斤顶顶推装置

图 6-70 为此类装置的一种布置形式。水平千斤顶设置在桥墩前侧支架上或墩顶支架上,

主梁与千斤顶之间通过拉杆相连，拉杆一端由楔形夹具固定，另一端则锚固在设置于梁侧的锚固设备上，通过千斤顶的牵引作用，带动梁体向前运动。千斤顶回程时，固定在油缸上的刚性拉杆便从楔形夹具上松开，在锚头中滑动，随后重复下一循环。

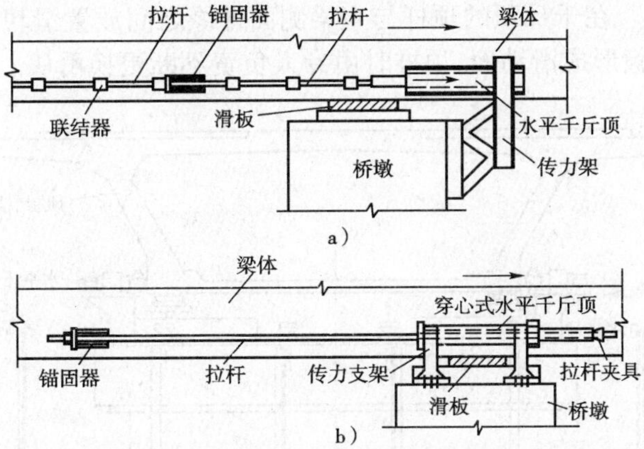

图 6-70　拉杆式顶推装置图

顶推装置的另一种布置形式是在桥墩前侧的主梁底部设置支架并固定千斤顶，在梁体顶、底板预留孔内插入强劲的钢锚柱，锚柱下端通过钢横梁连接，牵引梁体前进的拉杆两端分别固定于千斤顶和钢横梁上。

3. 常用滑道装置

滑道支承设置在桥墩顶上的混凝土临时垫块上，它由光滑的不锈钢板与组合的聚四氟乙烯滑块组成，其中的滑块由四氟板与具有加劲钢板的橡胶块构成，外形尺寸有 420mm × 420mm、200mm × 400mm、500mm × 200mm 等数种，厚度也有 40mm、31mm、21mm 之分。顶推时，组合的聚四氟乙烯滑块在不锈钢板上滑动，并在前方滑出，通过在滑道后方不断喂入滑块，带动梁身前进，见图 6-71 所示。

4. 使用与永久支座兼用的滑动支承装置

这是一种利用施工时的临时滑动支承与竣工后的永久支座兼用的支承进行顶推施工的方法。它将竣工后的永久支座安置在桥墩的设计位置上，施工时通过改造作为顶推施工时的滑道，主梁就位后不需要进行临时滑动支座的拆除作业，也不需要用大吨位千斤顶将梁顶起。

国外把这种施工方法定名为 RS 施工法（Ribben Sliding Method）。它的滑动装置由 RS 支承、滑动带、卷绕装置组成。RS 支承的构造与施工程序如图 6-72 所示。RS 顶推装置的特点是采用兼用支承，滑动带自动循环，因而操作工艺简单、省工、省时，但支承本身的构造复杂，价格较高。

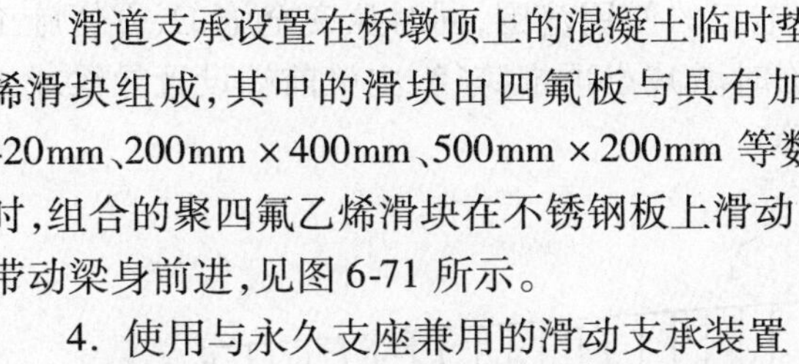

图 6-71　顶推使用的滑道装置图

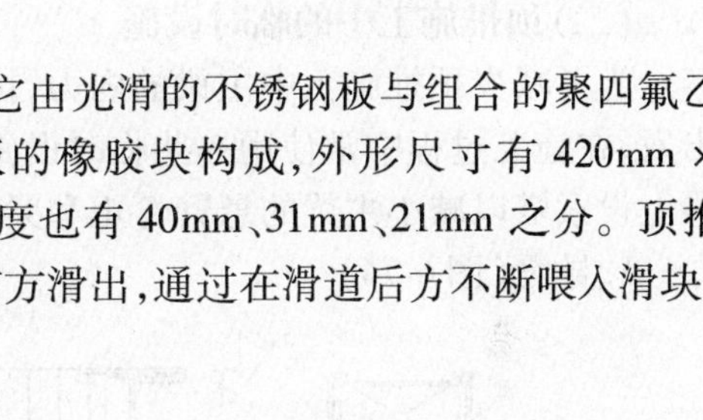

图 6-72　RS 支承的构造图

5. 横向导向设施

为了使顶推能正确就位，施工中的横向导向是不可少的。通常在桥墩（台）上主梁的两侧各安置一个横向水平千斤顶，千斤顶的高度与主梁的底板位置平齐，由墩（台）上的支架固定千斤顶位置（图 6-73）。在千斤顶的顶杆与主梁侧面外缘之间放置滑块，顶推时千斤顶的顶杆与滑块的聚四氟乙烯板形成滑动面，顶推时由专人负责不断更换滑块。

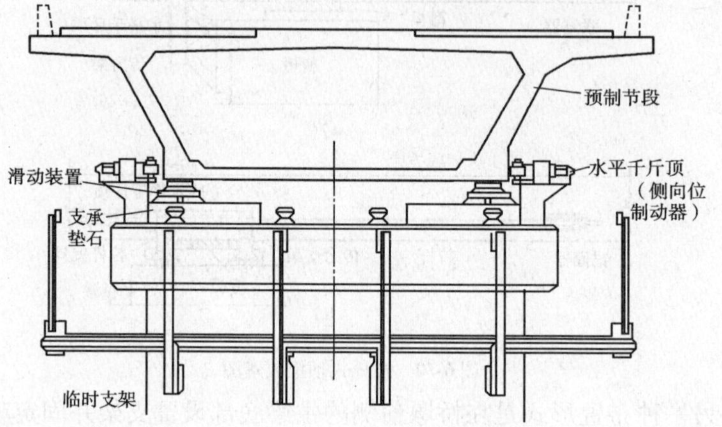

图 6-73　顶推施工的横向导向设施

（二）顶推施工中的临时设施

为了减少顶推施工中主梁的内力，扩大顶推施工的使用范围，同时从安全施工、方便施工出发，在施工过程中常使用一些临时设施，如设临时墩减小顶推跨径、主梁前端设置导梁或主梁上设索塔以减小主梁的悬臂弯矩和梁端挠度等。

1. 导梁（图 6-74）

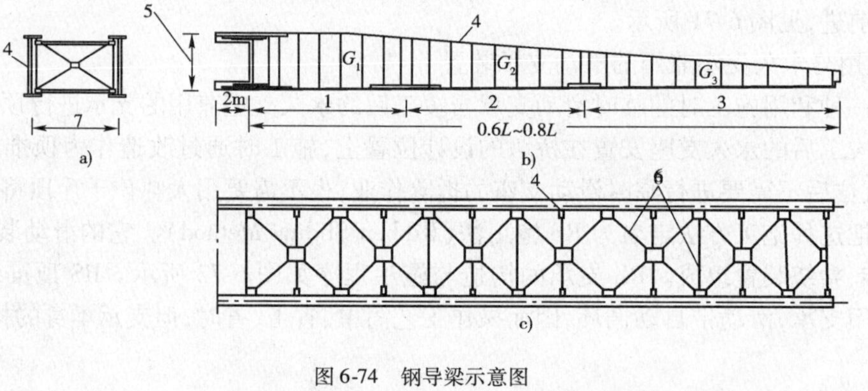

图 6-74　钢导梁示意图

a）剖面图；b）钢导梁侧面图；c）钢导梁平面图

1-第一节；2-第二节；3-第三节；4-导梁主桁；5-箱梁高；6-钢管（型钢）横撑杆；7-主桁宽；G_1、G_2、G_3 为相应各节重力；L-跨径

导梁设置在主梁的前端，为等截面或变截面的钢桁梁或钢板梁，主梁前端装有预埋件与钢导梁栓接。导梁在外形上其底缘与箱梁底应在同一平面上，前端底缘呈向上圆弧形，以便于顶推时顺利通过桥墩。

导梁的长度、抗弯刚度和重量对主梁在顶推过程中的受力有较大的影响。导梁长度一般取用顶推跨径的 0.6 ~ 0.7 倍，较长的导梁可以减小主梁悬臂负弯矩，但过长的导梁也会导致导梁与箱梁接头处负弯矩和支点反力的相应增加；导梁过短（0.4L），则要增大主梁的施工负弯矩值；合理的导梁长度应使主梁最大悬臂负弯矩与运营状态时的支点负弯矩基本相近。导梁的抗弯刚度和重量的取值应使主梁在顶推过程中产生的应力变化最小。导梁的刚度过小，主梁内就会引起多余应力；刚度过大，则支点处主梁负弯矩将急增。

2. 临时墩

临时墩由于仅在施工中使用，在符合要求的前提下，应造价低，便于拆装。目前用得较多的是用滑升模板浇筑的混凝土薄壁空心墩、混凝土预制板或预制板拼砌的空心墩、混凝土板和轻便钢架组成的框架临时墩。临时墩的基础依地质和水深诸多因素决定，可采用打桩基础等。为了减小临时墩承受的水平力和增加临时墩的稳定性，在顶推前将临时墩与永久墩用钢丝绳拉紧；也可采用在每墩的上、下游各设一钢束进行张拉，效果较好，施工也很方便。通常在临时墩上不设顶推装置而仅设置滑移装置。

3. 索塔加劲系统

索塔加劲系统由钢制塔架、连接构件、竖向千斤顶和钢索组成，设置在主梁的前端（图6-75）。拉索的加劲范围为两倍顶推跨径左右；塔架通过钢铰连接并支承在主梁的混凝土固定块上；设置在塔架下端的竖向千斤顶则用于调节索力，适应顶推过程中不断变化的主梁内力。

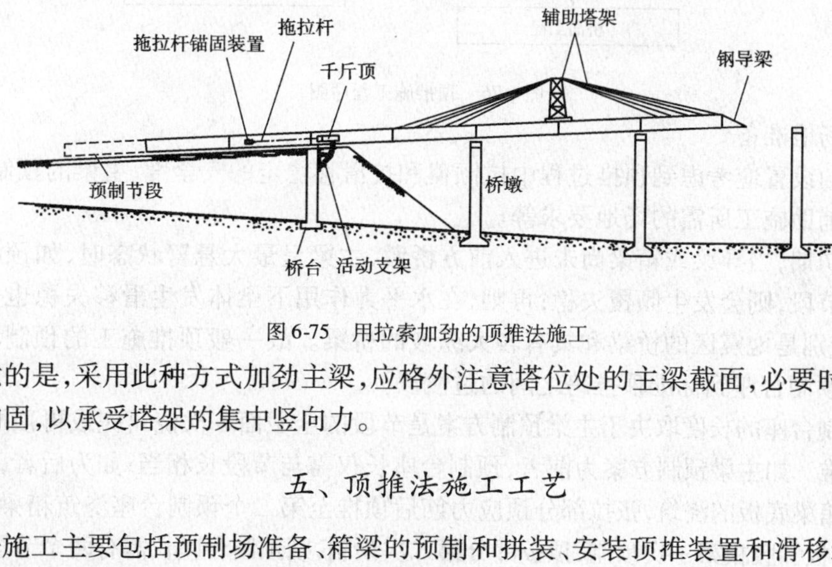

图6-75 用拉索加劲的顶推法施工

需注意的是，采用此种方式加劲主梁，应格外注意塔位处的主梁截面，必要时应对该处的主梁进行加固，以承受塔架的集中竖向力。

五、顶推法施工工艺

顶推法施工主要包括预制场准备、箱梁的预制和拼装、安装顶推装置和滑移装置、顶推梁体、落梁就位、施加预应力等。其工艺流程见图6-76。

为使主梁顶推顺利进行，施工中应注意以下几个问题。

1. 主梁的节段长度划分

主梁的节段长度划分主要考虑段间的连接处不要设在连续梁受力最大的支点与跨中截面。同时要考虑制作加工容易，尽量减少分段，缩短工期。因此一般常取节段长10～30m。柳州二桥为9×60m连续梁桥，它的标准节段长度为15m，全桥按7.5m＋35×15m＋7.5m划分预制节段。

2. 主梁节段类型

顶推施工的主梁节段类型有两种，一种是在梁轴线的预制场上连续现浇制作逐段顶推；另一种是在工厂制成预制块件，运送到桥位连接后进行顶推，这种制梁方法带来的问题是节段长度和重量取决于运输条件，并且增加了施工中的接头工作。因此，梁体节段制作多以现浇为主，并对桥梁施工质量和施工速度起着决定作用。

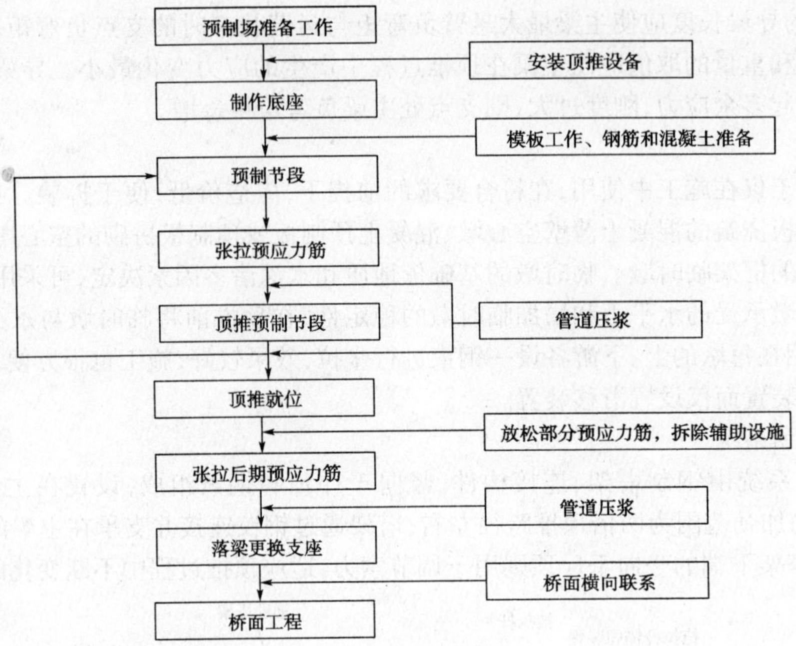

图 6-76　顶推施工程序图

3. 预制场地准备

预制场的设置应考虑到顶推过程中抗倾覆和抗滑移稳定的安全度、主梁的预制台座、材料堆放场以及辅助施工所需的场地要求等。

在顶推初期，当导梁或箱梁尚未进入前方桥墩，主梁呈最大悬臂状态时，如预制场上无足够长的主梁节段，则会发生倾覆失稳；再则，在水平力作用下梁体发生滑移失稳也是值得重视的一方面，特别是地震区的桥梁和具有较大纵坡的桥梁。故一般顶推施工的预制场地包括预制台座和从预制台座到标准顶推跨之间的过渡段。

主梁预制台座的长度取决于主梁预制方案是节段的全截面一次浇筑完成再顶推，还是分次浇筑分次顶推。如主梁预制方案为前者，预制台座长仅需与节段长相当；如为后者，在一个预制台座上完成箱梁底板的浇筑，张拉部分预应力筋后顶推至第二个预制台座浇筑箱梁的腹板和顶板，或者是底板和腹板第一次预制，顶板部分第二次预制，则预制台座长需有两个节段长。

另外，钢导梁的拼装、模板、钢筋、钢束的加工，混凝土搅拌站以及砂、石、水泥的堆放等都需用地。

所以，顶推施工的预制场一般设在桥台后，长度需要有预制节段长的三倍以上。图 6-77 为预制平台的整体概貌。

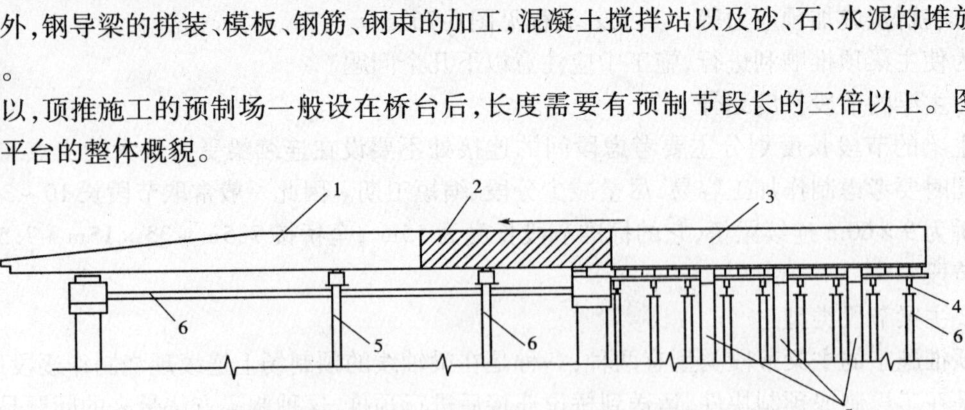

图 6-77　预制平台的整体概貌纵向布置图

1-钢导梁；2-顶推箱梁；3-顶推箱梁顶制台座；4-千斤顶；5-ϕ120cm 钢管临时滑道支承墩；6-ϕ60cm 钢管撑

4. 节段的预制工作

对采用现场预制主梁节段，由于预制工作固定在一个位置上进行周期性生产，所以完全可以仿照工厂预制桥梁的条件设临时厂房、吊车，使施工不受气候影响，减轻劳动强度，提高工效。

箱梁模板由底模、侧模和内模组成。一般来说，采用顶推法施工多选用等截面梁，模板可以多次周转使用。因此宜使用钢模板，以保证预制梁尺寸的准确性。

底模板安置在预制平台上，平台的平整度必须严格控制，因为顶推时的微小高差就会引起梁内力的变化，而且梁底不平整将直接影响顶推工作。通常预制平台要有一个整体的框架基础，要求总下沉量不超过5mm，其上是型钢及钢板制作的底模和在腹板位置的底模滑道，在底模和基础之间设置卸落设备，要求底模的重量要大于底模与梁底混凝土的黏结力，当千斤顶及木楔的卸落设备放下时，底模能自动脱模，将节段落在滑道上。

节段预制的模板构造与是否为全断面浇筑有关，图6-78为二次预制的模板构造图。

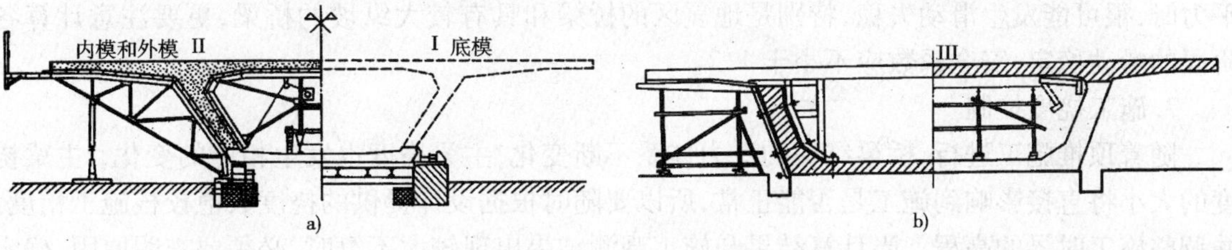

图6-78 二次预制的模板构造图

桥梁采用顶推施工时，其工期主要取决于梁体预制周期。根据统计资料得知，梁段预制工作量占上部结构总工作量的55% ~65%，加快预制工作的速度对缩短工期具有十分重要的意义。

为缩短预制周期，在预制时可考虑采取如下措施：

(1)组织专业化施工队；

(2)采用镦头锚、套管连接器，前期钢束采用直束，加快张拉速度；

(3)在混凝土中加入减水剂，提高混凝土的早期强度，增加施工和易性，是加快施工速度的有效措施；

(4)采用大型模板，提高机械化和装配化的程度。

5. 预应力钢束的张拉

顶推施工的预应力混凝土连续梁桥有三种预应力钢束，一种是兼顾营运与施工要求所需的钢束；第二是为施工阶段要求配置的钢束；第三是在施工完成之后，为满足营运阶段需要而增加的钢束。

这三类预应力钢束的构造布置特点：对于兼顾营运与施工要求的力筋，通常采用镦头锚，并用连接器接长，为了不致使接头集中在同一截面，钢束的长度取用两个主梁节段的长度，交错排列，使一半数量的钢束通过某一接头位置，而另一半钢束在该截面接头；对于施工需要而临时配置的力筋，一般选用短索，在施工完成后拆除；为便于施工，此两类顶推施工中所需钢束常采用直索，布置在截面的上下缘，对梁施加一个近似于中心受压的预应力；为满足营运阶段需要而增设的钢束有直索和弯索，锚在箱梁内的齿板上。

三种钢束应严格按照设计规定进行布置、张拉、接长和拆除，不得随意增加或漏拆，更不得漏张拉。钢束张拉时应注意:张拉顺序宜采用先临时束后永久束、先长束后短束、先直束后弯束;为防止因水平扭矩而产生附加内力,顶底板钢束应上下交替、左右对称地进行;对主梁顶推就位后需拆除的临时钢束,张拉后不应灌浆,锚具外露多余钢材不必切除;对梁段间需联结的永久束,应在节段间留出适当供连接器联结的空间。

6. 施工中的稳定问题

顶推过程中的稳定问题包括倾覆稳定和滑动稳定。

(1)主梁顶推时的倾覆稳定

施工时可能发生倾覆失稳的最不利状态发生在顶推初期,导梁或箱梁尚未进入前方桥墩,呈最大悬臂状态时。要求在最不利状态下的倾覆安全系数不小于1.3。当不能保证有足够的安全系数时,应考虑采取加大稳定段长度或在跨间增设临时墩的措施。

(2)主梁顶推时的滑动稳定

在顶推初期,由于顶推滑动装置的摩擦系数很小,抗滑能力很弱,当梁受到一个不大的水平力时,很可能发生滑动失稳,特别是地震区的桥梁和具有较大纵坡的桥梁,更要注意计算各阶段的滑动稳定,安全系数应不小于1.2。

7. 施工挠度控制

随着顶推施工进行,桥梁结构的受力体系不断变化,主梁挠度也发生相应的变化,主梁挠度的大小将直接影响到施工是否能正常,所以要随时根据设计提供的挠度数值校核施工精度,并调整施工时梁的高程。当计算结果与施工观测结果出现较大不符时,必须要查明原因,确定对策,以保证施工顺利进行。

8. 落梁

在全梁顶推到位后,需进行落梁工作,将主梁安置在永久支座上。

落梁前的准备工作有:解除梁体外的一切约束,清理永久支座并在支座垫石顶面、滑道旁边就位,在支座垫石上放样画线;在墩上清理千斤顶安放工作面,并准确安装千斤顶;复测墩顶、支座垫石顶面高程。

全桥落梁步骤见图6-79所示。

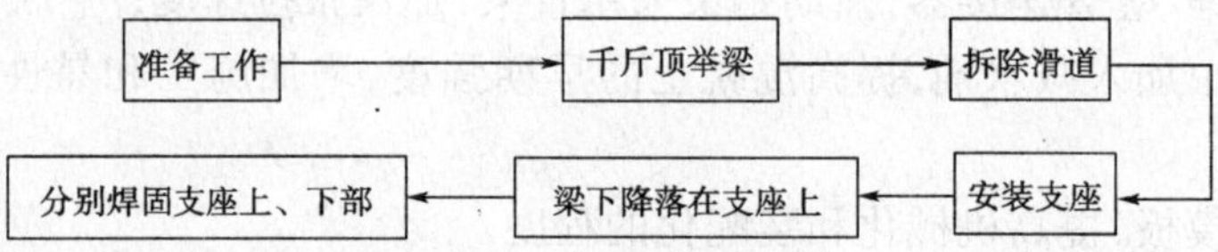

图6-79 落梁步骤图

包头黄河公路大桥全长810m,主孔为三联4×65m的预应力混凝土等高度连续梁,桥面宽12m,主梁为单箱单室梯形箱梁,混凝土强度等级为C50和C40两种,预应力体系为24ϕ5高强钢丝辅以弗氏锚和镦头锚。图6-80为主梁的一般构造图,图6-81为钢束布置示意图。

主梁施工采用多点拉杆式顶推装置进行逐段预制、逐段顶推的方法。为减少顶推过程中主梁的受力,在梁体前端设有导梁,跨中设有临时墩见图6-82。

主梁顶推施工的主要工序要点如下。

(1)预制预应力混凝土箱梁

每联箱梁共分17个节段预制,除首尾两个节段各长8.125m外,其余15个中间节段均为16.25m。当第一节段底板预制的同时将导梁下弦在平台滑道上拼好,以求导梁下弦与箱梁底

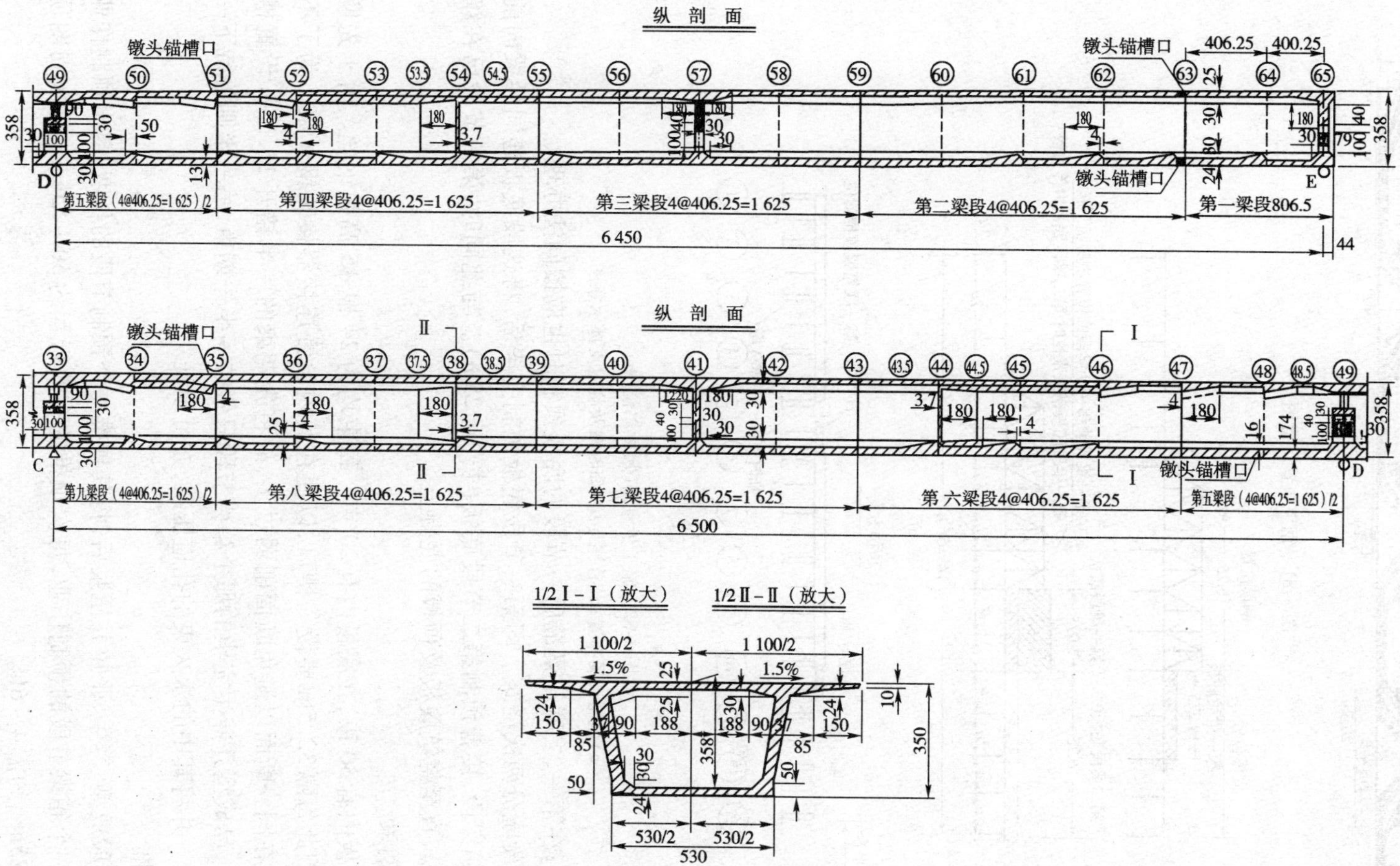

图6-80　4×65m连续箱梁的一般构造图(尺寸单位:cm)

注:1-圈内的数字为截面编号;2-整联梁为A,B,C,D,E五个支点的四跨65m连续梁,限于图幅,本图取其对称性,仅示出半联梁长;3-纵剖面图中截面编号下的虚线为梁节段分界线,实线为梁段施工接缝线;4-先期钢丝束用镦头锚,需连续张拉者用连接器接长,因此要预留槽口。图中仅作示意。

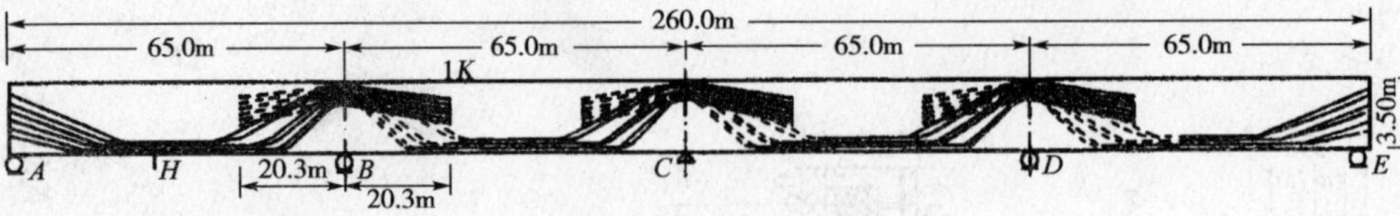

图 6-81　钢束布置示意图

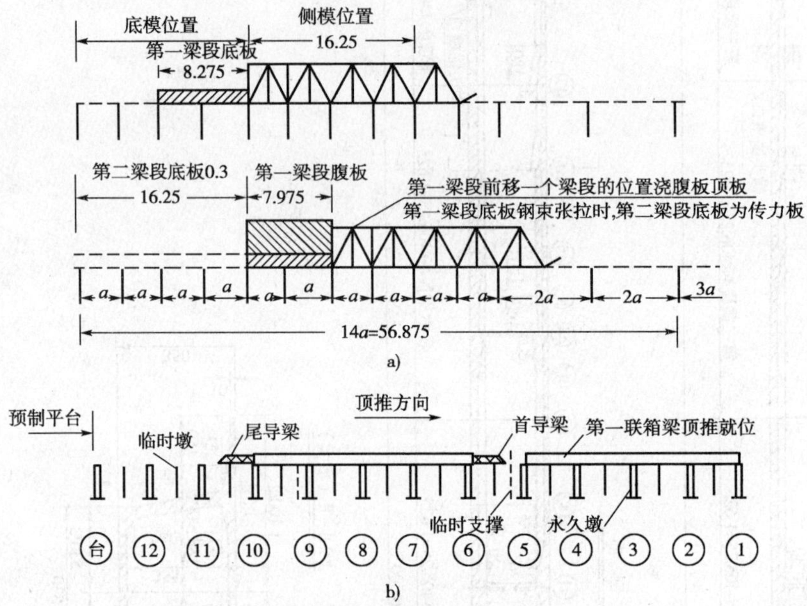

图 6-82　施工示意图(尺寸单位:m)

a)预制现场布置;b)首尾导梁、临时墩及临时支撑示意图

高程相等且平顺;在第一、二联箱梁最后一节段的底板预制时也应按同法办理。

每一节段混凝土分两次浇筑。即第一节段底板预制完毕后,将这段底板连同导梁向前推进 8.125m 进入箱梁段,接着预制第二节段底板(长 16.25m)。与此同时,第一节段已在箱梁段绑扎钢筋、立模、直至浇筑腹板及顶板的混凝土。

(2)张拉先期束

先期束在顶板内有 30 束,在底板内有 20 束。每束均为 24 根 $\phi5$ 高强钢丝。由于先期束都是全联通长,因此每隔 32.5m 要设一槽口,以便在其内设置连接器接长钢丝束。为了不使这些槽口全部设在同一断面以避免断面削弱过多,故将先期束的一半错开 16.25m 设置槽口接头。这样一来,已成型并养生完毕的那个箱梁节段只张拉一半先期束,另一半则等待下一个箱梁节段再张拉。并将其中的永久束的孔道压浆,方可顶推。

(3)周期顶推

一个箱梁节段成型、养生、张拉并压浆后,将其顶推一个预制节段的长度,空出预制作业的区段,再进行下一个箱梁节段的预制作业,每次顶推的有效行程约 50 ~ 55cm。每次周期顶推的距离等于 16.25m ,约需 4 ~ 6h。

(4)全联顶推

由于全桥共为三联预应力混凝土连续梁,每联之间在施工中无连接。为此,全联预应力混凝土梁预制完毕后,需装上尾导梁,做长距离的全联顶推至预定的孔跨。

(5)后期束张拉及先期临时束拆除

全联顶推到位后，拆除首尾导梁，即按设计步骤张拉后期束，各临时墩支点卸载。

(6)后期束张拉后的施工

后期束张拉完毕后，根据设计允许相邻墩高差1cm的条件，分墩顶起箱梁拆除滑道，安装支座。

第七章　拱桥施工

第一节　概　　述

一、拱桥的类型

拱桥形式多样，构造各异，但最基本的组成仍为基础、墩台、拱圈及拱上建筑。其中主拱圈是拱桥的主要承力构件。

拱桥可按以下几方面进行分类：

(1)按使用的材料：圬工(砖、石、混凝土)拱桥、钢筋混凝土拱桥、木拱桥、钢管混凝土拱圈及钢拱桥；

(2)按拱上建筑的形式：实腹式拱桥、空腹式拱桥；

(3)按主拱圈的拱轴线形式：圆弧拱、抛物线拱和悬链线拱；

(4)按桥面与主拱圈的相对位置：上承式拱桥、中承式拱桥、下承式拱桥；

(5)按主拱圈的截面形式：板拱、箱拱、肋拱、双曲拱；

(6)按静力体系：无铰拱、两铰拱、三铰拱；简支、单悬臂和连续梁拱组合式桥梁；

(7)按组合体系拱中的主拱圈与行车道梁刚度比：刚拱柔梁拱桥、刚梁柔拱拱桥、刚梁刚拱拱桥；

(8)按主拱圈与拱上建筑的连接方式：简单体系拱、刚架拱、桁架拱、梁拱组合体系。

二、拱桥的施工方法

拱桥传统的施工方法为满膛支架就地砌筑和浇筑，即在支架上砌筑和浇筑主拱圈后，进行拱上建筑的施工，随后落架完成全桥工程。由于支架施工不利于拱向大跨度发展，缆索吊装法、悬臂法、转体法以及劲性骨架法等无支架施工方法应运而生。

图 7-1 为拱桥常用的施工方法。

三、施工方法的选用

拱桥施工方法的选用主要涉及到结构的材料、体系、构造形式等。

圬工拱桥的施工一般采用支架就地砌筑和浇筑施工法。

上承式、中承式钢筋混凝土箱拱桥可采用缆索吊装施工法、劲性骨架就地浇筑施工法、悬臂桁架法、塔架斜拉索法、塔架劲性骨架联合施工法和转体施工法等。

下承式拱桥可采用支架现浇、桥面系现浇辅以预制安装、转体施工法等。

肋拱桥的施工方法多为预制安装，其中最常用的是缆索吊装施工法，悬臂施工法和转体施工法也是可选择的方法。

刚架拱的施工可用支架现浇、少支架现浇结合预制安装以及无支架的预制安装法。

- 拱桥的施工方法
  - 有支架施工
    - 满膛支架就地砌筑施工法
    - 满膛支架就地浇筑施工法
    - 劲性骨架就地浇筑施工法
    - 塔架劲性骨架联合施工法
  - 无支架施工
    - 预制安装施工法
      - 简易机具安装施工法
      - 缆索吊装施工法
      - 多机安装施工法
    - 悬臂施工法
      - 斜压桁架式悬拼法
      - 斜拉桁架式悬浇法
      - 塔架斜拉索法
      - 悬拼法
    - 转体施工法
      - 竖转
      - 平转
        - 有平衡重
        - 无平衡重
      - 竖转和平转的组合

图 7-1　拱桥的常用施工方法

对于桁架拱桥一般采用预制安装法，具体采用何种施工方法则与预制构件的形式有关。以图 7-2a）所示桁架片为例，如采用 A 或 B 线划分构件预制，就可采用简易机具安装施工法、多机安装施工法。以桁架节间划分构件预制或者以每个桁架杆件作为预制构件，则可采用悬拼法进行构件的安装。若采用图 7-2b）所示的构件预制，则可将下弦杆和实腹段作为“拱肋”，采用缆索吊装施工法、多机安装施工法等吊装合龙，随后在“拱肋”上安装三角形预制构件。

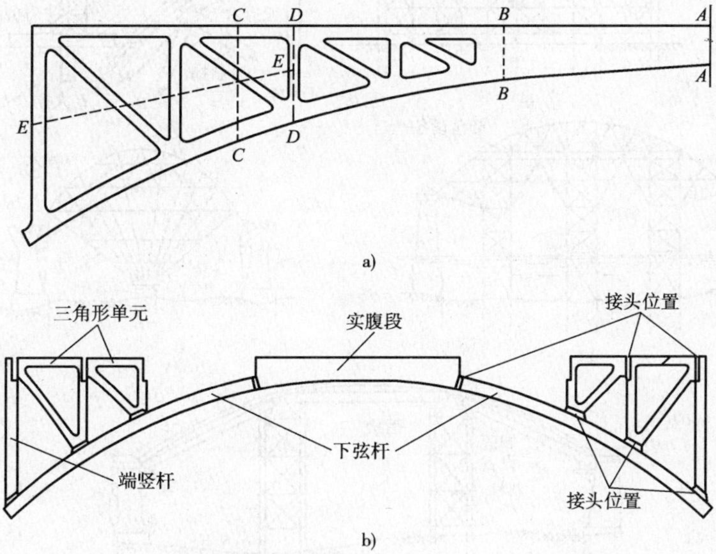

图 7-2　桁架拱片的划分方式

拱桥施工中可供选择的方法并非单一，必须根据桥梁的形式、地质地形以及施工设备类型等情况进行综合考虑，选择可行的或者多方法组合的施工方法。

以下的章节中，我们将主要介绍几种常用的拱桥施工方法。

第二节　支架就地砌筑、浇筑施工法

一、拱架的类型及预拱度设置

(一)拱架

拱架按结构分有支柱式、撑架式、扇形、桁式、组合式拱架等;按材料分有木拱架、钢拱架、竹拱架和土牛拱胎。

(1)支柱式木拱架[图7-3a)]。其支柱间距小,结构简单且稳定性好,适用于干岸河滩和流速小、不受洪水威胁、无通航的河道上使用。

(2)撑架式木拱架[图7-3b)]。其构造较为复杂,但支点间距可较大,对于较大跨径且桥墩较高时,可节省木材并可适应通航。

(3)扇形拱架[图7-3c)]。它是从桥中的一个基础上设置斜杆,并用横木联成整体的扇形,用以支承砌筑的施工荷载。扇形拱架比撑架式拱架更加复杂,但支点间距可以比撑架式拱架更大些,尤宜在拱度很大时采用。

(4)钢木组合拱架[图7-3d)]。它是在木支架上用钢梁代替木斜梁,可以加大支架的间距,减少材料用量。在钢梁上可设置变高的横木形成拱度,并用以支承模板。也可用钢桁梁或贝雷梁与钢管脚手架组拼钢组合拱架。

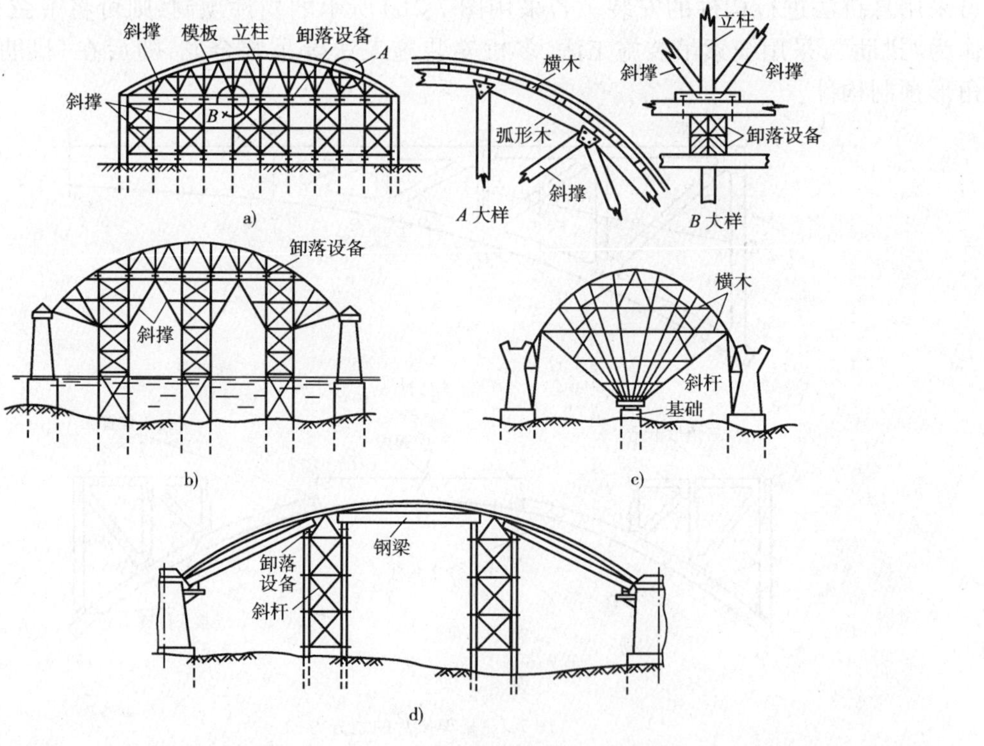

图7-3　常用木、钢木拱架的一般构造图

(5)钢桁式拱架。通常用常备拼装式桁架拼成拱形拱架,即拱架由标准节段、拱顶段、拱脚段和连接杆等以钢销或螺栓连接而成(图7-4)。为使拱架能适应施工荷载产生的变形,一般拱架采用三铰拱。拱架在横向上可由若干组拱片组成,拱片数量依桥梁跨径、荷载大小和桥宽而定，各组间用横向联结系联成整体。

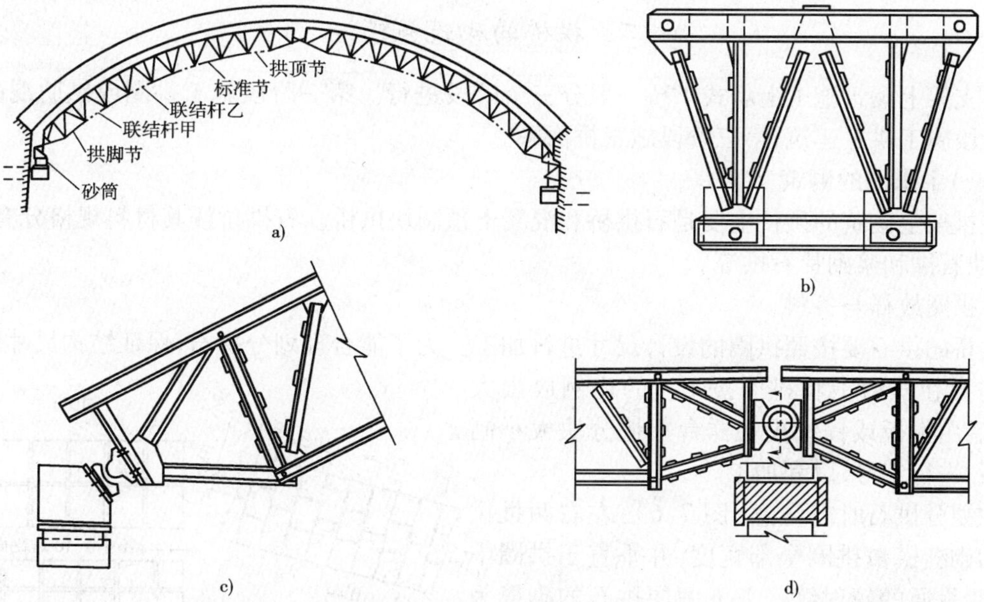

图 7-4　常备拼装式桁架形拱架

a）常备拼装式；b）标准节；c）拱脚节；d）拱顶节

桁式钢拱架也可用装配式公路钢桥桁架节段或用万能杆件拼装组成。

(6)土牛拱胎用于缺乏钢木的地区，即先在桥下用土或砂、卵石填筑一个土胎（俗称土牛），然后在上面砌筑拱圈，待拱圈完成后将填土清除，形成受力拱圈。

(二)预拱度

对于拱式结构，预拱度的设置比梁式桥更为重要，这是由于拱桥的拱轴线变化将大大影响到结构的受力性能，故需予以高度重视。

拱桥施工时，拱架的预拱度主要考虑以下几方面：

(1)拱圈自重及1/2汽车荷载产生的拱顶弹性下沉；

(2)拱圈由于温度降低与混凝土收缩产生的拱顶弹性下沉；

(3)墩台水平位移产生的拱顶下沉；

(4)拱架在承重后的弹性及非弹性变形，以及梁式及拱式拱架的跨中挠度；

(5)拱架基础受载后的非弹性压缩。

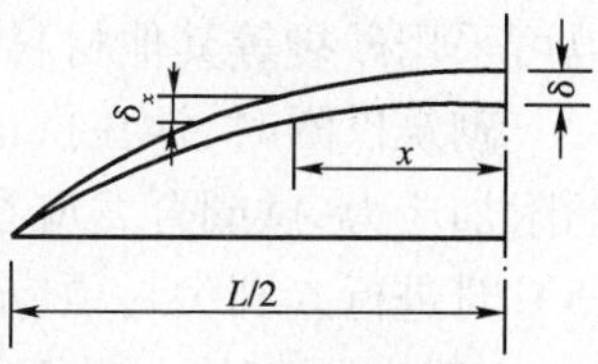

图7-5　施工预拱度的设置方法

拱架在拱顶处的总预拱度，可根据实际情况进行组合计算。

设置预拱度时，拱顶处应按总预拱度设置，拱脚处为零，其余各点可按拱轴线坐标高度比例或按二次抛物线分配。按二次抛物线分配时的计算方法可参考下列公式和图7-5。

$$\delta_x = \delta\left(1 - \frac{4x^2}{L^2}\right) \tag{7-1}$$

式中：δ_x——任意点（距离为 x）的预加高度；

δ——拱顶总预拱度；

L——拱圈计算跨径；

x——跨中至任意点的水平距离。

二、拱桥的砌筑施工

在支架上砌筑施工上承式拱桥一般分三个阶段进行。第一阶段施工拱圈或拱肋混凝土；第二阶段施工拱上建筑；第三阶段施工桥面系。

(一)主拱圈的砌筑

在拱架上砌筑的拱桥主要是石拱桥和混凝土预制块拱桥。石拱桥按其材料规格分有粗料石拱、块石拱和浆砌片石拱等。

1. 拱圈放样与备料

拱桥的拱石要按照拱圈的设计尺寸进行加工。为了能合理划分拱石，保证结构尺寸准确，通常需要在样台上将拱圈按1∶1的比例放出大样，然后用木板或锌铁皮在样台上按分块大小制成样板，进行编号，以利加工。

在划分拱石时需注意(图7-6)：左右两批拱石间的砌缝横贯拱圈全部宽度，并垂直于拱圈中轴，成为贯通的辐射缝。上下两层拱石的砌缝为断续的弧形缝，其前后拱石间的砌缝则为断续的、与拱圈纵轴平行的平面缝。两相邻拱石的砌缝必须错开，其距离应不小于10cm，以利于拱圈传力和具有较好的整体性。

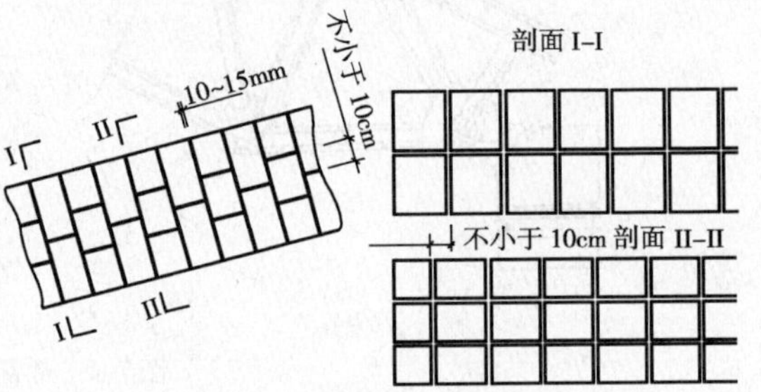

图7-6　石砌拱圈的拱石划分

拱石分块的大小依加工能力和运输条件而定。对拱石加工的尺寸规格与误差要求以及砂浆、小石子混凝土配合比和使用的规定，可按有关设计、施工规范办理。

2. 拱圈的砌筑

(1)连续砌筑。当跨径 <16m，采用满布式拱架施工时，可以从两拱脚同时向拱顶一次性按顺序砌筑，在拱顶合龙；当跨径 <10m，采用拱式拱架时，应在砌筑拱脚的同时，预压拱顶以及拱跨的1/4部位。

预加压力砌筑是在砌筑前在拱架上预压一定重量以防止或减少拱架弹性和非弹性下沉的砌筑方法。它可以有效地预防拱圈产生的不正常变形和开裂。预压物可采用拱石，随撤随砌，也可采用砂袋等其他材料。

砌筑拱圈时，常在拱顶预留一龙口，最后在拱顶合龙。为防止拱圈因温度变化而产生过大的附加应力，拱圈合龙应在设计要求的温度范围内进行。设计无规定时，宜选取气温在10～15℃时进行。刹尖封顶应在拱圈砌缝砂浆强度达到设计规定的强度后进行。

(2)分段砌筑。对跨径在16～25m之间的拱桥采用满布式拱架施工，或跨径在10～25m之间的拱桥采用拱式拱架施工时，可采用半跨分成三段的分段对称砌筑方法，如图7-7所示。

分段砌筑时，各段间可留空缝，空缝宽3～4cm。在空缝处砌石要规则，为保持砌筑过程中不改变空缝形状和尺寸，同时也为拱石传力，空缝可用铁条或水泥砂浆预制块作为垫块，待各段拱石砌完后填塞空缝。填塞空缝应在两半跨对称进行，各空缝同时填塞，或从拱脚依次向拱顶填塞。因用力夯填空缝砂浆可使拱圈拱起，故此法宜在小跨径拱使用。当采用填塞空缝砂浆使拱合龙时，应注意选择最后填塞空缝的合龙温度。为加快施工，并使拱架受力均匀，各段亦可交叉、平行砌筑。

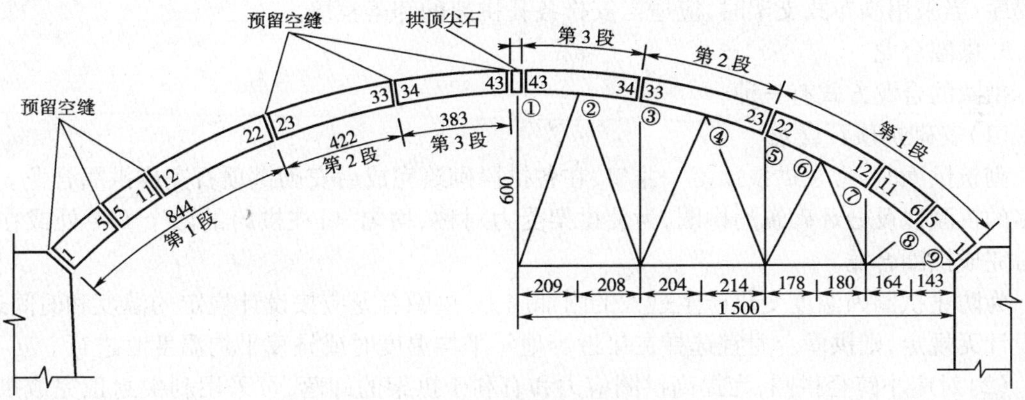

图 7-7　拱圈的分段砌筑(尺寸单位:cm)

砌筑大跨径拱圈时,在拱脚至 $L/4$ 段,当其倾斜角大于拱石与模板间的摩擦角时,拱段下端必须设置端模板并用撑木支撑(称为闭合楔)。闭合楔应设置在拱架挠度转折点处,宽约 1.0m,撑木的设置如图 7-8 所示。7-8a)为支撑支顶在下一拱段上,7-8b)为下一拱段尚未砌筑,三角架支撑在模板上。砌筑闭合楔时,必须拆除三角架,可分二三次进行,先拆一部分,随即用拱石填砌,一般先在桥宽的中部填砌;然后再拆第二部分。每次所拆闭合楔支撑必须在前一部分填砌的圬工砌缝砂浆充分凝固后进行,见图 7-9 所示。

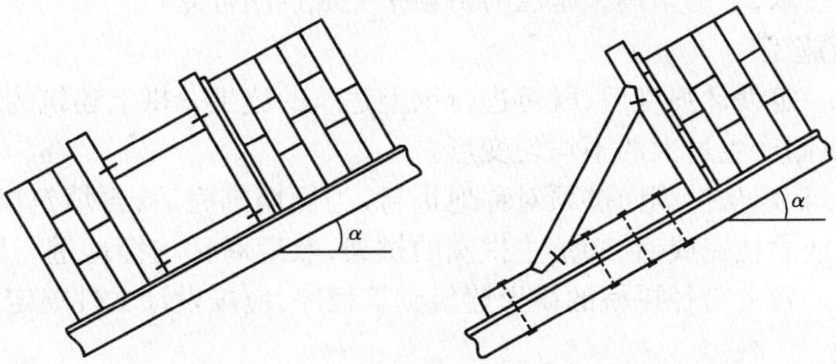

a)　　b)

图 7-8　闭合楔的支撑

a)支在下面的圬工上;b)支在拱架上

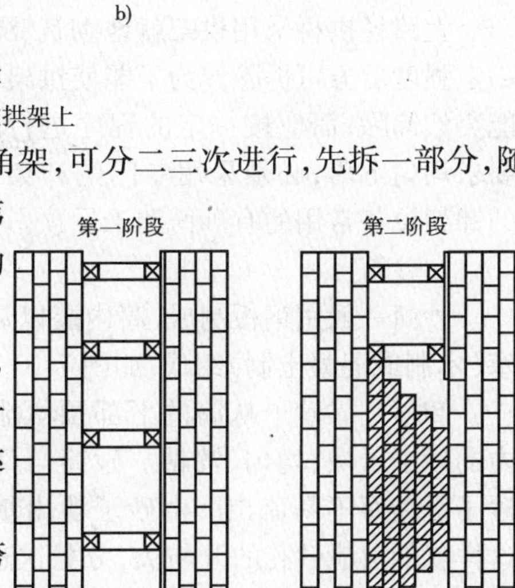

图 7-9　闭合楔的填砌顺序

(3)分环分段砌筑。较大跨径的拱桥,当拱圈较厚,由三层以上拱石组成时,可将拱圈分成几环砌筑,砌一环合龙一环。当下环砌筑完并养护数日后,砌缝砂浆达到一定强度时,再砌筑上环。

上下环间拱石应犬牙交错,每环可分段砌筑。当跨径 >25m 时,每段长度一般不超过 8m,段间可设置空缝或闭合楔。在分段较多的拱圈砌筑时,为使拱架受力对称、均匀,可在拱跨的两个 $L/4$ 处或在几处同时砌筑合龙。

(4)多跨连拱的砌筑。多跨连拱的拱圈砌筑时,应考虑与邻孔施工的对称均匀,以免桥墩承受过大的单向推力。因此,当采用拱式拱架时,应适当安排各孔的砌筑程序；当采用满布式支架时，应适当安排各孔拱架的卸落程序。

3. 拱圈合龙

拱圈的合龙方式有三种。

(1)安砌拱顶石合龙

砌筑拱圈时，常在拱顶预留一龙口，在各拱段砌筑完成后安砌拱顶石完成拱圈合龙。分段较多的拱圈以及分环砌筑的拱圈，为使拱架受力对称、均匀，可在拱跨的两个 $L/4$ 处或在几处同时完成拱圈合龙。

为防止拱圈因温度变化产生过大的附加应力，拱圈合龙应按设计规定的温度和时间进行。如设计无规定，则拱圈合龙宜选择在接近当地年平均温度时或昼夜平均温度时进行。

(2)对应小跨径拱圈，为提高拱圈应力和有利于拱架的卸落，可采用刹尖封顶完成拱圈合龙。此法是在砌筑拱顶石前，先在拱顶缺口中打入若干组木楔，使拱圈挤紧、拱起，然后嵌入拱顶石合龙。

(3)预施压力封顶

用千斤顶施加压力来调整拱圈应力，然后进行拱圈合龙。注意应严格按照设计规定进行。如设计文件中无此要求，不得采用预施压力封顶来完成拱圈合龙。

(二)拱上建筑施工

当主拱圈达到一定设计强度后，既可进行拱上建筑的施工。拱上建筑的施工，应对称均衡地进行，避免使主拱圈产生过大的不均匀变形。

实腹式拱上建筑，应从拱脚向拱顶对称地进行，当侧墙砌完后，再填筑拱腹填料。空腹式拱一般是在腹拱墩或立柱完成后，卸落主拱圈的拱架，然后对称均衡地进行腹拱或横梁、联系梁以及桥面的施工。较大跨径拱桥的拱上建筑砌筑程序，应按设计文件规定进行。

(三)拱架卸落

大跨径拱桥采用拱架就地砌筑、浇筑施工，卸落拱架的工作相当关键。拱架应待拱圈达到一定强度后方可拆除。为了能使拱架所支承的拱圈重力能逐渐转给拱圈自身来承受，拱架不能突然卸除，而应按一定的程序进行。为保证拱架能按设计要求均匀下落，必须采用专门的卸架设备。对于大跨径拱桥的卸架设备常用的有砂筒和千斤顶。

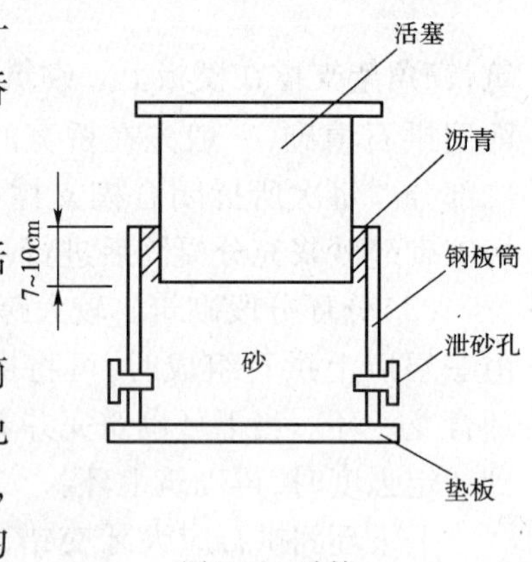

图 7-10　砂筒

1. 砂筒

砂筒一般用钢板制成，筒内装以烘干的砂子，上部插入活塞(木制或混凝土制)组成，如图 7-10 所示。

卸落是靠砂子从筒的下部预留泄砂孔流出，因此要求筒内的砂子干燥、均匀、清洁。砂筒与活塞间用沥青填塞，以免砂子受潮而不易流出。由砂子泄出量可控制拱架卸落高度，这样就能由泄砂孔的开与关，分数次进行卸架，并能使拱架均匀下降而不受振动。我国 170m 钢筋混凝土拱桥所用钢制砂筒的直径达 86cm，使用效果良好。

2. 千斤顶

采用千斤顶拆除拱架常与拱圈调整内力同时进行。一般在拱顶预留放置千斤顶的缺口，千斤顶用来消除混凝土的收缩、徐变以及弹性压缩的内力和使拱圈脱离拱架。

丹河大桥(图 7-11)是晋焦高速公路上的一座特大型上承式石拱桥，主跨结构形式为净跨

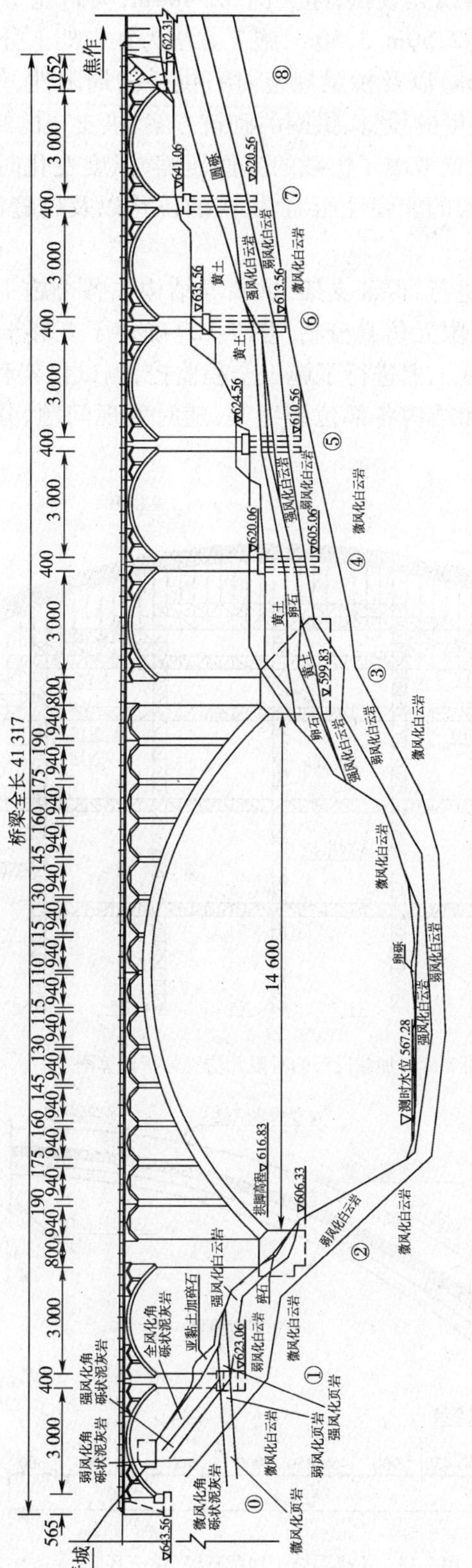

图 7-11 丹河大桥总体布置图(尺寸单位:cm)

径 146m 的全空腹式变截面悬链线无铰拱，净矢高 32.444m，矢跨比 1/4.5，桥梁全宽 24.2m。拱顶、拱脚处的拱圈高度分别为 2.50m、3.50m，施工方法为在支架上分环分段进行拱圈砌筑。

由于跨度大、支架高（近 80m）以及桥梁规范对石拱桥的局限性，使该桥从设计到施工都面临许多待解决的问题，如预拱度的设置、拱圈的砌筑方案、拱支架的卸落等。

根据计算分析，预拱度的设置考虑了恒载的弹性压缩、温度变化时拱圈的变形、拱架的弹性压缩、降温对拱架的影响、拱架的非弹性压缩、拱座的位移以及砌缝混凝土收缩徐变等主要因素。

为使拱圈的砌筑施工顺利进行，保证支架、拱圈等结构在各个施工环节具有足够的强度、刚度和稳定性，在设计中通过有限元仿真分析（图 7-12）确定了五环十段的拱圈砌筑方案（图 7-13为第三环的砌筑方案），在施工上进行了施工全程监控，测试拱架和主拱圈的内力、变形及稳定性，观测桥台沉降及位移和结构各部位裂缝等，随时发现问题，分析原因，及时调整施工工序。

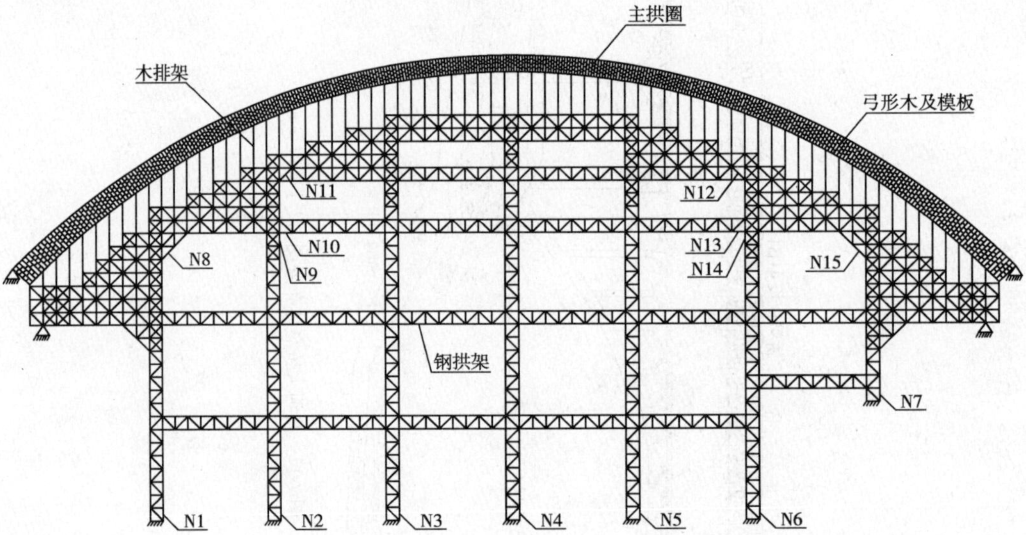

图 7-12　加载设计的有限元仿真分析计算图

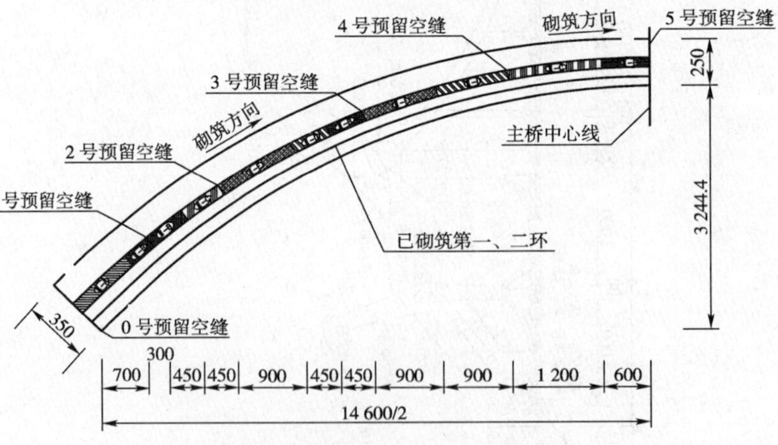

图 7-13　主拱圈施工加载顺序（第三环）

本桥的落架程序则为分阶段、分步骤的落架方式。

(1)主拱圈完全合龙后,砌体强度达到设计强度的95%后,部分落架;

(2)主桥腹拱墩砌筑完成后,部分落架;

(3)主桥腹拱圈砌筑完成后,完全落架。

三、拱桥的就地浇筑施工

在支架上就地浇筑拱桥的施工同拱桥的砌筑施工基本相同。即:浇筑主拱圈或拱肋混凝土;浇筑拱上立柱、联系梁及横梁等;浇筑桥面系。但在施工时还需注意的是后一阶段混凝土浇筑应在前一阶段混凝土强度达到设计要求后进行。拱圈或拱肋的施工拱架,可在拱圈混凝土强度达到设计强度的70%以上时,在拱上建筑施工前拆除,但应对拆架后的拱圈进行稳定性验算。

在浇筑主拱圈混凝土时,立柱的底座应与拱圈或拱肋同时浇筑,钢筋混凝土拱桥应预留与立柱联系的联系钢筋。

主拱圈混凝土的浇筑方法同砌筑施工,如连续浇筑法、分段浇筑法和分环、分段浇筑法。施工方案的选定主要根据桥梁跨径。

(1)连续浇筑。跨径在16m以下的混凝土拱圈或拱肋,主拱高度比较小,全桥的混凝土数量也较少,因此主拱可以从两拱脚开始对称向拱顶方向浇筑混凝土,其间最先浇筑的混凝土虽然部分可能因本身荷载随拱架下沉而随之下沉,但仍具有可塑性,不致使拱圈或拱肋开裂。如果预计因混凝土数量多而不能在限定时间内完成,则需在两拱脚处留出间隔缝,于最后浇筑成拱。

(2)分段浇筑。跨径在16m以上的混凝土拱圈或拱肋,为避免先浇筑的混凝土因拱架下沉而开裂,并为减小混凝土的收缩力,而沿拱跨方向分段浇筑,各段之间留有间隔槽。这样,在拱架下沉时,拱圈各节段有相对活动的余地,从而避免拱圈开裂。

拱段的长度一般取6~15m,划分拱段时应使拱顶两侧保持对称、均匀。间隔槽宽0.5~1.0m,一般宜设在拱架受力的反弯点、拱架节点处、拱顶或拱脚。如在间隔槽内需要钢筋接头,其宽度尚应满足钢筋接头的需要。拱段的浇筑程序应符合设计规定,在拱顶两侧对称进行,以使拱架变形保持均匀最小。图7-14所示为不同跨的拱分段浇筑的程序,可供参考选用。

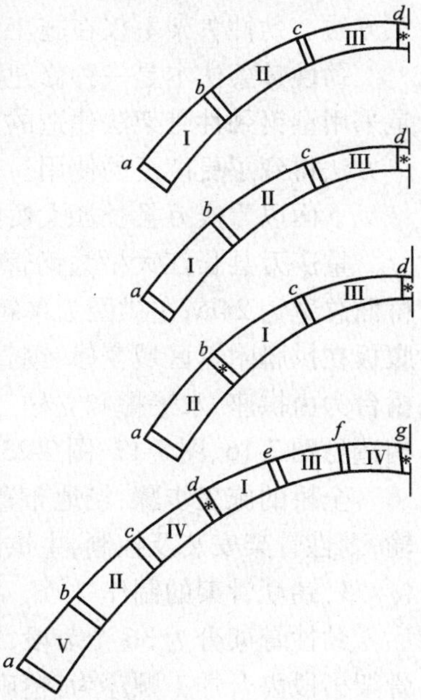

图7-14 拱圈分段浇筑的施工程序

间隔槽应在拱圈各段混凝土浇筑完成,且强度达到设计强度等级的70%以上后进行,浇筑的顺序可从拱脚向拱顶对称进行,在拱顶浇筑间隔槽使拱合龙。拱的合龙温度应符合设计要求,一般应接近当地的年平均温度或在5~15℃之间为宜。为加速施工进程,间隔槽混凝土可采用比拱圈混凝土高一级的半干硬性混凝土。

(3)分环、分段浇筑。大跨径钢筋混凝土拱圈,为减轻拱架负荷,通过计算可采用分环分段浇筑混凝土。即将拱圈高度分成二环或三环,先分段浇筑下环混凝土,分环合龙,再浇筑上环混凝土。分环浇筑的施工时间较长,但下环混凝土在达到设计强度后,与拱架共同承担上环浇筑混凝土的重量,可节省拱架。分环分段浇筑也可采取先分环分段浇筑,最后一次合龙。上下环间隔槽互相对应、贯通，一般宽度取2m左右，有钢筋接头的槽宽可取4m左右。按这样的浇筑程序，仅减少每次浇筑的混凝土数量，而拱架必须按全部主拱圈自重设计。

图7-15所示为箱形拱主拱圈采用分环分段浇筑的程序。

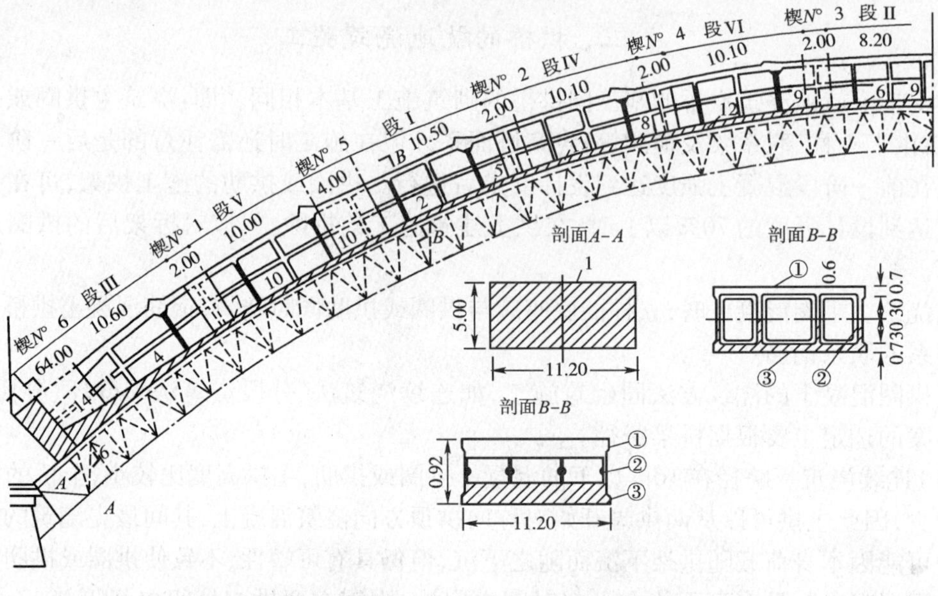

图7-15　箱拱主拱圈分环、分段浇筑施工程序(尺寸单位:m)

对分环浇筑，由于各环混凝土龄期不同、混凝土的收缩和温差影响，在环面间会产生剪力和结构的内应力，容易造成环间裂缝。因此，其浇筑程序、养护时间和各环间的结合必须按计算确定。

四、劲性骨架施工法

劲性骨架施工法（也称米兰法或埋置式拱架法）是利用先安装的拱形劲性钢桁架（骨架）作为拱圈的施工支架，并将劲性骨架各片竖、横桁架包以混凝土，形成拱圈整个截面构造的施工方法。劲性骨架不仅在施工中起到支架作用，同时它又是主拱圈结构的组成部分。

劲性骨架法本是一种修建大跨度拱桥的老办法，建于1942年的西班牙埃斯拉（Esla）桥就是采用型钢劲性骨架法建造的。近年来，因采用高强、经济的钢管混凝土作为骨架材料，使这一方法得到了更广泛的使用。

下面以重庆万县长江大桥的施工为例，介绍劲性骨架施工法。

重庆万县长江大桥为钢管混凝土劲性骨架钢筋混凝土拱桥，主孔净跨420m，矢跨比1/5，桥面总宽为24m；主拱圈为单箱三室的箱形截面，拱圈高7m，宽16m，顶、底板厚40cm，顶、底、腹板在拱脚附近区域变厚，钢管劲性骨架成拱；拱上结构为14孔30m的预应力简支T形梁；桥台为由拱座、水平撑和立柱三部分组成的组合结构。主桥总体布置、拱圈横断面及劲性骨架构造见图7-16、图7-17、图7-23。

全桥的施工步骤：场地布置，主桥台施工，主、引桥墩施工，主拱圈钢管劲性骨架加工及运输，劲性骨架安装及控制，主拱圈混凝土施工，拱上立柱和T形梁施工，桥面系施工。

1. 劲性骨架的制作

劲性骨架分为36个节段，由5个桁片组成，每节段长13.0m，宽15.6m，高6.45m。劲性骨架桁段齿合加工顺序为：精确放样，绘制加工大样图；组焊桁片，检查验收；以5个桁段为一组，布置两个65m长的半长线台座，由拱脚至拱顶分别齿合制作两端劲性骨架；在台座上按顺

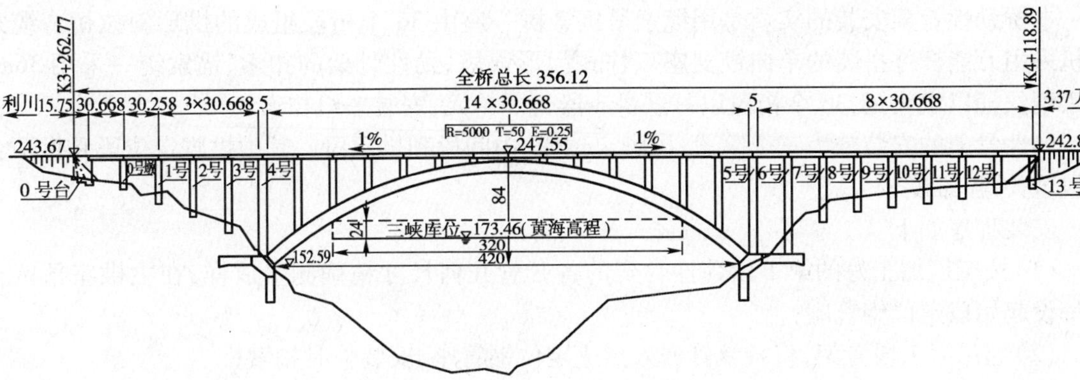

图 7-16　桥孔布置图(尺寸单位:m)

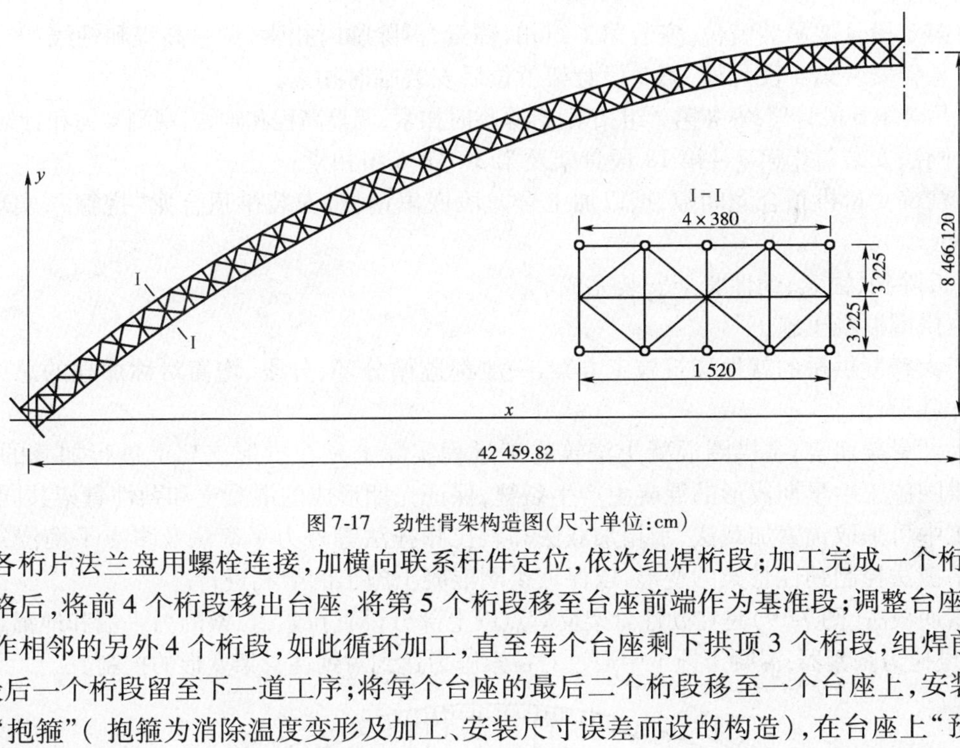

图 7-17　劲性骨架构造图(尺寸单位:cm)

序将各桁片法兰盘用螺栓连接,加横向联系杆件定位,依次组焊桁段;加工完成一个桁段,经验收合格后,将前 4 个桁段移出台座,将第 5 个桁段移至台座前端作为基准段;调整台座拱度,齿合制作相邻的另外 4 个桁段,如此循环加工,直至每个台座剩下拱顶 3 个桁段,组焊前 2 个桁段,最后一个桁段留至下一道工序;将每个台座的最后二个桁段移至一个台座上,安装拱顶合龙段"抱箍"(抱箍为消除温度变形及加工、安装尺寸误差而设的构造),在台座上"预合龙",组焊最后 2 个桁段。

2. 劲性骨架的安装(图 7-18)

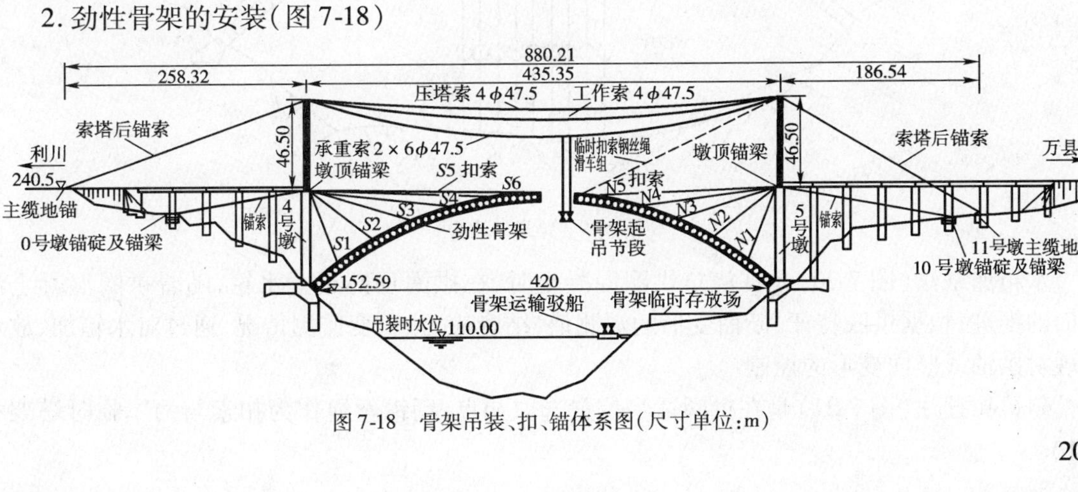

图 7-18　骨架吊装、扣、锚体系图(尺寸单位:m)

本桥劲性骨架安装的实质是用缆索吊机悬拼一座由 36 个桁段组成的拱形斜拉桥。缆索吊机采用万能杆件拼装的单向铰支座双柱式门形索塔，劲性骨架的扣索、锚索统一采用 36ϕ5 碳素钢丝辅以镦头锚，36 个桁段以每悬拼 3 段为一单元，安装一组扣索。

劲性骨架的安装分为三个阶段：拱脚定位段，中间段和拱顶段。其中拱脚定位段和拱顶合龙段最关键，难度较大。

安装程序如下。

(1)按工厂加工好的第 1 段劲性骨架的各弦管几何尺寸精确测量放样，在主拱座预留孔内埋设起始段定位钢管座；

(2)起吊第 1 段骨架，将各弦管嵌入拱座定位钢管座，安装临时扣索；

(3)起吊第 2 段骨架，与第 1 段骨架精确对中，钢销定位，法兰盘螺栓连接，安装临时扣索，初调高程；

(4)第 3 段骨架吊装就位，安装第 1 组扣、锚索，拆除临时扣索，调整高程和轴线；

(5)悬臂安装第 4 段骨架，第 5 段骨架就位后安装临时扣索；

(6)吊装第 6 段骨架，安装第 2 组扣索，拆除临时扣索，调整高程和轴线，观测索力和骨架应力；

(7)同法安装每岸第 7 ~ 第 18 段骨架及第 3 ~ 第 6 组扣索；

(8)精确丈量拱顶合龙间隙，据以加工合龙段嵌填钢板，安装拱顶合龙“抱箍”，实现劲性骨架合龙；

(9)拆除扣、锚索，劲性骨架安装完成。

3. 主拱圈混凝土施工

对于大跨度拱桥的就地浇筑施工方案，一般都遵循分环、分段、均衡对称加载的总原则进行纵向加载设计。

对劲性骨架而言，主拱圈混凝土浇筑施工过程实际上是在拱形支架上进行加载的过程。为避免拱圈施工中早期成形的混凝土产生裂缝，保证先期形成的混凝土和劲性骨架共同承载，拱圈施工中可采取锚索加载法、水箱加载法和斜拉扣挂法等外力平衡法及多点平衡浇筑法的无外力平衡法控制劲性骨架的变形，以保证拱圈混凝土施工的顺利进行。

锚索加载法(图 7-19)是在劲性骨架反弯点以上部分设置拉索，拉索的另一端和地锚连接起来，中间设拉力张紧器，混凝土施工中通过对拉索施力达到对劲性骨架变形的控制。

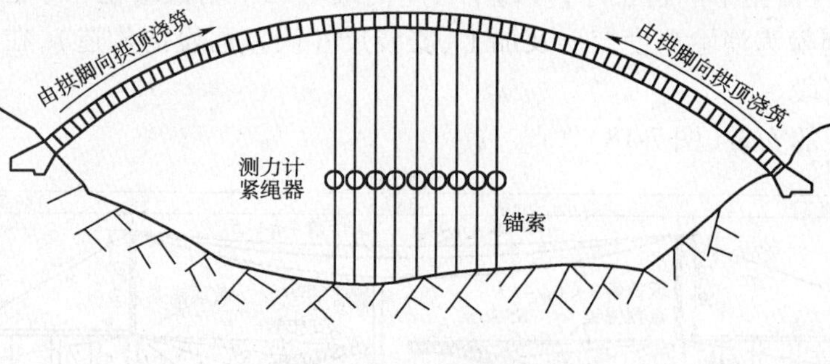

图 7-19　锚索加载法

水箱加载法(图 7-20)是在浇筑拱圈混凝土时，在拱圈顶部布置水箱，随着拱圈混凝土浇筑面的推进，根据拱圈特征、断面变形的观测值，结合应力、应变监测情况，通过对水箱加、放水实现对拱轴线竖向变形的控制。

斜拉扣挂法(图 7-21)是在拱圈适当位置选取扣点，用钢丝绳作为扣索与两岸临时塔架相

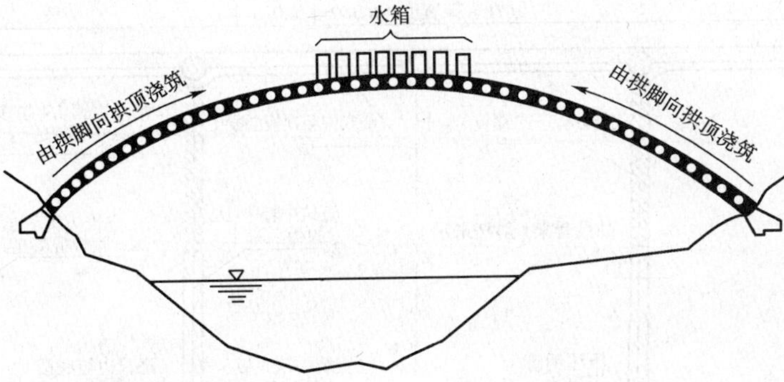

图 7-20　水箱加载法

连,在混凝土浇筑过程中,根据各断面的应力情况进行扣索的张拉或放松,以减少各浇筑阶段混凝土所产生的弯矩,将应力控制在允许范围内,实现从拱脚到拱顶连续浇筑混凝土。

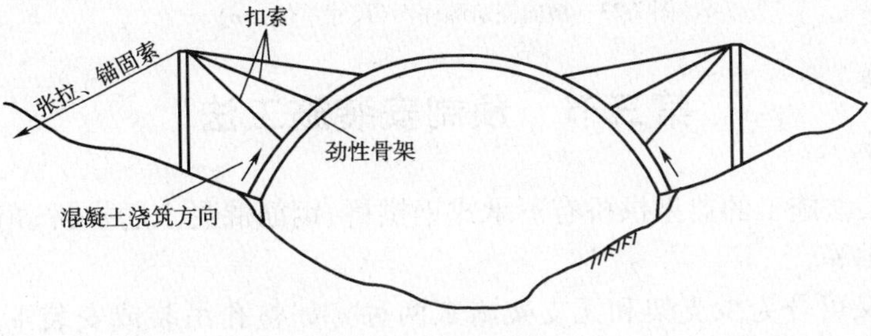

图 7-21　斜拉扣挂法

多点平衡浇筑法是将拱圈横向分块、径向分环、纵向分段,施工时,按加载设计所确定的方案进行多点均衡浇筑混凝土,使拱受力、变形及稳定状态在允许范围内。

在本桥的加载设计中,考虑了二、四、六工作面对称、同步浇筑顺序的多重方案,即考虑是从两拱脚向拱顶的混凝土浇筑,还是拱圈纵向分成四个或六个点同时向拱顶进行混凝土浇筑,结论是"二工作面"浇筑法会使劲性骨架发生大幅度的起伏变形,弦杆内力绝对值大,压力超过了承载能力且有较长的拉力区段;"四、六工作面"浇筑方案中的弦杆内力都在压力区内,挠度曲线起伏也不大;经比较,"六工作面"的浇筑方案最为理想。

依据"六工作面"的混凝土浇筑方案,确定的主拱圈的混凝土浇筑程序为(图 7-22、图 7-23):①压注钢管混凝土;②浇筑中箱底板混凝土;③浇筑中箱下1/2腹板混凝土;④浇筑中箱上 1/2 腹板混凝土;⑤浇筑中箱顶板混凝土;⑥浇筑两侧边箱底板混凝土;⑦浇筑边箱下 3/4 腹板混凝土;⑧浇筑边箱上 1/4 腹板及顶板混凝土。混凝土的每次浇筑,沿全桥形成了一钢筋混凝土环,在一定龄期将参与骨架受力,承受下一环混凝土的重量和施工荷载。

主拱圈完成后即可进行拱上立柱、T 梁和桥面系的施工。

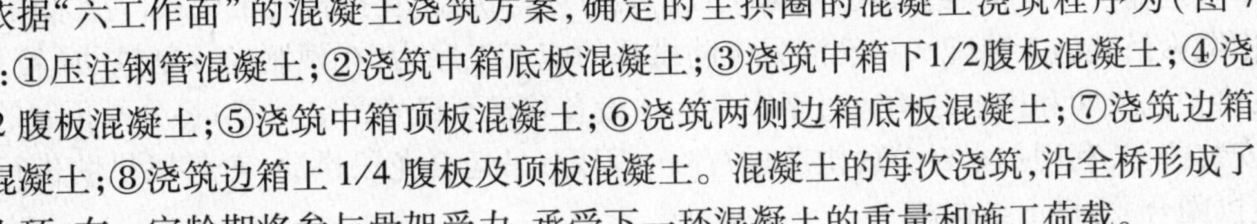

图 7-22　纵向浇筑程序图

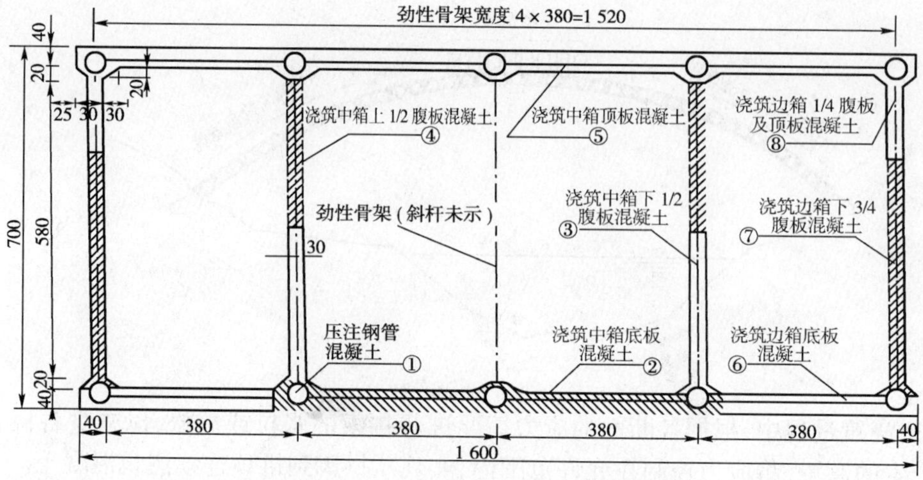

图 7-23　横向浇筑顺序图（尺寸单位：cm）

第三节　预制安装施工法

采用预制安装法施工的典型拱桥有下承式钢拱桥、钢筋混凝土肋拱桥、桁架拱桥、钢管混凝土拱桥和刚架拱等。

预制安装法又可分为少支架和无支架施工两种。如整孔吊装或安装下承式钢拱桥、无支架缆索吊装法施工钢筋混凝土肋拱桥、少支架或无支架法施工桁架拱桥和钢管混凝土拱桥等。

本节将主要介绍缆索吊装施工法、少支架或无支架法施工桁架拱桥和钢管混凝土拱桥，对桁架拱桥的无支架悬臂施工见本章的第四节，下承式钢拱桥的安装见第十章相关内容。

一、装配式钢筋混凝土拱桥的缆索吊装施工

在峡谷或水深流急的河段上，或在有通航要求的河流上，缆索吊装由于具有跨越能力大、水平和垂直运输机动灵活、适应性广、施工较稳妥方便等优点，在拱桥施工中被广泛采用。

采用缆索吊装施工装配式钢筋混凝土肋拱桥的施工工序为：在预制场预制拱肋（箱）和拱上结构；将预制拱肋和拱上结构通过平车等运输设备移运至缆索吊装位置；将分段预制的拱肋吊运至安装位置，利用扣索对分段拱肋进行临时固定；吊运合龙段拱肋，对各段拱肋进行轴线调整，主拱圈合龙；拱上结构施工。

（一）拱肋的分段预制

对跨径在 30m 以内的拱肋可不分段或分为两段；在 30～80m 范围的拱肋可分为三段；拱肋跨径大于 80m 时，一般分为 5 段，也有分为 7 段的。拱肋的分段点应选择在拱肋自重弯矩最小的位置或其附近。

拱肋的预制方法分立式预制和卧式预制。立式预制的特点是：起吊安全、方便；底模可采用土牛拱胎，节省木料；当采用密排浇筑时，占用场地也较少。卧式预制的特点是：可节省木料；拱肋的形状及尺寸较易控制；浇筑混凝土时操作也方便；但拱肋起吊时容易损坏；卧式预制又可分为单片预制和多片叠制。

（二）拱肋的安装

在合理安排拱肋的吊装顺序方面，需考虑按下列原则进行。

（1）单孔桥跨常由拱肋合龙的横向稳定方案决定吊装拱肋顺序。

（2）多孔桥跨，应尽可能在每孔内多合龙几片拱肋后再推进，一般不少于两片拱肋。但合龙的拱肋片数不能超过桥墩强度和稳定性所允许的单向推力。

（3）对于高桥墩，还应以桥墩的墩顶位移值控制单向推力，位移值应小于 $L/600 \sim L/400$。

（4）在设有制动墩的桥跨，可以以制动墩为界分孔吊装，先合龙的拱肋可提前进行拱肋接头、横系梁等的安装工作。

（5）采用缆索吊装时，为便于拱肋的起吊，对拱肋起吊位置的桥孔，一般安排在最后吊装；必要时该孔最后几根拱肋可在两肋之间用"穿孔"的方法起吊。

用缆索吊装时，为减少主索的横向移动次数，可将每个主索位置下的拱肋全部吊装完毕后再移动主索。

（6）为减少扣索往返拖拉次数，可按吊装推进方向，顺序地进行吊装。

拱肋安装的一般顺序为：边段拱肋吊装及悬架；次边段拱肋吊装及悬架；中段拱肋吊装及拱肋合龙。在边段、次边段拱肋吊运就位后，需施加扣索进行临时固定。

扣索有"塔扣"、"墩扣"、"天扣"及"通扣"等类型（图 2-30）。

（1）塔扣：扣索直接利用主索的塔架作为扣索的支承，此法在单跨主索中采用较多。

（2）墩扣：桥墩本身具有足够的强度时，可利用桥墩墩顶作为扣索的支承，一般做法是扣索滑车组锚固在墩顶，滑车组钢绳的一端（活头）进入设于岸上的卷扬机，如墩顶的高程不足时，可在墩顶敷设一定高度的排架以减小扣索受力。

（3）天扣：敷设一组承重主索，用以专门悬架和稳定拱肋以取代主索吊点，如果拱箱（肋）单肋合龙的稳定系数大于 4，又敷设有两组主索，则可利用另一组主索的吊点作天扣。如此办法，这样两组主索就可以交替作主索和天扣。

（4）通扣：对于多孔拱肋的吊装大都采用通扣。首先可在墩顶敷设矮扣架（或码 1～1.5m 高的道木垛），用一根 ϕ30mm 以上的钢绳做扣索，扣索的一端固定在拱肋的扣点上，另一端连续通过各桥墩上的扣架顶，一直贯通两岸的地锚前，再用滑车组收紧扣索。

以上四种扣索方法可以因地制宜采用，在一座桥上可以同时采用不同的扣挂方法。

（三）拱肋的合龙

拱肋的合龙方式有单基合龙、悬架多段边段或次边段拱肋后单肋合龙、双基肋合龙、留索单肋合龙等。图 7-24 为单肋合龙示意图。当拱肋跨度大于 80m 或横向稳定安全系数小于 4 时，应采用双基肋合龙松索成拱的方式，即第一根拱肋合龙并校正拱轴线，楔紧拱肋接头缝后，稍松扣索和起重索，压紧接头缝，但不卸掉扣索，待第二根拱肋合龙并将两根拱肋横向连接固定和拉好风缆后，再同时松卸两根拱肋的扣索和起重索。

拱肋合龙后的松索过程必须注意下列事项。

（1）松索前应校正拱轴线及各接头高程，使之符合要求。

（2）每次松索均应采用仪器观测，控制各接头高程，防止拱肋各接头高程发生非对称变形而导致拱肋失稳或开裂。

（3）松索应按照拱脚段扣索、次段扣索、起重索的先后顺序进行，并按比例定长、对称、均匀松卸。

（4）每次松索量宜小，各接头高程变化不宜超过 1cm。松索至扣索和起重索基本不受力

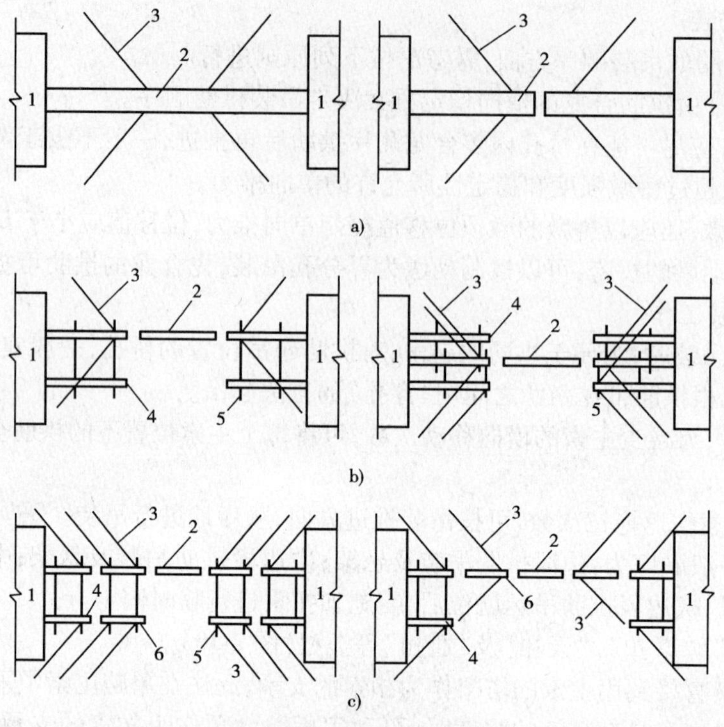

图 7-24　拱肋合龙方式示意图

a)单基肋合龙;b)3 段吊装单肋合龙;c)5 段吊装单肋合龙

1-墩台;2-基肋;3-风缆;4-拱脚段;5-横尖木;6-次拱脚段

时,用钢板嵌塞接头缝隙,再将扣索和起重索放松到不受力,压紧接头缝,拧紧接头螺栓,同时用风缆调整拱肋轴线。调整拱肋轴线时,除应观测各接头高程外,还应兼测拱顶及 1/8 跨点处高程,使其在允许偏差之内。

(5)接头处部件电焊后,方可松索成拱。

拱上结构安装时需遵循的原则与无支架拱桥施工的相同。

(四)稳定措施

在缆索吊装施工的拱桥中,为保证拱肋有足够的纵、横向稳定性,除要满足计算要求外,在构造、施工上都必须采取一些措施。

一般的横向稳定措施为设置横向风缆(图 7-25)和在拱肋之间设置横向联系装置。

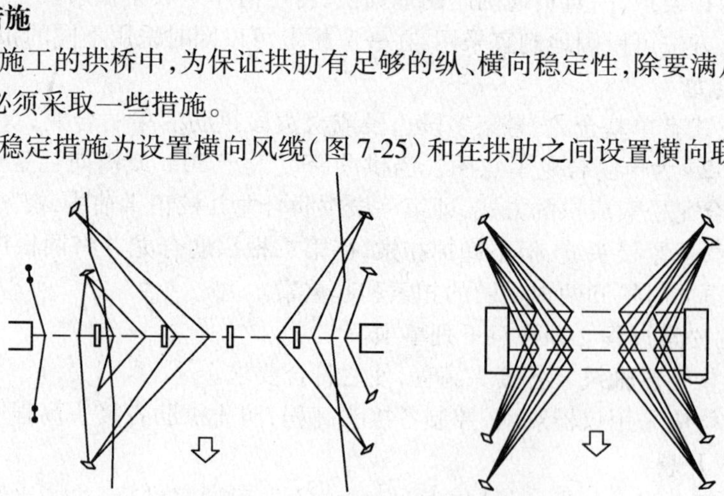

图 7-25　锚固在两岸的拱肋风缆

a)多孔桥;b)单孔桥

横向稳定风缆的主要作用在于:在拱肋吊装中用以调整和控制拱肋中心线;在拱肋合龙时可用以约束各个接头的横向偏移;在拱肋成拱后,用以减小拱肋的自由长度,增大拱肋的横向稳定;当拱肋在外力作用下产生位移时,也可起到约束作用。

当设计选择的拱肋宽度小于单肋合龙所需要的最小宽度时,为满足拱肋横向稳定的要求,可采用双基肋合龙或多肋合龙的形式。

对较大跨径的拱桥,尤宜采用双基肋或多基肋合龙,基肋与基肋之间必须紧随拱肋的拼装及时连接(或临时连接)。拱肋横向联系杆件通常有木夹板(图 7-26)、木剪刀撑(图 7-27)、钢筋拉杆(图 7-28)、钢横梁(图 7-29)等。

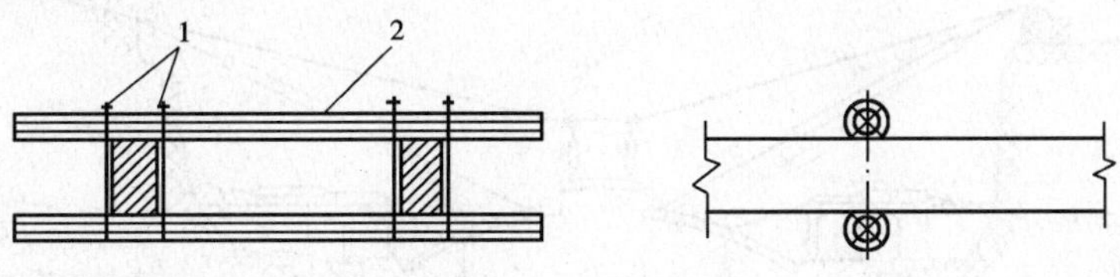

图 7-26　木夹板

1-拉杆螺栓;2-$\phi10\sim\phi15$ 的圆木

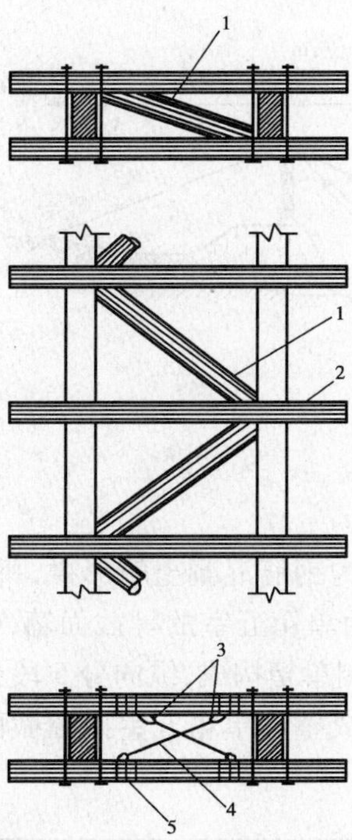

图 7-27　木剪刀撑

1-$\phi10$cm 圆木;2-马钉;3-花篮螺栓;4-$\phi10$ 钢筋拉杆;5-铅丝

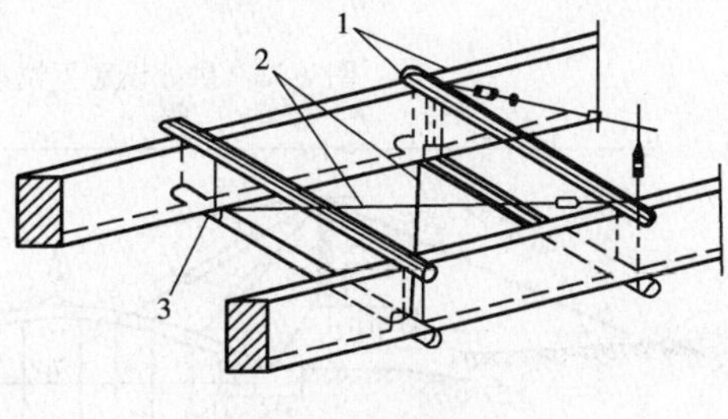

图 7-28　钢筋拉杆

1-花篮螺栓;2-$\phi10$ 圆钢筋;3-8 号铅丝绑扎

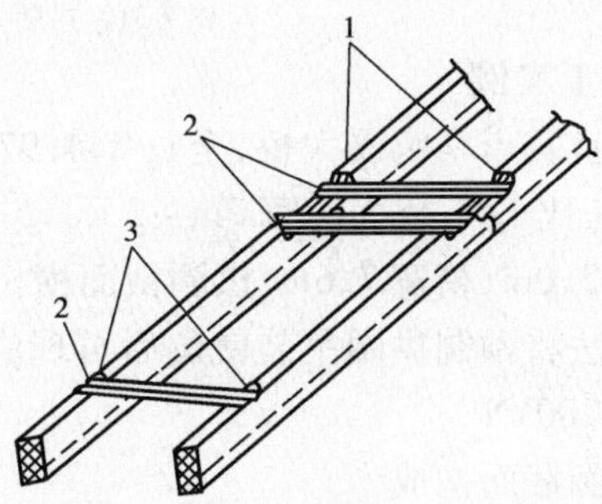

图 7-29　钢横梁

1-拱肋接头处外露钢筋;2-临时焊接角钢;3-拱肋吊环钢筋

在拱轴系数过大、拱肋截面尺寸较小、刚度不足等个别情况下,有时需采用加强拱肋纵向稳定的施工措施。如当拱肋接头处可能发生上冒变形时,可在接头下方设置下拉索以控制变形(图 7-30);当拱肋截面尺寸较小、刚度不足时,可在拱肋底弧等分点上用钢丝绳进行多点张拉(图 7-31)。

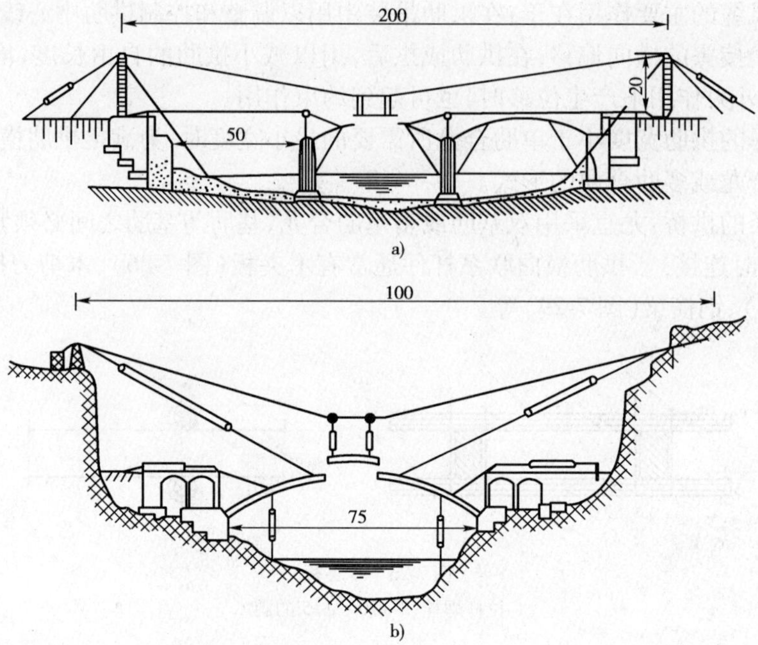

图 7-30　拱处设置下拉索(尺寸单位:m)

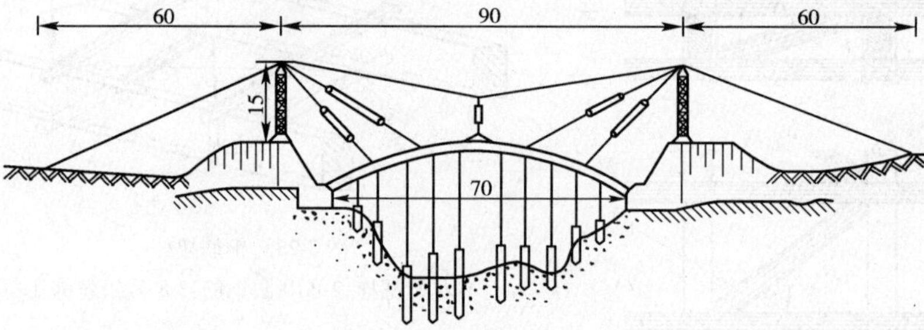

图 7-31　拱肋多点张拉(尺寸单位:m)

(五)施工实例

四川省宜宾市马鸣溪大桥,全长 244.97m,主桥结构为钢筋混凝土箱形拱,桥梁净跨径为 150m,净矢跨比 1/7,桥面净宽 7m + 2 × 1.5m,拱圈截面为单箱五室的等截面箱,C40 混凝土,主拱圈箱高 2.0m,箱宽 7.6m,拱圈截面横桥向由 5 个预制单箱构成,纵向分 5 段预制,采用缆索吊装施工法将预制拱圈吊装就位后再现浇混凝土组合成整体单箱五室拱圈截面,拱箱最大吊装重力为 700kN。

1. 主拱圈截面构成

主拱圈截面分预制和现浇两部分(图7-32),拱箱全高为 2m,其中预制的单箱室高为1.85m,底板厚 18cm,顶板厚 10cm,侧板为 4 ~ 5cm 的预制钢筋混凝土薄板,通过现浇底板混凝土与预制的侧板和横隔板形成槽形拱截面,之后在其上现浇顶板混凝土组合成预制单室箱;待预制拱箱吊装就位后,再现浇预制箱室间和整体的顶板混凝

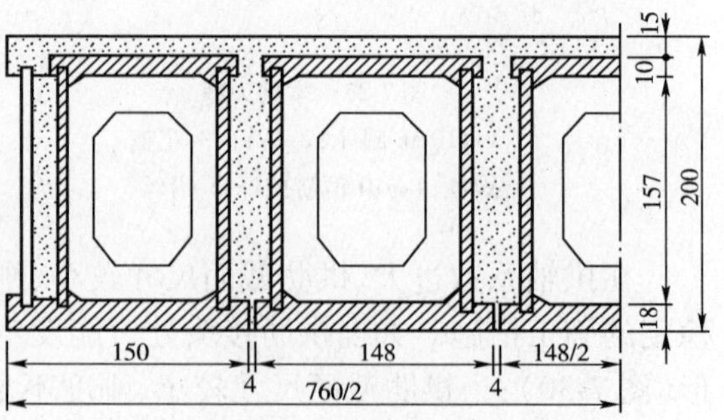

图 7-32　主拱圈截面

土(厚 15cm)成为整体单箱五室的主拱圈截面。

每个预制箱的顶板和底板内各设 10ϕ16 的纵向钢筋，侧板的纵横配 ϕ6 钢筋构成 7cm 网格,整体现浇的顶板内设 ϕ6 钢筋网一层。

2. 拱箱预制场布置

桥位北岸(宜宾岸)引桥台后地势较平坦,有一较宽的台地,南岸(塘坝岸)地形陡峻,而且有公路交叉,施工场地狭窄,因此全桥上部结构预制及主要吊装设备均布置在宜宾岸。在预制场按主拱圈类型分为 5 组,顺河平排布置。为便于施工操作,在同组中两箱间净距为 1m,组与组之间净距为 2m。拱箱在预制场由龙门架桁梁横移,然后由轨道平车顺桥向纵移至宜宾岸引桥孔下游侧,再经石砌走道向上游横移至天线下,由运输天线起吊,运输至安装位置就位安装,如图 7-33 所示。

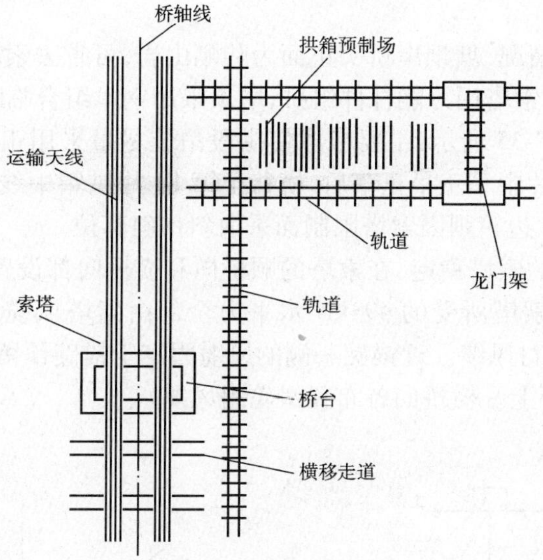

图 7-33 拱箱纵横移布置图

3. 拱箱的预制施工

拱箱侧板有厚度 4cm 和 5cm 两种,均在混凝土地面上预制,用扒杆起吊脱模,移运堆放备用。

拱箱组装在拱胎上进行,拱胎系按拱箱分段放样坐标,将土夯实轧压筑成。为便于横隔板和侧板接头混凝土的浇筑及底板侧模安装,在土拱胎上顺横隔板埋置 6cm × 8cm 方木,其高度按坐标控制。再在其上浇筑一层 8cm 厚 C10 混凝土并抹平,即组成拼装拱箱的拱胎。在拱箱吊点处的拱胎上设置 40cm × 40cm 槽沟,用砂填实,供起吊拱箱时安装吊具之用,如图 7-34 所示。

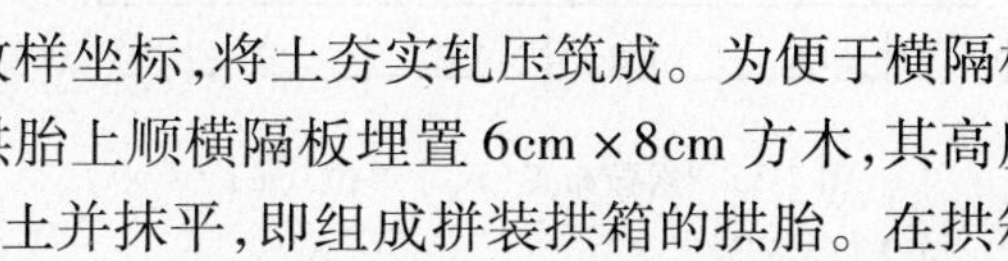

图 7-34 拱胎(尺寸单位:cm)

在混凝土胎面上准确地放出拱箱底板中线及边线。为便于脱模,在胎面上铺一层油毛毡,其宽度不超过底板边线,同时在油毛毡与胎面之间撒上滑石粉。铺设拱箱底板钢筋,但暂不绑扎,将侧板运至组装位置。将侧板和横隔板准确就位,将底板钢筋与侧板及横隔板钢筋绑扎,并垫好底板钢筋保护层,点焊牢固。

两段拱箱的连接是通过每段拱箱端部上下缘的预埋角钢用螺栓连接的,因此拱箱端头的准确程度是关系到吊装时两段拱箱接头能否准确就位的关键。故施工中采用 10mm 钢板制成端模,在钢板上按端头连接角钢螺栓的眼孔设计位置准确钻孔。将端头角钢螺栓装在端头模板上,仔细校正端面平整度及端头的倾斜度,并使端面与拱箱中线垂直,然后与顶板和底板主筋点焊连接,再次检查、校正,最后分段对称电焊。

拱箱组装成型后,仔细地对拱箱的长度、宽度、中线及端头钢模位置和倾角进行检查,检查符合要求后,浇筑底板及各接头混凝土形成槽形箱。

在槽形箱内安装可拆卸的简易顶板模板。顶板模板在顶板混凝土浇筑完毕后,从横隔板的空洞中取出。

绑扎顶板钢筋、吊点及扣点牛腿钢筋,浇筑顶板混凝土。

4. 缆索吊装设备的布置

(1)索塔

根据桥梁两岸地形情况,塘坝岸桥头正面为陡峭山岩,可省去索塔。宜宾岸索塔设置于引桥桥台上,塔高 42.78m,索塔用万能杆件组拼,塔顶采用钢木组合临时结构,塔底为铰接。

塔顶索鞍布置如图 7-35 所示,主要考虑使拱段吊装尽量采用正吊正落,减少运输索的横向移动。即保证 I、II 两片中箱正吊正落后,横移至第 III 片拱箱中线位置进行该片拱箱吊装,而上下游的第 IV、V 两片边箱则因索塔限制而采取斜吊斜落位。

为保证吊装施工中的索塔稳定,在索塔的顺桥向和横桥向都设置了风缆(图 7-36)。顺桥向主要考虑吊装施工时索塔所受的 494kN 水平力全部由索塔风缆承担,在塔顶上下游各用 ϕ47.5mm 钢丝绳设置一对风缆。近锚碇一侧的风缆固定于锚碇预留环上,另一侧固定于中墩顶预埋的 ϕ32mm 钢筋环上。横桥向各布置滑轮组风缆。

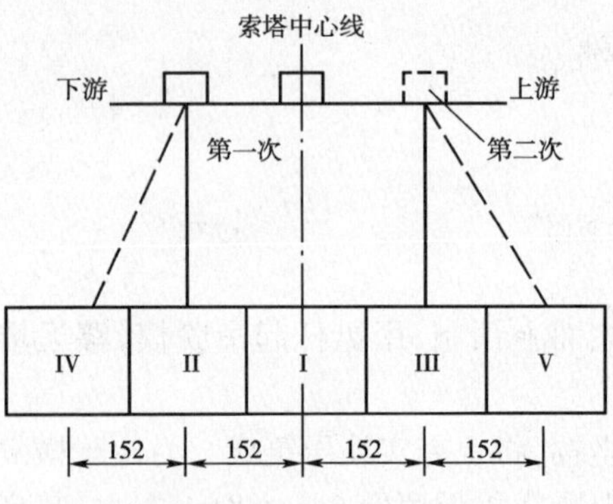

图 7-35 索鞍布置(尺寸单位:cm)

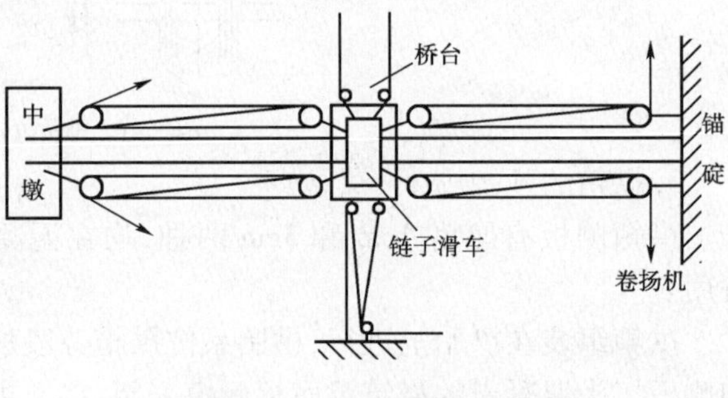

图 7-36 索塔风缆布置图

(2)锚碇

锚碇受力按一片拱箱已合龙调整,第二片中段拱箱吊运至跨中时,运输天线产生的最大内力,以及在此状态时,各有关段扣索、索塔风缆、工作天线等传于锚碇的最大拉力为 5 000kN 设计。宜宾岸锚碇为重力式锚碇,其结构如图 7-37 所示,平面尺寸为 6m×8m。锚碇内设索洞两个,断面为 0.8m×1m,中距为 4m。运输索通过索洞系于挡板后轨束梁上,轨束梁由 20 根 43 号钢轨组成半圆形,其平面一边紧靠挡板。

塘坝岸锚碇利用桥头正面陡峭山岩,采用嵌入式锚碇,共设两个锚洞。洞深为 9m,洞口断面为 1.6m×1.8m,洞底为 3m×2.5m,呈口小内大的葫芦状。两洞中距为 4m,洞轴线水平夹角为 22°。每洞内用 ϕ32mm 的圆钢做拉环,每 3 根焊成一组,共 10 组,结构简图如图 7-38 所示。两拉环内穿上由 56 根 38 号钢轨组成的轨束梁,运输天线绕过轨束梁,不设索塔。

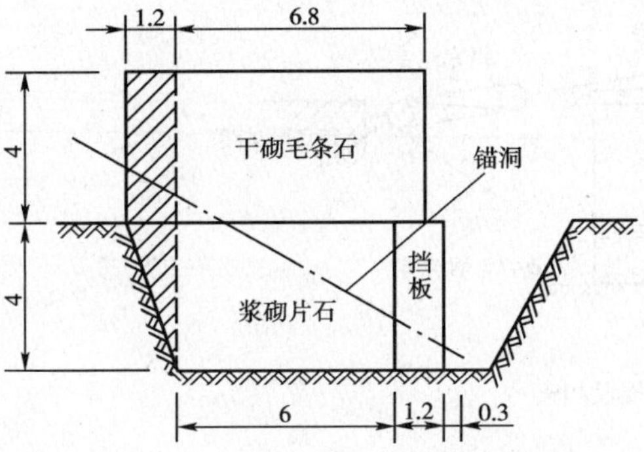

图 7-37　宜宾岸锚碇(尺寸单位:m)

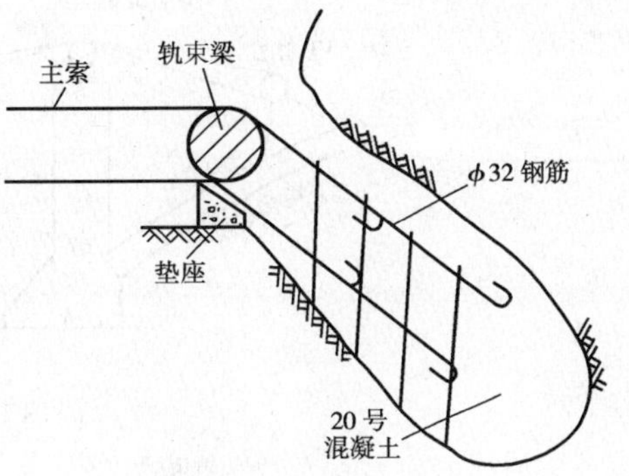

图 7-38　塘坝岸锚碇

(3)吊运天线(主缆)

运输天线共布置两组,每组由 8 根 ϕ47.5mm 钢丝绳组成,天线跨径为 284m,设计垂度21.34m。

在各组运输天线上设置有采用"四门三角滑车"组成的跑马滑车。一个跑马滑车中有两台"四门三角滑车",分别骑在四根钢丝绳上,为使两个三角滑车受力一致,通过连接钢板和 ϕ150 圆钢(钢扁担)将其连成整体,在钢扁担跨中通过连接钢板与起吊滑轮组相连(如图 7-39 所示)。

(4)扣索布置

拱箱的端段和中间段扣索布置(图 7-40 ~ 图 7-43)。对塘坝岸端段拱箱,利用桥台作地锚,将钢丝绳斜绕于桥台作固定千斤绳。扣索的一端绕环卡于千斤绳上,另一端通过台口木制索鞍绕过连在扣具上的承载 800kN 大滑轮,再返回索鞍与固定于千斤绳上的六门滑车组连接;该岸侧中间段拱箱扣索一端绕固于轨束梁上,另一端通过扣具上 800kN 大滑轮,再返回通过轨束梁上 800kN 转向大滑轮与固定于桥台千斤绳上的六门滑车组连接。在宜宾岸一侧,端段拱箱扣索利用引桥桥台作扣索地锚,用 ϕ47.5mm 钢丝绳平绕在桥台拱座以下作固定千斤绳,扣索的一端固定于千斤绳上,另一端翻过中墩顶面滑轮索鞍,并通过扣具上 800kN 大滑轮,返回中墩索鞍和引桥桥台上索鞍与固定于宜宾岸锚碇上的六门滑轮组相连;该岸侧中间段拱箱扣索通过索塔顶面与固定于引桥桥台上的六门滑车组相连。

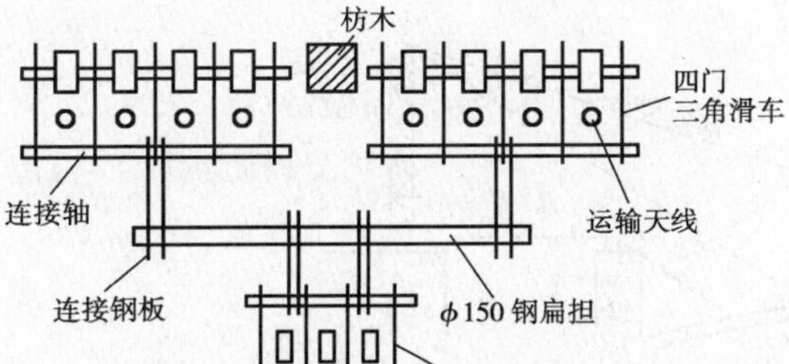

图 7-39　各组天线跑马滑车下的横向连接

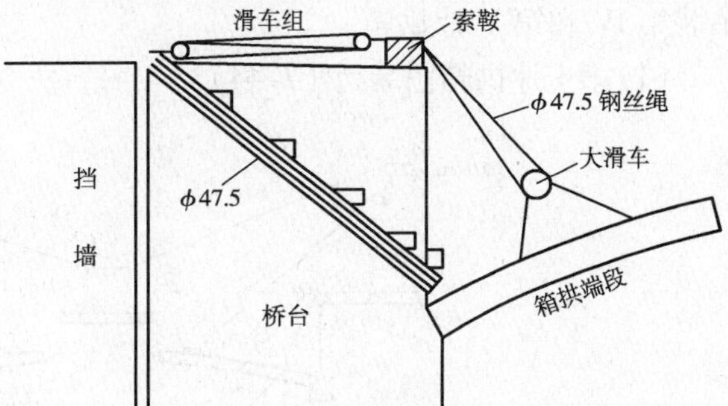

图 7-40　塘坝岸端段扣索

5. 预制拱箱吊装

预制拱箱的吊装顺序为:利用上游运输天线组吊装第 I 片拱箱,下游组则吊装第 II 片拱箱,将 I 和 II 两片拱箱吊装完成后,进行横向连接和接头处理。然后拆除 I 片拱箱吊点,将运

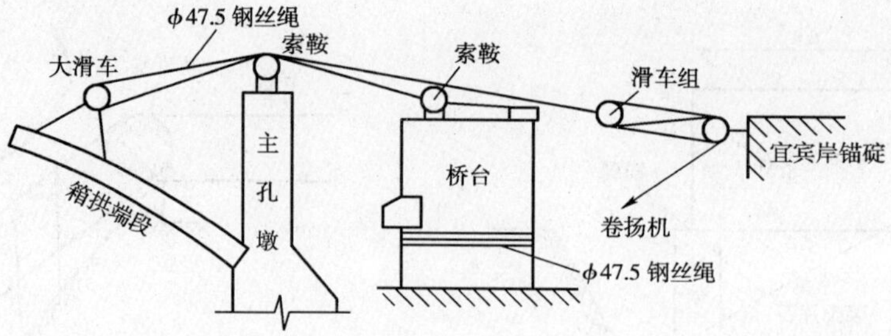

图 7-41　宜宾岸端段扣索

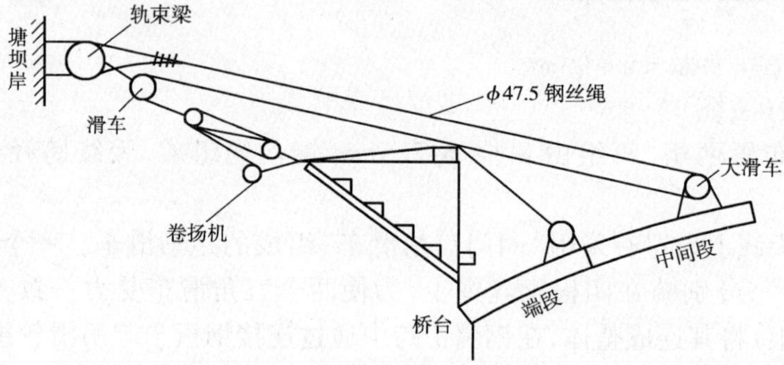

图 7-42　塘坝岸间段扣索

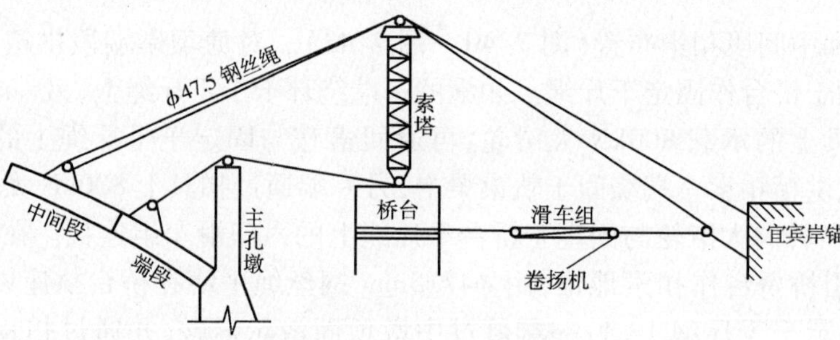

图 7-43　宜宾岸间段扣索

输天线向上游移动，吊装第 III 片。I 至 III 片拱箱均采用正吊正落位，随后采用斜吊斜落方式吊装第 IV 和第 V 片拱箱。

(1)第 I 片拱箱吊装(图 7-44)

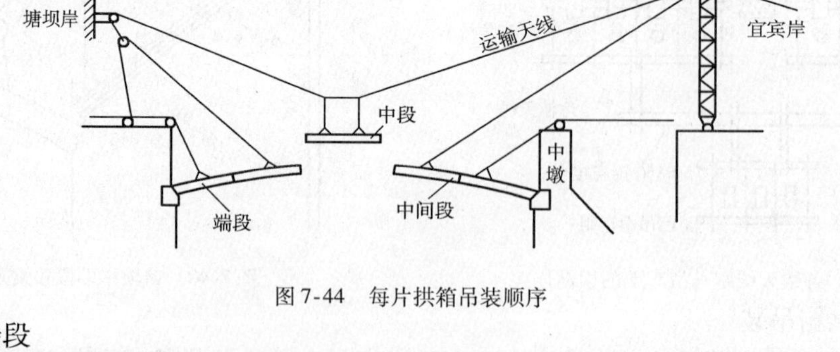

图 7-44　每片拱箱吊装顺序

①拱箱端段

先吊装塘坝岸拱箱端段，当端段就位后，将拱箱两侧 75 × 75 × 10 的角钢点焊于拱座钢板上，以固定端头位置。拉好八字风缆并调整拱箱中线位置，固定八字风缆，安装好扣具并转换由扣索受力。

先收紧扣索并暂时固定，以水平仪观测下接头的（端段与中间段接头处）高程。当下接头开始上升时，表示扣索初步受力，停止收紧扣索，缓缓放松吊点，控制端头高程升降在 10cm 范围内。按上述步骤反复进行，直至全部转换到扣索受力，端头预抬高度为 20cm。以同样方法安装宜宾岸端段。

②拱箱中间段

吊运塘坝岸中间段。以吊点控制中间段上接头（中间段与中段接头处）的预抬高度为 30～40cm，与端段接头相接，装上接头螺栓。将下缘螺栓稍紧，上缘螺栓旋上螺母，预留螺杆空隙 1～2cm，这主要是使两构件暂时联结，使合龙后拱轴线调整时，构件端头不受损伤。安装好扣具，穿好扣索，拉好八字风缆，进行扣索和吊点的受力移交。在移交转换中必须严格控制上接头高程在 5cm 范围内变动，并随时调整端段和中间段的拱箱中线。上接头预抬高度视下接头实际高度确定，其高度大致为下接头抬高度的二倍。以同样方法吊装宜宾岸中间段拱箱。

③拱箱中段

中段拱箱在吊运中，因宜宾岸中间段扣索阻挡，需在上游两岸对称设置横拉绳，将拱箱向上游横拉越过扣索。横拉绳需系于吊点滑车组动滑车下，使拱箱始终保持正吊。中段拱箱运至安装位置后，固定好跑马滑车，慢慢放松吊点，使拱箱缓缓下落，以水平仪控制拱顶高程，使之较设计高 2～3cm，注意两端接头缝隙，不得碰中间段拱箱。两岸对称按先端段后中间段慢慢放松扣索，往返进行，使两岸中间段端面接头逐步向中段端面靠拢至完全接触后，安装接头螺栓，同时全面利用八字风缆调整各段拱箱中线，使一片拱箱完成合龙。

④拱箱合龙后应进行松索及中线调整，施工中松索调整与中线调整同时进行。松索由水平观测资料通知各卷扬机采用定长松索方法进行。中线调整则由专人指挥各组人员同时松紧八字风缆使拱箱段至设计高程。这样可加快安装进度，亦可确保拱圈稳定。松索程序仍按端段扣索、中间段扣索、中段吊点的顺序往返进行。松索时力求相对接头高程一致，每次松索接头高程下降不超过 2cm。当接头达到设计高程后，在各接头处填塞钢板，拧紧接头螺栓。仍按上述松索程序再次松索，使各接头钢板抵紧，直至各接头高程不再发生变化为止。最后松吊，使吊点受力至 30% 即开始电焊接头。电焊接头从跨中向两岸对称同时进行，最后焊拱座。由于一片拱箱合龙时，稳定安全系数仅为 0.97，因此吊点和扣索均不拆除。按相同程序吊装第 II 片拱箱。

（2）两片拱箱横联

当 I 和 II 两片拱箱完成合龙、调整、接头处理后，首先将两片拱箱的顶部和底部预埋横向联系件电焊连接，安装侧板螺栓，接头灌注环氧树脂，然后将上接头和下接头及拱座接头混凝土灌满。同时在顶板每一横联处将两箱间纵缝现浇 40 号混凝土 60cm，以加强两箱的稳定。待所浇混凝土达到一定强度后，将上游组运输天线吊点和扣点全部松掉，并向上游移动索鞍，进行第 III 片拱箱吊装。待第 III 片拱箱的端段或中间段就位后，才将相应位置的扣索转移过来。由于两片拱箱合龙横向连接后稳定系数为 3.22，仍小于稳定系数应大于 4 的要求，故风缆均不拆除。

（3）边拱箱吊装

边拱箱吊装程序与中拱箱相同，但因运输天线正对第 II 和 III 片拱箱，这就要求边拱箱落位斜距 1.52m。因此在天线运输中，需将拱箱向上游或下游外侧横拉达 2m 距离。故在上下游各布置一台横拉卷扬机。边拱箱吊装完成后,拱箱吊装工作即全部完成。

二、桁架拱桥与刚架拱桥的施工

桁架拱桥与刚架拱桥,由于构件预制装配,具有构件重量轻、安装方便、造价低等优点,从20世纪70年代以来在全国各地被广泛应用。

桁架拱桥与刚架拱桥施工的主要部分是构件的预制和安装。

(一)桁架拱桥的施工

1. 构件的预制

桁架拱片的桁架段预制构件一般采用卧式预制,实腹段构件采用立式预制,故桁架段构件在吊离预制底座出坑之后和安装之前,需在某一阶段由平卧状态转换到竖立状态。这个转换是由吊机的操作来完成的,其基本步骤是先将桁架段构件平吊离地,然后制动下弦杆吊索,继续收紧上弦杆吊索,或者制动上弦杆吊索,缓慢放松下弦杆吊索,这样构件就在空中翻身。

图7-45表示桁架拱片的桁架段在用两台轨道龙门吊机吊运构件的预制场上起吊出坑和空中翻身时的吊点起吊设备布置。

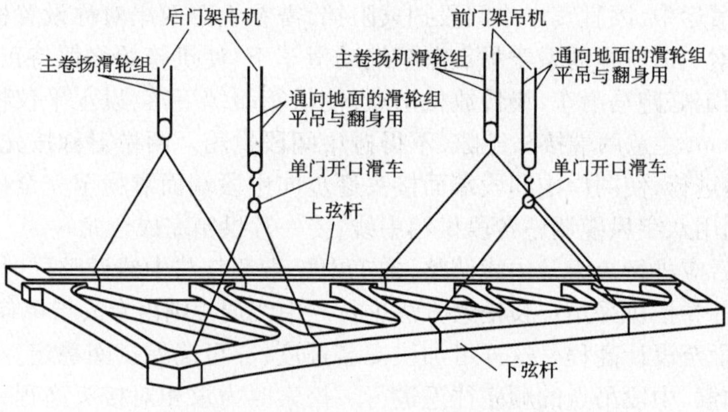

图7-45 桁架段吊点、起吊设备布置图

2. 桁架拱片的安装

桁架拱桥的施工吊装过程包括:吊运桁架拱片的预制段构件至桥孔,使之就位合龙,处理接头,与此同时随时安装桁架拱片之间的横向连接系构件,使各桁架拱片连成整体。然后在其上铺设预制的微弯板或桥面板,安装人行道悬臂梁和人行道板。

桁架拱片的安装工作分有支架安装和无支架安装。前者适用于桥梁跨径较小和具有河床较平坦、安装时桥下水浅等有利条件的情况;后者适用于跨越深水和山谷或多跨、大跨的桥梁。

(1)有支架安装

有支架安装时,需在桥孔下设置临时排架。桁架拱片的预制构件由运输工具运到桥孔后,用浮吊或龙门吊机等安装就位,然后进行接头和横向连接。

吊装时,应合理地确定构件上吊点的位置和数目,正确地规定吊装的操作步骤,以保证安装工作安全顺利地进行。

排架的位置根据桁架拱片的接头位置确定。每处的排架一般为双排架,以便分别支承两个连接构件的相邻两端,并在其上进行接头混凝土的浇筑或接头钢板的焊接等。

第一片就位的预制段常采用斜撑加以临时固定(图7-46)。以后就位的平行各片构件则用横撑与前片暂时联系,直到安上横向连接系构件后拆除。斜撑系支承于墩台和排架上,如斜撑能兼作压杆和拉杆，则仅用单边斜撑即可。横撑可采用木夹板的形式。当桁架拱片和横向连接系构件的接头均完成后，即可进行卸架。卸架设备有木楔、木马或砂筒等。卸架按一定顺序对称均匀地进行。如用木楔卸架，为保证均衡卸落，最好在每一支承处增设一套木楔，两套木楔轮流交替卸落。一般采用一次卸架，卸架后桁架拱片完全受力。为保证卸架安全成功，在卸架过程中，要对桁架拱片进行仔细的观测，发现问题及时停下处理。卸架的时间宜安排在气温较高时进行，这样较易卸落。

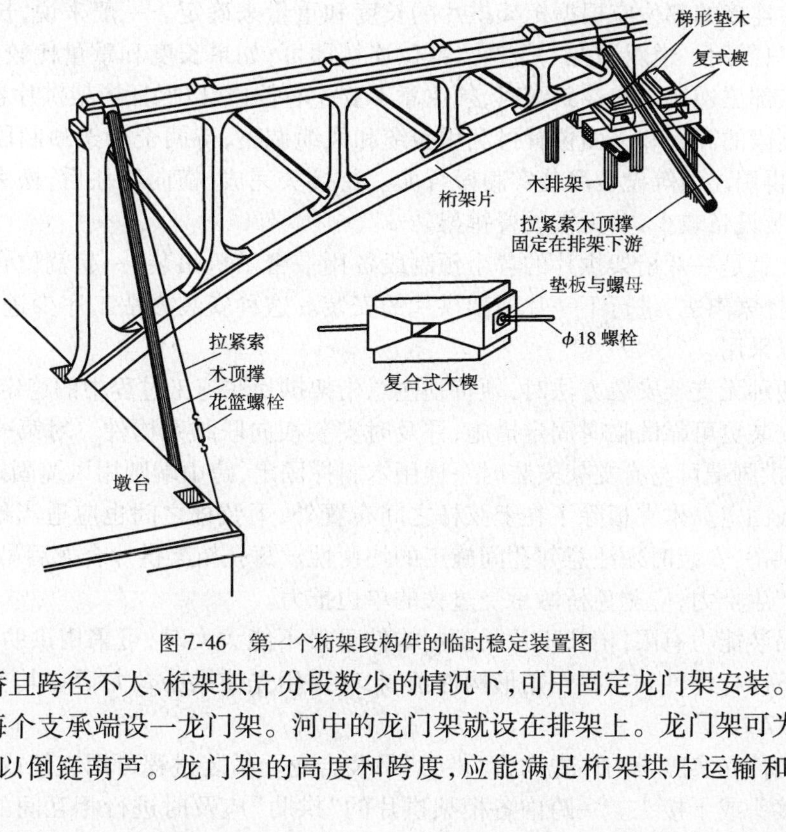

图 7-46　第一个桁架段构件的临时稳定装置图

施工单孔桥且跨径不大、桁架拱片分段数少的情况下，可用固定龙门架安装。这时在桁架拱片预制段的每个支承端设一龙门架。河中的龙门架就设在排架上。龙门架可为木结构或钢木混合结构，配以倒链葫芦。龙门架的高度和跨度，应能满足桁架拱片运输和吊装的净空要求。

安装时，桁架拱片构件由运输工具运至固定龙门架下，然后由固定龙门架起吊、横移和下落就位。其他操作与浮吊安装相同。

当桥的孔数较多，河床上又便于沿桥纵向铺设跨墩的轨道时，可采用轨道龙门架安装。龙门架的跨度和高度，应按桁架拱片运输和吊装的要求确定。桁架拱片构件在运输时如从墩、台一侧通过，或从墩顶通过，则龙门架的跨度或高度就要相应增大。

龙门架可采用单龙门架或双龙门架，根据桁架拱片预制段的重量和起吊设备的能力等条件确定。

施工时，构件由运输工具或由龙门架本身运至桥孔，然后由龙门吊机起吊、横移和就位。跨间在相应于桁架拱片构件接头的部位，设有排架，以临时支承构件重力。

对多孔桁架拱桥，一般每孔内同时设支承排架，安装时逐孔进行。但卸架须在各孔的桁架拱片都合龙后同时进行。卸架程序和各孔施工（加恒载）进度安排必须根据桥墩所能承受的最大不平衡推力的条件考虑。总的说来，桁架拱桥的加载和卸架程序不如其他拱桥要求严格。

（2）无支架安装

无支架安装，是指桁架拱片预制段在用吊机悬吊着的状态下进行接头和合龙的安装过程。

常采用的方法有塔架斜缆安装、多机安装、缆索吊机安装和悬臂拼装等。

塔架斜缆安装,就是在墩台顶部设一塔架,桁架拱片边段吊起后用斜向缆索(亦称扣索)和风缆稳住再安装中段。一般合龙后即松去斜缆,接着移动塔架,进行下一片的安装。

塔架可用A形钢塔架,也可用圆木或钢管组成的人字扒杆。塔架的结构尺寸,应通过计算确定。

斜缆是安装过程中的承重索,一般用钢丝绳,钢丝绳的直径根据受力大小选定。斜缆的数量与桁架拱片连接的部位应根据桁架拱片的长度和重量来确定。一般来说,长度和重量不大的桁架拱片,只需用一道斜缆在一个结点部位连接即可;如果长度和重量比较大,可用两道斜缆在两个结点部位连接。连接斜缆时,须注意不要左右偏位,以保证桁架拱片悬吊时的竖直。

桁架预制段的高程和平面位置可利用斜缆和风缆调整,待两个桁架预制段都如法吊装就位并稳住后,再用浮吊等设备吊装实腹段合龙。待接头完成、横向稳住后,松去斜缆。用此法安装,所用吊装设备较少,并无需设置排架。

多机安装就是一片桁架拱片的各个预制段各用一台吊机吊装,一起就位合龙。待接头完成后,吊机再松索离去,进行下一片桁架拱片的安装。这种安装方法工序少进度快,当吊机设备较多时可以采用。

用上述两种无支架安装方法时,须特别注意桁架拱片在施工过程中的稳定性。为此,应采取比有支架安装更可靠的临时固定措施,并及时安装横向联结系构件。对第一片桁架拱片的临时固定,其拱脚端可与有支架安装时一样用木斜撑固定,跨中端则用风缆固定。其余几片也可采用木夹板固定。木夹板除了在上弦杆之间布置外,下弦杆之间也应适当地设置几道。对于多孔桁架拱桥,安装时须注意邻孔间施工的均衡性。每孔桁架拱片合龙后吊机松索时,桁架拱片对桥墩产生推力,应避免桥墩承受过大的单边推力。

当起重吊装能力有限,桁架拱片的预制构件重量不能太大时,可采用拱肋式安装,即将桁架拱片分成下弦杆构件和一些三角形构件预制,并采用先使拱肋合龙后在其上安装三角形构件的方法[图7-2b)]。

下弦杆构件和实腹段构件先作为“拱肋”吊装合龙。吊装过程可用支架或不用支架,接头形式可为湿接头或干接头。一跨内各桁架拱片的“拱肋”应及时进行相互间的横向联系。三角形构件之间及它们与“拱肋”之间的连接,一般采用混凝土现浇接头。但在安装的过程中,先利用专门夹子暂时将各结点处的预留接头钢筋夹住,使三角形构件均竖立于“拱肋”上,待全跨的三角形构件位置校正准确后,再将接头钢筋焊接牢,取去夹子,浇筑各处的接头混凝土。

如桁架拱片的竖杆内布置有预应力筋,则可在安装时利用此竖杆内的预应力筋使每个三角形构件竖立于“拱肋”上。为此三角形构件下顶点与下弦杆顶面之间需设置水平的拼接面。待三角形构件均安上后,再进行相邻三角形构件之间的连接,即上弦结点的连接。一般也采用混凝土现浇接头。

这个安装方法的特点是三角形构件在施工中作为荷载由“拱肋”来承受,只是其后的结构重力(主要是桥面构造的重力)和活荷载才由桁架拱片整体承受,故下弦杆内力相应增大而腹杆和上弦杆内力相应减小,使下弦杆的作用更接近于肋拱桥中拱肋的作用。

(二)刚架拱桥安装简介

刚架拱桥上部结构的施工分有支架安装和无支架安装两种。安装方法在设计中确定内力图式时即已决定,施工时不得随便更改。

采用无支架施工时(浮吊安装或缆索吊装),首先将主拱腿一端插入拱座的预留槽内,另一端悬架，合龙实腹段，形成裸拱，电焊接头钢板；安装横系梁，组成拱形框架；再将次拱腿插入拱座预留槽内，安放次梁，焊接腹孔的所有接头钢筋和安装横系梁，立模浇接头混凝土，完成裸肋安装；将肋顶部分凿毛，安装微弯板及悬臂板，浇筑桥面混凝土，封填拱脚。

三、钢管混凝土拱桥的施工

钢管混凝土大多用于大跨径中承、下承式拱桥或系杆拱桥的拱肋，拱肋截面一般有多种形式，多为圆管和圆管加腹板构成的哑铃形以及由弦管和腹管组成的空间拱式桁架等，其中拱式桁架可用于特大跨径的钢管混凝土拱桥。

钢管混凝土拱桥施工的主要内容是钢管拱肋的制作、安装以及管内混凝土的浇筑，对无推力的系杆拱则有系杆的安装等。

（一）钢管拱肋制作

钢管混凝土拱桥所用的钢管材料一般采用A3钢和16Mn钢。钢管由钢板卷管成型，管节的长度由钢板宽度确定，一般管节长度为120～180cm。管节一般为直管，钢板厚度一般为10～20mm。采用桁式截面时，上下弦之间的腹杆由于直径较小，可以直接采用无缝钢管。拱肋制作的关键在于拱肋在放样平台上的精确放样和严格控制焊接质量，应尽量减少工地高空焊接。严格控制钢管拱肋的制作质量，为拱肋的安装和拱肋内混凝土浇筑，提供安全保证。

1. 钢管卷制和焊接

钢板利用焰割机切割，应将热力影响宽度3～5mm去掉。拱肋及横撑结构外表面均应先喷砂除锈，按一级表面清理。钢板卷制前，应根据要求将板端开好坡口，将钢板送入卷板机卷成直筒体，卷管方向应与钢板压延方向一致。轧制的管筒的圆度和对口错边偏差均应满足相应施工规程要求。焊接管筒的纵向缝形成直管。对焊成的直钢管应进行检查和校正，以确保组装的精度。

2. 拱肋放样和拱肋段的拼装

将半跨拱肋在混凝土地面上按1∶1进行放样。沿放样的拱肋轴线设置胎架，在大样上放出吊杆位置及段间接头位置以及混凝土灌注孔位置。

对用于拼装的钢管作除锈防护处理。对管内要填充混凝土的上下弦管和腹杆管，管内需除锈（喷砂），管外需除锈与防护；对管内不填充混凝土的各管，需对其管内壁除锈并按要求进行防护，管外则与弦杆在拼装完后一起防护。

拱肋分段的长度主要考虑从工厂到工地的运输能力。分段的长度可以适当变化，主要分段接头应避开吊杆孔和混凝土灌注孔位置。当采用汽车运输时，管段长度约10m左右为宜。分段拱肋运至工地后，再在工地进行放样，将几段拱肋拼成安装的长度。

焊接是钢管混凝土拱桥施工最重要的一环。施焊工艺必须符合设计要求，并需按要求进行外观、超声探伤和X光拍片检查等。拱肋钢管各管节的纵向焊缝应互相错开，而且将纵向焊缝全部置于两肋板中间，以免外表面焊缝影响美观。在拱肋一面焊接完成后，对其进行翻身，以便焊接另一面，从而避免仰焊，确保焊接牢固。由于拱肋翻身是在未完全焊接情况下进行，很容易造成拱肋结构杆件接头处的损坏，所以，必须正确设置吊点和严格按设计方案要求进行翻身。

另外需对拱肋安装用的吊扣点位置进行布置，并在吊扣点位置增设加劲板，以防圆管受荷载时变形。对各段端接头进行必要的加劲，以防止吊装时拱肋端头碰撞、局部变形而难于对接施焊。段间接头外部增设法兰螺栓连接，以便就位后做临时连接用。横向风撑等杆件与拱肋的焊接，应根据拱肋安装方法而定。

在拱肋段完全形成、焊缝质量检验合格后即可进行防护施工。首先对所有外露面做喷砂除锈处理，然后做防护处理，目前一般采用热喷涂，其喷涂方式、工艺以及厚度均应符合设计要求。在防护完成后即可将其堆放待用。

（二）拱肋安装

钢管拱肋的安装方法主要有无支架缆索吊装、整孔拱肋浮吊安装、支架上组装、转体施工和塔架斜拉索悬拼等，我国已建成的钢管混凝土拱桥中采用最多的施工方法为缆索吊装，在此仅以广东佛陈大桥为例，简要叙述该桥缆索吊装的施工过程。佛陈大桥为下承式钢管混凝土拱桥，主桥跨径为112.8m，桥面宽26m，拱肋钢管直径为100cm，钢管壁厚为14mm，拱肋高度为2.5m，拱肋分五段吊装，每段长为25m，重力约250kN。拱肋钢管采用偏位吊装单片合龙的方式，目的是为方便后面横梁和加劲纵梁及桥面板的吊装。拱肋单片拱肋合龙时，接头用法兰螺栓连接。经多次定长松扣索后，使各接头高程接近设计高程，同时调整八字风缆，使拱轴线接近设计拱轴线。用钢板楔紧各接头上的开口，拧紧各连接螺栓，然后对称由拱顶至拱脚焊好各定位法兰板。法兰板焊好后，可将扣索力减至原有的1/3左右，再复测各测点高程偏差和轴线偏差。当复测结果满足要求，由拱顶至拱脚将各接头焊接。将风撑吊装焊接完成，用C40混凝土封闭拱脚和浇筑系杆的锚固端。

（三）拱肋混凝土浇筑

钢管拱肋内混凝土灌注可采用泵送顶升浇灌法和吊斗浇捣法。泵送顶升浇灌法是在钢管拱肋拱脚的位置安装一个带闸门的进料支管，直接与泵车的输送管相连，由泵车将混凝土连续不断地自下而上灌入钢管拱肋，无需振捣。采用吊斗浇捣法灌注时，在钢管拱肋顶部每隔4m开孔作为灌注孔和振捣孔。混凝土由吊斗运至拱肋灌注孔，通过漏斗灌入孔内，由插入式振捣器对混凝土进行振捣。灌注混凝土的配合比除满足强度指标外，尚应注意混凝土坍落度的选择。对于泵送顶升浇灌法粗集料粒径可采用0.5～3cm，水灰比不大于0.45，坍落度不小于15cm；对于吊斗浇捣法粗集料粒径可采用1～4cm。为满足上述坍落度的要求，应掺入适量减水剂。为减少收缩量，可掺入适量的混凝土微膨胀剂。钢管内混凝土是否灌满、混凝土收缩后与钢管壁是否形成空隙往往是较担心的问题。采用小铁锤敲击钢管听声音的方法十分简单和有效。当小铁锤敲击发出声音有空隙时，采用钻孔检查，也可用超声波进行检查。对有空隙部位进行钻孔压浆补强。大跨径钢管混凝土拱桥，混凝土灌注可以分环或分段灌注，灌注时应从拱脚向拱顶对称进行。大跨径拱肋灌注混凝土时应对拱肋变形和应力进行观测，并在拱顶附近配置压重，以保证施工安全。

（四）中承式和下承式拱桥系杆施工

无水平推力的钢管混凝土拱桥均有系杆，下承式拱桥系杆的预应力钢束锚于拱脚，一般采用单跨形式。中承式系杆拱一般为三跨，系杆预应力钢束锚于边跨拱肋端部。下承式系杆拱的系杆一般采用两种形式，一种采用大尺寸的预应力梁组成的刚性系杆，另一种仅由体外预应力钢束组成的柔性系杆。

对采用刚性系杆的下承式拱桥，系杆的施工方法与就地浇筑下承式钢筋混凝土拱桥基本相同。

对采用柔性系杆的中、下承式拱桥，其系杆一般由预应力钢绞线组成，外设PE套防护。系杆钢束要穿过钢管拱肋，因此拱肋在钢束穿过处应有预留孔道，一般预留孔道做成一只封闭的钢箱。中承式预应力钢束需穿入边孔端部拱肋钢管，钢束直接锚于钢管端部断面。下承式预应力钢束锚于拱脚后面的钢筋混凝土锚固块上。由于下承式柔性系杆的拱肋拱脚与桥墩刚性连接，桥墩需承受弯矩，为加强系杆锚固块的强度，在锚固块的垂直方向应加预应力钢筋。柔性系杆的拱桥，结构受力类似于带拉杆的刚架，结构自身的抗推能力很小，这就要求施工中加载的数量和系杆预应力钢束的张拉力基本平衡。因此柔性系杆拱桥的施工加载和系杆预应力钢束张拉及锚固块垂直预应力钢筋张拉必须严格按计算要求进行，以保证结构施工安全。根据施工加载各阶段，系杆的预应力钢束和锚固块垂直预应力钢筋也分阶段、分批张拉。系杆钢束全部张拉完成后，将拱肋和锚固块预留孔压浆封闭。

第四节　悬臂施工法

在拱桥施工中采用悬臂施工法主要有四种形式：

(1)在主拱圈施工中利用塔架、斜拉索和主拱构成斜拉悬臂体系的塔架斜拉索法；

(2)通过斜拉索使主拱圈、拱上立柱和桥面系在施工过程中构成斜拉式悬臂桁架体系的斜吊式悬浇法；

(3)通过设置斜压杆和钢上弦杆与主拱圈、拱上立柱构成斜压式悬臂桁架体系的斜压式悬拼法；

(4)桁架拱桥进行悬拼施工。

一、塔架斜拉索法

塔梁斜拉索法是国外采用最早、最多的大跨径钢筋混凝土拱桥无支架施工的方法。这种方法的要点是(图7-48)：在拱脚墩、台处安装临时的钢或钢筋混凝土塔架，用斜拉索(或斜拉粗钢筋)一端拉住拱圈节段，另一端绕向台后并锚固在岩盘上。这样逐节向河中悬臂架设，直至拱顶合龙。塔架斜拉索法，一般多采用悬浇施工，也可用悬拼法施工，但后者用得较少。

挂篮是悬臂施工必需的临时设备，其基本功能与梁式桥用挂篮一致，但是用于拱桥施工的挂篮有其自身的特殊性。

由于挂篮是沿拱圈移动，此时挂篮的移动面和停止工作面均为曲面(图7-47)，因此，不得不在先浇筑的拱圈上设置较多的临时固定挂篮的支承块，同时，为保证挂篮水平，必须设置角度调整装置。此外，由于拱圈刚度较小，在地震和风荷载作用下，挂篮的稳定性较差，施工中有时需采取一些临时措施。

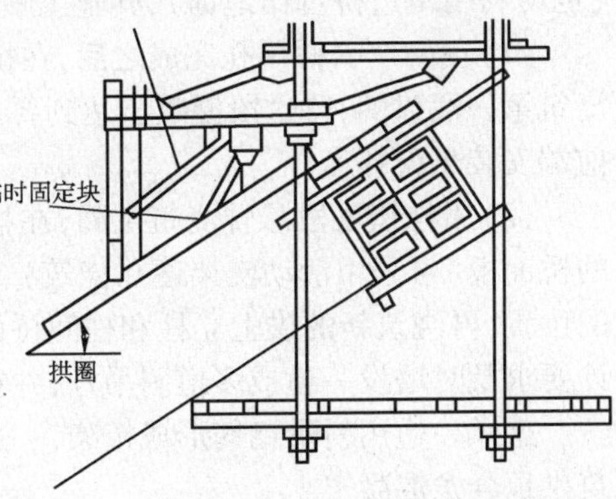

图7-47　挂篮构造示意图

在瑞士和挪威间建造的希威尼松特桥(Svinesund)的主拱施工即为塔架斜拉索法(图7-49)，该桥主跨结构为跨径247m、矢高30m的中承式拱桥。其中除主拱采用塔架斜拉索法悬臂浇筑外，BA-1段主梁采用顶推施工、BA-2a和BA-2b段主梁采用预制构件分段安装、BA-3段主梁则为预制构件整体一次吊装。

二、斜吊桁架式悬浇法

该施工方法是使用专用挂篮，结合使用钢丝束或预应力粗钢筋作为斜吊杆构件将拱圈、拱

图 7-48　希威尼松特桥主拱悬臂浇筑

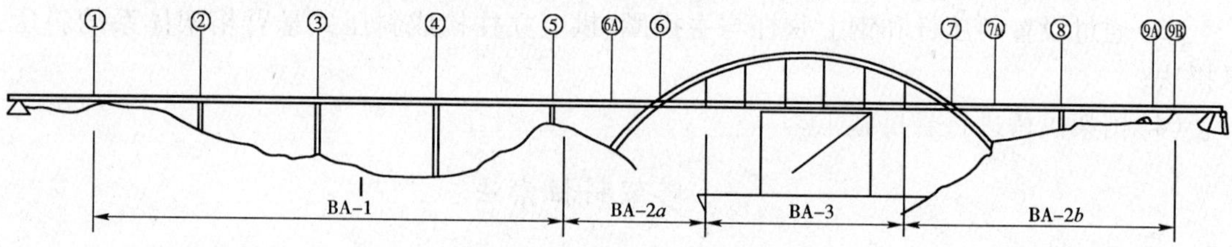

图 7-49　希威尼松特桥的施工方案布置图

上立柱和预应力混凝土桥面板等一起向前同时浇筑，使之边浇筑边形成桁架，并利用已浇筑段的上部作为拱圈的斜吊点将其固定。斜吊杆的力通过布置在桥面上的钢索传至岸边地锚上（也可利用岸边桥台作地锚），其施工顺序如下。

（1）在两岸引桥桥孔完成之后，在桥面板上设置临时钢索（或拉杆），吊架安装，在吊架上浇筑第一段拱圈，待这段混凝土达到要求强度之后，在其上设置斜吊杆，并撤去吊架，然后在其前端安装悬臂挂篮。

（2）用挂篮逐段悬臂浇筑拱圈，在挂篮通过拱上立柱位置后立刻浇筑拱上立柱及立柱间的桥面板（可采用活动支架逐孔浇筑），然后用挂篮继续向前浇筑拱圈，直至通过下一个立柱的位置，再浇筑新的拱上立柱和柱间桥面板，如此往复。需注意的是，在悬浇过程中应根据设计要求及时增设一道或多道斜吊杆，并在挂篮的每次前移后收紧桥面临时钢束。

这样一边用斜吊钢筋形成桁架，一边向前悬臂浇筑，直至拱顶附近，撤去挂篮，再用吊架浇筑拱顶合龙混凝土。

采用斜吊式浇筑的大跨径拱桥时，个别施工误差对整体工程的影响很大。对施工质量、材料规格和强度及混凝土的浇筑等必须进行严格的检查和控制。应尤其重视斜吊杆预应力钢筋的拉力控制、斜吊钢筋的锚固和地锚的地基反力、预拱度以及混凝土应力的控制等。

为防止计算结果差别过大，必要时，施工前应做施工模拟试验以及预应力钢筋的锚固可靠性试验。

1974 年日本首先在跨径 170m 的外津桥上采用了这种方法（图 7-50）。该桥拱肋除第一段（15m）用斜吊支架现浇混凝土外，其余各段均用挂篮现浇施工。斜吊杆为预应力高强粗钢筋（ϕ32mm）。架设过程中作用于斜吊杆的力通过布置在桥面板上的临时拉杆传至岸边的地锚上(也可利用岸边桥墩作地锚)。

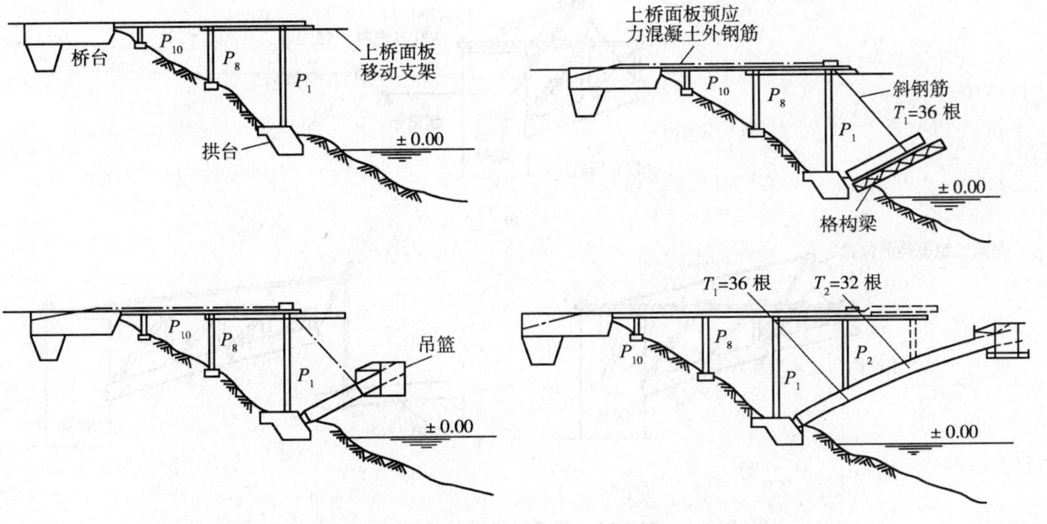

图 7-50 斜吊桁架式悬浇法的主要施工步骤图(尺寸单位:m)

三、斜压桁架式悬拼法

我国曾利用斜压桁架式悬拼法施工了一座箱形拱桥,主拱截面构造如图 7-51 所示。该桥主要施工特点如下。

为了减少高空作业和便于悬拼,将拱箱的肋部、拱上立柱和临时工具杆(上弦钢拉杆和斜压杆,注:拱跨合龙后即拆除)预制成一个拼装单元(图 7-52)。主拱分五段吊装,每段由二个拼装单元借助横系梁及横隔板组成一个立体框构。利用一简易的钢制人字吊架进行悬拼。吊架先支承在桥墩上,再随着安装要求逐段前移。

悬拼前,将吊架安装在桥墩的临时混凝土牛腿支承上,用一台 50kN 卷扬机起吊第一组框构。框构就位后,由 14 根直径 $\phi 16$ 钢筋焊成的上弦临时拉杆通过连接钢板、插销与墩顶的混凝土锚固墙连接牢固[图 7-52a)],然后把吊架前移吊装第二组框构[图 7-52b)],最后吊装中间合龙段[图 7-52c)],合龙后再安装预制的拱箱底板、顶盖板及横隔板,焊接接缝间预留钢筋,现浇混凝土而形成封闭的单箱。拱箱形成后,拆除上弦拉杆和斜压杆,浇筑实腹段混凝土,铺设空腹段桥面板。

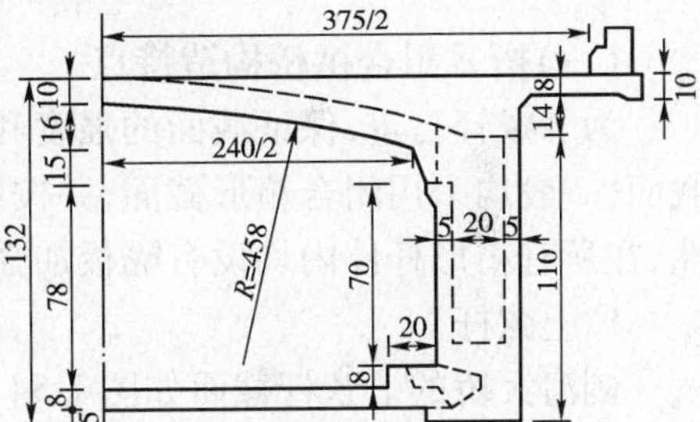

图 7-51 拱顶截面构造图($\frac{1}{2}$截面)

(尺寸单位:cm)

四、桁架桥悬拼施工

桁架桥的悬拼主要是以桁架节间为预制构件对象的悬拼和分别以组成桁架桥的上、下弦杆和竖杆、斜杆为预制构件对象的悬拼。在此,以剑河桥为例,介绍其施工过程。

剑河桥是一主跨跨径为 150m 的桁式组合拱桥(图 7-53),该结构体系由两个悬臂桁架支承一个桁架拱组成,它除保持桁式拱结构的用料省、跨越能力大、竖向刚度大等特点外,更具有桁梁的特性,可以采用无支架悬臂安装的方法施工,使桁式组合拱桥具有一定的竞争能力。

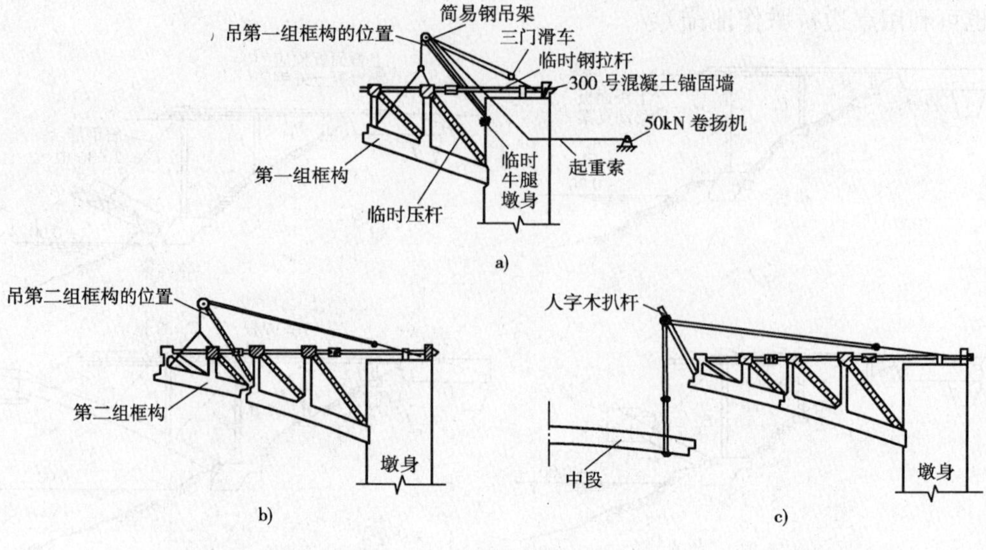

图 7-52 简易悬拼吊装示意图

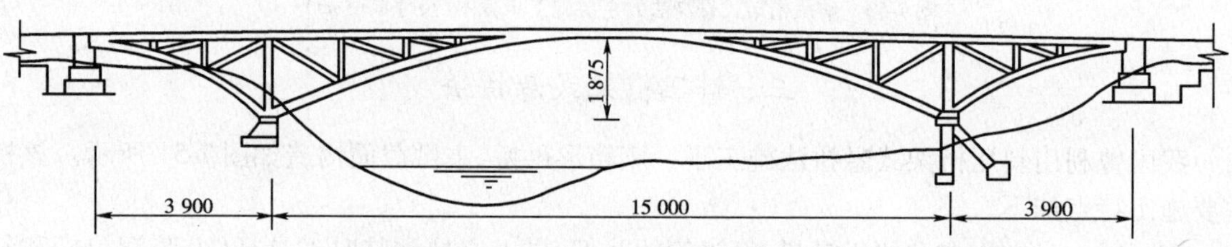

图 7-53 剑河大桥(尺寸单位:cm)

(一)桁式组合拱桥构造特点

为了减轻自重,保证截面的强度和整体刚度,桁式组合拱桥的上下弦杆和腹杆及实腹段的截面,一般均采用闭合箱形截面,并按照吊装顺序,分次拼装组合而成。为了增强构件的整体性,在所有箱形杆件内均设有隔板加强,隔板间距为 4 ~ 5m。

1. 上弦杆

剑河大桥的上弦杆截面如图 7-54 所示。其中两边箱室在预制时均为 82cm × 112cm 箱形截面,上缘留明槽,可布置预应力钢筋,内侧预埋钢筋(或钢板)以便与顶底板连接。外侧预埋钢板,以便与挑梁连接。悬拼就位后,于两箱室间再加盖顶板和底板,在顶板上铺钢筋网,现浇 8cm 混凝土桥面,组成 120cm × 682cm 三室箱形截面,作为上弦整体受力截面。为了加强上弦截面的整体性,上弦的上缘还增加了横向预应力钢筋。横向预应力钢筋用 ϕ25mm@ 2m 钢筋,在顶底板安装就位后进行张拉。

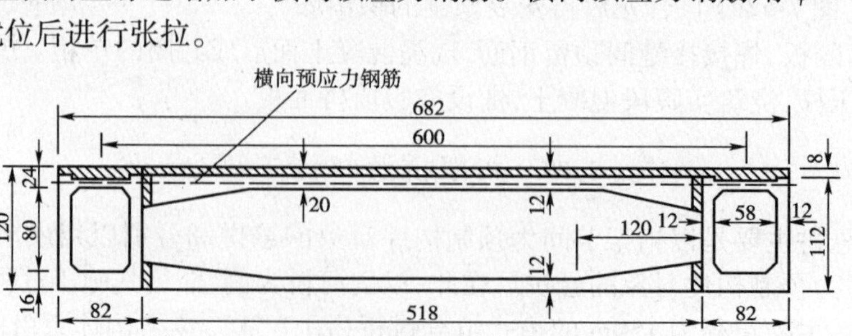

图 7-54 上弦截面图(尺寸单位:cm)

2. 下弦杆

下弦杆截面如图 7-55 所示，其截面形式也如上弦杆，即先悬臂拼装就位两边箱室后，再加顶板和底板，组成三室闭合箱形截面。

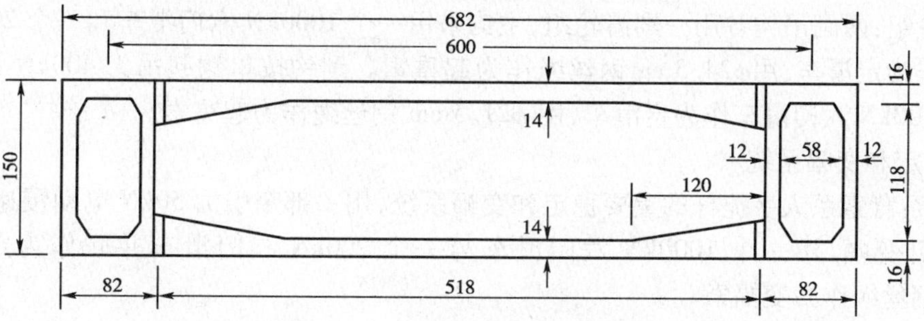

图 7-55　下弦截面图（尺寸单位：cm）

3. 腹杆

斜腹杆截面为 70cm × 90cm 的箱形截面，箱壁厚为 14cm，满足预应力钢筋布置所需要的厚度。竖杆截面为 90cm × 70cm，壁厚为 10cm。

（二）桁式组合拱桥施工

桁式组合拱桥能迅速得到发展，除结构受力的合理性带来材料的节省外，其主要原因是它可采用无支架悬臂安装进行施工，这是最突出的优点。安装时常采用钢桁构人字桅杆吊机作为吊运工具，避免了缆索和塔架等安装设备，给施工带来方便。

剑河大桥墩台均为明挖基础，墩身和台身均在支架上现浇。两岸边孔处于岸上，采用支架现浇施工。以下主要介绍主孔的上部结构施工。

1. 上部构件预制

主孔桁片的构件分段，主要根据吊机的起重能力和起重臂的有效伸臂范围确定。将主孔桁片分为 9 段，每段桁片再按悬拼次序及工艺要求分为单杆和三角形单片及梯形单片。分段名称按拱脚至拱顶称为脚段、二段、三段、四段、实腹段。脚段和二段分成下弦杆、斜杆、上弦杆、竖杆各 7 件。三段分成由下弦杆、斜杆及竖杆组成的三角形桁片和上弦杆单杆共 4 件。四段由上弦杆和下弦杆及临时杆组成梯形单片，实腹段为 2 件。全桥共分为 42 个预制单元，上弦和下弦的顶底板共 142 块。

主孔构件分别在两岸预制，南岸为剑河岸，北岸为南嘉岸。南嘉岸在桥下河滩上预制脚段、二段、三段、四段，在桥下河滩上进行整体放样，分段卧式预制。实腹段在河滩上立式预制。剑河岸除脚段在河滩预制场上预制外，二段、三段、四段均在边孔和主孔的已成桥面上预制。

2. 人字桅杆吊机

人字桅杆吊机其特点是设备简单，制作与安装容易，操作方便，起重能力大，适应性强，工作速度低，振动小，吊装运转安全可靠。但因桅杆较高，整体移动不灵活。剑河大桥人字桅杆吊机起重力可达 800kN。吊机由起重系统和稳定变幅系统两大部分组成。

（1）起重系统

①起重臂：由两肢主弦组成人字桅杆，主弦杆采用 4 肢角钢组成。吊机两肢各长 30m，各用 4 根 125 × 125 × 12 等边角钢作为主弦杆，中间截面为 1000mm × 1000mm，长 18m。两端变截面段各长 5m，端部截面为 400mm × 600mm。节间长度均为 1000mm。斜撑和横撑均采用 63 × 63 × 5 等边角钢制成，顶部有一特制顶帽，可系主副两组起重滑轮。底部设特制的连接段

和底座，用 M100 螺栓与底座连接，使桅杆可以灵活俯仰。每侧底座设 22 个 $\phi 34$ 螺孔，使桅杆能可靠地与安装点构筑物牢固连接。

②卷扬机：主、副吊钩各用一部牵引力 50kN 电动慢速卷扬机牵引。

③滑轮组：两副吊钩各用一副滑轮组，主钩采用一个 1000kN 六门滑车和一个 200kN 二门滑车并联作为定滑车，用 $\phi 24.5$mm 钢丝绳作为起重索。副钩按单钩起吊力 400kN 设计，用一个承载力 500kN 六门滑车作为定滑车，用 $\phi 21.5$mm 钢丝绳作为起重索。

(2)稳定和变幅系统

①背索：背索系人字桅杆的重要稳定和变幅系统，用一部牵引力 50kN 电动慢速卷扬机配滑轮组牵引变幅，用一个 1000kN 六门滑车与一个 200kN 二门滑车并联作为定滑车，用 $\phi 24.5$mm 钢丝绳作为变幅索。

②侧缆风索：桅杆顶部两侧各设一组缆风索，以平衡构件横向所产生的水平力。缆风索平衡水平力的大小经计算决定。缆风索采用 $\phi 15.5$mm 钢丝绳，用承载力为 30kN 或 50kN 链条滑车或电动慢速卷扬机牵引。

③前缆风索：为防止桅杆在前倾角很大的情况下承载时以及整体移动时向后倾倒，在桅杆前方设一根缆风索以策安全。

④地锚：背索地锚与桅杆安装点的距离由桅杆受力分析决定。当桅杆吊装重量大，前倾角小时，背索受力很大，地锚需要很强固。一般在桥台和中墩上埋放锚环，利用构件自锚。缆风索地锚一般受力不大，在两侧挖坑埋设即可。前缆风索可锚固在对岸预埋设的锚环上。

3. 悬拼施工

(1)构件就位与稳定

构件吊运至安装位置，其平面位置一律用横缆风索控制。横缆风索用牵引力为 30kN 或 50kN 电动慢速卷扬机牵引，使用卷扬机上的点动微调装置进行平面位置控制，高程一律用起重绳微动控制。单杆拼装就位后的稳定，各段下弦杆的纵向和高程用专设的临时钢丝束张拉固定，待斜杆就位及预应力束张拉后即可撤除。横向用一组缆风索稳定，待两边下弦杆及斜杆就位，安装横向联结系，按计算的支撑点高度设刚性连杆与斜杆联结，构成临时稳定体系，待竖杆上弦杆全部就位、张拉预应力束和横向联结系安装完成后撤除。一般上弦杆只设一组横向缆风索。

(2)构件安装精度控制

对中精度以构件拼接时不影响预应力钢筋的连接为准，一般定为 5mm。安装高程除按设计计算的包括预拱度值在内的施工安装高程控制以外，考虑到非弹性挠度的影响，将安装高程略为提高，其值一般定为 10mm。设计预拱度，拱顶为 150mm，其余各段按直线分配。

(3)悬拼程序

剑河大桥主孔悬拼如图 7-56 所示。

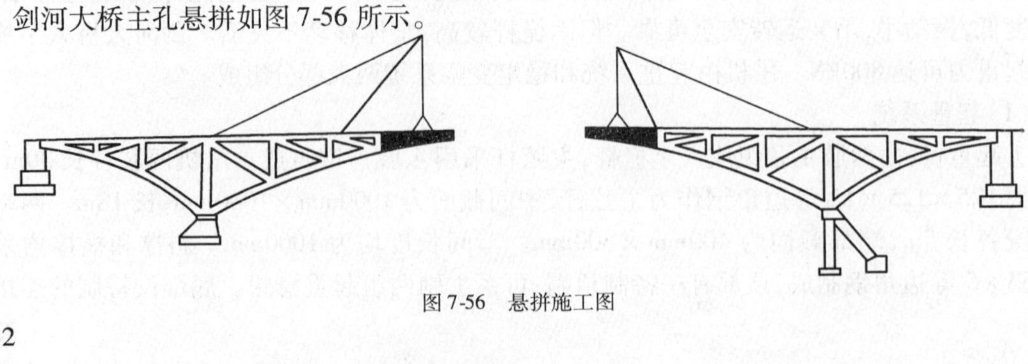

图 7-56　悬拼施工图

①脚段采用单杆安装，即将下弦杆、斜杆、竖杆、上弦杆单独进行安装。先将上下游两片下弦杆脱模翻身后，在预制场进行组装，然后垂直起吊就位。斜杆单根安装，并张拉斜杆预应力钢筋，再安装另一根斜杆使其形成三角形框架。安装竖杆并单根安装上弦杆，张拉上弦杆预应力钢筋，再安装另一根上弦杆，使其形成框架。之后安装上下弦顶底板，安装人行道梁。

②移动吊机，用上述同样顺序悬臂安装二段。

③移动吊机，悬臂安装三段。由下弦杆、斜杆、竖杆组成的三角形单片脱模翻身后，垂直起吊就位，并张拉上弦杆预应力钢筋。安装另一片三角形构件，使其形成三角形框架。单根安装上弦杆，并张拉上弦杆预应力钢筋。安装另一根上弦杆，使其形成框架。安装上下弦顶底板，安装人行道挑梁。

④移动吊机，悬臂安装四段。由下弦杆和上弦杆及临时杆件组成的梯形单片脱模翻身后，垂直起吊就位，然后张拉上弦杆预应力钢筋。再安装另一片梯形单片，使其形成框架。

⑤两岸安装完四段后，吊机移至前端，用两部吊机抬吊实腹段框架，全桥合龙，安装四段上下弦顶底板及实腹段顶底板。

⑥放张上弦杆内预应力钢筋，完成结构的体系转换。上部结构从悬臂安装脚段开始，直至实腹段合龙，上部结构的受力体系为悬臂桁架的梁式体系，上弦杆在施工中的拉力由预应力钢筋承受。桁架合龙后，在主孔的第二和第三节间结合处，把接缝处预应力钢筋全部放张，然后重新分段张拉永久预应力钢筋。放张施工工艺如图 7-57 所示。上弦杆预应力钢筋是逐根放张，这使主孔的拱架逐步形成，各杆件的内力不发生剧烈变化，保证放张过程中各杆件的稳定性。放张的过程是将断缝处螺栓旋向前方锚固，放松断缝以后的区段钢筋，取下断缝处的连接套筒，使前后两段钢筋分离，张拉断缝以后的区段钢筋，使其达到设计的拉力。

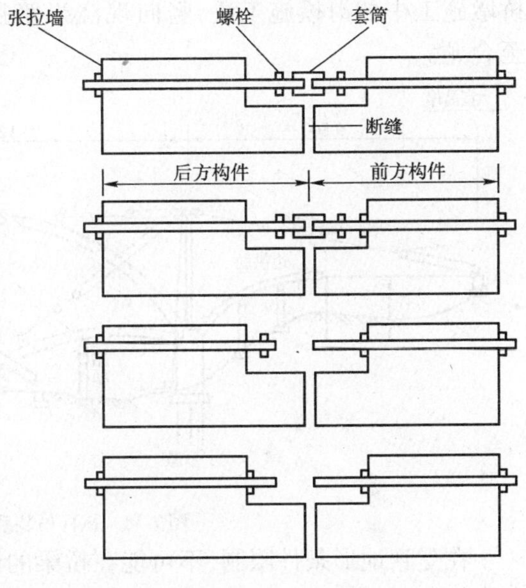

图 7-57　体系转换工艺示意图

第五节　转体施工法

一、概　　述

桥梁转体施工是 20 世纪 40 年代以后发展起来的一种架桥工艺。它是在河流的两岸或适当的位置，利用地形或使用简便的支架先将半桥预制完成，之后以桥梁结构本身为转动体，使用一些机具设备，分别将两个半桥转体到桥位轴线位置合龙成桥。

转体施工将复杂的、技术性强的高空及水上作业变为岸边的陆上作业，它既能保证施工的质量安全，减少了施工费用和机具设备，同时在施工期间不影响桥位通航。

转体施工法不仅用于拱桥的施工，目前在梁桥、斜拉桥、刚架桥等不同桥型上部结构施工中都得到应用。

转体的方法可分为平面转体、竖向转体或平竖结合转体。

平面转体又可分为有平衡重转体和无平衡重转体。有平衡重转体一般以桥台背墙作为平衡重及桥体上部结构转体用拉杆(或拉索)的锚碇反力墙,用以稳定转动体系和调整重心位置。图7-59为有平衡重拱桥转体施工的示意图。拱桥的有平衡重转体受到转动体系重量的限制,过大的平衡重不经济,一般适用于跨径在100m以内的拱桥。

无平衡重转体不需要有一个作为平衡重的结构,而是以两岸山体岩土锚洞作为锚碇来锚固半跨桥梁悬臂状态时产生的拉力,并在立柱的上端作转轴,下端设转盘,通过转动体系进行平面转体,见图7-67所示。由于取消了平衡重,大大减轻了转动体系的重量,减少了圬工数量,为桥梁转体施工向大跨径发展开辟了新的途径。

竖向转体(图7-58)则可根据桥位处的场地情况或利用桥位处无水或水很少的施工现场,将拱肋在桥位处现浇或拼装成半跨,以拱脚为转动轴,用扒杆等起吊安装;或采用类似桥墩施工中的滑模施工法,竖向现浇半跨拱肋,随后通过转动控制系统使拱肋绕拱脚转动至合龙。

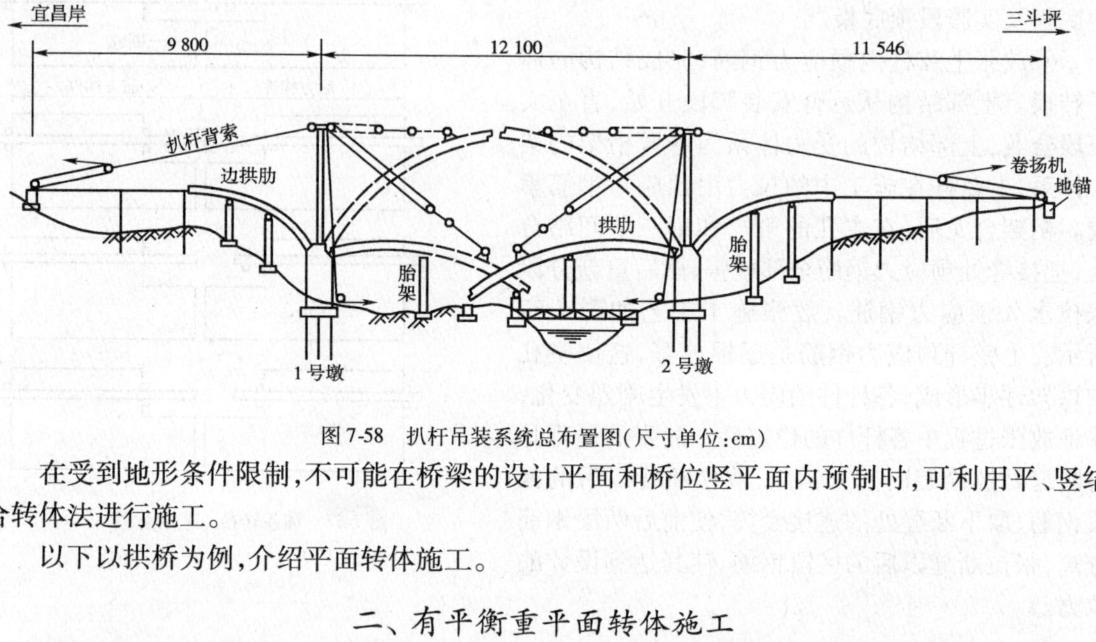

图7-58 扒杆吊装系统总布置图(尺寸单位:cm)

在受到地形条件限制,不可能在桥梁的设计平面和桥位竖平面内预制时,可利用平、竖结合转体法进行施工。

以下以拱桥为例,介绍平面转体施工。

二、有平衡重平面转体施工

有平衡重转体施工的特点是转体重量大,施工的关键是转体。要把数百吨重的转动体系顺利、稳妥地转到设计位置主要依靠以下几项措施实现:正确的转体设计,制作灵活可靠的转体装置,并布设牵引驱动系统。平衡转动施工相关的设计计算项目有:转动体系重心计算、转盘上墩(或塔架)应力计算、转动装置的设计、转动体施工阶段的受力计算、转动牵引力的计算、转动体的静力和动力稳定计算。

(一)转动体系的构造

从图7-59中可知,转动体系主要由底盘、上盘、背墙、桥体上部构造、拉杆(或拉索)组成。底盘和上盘都是桥台基础的一部分。底盘和上盘之间设有能使其相互间灵活转动的转体装置。背墙一般就是桥台的前墙,它不但是转动体系的平衡重,而且还是转体阶段桥体上部拉杆的锚碇反力墙。拉杆一般就是拱桥(桁架拱、刚架拱)的上弦杆,或临时设置的体外拉杆钢筋(或扣索钢丝绳)。

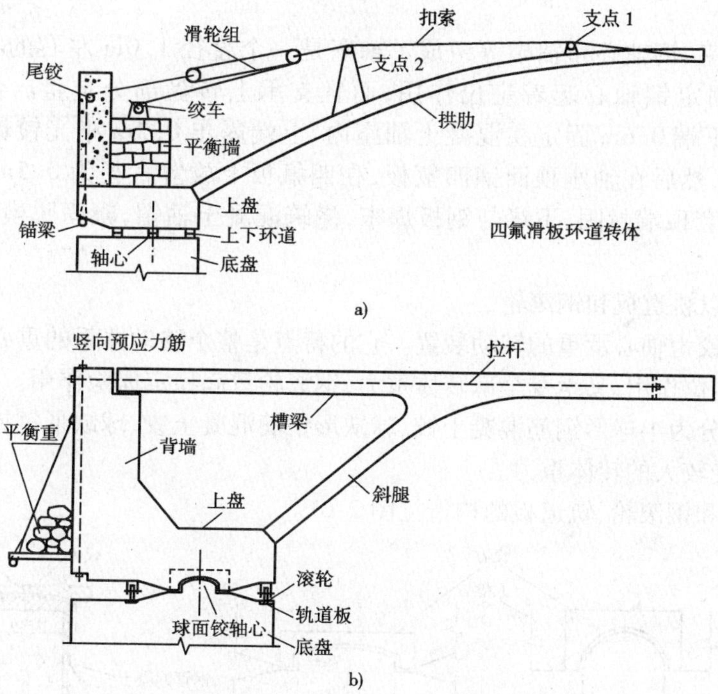

图 7-59　转动体系的一般构造图

(二)转体装置

目前国内使用的转体装置有两种,一是以球面转轴支承辅以滚轮的轴心承重转体;二是以聚四氟乙烯滑板构成的环道平面承重转体。前者较多运用于中小跨径桥梁,后者则在大跨或特大跨桥梁及转动体系重心较高的桥梁。

1. 聚四氟乙烯滑板环道

这是一种平面承重转体装置,它由设在底盘和上转盘间的轴心和环形滑道组成,具体构造见图 7-60。其中图 7-60a)为环形滑道构造,图 7-60b)为轴心构造,其间由扇形板联结。

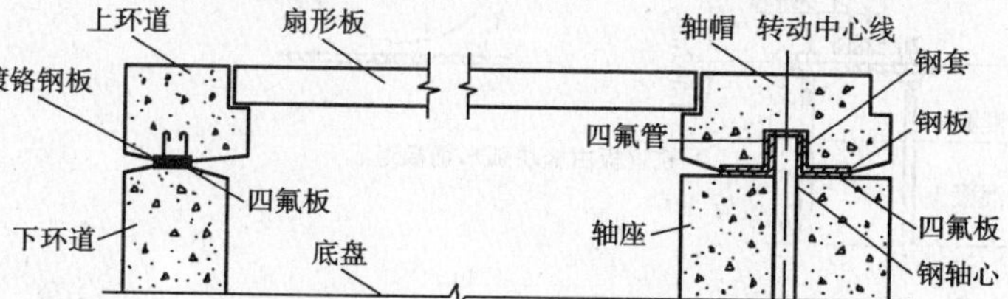

图 7-60　聚四氟乙烯滑板环道的构造图

(1)环形滑道

这是一个以轴心为圆心、直径 7 ~ 8m 的圆环形混凝土滑道,宽 0.5m,上、下滑道高度约 0.5m。下环道混凝土表面要既平整又粗糙,以利铺放 80mm 宽的环形四氟板。上环道底面嵌设宽 100mm 的镀铬钢板。

上转盘用扇形预制板把轴帽和上环道连成一体,并浇上转盘混凝土形成。

这种装置平稳、可靠,承受转体重量大,转动体系的重心与下转盘轴心可以允许有一定数量的偏心值。

(2)转盘轴心

由混凝土轴座、钢轴心和轴帽等组成。轴座是一个直径1.0m左右的C25钢筋混凝土矮墩，它不但对固定钢轴心起着定位作用，而且支承上转盘部分重量。合金钢轴心直径0.1m，长0.8m，下端0.6m固定在混凝土轴座内，上端露出0.2m车光镀铬，外套10mm厚的聚四氟乙烯管，然后在轴座顶面铺四氟板，在四氟板上放置直径为0.5m的不锈钢板，再套上外钢套。钢套顶端封固，下缘与钢板焊牢，浇筑混凝土轴帽，凝固脱模后轴帽即可绕钢轴心旋转自如。

2.球面铰辅以轨道板和钢滚轮

这是一种以铰为轴心承重的转动装置。它的特点是整个转动体系的重心必须落在轴心铰上，球面铰既起定位作用，又承受全部转体重力，钢滚轮只起稳定保险作用。

球面铰可以分为半球形钢筋混凝土铰、球缺形钢筋混凝土铰、球缺形钢铰。前两种由于直径较大，故能承受较大的转体重力。

各种球面铰和钢滚轮、轨道板的构造见图7-61。

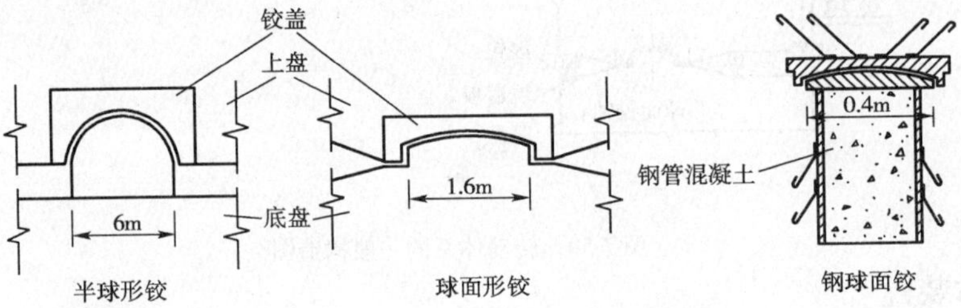

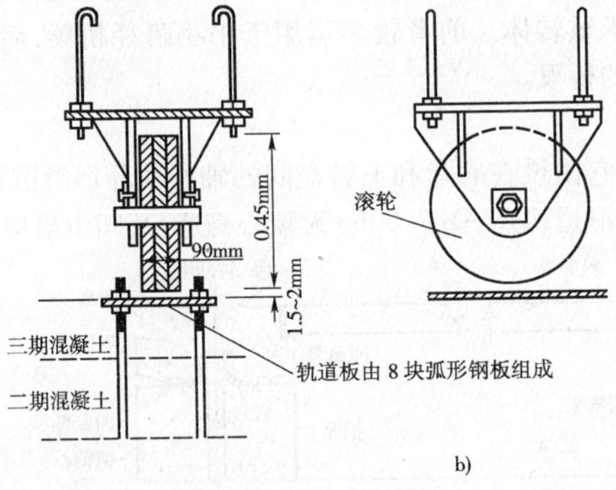

图7-61 球面铰、轨道板及滚轮的构造图

(三)转体驱动系统

转体施工常用的转体驱动系统有钢索牵引转动或千斤顶顶推转动。

钢索牵引转动驱动系统可由卷扬机、倒链、滑轮组、普通千斤顶等机具组成(图7-62)，即通过闭合的牵引主索由滑轮组牵引，在上转盘产生一对牵引力偶克服阻力偶而使桥体转动。此种驱动系统的布设占地较大，常受到场地的限制，并有转体时牵引力的大小无法准确测量控制、作用力不易保持平衡、加载难以同步进行等缺点。而自动连续顶推系统(图7-63)作为转动驱动设备的显著特点是转体能实现连续同步、匀速、平稳、一次性到位；结构紧凑，占地面积小，施工方便。

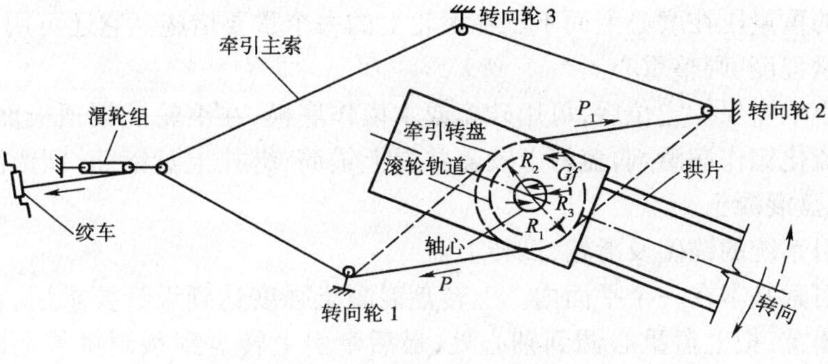

图 7-62 牵引系统布置示意图

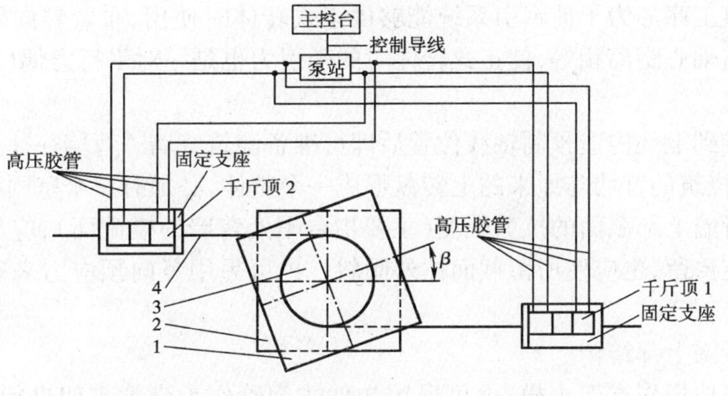

图 7-63 转体动力装置布置图(自动连续顶推)
1-上转盘;2-底盘;3-球铰;4-钢绞线

(四)拱桥的转体施工

有平衡重平面转体拱桥的主要施工程序如下:

(1)制作底盘;

(2)制作上转盘;

(3)试转上转盘到预制轴线位置;

(4)浇筑背墙;

(5)浇筑主拱圈上部结构;

(6)张拉拉杆,使上部结构脱离支架,并且和上转盘、背墙形成一个转动体系,通过配重基本把重心调到轴心(磨心)处;

(7)牵引转动体系,使半拱平面转动合龙;

(8)封上下盘,夯填桥台背土,封拱顶,松拉杆,实现体系转换。

1. 制作底盘(以钢球缺铰为例)

底盘设有轴心(磨心)和环形轨道板。轴心起定位和承重作用。磨心顶面上的球缺形钢铰及上盖要加工精细,使接触面达 70% 以上。钢铰与钢管焊接时,焊缝要交错间断并辅以降温,防止变形。轴心定位要反复核对,轨道板要求高差 ±1mm。注意板底与混凝土接触密实,不能有空隙。

2. 制作上转盘

在轨道板上按设计位置放好承重滚轮,滚轮下面垫有 2 ~ 3mm 厚的小薄铁片,此铁片当上盘一旦转动后即可取出,这样便可在滚轮与轨道板间形成一个 2 ~ 3mm 的间隙。这个间隙是保证转动体系的重量压在磨心上而不压在滚轮上的一个重要措施。它还可用来判断滚轮与轨道板接触的松紧程度,调整重心。

滚轮通过小木盒保护定位后,可用砂模或木模作底模,在滚轮支架顶板面涂以黄油,在钢球铰上涂以二硫化钼作润滑剂,盖好上铰盖并焊上锚筋,绑扎上盘钢筋,预留灌封盘混凝土的孔洞,即可浇上盘混凝土。

3. 布置牵引系统的锚碇及滑轮,试转上盘

要求主牵引索基本在一个平面内。上转盘混凝土强度达到设计要求后,在上转盘前方或后方配临时平衡重,把上盘重心调到轴心处,最后牵引上转盘到预制拼装上部构造的轴线位置。这是一次试转,一方面它可检查、试验整个转动牵引系统,另一方面也是正式开始上部结构施工前的一道工序。为了使牵引系统能够供正式转体时使用,布置转向轮 1、2 时应使其连线通过轴心且与轴心距离相等,使正式转体时的牵引力也是一对平行力偶(图 7-62)。

4. 浇筑背墙

上转盘试转到上部构造预制轴线位置后即可准备浇筑背墙。背墙往往是一个重量很大的实体,为了使新浇筑的背墙与原来的上转盘形成一个整体,必须有一个坚固的背墙模板支架。

为了保证背墙上部截面的抗剪强度(主要指台帽处背墙的横截面),应尽量避免在此处留施工缝。如一定要留,也应使所留截面往外倾斜。也可另用竖向预应力来确保该截面的抗剪安全。

5. 浇筑主拱圈上部结构

可利用两岸地形作支架土模,也可采用扣件式钢管作为满膛支架进行拱圈混凝土浇筑。为防止混凝土收缩和支架不均匀沉降产生的裂缝,浇半跨主拱圈时应按规范留施工缝。主拱圈也可采用简易支架,用预制构件组装的方法形成。

6. 张拉脱架

当拱圈混凝土达到设计强度后,即可进行安装拉杆、张拉脱架的工序。为了确定拉杆的安全可靠,要求每根拉杆钢筋都进行超荷载 50% 试拉。正式张拉前应先张拉背墙的竖向预应力筋,再张拉拉杆。在实际操作中,应反复张拉 2 ~ 3 次,使各根钢筋受力均匀。为了防止横向失稳,要求两台千斤顶的张拉合力应在拱桥轴线位置,不得有偏心。

通过张拉,要求把支承在支架、滚轮、支墩上的上部结构与上转盘、背墙全部联结成一个转动体系,最后脱离其支承,形成一个悬空的平衡体系支承在轴心铰上。这是一个十分重要的工序,它将检验转体阶段的设计和施工质量。

当拱圈全部脱离支架悬空后,上转盘背墙下的支承钢木楔也陆续松脱,根据楔子与滚轮的松紧程度加片石调整重心,或以千斤顶辅助拆除全部支承楔子,让转动体系悬空静置一天,观测各部分变形有无异常,并检查牵引体系等,确认均无误后,即可开始转体。

7. 转体合龙

把第一次试转时的牵引绳按相反的力向重新穿索、收紧,即可开始正式转体。为使其平稳转体,控制角速度为 0.5°/min。当快合龙时,防止转体超过轴线位置,采用简易的反向收紧绳索系统,用手拉葫芦拉紧后慢慢放松,并在滚轮前微量松动木楔的方法徐徐就位。

轴线对中以后,接着进行拱顶高程调整,在上下转盘之间用千斤顶能很方便地实现拱顶升降,只是应把前后方向的滚轮先拆除,并在上下转盘四周用混凝土预制块楔紧、楔稳,以保证轴线位置不再变化。拱顶最后的合龙高程应该考虑桥面荷载以及混凝土收缩,徐变等因素产生的挠度,留够预拱度。

轴线与高程调整符合要求后，即可先将拱顶钢筋以绑条焊接，以增加稳定性。

8. 封上下盘、封拱顶、松拉杆

封盘混凝土的坍落度宜选用 17～20cm，且各边应宽出 20cm，要求灌注的混凝土应从四周溢流，上下盘间密实。封盘后接着浇筑桥台后座，当后座达到设计要求强度后即可选择夜间气温较低时浇封拱顶接头混凝土，待其达到设计要求后，拆除拉杆，实现桥梁体系的转化，完成主拱圈的施工。主拱圈完成后，即是常规的拱上建筑施工和桥面铺装。

(五)桥梁转体施工的设计

有平衡重转体施工的设计包括转动体系各杆件的计算、转体过程中的计算以及转体合龙后体系转换的计算等。

1. 转动体系各杆件的计算

对轴心承重的转动装置，整个转动体系是通过上转盘支承在下底盘轴心铰上的一个包括桥体上部结构、平衡背墙、拉杆组成的完整结构。

(1)转体阶段结构强度验算

转体阶段结构验算的目的是保证在转动过程中，转动体系各杆件的强度、刚度和稳定性。在施工过程中选取最不利内力状态下验算其截面强度。

现以刚架拱桥为例，转体阶段的设计荷载包括拱片、横系梁、背墙、上盘、上弦杆、拉杆以及铺设在上弦杆上面的操作脚手架的自重力和拱顶合龙浇筑接头混凝土时的施工荷载(取 10kN 集中力计)。另外还应考虑转体时可能受到的冲击力。刚架拱的转动体系构造和转体阶段计算简图见图 7-64 所示。

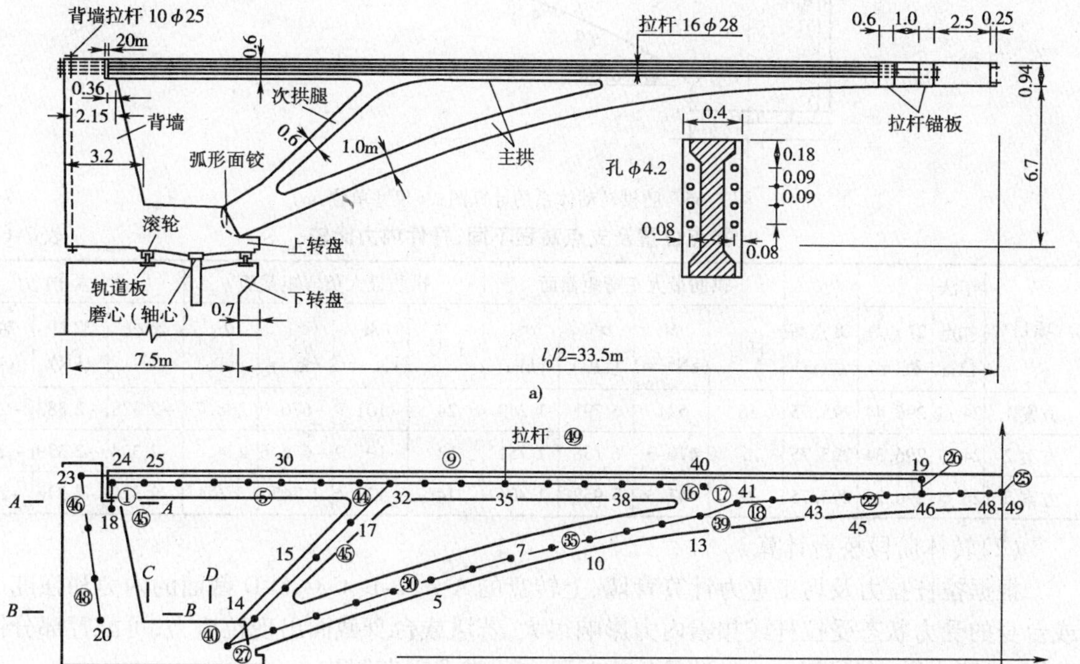

图 7-64 刚架拱转体构造与转体阶段计算图式(尺寸单位:m)

计算结果表明：转体阶段主拱圈内力不起控制作用，主拱空腹部分 20m 长的拱肋截面上、下缘均未出现拉应力。主拱截面由使用阶段控制。同时还表明拉杆刚度的取值大小仅影响拱顶挠度,对杆件内力影响甚微。

为了便于控制脱架时的拱顶挠度,在上弦杆的两侧设置了专为转体阶段使用的体外拉杆钢筋(半拱16根ϕ28),转体前通过张拉拉杆达到设计拉力来脱架形成转动体系。这样做虽然增加了一些施工用钢,但结构各阶段受力明确,拱顶变位容易控制,且这些钢筋转体合龙后还可回收。拉杆拉力为1 590kN,相当于半拱的推力。考虑到拉杆在转体过程中属关键部位,计算时可不考虑施工临时状态,安全储备适当放大一些。张拉过程中在拱顶产生的轴向力大约80%经由主拱腿、20%经由次拱腿传给拱座上弦杆,边腹孔段仅有自重力弯矩,没有轴向力。

为了确保张拉过程中与使用阶段拱片平面外的稳定,在两拱片之间每隔3~4m设一道横系梁,并在主拱腿裸肋中段增设水平剪力撑。

拉杆钢筋在距拱顶2.5m处通过锚板将拉力传给主拱。锚板是两段长0.6m,加宽到0.4m的矩形截面拱肋。应验算拉杆端部垫板下的局部承压与抗裂性。由于拉杆是交错锚固在两块锚板上,计算结果甚为安全。

当采用图7-59所示的转动体系时,转体阶段的最不利内力的计算图式见图7-65所示,可以采用电算计算内力。计算结果表明:调整肋上支点27、28节点及台顶30点的高程以及钢索的不同扣点位置,会获得不同的拱肋截面内力及钢索拉力(见表7-1)。为此,可调整各有关节点的高程,选取最佳的施工内力状态。

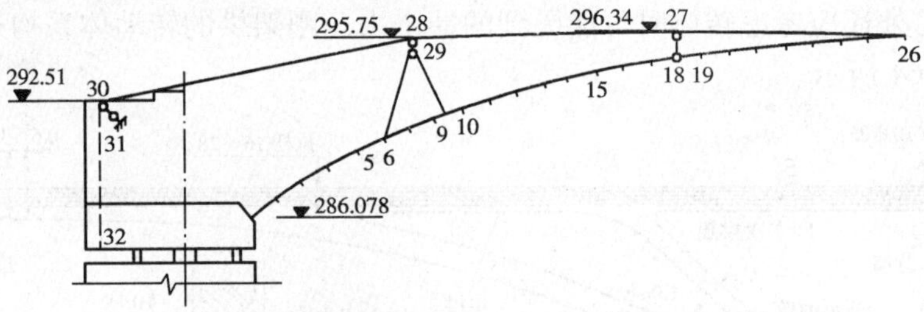

图7-65 肋拱转动体系的计算图式(尺寸单位:m)

扣点位置及支点高程不同,杆件内力比较 表7-1

项目	作法 扣点位置	27点高程(m)	28点高程(m)	拱肋最大正弯矩截面 杆号	M (kN·m)	$\sigma_上$ (kPa)	$\sigma_下$ (kPa)	拱肋最大负弯矩截面 杆号	M (kN·m)	$\sigma_上$ (kPa)	$\sigma_下$ (kPa)	钢索内力 26杆 (kN)	32杆 (kN)	34杆 (kN)
方案1	24点	296.44	295.75	18	594	6 791	1 249	24	-101.9	-676.6	268.7	-2 328	-2 383	-2 265
方案2	24点	296.34	295.75	6	470.3	6 138	1 751	24	-101.9	-676.6	274.6	-2 324	-2 379	-2 269
方案3	26点	296.24	295.75	6	447.3	5 952	1 804	14	-170.4	1 745	3 344	-2 320	-2 376	-2 662

(2)转体阶段桥台计算

根据拉杆拉力及圬工重力计算背墙、上转盘的A-A、B-B、C-C、D-D截面的内力和强度。墩或台身的受力状态受拉杆或扣索内力影响很大,若墩或台身截面出现拉应力,可配置部分钢筋验算,也可在墩、台尾部加一定数量的临时竖向预应力钢束调节。

(3)上转盘应力验算

上转盘搁置在圆形环道及轴心上或仅支承在球铰上并承受着背墙和桥体的巨大重量,受力较复杂,应有足够的截面厚度,其内力可按空间受力计算。纵横向配筋设计中,考虑到上转盘的尾端悬臂较长,在试转阶段应以尾端与环道接触处的截面控制设计;在砌平衡墙、预制半跨桥梁构件、提扣转体和转动阶段，由于尾端可能设置临时支撑或用尾扣拉力代替支撑，因此应改变计算图式验算配筋，并应同时满足各种状态的受力要求。

2. 转动工艺设计

转动工艺设计包括：转动体系重心计算、转动装置的计算和转动牵引的计算。

(1)转动体系重心计算

球面铰轴心承重转体的基本构思是整个转动体系的重心应在底盘轴心铰上，四周环道上的钢滚轮只是在转动过程中起平衡保险作用。如果重心调配得好，滚轮理论上是不受力的。由于重心在轴心铰上，且铰的直径比牵引转盘的直径小得多，故很容易实现转动。转动体系的重心按力矩平衡原理求得，如下式：

$$x_{尾} = \frac{\sum M_{尾}}{\sum P} \tag{7-2}$$

式中：$x_{尾}$——转动体系重心距上盘尾端点的距离(m)；

$\sum M_{尾}$——转体各力 P 对尾端点的力矩(kN·m)；

$\sum P$——转动体系总重力(kN)。

(2)转体装置的计算

两种不同的转体装置构造如前所述，对于四氟板环道承重转体装置主要计算出轴心和环道上四氟板的压应力，控制其压应力不应超过容许值。值得注意的是，四氟板受力过大，在转动时将会发生蠕动变形，增加转体困难。

轴心球铰承受转体装置，主要是计算其底盘铰的局部压应力，此时一般不考虑铰内构造钢筋的作用，计算方法可参照球面接触应力计算公式计算最大接触应力。

滚轮在理论上不受力，但实际施工中可能有偏心，因此滚轮实际可能受力，根据经验按每个轮承受转体重力的5%来验算支架、轮轴、轮片的强度。转体合龙后，滚轮可拆除回收。

(3)转体牵引设计

牵引系统的布置及受力分析见图7-62所示。闭合的牵引主索由滑轮组牵引，在上转盘产生一对牵引力偶克服阻力偶而使桥体转动。布置转向滑轮时注意使一对牵引力互相平行。

计算中假定有两个滚轮着地，每个轮受5%的转体重力，则牵引转动力偶：

$$M_{转} = 2R_1P \tag{7-3}$$

阻力偶：

$$M_{阻} = 2TR_2 + 0.9Gf_1 \times \frac{2R_3}{3} \times 2 \tag{7-4}$$

式中：G——转体总重(kN)；

f_1——磨心顶面摩擦系数，在无资料时可取0.12；

P——牵引力(kN)；

T——滚轮上的阻力(kN)，$T = 0.05Gf_2$；

f_2——滚轮滚动摩擦系数，可参考取用0.1；

R_1——牵引转盘半径(m)；

R_2——滚轮轨道半径(m)；

R_3——磨心顶球面的半径(m)。

由 $M_{转} > M_{阻}$ 求算牵引力 P。

转体牵引力应分为启动力和牵引力，分别用静摩擦系数和动摩擦系数计算。但是一般启动力可通过临时用千斤顶在上转盘转角处起顶协助启动，因此一般仅计算牵引力。

根据计算出的牵引力来设计地锚、钢丝绳、动滑轮及卷扬机。

3. 转动合龙后,体系转换的计算

当上下转盘间的封盘混凝土及拱顶接头的封拱混凝土达到设计要求强度,且桥台后座也浇筑到设计高度,拱的推力能够可靠传递时,即可卸去拉杆,实现桥梁体系转换,成为一个刚架拱片。此时的计算图式是把前述转体阶段计算图式[图7-64b)]去掉拉杆,看作为全跨对称结构的一半。松掉拉杆,实际上相当于在锚板第19节点作用一个向拱顶方向的水平力。计算结果表明:去掉拉杆仅在锚板前面增加了轴向力,而其余截面内力变化甚小。

以后的计算是在主拱上安装桥面、人行道、栏杆等二期恒载,其计算方法是在拱上加载。

三、无平衡重平面转体施工

采用有平衡重转体施工修建拱桥,转动体系中的平衡重一般选用桥台背墙,但随着桥梁跨径的增大,需要的平衡重量急剧增加,不但桥台不需如此巨大的圬工,而且转体重量太大也增加了转体困难。例如丫髻沙大桥,主跨径360m,中承式拱桥,转体重量达13 685t。

无平衡重转体施工是把有平衡重转体施工中的拱圈扣索拉力锚在两岸岩体中,从而节省了庞大的平衡重。但也由于锚碇的要求,此施工方法宜在山区地质条件好或跨越深谷急流处建造大跨桥梁时选用。例如巫山龙门桥,其主桥结构为上承式箱拱桥,主跨径122m,主拱圈为三室箱,全宽7.0m,高1.9m。根据桥位实地情况,两岸结构采用了不同的无平衡重平面转体方法(图7-66),即巫山岸为全截面预制拱圈并整体结构转体施工,罗平岸为在上下游分别预制两单室箱拱圈,由不对称转体至对称转体的方法施工。

图7-66 巫山龙门桥转体施工图

(一)无平衡重转体构造

拱桥无平衡重转体施工具有锚固、转动、位控三大体系。转体构造布置见图7-67。

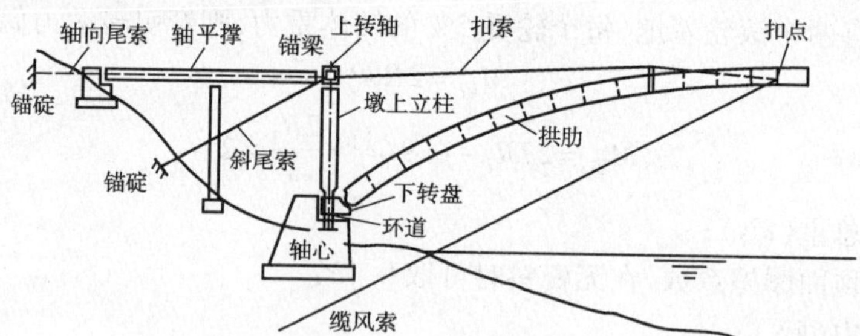

图7-67 拱桥无平衡重转体一般构造图

1. 锚固体系

锚固体系由锚碇、尾索、平撑、锚梁(或锚块)及立柱组成。锚碇设在引道或边坡岩石中,锚梁(或锚块)支承于立柱上,轴平撑、斜平撑及尾索形成三角形稳定体,使锚梁(或锚块)和上转轴为一确定的固定点。拱箱转至任意角度,由锚固体系平衡拱箱扣索力。

2. 转动体系

转动体系由上转动构造、下转动构造、拱箱及扣索组成。上转动构造由埋入锚梁(或锚块)中的轴套、转轴和环套组成,扣索一端与环套连接,另一端与拱箱顶端连接,转轴在轴套与环套间均可转动,见图7-68。

下转动构造由下转盘、下环道与下转轴组成。拱箱通过拱座铰支承在转盘上,马蹄形的转盘中部卡套在下转轴上,并支承在下环道上,转盘下设有安装了许多聚四氟乙烯蘑菇头的千岛走板,转盘的走板可在下环道上绕下转轴作弧形滑动,转盘与转轴的接触面涂有四氟粉黄油,以使拱箱转动,见图7-69所示。

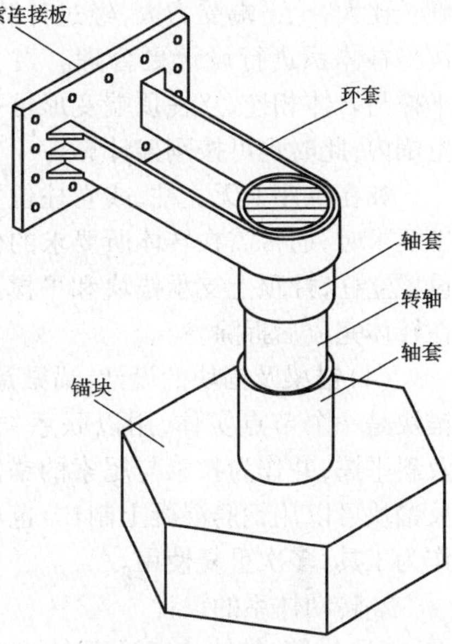

图7-68 上转轴的一般构造示意图

扣索常采用 ϕ32mm 精轧螺纹钢筋,扣索将拱箱顶部与上转轴连接,从而构成转动体系,在拱箱顶端张拉扣索,拱箱即可离架转动。

3. 位控体系

位控体系由系在拱箱顶端扣点的缆风索与无级调速自控卷扬机、光电测角装置、控制台组成,用以控制在转动过程中转动体的转动速度和位置。

(二)无平衡重转体的施工设计

1. 锚固体系的设计

(1)锚碇设计:锚碇处岩体的抗剪强度、抗滑稳定性的计算值应分别大于使用值,并有足够的安全储备。锚碇是无平衡重转体施工的关键部位,必须绝对稳妥可靠,有条件时可做拔桩试验。当锚碇能力要求不太高时,可通过超张拉尾索来检验锚碇的安全度,虽然这样做会增加一些尾索、平撑的材料用量,但可保证安全、可靠。

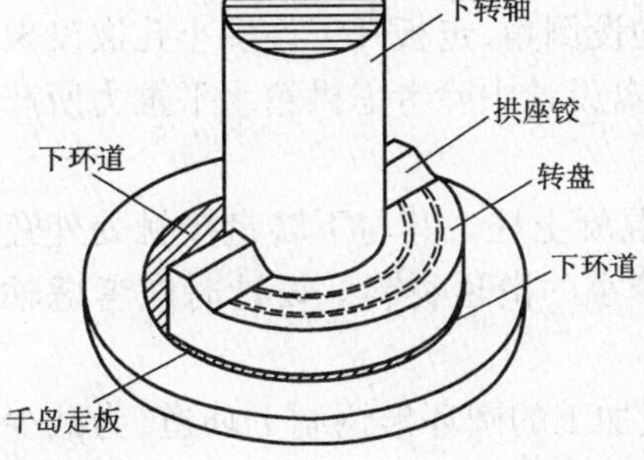

图7-69 下转盘的一般构造示意图

(2)平撑、尾索的设计:在双箱对称同步转体时,一般可只设轴向平撑或用引桥的桥面板代替。但在双箱不对称同步转体或对称同步转体时,考虑到施工中可能出现拱箱自重误差和转体速度差而在锚梁上引起的横向水平力,还应增设斜向平撑和尾索或上下游斜向尾索,以平衡其横向水平力。

拱箱在转体过程中,随着转出角度的改变,扣索力的方向也随之变化,而轴平撑与斜平撑及尾索的内力也随之变化,使整个力系在任一转角处均处于平衡状态,图7-70为拱箱扣索在不同位置时,轴平撑和斜平撑的受力状态。

尾索一端浇于锚碇中,另一端穿过空心箱及锚块(或锚梁),并在锚块外侧张拉锚固,此时钢筋受拉,混凝土平撑受压;当张拉拱箱扣索时,斜向尾索拉力加大,混凝土平撑压力减小;而轴向混凝土平撑压力加大,尾索内力减小;当拱箱向外转出时,两个方向的平撑及尾索自动调节内力。

设计中,确定平撑及尾索的预加应力大小及锚块位移的大小极为重要,设计的原则是:应满足上转轴铰点的内力平衡与平撑的变形协调条件。平撑要有足够的压力储备,才能防止在转体过程中锚块产生较大的位移。

(3)立柱的设计:桥台拱座上的立柱在转体阶段是用来支承锚块(锚梁)的。对于跨径

100 ~ 200m 的拱桥而言，桥台上立柱高度可达 30 ~ 50m，下端要承受拱箱的水平推力。构件细长比大，上下端受力大，经过计算比较，立柱按桅杆体系进行设计更合理。当立柱中部设平撑与岩体相连，立柱顶端变形可控制在较小范围内，此时也可按刚架计算。

如在拱座上无立柱，或立柱位置不符合施工要求时，通常需在转体所要求的位置上临时设置立柱，柱顶上支承锚块和平撑。临时立柱在转体完成后拆除。

(4)锚梁及锚块的设计：锚梁是一个短梁，锚块是一个节点实体，用以联系立柱、轴平撑及斜平撑，并作为扣索与尾索的锚固点。锚梁及锚块可以用钢筋混凝土制作，也可用钢结构作为工具，多次重复使用。

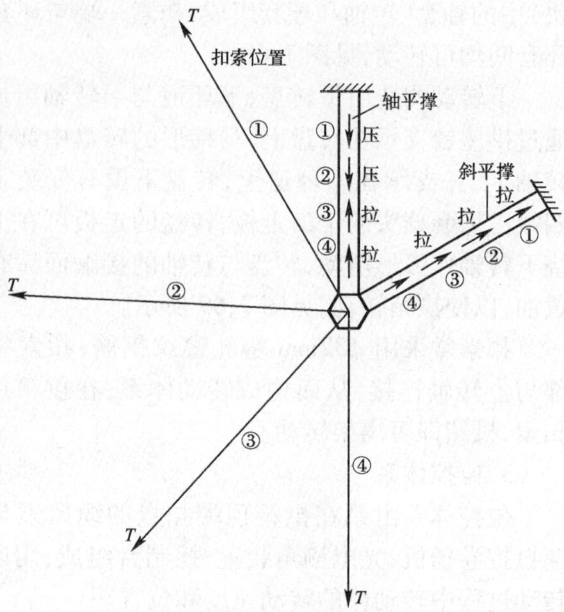

图 7-70　扣索不同，轴平撑和斜平撑的受力示意图

2. 转动体系的设计

(1)拱箱：转体施工过程中，拱箱的设计关键在于结构体系的选择，为了使拱箱受力状态良好和易于操作控制，只在拱箱顶端设一扣点，调整扣点高程可以使拱箱在整个转体过程中完全处于受压状态，不出现拉应力。

(2)上转轴：埋于锚梁中的轴套采用铸钢，内圆光洁度为▽5；转轴采用空心钢管，其外圆光洁度为▽5，设计时其弯应力与局部应力应满足荷载要求；与转轴配合的环套一端与扣索连接钢板焊接，设计时其弯应力与焊缝剪应力均应满足荷载要求。

(3)下转盘：转盘由 3 ~ 4 层半环形钢带弯制而成的马蹄形构件内灌混凝土形成，转盘与下转轴的接触处光洁度采用▽5，转盘下设走板，走板前后均设倒角，走板开了许多小孔嵌设聚四氟乙烯蘑菇头，称千岛走板，使其滑动时摩阻力较小。转盘设计中除考虑拱箱水平推力所产生的拉力外，还应考虑拱座处的剪应力与铰座的局部应力。

(4)下转轴：下转轴位于立柱下端，是呈圆截面的钢筋混凝土柱。其与下转盘接触处外套一个高 0.2m 的钢环，外圆光洁度为▽5，并涂有摩擦系数较小的滑道材料。设计时应考虑轴能承受拱箱水平推力所产生的剪应力、弯应力和局部应力。

(5)下环道：在基础顶面、下转轴四周设置宽 50cm 机械加工的圆环形钢制下环道，为减少安装变形，最好与下转轴上套的钢环焊在一起加工制作。

(6)扣索：通常选用 ϕ32mm 精轧螺纹钢筋，使用应力为设计强度的 45% ~ 50%。

3. 位控体系的设计

拱箱的转体是靠扣索力和上、下转轴事先预留的偏心值形成的转动力矩来实现，故转动位控体系的设计原则就是由扣索力和预先设置的上转轴与下转轴中心偏心值 e 所产生的自转力矩($M = T \cdot e$)应大于上、下转轴及转盘转动的摩阻力矩($M_{摩}$)。

当张拉扣索至设计吨位时，拱箱脱架，并在自转力矩作用下进行转体。在拱箱的转体过程中自转力矩 M 是变化的，当拱箱转至顺河方向与桥轴线垂直时，M 值最大，见图 7-71；而摩阻力矩 $M_{摩}$ 启动时为静摩擦力矩，此时 $M_{摩}$ 值最大，而一经启动，即为动摩擦力矩，$M_{摩}$ 值减小。特别是以四氟板作滑道材料时，静、动摩擦阻力相差较大，因此设计时应使最小的自转力矩大于最大的摩阻力矩。

缆风索及卷扬机系统的选择，应以所求得的自转分力 F、风缆不同角度的因素而定。在有些情况下，还应设反向风索，或者在下转盘前后用千斤顶顶推，辅助转体。

（三）无平衡重转体施工

拱桥无平衡重转体施工的主要内容和工艺有以下各项。

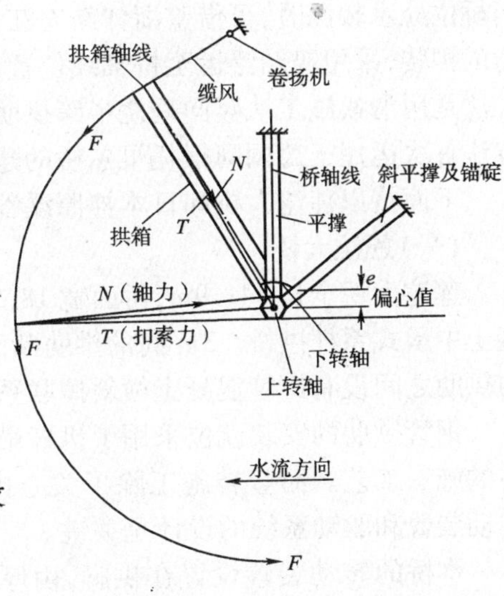

图 7-71　位控受力分析平面图

1. 转动体系施工

（1）设置下转轴、转盘及环道；

（2）设置拱座及预制拱箱（或拱肋），预制前需搭设必要的支架、模板；

（3）设置立柱；

（4）安装锚梁、上转轴、轴套、环套；

（5）安装扣索。

这一部分的施工主要保证转轴、转盘、轴套、环套的制作安装精度及环道的水平高差的精度，并要做好安装完毕到转体前的防护工作。

2. 锚碇系统施工

（1）制作桥轴线上的开口地锚；

（2）设置斜向洞锚；

（3）安装轴向、斜向平撑；

（4）尾索张拉；

（5）扣索张拉。

其中锚碇部分的施工应绝对可靠，以确保安全。尾索张拉在锚块端进行。扣索张拉在拱顶段拱箱内进行。张拉时要按设计张拉力分级、对称、均衡加力，要密切注意锚碇和拱箱的变形、位移和裂缝，发现异常现象应仔细分析研究，处理后再做下一工序，直至拱箱张拉脱架。

3. 转体施工

正式转体前应再次对桥体各部分进行系统全面检查，通过后方可转体。启动时放松外缆风索，转到距桥轴线约60°时开始收紧内缆风索，索力逐渐增大，但应控制在20kN以下，再转不动则应以千斤顶在桥台上顶推马蹄形转盘辅助转体。为了使缆风索受力角度合理，可设置两个转向滑轮。缆风索走速在启动时宜选用 0.5 ~ 0.6m/min，一般行走时宜选用 0.8 ~ 1.0m/min。

4. 合龙卸扣施工

拱顶合龙后的高差，通过分级张紧或放松扣索来调整拱顶高程到设计位置。封拱宜选择低温时进行。先用8对钢楔楔紧拱顶，焊接主筋、预埋铁件，然后先封桥台拱座混凝土，再浇封拱顶接头混凝土。当混凝土达到设计强度的70%后，即可卸扣索，卸索应对称、均衡、分级进行。

四、竖直转体施工

在采用竖直转体方法进行拱桥施工中，主要针对的结构对象是主拱肋。当桥位处无水或水很少时，可以将拱肋在桥位处进行拼装成半跨，然后用扒杆起吊安装，如三峡莲沱大桥施工。

当桥位处水较深时,可借鉴浙江新安江大桥和江西瓷都大桥的施工方法,即在桥位附近进行拱肋的拼装,采用船舶浮运至桥轴线位置,再用扒杆起吊安装。另外非常具有特点的拱肋转体施工法是用滑模施工法竖向现浇半跨拱肋,随后通过转动控制系统使拱肋绕拱脚转动至合龙,该方法首次运用于德国阿根托贝尔桥的建造中。

下面将以莲沱大桥和日本神原溪谷大桥的施工为例介绍竖向转体施工方法。

(一)莲沱大桥

莲沱大桥全长341.9m,桥面宽18.5m,主桥跨径为48.3m+114m+48.3m的三跨钢管混凝土中承式系杆拱桥。3m高的拱肋断面为哑铃形,由直径为1.2m的上、下钢管和腹板构成。两拱肋之间设有钢管混凝土横斜撑联系。

钢管拱肋的安装就位采用了扒杆吊装系统实现拱肋竖转的施工工艺。而竖转施工除了关心拱肋的受力状况外,转动装置和驱动系统的设计是关键。

本桥的转动装置设置在拱脚,由厚度为36mm的钢板在工厂进行配对冲压而成,在两弧形钢板之间涂上黄油,以减小摩阻力。拱脚旋转装置如图7-72所示。

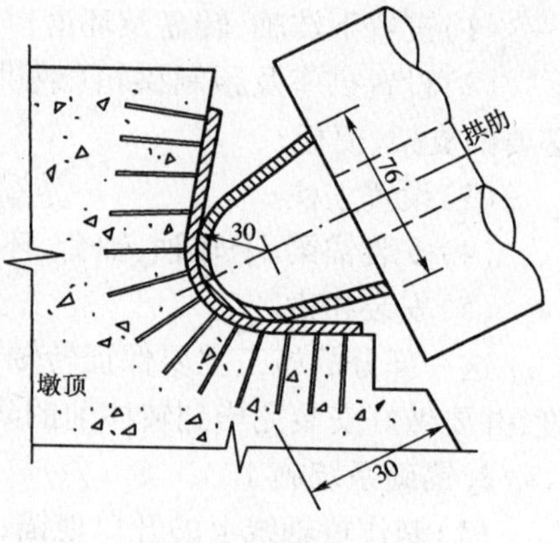

图7-72 拱脚旋转装置图(尺寸单位:cm)

本桥的转体驱动系统为扒杆吊装系统。系统的设计计算包括:起吊及平衡系统的计算、扒杆的计算、扒杆背索及主地锚的计算等。

1.起吊过程中扒杆系统的最大受力

扒杆吊装系统的计算,以起吊三斗坪侧半拱为准,计算简图如图7-73所示。

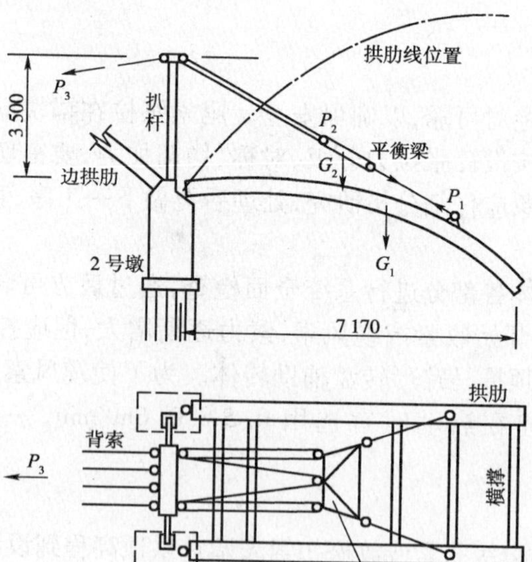

图7-73 扒杆吊装系统计算简图(尺寸单位:cm)

图中G_1为半拱拱肋和横斜撑及附件等重力,共2 522kN,G_2为平衡梁重力53kN。考虑到施工荷载以及起吊过程中的冲击荷载,起吊荷载为2 880kN。根据计算简图,可计算出各部分钢丝绳的受力:吊索受力P_1=3 122kN;起重索受力P_2=3 455kN;扒杆背索受力P_3=2 919kN。

经计算得出，由竖转的起始位置控制设计。

2. 起吊及平衡系统

起吊系统包括卷扬机、起重索、滑轮组等；平衡系统包括平衡梁、吊索、吊扣等。

(1)起吊系统的计算

根据起重索受力 P_2 的值，起吊系统选用 2 对 2 000kN 的滑轮组，起重索选用 ϕ39mm 的钢丝绳，采用双联穿法，通过平衡梁上的导向滑轮将两对滑轮组串联起来。每对滑轮组绕 8 圈钢丝绳，共有 34 道钢丝绳受力。经计算得到 2 个跑头的拉力均为 142kN，故选用 2 台 200kN 的卷扬机。起重索的安全系数为 $K=5.55$。

(2)平衡系统的计算

平衡梁采用 36mm 厚的 16Mn 钢板焊接而成，上下端的吊耳通过轴销分别与起重索和吊索的滑轮相连。平衡梁需具有足够的强度和较大的刚度，在起吊过程中起刚性扁担的作用。根据 P_1 的值，吊索选用 ϕ56mm 钢丝绳，每边走 6 道，两边等长且在起吊过程中保持定长。吊索与拱轴线之间的水平夹角为 14°，经计算吊索的安全系数为 $K=6.12$。

3. 扒杆

钢扒杆由立柱、顶部箱形横梁组成，两根立柱为钢板卷制的钢管，钢管直径为 ϕ800mm，扒杆的计算高度为 35m，顶部立柱中距 2.7m，底部为 16.8m。立柱底部焊有一块 1 400mm × 1 200mm × 36mm 的钢板作为扒杆的支承构件。为保证结构的刚度和稳定性，扒杆面内设有横撑和剪力撑，面外设有槽钢。

4. 扒杆背索及主地锚

已知背索所承受的最大总拉力为 2 919kN，每副扒杆有四副背索，每副背索承受 730kN 的拉力。考虑到起吊过程中四副背索可能张力不均匀，取 0.85 的不均匀折减系数，故每副背索按 860kN 受力计算。每副背索分为上下两段，上段用 ϕ56mm 的钢丝绳走 2 道，下段用 ϕ26mm 的钢丝绳走 12 道，并设有一对 1 000kN 的滑轮组以便调整背索的受力。主地锚按3 100kN承载能力计算，采用 L 形卧式钢筋混凝土地锚，长 15m，高 2.8m，底板宽 4.5m，厚 55cm，背墙厚 35cm。地锚的抗滑、抗倾覆、抗拔安全系数均大于 2。

钢管拱肋的竖转施工工序(图 7-58)为：安装拱肋胎架，安装拱脚旋转装置，安装地锚，安装扒杆及背索，在地面胎架上拼装钢管拱肋，经过对焊接质量、几何尺寸、拱轴线形等验收合格后，安装起吊及平衡系统，扒杆作用使拱肋竖转，调整拱肋高程，焊接合龙接头，拆除扒杆，封固拱脚。

5. 扒杆安装

为了便于安装，扒杆分段接长，立柱钢管以 9m 左右为一节，两节之间用法兰连接。安装时先在地面将两根立柱拼装好，用吊车将其底部吊于墩顶扒杆底座上，并用临时轴销锁定，待另一端安装完扒杆顶部横梁后，由吊车抬起扒杆头至一定高度，再改用扒杆背索的卷扬机收紧钢丝绳将扒杆竖起。

6. 拱肋吊装

起吊采用两台 200kN 同步慢速卷扬机，待拱肋脱离胎架 10cm 左右，停机检查各部运转是否正常，并根据对扒杆的受力与变形、钢丝绳的行走、卷扬机的电流变化等情况的观测结果，判断能否正常起吊。当一切正常时，即进行拱肋竖向转体吊装。拱肋吊装完成后，进行拱肋轴线调整和跨中拱肋接头的焊接。

（二）日本神原溪谷大桥

1. 设计要点

神原溪谷大桥位于美丽的神原溪谷风景区，考虑景观效应，桥梁结构采用了上承式混凝土拱桥（图 7-74），P_1、P_2 两侧主拱为非对称拱形，拱顶的位置由施工因素决定；考虑大地震时拱肋的顶部以及拱脚部分的混凝土不至于发生剥离，在配置钢筋时，控制混凝土的裂缝宽度在 0.39mm 以下，即拱肋纵向钢筋量与混凝土截面积之比在拱顶和拱脚部分分别定为 1.8%、1.5%；同样，基于提高结构抗震性能的考虑，拱上加劲梁采用了预应力混凝土连续结构。

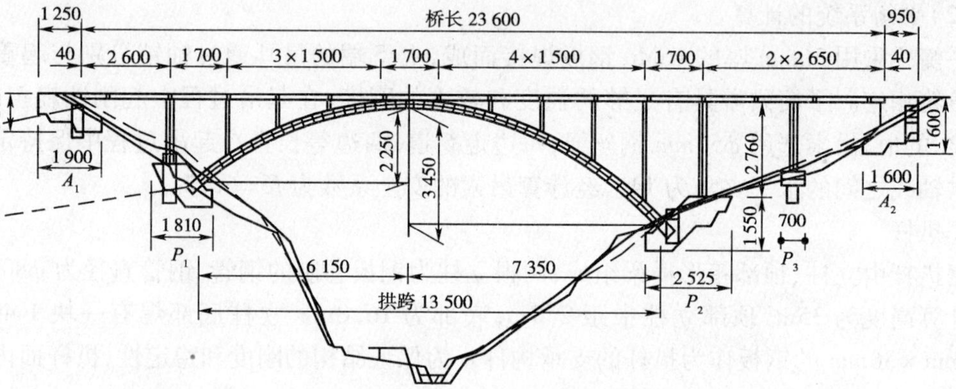

图 7-74　神原溪谷大桥的立面示意图（尺寸单位：cm）

2. 施工方法和要点

该桥采用了在两岸桥台上竖向分别现浇两个半拱肋（滑模施工）后，以拱脚为铰心，通过扣索调整两个半拱至设计位置，最后合龙成拱的施工方法。施工顺序如图 7-75 所示。

（1）拱肋的制作

在最初设置竖向转体施工用转动支座后，使用支架对拱脚部分的 2 个拱肋节段进行施工。此后，使用滑模按长度为 3.0 ~ 4.0m 依次进行其余各节段施工。

（2）拱肋的竖转施工

根据现场的地质条件以及桥下道路情况，在将 P_2 侧拱肋先行竖转就位后，再竖转 P_1 侧拱肋。

每半拱肋的竖转施工分成两阶段，即从预制位置向跨内旋转 20°，再至两半跨合龙。

考虑到抗震、抗风的因素，在竖转第一阶段，拱肋上设置了反向牵引钢缆以保持结构的稳定。第二阶段仅依靠拱肋的自重竖向转动到预定位置。

为使扣索的设置不因张拉力较小而下垂松弛，降低钢缆的延伸刚性和增加扣索锚固端的松弛损失，在拱肋初期竖转至 40°为止仅用 2 根外侧集束钢缆，其后使用全部的 4 根集束钢缆。施工中，扣索长度受全自动液压张拉设备控制，其最大张拉能力为 8.0 MN，最大行程为 300mm，采用前后锚点交替锚固方式传送扣索结构。

对混凝土结构采用竖转施工，要充分考虑拱肋在施工过程中的受力变化，图 7-76 所示，在第一个落拱阶段，拱肋弯矩逐渐增大；当转动角度超过 40°后，拱肋的弯矩逐渐减小，拱肋受力成为以轴向力为主的状态。

在完成了两侧拱肋的竖向转体之后，使用吊装支架完成拱顶合龙。放松扣索，加固拱座。然后，从 P_1、P_2 墩两侧向拱顶方向，依次进行立柱及加劲梁的施工（使用桁架梁式支架）。

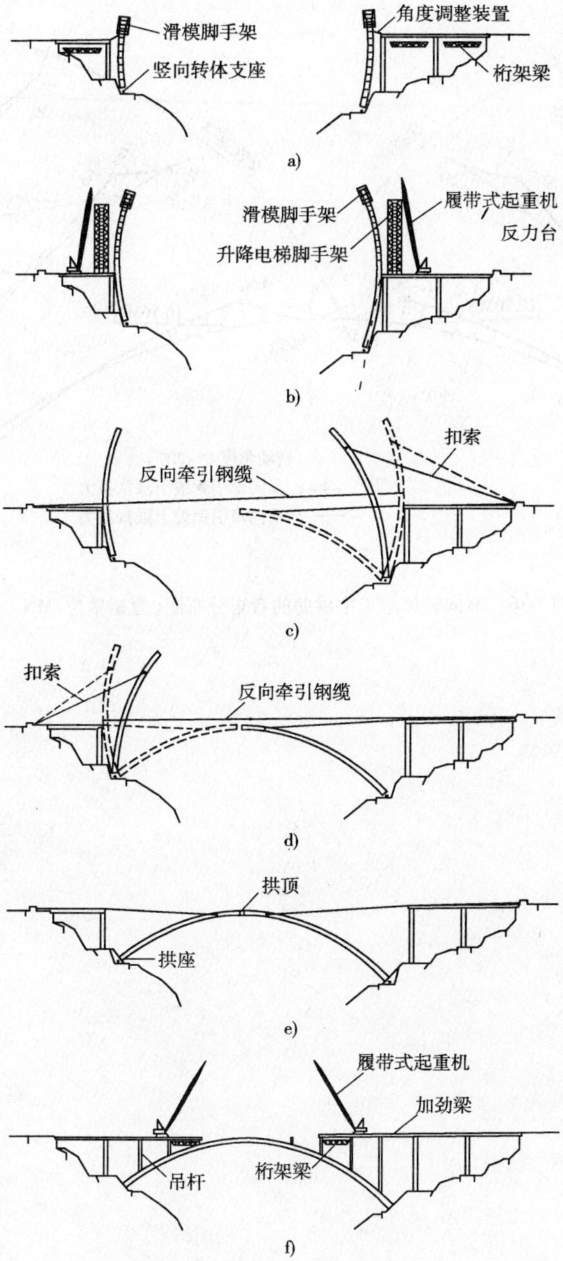

图 7-75　神原溪谷大桥的施工顺序

a)拱肋的 2 次滑模施工,反力台施工;b)P_2 侧拱肋竖向转体;c)P_1 侧拱肋竖向转体;d)拱顶合龙,放松扣索,加固拱座;e)吊杆、加劲梁的施工;f)桥面施工

该桥竖转施工工艺的特点就是在狭小的施工场地,采用滑模法施工拱肋既省力又比较安全。此外,由于拱肋沿垂直方向施工,因此可以得到填充性能良好的混凝土;不需要使用大型的架桥设备;在进行拱肋的滑模施工以及竖向转体施工时,拱肋不会产生太大的弯矩,因此无须使用预应力钢材等材料进行加固。拱肋的整个施工过程中,结构体系较为简单,便于施工管理。

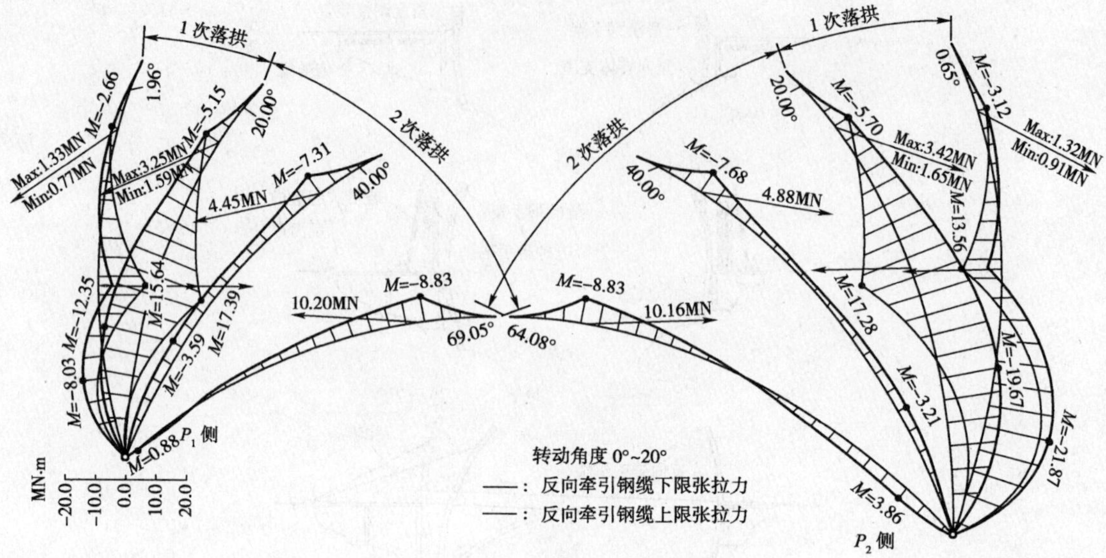

图 7-76 竖向转体施工中拱肋的弯矩分布图(弯矩单位:MN·m)

第八章　斜拉桥施工

第一节　概　　述

一、斜拉桥的结构体系和构造特点

斜拉桥是一个由索、塔、梁三种基本构件组成的超静定组合体系结构，采用高强钢材制成的斜拉索将主梁多点弹性支承，并将主梁的恒载和车辆荷载传至塔柱，再通过塔柱基础传至地基。主梁因斜拉索的作用而成为具有若干弹性支撑点的连续梁，结构尺寸大大减小，自重显著减轻，既节省了材料，又大幅度地增大了桥梁的跨越能力。此外，这种体系还有受桥下净空和桥面高程的限制小、抗风稳定性较悬索桥好、无须昂贵的地锚基础等优点。

斜拉桥按其索、塔、梁三者的不同结合方式可组成飘浮体系、支承体系、塔梁固结体系、刚构体系和协作体系。

(一)主塔

斜拉桥的主塔是通过拉索对梁体施加弹性支承的一个重要构造。由于斜拉桥的布置灵活、机动、千姿百态，主塔的形状和结构尺寸的大小比例将对斜拉桥的总体建筑造型和景观有很大的影响。

主塔材料可用钢、钢筋混凝土或预应力混凝土。

主塔在顺桥向的形式有单柱式、A 形和倒 Y 形等几种；在横桥向的形式主要有单柱式、双柱式、门式、H 形、A 形、倒 V 形、倒 Y 形、菱形(包括宝石花形)(图 8-1)。

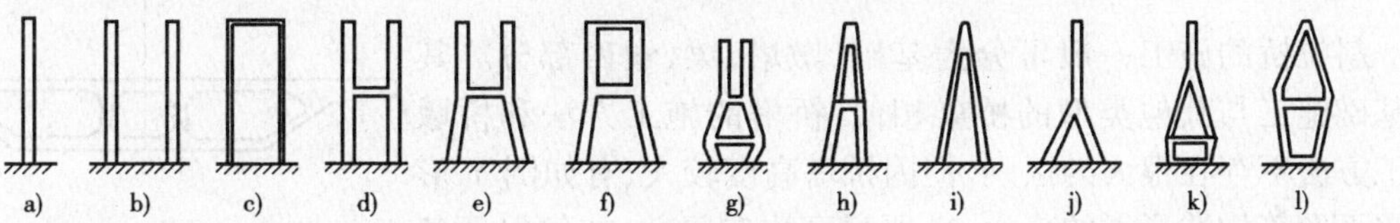

图 8-1　索塔横桥向结构形式

组成桥塔的塔柱及横梁的截面形状和截面尺寸应根据结构强度、刚度、稳定性的要求，并结合拉索在桥塔上的锚固构造要求和桥梁美学上的要求来确定。

从整体形式看，塔柱的截面可采用实心截面和空心截面两种(图 8-2)，而沿塔高又可采用等截面或变截面布置。一般实心等截面塔适用于小跨径斜拉桥；中等跨径斜拉桥可采用实心变截面塔柱；对于大跨径斜拉桥的主塔，一般采用空心变截面塔柱。

(二)主梁

主梁横截面形式的选用，取决于斜拉索布置、主梁对斜拉索索力传递、扭矩传递、施工工艺和抗风稳定性等因素。常用的截面形式主要有板、双主梁和箱梁等形式。主梁材料一般有钢和混凝土(图 8-3)。

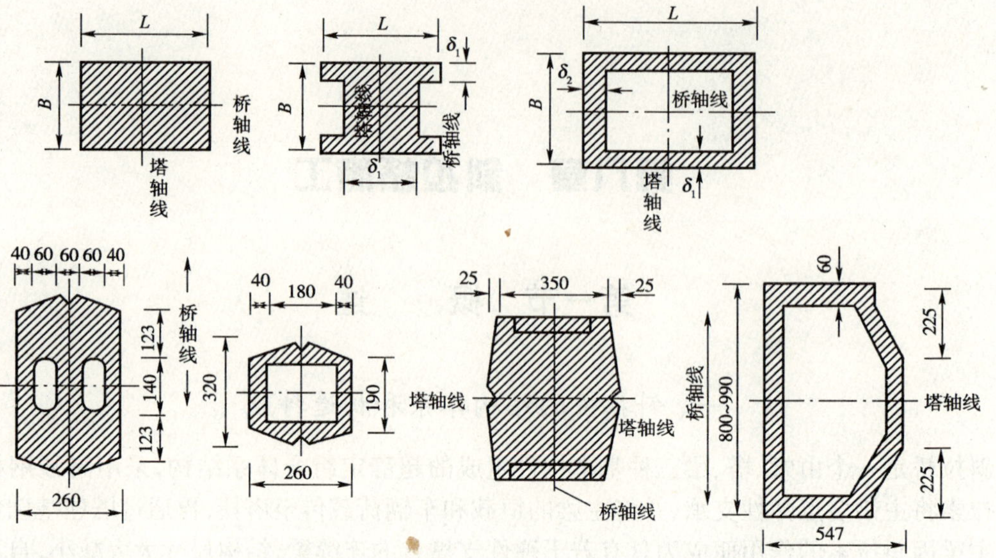

图 8-2　塔柱截面形式

(三)拉索

每一根拉索都包括钢索和锚具两大部分。钢索承受拉力,设置在钢索两端的锚具用来传递拉力。

钢索作为斜拉索的主体主要有如下几种形式(图 8-4)。

(四)拉索锚固结构

索与主塔、主梁连接结构的功能是将斜拉索力可靠地传递至桥塔及主梁。其结构形式根据斜拉索布置、根数、桥塔及主梁的结构等情况确定(表 8-1)。

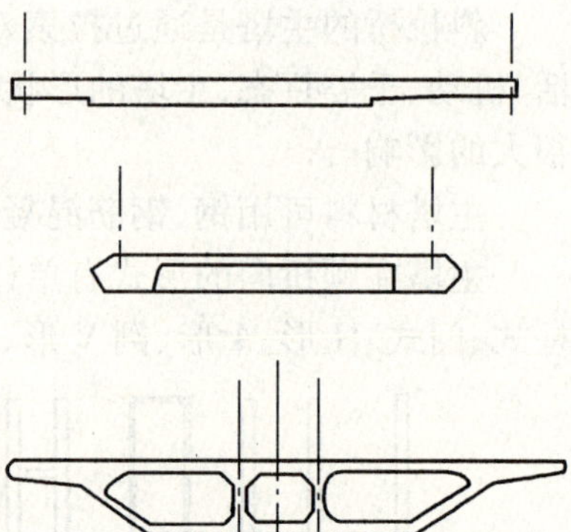

图 8-3　混凝土主梁截面形式

二、斜拉桥的施工特点

斜拉桥的施工一般可分为基础、墩塔、梁、索四部分。其中基础施工与其他类型的桥梁相似;桥塔的施工方法和桥墩施工方法不存在很大的区别,但因桥塔高度较大、有如倒 Y 形和宝石形等构造形式的变化、塔顶索区构造复杂,如何保证各构件准确定位是施工中的关键问题。对主梁而言,梁桥施工方法基本都可采用。只有索的施工,包括索的制造、架设和张拉具有其特殊性。但是斜拉桥作为一个整体,它的塔、梁、索的施工必须互相配合,服从工程设计意图。因此本章以梁、索和各种具有代表性的斜拉桥上部结构施工为叙述主线。

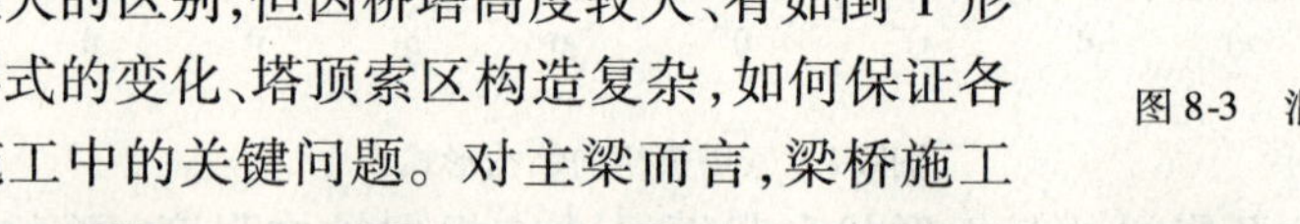

图 8-4　拉索类型

a)钢筋索;b)钢丝索;c)钢铰拉索;d)单股钢铰缆;e)封闭式钢缆

拉索锚固结构形式 表 8-1

锚固位置	锚固形式	构造特点
主塔	支承锚固	如图 8-5 所示,拉索通过塔顶索鞍而延伸到桥塔另一侧主梁上锚固
	交叉锚固(图8-6)	一般适用于实心截面塔柱,拉索交叉对穿塔身后锚固。拉索或在横截面内对称布置或通过在主塔两侧分别以横向对称布置与竖向中心布置拉索的结合方式以达到交叉锚固,并避免塔柱受扭的目的
	对称锚固(图8-7)	针对空心截面的塔柱,①拉索锚固在塔柱内壁的凸块上,塔柱截面内配置预应力筋束平衡拉索力;②拉索锚固在支承于塔柱内壁牛腿结构的钢横梁上;③通过设置于塔柱中的钢锚箱锚固拉索
主梁	梁顶锚固 箱梁顶板锚固	①对钢梁,拉索通过一钢构件与主梁的上翼缘连接(图 8-8); ②对混凝土梁,拉索直接锚固在顶板与一对斜拉杆交叉点处的锚固块上(图 8-9); ③拉索锚固在设置于两腹板间、顶板下的锚固块上,该锚块与顶板、腹板和横隔板固结在一起[图 8-10a)]
	腹板锚固	适用于钢主梁
	梁底锚固	这是针对双主梁、板式梁和箱梁的典型锚固形式:其中对箱梁,拉索或对称锚固设置于主梁外侧的锚固块上(图 8-11),或穿过设置于箱内的斜向隔板锚固于梁底[图 8-10b)]

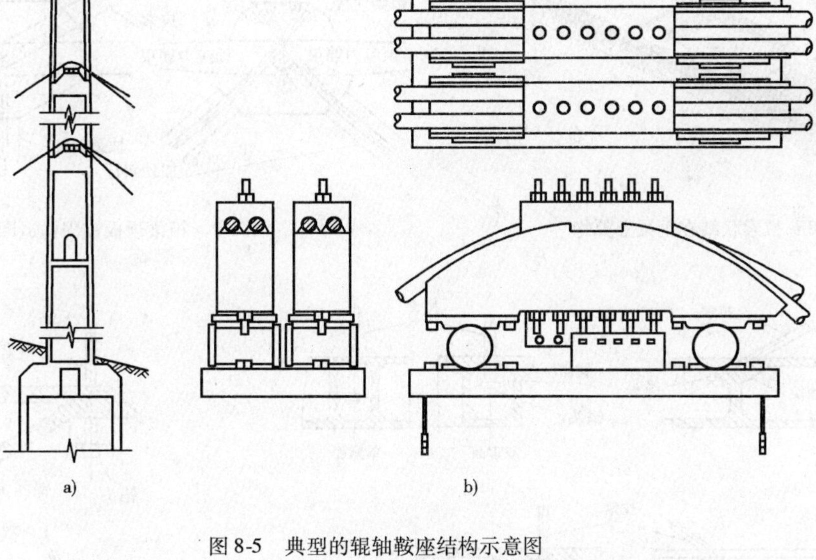

图 8-5　典型的辊轴鞍座结构示意图

a)塔柱断面;b)鞍座细节

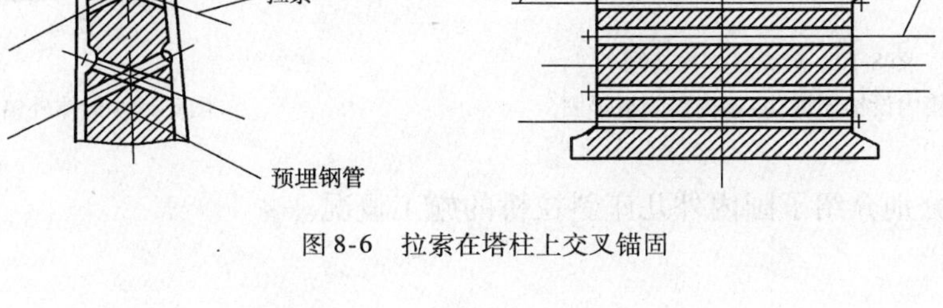

图 8-6　拉索在塔柱上交叉锚固

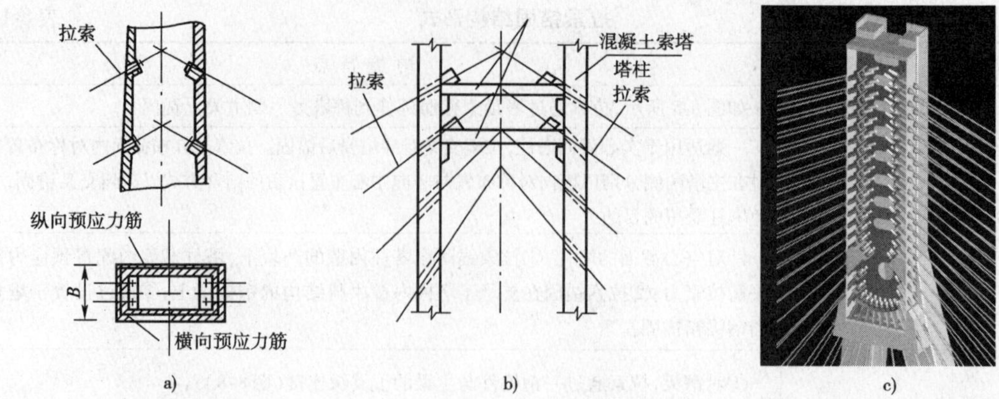

图 8-7　主塔上拉索的对称锚固形式

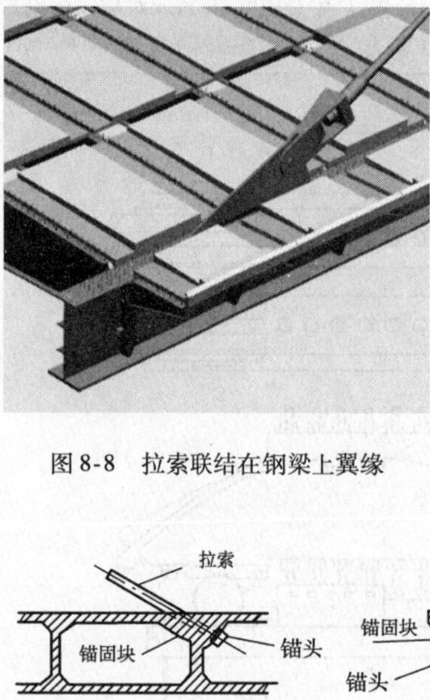

图 8-8　拉索联结在钢梁上翼缘

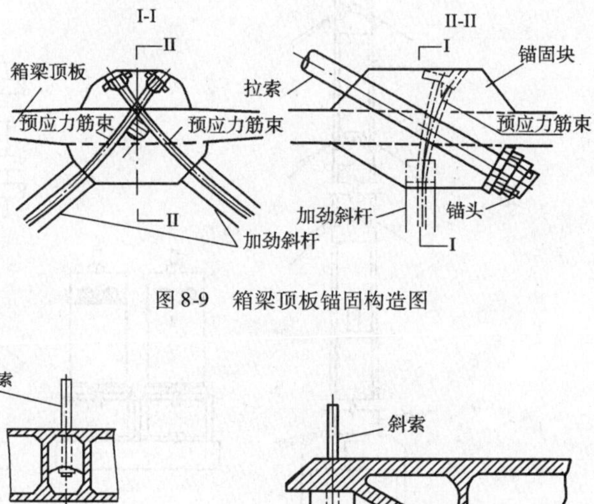

图 8-9　箱梁顶板锚固构造图

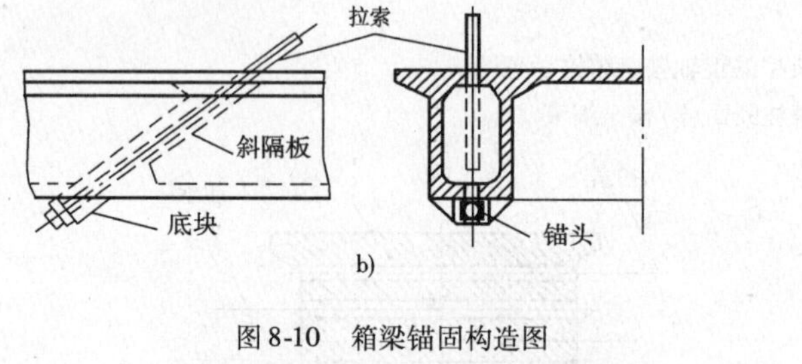

图 8-10　箱梁锚固构造图

a)箱内设锚固块；b)箱内斜隔板锚固

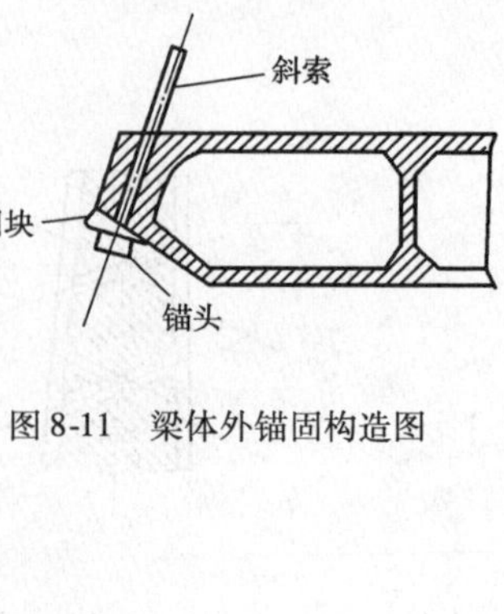

图 8-11　梁体外锚固构造图

表 8-2、8-3 分别介绍了国内外几座斜拉桥的施工概况。

国内几座斜拉桥的施工情况

表 8-2

序号	桥名	跨径组合(m)	材料	用途	施工概况		
					塔	主梁	索
1	上海杨浦大桥	99+144+602+144+99	结合梁	城市	下塔柱脚手架翻模，中、下塔柱爬模	桥面吊机双悬臂拼装	成品索用卷扬机及塔顶伸下滑轮组起吊，YQL—600 千斤顶张拉
2	无锡石塘河斜拉管桥	28+2×80+28	ϕ1.8m 水管	水管	单塔单索面，塔高 44.5m，搭脚手架立模施工	水管在临时墩上拖拉就位	成品索悬挂就位初张拉，然后强迫落梁建立索力
3	郧阳汉江桥	86+414+86	混凝土	公路	下塔柱翻模法，横梁支架法现浇，上塔柱用滑升翻模施工	岸跨在移动门形支架上现浇，河跨预制浮运，起吊悬拼	工地制索，施工天线运送，200kN 起吊滑车组起吊，YQL—600 千斤顶张拉
4	广东三水桥	7.45+3×7.25+82+180	混凝土	公路	独塔，下、中塔柱滑模，上塔柱爬模	河跨用后支点带斜向工作索的挂篮悬浇	成品索用滑车组起吊，千斤顶张拉，一次张拉到位
5	吉林临江门大桥	132.5+132.5	混凝土	公路	在脚手架上立模浇筑	牵索式挂篮双悬臂浇筑	
6	铜陵长江公路大桥	190+432+190	混凝土	公路	裸塔法无支架爬模，模板总高 9m，一次浇筑 6m	大节距全断面整体浇筑，自行式前支点挂篮，一次全断面悬浇 8m	
7	武汉长江二桥	180+400+180	混凝土	公路	下塔柱在钢围堰上搭支架立模，中、上塔柱爬模施工	短平台复合型牵索挂篮施工，每次浇筑长 8m	成品索单点起吊，梁塔两端牵引，LS600W 千斤顶张拉
8	广东南阁大桥	35+108+35	混凝土	公路	工作平台上搭门式脚手架，木模浇筑	两端在脚手架上现浇，中段用浮吊吊装就位	50kN 卷扬机，滑车组起吊，YQL—600 千斤顶张拉
9	汤河大里营桥	42+50	混凝土	公路	在脚手架上立模浇筑	在脚手架上立模浇筑，平转就位	刚性索在脚手架上浇筑，千斤顶张拉
10	金华金婺路桥	100+125+35	混凝土	公路	在脚手架上立模浇筑	在临时墩上架立梁式移动滑模浇筑	单根钢绞线逐根安装张拉，每索共 109 根钢绞线

表 8-3

国外几座斜拉桥的施工概况

序号	桥名	国家	跨径组合(m)	材料	用途	施工概况		
						塔	主梁	索
1	邦纳安桥	比利时	168 + 126	混凝土	公路	底盘、下斜撑鹤横梁用特制模板浇筑，上斜撑用提升模板浇筑	在河岸边支架上浇筑转体 70°就位	平行钢绞线，单根张拉，大型千斤顶调索
2	伊泽尔河桥	法国	16 + 49.33 + 74.67 + 148 + 16	混凝土	公路	爬模浇筑，鞍座设于顶部节段上，吊装就位	移动式挂篮悬浇，先浇桥中线处工字梁，张拉部分索力，然后浇两侧部分	辐射式单索面，将斜拉索牵引过塔顶鞍座，在梁底张拉
3	海尔格兰桥	挪威	177.5 + 425 + 177.5	混凝土	公路	滑模浇筑，斜拉索锚固在塔顶的锚箱内	牵索挂篮双悬臂浇筑，施工期间设有临时墩	成品索聚乙烯套管，内填充石蜡，卷扬机提升安装，千斤顶张拉
4	埃姆舍尔莱茵河桥	德国	6 × 50 + 310 + 8 × 52.5	混合型	公路	上部钢塔预制构件安装	岸跨混凝土结构，用支架法逐跨分段浇筑，河跨钢结构悬臂拼装	卷扬机提升安装，千斤顶张拉
5	东神户大桥	日本	200 + 485 + 200	钢	公路	钢塔架浮运吊装，100m 以上部分用拼装式塔吊，焊接	塔架附近主梁用大吨位浮吊架设主跨与边跨，中段用移动式吊机进行单根杆件悬臂拼装	与主梁悬拼同步架设，塔内与梁内均可用千斤顶张拉
6	小田原港桥	日本	74 + 122 + 74	混凝土	公路	立支架浇筑，塔顶鞍座整体起吊，安装就位后浇筑填充混凝土	挂篮悬臂浇筑，近边墩处立脚手架施工	在脚手架上架设 FRP 管，插入股索，绕过鞍座，迪维达格锚，梁内张拉
7	塞塞勒桥	法国	115 + 110	结合梁	公路	用塔式吊机提升模板浇筑	借助于临时墩及导梁顶推就位，顶推时，设辅助桥塔，在右孔中部合龙	封闭型斜拉索，上端以钢锚杆锚固在桥塔上，下端锚固在钢梁腹板上
8	鹤见航道桥	日本	254 + 510 + 254	钢	公路	单索面倒 Y 形 SRC 桥塔，钢骨架浮运架设	35 000kN 浮吊浮运架设大节段钢梁	成品索在加劲梁上展开，塔顶吊机提升至塔上锚固点，梁内用穿心式千斤顶张拉
9	名港中央大桥	日本	290 + 590 + 290	钢	公路	钢塔架，下部用浮吊架设，上部用梁上吊机架设	30 000kN 驳船浮运，梁上吊机起吊架设	成品索浮运上桥，塔顶吊机架设
10	悉尼格莱贝岛桥	澳大利亚	140 + 345 + 140	混凝土	公路	桥面以下用普通模板制造，桥面以上用爬模浇筑	岸跨在走行支架上浇筑，河跨用牵索式挂篮浇筑	单根钢绞线张拉，每根斜拉索由 25 ~ 74 根钢绞线组成，具有四层防腐系统

第二节　斜拉桥的施工要点

一、塔的施工

索塔的材料可用钢、钢筋混凝土或预应力混凝土。索塔的构造远比一般桥墩复杂，塔柱可以是倾斜的，塔柱之间可能有横梁，塔内须设置管道以备斜拉索穿过锚固，塔顶有塔冠并须设置航空标志灯及避雷器，沿塔壁须设置检修攀登步梯，塔内还可能建设观光电梯。因此塔的施工必须根据设计、构造要求统筹兼顾。

索塔承受相当大的轴向力，还可能有弯矩，因此对索塔的尺寸和轴线位置的准确性应有一定的要求。允许偏差值应考虑以下两个原则：(1)偏差值对结构受力的影响甚微；(2)施工中经过努力可以达到的精度。上海泖港桥允许倾斜度为1/200，徐浦大桥允许偏差值如表8-4所示。现行《公路桥涵施工技术规范》(JTJ 041—2000)规定：主塔的倾斜度为塔高的1/3 000，且不大于30mm或设计要求。

徐浦大桥主塔实测允许偏差　　表8-4

项　目	断面尺寸		相邻间距		轴　线		倾斜度(%)	壁　厚	索管轴线
	塔座	塔柱	塔座	塔柱	塔座	塔柱			X、Y、Z三向
允许偏差(mm)	±15	±10	±10	±10	±10	±10	±H/3 000	±5	±2

钢索塔施工一般为预制吊装，混凝土索塔施工大体上可分为搭架现浇、预制安装、滑升模板浇筑等几种方法，分述如下。

1. 搭架现浇

这种方法工艺成熟，无需专用的施工设备，能适应较复杂的断面形式，对锚固区的预留孔道和预埋件的处理也较方便，但是比较费工、费料、速度慢。跨度200m左右的斜拉桥，一般塔高(指桥面以上部分)在40m左右，搭架现浇比较适合。广西红水河桥、上海柳港桥、济南黄河桥的桥塔都是采用这种方法。跨度更大的斜拉桥，塔柱可以分为几段，各段的尺寸、倾角都不相同，往往采用不同的方法。下段比较适合于搭架现浇，例如上海南浦大桥、杨浦大桥、徐浦大桥、武汉长江二桥，跨度都在400m以上，塔高在350m以上，下塔柱都采用传统的脚手架翻模工艺，缺点是施工周期较长。

2. 预制安装

这种方法要求有较强的起重能力和专用的起重设备，当桥塔不是太高时，可以加快施工进度，减轻高空作业的难度和劳动强度。东营黄河桥塔高69.7m，桥面以上56.4m，采用钢箱与混凝土结合结构，预制安装。国外的钢斜拉桥桥塔基本上都是采用预制安装方法施工。我国混凝土斜拉桥用预制安装方法的不多，只有1981年建成的四川省金川县曾达桥，塔高24.5m，采用卧式预制而成，用绞车和滑轮组从地面上扳起，由锚于对岸山壁上的钢丝绳和滑轮提供吊装力。

3. 滑模、爬模施工

这种方法的最大优点是施工进度快，适用于高塔的施工。塔柱无论是竖直的或是倾斜的都可以用这个方法。但对斜拉索锚固区预留孔道和预埋件的处理要困难些，实际工程中采用滑模、提升模和爬模等进行塔柱施工。

辽宁长兴岛斜拉桥塔高43m，为适应高塔施工，专门制作了一种提升支架，不但可用于液压千斤顶提升的滑模，亦可用于分段浇筑的提升模。索塔下节 11.7m 的斜腿段采用一般的搭架模板浇筑，竖直的上节塔柱则采用滑模或提升模。先施工的 2 号索塔采用滑模法，由于冬季寒冷不宜使用滑模，后改用提升模施工。1 号索塔采用提升模法施工，混凝土蒸汽养生，解决了 -20℃ 的冬季施工问题。

两塔柱间的横梁利用支架的下层操作平台就地浇筑。

上海南浦大桥塔高 150m，下塔柱斜率 1∶5 271 842，净高 29m，采用传统的脚手架翻模工艺，施工周期较长，平均每天 0.56m；中塔柱斜率 1∶85，高 55.0m，采用国内首创的斜爬模施工，施工速度提高到每天 1.14m；上塔柱同样采用爬模施工。

二、主 梁 施 工

一般来说，混凝土梁式桥施工中的任一种合适的方法，如支架上拼装或现浇、悬臂拼装或浇筑、顶推法和平转法等，都有可能在混凝土斜拉桥上部结构的施工中采用。由于斜拉桥梁体尺寸较小，各节间有拉索，还可以利用索塔来架设辅助钢索，因此更有利于采用各种无支架施工法。其中悬臂施工法是混凝土斜拉桥施工中普遍采用的方法。究竟采用哪种方法，这是设计者首先要研究决定的问题。决定时须要考虑的问题主要有须跨越障碍的情况、斜拉桥本身的结构与构造等。

1. 在支架上施工

当所跨越的河流通航要求不高或岸跨无通航要求、且容许设置临时支墩时，可以直接在脚手架上拼装或浇筑主梁，也可以在临时支墩上设置便梁，在便梁上拼装或浇筑。如果有条件的话，这种方法总是最便宜、最简单的。

例如贝尔格莱德萨瓦河双线铁路桥，是一座钢斜拉桥，1977 年建成，中跨 254m，桥宽 16.5m，由于萨瓦河无通航要求，故整个桥跨都是在施工脚手架上安装的，因此主梁、塔柱和斜拉索的安装都能分开进行。主梁和塔柱安装完毕后，用设在支架上的千斤顶将梁顶升，然后安装斜拉索，安装就位的斜拉索借助于放松千斤顶使主梁下降而拉紧，这样斜拉索的安装就不需要大吨位千斤顶。

我国天津永和桥也是在临时支架上安装的一个典型。永和桥是预应力混凝土斜拉桥，中跨 260m，1987 年建成。由于主梁较弱，为避免超应力，预制梁段经由河中满铺的便桥运送，运送就位的预制梁支承于四个临时支点上，后经穿纵向预应力粗钢筋、胶拼、挂斜拉索完成节段拼装。安装顺序是以塔柱为中心，两侧对称同时进行，每一节段包括四块长 5.8m 的预制梁段，八根斜拉索，时间约需 7 ~ 15d。

2. 顶推法

当桥下不允许设置过多临时支架（如跨越道路、铁路）时，可以考虑采用顶推法。斜拉桥首次采用顶推法架设的是前联邦德国杜塞尔多夫市区内的一座公路高架桥，称为尤利西大街桥。此桥于 1963 年建成，中跨 98.7m，安装过程如图 8-12 所示。在西桥台后先拼装东半跨，临时支点 I ~ VI。顶推过程中，斜拉桥的自重通过钢箱中的横隔板传递至纵向箱梁，因此拉索只是部分受拉。在塔顶鞍座上设有顶升机械来消除顶推节段最外缘的悬臂挠度。当桥梁最外缘顶推至永久墩 VIII 时，用千斤顶将支座顶起约 10cm，使永久墩 VII 上的支承压力消除。桥梁更向前推进时，墩 VIII 上的支承压力将增加，当最外缘超过临时墩 IX 约 7.3m 时，这个支承压力达到允许值。这时，将墩 VIII 上的支座回复到原来位置，继续顶推至达到其最终位置，拆除临时墩 IV、X。

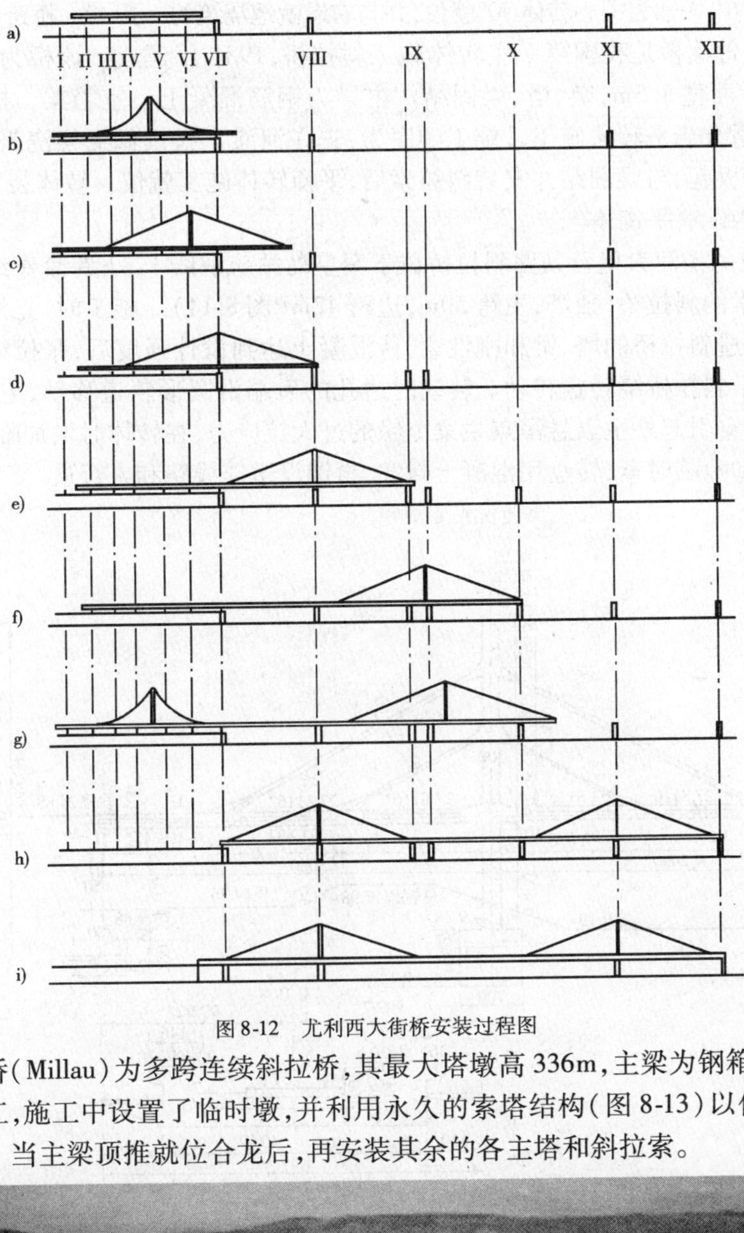

图 8-12 尤利西大街桥安装过程图

法国米洛桥(Millau)为多跨连续斜拉桥,其最大塔墩高 336m,主梁为钢箱梁,采用梁式桥双向顶推法施工,施工中设置了临时墩,并利用永久的索塔结构(图 8-13)以保证顶推时内力和挠度的要求。当主梁顶推就位合龙后,再安装其余的各主塔和斜拉索。

图 8-13 米洛大桥顶推施工图

3. 转体施工

转体施工在斜拉桥施工中采用不多,1988 年比利时建成的跨越默兹河的邦纳安桥,独塔,其左岸 3×42m 和右岸 168m 共 294m 的梁体均在平行于河流的岸边制造。在安装和调整后,将整个主塔-主梁-拉索结构以塔轴为中心转体 70°就位，并与右岸就地浇筑的一孔 42m 桥跨相接。

四川金川县曾达桥是我国第一座转体施工斜拉桥，1981 年建成。该桥为独塔，孔跨布置为 41m + 70m，桥面宽 5.5m，墩、塔、梁固结。主梁为钢筋混凝土三室箱梁。桥址附近河滩平整且墩身较矮，适合于平转法施工。施工顺序为：先在河滩上搭设低支架浇筑梁身，索塔则卧地预制。将索塔扳起，与梁固结并安装斜拉索后，平衡转体施工就位。转体装置为混凝土球铰和钢滚轮，短跨内配有平衡重。

1997 年建成的汤河大里营铁路斜拉桥位于秦皇岛站疏解线上，下跨京秦线，斜交，是一座槽形主梁、刚性索的斜拉桥，独塔，主跨 50m，边跨 42m（图 8-14）。施工时，先沿所跨越的线路方向在支架上建造斜拉桥的塔、梁和刚性索，待混凝土达到设计强度后，张拉梁内和索内的预应力筋，然后整个斜拉桥绕转盘转动。转动时边孔的后端沿圆形轨道移动，主孔的前端悬空，为防止因前端悬空引起外主索悬吊点主梁上缘的过大拉应力，在转体时增加临时索吊住前端。待转体就位后，卸除临时索，转盘用混凝土封实，再铺设道砟线路和人行道。

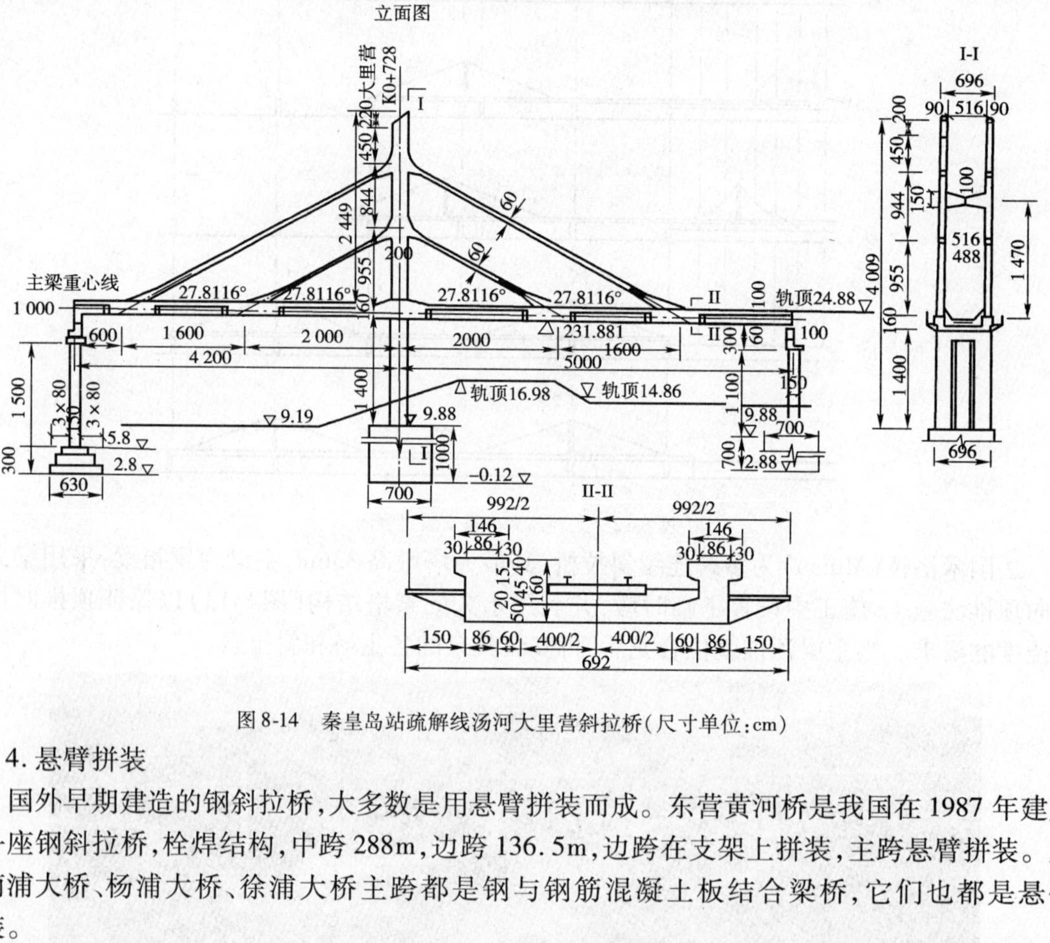

图 8-14 秦皇岛站疏解线汤河大里营斜拉桥（尺寸单位：cm）

4. 悬臂拼装

国外早期建造的钢斜拉桥，大多数是用悬臂拼装而成。东营黄河桥是我国在 1987 年建成的一座钢斜拉桥，栓焊结构，中跨 288m，边跨 136.5m，边跨在支架上拼装，主跨悬臂拼装。上海南浦大桥、杨浦大桥、徐浦大桥主跨都是钢与钢筋混凝土板结合梁桥，它们也都是悬臂拼装。

对混凝土斜拉桥也可采用悬臂拼装施工，主梁在预制场分段预制，混凝土龄期较长，收缩、徐变变形小，且梁段的断面尺寸和混凝土质量容易得到保证，我国上海柳港桥（1982）、安康汉水桥（1979）、郧阳汉江桥（1994）等都是采用悬臂拼装法。

美国帕斯克和肯尼维克两地之间，1978 年建成的跨越哥仑比亚河的混凝土斜拉桥（简称 P—K 桥），其正桥部分的分跨为 123.90m + 299m + 123.90m，桥面宽 24.30m，梁采用半封闭式箱形截面。其主梁施工方法采用预制节段的双悬臂法。主梁高 2.13m，分段长度为 8.10m，由于是全截面整体制作，因此最重节段达到 254t。主梁节段在预制后，存放六个月再张拉横向预应力筋，浮运至桥孔处安装，以保证混凝土的强度和减小收缩、徐变变形。

图 8-15 为该桥的部分主要安装程序，其步骤是：先在斜撑式支架上现浇 20m 长的梁段，然后用特制的移动式吊架起吊梁段，逐节进行悬臂拼装。梁段间用环氧树脂黏结，并由拉索的水平分力施以预加力。梁内另布置有预应力粗钢筋。为了保证在安装过程中不致出现过大的塔顶水平位移，在塔顶与另一桥墩之间设有辅助拉索，它与边跨的背索一起约束塔顶位移。该桥每安装一个节段的周期仅需四天，全桥拼装工作在不到一年时间内完成。因此，如运输、起吊设备条件可以解决，以整体截面预制为好。

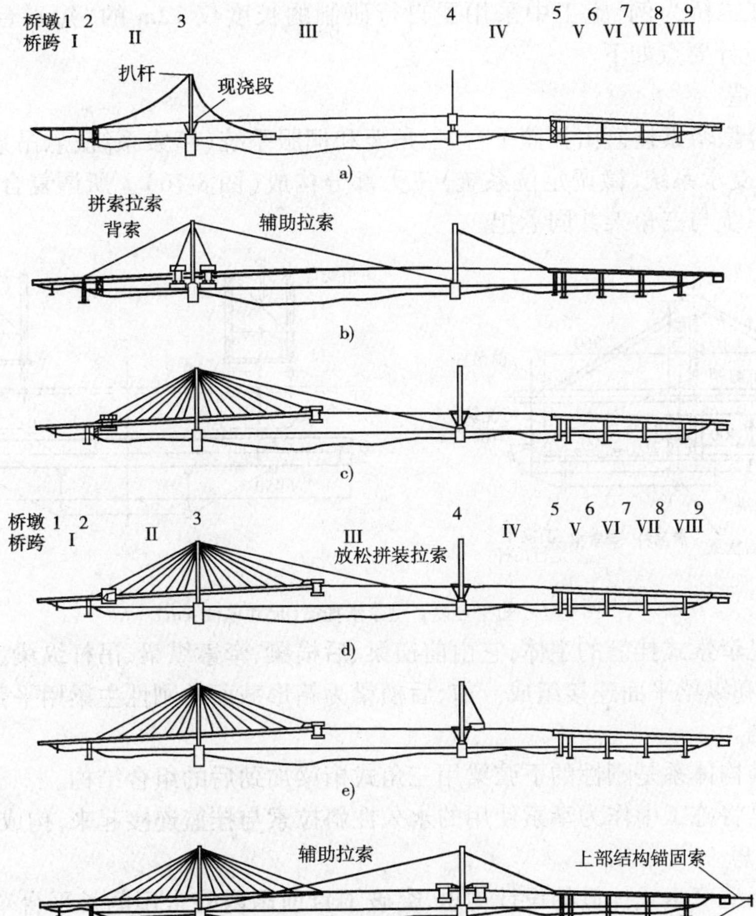

图 8-15　P—K 桥安装程序

a)1. 在 3 号墩上搭设斜撑式支架
　2. 在支架上浇筑 20m 长现浇段
　3. 安设拼装拉索（背索和辅助拉索）

b)1. 安设移动式吊架于现浇段上
　2. 浮用预制梁段
　3. 用移动式吊架悬拼梁段

c)1. 进行均衡对称的悬拼
　2. 边孔（第 II 跨）悬拼接近 2 号墩
　3. 在 4 号墩顶塔架斜撑式支架

d)1. 边孔合龙，形成锚固孔
　2. 放松拼装拉索
　3. 在 4 号墩的支架上现浇梁段

e)1. 主孔（第 III 跨）进行单悬臂拼装
　2. 2 号墩处的吊架移置于 4 号墩顶现浇段上

f)1. 安设拼装拉索
　2. 主孔的悬拼吊架移置于 4 号墩顶现浇段上
　3. 开始进行均衡对称悬拼

5. 悬臂浇筑

斜拉桥特别适合于悬臂浇筑。我国在20世纪七八十年代悬臂浇筑的大部分斜拉桥还是沿用一般连续梁常用的挂篮，无论是桁梁式挂篮还是斜拉式挂篮均系后支点形式，这种形式的挂篮为单悬臂受力，承受负弯矩较大，浇筑节段长度受到了很大的限制，挂篮自重与所浇筑梁段重力之比一般在0.7以上，甚至可能达到1~2。例如1981年建成的广西红水河铁路斜拉桥，跨径48m+96m+48m，中跨悬臂浇筑，采用桁梁式挂篮，挂篮自重与梁段重力之比为0.77。20世纪80年代后期，我国桥梁工作者根据斜拉桥的特点，开始研制前支点的牵索式挂篮。利用施工节段前端最外侧两根斜拉索，将挂篮前端大部分施工荷载传至桥塔，变悬臂负弯矩受力为简支正弯矩受力。这样，随着受力条件的变化，节段悬浇长度及承受能力均大大提高。

以武汉长江二桥为例，施工中采用了自行研制的长度仅12m的“短平台复合型牵索挂篮”，其构造及设计要点如下。

(1)挂篮构造

短平台复合型牵索挂篮由挂篮平台、三角架和伺服系统(牵索系统、悬吊系统、走行系统、锚固系统、水平支承系统、微调定位系统)三大部分构成(图8-16)。所谓复合型，是指现浇段的重力由牵索系统与三角架共同承担。

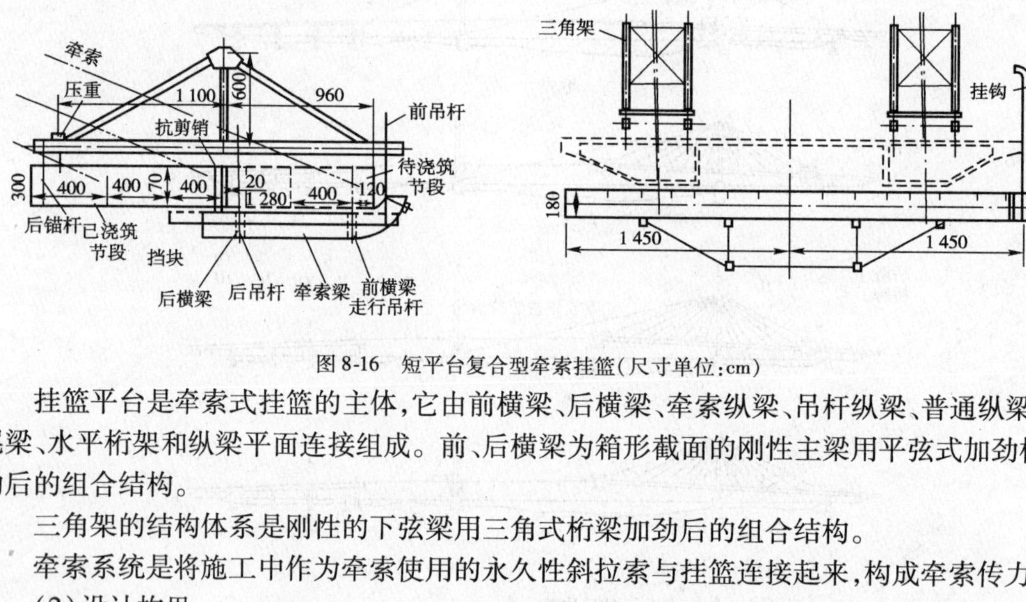

图8-16 短平台复合型牵索挂篮(尺寸单位:cm)

挂篮平台是牵索式挂篮的主体，它由前横梁、后横梁、牵索纵梁、吊杆纵梁、普通纵梁、安全尾梁、水平桁架和纵梁平面连接组成。前、后横梁为箱形截面的刚性主梁用平弦式加劲桁架加劲后的组合结构。

三角架的结构体系是刚性的下弦梁用三角式桁梁加劲后的组合结构。

牵索系统是将施工中作为牵索使用的永久性斜拉索与挂篮连接起来，构成牵索传力系统。

(2)设计构思

短平台复合型牵索式挂篮的设计构思，突破了目前国内外常用的长平台牵索式挂篮的结构形式和施工工艺。长平台形牵索式挂篮，一般仅在混凝土主梁下设置挂篮平台，且已成梁段下的挂篮平台长度一般略长于待浇梁段下的挂篮平台长度，因此挂篮平台总长度是很长的，如一次悬浇8m的挂篮平台长可达23m。这样做的目的，其一是为了挂篮的走行，其二是增加挂篮在顺桥向的刚度，以保证主梁的线形。由于挂篮长，自重加大(桥面宽者更甚)，使得挂篮的前移必然采用类似“杠杆”传力的走行方式去完成，而这种走行方式造成挂篮前端走行挂钩直接作用于主梁上的反力过大，对某些梁断面而言，将导致仅为挂篮走行而须改变主梁截面设计，从而增加工程数量和工程费用，这是长平台牵索式挂篮的缺点，为了克服这个缺点，在已成主梁上设置三角桁架，采用与普通挂篮走行方式相同的挂篮移动方式，使挂篮平台的后挂钩直接作用于已成主梁上的反力减小到不足长平台反力的一半。依靠三角架，解决了挂篮的走行问题，因此，挂篮平台的长度可缩减到能满足8m节段主梁悬浇施工即可，从而大大减轻了挂篮自重（其总重小于长平台的总重）。然而，置于已成主梁下的短挂篮平台的长度甚短，故该平台与已成主梁间的"连接"沿顺桥向的刚度几乎是零，在挂篮和模板等自重下的牵索刚度也不大（此时索的变形模量较小）。因此，随着节段混凝土量的增加，悬浇节段相对于已成梁的转角亦随之加大，使主梁线形失去了有效的控制。为此，于挂篮平台前端，除设有牵索外，同时还设有上端挂于三角架的吊杆，并限定前吊杆在施工中始终保持一定拉力，利用三角架较大的刚度，确保混凝土主梁的线形匀顺并符合设计要求。总之，采用短平台，以减轻其自重；安装三角架，以解决挂篮平台的走行；设置前吊杆和牵索，两者共同受力，以控制主梁的线形和应力。这是本牵索式挂篮独特新颖的设计构思。

另外，本牵索式挂篮分两次走行，牵索与挂篮平台间采用弧面承压锚座的连接，模板整体脱模和前移；采用双层挂篮平台结构及一篮多用等的设计构思，都有鲜明的特色。

本牵索式挂篮的施工荷载传递途径设计为：通过挂篮平台前、后吊杆，将部分荷载传给三角架，再由设于三角架立柱下的前支承座和三角架后端的锚板，直接传给已成主梁的不同横梁上；荷载的另一部分，则由牵索直接传给塔墩；牵索下端的水平力，由牵索纵梁前端传至挂篮平台底层的水平桁杆，再通过抗剪柱传给已成主梁，整个传力途径简捷清楚。直接作用于混凝土主梁上的强大集中力，均布置在抗弯能力大的横梁上，避免了该力落于主梁顶板上面带来的麻烦。

(3)主梁节段主要施工步骤及工艺要点

主梁节段施工的主要步骤如图8-17所示。

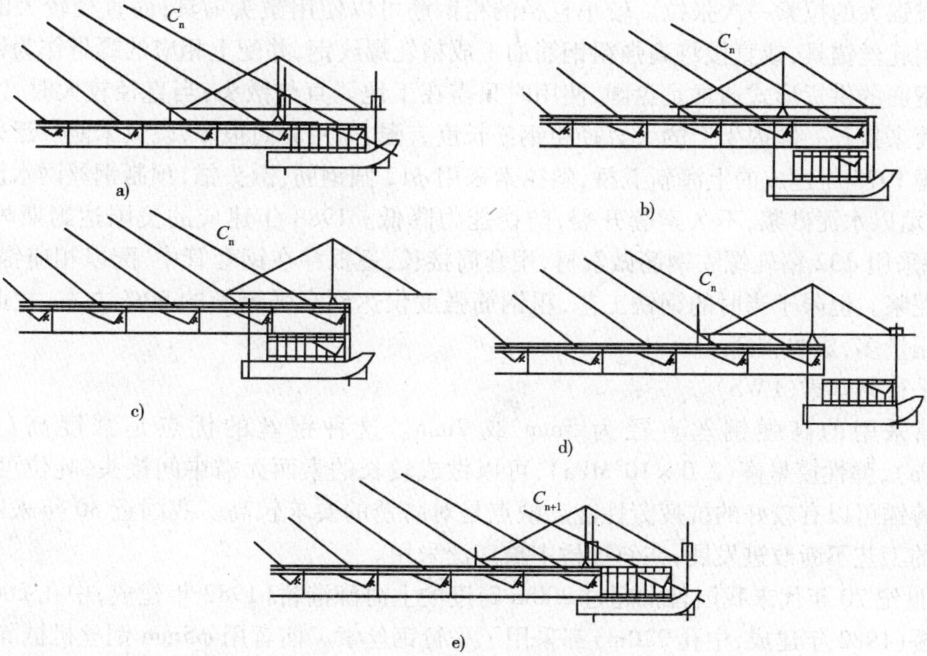

图8-17　主梁节段施工的主要步骤

a)8m节段主梁混凝土浇筑完毕；b)挂篮下降8m；c)三角架走行8m；d)挂篮走行8m，到位后提升8m；e)三角架与挂篮再次对位结合，灌注8m节段主梁混凝土

主梁节段施工中，在挂篮前吊杆和牵索共同作用条件下，必须保证前吊杆受拉力，而且该拉力值必须是在设计所规定的范围内变动。为此安装了前吊杆杆力的测力计和显示器，以保证按设计要求指导牵索索力的调整。这是主梁节段施工的最主要的工艺要求。

三、斜拉索的制造与安装

(一)索的组成与防护

斜拉索由两端的锚具、中间的拉索传力件及防护材料三部分组成,称为拉索组装件。拉索的材料有钢丝绳、粗钢筋、高强钢丝、钢绞线等。

拉索技术研究围绕三个方面的目标展开。其一,如何使拉索与锚具的组装件能在斜拉桥整个使用年限内经受得起高幅度的应力变化,亦即锚具应具备优良的抗疲劳性能。其二,如何保证拉索组装件具备绝对可靠的、永久性的防护。其三,在保证拉索组装件可靠、耐久的前提下,力争施工方便,造价低廉。

1. 钢丝绳

早期的斜拉桥曾采用钢丝绳做斜拉索,两端用铅锌合金的热铸锚具,钢丝绳弹性模量小,且热铸锚具的抗疲劳性能较差,合金熔液温度达400℃以上,使锚具附近的钢丝退火,整条索的强度不能充分利用,所以后期的斜拉桥已很少采用。我国仅1975年建成的四川云阳汤溪河桥(35m+76m+35m)使用过钢丝绳作为斜拉索,外面涂漆防护。但是作为人行桥或管道桥的斜拉索还是可以使用钢丝绳。

2. 粗钢筋

冷拉粗钢筋或热处理钢筋作为斜拉索的材料原则上也是可以的。它具有较高的弹性模量和稍低于高强钢丝的强度,表面积较小,所以防锈较易解决;张拉也很方便,可以单根张拉,也可以组成强大的拉索一次张拉。较小直径的粗钢筋可以使用镦头锚具;而直径较大的粗钢筋则可使用轧丝锚具,或直接将高强粗钢筋加工成精轧螺纹钢,并配上相应的螺母作为锚头。小直径粗钢筋的供货形式通常是盘圆,使用时只需在工地调直与镦头;当直径较大时,则必须用连接套筒来接长。国内生产的大直径粗钢筋长度有限,需用套筒很多,以致未能广泛采用。

我国1975年建成的上海新五桥,斜拉索采用$\phi12$圆钢筋,镦头锚,预制钢丝网水泥砂浆索套,套内填以水泥砂浆,不久索套开裂,防锈能力降低。1988年建成的美国达姆斯岬(Dames Point)桥采用$\phi32$精轧螺纹钢筋做索材,用套筒接长,逐根穿在钢套管中,配以相应锚具,管中注入水泥浆。但限于当时的钢铁工艺,粗钢筋强度仅达到高强钢丝的50%左右,故此种斜拉索材料用量多,成本较高。

3. 平行钢丝索(PWS)

通常采用的高强钢丝直径为5mm或7mm。这种钢丝的优点是强度高(1 570 ~ 1 860MPa),弹性模量高(2.0×10^5MPa),可以做成较长的索而无需中间接头,吨位可大可小,配用冷铸锚可以有较好的抗疲劳性能。缺点是对防锈的要求较高。我国近30年来制作平行钢丝束的工艺不断改进发展,在斜拉桥中被广泛采用。

20世纪70年代末我国首批超过200m跨度的上海泖港桥(1982年建成,中孔200m)和济南黄河桥(1982年建成,中孔220m)都采用了平行钢丝索。前者用$\phi5$mm钢丝机械除锈后,外涂快干的氯化橡胶防锈漆;组索时,钢丝间隙填满防锈油脂,拉索张拉后,高空缠包环氧树脂玻璃钢。后者采用镀锌$\phi5$mm高强钢丝,拉索张拉后,外部安装铝管并注入水泥浆,两年后,铝管换成镀锌铁皮管。二者均用冷铸锚具。

20世纪80年代后期建成的广东西樵大桥(1981年,125m+110m)、天津永和桥(1987年,中孔260m)、上海恒丰路桥(1987年,76.65m+22.8m)和广东海印桥(1988年,中孔175m)都采用带PE套管的平行钢丝索,管内压注水泥浆。若使拉索全长所有空隙都能充满水泥浆,并与PE管内壁黏着紧密，则此种拉索的防护效果是令人满意的，但若水泥浆配合比控制不严，压浆不慎，管顶浆体未满，又长期处在高应力、高温、潮湿状态下，则无需几年，钢丝会逐渐锈蚀，直至断裂，国内已有此例。且这种钢丝束以半成品运至工地，在工地上的制作须有巨大的制索场和整套专用设备，难度较大。

20世纪90年代初，我国结合冷铸锚、电缆制造技术以及以往斜拉桥施工经验研制成新一代的平行钢丝索，即“成品索”。这种索的技术名称为“挤包护层扭绞型拉索”，采用ϕ5mm或ϕ7mm低松弛镀锌高强钢丝作为索材，两端用冷铸锚具，定长下料。索体由若干根高强度钢丝并拢经大节距扭绞，缠包高强复合带，然后挤包单护层或双护层而形成。单护层为黑色高密度聚乙烯，简称FE；双层内为黑色高密度聚乙烯，外为聚氨酯，简称PE + PU。

其工艺流程大致为：下料—排丝—扭绞成束（左旋）—缠包高强复合带（右旋）—挤塑护套—精下料—冷铸锚制作—超张拉—上盘—进库。

这种索经工厂化生产，质量可靠，在运输方面比上述半成品平行钢丝索方便得多，运到工地后不再有工地制作要求，因此能愈来愈多地取代套管压浆的平行钢丝索。它的缺点是PE护套硬度较低，在放索及安装过程中被刮坏划破的事屡见不鲜，轻者1~2mm，重者可见钢丝，故挂索后还须用小缆车检查、修补，若有遗漏，则是一大隐患。

4. 平行钢绞线

尽管工厂化生产的平行钢丝热挤PE索套防护的拉索，其可靠性、耐久性都得到了充分的保证，但随着斜拉桥建造跨度和索力的不断增大，拉索越来越长，自重越来越大（如杨浦大桥的拉索已长达324m，重33t；钱江三桥则因索力已逾千吨，索重大增），新的矛盾又相继发生，如绕盘盘径已超出陆上运输允许的界限，拉索的转场、起吊、安装、牵引、张拉都需要大型设备。施工风险、技术难度随之增大。拉索造价则因厂房的扩建、预张拉台座的增长、大型设备的投入和施工难度的增大而大幅度提高。钢绞线拉索的成功使用，解决了上述困难。

钢绞线拉索是几乎与上述热挤PE平行钢丝拉索同时期开展研究的，是20世纪80年代拉索技术发展的另一途径，其技术基础是夹片群锚技术的完全成熟。

拉索的基本技术描述如下：钢绞线逐根穿挂、逐根张拉，以夹片固锁，组合成束后再整体小行程张拉、调整索力，以螺母锚固。夹片的锚固性能必须是优良的，并能在上限为0.45倍绞线破断力、应力变化幅度200MPa条件下经受200万次循环试验。为使拉索组装件的抗疲劳性能得到更可靠的保证，在夹片群锚后端再连接一段适量长度的钢套管，张拉锚固后，在钢套管内压注砂浆或环氧砂浆，使锚具得到可靠防护，并借用砂浆与绞线的黏结力减轻夹片直接承受高幅度应力变化的作用。出于对夹片锚固性能的绝对信任，近年来新建的斜拉桥也有在锚具后端接以较短的钢套管，在其内灌注石蜡的，石蜡只封闭绞线端头剥除PE套的部分，起防护作用，全部动荷载仍直接由夹片承受，其施工更为方便。拉索的防护有两个方案：其一是在单根绞线上逐根外包PE护套，然后挂线、张拉，成索后或再外包环氧织物，或不再外包都有成功的例子；其二是PE管压注水泥浆。

采用防护方案1，绞线应涂防锈漆或其他防锈涂层，挤包PE可用小型挤塑机在现场进行，工艺简单。采用防护方案2时，增加了压浆工序，但绞线内涂层则不再需要，造价相差无几。

这种拉索的优点是拉索制作、穿挂、牵引、张拉全过程均“化整为零”，取消了拉索工厂制造的全部繁杂工艺，避免了大型成品索的起重、运输、吊装、穿挂、牵引方面的困难，无需大型施工设备，施工便捷，大幅度降低了拉索造价。

由于优点明显，在欧美各大公司绞线群锚技术成熟以后，各国都竞相研究并付诸实施。国际上著名的瑞士 Losenger 公司(VSL)、德国 Dyckerhoff & Windmann 公司(Dywidag 体系)、法国 Freyssinet 公司(Freyssinet 体系)等均已研制成功采用各种群锚夹片、各具特征的钢绞线拉索体系,最大单索索力已超千吨,建成了许多著名的斜拉桥,如瑞士的利勃罗地桥(1978 年)、意大利第伯河桥(1979 年)、沙特阿拉伯的摩拉桥(1983 年)、日本颖明馆桥(1984 年)、西班牙卢那桥(1984 年)、美国的阳光大道桥(1986 年)、昆赛桥(1988 年)、韩国奥林匹克桥、比利时的胜德尔桥、邦纳安桥、澳门的新澳函桥等。

我国用这种拉索技术建成的第一座斜拉桥是广西柳江四桥,其主桥为 2×125m,独塔双索面预应力混凝土斜拉桥,宽 32m,桥面为梁板结构。26 对拉索呈扇形布置,全桥拉索共 104 根,用我国自行研制的 OVM—200 型平行钢绞线索,每根拉索由 19~37 根 ϕ15mm、1860MPa 低松弛钢绞线构成。采用单根穿索张拉锚固工艺,每根拉索挤包了两层 PE 护套。主梁采用挂篮悬浇,每一节段施工周期为九天,施工进展顺利。

1997 年建成的金华金婺路斜拉桥,跨度 100m+125m+35m,独塔单索面,桥宽 24.7m,9 对斜拉索呈竖琴式布置,全桥拉索共 18 根,每索用 109 根 7ϕ5 钢绞线。单根钢绞线用 50kN 卷扬机牵引安装就位,用 160kN 手提便携式千斤顶张拉。109 根钢绞线先各自单根张拉到设计吨位的约 80%,锚固在一起,然后用 4×2 500kN 千斤顶补拉到 100%。

(二)索的安装

斜拉索安装大致分为两步,引架作业和张拉作业。

斜拉索的引架作业是将斜拉索引架到桥塔锚固点和主梁锚固点之间的位置上,其作业方法一般有如下五种。

(1)在工作索道上引架。这种方法是先在斜拉索的位置下安装一条工作索道,斜拉索沿着工作索道引架就位。国外早期的斜拉桥较多采用这种方法,如 1959 年建成的前联邦德国科隆塞弗林桥,1962 年建成的委内瑞拉马拉开波湖桥,1969 年建成的前联邦德国莱茵河上克尼桥等。时至今日,这个方法已很少采用。

(2)由临时钢索及滑轮吊索引架。这种方法是在待引架的斜拉索之上先安装一根临时钢索,称为导向索,斜拉索置于在沿导向索滑动并与牵引索相连接的滑动吊钩上,用绞车引架就位,如 1978 年建成的美国帕斯科-肯尼威克桥就是采用这个方法。

(3)利用吊装天线引架,例如我国 1981 年建成的广西红水河铁路斜拉桥就是采用这种方法。如图 8-18 所示,主索是 ϕ22mm 的钢丝绳,用 ϕ13mm 钢丝绳做拉索,通过单门滑车和吊环

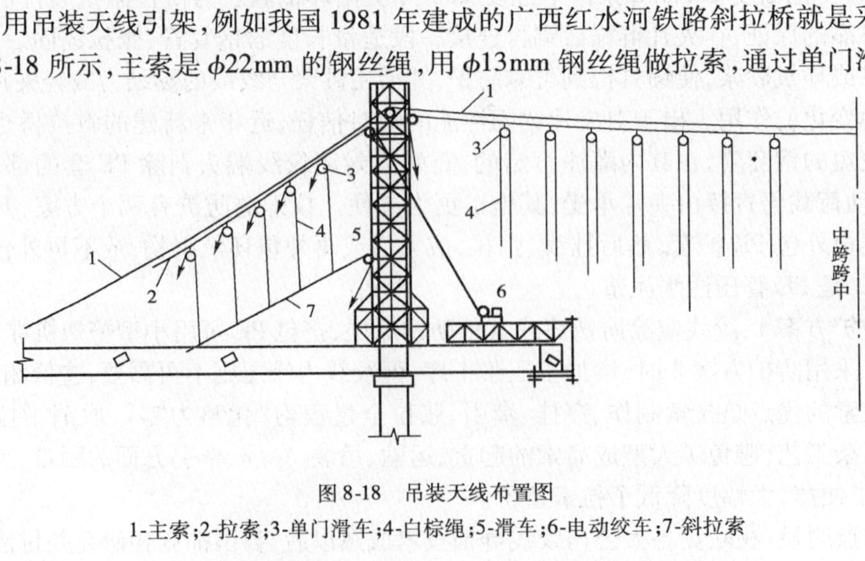

图 8-18　吊装天线布置图

1-主索;2-拉索;3-单门滑车;4-白棕绳;5-滑车;6-电动绞车;7-斜拉索

与主索系在一起，每个单门滑车上穿入一根 ϕ19mm 的白棕绳，白棕绳的作用是捆绑并提升斜拉索。全桥共设两套天线，位于主梁两侧，大致与斜拉索中心线在同一竖直平面。

（4）利用卷扬机或吊机直接引架。这个方法最为简捷，也特别适合于密索体系悬臂施工，前面提到的斯特姆松特桥就是用桥上吊机引架斜拉索。当索塔很高时，吊机没有那么高，则可以在浇筑桥塔时，先在塔顶预埋扣件，挂上滑轮组，利用桥面上的卷扬机和牵引绳通过转向滑轮和塔顶滑轮将斜拉索起吊，一端塞进箱梁，一端塞进桥塔。这种方法在吊装过程中可能损伤索外防护材料，但只要小心施工，这个问题不难克服。我国 20 世纪 80 年代以后建造的斜拉桥大都采用这个方法。1997 年建成的徐浦大桥斜拉索为双护层的"成品索"，出厂前缠绕在特制的索盘上，水运至工地后，由地面水平和垂直运输设备将其运到桥面，再由桥面吊机将索盘搁在特制的放索架上。施工时由安装在桥面上的 80 ~ 200kN 卷扬机通过塔顶上的索具及滑轮组将斜拉索缓缓抽出，然后用桥面吊机将锚固端锚具在钢主梁中安装就位。此时，塔顶上的滑轮组继续牵引斜拉索，当张拉端锚头（锚头前端还装有"探杆"）接近塔柱上的索孔时，将其和张拉千斤顶上伸出的钢绞线连接，开动塔内张拉力 6 000kN 千斤顶将索牵引至所需位置，套上固定螺栓。如此安装就位后即可按施工控制要求张拉。

（5）单根钢绞线安装，1995 年建成的澳大利亚悉尼格莱贝岛桥跨度 140m + 345m + 140m，按照弗雷西奈专利的预应力法即所谓"等拉力法"，用轻型的张拉设备每次提升一根钢绞线（7ϕ5），其承载力为 225kN，一根斜拉索中有 25 ~ 74 根这样的钢绞线，这样一根根地提升、张拉、锚固，直至一根斜拉索中的全部钢绞线安装完成。

斜拉索的张拉作业大致有以下三种：

（1）用千斤顶将塔顶鞍座顶起。每一对索都支承在各自的鞍座上，鞍座先就位在低于其设计高程的位置，当斜拉索引架就位后，将鞍座顶到其预定的高程，使斜拉索张拉达到其承载力。前面提到的前联邦德国莱茵河上的克尼桥和麦克萨莱茵河桥都是采用这个方法。

（2）在支架上将主梁前端向上顶起。引架斜拉索，并使其处于不受力状态，斜拉索引架完成后放下千斤顶使斜拉索受力。

（3）千斤顶直接张拉。这是最常用也是最方便的方法。

第三节　斜拉桥的施工控制

斜拉桥采用斜拉索来支承主梁，使主梁变成多跨弹性支承连续梁，从而在大跨径情况下可以大大降低主梁的高度。这一特点使斜拉桥成为大跨径桥梁中最具竞争力的桥型。由于主梁纤细又是靠斜拉索"支承"着，索力的大小和索的变形将给整个结构的状态带来很大影响。而且任一索力的改变对全桥都有影响，具有牵一发而动全身之状。因此，必须很好地控制索力使梁塔处于最优的受力状态，并利用斜拉索的预拉力来调整主梁高程以符合设计要求。但是通过施工如何达到这个理想状态尚有许多工程技术问题需要解决。施工控制就是一个关键。必须根据设计与施工相结合、工程与控制相结合的现代系统工程学的观点来完善这一课题。现就其中几个主要问题作扼要介绍。

一、误差特性与索力调整

在实际桥梁施工中，结构产生偏离目标值的原因所涉及的范围极其广泛。诸如结构分析时模型误差，设计参数如弹性模量、截面特性、构件自重等取值与实际不符。此外还有构件制作误差、架设定位误差以及索力张拉误差、变位和索力计测量误差等。作为索力调整的主要误差对象应该是所谓的“固定误差”，即发生了的误差作为结构特征值以后不再变化的，如尺寸、自重、刚性等误差。误差的性质与索力调整有着密切的关系。以下为几个例子。

(1)构件自重误差：这是最常见的误差，PC桥梁中由于模板刚度不足，常使构件自重偏大，如天津永和桥自重误差达5%以上，因此当施工中着重于控制索力，采用一次张拉法时，梁轴线位置偏差随着悬臂伸长将愈来愈大。为了保证梁轴线位置和改善内力状况，这时只有控制轴线位置调整索力才是比较有效的办法。

(2)索的刚性误差：在同样引伸情况下索的刚性误差引起索力误差，因此施工中只有控制索力，也就是把索力作为施工管理目标时才能有效地消除这一误差的影响。

(3)梁的制作误差：如发生主梁预拱度或局部形状误差。在以索力为管理项目的施工中，由于线形不受限制，所以制作误差将原样地保留在结构中，结构内力不受影响。相反，将轴线位置作为管理项目的施工控制中，为了保证理想的线形将使索力发生偏差，甚至大大地扰动了结构内力分布状况。

以上说明索力调整原则与误差性质的关系。误差分布状况与索力调整也有关系。

误差分布沿桥纵向出现同号增加或减少的误差称为大范围误差。相反，出现正负交替分布的误差称为小范围误差。小范围误差对于索力和轴线位置影响并不显著，因为通过主梁刚度将使小范围误差影响平均化。如构件自重误差或主梁刚性误差出现正负交替分布时，以轴线位置来控制施工时产生索力偏差将很小，因此，大范围的误差才是索力调整的主要对象。

从以上分析可见，控制索力或控制轴线各适用于不同的误差场合。但施工中要对所有这些误差都进行正确的区别和定量分析，事实上近于不可能。国内外工程实践表明，恰当地选择施工管理项目，通过索力调整有可能使斜拉桥在应力与形状两方面都得到改善。

二、索力调整的方法

斜拉桥的恒载索力大多数是根据刚性支承连续梁的原则确定，然后通过倒退分析逐步计算出各施工阶段的索力及相应挠度。但理论计算与实际施工是存在差别的，因此在施工中就必然会发生挠度和索力偏差值。对于偏差的处理和索力的调整，有以下几种方法。

1. 一次张拉到设计索力

在施工过程中每一根索都是一次张拉到设计索力，对于施工中出现的梁端挠度和塔顶的水平位移不用索力调整，任其自由发展，或保持索力为设计值条件下通过下一块件接缝转角进行调整，直至跨中合龙时挠度的偏差采用施加外力(如压重)的方法强迫合龙。一次张拉法简单易行，应用很广，但对构件的制作要求较高。如蚌埠淮河桥就是用一次张拉法施工的。

一次张拉法对已完成的主梁高程和索力不予再调整，结果，主梁线形不好，索力也不符合刚性支承连续梁计算结果，跨中强迫合龙更是进一步扰乱了内力状况。

2. 多次张拉法

在整个施工过程中对拉索进行分期分批张拉，其目的是使施工各阶段的索力较为合理，竣工后索力也基本达到期望值。天津永和桥采用的自动调索法属于多次张拉法。上海南浦、杨浦、徐浦大桥则是由设计单位逐次下达施工控制文件(施工单位称之为设计指令)，施工单位按指令规定的张拉值张拉，一根索要重复张拉六、七次之多，通过拉索补张来调整主梁的轴线位置。多次张拉法成桥后的线形和内力状态优于一次张拉法，但施工比较复杂。

3. 卡尔曼滤波法

卡尔曼滤波法类似一次张拉法,但各阶段索的张拉力不是原来的设计索力,而是根据变位的实测数值经过滤波和反馈控制计算后给出索力的修正值。它把梁的挠度 x 看作随机状态矢量,索力 U 作为外加控制矢量,通过适当地选择索力以控制最后梁端或塔顶位置达到某一指定值 δ,因此它对位置的控制是绝对的,对于索力的控制则是在满足设计位置的基础上,以结构内能为最小条件下的最优。

由此可见,以往的施工控制方法是单单从控制索力或单单从控制轴线位置来制定的。由上节所述的误差特性与索力调整关系可知,单方面的控制往往会顾此失彼不能获得理想的结果。

4. 以最小二乘法确定索力调整的原则

设可调整的索力为 N,施工管理项目数为 M,施工管理项目可以包括索力、梁的挠度、塔的位移或构件截面应力等,并允许 $M > N$。设 R 为索力调整后管理项目的残余误差列向量 $R = [R_1, R_2, \cdots, R_n]^T$,目标函数 Ω 可表示为:

$$\Omega = \sum_{i=1}^{M} R_i^2 \tag{8-1}$$

因为残余误差 R 是索力 N_j 的线性函数,使上式为最小的索力为:

$$\frac{\partial \Omega}{\partial N_j} = 0 (j = 1, 2, \cdots, N) \tag{8-2}$$

由式(8-2)得到 N 元联立方程,解方程很容易求出 N_j 值。最小二乘法在控制管理项目中能概括我们所关心的控制内容。因此,只要在施工中适当地选择管理项目就能获得所预期的效果。

三、斜拉桥施工管理系统

1. 建立理想状态

斜拉桥是一种高次超静定结构,因此可以通过指定索力来建立其恒载内力状态。为了得到每一施工阶段的初始张拉力,可以对结构的理想状态进行所谓逆施工步骤的解体分析。但是,斜拉桥又是一种柔性结构,在外荷载作用下,其荷载-位移关系是非线性的。引起这种非线性关系的主要原因是索的垂度、梁-柱效应、结构受力后产生的大位移。

在施工阶段由结构自重、施工临时荷载引起的非线性效应甚为显著。因此,在进行斜拉桥施工阶段的结构分析时,必须用有限位移理论来考虑这种非线性的增大影响,给出从所谓倒退分析中得到的各个阶段的位置和内力控制值,以及结构在零应力状态下的初始几何形状和位置,使得理论分析结果更接近实际结构的反应特性。

2. 斜拉桥的管理系统

斜拉桥施工管理系统是将“施工—测定—解析—施工”的周期过程联结起来在现场借助计算机强大的计算能力和信息处理能力以实现施工控制。建立施工管理系统的基本要求如下。

(1)管理系统应具有良好的适应性,对于施工中可能出现的各种情况和误差,能够正确而迅速地处理;

(2)施工管理项目应能根据实际需要自由选择确定,也就是所关心的管理项目可以是索力、梁塔变位、截面应力或临时支架反力等;

(3)施工过程对索力或轴线位置都应有一定宽容度以适应施工的需要,此外,必须有安全的施工报警系统;

(4)能迅速制定出最佳的索力调整方案,使索力调整方便且在整个施工过程中调整次数最少。

根据以上要求提出斜拉桥施工管理框图如图8-19。

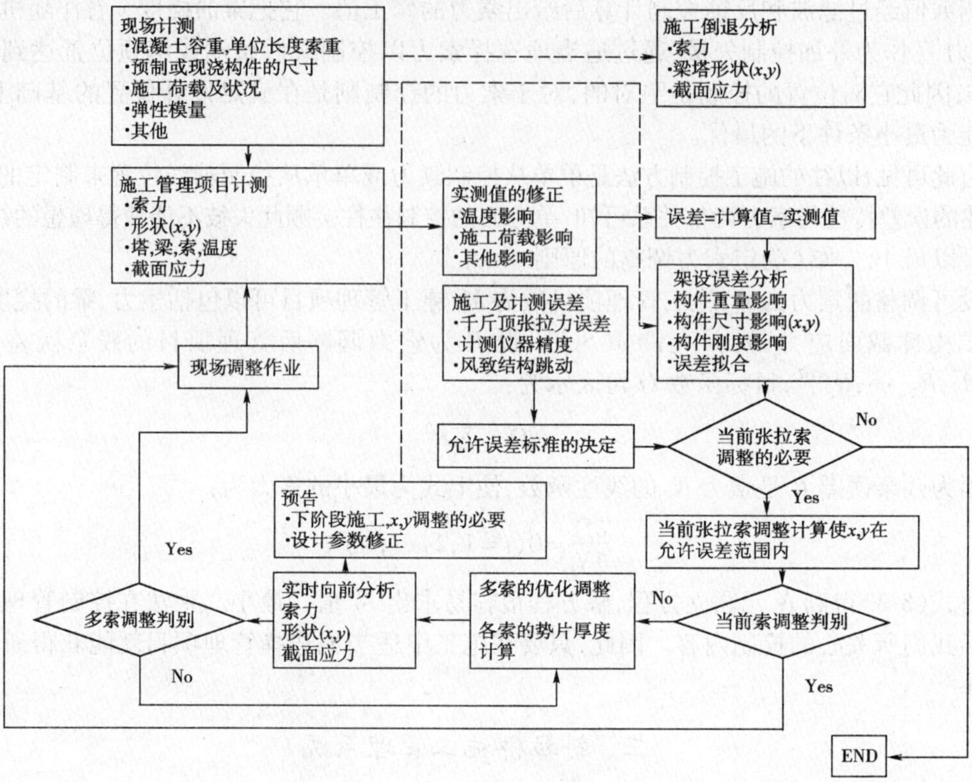

图8-19　施工控制管理框图

四、施工控制管理框图中的三个系统

1. 解析系统

解析系统包括倒退分析程序、反馈控制程序和前进分析程序三部分。

倒退分析程序:施工各阶段的目标值即索力、主梁、塔的形状等是根据完工时桥梁设计的理想状态、按架设顺序的倒序逐步撤去构件和荷载、用倒退分析程序计算出来的。因此由倒退分析程序计算出来的目标值是理想计算值,用以指导当前阶段的施工。

反馈控制程序:架设阶段的计算值与实测值之差称为架设误差,反馈控制程序根据现场实测数据和误差信息进行架设误差分析并制定出索力调整的最优方案,指导现场调整作业。调整控制程序可以用卡尔曼滤波法、最小二乘法或自适应控制法等。

实时前进分析程序:前进分析和倒退分析是按施工正逆序计算的程序,因此从理想状态进行前进计算与倒退分析所得的结果应该是一致的。在斜拉桥分析中由于非线性因素存在,二者计算结果略有差异,但基本一致,可供互相校验。实时前进分析的主要目的是确定出最终计入误差和调整之后结构的实际目标。施工后结构的实际应力状态是设计者所关心的内容。

前进分析程序的另一功能是根据当前施工阶段向前计算至竣工为止,预告今后施工中可能出现的状况以及报警当前已安装构件是否出现超应力状态。

2. 计测系统

现场计测包括设计参数计测和施工管理项目计测二方面。设计参数包括混凝土、钢材等容重和弹性模量、预制或现浇构件尺寸、施工荷载及状况等内容,通过采样分析可以获得各参数的误差情况,为误差分析和修正设计提供依据。这部分工作量较大,且没有明文规定,因而实施有一定困难。但明确施工控制是工程施工和质量校验的重要内容后,实施是较容易的。

施工管理项目主要包括索力、梁和塔变位、截面应力和临时支架或辅助墩的支座反力,管理项目的计测可靠性直接关系到施工控制的成败。因为所谓反馈控制是根据结构实际响应值进行调整控制的,管理项目的精确测定是施工控制的基础。

测定拉力值的一个方法是用振动频率来计算。这是利用钢弦的横向振动来导出频率和拉力的函数关系:

$$f=\frac{n_c}{2l_0}\sqrt{\frac{F}{m}} \tag{8-3}$$

式中:f——自振频率(s^{-1});

n_c——拉索长度内的半波个数;

l_0——拉索的自由或挠曲长度(m);

F——拉索中的拉力,假定沿索均匀分布(N);

m——拉索的质量(kg),$m=\omega/g$,ω 为拉索每延米长重力(N/m),g 为重力加速度(m/s^2)。

最容易观察振动次数的办法是使拉索振动时,索的全长形成一个半波,于是 $n_c=1$,并得到:

$$F=4f^2l_0^2m \tag{8-4}$$

在拉索振动后,可以计算振动 50 次的时间 t_{50},于是 $f=50/t_{50}$ 或:

$$F=\frac{1}{t_{50}^2}\times10^4\times l_0^2\times m \tag{8-5}$$

测得各拉索拉力后,可以用塔顶各拉索水平分力之和应为零来检查,一般误差不超过 1%~1.5%。

现在已有多种测定索力的专用设备,基本上都是用频率关系来测定拉力。

3. 允许误差和报警系统

没有误差的施工是不存在的。为了方便施工必须制定允许误差标准。现行《公路桥涵施工技术规范》(JTJ 041—2000)对采用悬臂施工的斜拉桥在主梁构件尺寸误差有明确规定,对斜拉索拉力须符合设计要求。

五、一次张拉与多次张拉

这里所说的一次张拉到位是指在保证索力与主梁线形完全符合设计要求的前提下,不需调索,一次张拉到位。它与前面提到的一次张拉到设计索力完全不同。大跨度斜拉桥一次张拉到位在理论上是完全办得到的,施工控制计算机软件可以求出各根索施工时的张拉理论值,使得斜拉桥合龙三年(经过收缩徐变)以后,索力和线形都达到设计要求的理想状态。但是有两个问题需要解决。

1. 主梁的弯矩承受能力

斜拉桥主梁一般是比较薄弱的,施工时有挂篮(悬臂浇筑)或架桥机(悬臂架设)作用在主梁上,而且位置在不断变化,完全靠索力调整与之平衡。若索力一次张拉到理论值,会使主梁施工时弯矩过大而无法承受。

2. 主梁一次达到的变位幅值是否过大

在大跨度斜拉桥的施工中，斜拉索索力一次张拉到位而不予调整，会使一次达到的变位幅值非常大。变位幅值的理论值与实际值之间也是会有误差的，一次很大的变位幅值也必会导致可观的高程偏差，最后导致合龙困难。

以上两个因素都会使施工控制中不得不采取多次张拉法。但目前牵索式长挂篮的使用可以大大降低挂篮重量和主梁在施工中的弯矩值和变位幅值，这就为一次张拉到位提供了有利的条件。同时，通过现场实测实时反馈有效地消除理论值与实际值的不一致性，调整计算参数，使各阶段施工循环中保证主梁高程与索力按着预先指定的轨迹变化，这也为一次张拉到位解决了上述第二个问题。

1995 年建成的广东三水大桥实现了一次张拉到位，其事先确定的高程限制为 ±3cm，索力误差为 ±5%，在施工中，一次最大的主梁变位幅度约 50cm，结果合龙时误差仅在 1cm 之内，是国内大跨度预应力混凝土斜拉桥施工中索力一次张拉到位的成功实例。

第四节　斜拉桥的施工实例

徐浦大桥为主跨 590m 的双索面混合式斜拉桥，岸跨长 202m，设有 4 个辅助墩，为预应力混凝土连续梁，河跨为结合梁。过渡孔为跨度 40m 的预应力混凝土简支梁(如图 8-20)。过渡孔以外则为 4×40m 的主引桥。大桥主桥宽为 35.95m，其中检修道、防撞墙两边各为 2.25m，实际车道宽 31.45m，设来去 8 车道。

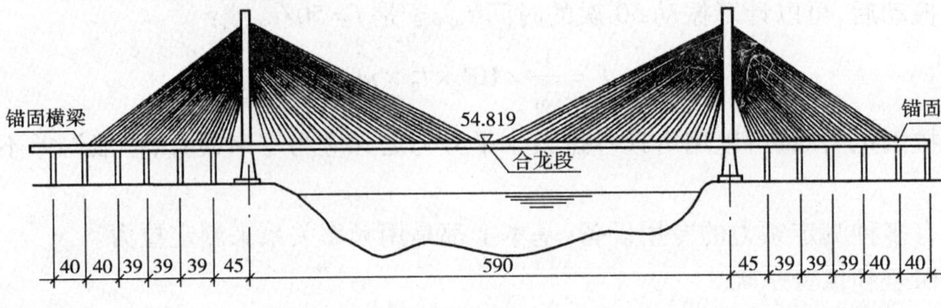

图 8-20　徐浦大桥主桥(尺寸单位:m)

徐浦大桥于 1994 年 5 月开工，1996 年 8 月 11 日采用自然合龙法使钢箱梁合龙，8 月 18 日结构合龙，1997 年 6 月 24 日正式全线通车。其主桥安装施工要点如下。

(1)岸跨预应力混凝土工字梁吊装，浦东、浦西各五孔，每孔 18 片，共 90 片。

(2)5 号墩上锚固端横梁的立模、扎筋、浇筑、张拉、压浆。

(3)0 号段的施工，包括临时固结、横向限位装置、球铰支座的安装，以及 0 号段与 1 号孔的连接等。

(4)岸跨各孔 18 片工字梁经过补缺、填芯、张拉、压浆等工序，首先构成单箱多室的简支梁。

(5)1 号、2 号、3 号、4 号墩上中间横梁的施工，岸跨各孔由简支梁体系转化为连续梁体系。

(6)河跨钢结构 67 节主梁节段的吊装，高强螺栓连接。

(7)河跨、岸跨斜拉索各 60 对的吊装及张拉。

(8)河跨钢筋混凝土板的吊装及后续缝的浇筑。

(9)浦东、浦西主桥过渡孔各一孔、主引桥各四孔T形梁的吊装及横向连接。

(10)桥面施工,包括混凝土铺装层、防撞墙、防撞栏杆、伸缩缝及其他零星设施(不包括沥青铺装层)。

以下主要介绍比较关键的几项工作。

一、0号段的施工

0号段是河跨结合梁和岸跨混凝土结构的结合部位,本身为混凝土结构。整个0号段顺桥向7.5m,横桥向35.95m,高度为3m,混凝土约810m³。其中横向贯通预应力束80根,纵向贯通预应力束124根,钢箱梁ZOA的端部伸向0号段内的锚杆有25根,锚杆上面还有倒刺,0号段下面有四个球铰支座,它的支承垫板必须在0号段模板尚未立筋以前安放平整,其平整度要求每块边缘高差不超过1mm。

在整个主梁安装期间,0号段必须予以临时固结,包括纵向、横向限位以及抗倾覆稳定。由于0号段是巨大的混凝土实体结构,施工时0号段是支承在下横梁上的,岸跨侧与已连成整体的预应力混凝土梁固接,因此抗倾覆稳定是不成问题的。只需在0号段上、下游与塔柱内侧之间设置纵、横向限位的卡块即可。待全桥合龙后,必须及时迅速地解除纵向限位装置,将横向限位的功能转移到永久性的横向限位装置(每塔上、下游各两个)上去。

二、钢梁、斜拉索及桥面板的安装

徐浦大桥主桥河跨钢箱梁共分67节,134根,其中0_a号、0_b号、0_c号节段长度分别为5.082m、9.0m、4.5m;1号~30号为标准段,长度9.0m;31号节段为合龙段,其长度约5.0m(需根据合龙时温度实测确定)。再加上横梁、纵梁等,共有各种规格的钢梁1 135根,计7 300t。斜拉索编号为1号~30号,共240根,重1650t。M30、M22高强螺栓共21.5万套,各种规格的桥面板520块,计12 250t。桥面板接缝用现浇微膨胀高强度等级混凝土,计3 500m³。由于徐浦大桥岸跨的预应力混凝土连续梁采用简支变连续方法施工,因此河跨只需单悬臂拼装,而且二者可以平行施工,岸跨稍稍超前。

主桥标准段施工程序如下:

主梁→横梁、小纵梁→斜拉索→桥面板→张拉→接缝混凝土→张拉。

斜拉索施工主要由以下几步组成:放索、安装锚固端、牵引安装张拉端、张拉及调索。

1.放索

由于斜拉索为盘装成品索,施工安装时需将索从盘中放出。索盘有两种规格,一种为盘径ϕ4 000mm,轴孔径ϕ200mm、盘宽b=2 560mm的小盘,盘重5.6t,适用于短小索;另一种为盘径ϕ4 600mm、轴孔径ϕ250mm、盘宽b=2 700mm的大盘,盘重6.5t,适用于长重索。连盘带索最重的达40t。斜拉索外层2mm的聚氨脂防护套虽具有很好的抗拉性能,但抗撕裂性能较差,再加上厚度太薄,故放索过程中与桥面摩擦很容易受到扭伤,必须采取适当的措施加以防护,一般可铺设地毯、设置滚轮、走管或安置滚动托架解决。考虑到操作的便利和放索的连续性,采用了设置走管的方法。

每根索两端均有一只冷铸锚,最重的一只达0.4t。放索时,当把索的一端锚头拉出后,另一只锚头就产生了约10kN·m的不平衡力矩作用在转动的索盘上。这样,当力矩作用方向与索盘转动方向一致时,索盘的转速就会发生突变而导致散盘。索散开后碰到硬物会损伤索护套,故放索时采用卷扬机留缆法限制索盘转速,保护索外护套。

2. 安装锚固端及张拉端

本桥斜拉索锚固端设在钢主箱梁内,锚箱由高强螺栓固定在主箱梁的腹板上,索与锚箱采用钢支承垫块锚固形式。

先用吊机把索钢护套管穿在索上并用绳索捆在夹索吊点上,然后由布置在安装端的卷扬机与桥面吊机配合将索锚固端穿入箱梁锚箱内,装上钢支承垫块,拧紧定位螺栓,斜拉索锚固端即安装完成。

牵引安装张拉端分两步,分别由 200kN 卷扬机及 YQL—600 型千斤顶完成。千斤顶必须先穿好牵引钢绞线,并就位在预安装索的内锚板孔上。

先启动 200kN 卷扬机将已安装好锚固端斜拉索的张拉端向上提升牵引,直至该索对应的塔外孔口处停止。利用高吊和由 80kN 卷扬机组成的辅助吊点调整角度,操作人员在塔外提升平台将钢绞线连接螺母拧进已与张拉端锚头连接的螺纹套筒内,再由千斤顶牵引。因斜拉索张拉端锚头与塔柱预留索孔钢管间间隙仅 9 ~ 13mm,而有全外螺牙的锚头最长达 720mm,加上锚头前接了 2.4 ~ 3.75m 的刚性探杆,所以牵引过程中要特别注意斜拉索的进孔角度并进行调整。当钢绞线牵引完开始由探杆锚固牵引时,由于此时索力较大(已近1 000kN),所以边牵引、边旋紧固定螺母,以确保挂索安全,当张拉端锚头牵引出塔内索孔锚板面、拧平永久螺母后,斜拉索安装完成。

由于整个牵引系统中连接环节较多,所以除了要保证所有机械设备正常运转外,还需注意各连接、固定构件的可靠性,如螺牙的安全旋合长度和防松措施及在牵引过程中密切注意探杆、锚头的进孔角度,注意油泵压力表值,如遇压力突升就应及时关机,查明原因并解决后再继续牵引。

3. 张拉

在每个标准段施工过程中,每根斜拉索一般需由 YQL—600 型千斤顶张拉二或三次。第 i 号索安装到位后须对其进行第一次张拉;在 i 段接缝混凝土施工后,进行第二次张拉;当 $i+1$ 号索第一次张拉及桥面吊机前移后,对 i 号索进行第三次张拉(放松)。二期荷载完成后还需进行调索。

斜拉索张拉程序主要是依据设计单位发来的《徐浦大桥中跨主梁安装施工控制文件》以及《徐浦大桥主桥二期荷载施工控制文件》进行的。

第九章 悬索桥施工

第一节 概 述

悬索桥是以悬索为主要承重结构的桥梁,由主缆、索塔、加劲梁、吊杆、鞍座、锚碇、基础等组成。

一、悬索桥的构造特点

(一)索塔

索塔是悬索桥的重要结构,不仅承受直接作用于桥塔本身的风、地震、温度等荷载,还要承受主缆、加劲梁等悬索桥悬吊结构的自重以及作用于悬索桥体系上的活载、温度等荷载。

大跨度悬索桥的索塔在20世纪50年代以前几乎都是采用钢塔,其主要优点是施工速度快、质量容易保证、抗震性能好。直到1959年,法国建成主跨608m的其坦卡维尔悬索桥,才开始采用混凝土桥塔。我国新近建造的几座大跨度悬索桥(汕头海湾大桥、虎门大桥、西陵大桥、江阴大桥)全都是采用混凝土桥塔。塔的施工与斜拉桥桥塔基本上相同。

在构造形式上,桥塔多采用门架式结构或塔柱间用斜撑连接。借此使整个桥塔在横向成为能承受主缆和桥面系上全部横向荷载的刚性结构。

(二)锚碇

锚碇是锚块基础、锚块、钢缆的锚碇架及固定装置等的总称,它不仅抵抗来自主缆的竖直反力,而且抵抗主缆的水平力。锚块是直接锚固主缆的结构,它通过锚固系统将主缆索股拉力分散开来。锚块与其下面的锚碇基础连成一体抵抗因主缆拉力产生的锚碇滑动及倾倒。锚碇的形式可分为重力式和隧道式。目前,世界上已建悬索桥绝大部分采用了重力式锚碇。这除了与锚碇所处的地形、地质条件有关外,也与主缆架设方法、锚碇施工方法有关。

一般而言,若锚碇处有坚实岩层靠近地表,修建隧道锚(或称岩洞式锚)[图9-1a)]有可能比较经济。美国华盛顿桥新泽西岸锚碇是隧道式,其混凝土用量为22 200m^3,仅为纽约岸锚碇所用混凝土及花岗岩镶面工程量107 000m^{3}的21%,但隧道锚有传力机理不明确的缺点。美国金门大桥原设计两端部都用隧道锚,但考虑到隧道锚块混凝土将力传给周围基岩机理不明确,总工程师改变决定,全部采用重力式锚碇。

有坚实基岩层靠近地表也可以采用重力式锚[图9-1b)],让锚块嵌入基岩,使位于锚块前的基岩凭借承压来抵抗主缆的水平力。例如我国1995年建成的汕头海湾大桥,就是利用两岸山体岩层,设计为重力前锚式锚碇(锚块兜住石质山头,抵抗主缆拉力)。巨大的主缆拉力通过锚杆、后锚梁、锚块混凝土均匀传递给基岩(图9-2)。虎门大桥的东锚碇也为山后重力式锚。若坚实基岩位于桥面之下深度不过30~50m,可修建直接坐落在基岩上的锚块,若坚实持力层埋深更大,而设计意图是使荷载完全传至该持力层,则必须设置沉井、沉箱、大直径桩(含斜桩)等深基础。这样的锚碇造价比较昂贵。虎门大桥的西锚碇基础原设计为沉井加桩基方案，后经细探，发现基岩严重不平，沉井施工将会遇到很大困难，遂改为地下连续墙方案。如果将地基在荷载之下的各种变形予以充分考虑，也可以采用浅基础，例如美国 1964 年建成的维拉扎诺桥（370.33m + 1 298.45m + 370.3m）和英国 1970 年建成的小贝耳特桥（240m + 600m + 240m）都是扩大浅基础。

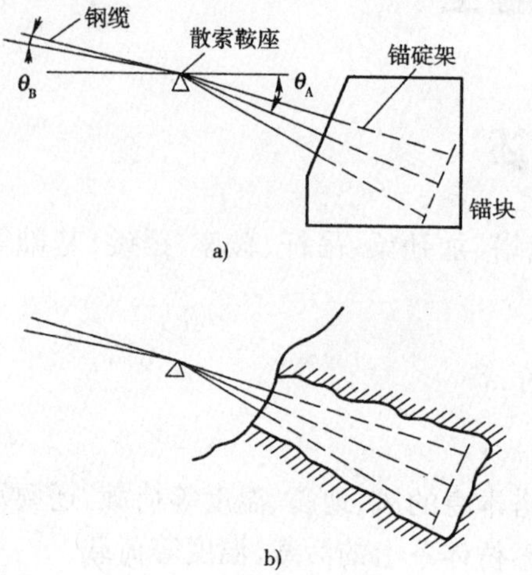

图 9-1　锚块

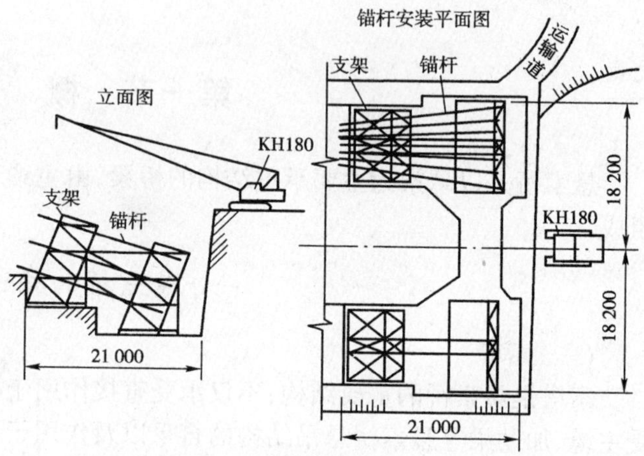

图 9-2　汕头海湾大桥锚碇（尺寸单位：mm）

（三）主缆

主缆是悬索桥的主要承重构件，要求其单位有效截面的抗拉强度大、截面密度大、结构延伸率小、弹性模量大、疲劳强度大、徐变小、运用简单、易架设锚固和防锈容易和价格便宜。

主缆由若干通长的钢丝绳或平行钢丝组成。在 20 世纪 60 年代曾采用的封闭式钢绞线钢缆，因其加工困难、成本高，现已较少采用。现代悬索桥的主缆主要有如图 9-3 所示的几种形式。

主缆
- 钢丝绳钢缆（中小跨径悬索桥）
  - 钢绞线绳
  - 螺旋钢丝绳
- 平行线钢缆（大跨径悬索桥）
  - 用空中架线法的平行线钢缆
  - 用预制索股法的平行线钢缆

图 9-3　主缆类型

平行线钢缆截面内的钢丝往往排列成正六边形，以便于主缆截面经紧缆作业最终被压紧成圆形。

对用预制索股法形成的平行线钢缆，为使主缆的构造同其锚固相适应，缆内钢丝分成若干根丝股（索股），每股一般不超过 127 丝。为便于主缆截面压紧成圆形，截面内丝股（索股）的排列方式如图 9-4 所示。图 9-4a）是将两平边放在水平位置，这样摆法当丝股根数不多时，用

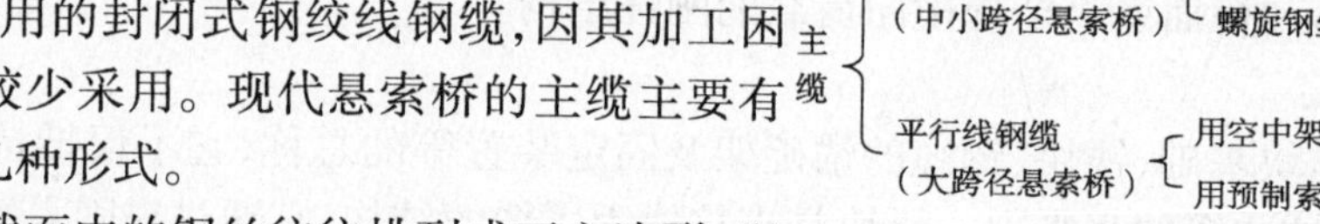

图 9-4　几种丝股排列方式

主缆成形器来保持其相对位置比较方便。图 9-4b）是将两平边放在竖直位置，其优点是丝股分成几竖列，可以在各竖列之间插入分隔片，有助于丝股间的通风，使各丝股湿度容易一致，有利于保证丝股长度调整的精度。图 9-4c）是竖向和水平向都可插入分隔片，其四角各缺一根，

紧缆时，只需在紧缆机前方用大木锤敲松丝股排列，则挤成圆形并无困难。

(四)悬吊结构

悬吊结构是为了将悬索桥的桥面支挂在主缆上的全部结构，也就是吊杆、加劲梁、桥面系的总称。

吊杆(索)连接主钢缆和加劲梁，将加劲梁的恒载及其上的活载传至主缆。吊杆与主钢缆的连接方式通常有跨骑式和销接式两种，如图9-21、图9-22。跨骑式连接时钢丝绳吊索跨越索夹上预留的槽口吊挂在主缆上，通过槽口的喇叭构造允许吊索在顺桥向有微量的摆幅，以避免由于主梁在活载、温度、风载等作用下产生的纵向位移引起吊索摆动造成的弯折。吊杆与索夹以销形式连接的称为销接式，它既可用于钢丝绳吊索，亦可用于平行钢丝束吊索。吊索与加劲梁的连接方式因加劲梁的截面形式不同而不同。

现代悬索桥钢加劲梁的截面形式大部分为桁架及扁平箱梁，个别有如香港青马桥那样的空腹桁架式箱梁。桁架式加劲梁透风性好，竖向刚度大，但其高度和自重大，从而导致加劲梁、主缆、索塔及锚碇工程量增大；流线型钢箱梁结构轻巧美观，梁高低，受风面积小，截面抗扭刚度大，可以有较高的抗风稳定性，并因梁高低、自重小可以减少全桥造价，此类钢箱加劲梁在世界范围内得到广泛应用。

(五)鞍座

鞍座是在塔顶及桥台上直接支承主钢缆并将主缆的荷载传递至索塔和桥台的装置，鞍座大致可分为主索鞍、散索鞍和副鞍座。

主索鞍是布置于塔顶用于支撑主缆的永久性大型构件。其功能是承受主缆的竖向压力，并将主缆的竖向压力均匀地传递到桥塔上，同时也起到使主缆在塔顶处平缓过渡、减少主缆过塔顶时的弯折应力的目的。

根据传力方式、制作方法和结构组成等，主索鞍座可分成如图9-5所示的几类。

- 按传力方式
  - 斜纵肋板直接传力式
  - 纵横肋间接传力式
- 按制作方法
  - 全铸式
  - 铸焊式
  - 全焊式
- 按结构组成方式
  - 整体式
  - 分体式
- 按索鞍上、下座板的减摩机构
  - 滚动摩擦副
  - 滑动摩擦副

图9-5　主索鞍座类型

当悬索桥边跨较大时，主缆在边跨靠近锚室的坡度平缓，为使主缆能进入锚室内锚固，须设置散索鞍。散索鞍的主要功能是把构成主钢缆的钢丝束在竖直方向和水平方向上散开，并引入各个锚固点。散索鞍按制作方式有全铸式、铸焊式和全焊式之分。依据纵向运动所需的构造形式又可分为滚轴式和摆轴式。

副鞍座也称侧塔鞍座，设置于支架塔和桥台部分的支架等处，主要是改变主钢缆在竖直面内的方向。

二、悬索桥的施工特点

现代大跨度悬索桥的施工方法具有典型性，根据结构特点，其施工步骤主要有五个部分。

(1)施工塔、锚碇的基础，同时加工制造上部结构施工所需的构件，为上部结构施工做准备。

(2)施工索塔及锚体，其中包括鞍座、锚碇钢框架安装等施工。

(3)主缆系统安装架设，其中包括牵引系统、猫道的架设、主缆索股预制和架设、紧缆、上索夹、吊索安装等。

(4)加劲梁节段的吊装架设，包括整体化焊接等。

(5)桥面铺装,主缆缠丝防护,伸缩缝安装,桥面构件安装等。

图9-6为虎门大桥的总施工顺序。图9-7为日本明石海峡大桥上部结构的施工步骤图。

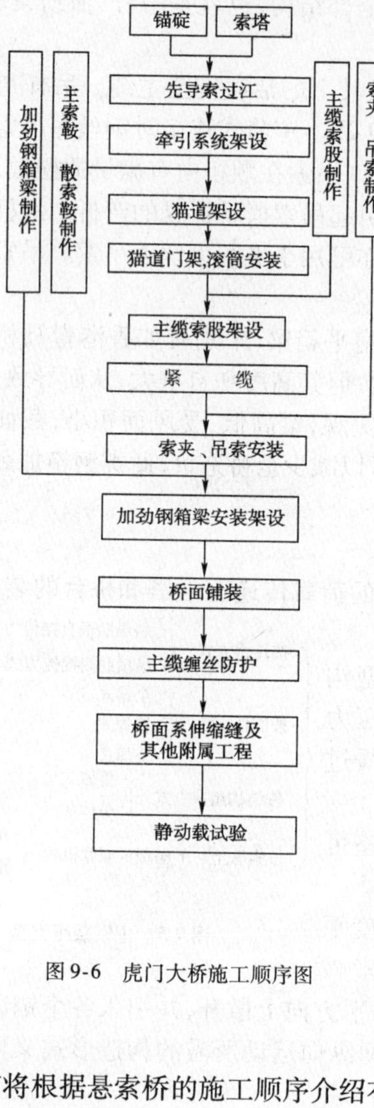

图9-6 虎门大桥施工顺序图

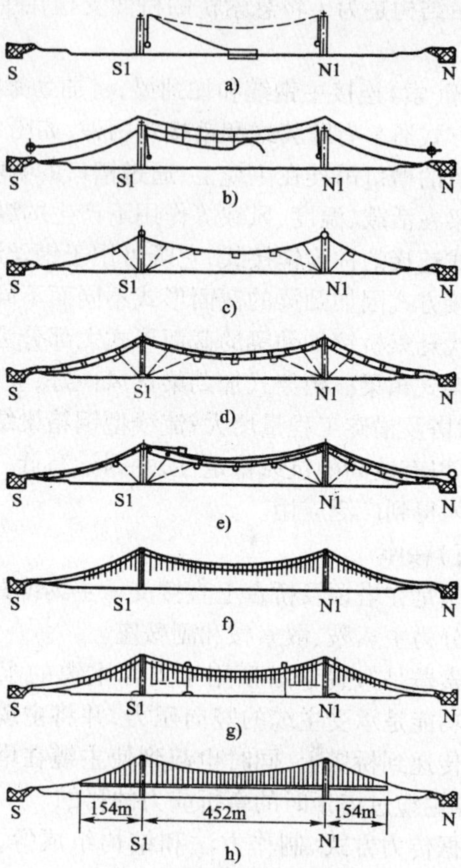

图9-7 悬索桥施工步骤图

a)导索架设;b)猫道承重索架设;c)猫道面铺装架设;d)主缆钢丝束拽拉系统的安装;e)主缆钢丝束拽拉架设及线形调整;f)索夹、吊索安装;g)加劲梁吊装;h)悬索桥全图

下节将根据悬索桥的施工顺序介绍有关猫道(施工脚手架)、鞍座、主缆、吊索及加劲梁等的施工方法。

第二节 悬索桥的施工要点

一、猫 道

猫道是指位于主缆之下(大约1m)沿着主缆设置,作为主缆架设等作业的脚手架。它是由猫道主索、钢丝网面层、扶手绳等组成。猫道宽度不大,为防止被风吹翻,同时也是为上、下游猫道之间能互相交通,一般要在两猫道之间设横向天桥,中跨可设三至五道,边跨设一道。在猫道下方一般须设抗风索,在立面上,抗风索呈向上凸出的曲线形,其两端则扣在索塔和锚碇的下方。在猫道主索和抗风索之间设若干根竖向(或斜向成V形的)细绳,互相绷紧,就形成一空间抗风体系。这样设置的抗风索势必侵入航运净空，故必须得到航运部门同意。沿抗风索还须按规定悬挂信号灯，以防船舶将它撞坏。

虎门大桥每条猫道分三跨，各自独立，每跨均由 8 根 $\phi48$ 钢丝绳（猫道主索）支承，上面设有钢丝网面层、扶手绳、猫道门架以及门架支承索等。上、下游猫道之间设五道横向天桥。中跨猫道主索的架设是猫道架设的关键，先利用牵引系统牵引托架支承绳，然后在架设好的托架上牵引猫道主索过江，通航净空由托架保证，如图 9-8 所示。此法的优点是所需主（前端牵引）、副（后端施加反拉力）卷扬机功率较小。猫道主索架设完成后再依次铺设猫道面层，安装扶手架，架设抗风索等。

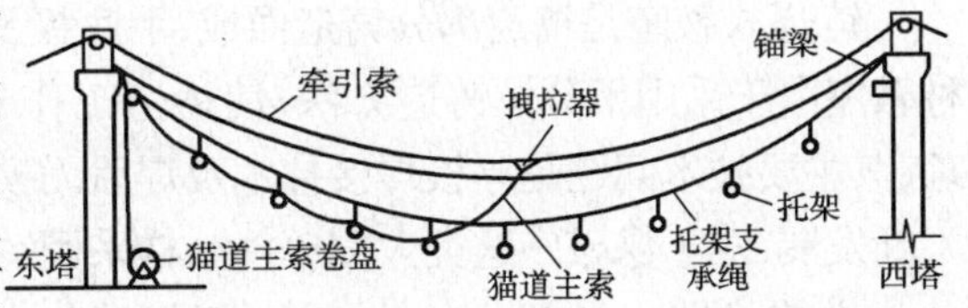

图 9-8　虎门大桥中跨猫道主索架设

汕头海湾大桥猫道主索为 $\phi45$mm 钢丝绳，上、下游各设 6 根，主索两端带冷铸锚头，分别与固定在主塔顶和两岸散索鞍基础上的锚梁相接。猫道面距主缆中心为 1 400mm，猫道宽 4 000mm，由两层铁丝网上压有槽钢及小方木构成。上、下游猫道间用轻型桁架连接作横向天桥，中跨三道，边跨各一道。抗风索用 $\phi25$mm 钢丝绳从猫道中跨的 1/4 处斜拉至主塔承台与预埋件连接。

猫道的安装是在两塔间先由拖轮带一根 $\phi22$mm 钢丝绳渡海，架空作为导索。卷扬机带动导索，从空中带 $\phi33$mm 牵引索过海安装。用 $\phi33$mm 牵引索作临时支承索，由 $\phi22$mm 钢丝绳牵引，将 $\phi45$mm 猫道主索逐根牵引过海安装就位，之后再用 $\phi22$mm 钢丝绳将成卷的猫道面铁丝网牵引拉开铺设在猫道主索上。

二、鞍　　座

位于塔顶的有主鞍座；边跨主缆进入锚碇之前可能设副鞍座；在锚碇前沿，主缆散开，需设散索鞍；若主缆散索中不改变其方向，则只需设散索套。在采用空中送丝法制成的主缆中，位于丝股和锚杆之间的中介环节，称为鞍跟。

（一）主鞍座

图 9-9 为汕头海湾大桥塔顶主鞍座的总装图，中间顶上是承托悬索桥主缆的槽道，两侧有多道竖向肋板将槽道部分和底座部分联成一体。为便于加工、运输和现场吊装，一般将其分成基本对称的两半体制造后栓合。

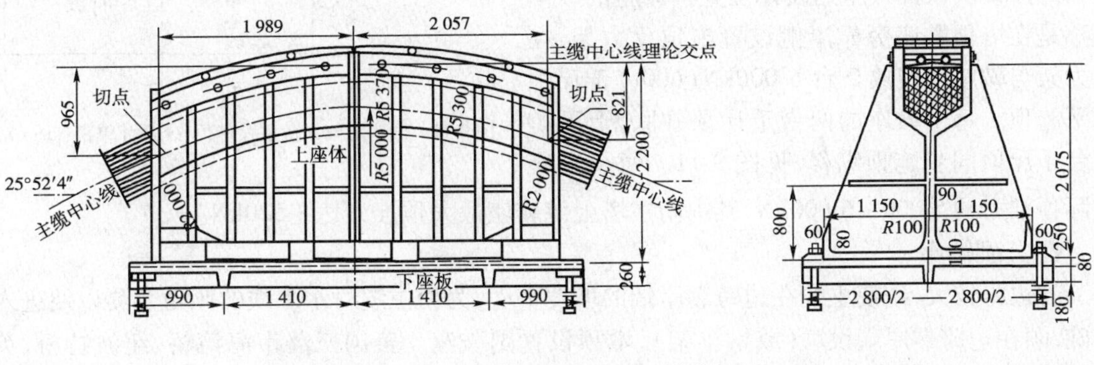

图 9-9　海湾大桥塔顶主鞍座（尺寸单位：mm）

汕头海湾大桥和西陵长江大桥鞍座均采用整铸式。整铸式鞍座是其整体或半体采用普通铸造方法(铸钢)浇铸而成,它能较为简便地解决鞍座外形复杂、重量较大的问题。特别是鞍座槽道为系列同心阶梯圆弧曲面,一般需铸造成型后再进行精加工。

铸焊式鞍座是槽道部分铸造而成,下底板及结构加强肋则用厚钢板制造,彼此对位后焊接。这种鞍座由于采用了分体铸造方法,使铸造工作相对简单一些,铸造缺陷有所减少且较易发现和处理,其主要技术问题是厚板焊接技术及焊后无损检测问题。许多迹象表明,由于焊接工艺及设备的不断发展,对于像鞍座这类大型单件结构采用铸焊结构将会越来越经济,其发展潜力很大。

拼装式鞍座各部分分体铸造,经机械加工后,采用螺栓连接成整体。当采用铸焊式结构的技术条件不甚具备时,此法不失为一种简便的处理方法,且无焊接变形及焊后热处理问题。但此法对其分体各部分之结合面的加工精度和装配质量要求较高,整体性能对此较为敏感,其自重较同规格整铸式鞍座为重。比较典型的拼装式鞍座如图 9-10,图 9-10a)中鞍座整体或半体以侧壁某一位置分成上下两部分分别铸造,加工其结合面后栓接;图 9-10b)为单独铸出槽道镶块,镶入槽底。

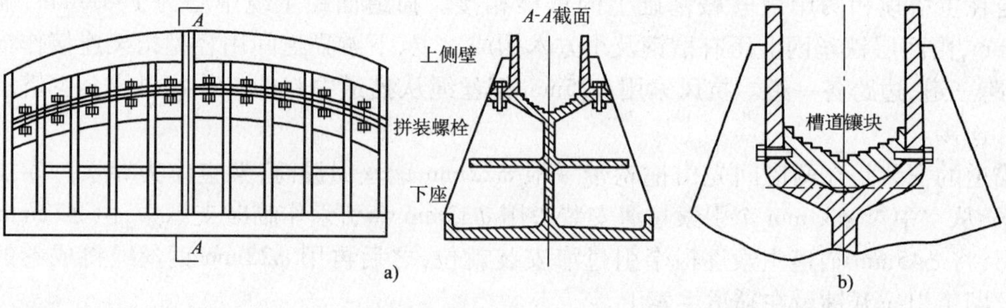

图 9-10　拼装式鞍座示意图

在悬索桥架梁过程中,随着缆力增长,主缆要带着主鞍座向河侧移动,为使塔身所受到的施工应力较小,并为使主鞍座两边的主缆水平分力接近于相等,就需要让主鞍座在施工过程中能有控制地做相对于塔顶的纵向移动。为此,需在鞍座下放置辊轴,或在鞍座底面涂抹石蜡。汕头海湾大桥是在鞍座底板上设置纵向油槽,钻有注油孔,同时在上下摩擦面之间满涂特种涂层。先将鞍座向两塔岸侧预偏 1 204.3mm,在中跨先期安装的 12 段梁中,每安装一梁段向前顶推一次,即分 12 次顶推鞍座到设计位置。鞍座的纵向顶移是在塔顶鞍座旁靠岸侧设置施顶反力架,在反力架与鞍座间安放 2 台 6 000kN(600t)千斤顶水平施顶。每个鞍座的两台千斤顶并联,上下游四台千斤顶同步施顶纵移,见图 9-11。每个鞍座实际顶推力约 5 000 ~6 000kN,其中南主塔上游鞍座最大顶推力达 8 520kN。

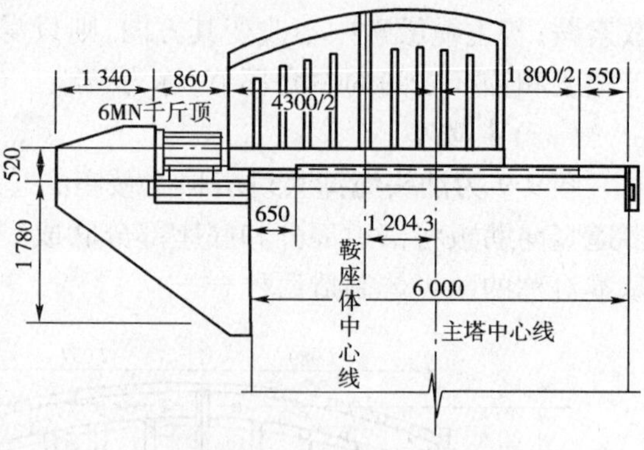

图 9-11　汕头海湾大桥主鞍座顶移(尺寸单位:mm)

(二)副鞍座

若边跨较大,致使主缆在边跨靠岸端的坡度平缓,为使主缆对水平线的倾角变陡以便进入锚碇,须在边跨靠岸端设墩(或钢排架),墩顶设置副鞍座。美国三藩市海湾桥、纽波特桥、英国福斯桥均设有副鞍座。主缆在副鞍座处的转角一般不大,其施于副鞍座的压力也较小,使副鞍座的制造比较容易。从副鞍座到锚块混凝土前锚面还有相当大的距离,随着缆力的增加,副鞍座也将发生向河侧的纵移,故副鞍座应设置在摇轴、摆柱或辊轴上,在施工过程中也应先使副鞍座向岸侧有一个预偏量。

(三)散索鞍及散索套

在锚碇前段,主缆在这里散开。当主缆散开的同时有一向下的转折角时,就需要设一个散索鞍。散索鞍下面也应设摇轴、摆柱或辊轴。汕头海湾大桥是在散索鞍下面设置盆式橡胶支座,两侧有卡板、螺栓,以防止其侧向移动。其槽道呈漏斗状,主缆从小口进入,在大口处散开,形状为系列阶梯形空间曲面,如图 9-12 所示。

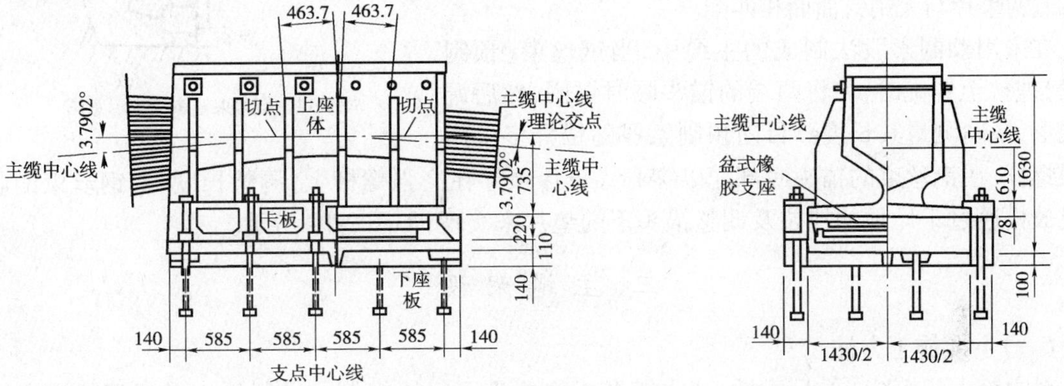

图 9-12　海湾大桥散索鞍座(尺寸单位:mm)

如果主缆在散开的同时不改变其总方向,那就不用散索鞍而用散索套。散索套的槽道与散索鞍基本相同。在散索套安装就位后,由于侧向力的作用,仍有可能向着主缆未散开的那个方向滑移,为此,应在散索套小口之外设置"挡圈"。挡圈的构造同索夹相似,即凭借高强螺栓使挡圈抱紧主缆,由此而产生摩擦力以阻挡散索套的移动。

(四)靴跟及锚杆

在采用空中送丝法制成的主缆中,位于丝股和锚杆之间的连接构件是靴跟及其附件。靴跟的功能有二。一是传力,丝股套在靴跟的槽道上,而锚杆则连接在靴跟的销钉上;二是调节长度,丝股的实际长度因施工误差等因素而会有出入,靴跟中有调节长度的附件,可以纠正施工误差,使丝股的长度符合设计要求。

图 9-13 表示美国三藩市海湾桥所用的靴跟及其附件,从立面图中可以看出丝股缠在靴跟的

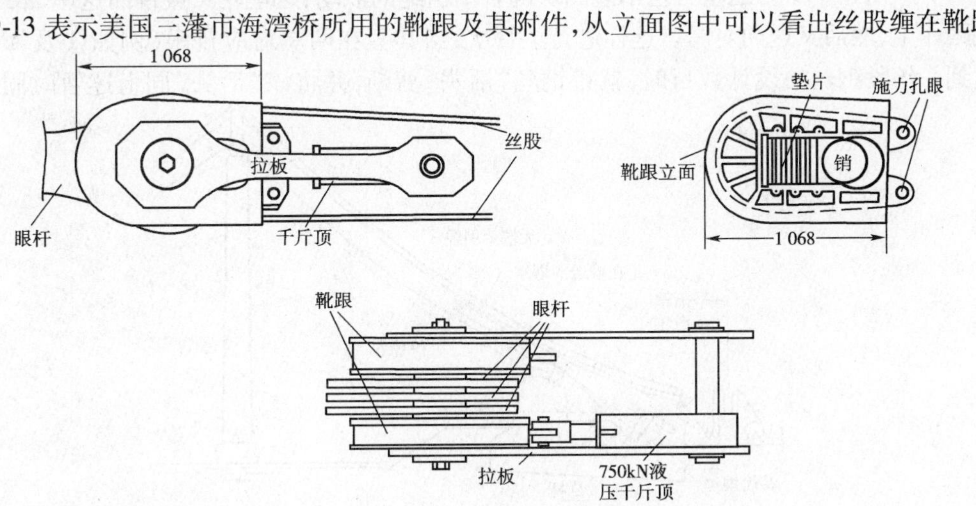

图 9-13　铸钢靴跟及其附件(尺寸单位:mm)

槽道内(向右),而锚杆(眼杆)则套在靴跟的大销钉上(向左),平面图中未示出丝股。靴跟凭借两块拉板与右端的另一根销钉相连接,两根销钉位置是固定的,而靴根则可以凭借千斤顶及垫片与销钉做相对微小的移动。千斤顶的活塞同靴跟上的施力孔眼相连,若丝股实际长度偏大,则千斤顶活塞向左推进,迫使靴跟相对于大销钉左移,靴跟内放置垫片的空间扩大,可放置垫片以固定靴跟位置,消除丝股误差;丝股实际长度偏小则放松千斤顶使靴跟右移,取出相应的垫片;最右侧的垫片与大销钉曲面相匹配。

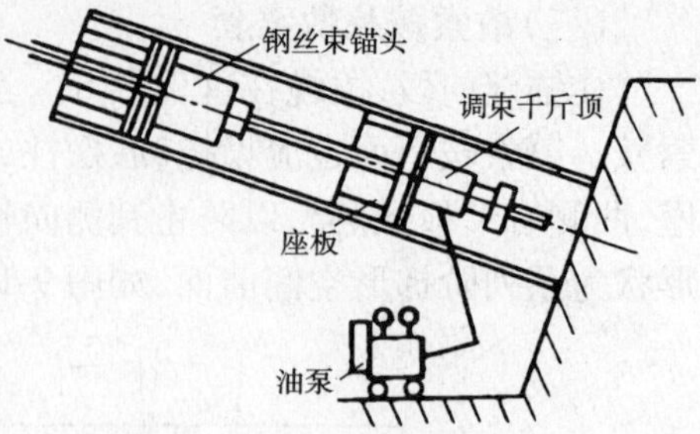

图 9-14 钢丝束锚头调束示意图

在采用预制索股法制成的主缆中,当钢丝束(预制索股)拽拉至锚碇时,先将两端的锚头临时锚固,然后调整线形,精确测量其长度。目前预制索股的锚杆多采用高强螺杆,在钢丝束的锚头底部配以穿心式千斤顶穿在高强螺杆上,调整长度时,钢丝束的收紧或放松通过千斤顶的拽拉及调整锚头下的垫片来实现,如图 9-14 所示。

三、主 缆 架 设

(一)主缆施工方法

对主跨大于 500m 的悬索桥,其主缆形式主要为平行线钢缆。平行线钢缆根据架设方法分为空中送丝法(AS 法)及预制索股法(PWS 法)。

1. 空中送丝法

用空中送丝法架设主缆,19 世纪中叶发明于美国,自 1855 年用于尼亚瓜拉瀑布桥以来,多数悬索桥都用这种方法来架设主缆。在桥两岸的索塔和锚碇等都已安装就绪后,沿主缆设计位置,在两岸锚碇之间布置一无端牵引绳,亦即将牵引绳的端头连接起来,形成从这一岸到那岸的长绳圈。将送丝轮扣牢在这牵引绳上某处,且将缠满钢丝的卷筒放在一岸的锚碇旁,从卷筒中抽出钢丝头,暂时固定在某靴跟(可编号为 A)处,称这一钢丝头为“死头”。继续将钢丝向外抽,由死头、送丝轮和卷筒将正在输送的丝形成一个钢丝套圈,用动力机驱动牵引绳,于是送丝轮就带着钢丝送向对岸。在钢丝套圈送到对岸时,就由人工将套圈从送丝轮上取下,套到其对应的靴跟(可编号为 A')上。图 9-15 为送丝工艺示意图。随着牵引绳的驱动,送丝轮又被带回这岸,取下套圈套在靴跟 A 上,然后又送向对岸。这样进行上百次,当其套在两岸对应靴跟(例如 A 及 A')上的丝数达到一丝股钢丝的设计数目时,就将钢丝“活头”剪断,并将该“活头”同上述暂时固定的“死

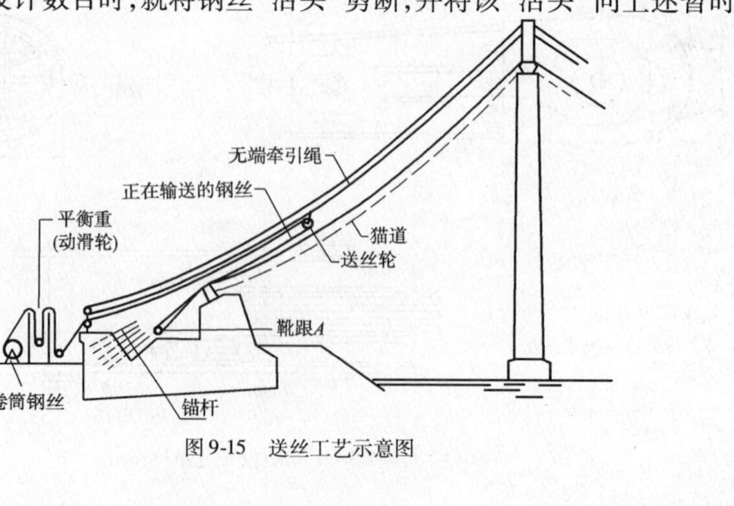

图 9-15 送丝工艺示意图

头"用钢丝连接器连起来。这样,一根丝股的空中编制就完成了。

在上述基本原理基础上,可以采取多种提高工效的措施。如果对岸也有卷筒钢丝,可以利用刚才所说的送丝轮在其返程中另带一钢丝套圈到这岸来,从而在另一对编号为 B、B'的靴跟之间进行编股。而且,沿无端牵引绳可以设置两个送丝轮,两轮的间距为:当甲轮从这岸驶向对岸时,乙轮正好从对岸驶向这岸,而且两岸都有卷筒钢丝,于是就可以同时在 C、C'和 D、D'的靴跟之间编制另两丝股。这就是"以四根丝股为一批"的安排。就送丝轮扣牢在牵引绳上的两个点而言,每点可以不只设一轮,例如美国金门桥是设四轮,而且每个送丝轮上的缠丝槽路也可以不只一条。

空中送丝法的主缆每一丝股内的钢丝根数约为 300 ~ 600 根,再将这种丝股配置成六角形或矩形并挤紧成为圆形。它的施工必须设置脚手架(猫道)、配备送丝设备,还须有稳定送丝的配套措施。为使主缆各钢丝均匀受力,必须对钢丝长度和丝股长度分别进行调整(见靴跟及锚杆),还应及时进行紧缆和缠缆。

2. 预制索股法

用预制索股法架设主缆是 1965 年在美国发展起来的,其目的是使空中架线工作简化。自用于 1969 年建成的纽波特桥以后使用逐渐广泛,我国新近建成的汕头海湾大桥、虎门大桥、西陵大桥、江阴长江大桥都是采用这个方法。

预制索股每束 61 丝、91 丝或 127 丝(再多就太重了)。两端嵌固热铸锚头,在工厂预制,先配置成六角形,然后挤紧成圆形。架设的过程同空中送线法一样,但在猫道之上要设置导向滚轮以支持索股。

虎门大桥每束 127 丝,每丝直径 5.2mm,每根主缆 110 束,采用门架式拽拉器牵引索股,如图9-16所示。在锚道上设置若干个猫道门架安装门架导轮组,牵引索通过这些导轮组,牵引索上固接有拽拉器,通过主(副)牵引卷扬机的收(放)索或放(收)索,使牵引索带动拽拉器穿过导轮组作往复运动。索股前端与拽拉器相连,使得索股前段约 30m 长悬在空中运行,而索股后段则支承在导向滚轮上运行。此方式也可用于空中送丝法。

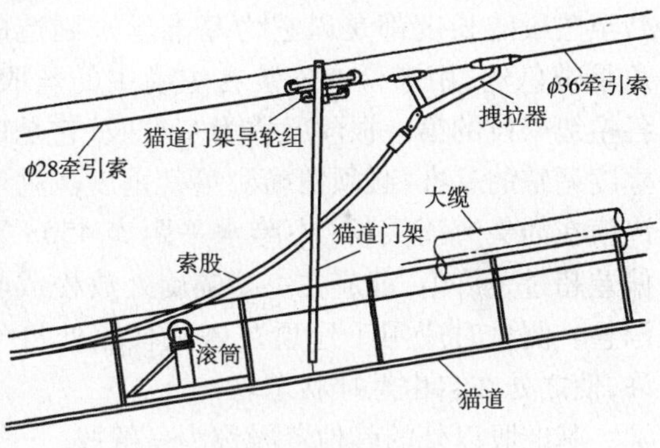

图 9-16　门架拽拉器牵引方式

(二)主缆架设注意事项

1. 钢丝接头

空中送丝法用的镀锌钢丝是成盘供应的,一盘的重量为 200 ~ 400kg,必须在工地上接长。图9-17表示一种钢丝连接器的构造,它是长 50.8mm 的套管,内有丝扣。将钢丝的端头分别按

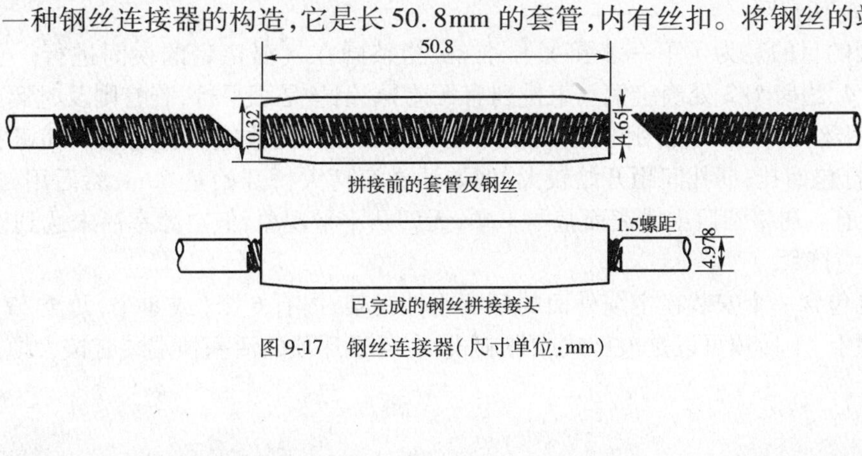

图 9-17　钢丝连接器(尺寸单位:mm)

左手螺旋及右手螺旋压制丝扣，并将丝头斜向切断。连接时，将两钢丝端头穿进套管两头，旋转套管，使被接长的钢丝拉到一起抵紧。这样，在钢丝受拉时，两钢丝的斜切面就彼此卡住，不会因旋转而脱离。施工规范中常见的要求是：取接头构造数的2%作为试件进行检验，测得的强度不得低于原钢丝强度的95%。

2. 调整长度

无论是空中送丝法或预制索股法，都必须有调整长度的措施，称为调丝或调索股。

主缆在自由悬挂状态下的长度可以根据施工时的温度、边界条件、水平距离等因素计算出来，这些都属于施工控制的内容。需注意的是：主缆内各钢丝由于位置高度不同，其长度是不一样的。按上述长度设置一基准丝，它在自由悬挂状态下的垂度也可以计算出来。理论上，实测值应符合计算值，但实际上由于温度、水平距离、边界条件等因素两者存在着偏离，故需要精密计算并进行校正。

空中送丝法基准丝的数目和位置，应以能适应钢丝的垂度校核为原则。对于每一丝股在安装时的第一根丝（或头几根丝）应该取为基准丝，随后安装的丝就可以用先前安装的基准丝来校核。校核的原则就是让钢丝处于自由悬挂状态，要求其垂度同基准丝（或经用基准丝校正的先前安装的丝）一样。

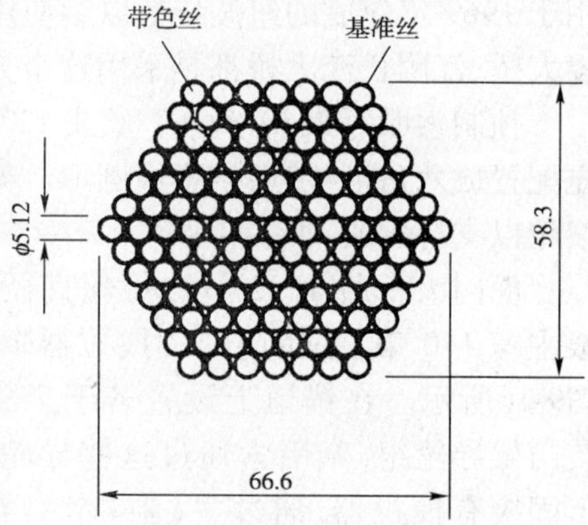

图 9-18　平行丝股的基准丝和着色丝
（尺寸单位：mm）

预制索股法各丝股的长度也是不同的，在每一丝股中，其转角处应设一根基准丝，如图 9-18 所示，其他各丝乃至整股的长度都是以它为基准丝来制造的。其左上角是带色丝，用来检查安装在主缆中的丝股是否扭曲。各主缆架设的第一根丝股称为基准股，它是以后各丝股垂度调整的基准，必须精确测量其垂度。垂度偏差的允许值在汕头海湾大桥（中跨水平距离 450m）为 3cm，若偏差超过允许值，就应在一端锚碇处放松或收紧丝股来调整。测量时应用千斤顶在塔顶鞍座处将丝股顶高少许，使之处在自由悬挂状态。

基准股以外的其他各股称为一般股。一般股采用相对垂度调整法，即测出待调整股与基准股的垂度差，将实测垂度差与理论垂度差比较，得出相对垂度差 Δf，然后根据悬链线弦长与垂度的关系由 Δf 求得相应的放松（或收紧）Δs。丝股调整好以后必须在鞍座内及时锁定，它和相邻丝股的关系是似靠非靠，若即若离。

3. 主缆挤紧

（1）主缆初整圆

初整圆的目的是为了下一步挤紧作准备，初整圆在气温稳定的夜间进行。首先在主跨 1/4、1/2、3/4、边跨 1/2 处确定钢丝束排列有无差异、钢丝是否平行，若有则及时调整。然后用 ϕ10mm 小钢丝绕两圈，两端用倒链滑车连于猫道横梁上，边收紧倒链边用木槌敲打。初整圆后，用钢带打包捆扎，捆扎间距开始较大，例如汕头海湾大桥开始是 60m，然后用二分法加密，直到 5m 一道。初整圆后主缆表面基本平顺，无凹凸不平现象，但空隙率尚未达到设计要求。

（2）主缆挤紧

紧缆机包含一个安装在主缆外面的环状刚性钢架，内有 6 个（或 8 个，乃至 12 个）置于径向的千斤顶上，千斤顶可以是液压式或螺旋式，在各千斤顶的活塞顶端装有按大缆最终直径制造的圆弧状靴块，千斤顶的另一端则是抵紧在上述环状钢架上，如图9-19所示。主缆的挤紧作业一般需配备四台紧缆机，首先从两主塔向中跨跨中挤紧，然后再从主塔分别向两边跨挤紧，挤紧间距为1m。挤紧后在挤紧压块前后各用钢带捆扎一道，间距约0.5m。挤紧前应拆除丝股的定型包扎带和初整圆的捆扎带。开机后应控制千斤顶的顶压力，每一千斤顶的顶压力一般是700～1 000kN。但维拉扎诺桥及博斯普鲁斯二桥的顶压力曾高达2 720kN和3 000kN。

紧缆机能够沿着主缆移动。汕头海湾大桥采用千斤顶的顶压力和主缆直径双控标准，只要达到其中一标准即自动停机。在紧缆机离开5m之后测量主缆的竖向及横向直径，算出空隙率。海湾大桥挤紧后空隙率的目标值为平均20%。考虑到挤紧捆扎后的主缆直径回弹增大，在挤紧时适当调小缆径，控制在18%左右，实测得主缆横径为57.5～58cm，竖径为54.6～55.4cm，横竖直径差为3cm，呈椭圆形断面，空隙率为17.8%，满足设计要求。

4. 缠缆

缠缆工作应在大部分恒载作用之后进行，此时主缆截面因拉应力作用而稍稍收缩且索夹均已安装到位，故缠丝机应有越过索夹的功能。缠丝机主要部件包含一个可以开闭的钢环，钢环隔着圆弧形衬板骑在主缆之上。缠在环上的软钢丝被一迅速旋转的飞轮抽出，紧紧缠在主缆之外，图9-20是虎门大桥缠丝机。缠丝之前要在主缆钢丝表面涂以铅丹膏；在缠丝过程中，当铅丹膏被挤出时，应随时将其刮去，不让铅丹膏结硬在缠丝表面，随后再在缠丝之外进行油漆。缠丝机只能在索夹之间工作，缠丝的头要腊焊于索夹边缘。对于缠丝和索夹之间的缝隙，需要用铅毛（极细的小段铅丝）嵌塞，但位于主缆下面的缝隙都不必嵌塞，以使侵入主缆内部的水分可以从这里泄出。

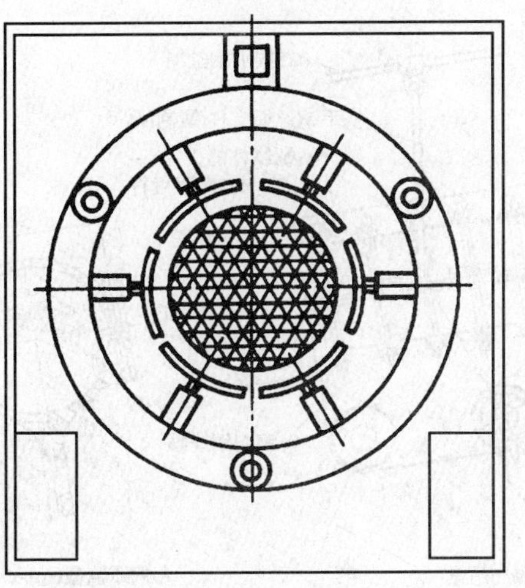

图9-19 主缆紧缆机示意图

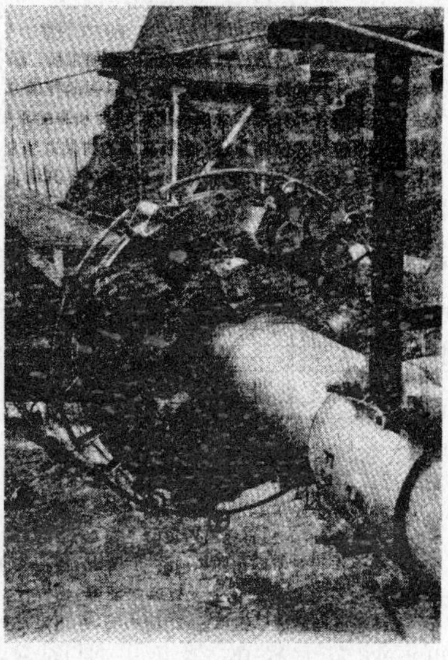

图9-20 虎门大桥缠丝机

四、索夹及吊索

索夹有两种构造形式。一种是用竖缝分成两半，吊索骑跨在索夹上，如图9-21所示，用高强螺栓将两半拉紧，使索夹内壁压紧主缆，从而产生摩擦力以防止索夹滑动。在索夹两半之间应保留适当的缝隙（图中为38mm），借以确保螺杆拉力能用于产生索夹对主缆的压力。高强螺杆位置尽可能向内靠近，一则使螺杆拉力对索夹壁的偏心较小，再则可以使螺杆较长，有利于螺杆吸收更多的应变能以防拉裂和减少应力损失。

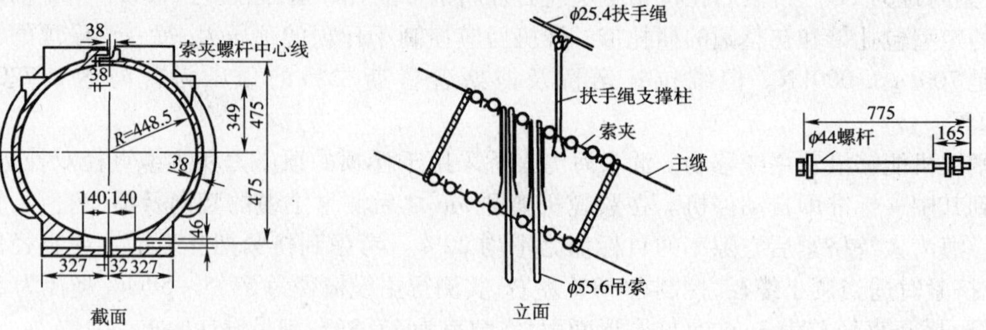

图 9-21　用竖缝分成两半的索夹（尺寸单位：mm）

一般在每缆每一吊点有两根钢丝绳骑在索夹之外，则吊索钢丝绳有 4 个截面共同受力。设吊索总力为 P，吊点处主缆切线同水平线的夹角为 α，则其沿主缆切向的分力为 $P\sin\alpha$，这也是使索夹沿主缆滑动的力。由此可以求得全部高强螺杆必需的预拉力为：

$$\sum N = \frac{P\sin\alpha}{f} \tag{9-1}$$

式中：f——摩擦系数，其经验值可达 0.6。

这是因为当螺杆预拉力相当大时，主缆直径在索夹处局部缩小，使索夹滑动受到较大的阻力。图 9-21 中，上、下两排共有 14 个高强螺杆，由此可以求得每个螺杆必需的拉力。在施工及运营中，螺杆顶拉力的损失显著，这主要是因为螺杆钢材的松弛、主缆钢丝相互位置在重复加载中自行调整及镀锌层的受挤变形等。为此，在施工时需要重复拧紧螺杆。

另一种索夹构造是在索夹下方铸成竖向节点板，在板上钻制孔眼，吊索端头的锚杯凭借销钉与此孔眼相连。其索夹较常见的是分成上、下两半。图 9-22 是英国塞文桥的索夹构造，用矩形齿状水平缝（其实是沿主缆轴线的缝）分成两半，高强螺杆与缝的方向垂直，斜吊索上端的锚杯借销钉连接在与索夹下半铸在一起的节点板上，这种构造也可以将索夹分成左右两半，如丹麦的小贝尔特桥，两半的下部均铸有节点板，安装后并在一起。

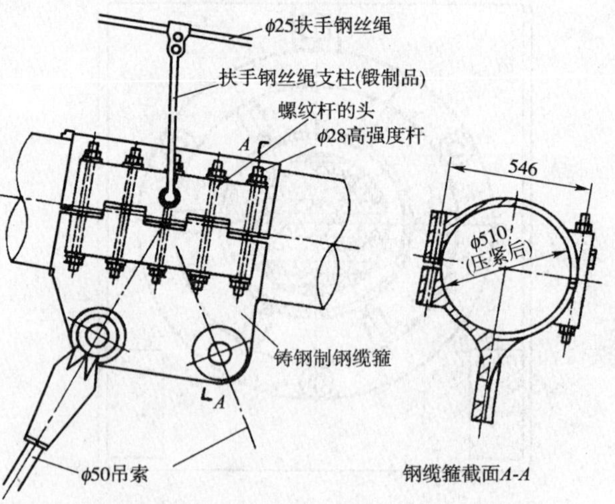

图 9-22　带竖向节点板的索夹构造图（尺寸单位：mm）

汕头海湾大桥的索夹采用图 9-21 的构造形式。索夹的安装是在气温稳定的夜间，用全站仪按照施工控制的位置，测出每个索夹到主塔中心的距离，并标定在每根主缆的相应位置上，再根据各个索夹的设计长度，向两侧量出索夹的边缘线。利用通过塔顶和散索鞍处支架上的 10kN 缆索吊机吊运索夹安装就位，如图 9-23a）所示。索夹安装就位之后，用YC—40 千斤顶将索夹上各高强螺杆拧紧，控制拉力为 340kN ± 10kN。索夹螺杆的紧固重复四次：

（1）索夹安装时；

(2)架梁的缆索吊机就位前;

(3)全部梁段架完后;

(4)二期恒载铺装之后。施工中需经常检查索夹螺杆的紧固情况,在任何情况下拉力都不得小于280kN。索夹安装的容许误差为:纵向位置±10mm,横向扭转≤6mm。

吊索需在设计拉力324kN的作用下对在工厂预制的吊索长度进行复测,以便根据误差大小调整吊索锚板高度。每个索夹上两根吊索长度不同,必须对号入座。吊索的安装也是利用10kN缆索吊机,见图9-23b)。

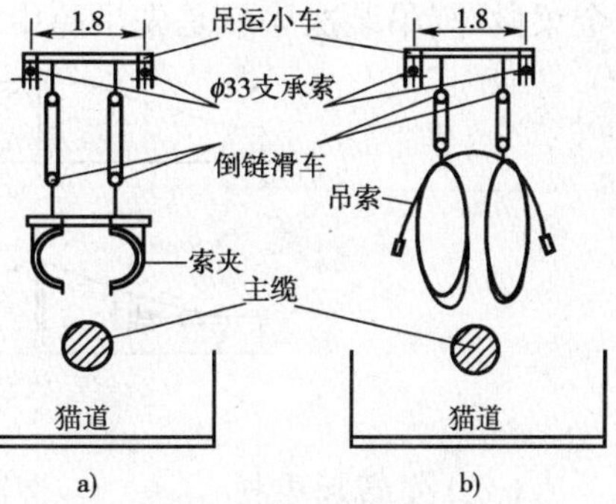

图9-23　汕头海湾大桥索夹吊装(尺寸单位:mm)

五、加劲梁架设

加劲梁架设的主要工具是缆载起重机。架设顺序可以从主跨跨中开始,向桥塔方向逐段吊装;也可以从桥塔开始,向主跨跨中及边跨岸边前进。

(一)架设方式

以往加劲梁多用钢桁架,其架设方式也像钢桁架桥那样,从桥塔开始,向桥塔两侧逐段吊装。在每一梁段拼好以后,立即将其与对应的吊索相连,使其自重由吊索传给主缆。对于三跨悬索桥而言,一般需要四台缆载起重机,分别从两塔各向两个方向前进。由于各桥边跨和主跨的跨径比不同,为了使塔顶纵向位移尽可能小,应仔细推算索塔两侧加劲梁段的吊装次序,得出合理的施工方案。

从桥塔开始吊装的优点是施工比较方便,缺点是桥塔两侧的索夹首先夹紧,此时主缆形状与最终几何线形差别最大,因而主缆中的次应力较大。汕头海湾大桥就是采用这种方式,如图9-24所示海湾大桥混凝土加劲箱梁主跨有73段,边跨各24段,首先将预制梁段从预制场纵、横移下海,用铁驳船浮运到各跨主缆下定位,用锚固在主缆索夹上的1 800kN缆载吊机垂直起吊安装。每安装一梁段之后,吊机向前移6m,锚固到下一对索夹上,做下一梁段的吊装准备。吊装时,采用四点吊装法。

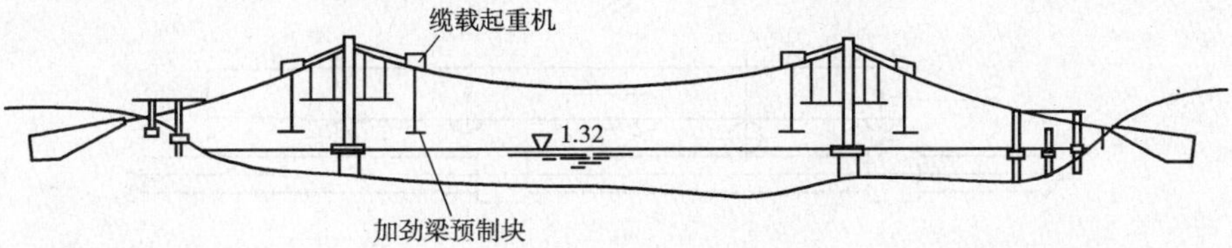

图9-24　汕头海湾大桥吊装示意图

当加劲梁的重力逐渐作用到主缆上,主缆将产生较大的位移,改变原来悬链线的形状,所以在吊装过程中加劲梁上缘一般都顶紧而下缘张开,直至全部吊装完毕下缘才闭合。如果强制使其下缘过早闭合,结构或其连接件有可能因强度不够而破坏。合理的做法应该是:在架设的开始阶段,使各梁段在上缘铰接,而使下缘张开。这些上缘铰接的梁段应具备整体横向抵抗侧向风荷载的能力。待到一部分梁段业已到位,主缆线形也比较接近最终线形时,再将这一部分梁段下缘强制闭合。当然必须通过施工控制确认此时闭合是结构和其连接件都能满足设计要求。

英国1966年建成的塞文桥梁段吊装是从跨中开始,向桥塔方向前进。如果边跨较长,为避免塔顶产生过大的纵向位移,应从两岸向桥塔方向同时吊装边跨梁段,如图9-25所示。这种吊装次序的优点是:在架设桥塔附近的加劲梁段时,主缆线形已非常接近其最终几何形状,此时将桥塔附近的索夹夹紧,主缆的永久性角变位最小。虎门大桥(边跨无加劲梁)全跨39

个梁段，其吊装次序就是先吊跨中段，再从跨中对称向两桥塔前进，直至合龙。

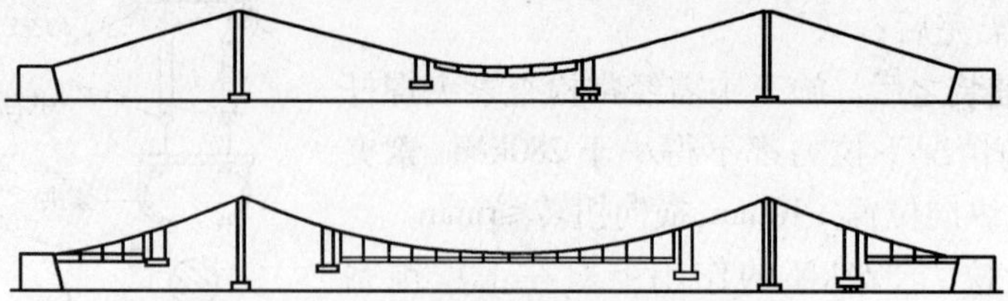

图 9-25　从跨中开始吊装示意图

(二)缆载起重机

缆载起重机由主梁、端梁、及各种运行提升机构组成。起重机横跨并支承在两主缆上，其主梁跨度即为两主缆的中心距。缆载起重机必须在任何状态下都能正常运行和工作，如：

(1)起重机是在全部索夹安装就位的主缆上运行，故其运行机构必须能跨越索夹障碍；

(2)吊装桥塔附近梁段时，主缆中心线与水平面夹角最大，起重机在此倾角状态下应能正常工作及行走；

(3)在倾斜状态下起吊时产生的下滑力由索夹承受，故应设置起重机与索夹相对固定的夹紧机构。

图 9-26 为汕头海湾大桥缆载起重机的运行示意图。海湾大桥主缆中心距 25.2m，缆载起

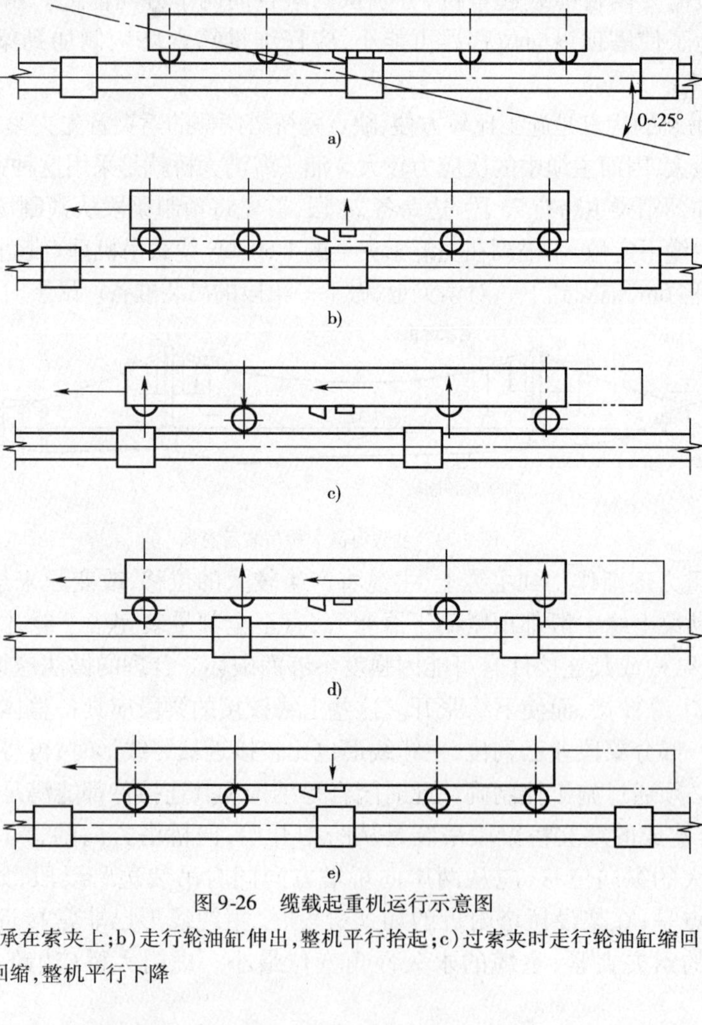

图 9-26　缆载起重机运行示意图

a)起重机端梁直接支承在索夹上；b)走行轮油缸伸出，整机平行抬起；c)过索夹时走行轮油缸缩回；d)走行轮交替跨越索夹；e)走行轮油缸回缩，整机平行下降

重机主梁为桁架结构，端梁为箱形结构。额定起重重力为1 800kN，满足全桥加劲梁节段吊装需要。提升机构工作类型为特重级，运行机构因空载运行，故为轻级类型。运行动作采用走行轮交替升降方式跨超索夹。提升机构的卷扬机布置在主塔承台上，以尽可能减轻运行时的重力。主缆中心线与水平面的最大夹角为25.36°。

第三节　悬索桥的施工误差控制

悬索桥在恒载作用下的几何形状和内力与施工方法密切相关；因悬索桥结构及施工的特殊性，其几何形状在施工过程中较难控制和管理，容易产生各种施工误差。因此，一个科学细致的悬索桥施工误差控制显得尤其重要。

一、悬索桥施工控制的重要性

悬索桥在施工过程中不仅容易产生各种施工误差，而且容易出现风的不稳定性和局部应力超限。

(1)悬索桥抵抗变形的刚度主要来自主缆的重力刚度。当加劲梁尚未架设时，主缆是很柔的。随着加劲梁的架设及温度变化，主缆的几何形状变化很大。以虎门大桥的施工过程为例，当跨中已吊装部分梁段，设温度降低20℃、升高25℃或为基准温度时，主缆及部分加劲梁相对于全桥完成(基准温度)时的竖向位移如图9-27所示。从图中可以看出，四分点处的主缆比全桥完成时主缆的位置高出6~7m，其纵向的位移也相当可观，因此索夹在主缆上的位置必须有一适当的预偏量。

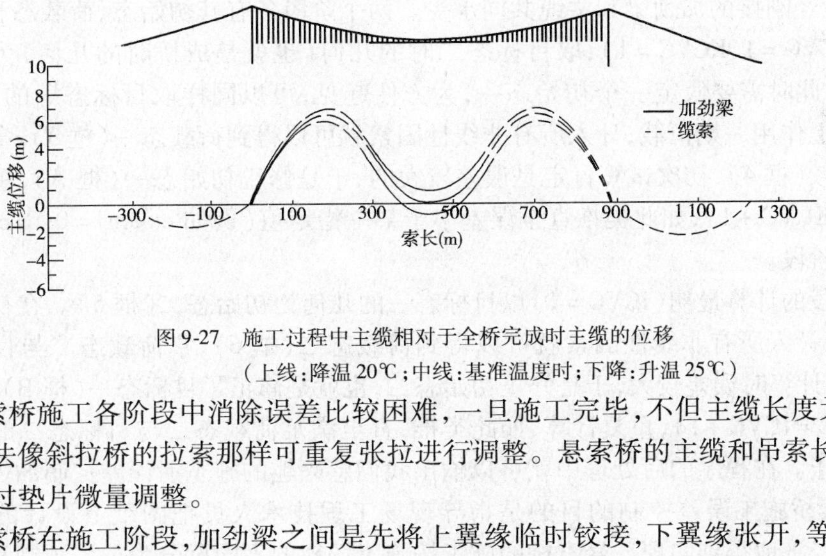

图9-27　施工过程中主缆相对于全桥完成时主缆的位移

(上线：降温20℃；中线：基准温度时；下降：升温25℃)

(2)悬索桥施工各阶段中消除误差比较困难，一旦施工完毕，不但主缆长度无法调整，就是吊索也无法像斜拉桥的拉索那样可重复张拉进行调整。悬索桥的主缆和吊索长度在施工过程中只能通过垫片微量调整。

(3)悬索桥在施工阶段，加劲梁之间是先将上翼缘临时铰接，下翼缘张开，等到加劲梁全部(或部分)吊装完毕后下翼缘方才合龙，将铰接变为刚接，因此施工阶段颤振失稳的临界风速可能大大低于成桥状态的临界风速。

(4)悬索桥加劲梁的吊装与塔顶鞍座顶推不是同时进行的。在吊梁时，塔顶鞍座与塔顶在水平方向临时约束，此时塔顶与鞍座一起发生纵向位移，使塔根产生一定程度的弯矩，这样就可能发生塔根应力超限的危险。为了不使塔根应力超限，吊装若干主梁节段后就要用千斤顶调整塔顶鞍座与塔顶之间的相对位置(图9-10)以释放塔根弯矩。何时释放塔根弯矩必须通过施工控制确定。

(5)为了减少最终吊装完毕时现场焊接的工作量及提高施工阶段抗风稳定性，常常部分梁段吊装完毕时就焊成刚性连接段。但如果一次刚性连接的长度太长，则其最外侧的吊索可能超载，加劲梁的弯曲应力可能超限。允许多少个节段先部分刚性连接必须进行科学细致的工程控制。

(6)其他一些随机因素的影响。

二、悬索桥施工误差控制的内容

悬索桥的施工误差控制由施工前控制和施工中的控制两大部分组成。为达到施工误差控制的目的，国内外有关学者先后研制出各有特色的计算机软件，其内容大同小异。所谓大同，是都按有限位移理论考虑了悬索桥的几何非线性；所谓小异，是各家思路不同，考虑的因素繁简不一。以下介绍施工控制的主要问题。

(1)施工前误差控制包括确定主缆和吊索的无应力长度、加劲梁的无应力三维尺寸、鞍座的预偏量、索夹的预偏量等。那么，在仅有成桥状态时的桥面竖曲线、吊索(索夹)位置、鞍座中心位置和主缆跨中矢高的情况下，如何确定这些尺寸使成桥状态时结构的几何形状满足设计要求？再则，对主缆的线形而言，在刚架设就位之后是一根悬链线，但经过作用一期恒载(索夹、吊索、铰接的加劲梁段)和二期恒载(桥面铺装、防撞墙等)之后，主缆究竟呈现怎样的线形就不得而知。因此必须采用逐步逼近的前进分析法确定施工前控制的尺寸。

图9-28为悬索桥在恒载作用下结构几何及内力计算框图。计算分为两个阶段，第一阶段计算一期恒载的作用，此时加劲梁尚未刚接，荷载全由主缆承受。第二阶段计算二期恒载的作用，荷载由已经刚接的加劲梁和主缆共同承受。两个阶段各有其初始态、荷载态和目标态。初始试算时(ICVC = 1，KCVC = 1)，取目标态二时的几何(也就是成桥时的几何)为目标态一的几何(框1)，此时需要假定一个初始态一，为方便起见，可以同样取目标态一的几何(框2)。在初始态一上作用一期恒载，计入所有非线性因素就可以得到荷载态一(框3)，拿荷载态一与目标态一比较(框4)，初次试算肯定是误差较大的，于是修正初始态一(框A)，重复框3的计算(KCVC = KCVC + 1)，如此类推直至误差小于某一指定值(例如 ctolen = 0.01m)为止，接下来计算第二阶段。

第二阶段的计算最初(ICVC = 1)以目标态一的几何为初始态二(框5)。在初始态二上作用二期恒载，计入所有非线性因素就可以得到荷载态二(框6)，拿荷载态二与目标态二比较(框7)，初次计算时误差较大，于是修正初始态二，也就是修正了目标态一(框B)，这样就回到了框1(ICVC = ICVC + 1)，重复计算，如此类推，直至满足荷载态二与目标态二的误差小于某一指定值为止。在程序的后处理中就可以输出我们感兴趣的施工前误差控制的内容。

(2)悬索桥施工误差控制的目的是指导现场工程技术人员把图纸上设计的悬索桥科学地、安全地、经济地得到实现。悬索桥的施工按施工场地的不同可分为工厂预制和工地现场浇筑、拼装、架设，如组成主缆的索股、鞍座、索夹、吊索、钢加劲梁等是在工厂按无应力尺寸下料预制的，然后运到工地上拼装、架设；而锚碇、主塔、混凝土加劲梁、路面等是在工地上现场浇筑的。因此，可以把悬索桥施工中的工程控制再分为工厂预制时的精度控制和现场安装架设时的安全、精度控制两部分。前者可按规定的加工精度标准进行控制，容易得到保证。后者的内容主要有：施工阶段结构几何形状和内力的计算模拟；误差量测、反馈及调整；塔顶鞍座的合理顶推；加劲梁段吊装、刚接先后次序的合理选择等。

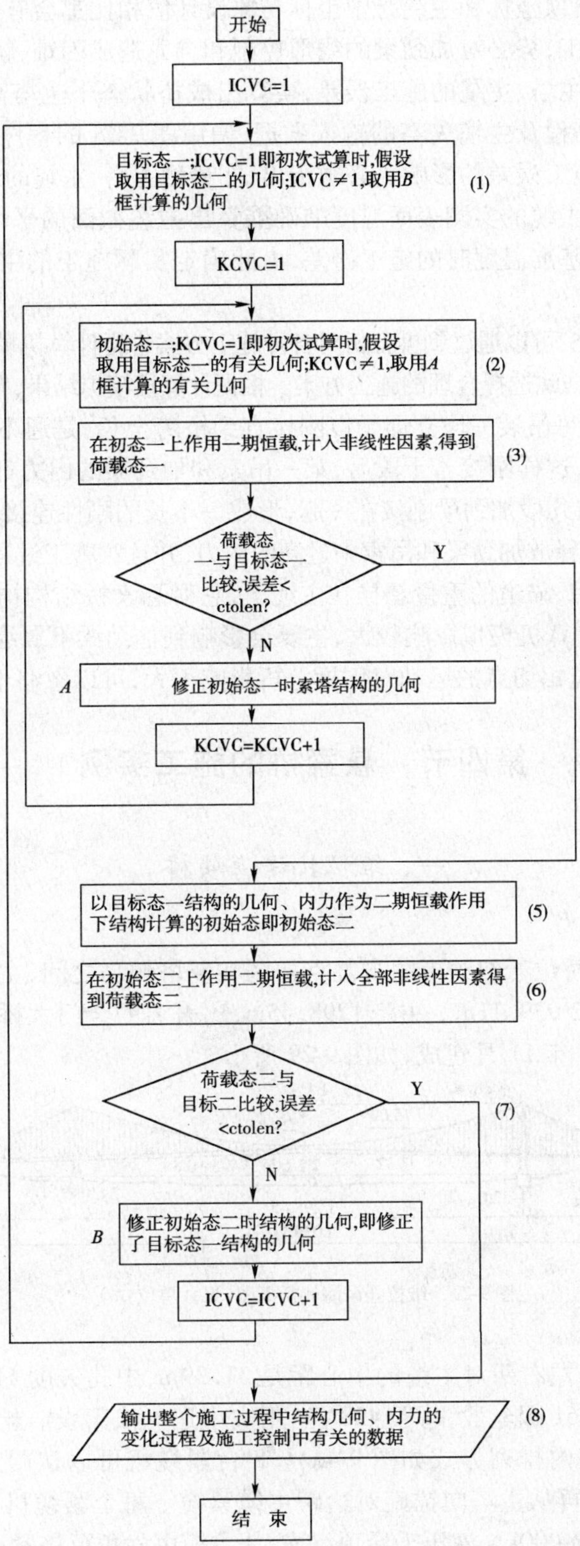

图 9-28 恒载作用下结构几何及内力计算框图

分析结果表明,主塔、主缆的施工误差对加劲梁拼装、合龙的影响最大。由于主塔、主缆的施工误差，成桥状态下塔顶坐标和主缆跨中坐标与原设计值相比都会有误差，此时如仍按原设计的吊索无应力长度施工，势必对加劲梁的线形控制和合龙造成困难，解决这一问题的方法是根据实测空缆状态下的主塔、主缆的施工误差，换算出成桥状态下主塔高程、主缆跨中点高程的误差，修正主塔塔顶高程及主缆矢高的输入数据，调用图 9-28 的程序重新计算吊索的无应力长度，借以消除此项施工误差的影响。必须指出，在量测主塔、主缆的施工误差时，要特别注意温度的影响。一要由主缆的实测表面温度准确推算出主缆截面的平均温度；二要由实测温度时的施工误差换算到基准温度时的施工误差，由此确定实际施工的主缆在基准温度时的几何形状。

以成桥状态为初始态，可以通过倒拆分析对各种施工方案进行计算机模拟，得到每一施工阶段的结构几何和内力，从而据此选择合理的施工方案。根据计算机模拟结果，有几点值得注意。

(1)加劲梁的吊装，每吊装一段立即予以刚接直到桥跨全长，是通不过的。由于主缆几何形状在施工中变化很大，这样刚接若干段后，某一吊索和加劲梁的内力都会超过限值。

(2)合理的方法是将几段加劲梁刚接在一起，形成一不长的刚性连接段，各刚性连接段之间以临时铰相连，这样可以释放加劲梁和吊索中过高的内力，并且对施工过程中抗风稳定性有利。

(3)主缆架设完毕后，猫道的重量悬挂在主缆上，它对悬索桥结构构件的无应力尺寸没有影响，但对架设过程的计算机模拟影响较大，主要会影响到加劲梁下翼缘的闭合，应予以重视。

(4)鞍座弧面与主缆相切点的运动对倒拆分析影响不大，可以忽略不计。

第四节　悬索桥的施工实例

一、维拉扎诺海峡桥

1. 概况

美国维拉扎诺海峡桥位于纽约市的布鲁克林区和斯塔顿岛之间，主缆分跨是 370.33m + 1 298.45m + 370.33m = 2 039.11m。主跨 1298.45m，比著名的金门大桥还要长 18.25m，塔高 211m，1960 年开工，1954 年 11 月建成，如图 9-29 所示。

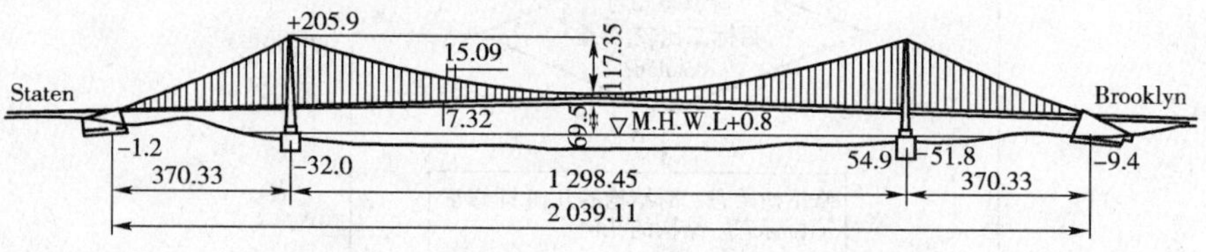

图 9-29　维拉扎诺海峡桥概图(尺寸单位:m)

2. 主缆

主缆四根分成两对，左右两对主缆的中心距是 31.39m，中孔矢度 117.35m。镀锌钢丝直径 4.978mm。每缆编成 61 根丝股，每股 428 丝，用空中送丝法架设。丝股直径 11.43cm。在鞍座内编缆，丝股在鞍座内排列方式如图 9-4a)。8 台紧缆机可以从两主塔向跨中心对所有 4 根主缆同时紧缆，然后再从主塔向锚碇对边跨主缆紧缆。每个紧缆机由一个六角形钢框架带六个围绕主缆周边的 3 000kN 液压千斤顶组成，使主缆由六角形挤紧成一个直径 897mm 的圆截面。在千斤顶卸压前，用卡规测量主缆直径，同时用 19mm 宽的高碳扁钢双箍在近紧缆机处扎紧主缆。

3. 加劲梁

加劲梁是钢桁架结构，平行弦，总高 10.36m，上、下弦杆中距 7.315m，高跨比为 7.315/1 298.45 = 1/177.5。桥总宽 35.103m，上、下两层桥面，每层各六个车道。加劲梁架设采用梁段提升法，分成三个步骤进行，第一次是提升两大节间主桁和所属的纵、横梁及平联，每一单元平面尺寸是长 30.2m，宽 35.1m，重量 163 ~ 357t。第二次安装其他钢结构如桥面副横梁、人行道、栏杆、中间分隔带等，第三次是浇筑混凝土桥面板。第一次安装时，先在上弦杆铰接，在下弦拼接处则用大的节点板限制侧向移动，随着提升单元的增多，下弦杆逐渐合龙。一旦合龙，立刻用高强螺栓栓合。

安装顺序是从中跨跨中及两锚碇处开始，各自向主塔推进，一共有 4 个工作面，1963 年 10 月 25 日开始提升第一个梁段，到 1964 年 5 月 1 日，第一趟完成。

4. 主塔及鞍座

主塔是钢结构，共 16 层，用浮吊安装两塔的底板和第一、二层。接着用浮吊在每主塔上安装一台爬升吊机。由爬升吊机安装主塔其余各层节段，各层之间用高强螺栓连接。随着安装的进展，爬升吊机由滑车组提升至已拼接好的这层顶部。主塔钢结构安装完毕后，在塔顶安装一台 7500kN 的动臂式刚性支架吊机，卷扬机也放在塔顶上，用来吊装主塔鞍座和拆除爬升吊机以及供架设主缆和加劲梁使用。

主塔鞍座放在厚 139.7mm 的底板上，鞍座与底板间设有滚轴组以便顶推。在每个塔顶的岸侧装有施顶支架和 6 000kN 千斤顶以便顶推鞍座移向主塔中心。鞍座在塔顶的预偏量为 1 041mm，成桥状态下鞍座相对于塔柱中心向岸侧偏量为 76mm，因此顶推量为 965mm，分五次顶推：(1) 主缆架设完成后；(2)、(3) 加劲梁第一趟安装完成之后；(4) 所有钢结构安装完成之后；(5) 上部桥面铺设完成后。最后施顶完成后，主塔鞍座用重型铸钢托架栓接在塔顶上，以阻止其再移动。

5. 锚碇

锚碇是置于扩大基础上的重力式锚。东锚碇高 48m，长 105m，前墙在基底处宽 70m，混凝土用量 158 000m^3；西锚碇上述各值分别为 34m，98m，66m 和 131 000m^3，在平面范围采用分块浇筑，块与块之间留企缝，在相邻分块的地基发生一定的下沉之后浇筑企缝混凝土。每个锚碇墩上有四个散索鞍，每个散索鞍放在一组切边辊轴上，以允许主缆在上部结构安装和以后的纵向位移。散索鞍连同它的辊轴放置在侧向和纵向都是倾斜的平面上。靴跟置在眼杆外侧，如图 9-13 所示。眼杆埋在锚碇混凝土中，为防止眼杆和混凝土黏结，眼杆在其身部预先涂抹油脂，在其头部凸出部分则覆盖 50mm 厚的泡沫塑料。

二、小贝尔特桥

1. 概况

丹麦的小贝尔特公路悬索桥(图 9-30)全长 1 700m，主桥 240m + 600m + 240m，桥面总宽(吊索横向距离)28.1m，桥上设 6 车道，扁平钢箱梁，梁高 3.05m，高跨比是 3.05/600 = 1∶197，混凝土主塔高 112.7m。1965 年 3 月 19 日开工，1970 年 10 月 21 日建成通车。

2. 主缆及猫道

每根主缆由 55 个标准索股和 6 个填角索股组成。主缆直径 580mm。标准索股是直径 68.7mm 的钢绞线，填角索股是直径 41.4mm 的钢绞线。索股长度为 1.5km，重 3.5t，在制索厂将索股两端装好铸钢锚头后出厂，采用预制索股法架设。

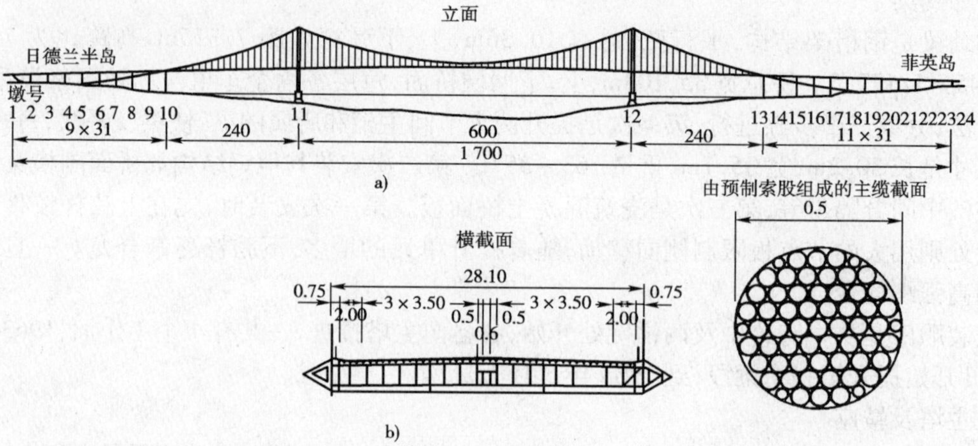

图 9-30　小贝尔特海峡桥概图(尺寸单位:m)

每条猫道由 8 根步道绳和 2 根扶手绳悬吊;步道由 3.5mm 厚钢丝网和木踏板、横梁组成,两侧设软钢丝网。两条猫道之间有 8 个轻型的横向步道联系。为了防止整个系统被风吹坏,用风缆向下系牢。中孔缆绳用布缆船逐根布放在海峡海底,用塔上吊机吊起安装。支承猫道的缆绳固定在主塔鞍座上并在主塔上加设了一个调节装置。从岸上锚碇到主塔的缆绳在引桥上松解,用一辆拖车拉住缆绳的一头沿引桥往后拉,另一辆拉住另一头经便桥拖向主塔,再用塔上吊机吊起缆绳端部。

3. 加劲梁

加劲梁的横截面见图 9-30b)所示。梁段按 12m 长为一制造单元,在工地上将两制造单元拼成一吊装单元,其长度为 24m,宽约 30m,重量是 240t,采用四点起吊法,架设作业由中跨中央向两塔对称进行。当主跨安装好 200m 长加劲梁梁段后,以中跨与边跨交替吊装节段的方式进行。

吊装就位的节段用图 9-31 所示的装置相互连接,桥的两侧各设一套。连接装置的顶部用一个纵向重型销钉连接。这种连接方式能承受横桥方向的剪力和纵桥向的压力。连接装置的底部设有两根拉杆,随着吊装工作继续进行,拧紧下部拉杆螺栓使下部开口缝隙逐渐闭合。

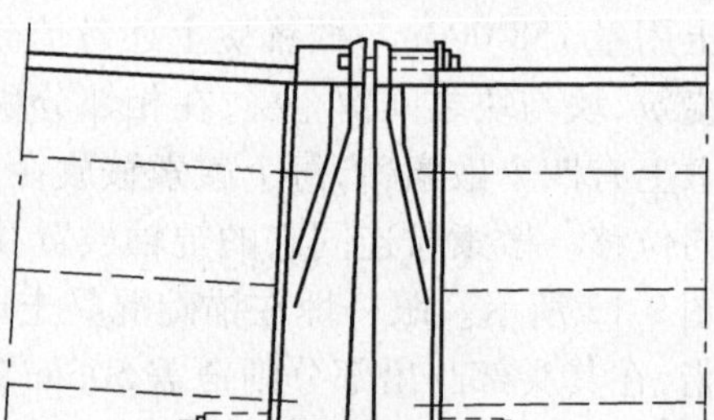

图 9-31　箱梁节段间的临时连接

4. 主塔及鞍座

混凝土主塔纵向柔度较大,在塔顶无缆时容易振动,因此在塔高浇筑到 85m 时,在两边墩和两索塔之间用钢丝绳相连。主塔鞍座中心设预偏量 11m。在鞍座底板和混凝土塔的垫板之间设有滚轴,滚轴直径为 50mm,用千斤顶调整鞍座位置。千斤顶配有螺母,即使在油压释放后也能承受压力。

钢筋混凝土主塔塔顶的最大允许位移为 0.5m。主跨安装缆载吊机时使塔顶向跨中位移 0.15m,起吊最边上 12m 长的第一段箱梁时又使塔顶增加位移 0.3m,总数已接近允许值,因此在起吊第一段箱梁以前应将塔顶向岸拉 0.2m。此外在安装进程中应按施工控制调整塔顶位移。

第十章 钢桥施工

第一节 概 述

钢桥是大跨度桥梁常见的结构形式。近30年来，在预应力混凝土桥梁的急速发展的同时，钢桥也越来越多地进入更大的跨度领域，并且在结构形式、材料及加工制造、施工架设方面不断创新。到20世纪70年代末，钢桥更以一种完全崭新的面貌出现在桥梁界，并对桥梁工程的发展起到了推动作用。

由于钢材优越的性能而在桥梁上使用比较灵活，从板梁桥、桁梁桥、拱桥直至大跨度的悬索桥。近30年来，钢斜拉桥也得到了飞速的发展，且起着主导桥梁工程发展的地位。

随着材质（主要是高强度钢材和各种耐候钢）的提高以及焊接工艺和高强度螺栓连接的不断完善，各种受力性能优越、制造架设容易的箱形截面梁也就同时得到大力发展。除此之外，在桥梁施工装备方面，特别是吊机起重能力的不断提高和千斤顶行程的扩大等都促使传统的钢桥施工和架设法得到更新。以往大跨度钢桥基本上以悬臂拼装架设为主，现在除了悬臂安装之外，还常常采用整孔吊装和顶推施工方法，以提高施工速度。

在体系方面，一些运营不良、费工费料的结构已经淘汰，而代之以结构紧凑、线条简洁、造型美观、受力优越的结构。值得注意的是，钢结合梁已从中小跨度（40～80m）的范围内越出，而走向大跨度领域；世界著名的日本本四联络线工程，也基本以大跨度的悬索桥和斜拉桥为主体，这说明今后几十年钢桥的发展方向将以大跨、轻质、高强、美观、施工快速等为特点。

从钢构件、杆件的连接方式上，可将钢桥分成几类，凡在工厂和工地都采用铆接制造、组装成的钢桥称为全铆钢桥；在工厂和工地都采用焊接制造、组装成的钢桥称为全焊钢桥；在工厂用焊接方法制作成构件、杆件，在工地用高强度螺栓连接组装成的钢桥称为栓焊钢桥。其中以栓焊钢桥运用最为广泛。

钢桥的施工总体上分为钢桥制作和架设安装两大工序。前者是在钢桥制造工厂将钢板和各种形式的型钢经过多道工序制成钢桥构件或杆件；后者是将这些构件、杆件经过各类运输方式运至桥位工地，采取铆接、焊接或高强度螺栓连接，组装成钢桥，架设安装到桥位。

第二节 钢构件的制作

最近十几年来，随着桥梁向“长跨、轻质、高强、整体”发展，钢桥的结构形式日新月异，种类繁多。钢桥的制造技术、工艺水平也在迅速提高。目前钢桥的制造技术发展主要有如下特点。

（1）普遍应用电子计算机进行计算机辅助设计（CAD）和绘图（CADD）系统的开发。

（2）用精密切割代替刨铣机械加工。

（3）高效切割、自动碳弧气刨开坡口。

(4)将光电跟踪技术运用于切割、放样、画线等工序。

(5)先进的检测手段。目前常用的 X 射线焊缝探伤仪已发展为轻便式，可在杆件上直接探伤。

(6)全力提高钢梁焊接接头的强度。

(7)改进除锈、涂油方法和组装成型工艺。

就钢构件制作的工艺过程而言主要包括：作样、号料、切割、零件矫正和弯曲、号孔和制孔、组装、焊接、杆件矫正、结构试拼装、除锈和涂漆等。

一、作　样

1. 作样

根据施工图制作样板或样条的工作叫作样。利用样板或样条可在钢料上标出切割线及栓孔位置。

2. 样板

一般构件用普通样板，它可用薄铁皮或 0.3 ~ 0.5mm 的薄钢板制作。对于精度要求高的桥梁，栓孔可采用机器样板钻制。机器样板是在厚 12 ~ 20mm 的钢板上，按照孔眼的设计位置，精确地嵌入经过渗碳淬火处理的钢质钻孔套。钻孔套是旋制的，硬度比钻头大 2° ~ 3°洛氏硬度级。钻孔套直径公差只有 ±0.05mm，孔心距公差为 ±0.5mm。钻孔时将机器样板覆盖在要加工的部件上，用卡具夹紧，钻头即通过钻孔套钻制加工部件上的安装孔。用样板钻出的孔，精度高而划一，并可省去号孔工作。图 10-1 为主桁节点板用的机器样板。

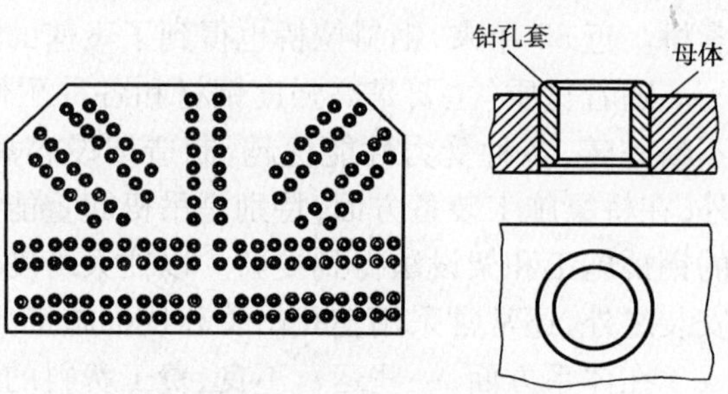

图 10-1　覆盖式机器样板及钻孔套

3. 样条

用 2 ~ 3cm 宽的钢条做成的样板叫样条，它适用于较长的角钢、槽钢及钢板的号料。

二、号　料

利用样板、样条在钢材上把零件的切割线画出，称为号料。号料使用样板、样条而不直接使用钢尺，这是为了避免出现不同的尺寸误差，而使钉孔错位。号料的精确度应和放样的精度相同。

三、切　割

钢料的切割方法有剪切、焰切、联合剪冲和锯切四种。

剪切是使用剪切机进行的，对于 16Mn 钢板，目前可切厚度在 16 ~ 20mm。

对于一般剪切机不能剪切的厚钢板，或因形状复杂不能剪切的板材都可采用焰切。焰切分手工切割、半自动切割和自动切割机切割。

联合剪冲用于角钢的剪切。目前联合剪冲机可剪切的最大角钢为 ∠125 × 125 × 12。

锯切主要用于对槽钢、工字钢、管材及大型角钢，锯切的工具为圆锯机。

四、矫　　正

由于钢材在轧制、运输、切割等过程中可能会产生变形，因此需要进行矫正。

对于钢板常采用辊压机来赶平，对于角钢也可用辊压机进行调直。

对于切割后呈马刀形弯曲的料件，当宽度不大时，可以在顶弯机上矫正。对于宽厚钢板的马刀形弯曲，则要用火焰加热进行矫正，火焰温度应控制在600～800℃之间。

五、号孔和制孔

号孔是借助样板或样条，用样冲在钢料上打上冲点，以表示钉孔的位置。如果采用机器样板则不必进行号孔。

钻孔方式一般为：

(1)画线钻孔；

(2)扩孔套钻；

(3)机器样板钻孔；

(4)数控程序钻床钻孔。

使用机器样板钻孔可以使杆件达到互换使用，但对于不同规格的单构件则不能使用同一样板来钻孔(如钉孔排列不同或钉孔的间距不同)，因此设计者应尽量使结构物的设计标准化、模数化，以减少机器样板的数量，提高机器样板的利用率。

钻孔时可将几块板材与覆盖式机器样板一同卡牢，然后用摇臂钻床一次性在钻孔套内套钻钻透各层。

用数控坐标式钻床钻孔可达到很高的精度，也可以使工字型杆件的工地栓孔一次钻成。

组装件可预钻小孔，组装后进行扩钻，预钻孔径至少应较设计孔径小3mm。

制成的孔应成正圆柱形，孔壁光滑，孔缘无损伤不平，刺屑清除干净。

六、组　　装

组装是按图纸把制备完成的半成品或零件拼装成部件、构件的工序。

构件组装前应对连接表面及焊缝边缘30～50mm范围内进行清理，应将铁锈、氧化铁皮、油污、水分等清除干净。

栓焊钢梁的主桁杆件截面形式大多数为H形，H形杆件的组装是在胎型上进行的，为了便于进行定位焊，组装胎型最好是转动式，如图10-2及图10-3所示。

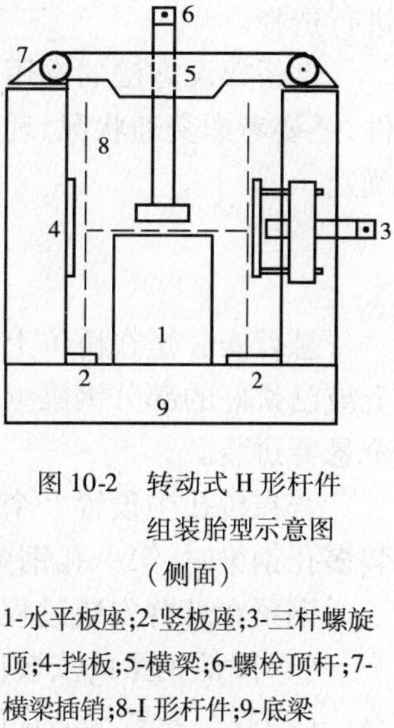

图10-2　转动式H形杆件组装胎型示意图(侧面)

1-水平板座;2-竖板座;3-三杆螺旋顶;4-挡板;5-横梁;6-螺栓顶杆;7-横梁插销;8-I形杆件;9-底梁

为了保证组装质量，对组成杆件的各零件的相对位置、相互间的密贴程度以及整个杆件的外轮廓形状和尺寸，在组拼过程中均要进行检查。

在零件正确顶紧就位后，即可进行定位焊。定位焊的焊缝长度每段为50～100mm，各段之间的距离为400～600mm。

七、焊　　接

钢桥采用的焊接方法有自动焊、半自动焊和手工焊三种。

焊接质量在很大程度上决定于施焊状况。焊接时所采用的电

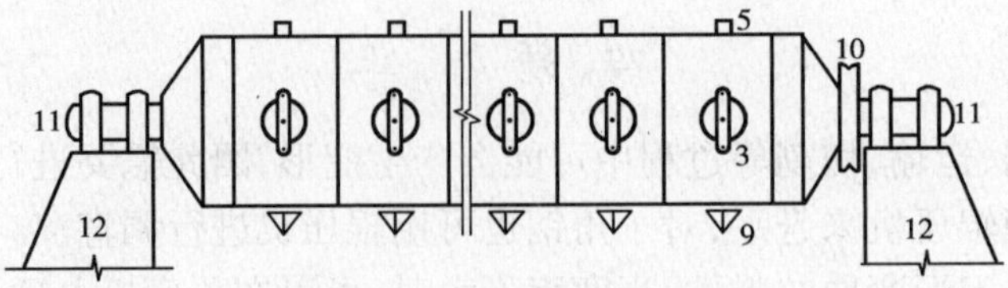

图 10-3　转动式 H 形杆件组装胎型示意图(正面)

10-传动轮;11-转轴;12-台座

流强度、电弧电压、焊丝的输送速度、焊接速度及空气湿度都直接影响焊接质量。

在焊接前,如无焊接工艺评定试验,则应做好焊接工艺评定试验,并据此确定焊接工艺。

焊接完毕后应检查焊缝质量。焊缝中主要缺陷有:裂缝、内部气孔、夹渣、未熔透、咬边、溢流、烧穿及焊缝尺寸不合规定等。对于所有的焊缝均应进行外观检查,其内部检查以超声波探伤为主。

八、试　拼　装

栓焊钢梁某些部件,由于运输和架设能力的限制,必须在工地进行拼装。

运送工地的各部件,在出厂之前应进行试拼装,目的是校核桥梁各部分外形尺寸和配合精度,以保证总体工程质量。

试拼装时,钢梁主要尺寸如桁高、跨度、上拱度、主桁间距等的精度应满足有关标准的要求。并且应按照试装施工图进行。例如钢桁梁桥试拼装按主桁、桥面系、桥门架及平纵联四个平面进行。新设计的以及改变工艺装备后制造的钢梁,均应进行试拼装。对于成批连续生产的钢梁,一般每 10 ~ 12 跨应试拼装一次。

第三节　钢桥的架设方法及其适用条件

钢桥的架设方法一般在设计中已有规定。如改变架设方法,则杆件受力情况和构造、尺寸也将随着改变。有些形式的钢桥设计,并不限于只能用一种架设方法,施工时仍可对架设方法进行选择。

钢桥架设方法的选用,不仅要考虑桥梁形式、跨度、宽度、桥位处的水文、地质、地形等条件,还要考虑交通状况、现有设备条件、安全程度、工期、工程费用等因素,经过技术经济比较后确定。

一、悬臂拼装法

悬臂安装是在桥位上拼装钢梁时,不用临时膺架支承,而是将杆件逐根依次拼装在平衡梁上或已拼好的部分钢梁上,形成向桥孔中逐渐增长的悬臂,直至拼至次一墩(台)上。这称为全悬臂拼装。

若在桥孔中设置一个或一个以上临时支承进行悬臂拼装时称为半悬臂拼装。用悬臂法安装多孔钢梁时,第一孔钢梁多用半悬臂法进行安装。

钢梁在悬臂安装过程中,值得注意的关键问题是:

(1)降低钢梁的安装应力;

(2)控制悬臂端的挠度;

(3)减少悬臂孔的施工荷载；

(4)保证钢梁拼装时的稳定性。

悬臂安装钢梁的施工顺序如下。

1. 杆件预拼

由桥梁工厂按材料发送表发往工地的都是单根杆件和一些拼接件，为了减少拼装钢梁时桥上的高空作业，减少吊装次数，通常将各个杆件预先拼装成吊装单元，把能在桥下进行的工作尽量在桥下预拼场内进行，以期加快施工进度。

2. 钢梁杆件拼装

由预拼场预拼好的钢梁杆件经检查合格后，即可按拼装顺序先后运至提升站，由提升站吊机把杆件提运至在钢梁下弦平面运行的平板车上，由牵引车运至拼梁吊机下拼装就位。拼梁吊机通常安放在上弦，遇到上弦为曲弦时，也可安放在下弦平面。

钢梁拼装必须按一定的拼装顺序进行。在拟定拼装顺序时应考虑下列原则。

(1)拼梁吊机的性能，如运行方法、起吊能力、最大吊距等。

(2)先装的杆件不应妨碍后装杆件的安装与吊机的运行。

(3)拼装时，应尽快将主桁杆件拼成闭合的三角形，形成稳定的几何体系，并尽快安装纵横联结系，保证钢梁结构的空间稳定。

(4)主桁杆件拼装，应左右两侧对称进行，防止偏载的不利影响。

图 10-4 为一主桁悬臂拼装顺序图。

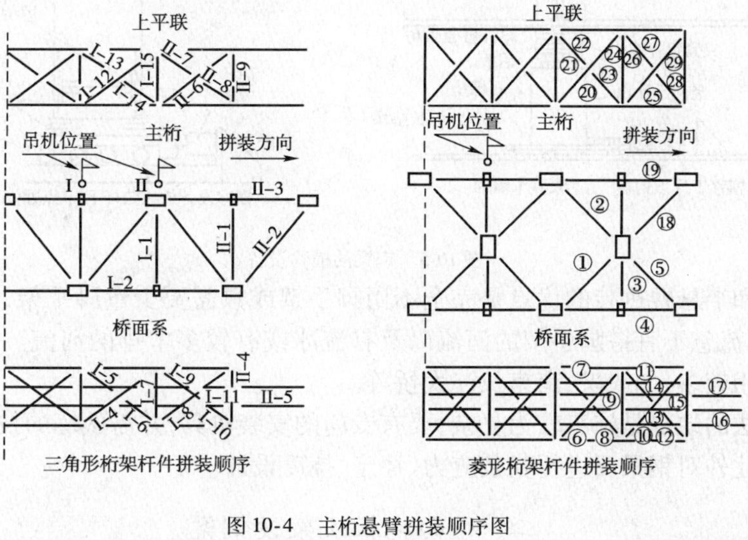

图 10-4　主桁悬臂拼装顺序图

悬臂拼装第一孔钢梁时，根据悬臂长度大小，需要一定长度的平衡梁，并应保证抗倾覆稳定系数不得小于 1.3(倾覆稳定系数就是稳定力矩与倾覆力矩之比值)。平衡梁通常是在路堤内(无引桥的情况)或引桥上(通常是预应力钢筋混凝土梁或钢板梁)或满布膺架上进行拼装。

在拼装工作中，应随时测量钢梁的立面和平面位置是否正确。

3. 高强度螺栓施工

在高强度螺栓施工中，目前常用的控制螺栓预拉力方法是扭角法和扭矩系数法。

安装高强度螺栓时应设法保证各螺栓中的预拉力达到其规定值，避免超拉或欠拉。

4. 安装时的临时支承布置

临时支承的主要类型有：临时活动支座、临时固定支座、永久活动支座、永久固定支座、保险支座、接引支座等，这些支座随拼梁阶段变化与作业程序的变化将互相更换交替使用。

5. 钢梁纵移

钢梁在悬臂拼装过程中，由于梁自重引起的变形、温度变化的影响、制造误差、临时支座摩阻力对钢梁变形的影响等因素所引起的钢梁纵向长度几何尺寸偏差，致使钢梁各支点不能按设计位置落在各桥墩上，使桥墩偏载。为了调整这一误差至允许范围内，钢梁需要纵移。

常用的纵移方法有温差法和顶落梁法。

温差法：利用一天的气温差倒换支座（活动支座与固定支座相互转换），可以达到纵移的目的。

顶落梁法：在连续梁中，利用该联钢梁中间某一个支点的顶落及两旁支点的支座变“固”或变“活”的相互转换，使钢梁像蛇一样的爬行，向着预定的方向蠕动。

6. 钢梁的横移

钢梁在伸臂安装过程中，由于受偏载和日光偏照的影响，加之杆件本身的制造误差，钢梁中线位置会随时改变，有时偏向上游侧，有时偏向下游侧，以致到达墩顶后，钢梁不能准确地落在设计位置上，造成对桥墩偏载。为此必须进行钢梁横移，使中线偏差在允许范围之内。

横移可用专用的横移设备，如图10-5所示，也可以根据情况采取临时措施。横移必须在拼装过程中逐孔进行。

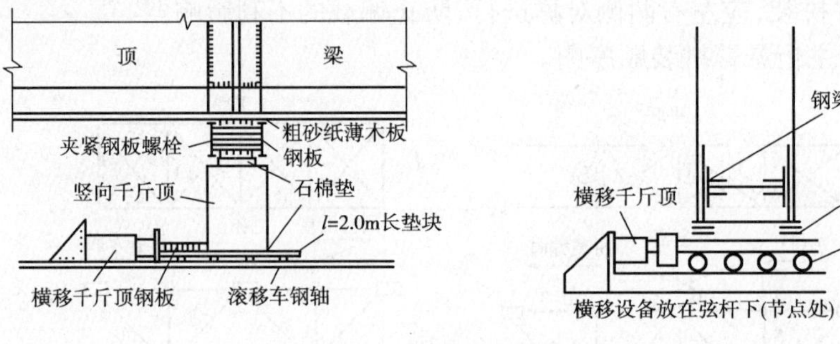

图10-5　钢梁的横移设备

悬臂拼装和半悬臂拼装的优点是完全不用脚手架或只需要少量脚手架，它特别适用于桥高、跨大和水深流急不宜搭脚手架的河流以及有流冰或有较多木排的河流。我国在长跨桥梁施工中此法应用较多，如武汉、南京长江大桥等。

悬臂拼装法的缺点是施工较为复杂，要有专门的安装机具，并需熟练的技术工人和有经验的技术人员。此外对钢梁要进行安装应力、稳定、挠度设计。

二、纵向拖拉法架设钢梁

1. 半悬臂的纵向拖拉

根据被拖拉桥跨结构杆件的受力情况和结构本身稳定的要求，在拖拉过程中有时需要在永久性的墩（台）之间设置临时性的中间墩架，以承托被拖拉的桥跨结构。图10-6表示用拆装式杆件组拼成中间临时墩架的纵向拖拉。

图10-6　中间临时墩架的纵向拖拉

在水流较深，且水位稳定，又有浮运设备而搭设中间膺架不便时，可考虑采用中间浮运支承的纵向拖拉，如图10-7所示。必须指出的是，船上支点的高程不易控制，所以要十分注意。

2. 全悬臂的纵向拖拉

全悬臂的纵向拖拉指在两个永久性墩(台)之间不设置任何临时中间支承的纵向拖拉架梁方法。图 10-8 所示为用拆装式杆件组成导梁的全悬臂拖拉。

图 10-7　中间浮运支承的纵向拖拉

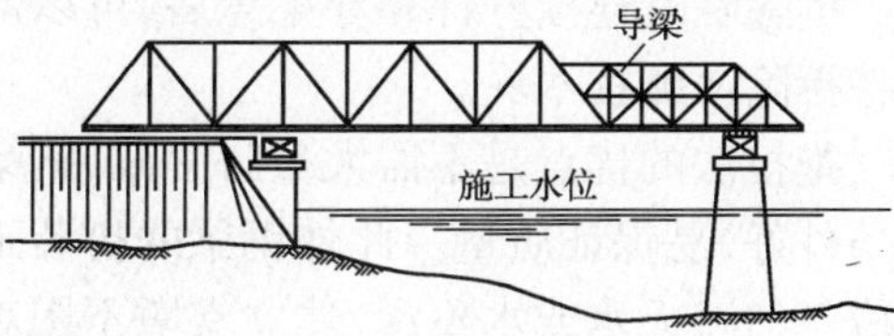

图 10-8　全悬臂的纵向拖拉

拖拉钢桁梁的滑道,可以布置在纵梁下,也可以布置在主桁下。纵梁中心距通常为 2m,主桁中心对单线梁通常为 5.75m。图 10-9 为滑道布置在纵梁下的构造示例,图 10-10 为滑道布置在主桁下的构造示例。

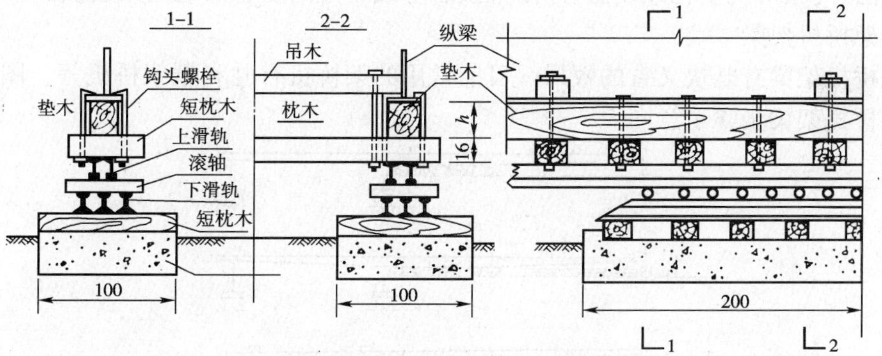

图 10-9　滑道(纵梁下)构造图(尺寸单位:cm)

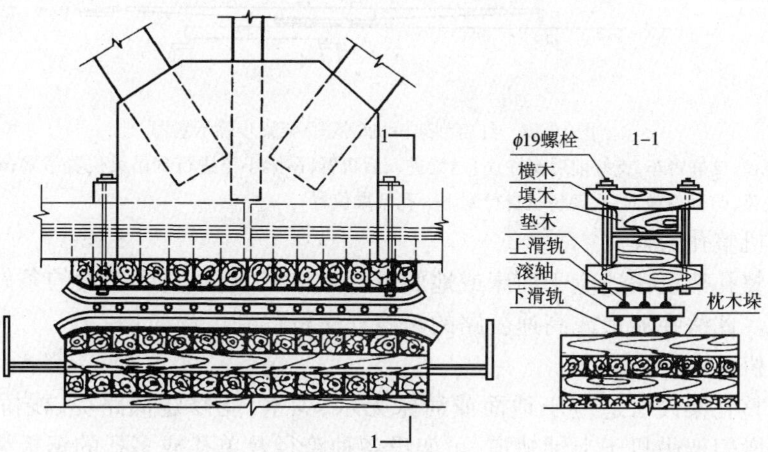

图 10-10　滑道(主桁下)构造图

钢梁拖拉布置如图 10-11 所示。牵引滑轮组根据计算牵引力设置。两副牵引滑轮组应选

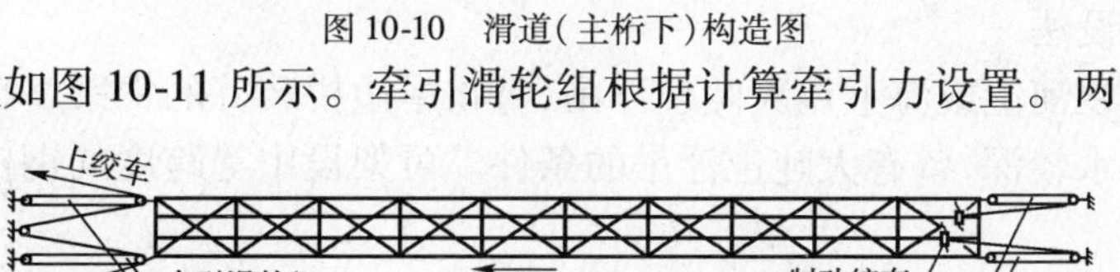

图 10-11　纵向拖拉钢梁时的牵引和制动滑轮组布置示意图

用同样设备,以便控制两侧牵引前进速度一致。

当梁拖到设计位置后,拆除临时连接杆件及导梁、牵引设备等。拆除时应先将导梁或梁的前端适当顶高或落低,使连接杆件处于不受力状态,然后拆除连接件。

拆除临时连接杆件和导梁等后,可以落梁。落梁时钢梁每端至少用两台千斤顶顶梁,以便交替拆除两侧枕木垛。

拖拉法的优点是不需大量脚手架,钢梁的现场拼装工作在岸边路基或工作平台上进行,工作条件好,易保证质量。此外钢梁的拼装工作可以和墩台基础施工同时进行,缩短工期。该法适应于河滩无水或水不深,建立支墩不困难或路基、引桥上可拼装钢梁及平衡梁的条件。可拖拉架设单孔或多孔的中、大跨径的简支梁或连续梁桥。

三、整孔架设

对钢桥的整孔架设,可利用各种架桥机或起重设备进行,如架桥机整孔架设法、自行吊机整孔架设法、门架吊机整孔架设法、浮吊架设法等或者是简易起吊机具架设法。

1. 用架桥机架梁

用架桥机架梁有既快又省的效果。目前常用的架桥机有胜利型架桥机等。图 10-12 为双梁窄式架桥机架梁步骤示意图。

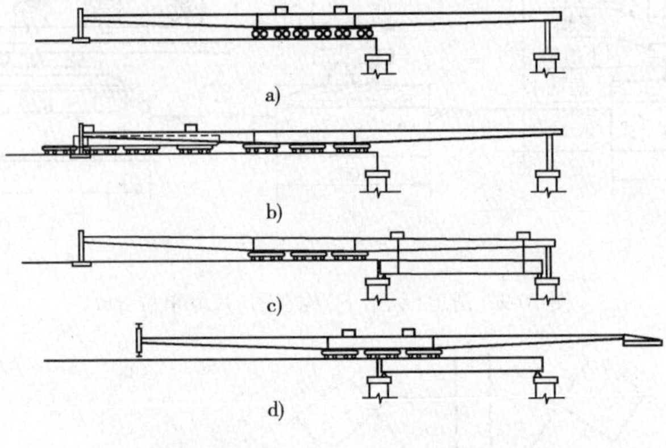

图 10-12　红旗型架桥机(窄式)架梁步骤示意图

a)架桥机自行就位,支好台车,支好前后支柱;b)送梁进入后机臂,吊梁小车进行到吊梁位置吊梁;c)吊梁小车吊梁走行到架梁位置架梁;d)铺好桥面后,架桥机自行到下一孔架梁位置

2. 自行吊机整孔架设法

自行吊机整孔架设法适应于河床或地面可行走吊机、起吊高度不大的条件,适用于架设小跨径的钢板梁。此法在城市或高速公路的跨线立交桥得到广泛应用。

3. 门架吊机整孔架设法

门架吊机整孔架设法适应于地面或河床无水、少水,能修建低路堤、栈桥、上铺轨道的条件。设两个跨墩门架吊机于上铺轨道,可架设各种跨径及单孔或多孔的钢板梁、桁架桥。

4. 浮吊整孔架设法

浮吊架设法指在河上或海上用大吨位浮吊,将在岸边拼装好的钢梁整孔吊起,运至桥孔架设。此法可用于河水较深,备有大吨位浮吊的条件。可架设中等跨度的钢桁桥和钢拱桥。

5. 钓鱼法架梁

钓鱼法是通过立在前方墩台上有效高度不小于梁长 1/3 的扒杆,用固定于扒杆顶的滑轮组牵引梁的前端(悬空)到前方墩台上。图 10-13 是用钓鱼法架设跨度 24m 拆装式桁梁的示意图。图中后方桥台上也立了扒杆，供梁到位后落梁用。梁后端设制动滑轮组控制梁的前进速度。前后每端至少用两台千斤顶顶梁，以便交替拆除两侧枕木垛。

四、膺架法组拼钢梁

在满布支架上组拼钢梁和在场地上组拼钢梁的技术要求基本一致，其工序可分为杆件预拼、场地及支架布置、钢梁拼装、钢梁铆合或栓合等几部分。

1. 杆件预拼

首先应将工厂发送到工地的钢梁单根杆件和有关的拼接件在场地上预拼，组拼成吊装单元。

2. 支架和拼装场地布置

支架最好用万能杆件拼装，如图 10-14 所示。支架基础可用木桩基础。在较密实的地层上，当施工过程中不受水淹时，可整平夯实后密铺方木或木枕，在方木或木枕上固定支架支承梁。

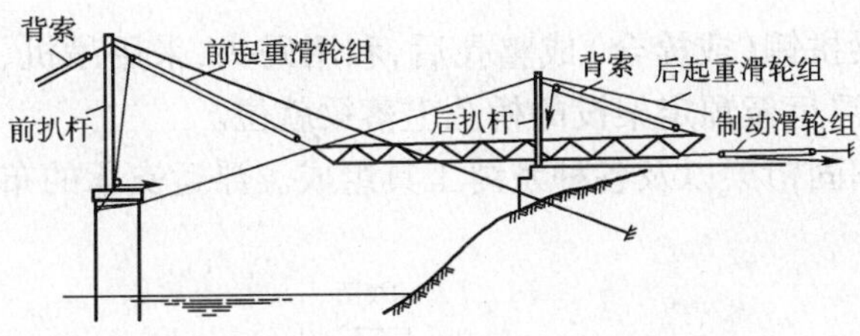

图 10-13　钓鱼法架梁

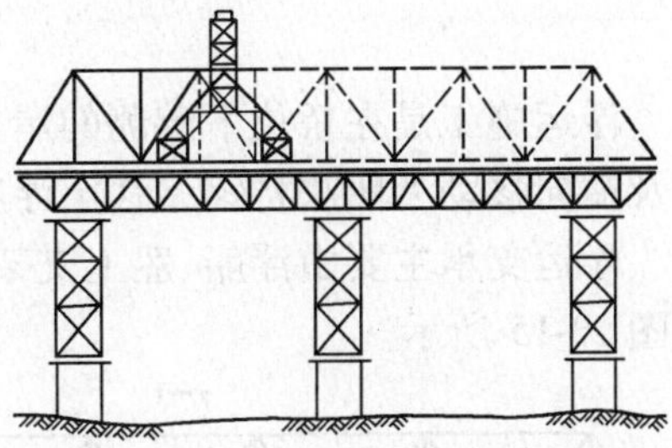

图 10-14　万能杆件组拼脚手架及龙门吊机

支架顶面铺木、铺板，板面高程应低于支承垫石面，以便于梁落到支座上。根据钢梁设计位置，在每个钢梁节点处设木垛。木垛间留有千斤顶的位置，可供设置千斤顶调整节点的高程。木垛的最上一层用木楔，以便调整钢梁节点高程。

3. 钢梁拼装

钢梁拼装用的吊机类型很多，在支架上和场地上拼装钢梁可用万能杆件组成的龙门吊机，也可用轨道吊机。

钢梁常用的拼装顺序有两种：一种是从梁的一端逐节向另一端拼装；另一种是先从一端拼装下弦桥面系和下平纵联到另一端，然后再从一端拼装桁架的腹杆、上弦杆、上平联及横联到另一端。

4. 钢梁栓合

钢梁拼装完毕后应根据精度的要求，经过复测检查调整后才能进行栓合。

栓合的要求与本节的悬臂法安装中的栓合相同。

钢梁在支架上拼装组合完毕后，可落梁到支座上。落梁方法可用千斤顶在端横梁下将梁顶起，逐渐拆除节点下木垛，然后落梁到支座上。当落梁高度很小时，也可逐步将节点下木楔放松，使钢梁徐徐下落。

支座位置应十分准确，活动支座的辊轴位置应按安装支座时的温度通过计算确定。对连续梁的支座，应以带压力表的液压千斤顶量测钢梁自重下的反力值，与设计值相符合才能安装。必要时应调整支座高度。

膺架法拼装钢梁的优点是施工简易并可用简单的架桥工具，缺点是需要大量膺架，本法适用于通航要求小的场合。

五、横移法施工

有些旧桥改建工程，只需要更换桥跨结构，在采用横移法换梁时，对于运输繁忙的线路，如何缩短线路封锁时间是极为重要的问题。

横移法施工的要点是：在移梁脚手架上设滚轴滑道，滚轴滑道上放置用方木制成的大平车。大平车一端用沙袋支垫新梁，其高度使新梁稍高于支承垫石，便于新梁就位。另一端搭枕木垛，枕木垛位置在旧梁正下面。枕木垛上设置千斤顶，以备换梁的时候起顶旧梁之用。新梁的桥面事先完全做好，此外在滑道上作移梁到位的标记，并在大平车上安放指针，当指针正对准滑道上的标记时，表示新梁已正确就位。当一切准备妥当后，可封锁交通，起顶旧梁，用绞车牵引大平车到位，然后割破砂袋，新梁即落到支座上，即可开放通车。

采取横移法的主要缺点是辅助结构工程量大，当孔数较多或桥高水深时，尤为显著。

六、浮运法施工

浮运施工是在桥位下游侧的岸上将钢梁拼铆（或栓合）成整孔后，利用码头，采用吊机、纵向及横向移动上船法将钢梁移至浮船上，再浮运至预定架设的桥孔上落梁就位。

浮运支承主要由浮船、船上支架、浮船加固桁架以及各种系缚工具组成。浮运支承的布置如图 10-15 所示。

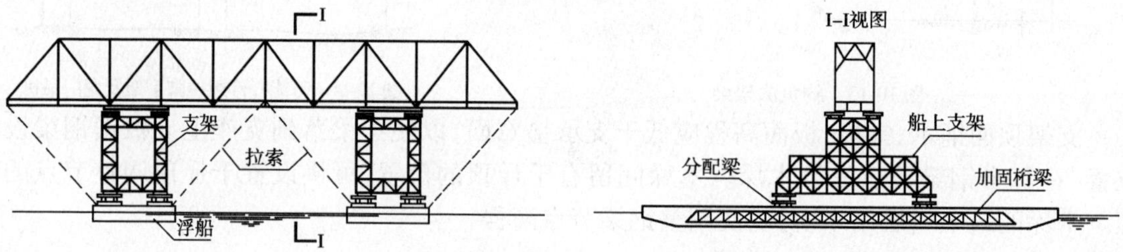

图 10-15　钢梁浮运支承的布置

浮运一孔钢梁的支承不宜多于两个，以保证荷载分布明确。如果钢梁较重，在每一处支承下，可用两艘或多艘浮船联结使用，每个支承上设两个支点承托钢梁，以保证稳定性。浮船可用铁驳船、坚固的木趸船或常备式的浮箱拼组。

船上支架通常是由拆装式杆件拼成，其高度应使浮船进入桥孔内时钢梁底面高出支座顶面 0.2 ~ 0.3m。

在浮运过程中，为了保证浮运系统的稳定，浮运应从下游逆水进入桥孔较为完全稳妥，因此在选择岸上拼铆钢梁场地时应注意到这一个原则。

钢梁从岸上纵移至浮船上时，第一组浮船托起后，钢梁在一端浮拖的情况下继续向外滚移，随着钢梁拖出长度的增加，作用于第一组浮船的荷载逐渐加大，浮船也将逐渐下沉，此时钢梁将呈倾斜状态，浮运系统的稳定将十分不利。为了使钢梁在浮托过程中保持水平状态，就必须随着钢梁的拖出，逐渐排出浮船压舱水，使浮船吃水深度保持不变。施工时应根据钢梁的重量和浮拖的速度来决定排水量并配备适当能力的抽水机。

如果在施工时单靠排水和充水调整浮船的高程较为费工费时，作为辅助措施，也可在浮船支架顶部设千斤顶，但在浮运途中应将千斤顶拆除，以防钢梁翻倒。

钢梁中线宜布置成与浮船纵向中线垂直，以使受力较均匀，增加浮船的稳定性。

浮船托起钢梁或脱离钢梁，一般是利用水泵调整浮船的压舱水。托起钢梁时可抽出压舱水，脱离钢梁时可灌入压舱水，这些抽灌水作业必须拟定技术规程，施工时严格执行。

在有条件的河流，也可利用河流的涨落潮来托起或脱离钢梁，涨潮时浮运系统进入桥孔，并调好落梁位置；落潮时，钢梁脱离浮船就位，方便简单。

浮船在浮运过程中，船底高出河底应大于60cm，以防搁浅或接触杂物。浮船承受全部荷载后，露出水面的船舷高度应大于50cm，在风力的作用下，纵、横向倾覆稳定系数应不小于2，浮船纵、横向倾角应小于5°，以保证浮运过程中浮运系统的稳定性。

浮船的移动可用锚索、人工或电动绞车绞紧或放松锚索来使浮船前进或横移，有时也用拖轮以帮靠、顶推或牵引浮船的方式进行。需用的绞车能力或拖轮马力都可根据施工风力和水流阻力由计算决定。

选用和布置锚碇设备是浮运钢梁的一件重要而细致的工作，所布置的绞车、地垄或锚碇应使浮船前进或横移方便可靠。锚索与水流方向夹角不宜太大，锚索也不要太松太长，以免浮船位置难于控制。

浮运前应做好浮运系统的试验工作：如浮船隔舱的水密性试验，必须保证不漏水；探测浮运经过的河道，充分掌握河床情况，以防浮运时搁浅；其他如锚碇、地垄，绞车、支座、将军校等，在条件许可时，均需进行强度试验，并核定压舱水数量及抽水设备的能力。

七、转体架设法

转体架设法为在河岸上组拼整孔或半孔钢梁，然后以水平或竖直转体方式，将梁体转到桥轴位上与对岸半孔合龙闭合成整孔。平转法转体设施比较复杂，需设立平衡设施，合龙较困难，仅适应于地形相宜、桥下不能中断交通时的条件，可用于中等跨径的各类梁式桥。

结合转体施工法和浮运架设法而形成的浮运平转架设法是先在岸边的桥台顶部安装转盘（即钢梁旋转轴心），顺河岸有利地形搭设桥梁支架，在转盘和支架上拼装整孔钢梁，并在钢梁前端支架上设置钢梁横移滑道，将钢梁横移搁放在浮船支架上，再用拖轮牵引浮船围绕转盘旋转到对岸落放到桥位上，如图10-16所示。本法适应条件和使用范围与浮运拖拉架设法相同。

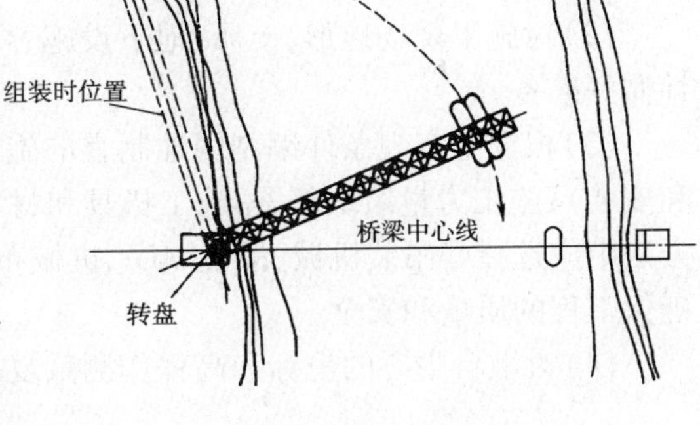

图10-16　浮运平转架梁法

八、顶推滑移架设法

顶推滑移架设法与预应力混凝土连续梁桥顶推安装法相似。此法适应于桥头路基或引桥上能拼装钢梁的条件。此法一般适宜于架设单孔或多孔简支梁、连续梁桥，最适用于短距离纵移桥梁或用于横移法架梁和横移更换旧梁。

第四节　钢桥的施工控制与质量检验

施工控制是按照计划目标和组织系统，对系统的各个部分行为进行检查，以保证实现总体目标。其目的是在施工过程中进行有效控制，使其顺利达到计划或合同规定的工期、质量及造价目标。控制的主要任务是把计划执行情况与计划目标进行比较，找出差异，对比较的结果进行分析，排除和预防产生的差异，使总体目标得以实现。

钢桥的施工质量控制主要包括：材料检测、设备检定、施工准备、编制施工组织设计（大纲）、施工制造和安装过程控制和桥梁验收各项目。施工质量控制的目的是确保对施工质量的有效控制，使施工在质量、工期、设计工艺等方面符合施工规范和质量标准。

一、材料检测

对钢桥施工所用钢材、焊条、焊丝、焊剂、涂装材料和紧固件等都须经过外观检查，即对产品作品种、规格、标记、外形几何尺寸等直观检查及出厂合格证检查，各检查项目必须符合设计要求和现行标准规定。对批量钢材应主要对力学性能和化学成分进行材料复查。

二、设备、量具检验

设备如起重机、喷砂机、剪切机、电焊机等必须定期检查，保证良好运行性能。

钢桥制造和检验所使用量具、仪器、仪表必须定期经二级以上计量单位检定合格方可使用。

三、施工准备

（1）熟悉设计意图、施工图及有关文件资料，尤其要注意目录和图纸是否齐全和清楚。要核查图纸之间有无矛盾或内容遗漏，对高程和坐标应着重复核。

（2）对施工现场地形、土质、地下设施、高空障碍等状况进行调查研究，为编制施工组织设计做好准备。

（3）根据主客观条件编制因地制宜的施工组织设计（大纲），其内容包括：施工方法（制造和安装）；施工力量组织部署；施工机具和材料配备；施工进度计划；施工质量要求等。在施工方法中应选择好吊装机械、吊装顺序、机械布置位置。对机械、吊索、吊点应做可行性验算，以确保工程的质量和安全。

（4）对墩台中心的坐标和高程作测量复核，误差要在公差范围之内。

四、钢桥制作过程的质量控制

（一）工序质量控制

根据施工组织设计中施工工艺流程，在制作和安装过程中按工序进行质量控制。

（1）如在施工工序操作过程中发现异常情况，必须立即采取纠正措施，严禁失控操作。

（2）工序质量控制应严格贯彻按图按质量标准施工，贯彻谁施工谁负责质量的原则，实行自检、互检和专检的三级检查制度，以确保上道工序合格后转入下道工序。

（3）实行检查认证制，对每一分项或分部工程的质量检验都要取得专检人员的签证认可，以防止质量隐患。

(4)设置工序质量控制点,根据施工工艺、施工难度、施工中的关键环节以及在隐蔽工程设置质量控制点来进行从严控制(以放样、组装、焊接、吊装的起重能力、地锚等作为控制点)。

(二)隐蔽工程

隐蔽工程须严格控制,若未经检验擅自封闭,应停工整改。

(三)作样、号料

钢桥的作样和号料是保证产品精度和制作质量的基础,应予以高度重视。

(1)对铣刨加工件要考虑加工余量,焊接构件要按工艺要求放出收缩余量,各拼装构件节段要放出总装余量。

(2)按设计图放出设计钢桥的预拱度。

(四)制孔

(1)杆件尺寸应以第一排钉孔为准而不以杆件长度为准,因为切割边不可能十分准确,如从杆边计量,将包括切割误差。末排孔间距离是组装结构必须保证的尺寸,是杆长的计量基准。当杆件一端需铣、磨顶紧时,此端将不以钉孔为基准,尺寸应注到铣、磨杆端,因为组装时首先是密贴应当符合要求。

(2)栓焊结构的节点板、拼接板、连接板应尽量采用机器样板套钻。

(3)除了在工地空中合龙的接头必须钻小孔再扩大孔外,应尽量避免扩孔。

(五)组装

(1)组装必须在规定的工作台上或指定的设施上进行,把构件卡紧组装成型,保持轮廓尺寸和焊缝间隙。

(2)组装必须按工艺要求的次序进行,当有隐蔽工程时,应先施焊,经检验合格后方可覆盖。

(3)布置组装胎具时,其定位必须考虑预放出焊接收缩量及齐头、加工的余量。

(4)为减少杆件变形,尽量采取平面拼装组杆,经矫正后再组成立体构件。

(六)焊接

(1)必须做焊接工艺评定试验,并据此制定焊接工艺。焊接工艺评定试验的项目、试样及试验方法、检测要求等可参阅现行《公路桥涵施工技术规范》(JTJ 041—2000),施焊时严格按焊接工艺操作。

(2)检查焊工上岗合格证书

焊工有上岗合格证书,说明具有符合专项的焊接技术水平,可避免因操作不当造成杆件焊不透、裂纹、夹渣、气孔、咬边等缺陷。

(3)焊条等焊接材料应按焊接工艺评定合格的工艺要求选用,焊剂、焊条应按规定时间经烘干后使用。

(4)复查组装质量与焊缝区的处理情况,如坡口形式、坡口角度、拼板间的间隙、焊缝边缘的清理等。

(5)严格控制焊接时采用的电流强度、电弧电压、焊丝输送速度及焊接速度,其数值应符合工艺评定要求。它对焊接质量影响很大。

(6)焊前对杆件有预热要求时,严格按要求进行。

(7)多层焊应连续施焊,其中每一层焊道焊完后应及时清理,如发现有影响焊接质量的缺陷,必须清除后再焊。

(8)焊缝出现裂纹时,焊工不得擅自处理,应报告检查,在查清裂纹原因,定出修补措施后方可处理。

(9)为减少焊接变形,可设置焊接反变形与采用热量分散对称分布的方式施焊。

(10)焊接后应按焊接外观、内部质量标准检查验收。

(七)钢桥安装过程的质量控制

(1)首先应做试吊工作,宜把相当最重构件提到一定高度,试吊一定时间,以便对机械设备、工具、索具进行一次实际的考验。

(2)吊装程序应严格按安装方案进行,不得擅自变动。

(3)被吊装构件在定位固定牢靠后才可将吊车松钩。

(4)每吊装一构件节段必须测量其高程和坐标,以保证桥梁高程中线位置。如发现不正确应检查原因,及时调整。

(5)现场安装焊接除按钢梁制作中焊接质量控制要求实施外,尚须按制定的安装焊接工艺进行。此外,安装时都在现场露天作业,有雨应停止施工,雨后钢结构构件焊缝处潮湿未干不得施焊。

(八)吊装合龙

在有支架梁段吊装与平衡悬臂吊装时,最后钢梁必须在合龙口闭合,因此采用以下措施。

(1)吊装每一梁段必须控制其偏差在允许范围内。

(2)考虑合龙温度,并考虑伸缩缝满足设计要求。

(3)吊装梁段定位须仔细、正确。

五、钢桥的质量检验

质量检验是采用科学的测试手段,按规定的质量标准对工程建设活动各阶段的工序质量及建筑产品进行检查和验收,评定质量等级和交接查收的过程。不合格的产品不允许出厂,不合格的原材料不允许使用,不合格的工序令其通过整改后纠正。

桥梁工程质量检验包括检验项目和实测项目(允许偏差值项目)。检验项目经检查符合要求后,方能对实测项目进行检查。

(一)检验项目的检验方法

检验项目包括分项工程中的基本要求所规定的内容和外观鉴定。检查中要视其使用的材料、半成品及施工技术操作是否符合基本要求中各条规定,并对工程外表进行外观鉴定,如外观检查不符合要求时应采用扣分制。

(二)实测项目检查评分方法

实测项目是对建筑结构物的施工质量直接进行检查。被检查项目的检验点,现场采用任意抽样取点的方法(取点要均匀、有代表性,力求能反映工程实际情况),检验点的偏差值应按检查方法中所规定的取点数进行实测,检查项目的检查点合格率乘以检查项目规定分值作为该项评分分数。即:

$$合格率=\frac{同一检查项目中合格点(件、组)数}{同一检查项目检测的全部点(件、组)数}\times 100\%$$

$$检查项目评定分数=合格率\times 检查项目规定分数$$

(三)钢桥质量检验的主要项目和标准

1. 组装

(1)组装前,连接表面及焊缝每边 30~50mm 范围内的铁锈、毛刺和油污等必须清除干净。

(2)焊接杆件和箱形梁的组装允许偏差应分别符合表10-1和表10-2的规定。

杆件组装允许偏差 表10-1

简图	项目		允许偏差(mm)
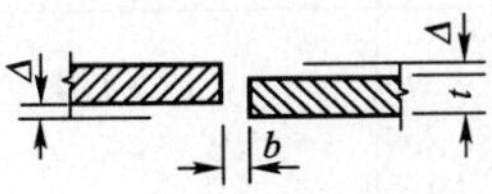	对接高低差	$t \geqslant 25$	1.0
		$t < 25$	0.5
	对接间隙 b		+1.0
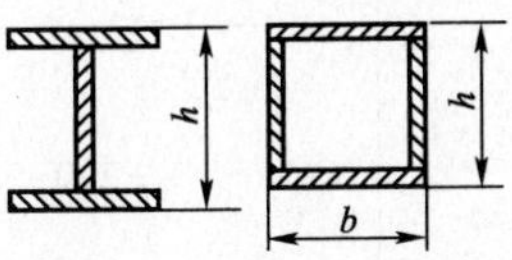	桁梁的箱梁杆件宽度 b		±1.0(有拼装时)
	桁梁的箱形杆件对角线差		2.0
	桁梁的H形杆件和箱形杆件高度 h		+1.5,0
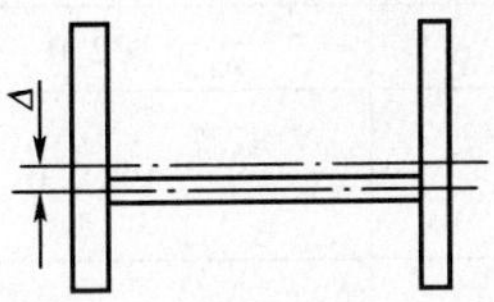	盖板中心与腹板中心线的偏移 Δ		1.0
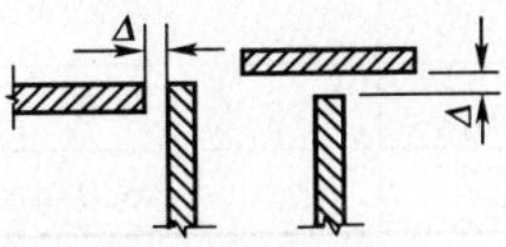	组装间隙 Δ		0.5
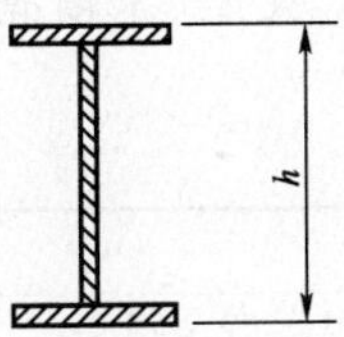	纵横梁高度 h		+1.5,0
	板梁高度 h	$h \leqslant 2\text{m}$	+2.0,0
		$h > 2\text{m}$	+4.0,0
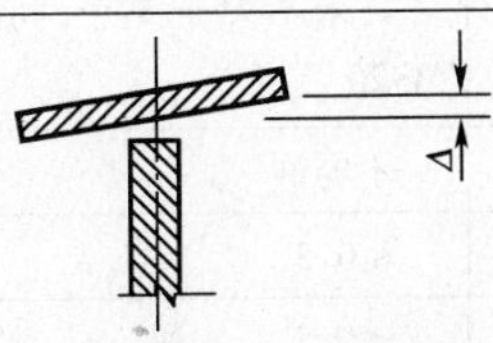	盖板倾斜 Δ		0.5
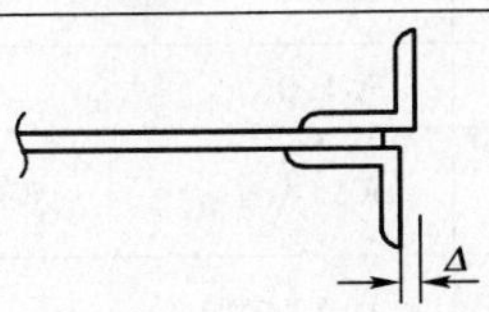	组合角钢肢高低差 Δ	结合处	0.5
		其余处	1.0
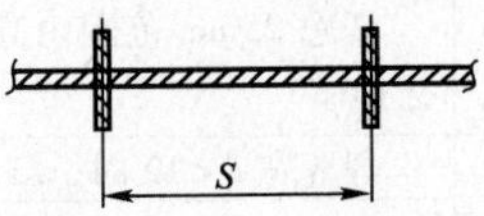	板梁,纵、横梁加劲肋间距 s	有横向联结	±1.0
		无横向联结	±3.0
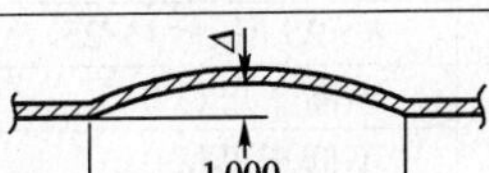	板梁腹板,纵、横梁腹板的局部平面度 Δ		1.0
磨光顶紧	局部缝隙		≤0.2

<table>
<caption>箱形梁组装允许偏差　　表 10-2</caption>
<tr><th>简　图</th><th colspan="2">项　目</th><th>允许偏差(mm)</th></tr>
<tr><td>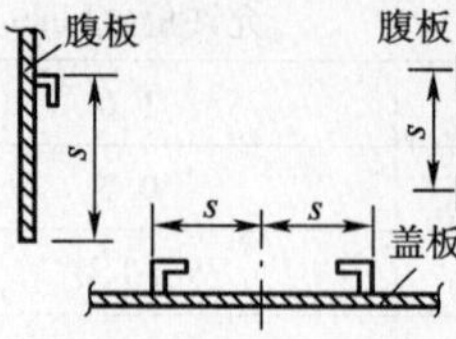</td><td colspan="2">箱形梁盖板、腹板的纵肋、横肋间距 s</td><td>±1.0</td></tr>
<tr><td>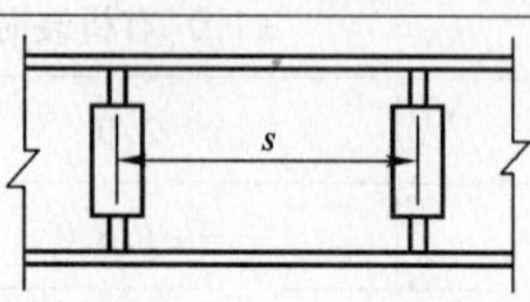</td><td colspan="2">箱形梁隔板间距 s</td><td>±2.0</td></tr>
<tr><td rowspan="5">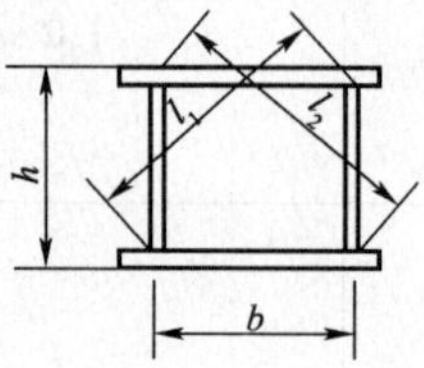</td><td colspan="2">箱形梁宽度 b</td><td>±2.0</td></tr>
<tr><td rowspan="2">箱形梁高度 h</td><td>$h\leqslant 2$m</td><td>+2.0,0</td></tr>
<tr><td>$h>2$m</td><td>+4.0,0</td></tr>
<tr><td colspan="2">箱形梁横断面对角线差</td><td>3.0</td></tr>
<tr><td colspan="2">箱形梁旁弯 f</td><td>5.0</td></tr>
</table>

2. 焊接

(1)焊接完毕,所有焊缝必须进行外观检查,不得有裂纹、未熔合、夹渣、未填满弧坑和超出表 10-3 规定的缺陷。

<table>
<caption>焊缝外观检查质量标准　　表 10-3</caption>
<tr><th>项　目</th><th colspan="3">质 量 要 求</th></tr>
<tr><td rowspan="3">气孔</td><td>横向对接焊缝</td><td colspan="2">不容许</td></tr>
<tr><td>纵向对接焊缝、主要角焊缝</td><td>直径小于 1.0</td><td rowspan="2">每米不多于 3 个,间距不小于 20</td></tr>
<tr><td>其他焊缝</td><td>直径小于 1.5</td></tr>
<tr><td rowspan="4">咬边</td><td colspan="2">受拉杆件横向对接焊缝及竖加劲肋角焊缝(腹板侧受拉区)</td><td>不容许</td></tr>
<tr><td colspan="2">受压杆件横向对接焊缝及竖加劲肋角焊缝(腹板侧受压区)</td><td>≤0.3</td></tr>
<tr><td colspan="2">纵向对接及主要角焊缝</td><td>≤0.5</td></tr>
<tr><td colspan="2">其他焊缝</td><td>≤1.0</td></tr>
<tr><td rowspan="2">焊脚尺寸</td><td colspan="2">主要角焊缝</td><td>$K_{0}^{+2.0}$</td></tr>
<tr><td colspan="2">其他焊缝</td><td>$K_{-1.0}^{+2.0}$①</td></tr>
<tr><td>焊波</td><td colspan="2">角焊缝</td><td>任意 25mm 范围内高低差≤2.0</td></tr>
<tr><td rowspan="3">余高</td><td colspan="2" rowspan="3">对接焊缝</td><td>焊缝宽 $b<12$ 时,≤3.0</td></tr>
<tr><td>$12<b\leqslant 25$ 时,≤4.0</td></tr>
<tr><td>$b>25$ 时,≤$4b/25$</td></tr>
<tr><td rowspan="3">余高铲磨后表面</td><td colspan="2" rowspan="3">横向对接焊缝</td><td>不高于母材 0.5</td></tr>
<tr><td>不低于母材 0.3</td></tr>
<tr><td>粗糙度 Ra50</td></tr>
</table>

注:①手工角焊缝全长 10% 区段内允许 $K_{-1.0}^{+3.0}$。

(2)进行超声波探伤,内部质量分级应符合表10-4的规定。

焊缝超声波探伤内部质量等级　　表10-4

项　目	质量等级	适用范围
对接焊缝	I	主要杆件受拉横向对接焊缝
	II	主要杆件受压横向对接焊缝、纵向对接焊缝
角焊缝	II	主要角焊缝

(3)焊缝超声波探伤范围和检验等级应符合表10-5的规定。

焊缝超声波探伤范围和检验等级(mm)　　表10-5

焊缝质量级别	探伤比例	探伤部位	板厚	检验等级
I、II级横向对接焊缝	100%	全长	10~45	B
			>46~56	B(双面双侧)
II级纵向对接焊缝	100%	焊缝两端各1 000	10~46	B
			>46~56	B(双面双侧)
II级角焊缝	100%	两端螺栓孔部位并延长500,板梁主梁及纵、横梁跨中加探1 000	10~46	B
			>46~56	B(双面单侧)

(4)对接焊缝除应用超声波探伤外,尚须用射线抽探其数量的10%(并不得少于一个接头)。探伤范围为焊缝两端各250~300mm,焊缝长度大于1 200mm时,中部加深250~300mm。当发现超标缺陷时应加倍检验。

3.钢梁

钢板梁、钢桁梁杆件和箱形梁的尺寸允许偏差应符合表10-6、表10-7和表10-8的规定。

钢板梁基本尺寸允许偏差　　表10-6

项目：名称		项目：检查方法	允许偏差(mm)
梁高 h	$h \leq 2m$	测量两端腹板处高度	±2
	$h > 2m$		±4
跨度		测量两支座中心距离	±8
全长		测量全桥长度	±15
纵梁长度		测量两端角钢背与背之间的距离	+0.5,-1.5
横梁长度			±1.5
纵梁高度		测量两端处腹板处高度	±1.0
横梁高度			±1.5
纵、横梁旁弯		梁立置时在腹板一侧距主焊缝100mm处拉线测量	3
主梁拱度 f	不设拱度	梁卧置时在下盖板外侧拉线测量	+3,0
	设拱度		+10,-3
两片主梁拱度差		分别测量两片主梁拱度,求差值	4
主梁腹板平面度		用平尺测量(h为梁高或纵向加劲肋至下盖板间的距离)	$<h/350$且≤ 8
纵、横梁腹板平面度			$h/500$且≤ 5
主梁、纵横梁盖板对腹板的垂直度	有孔部位	用直角尺测量	0.5
	其余部位		1.5

桁梁杆件基本尺寸允许偏差 表 10-7

简图	项目			允许偏差(mm)
	名称		检查方法	
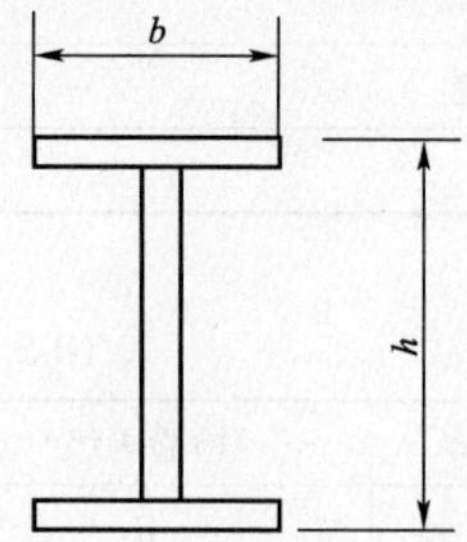	联结系杆件	高度 h	测量两端腹板处高度	±1.5
		盖板宽度 b	每 2m 测一次	±2.0
		长度 l	测量全长	±5
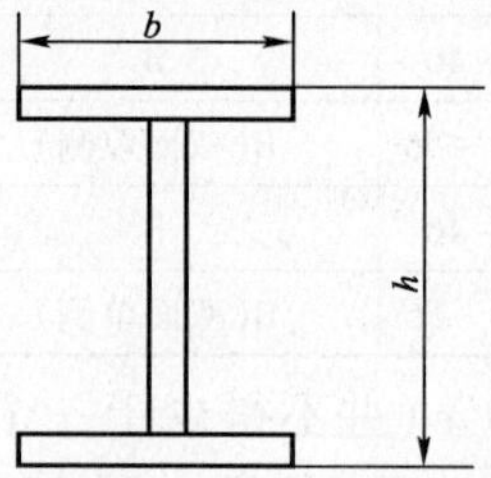	纵横梁	纵梁高度 h	测量两端腹板处高度	±1.0
		横梁高度 h		±1.5
		盖板宽度 b	每 2m 测一次	±2.0
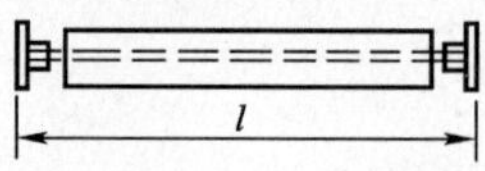		纵梁长度 l	测量两端角钢背与背之间的距离	+0.5, -1.5
		横梁长度 l		±1.5
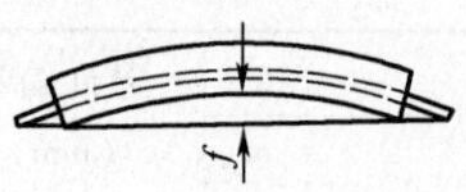		旁弯 f	梁立置时,在腹板一侧距主焊缝 100mm 处拉线测量	3
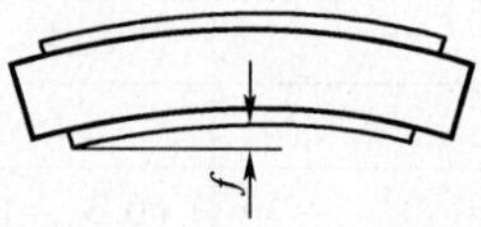		上拱度 f	梁卧置时,在下盖板外侧拉线测量	+3,0
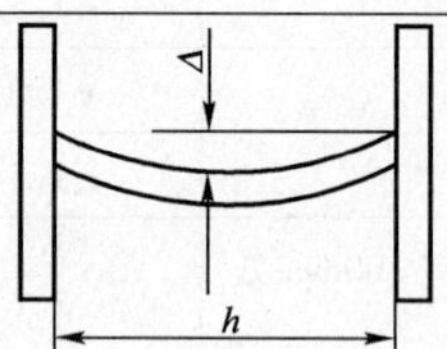		腹板平面度 Δ	用平尺测量	h/500 且≤5
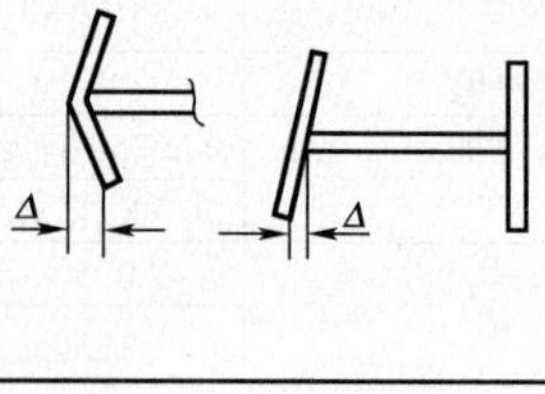		盖板对腹板的垂直度 Δ 有孔部位	用直角尺测量	0.5
		盖板对腹板的垂直度 Δ 其余部位		1.5

续上表

<table>
<tr><th rowspan="2">简　　图</th><th colspan="4">项　　目</th><th rowspan="2">允许偏差
(mm)</th></tr>
<tr><th colspan="3">名　　称</th><th>检查方法</th></tr>
<tr><td rowspan="3">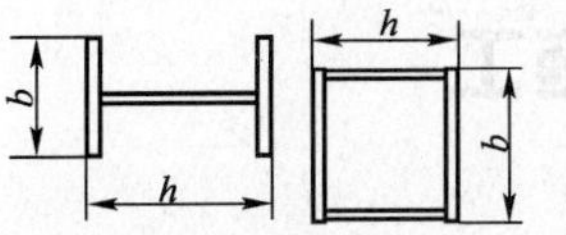</td><td rowspan="7">主桁杆件</td><td colspan="2">高度 h</td><td>测量两端腹板处高度</td><td>±1.0</td></tr>
<tr><td colspan="2">盖板宽度 b</td><td>每 2m 测一次</td><td>±2.0①</td></tr>
<tr><td colspan="2">长度 l</td><td>测量全长</td><td>±5</td></tr>
<tr><td rowspan="2">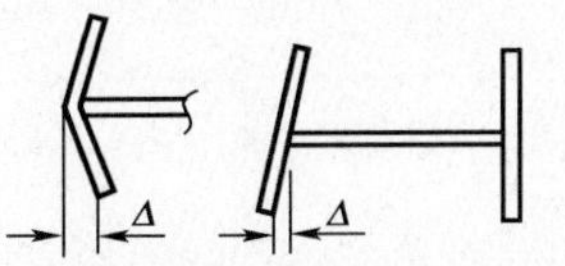</td><td rowspan="2">工形件的盖板对腹板的垂直度 Δ</td><td>有孔部位</td><td rowspan="2">用直角尺测量</td><td>0.5</td></tr>
<tr><td>其余部位</td><td>1.5</td></tr>
<tr><td>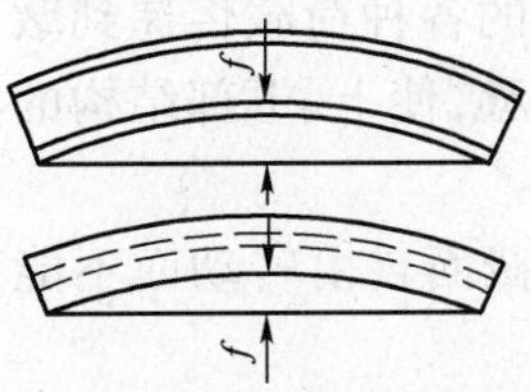</td><td colspan="2">弯曲 f</td><td>拉线测量</td><td>2(l≤4 000)
3(4 000<l≤16 000)
5(l≤16 000)</td></tr>
<tr><td>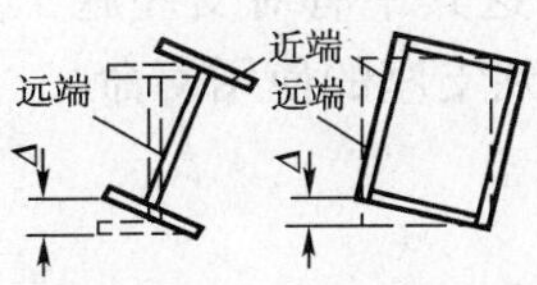</td><td colspan="2">扭曲 Δ</td><td>杆件置于平台上,四角中有三角接触平台,悬空一角与平台之间隙</td><td>3</td></tr>
</table>

注:①箱形杆件有拼接要求时为 ±1.0。

箱形梁基本尺寸允许偏差　　表 10-8

<table>
<tr><th colspan="3">项　　目</th><th rowspan="2">允许偏差
(mm)</th></tr>
<tr><th colspan="2">名　称</th><th>检 查 方 法</th></tr>
<tr><td rowspan="2">梁高 h</td><td>h≤2m</td><td rowspan="2">测量两端腹板处高度</td><td>±2</td></tr>
<tr><td>h>2m</td><td>±4</td></tr>
<tr><td colspan="2">跨度 L</td><td>测量两支座中心距离,L 以 m 计</td><td>±(5 + 0.15L)</td></tr>
<tr><td colspan="2">全长</td><td>—</td><td>±15</td></tr>
<tr><td colspan="2">腹板中心距</td><td>测两腹板中心距</td><td>±3</td></tr>
<tr><td colspan="2">盖板宽度 b</td><td>—</td><td>±4</td></tr>
<tr><td colspan="2">横断面对角线差</td><td>测两端断面对角线差</td><td>4</td></tr>
<tr><td colspan="2">旁弯</td><td>L 以 m 计</td><td>3 + 0.1L</td></tr>
<tr><td colspan="2">拱度</td><td>—</td><td>+10，-5</td></tr>
<tr><td colspan="2">支点高度差</td><td>—</td><td>5</td></tr>
<tr><td colspan="2">腹板平面度</td><td>h 为盖板与加劲肋或加劲肋与加劲肋之间的距离</td><td><h/250 且≤8</td></tr>
<tr><td colspan="2">扭曲</td><td>每段以两端隔板处为准</td><td>每米≤1,且每段≤10</td></tr>
</table>

第十一章　桥梁支座和伸缩缝施工

第一节　桥梁支座

一、概　　述

支座设置在桥梁的上部结构与墩台之间，它的作用是把上部结构的各种荷载传递到墩台上，并能够适应活载、温度变化、混凝土收缩与徐变等因素所产生的位移，使上、下部结构的实际受力情况符合设计的计算图式。

梁式桥的支座一般分为固定支座和活动支座。固定支座允许梁截面自由转动而不能移动，活动支座允许梁在挠曲和伸缩时转动与移动。

桥梁的使用效果与支座能否准确地发挥其功能有着密切的关系，这其中有对支座施工安装的要求，而正确地确定支座所承受的荷载和活动支座的位移量关系到支座的使用寿命。

二、支座的类型

针对桥梁跨径、支座反力，支座允许转动与位移不同，支座选用的材料不同，支座是否满足防震、减震要求不同，桥梁支座具有许多所相对应的类型。

随着桥梁结构体系的发展，支座类型也相应得以更新换代，过去一般针对小跨径桥梁的或加工较繁琐的支座形式已不常使用，如垫层支座、钢筋混凝土摆柱式支座等，代之以板式橡胶支座、盆式橡胶支座、球形钢支座、减隔震支座等。表 11-1 列出了部分常用的梁桥支座形式。

常用的梁桥支座形式　　　　表 11-1

<table>
<tr><th colspan="2">类　型</th><th>构造特点</th><th>结构特点</th></tr>
<tr><td rowspan="4">板式橡胶支座</td><td>板式橡胶支座</td><td>由数层薄橡胶片与薄钢板镶嵌、黏合、压制而成，有矩形和圆形橡胶支座之分（图 11-1）</td><td>具有足够的竖向刚度以承受垂直荷载，有良好的弹性，适应梁端的转动；有较大的剪切变形以满足上部结构的水平位移</td></tr>
<tr><td>聚四氟乙烯滑板式橡胶支座</td><td>在普通板式橡胶支座上按照支座尺寸大小粘贴一层厚 2 ~ 4mm 的聚四氟乙烯板，从整体结构上又有“封闭型”与“简易型”（图 11-2）之分</td><td>利用与梁底不锈钢板间的低摩擦系数，使桥梁上部结构水平位移不受限制</td></tr>
<tr><td>球冠圆板式橡胶支座</td><td>支座顶面具有球冠的橡胶支座（图 11-3a）</td><td rowspan="2">适用于布置复杂、纵横较大的立交桥和高架桥</td></tr>
<tr><td>坡型板式橡胶支座</td><td>支座顶面具有一定坡度的橡胶支座（图11-3b）</td></tr>
</table>

续上表

类型		构造特点	结构特点
盆式橡胶支座	双向活动支座	由上支座板、聚四氟乙烯板、承压橡胶块、橡胶密封圈、中间支座板、钢紧箍圈、下支座板以及上下支座连接板组成(图 11-4)	具有承载能力大、水平位移量大、转动灵活等特点,适用于支座承载力为1 000kN以上的大跨径桥梁
	单向活动支座		
	固定支座		
球形钢支座(图11-5)	双向活动支座	主要组成是上支座板、不锈钢位移板、聚四氟乙烯滑板、中间球形钢芯板、聚四氟乙烯球形板、橡胶密封圈,下支座板和上下固定连接螺栓等	传力可靠,各方向转动性能一致,不仅具备盆式橡胶支座承载能力大、水平位移大的特点,而且能更好地适应支座大转角的需要
	单向活动支座		
	固定支座		
拉力支座(图 11-7)		可通过变更球形钢支座、盆式和板式橡胶支座的功能而形成	
抗震及减隔震支座	抗震型球形钢支座	(图 11-7)	具有抵抗地震力的能力
	减震橡胶支座	(图 11-6)	尽可能地将结构或部件与可能引起破坏的地震地面运动分离开来,以大大减少传递到上部结构的地震力和能量
	高阻尼橡胶支座		
	铅芯橡胶支座		

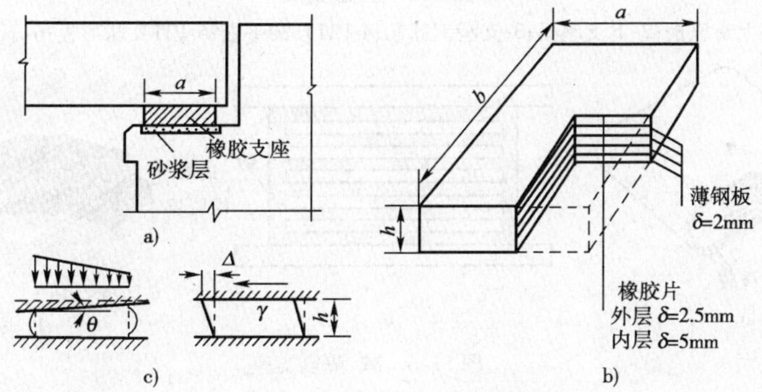

图 11-1　板式橡胶支座

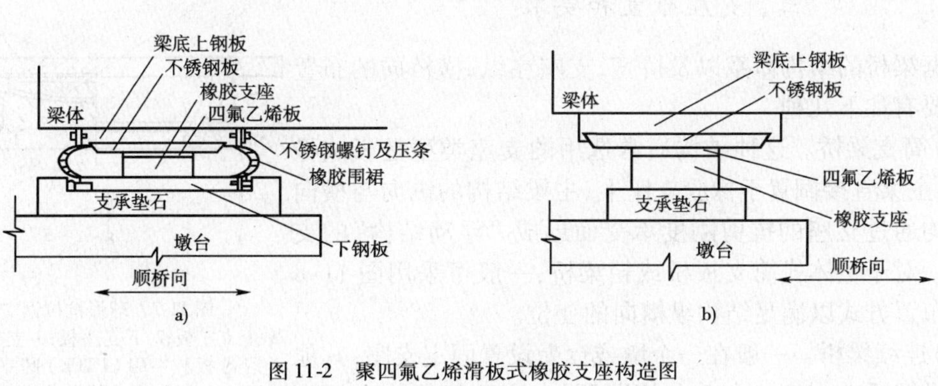

图 11-2　聚四氟乙烯滑板式橡胶支座构造图

a)封闭型;b)简易型

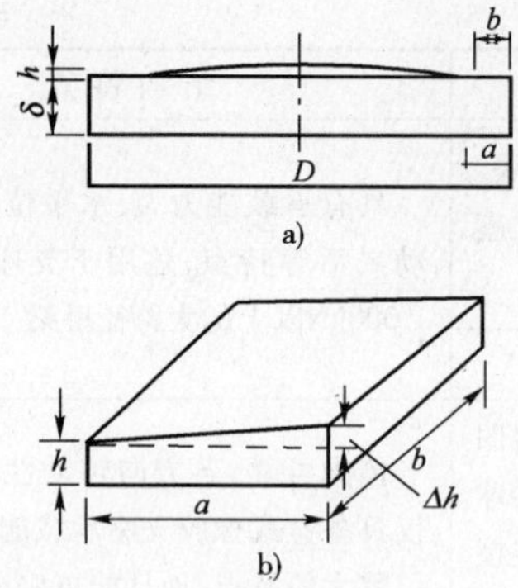

图 11-3　坡型和球冠圆板式橡胶支座示意图

a）TCYB 球冠圆板式橡胶支座；

b）坡型板式橡胶支座示意图

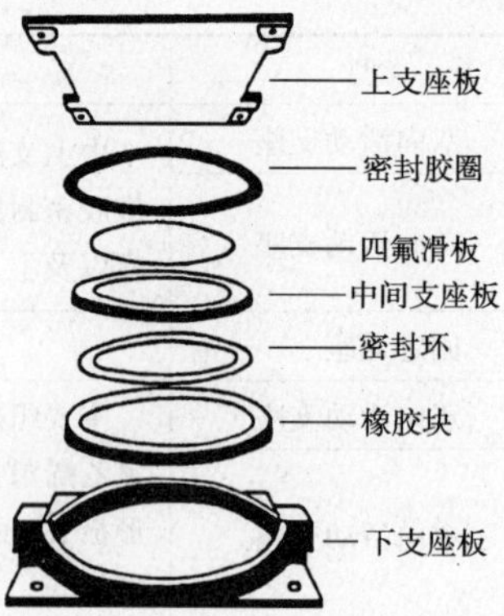

图 11-4　活动盆式橡胶支座组成

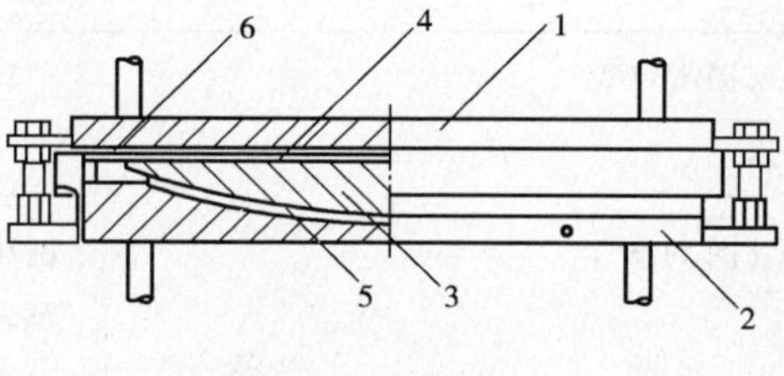

图 11-5　球形钢支座

1-上支座板；2-下支座板；3-支座钢球芯；4-PTFE 圆平板；5-PTFE 球形板；6-不锈钢

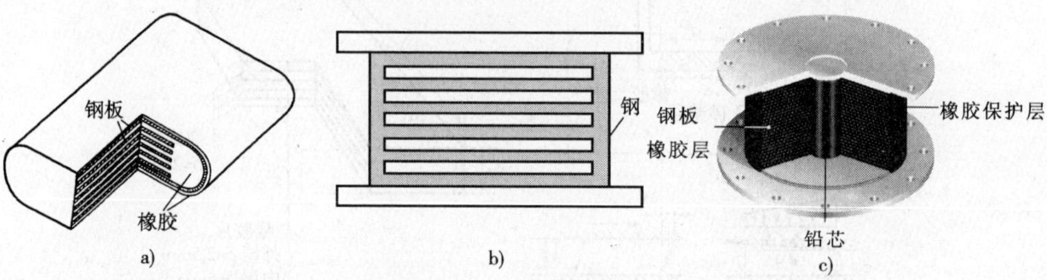

图 11-6　减、隔震支座

a）新型减震橡胶支座；b）高阻尼橡胶支座；c）铅芯橡胶支座

三、支座布置和要求

根据梁桥的结构体系以及桥宽，支座在纵、横桥向的布置方式主要有如下几种。

（1）简支梁桥。这种结构通常选用的支座类型是板式橡胶支座，主梁直接搁置于橡胶支座上，主梁结构的纵向与横向水平力均通过支座的抗剪刚度承受而形成“浮动结构”的支承体系。对于整体式简支板桥或箱梁桥，一般可采用图 11-8 的支座布置方式以满足结构纵横向的变位。

（2）连续梁桥。一般在一个墩或台上设置固定支座，其他墩台均设置活动支座。在某些情况下，支座不仅须传递压力还要传递拉力，设置能承受拉力的支座是必须的。如果在梁

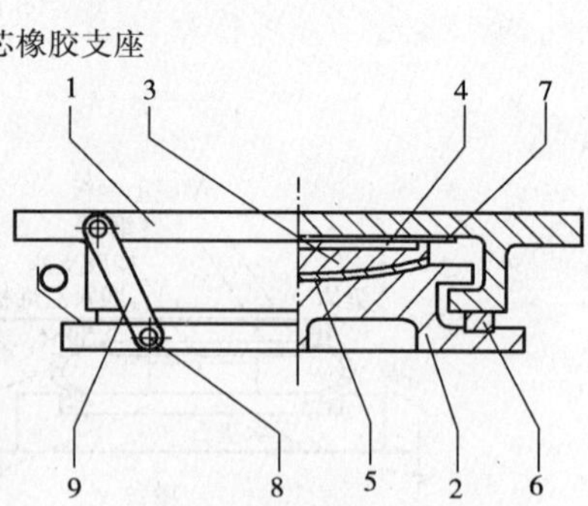

图 11-7　球形抗拉钢支座

1-上支座板；2-下支座板；3-支架钢球芯（钢衬板）；4-F4（PTFE）圆平板；5-F4（PTFE）球形板；6-橡胶密封圈；7-不锈钢板；8-螺栓；9-搭板

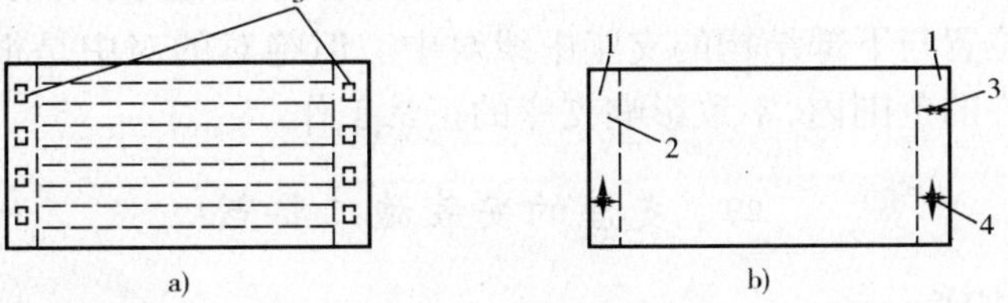

图 11-8　单跨简支梁

1-桥台;2-固定支座;3-单向活动支座;4-多向活动支座;5-橡胶支座

体下布置有两个支座,则要根据需要布置固定支座和单向活动支座或多向活动支座,图 11-9、图 11-10 示出了双跨连续梁桥和多跨连续梁桥的支座布置形式。

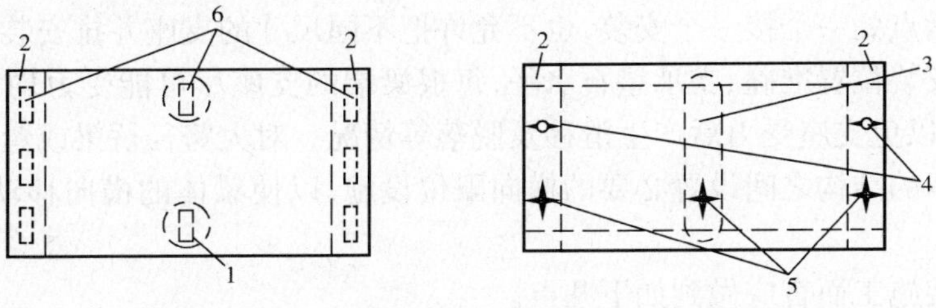

图 11-9　双跨连续梁桥

1-柱式墩;2-桥台;3-固定支座;4-单向活动支座;5-多向活动支座;6-橡胶支座

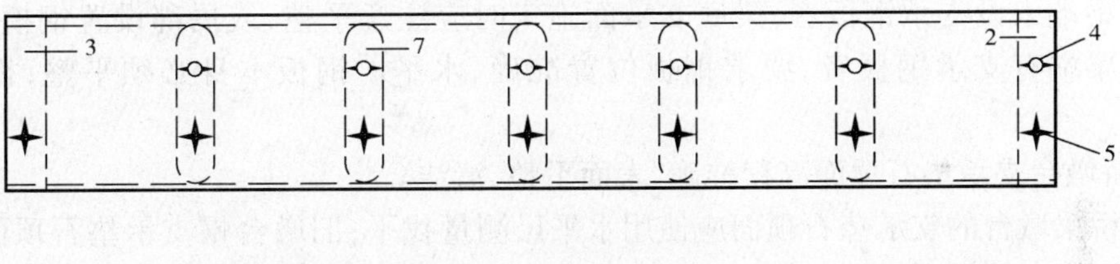

图 11-10　多跨连续梁桥

(注:所示出的支座都只能在同一个方向转动;上部构造固定于地基可靠的桥墩上)

(3)悬臂梁桥的锚固孔一侧设置固定支座,一侧设置活动支座。在锚固孔与挂孔结合的牛腿处设置支座,其设置方式一般与简支梁桥相同,有时也可在挂孔上均设置固定支座。

在斜桥的支座布置中须注意使支座位移的方向平行于行车道中心线。在弯桥上,可根据结构朝一固定点沿径向位移的概念或结构沿曲线半径的切线方向定向位移的概念确定(图 11-11)。

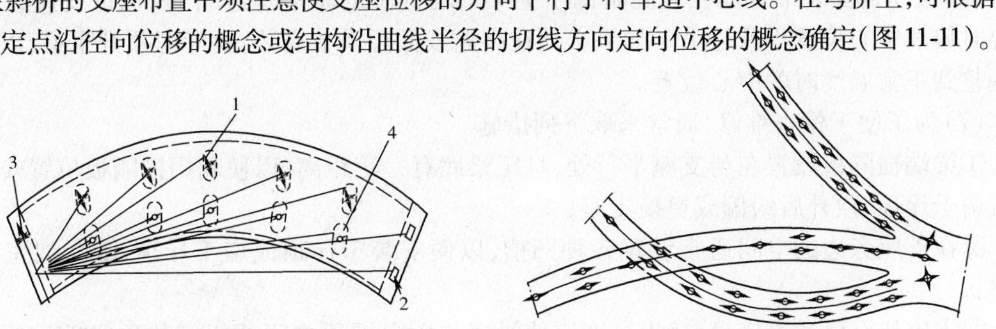

图 11-11　连续弯桥的支座布置示意图

a)所有支座都朝固定支座方向设置;b)所有支座都沿曲线的切线方向设置

桥梁的使用效果与支座能否准确地发挥其功能有着密切的关系，因此在安放支座时，必须使上部结构的支点位置与下部结构的支座中线对中。但绝对的对中是很难做到的，故要注意使可能的偏心在允许的范围内，不致影响支座的正常工作。

四、支座的安装施工要点

(一)板式橡胶支座

板式橡胶支座的安装是保证支座正常使用的关键。橡胶支座应水平安装。由于施工等原因倾斜安装时，则坡度最大不能超过2%，在选择支座时，仅须考虑由于支座倾斜安装而产生的剪切变形所需要的橡胶层厚度。

支座必须考虑更换、拆除和安装的方便。任何情况下不允许两个或两个以上支座沿梁中心线在同一支承点处一个接一个安装，也不允许把不同尺寸的支座并排安装。

要求支座安装位置准确、支承垫石水平，每根梁端的支座尽可能受力均匀，不得出现个别支座脱空现象，以免支座受力后产生滑移及脱落等情况。对大跨径桥梁或弯、斜、坡桥等，必须在支座与所支承的结构之间设置必要的横向限位设施，以使梁体的横向移动控制在容许限度以内。

就具体安装施工而言应做到如下几点。

(1)安装前应按现行《公路桥梁板式橡胶支座技术条件》(JT 3132.2—88)对支座本身进行检查、验收，所用的橡胶支座必须有产品合格证书。

(2)梁底支承部位要求平整、水平。支承部位相对水平误差不大于0.5mm。中、小跨度混凝土梁梁端未设支承钢板者，梁底支承面施工时应注意平整，或局部设置钢模底板；对标准设计中梁端有支承钢板者，要求钢板位置准确、水平。钢板本身必须平整，板厚不得小于8mm。

(3)桥墩台支承垫石顶面高程准确、表面平整、清洁。

新制桥梁墩台的支承垫石顶面应使用水平尺测量找平；旧墩台帽支承垫石顶面应仔细校核，不平处用1∶3干硬性水泥砂浆找平，每块垫石相对水平误差在1mm以内。

(4)梁、板安放时，必须细致稳妥，使梁、板就位准确且与支座密贴，勿使支座产生剪切变形；就位不准时，必须将梁板吊起重放，不得用撬杠移动梁、板。

(5)当桥梁设有纵、横坡时，支座安装必须严格按设计规定办理。

(6)支座的安装最好能在气温略低于全年平均气温的季节里进行，以保证支座在低温或高温时偏离中心位置不致过大。如果必须在高温或低温季节安装，要考虑顶升主梁，以便将支座调整到正常温度时的中心位置。

(7)为了便于检查维修，通常采取下列措施。

①梁端横隔板设置在与支座平行处，且距梁底有一定距离，以便利用横隔板位置安装千斤顶或扁千斤顶，顶升后纠偏或更换支座；

②在支座旁边的空间通常设置各种凹槽，以便安装千斤顶或扁千斤顶，随时纠正或更换支座；

③支座垫石可适当接高，接出高度应使梁底与墩台帽顶之间便于安装顶梁千斤顶。支承垫石的平面尺寸，宜按设计要求决定，支承垫石混凝土强度等级不低于25号。接高部分的支承垫石中应配有$\phi12$间距15cm的竖向钢筋，埋入墩帽中约30cm。旧桥改建时支承垫石可不接高。

(二)聚四氟乙烯滑板式橡胶支座

除按照普通板式橡胶支座安装方法安装外,在安装时还应注意以下几点。

(1)墩台上设置的支承垫石,其高程应考虑预埋的支座下钢板的厚度,或在支承垫石上预留一定深度的凹槽,将支座下钢板用环氧树脂砂浆黏结于凹槽内。

(2)在支座下钢板上及聚四氟乙烯滑板式橡胶支座上标出支座位置中心线,两者中心线应重合放置,为防止施工中移位,应设置临时固定设施。

(3)梁底预埋的支座上钢板应与四氟乙烯滑板式支座紧密接触,将不锈钢板嵌入梁底上钢板内,或直接用不锈钢螺钉固定在上钢板上。安装支座时,不锈钢板和四氟板表面均应清洁干净,并在四氟板表面涂上硅脂油,落梁时要求平稳、准确、无振动,梁与支座密贴,不得脱空。

(4)梁与支座安装就位后,拆除支座的临时固定装置,安装支座的防尘围护装置。

(三)盆式橡胶支座

(1)盆式橡胶支座面积较大,在浇筑墩台混凝土时,必须有特殊措施,使支座下面的混凝土能浇筑密实。

(2)盆式橡胶支座的两个主要部分:聚四氟乙烯板与不锈钢板的滑动面和密封在钢盆内的橡胶块,两者都不能有污物和损伤,否则将降低使用寿命,增大摩擦系数。

(3)盆式橡胶支座的预埋钢垫板必须埋置密实,垫板与支座之间平整密贴,支座四周的间隙量不能超过0.3mm,支座的轴线偏差不能超过2mm。

(4)支座安装前,应将支座的各相对滑动面和其他部分用丙酮或酒精擦拭干净,擦净后在四氟板的储油槽内注满硅脂润滑剂,注意保洁。

(5)支座的顶板和底板可用焊接或锚固螺栓栓接在梁体底面和墩台顶面的预埋钢板上。采用焊接方法时,应注意不要烧坏混凝土;采用螺栓锚固时,须用环氧树脂砂浆将地脚螺栓埋置在混凝土内,其外露螺杆的高度不得大于螺母的厚度。上下支座安装顺序为:先将上座板固定在梁上,而后根据其位置确定底盆在墩台上的位置,最后予以固定。

(6)安装支座的高程应符合设计要求,平面纵横两个方向应水平,支座承压≤5 000kN 时,其四角高差不得大于1mm;支座承压>5 000kN 时,其四角高差不得大于2mm。

(7)安装固定支座时,其上下各个部件纵轴线必须对正;安装纵向活动支座时,上下各部件纵轴线必须对正,横轴线应根据安装时的温度与年平均的最高、最低温差,由计算确定其错位的距离;支座上下导向块必须平行,最大偏差的交叉角不得大于5°。

(8)在桥梁施工期间,混凝土由于自身的收缩和徐变以及预应力和温差引起的变形会产生位移,因此,要在安装活动支座时,对上下板预留偏移量,变形方向要与桥纵轴线一致,保证成桥后的支座位置符合设计要求。

(四)球形钢支座

(1)支座出厂时,应由厂家将支座调平,并拧紧连接螺栓,防止支座在运输和安装过程中发生转动和倾覆。支座可按设计需要预设转角和位移,由施工单位在订货前提出预设转角和位移量的要求,生产厂家在装配时预先调整好。

(2)支座安装前,施工单位要开箱检查支座及配件的相关资料;开箱后不得任意转动连接螺栓和拆卸支座部件。

(3)当支座安装采用螺栓栓接时,在下支座板四周用钢楔块调整支座水平,并使下支座底板面高出桥墩顶面20~50mm,找出支座纵、横桥向的中心位置,使之符合设计要求。用环氧砂浆灌注地脚螺栓和支座底面垫层。

(4)当支座安装采用焊接连接时,应先将支座准确定位后,采取对称间断焊接的方法,将上、下支座板与梁体及墩台预埋钢板焊接,焊接时应防止烧伤支座和混凝土。

(5)支座安装高度应符合设计要求,要保证支座平面的水平及平整,支座支承平面四角高差不得大于2mm。

(6)在梁体安装完毕后或现浇混凝土梁体形成整体并达到设计强度后,在张拉梁体预应力之前,应拆除上、下支座的连接钢板,以防止约束梁体的正常转动。

(7)拆除上、下支座的连接钢板后,检查支座的外观有无破损现象,并及时安装支座的外防尘罩。

(8)支座在使用一年以后,应进行质量检查,清除支座周围的杂物和灰尘,并用棉丝仔细擦去不锈钢表面的灰尘。

第二节　桥梁伸缩缝

一、概　　述

桥梁在气温变化时,桥面有膨胀或收缩的纵向变形,车辆荷载也将引起纵向位移。

为使车辆平稳通过桥面并满足桥面变形,需要在桥面伸缩缝处设置一定的伸缩装置。这种装置称为桥面伸缩缝装置。

对桥面伸缩缝的设计与施工,应全面考虑下述要求。

1. 能够适应桥梁温度变化所引起的伸缩

除了考虑年最高温差变化所引起的伸缩外,还必须考虑施工时的温度所需的调整量,以便在全部的预期温度范围内都能可靠地工作。

2. 桥面平坦,行驶性良好的构造

伸缩缝装置与前后桥面必须平坦。保证对汽车及自行车在内的良好行驶性。

3. 施工安装方便,且与桥梁结构联为整体

如果在主梁上只需预留钢筋头,预埋件均敷设在铺装层内,且无复杂工艺的话,那么,这种装置无疑是比较受欢迎的。

4. 具有能够安全排水和防水的构造

钢制伸缩缝装置本身大部分缺乏排水功能,这就产生支座生锈与雨水下漏等弊病。因此,各种桥面伸缩缝装置均应采取有效措施,保证具有良好的防水性能。

5. 承担各种车辆荷载的作用

伸缩缝装置之所以易于破损和不耐久,一般认为不全是由于交通量引起的,而往往是由重型车辆引起的。因此重型车交通量大的道路,应选择耐久性好的伸缩缝装置。

6. 养护、修理与更换方便

修理与更换的难易首先取决于损坏的部位,是橡胶件还是桥面混凝土或钢件。前者容易更换,后者取决于桥面破坏程度。伸缩装置大修的最佳周期应能与面层的大修周期一样长。

7. 经济价廉

经济性问题,不仅只就各种伸缩缝建筑投资来比较,还要尽量使伸缩缝装置的寿命与桥面

寿命相等。

二、伸缩缝类型

到目前为止，在我国公路桥梁和城市桥梁工程上使用的伸缩缝种类很多。着重于伸缩缝的传力方式和构造特点，伸缩缝可分成5大类，即：对接式伸缩缝、钢制支承式伸缩缝、橡胶组合剪切式伸缩缝、模数支承式伸缩缝和无缝式伸缩缝。具体见表11-2。

桥梁伸缩装置分类 表11-2

类别	形　式	种　类	说　明
对接式	填塞对接型	沥青、木板填塞型	以沥青、木板、麻絮、橡胶等材料填塞缝隙的构造（在任何状态下，都处于压缩状态）
		U形镀锌铁皮型	
		矩形橡胶条型	
		组合式橡胶条型	
		管形橡胶条型	
	嵌固对接型	W型（图11-12）	采用不同形状的钢构件将不同形状橡胶条（带）嵌固，以橡胶条（带）的拉压变形吸收梁变位的构造
		SW型	
		M型	
		SDll型	
		PG型	
		FV型	
		GN8型	
		GQF—C型	
钢制支承式	钢制型	钢梳齿板型	采用面层钢板或梳齿钢板的构造
		钢板叠合型（图11-13）	
橡胶组合剪切式	板式橡胶型（图11-14）	BF、JB、JH、SD、SC、SB、SG、SEG型	将橡胶材料与钢件组合，以橡胶的剪切变形吸收梁的伸缩变位，桥面板缝隙支承车轮荷载的构造
		SEJ型	
		UG型	
		BSL型	
		CD型	
模数支承式	模数式（图11-15）	TS型	采用异形钢材或钢组焊件与橡胶密封带组合的支承式构造
		J—75型	
		SSF型	
		SG型	
		XF斜向型	
		GQF—MZL型	
无缝式	暗缝型	GP型（桥面连续）（图11-16）	路面施工前安装的伸缩构造
		TST弹塑体	以路面等变形吸收梁变位的构造
		EPBC弹性体	

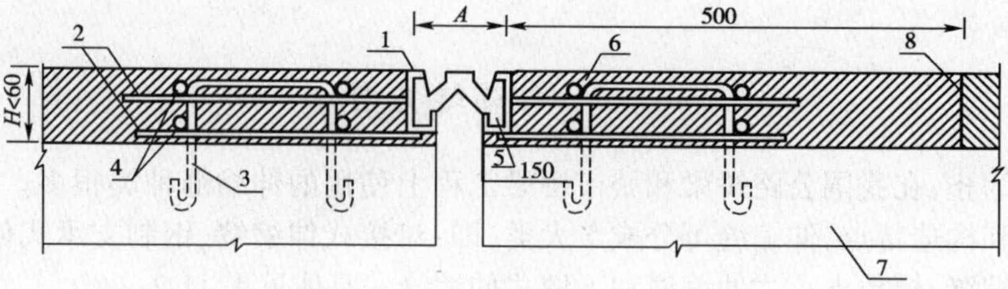

图 11-12　W 型伸缩装置横端面图(尺寸单位:mm)

1-用钢板弯制 L 钢;2-锚固钢筋;3-预埋钢筋;4-水平加强钢筋;5-W 形橡胶条;6-现浇 C_{30} 混凝土;7-行车道上部构件;8-桥面铺装

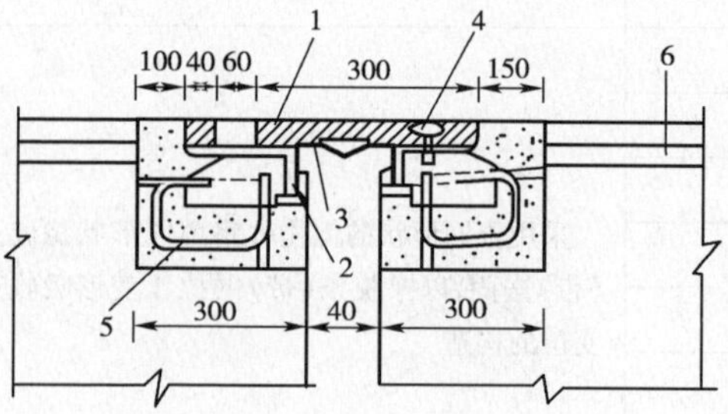

图 11-13　钢板叠合型伸缩装置构造示意图(尺寸单位:mm)

1-钢板;2-角钢;3-排水导槽;4-沉头螺钉;5-锚固钢筋;6-桥面铺装

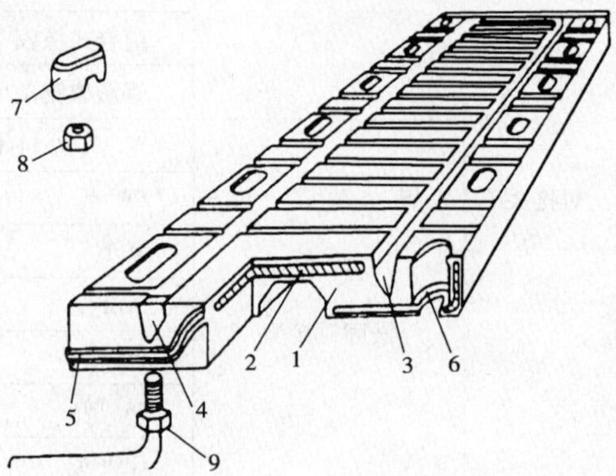

图 11-14　板式橡胶伸缩装置一般构造图

1-橡胶;2-加强钢板;3-伸缩用槽;4-止水块;5-嵌合部;6-螺母垫板;7-腰型盖帽;8-螺母;9-螺栓

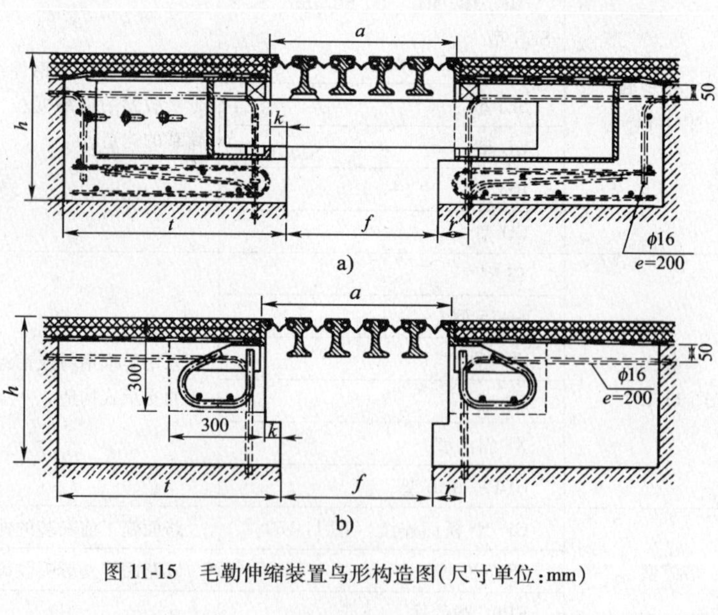

图 11-15　毛勒伸缩装置鸟形构造图(尺寸单位:mm)

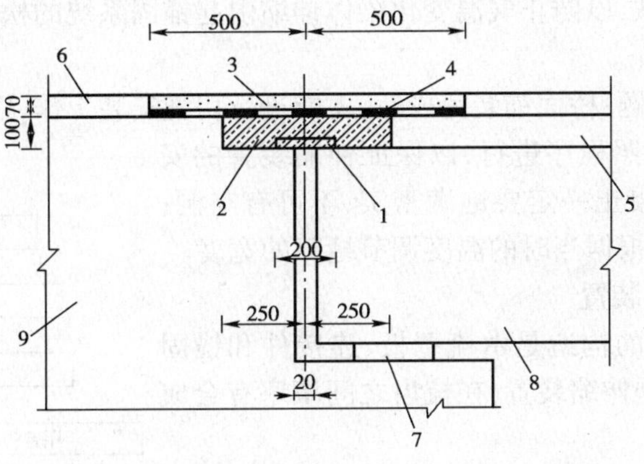

图 11-16　GP 型(桥面连续构造)之一(尺寸单位:mm)

1-钢板(A_3—200mm×500mm×12mm);2-I 形改性沥青混凝土;3-II 形改性沥青混凝土;4-编织布;5-桥面现浇混凝土层;6-沥青混凝土铺装;7-板式橡胶支座;8-预制板;9-背墙

三、伸缩缝的安装施工

在现行《公路工程质量检验评定标准》(JTG F80/1—2004)中,桥面的平整度(表 11-3)是一个很重要的指标,而影响桥面平整度的重要部分之一则是桥梁的伸缩装置。

伸缩缝安装允许偏差　　表 11-3

项　　目		允许偏差
缝　　宽		符合设计要求
与桥面高差(mm)		2
纵坡	大型	±0.2%
	一般	±0.3%
横向平整度		用 3m 直尺,不大于 3mm

如果由于施工程序不合理或施工不慎,在 3m 长范围内,其高程与桥面铺装的高程有正负误差,将造成行车的不舒适,严重的则会造成跳车,车辆跳跃的反复冲击,将很快的导致桥梁伸缩装置的破坏。因此,伸缩装置的安装施工是桥梁伸缩装置成功的重要保证。

(一)嵌固对接型伸缩装置

此类形式,如 RG 型、FV 型、GNB 型、SW 型、SD 型、GQF—C 型等,它的结构特点是将不同形状的橡胶条用不同形状的钢构件嵌固起来,然后通过锚固系统将它们与接缝处的梁体锚固成体。

该类伸缩装置的施工安装程序如下。

(1)处理好伸缩装置接缝处的梁端,因为梁预制时的长度有一定误差,再加上吊装就位时的误差,使伸缩接缝处的梁端参差不齐,故首先要处理好梁端,以利于伸缩装置的安装;

(2)切除桥梁伸缩装置处的桥面铺装,并彻底清理梁端预留槽及预埋钢筋,槽深不得小于 12cm;

(3)用 4~5 根角铁做定位角铁,将钢构件点焊或用螺栓固定在定位角铁上,一起放入清理好的预留槽内,立好端模并检查有无漏浆可能;

(4)将连接钢筋与梁体预埋筋牢固焊接,并布置两层钢筋网,钢筋网的钢筋直径为 $\phi 8$ 间距 10cm,然后浇筑 C50 混凝土或 C50 环氧树脂混凝土,浇捣密实并严格养生;当混凝土初凝后，应立即拆除定位角铁，以防止气温变化梁体伸缩引起锚固系统的松动。

(5)安装密封橡胶条。

施工中应注意的问题：桥面铺装完成后，才能进行切缝安装工作，以保证桥面的平整度；伸缩装置的安装一定要按照程序进行，以保证伸缩装置的安装质量；钢构件下的混凝土一定要饱满密实，不可有空洞；伸缩装置安装时一定要根据当时的温度调节缝隙的宽度。

(二)钢梳齿型伸缩装置

钢梳齿型伸缩装置的构造是由梳型板、连接件和锚固系统组成，有的钢梳齿型伸缩装置，在梳齿之间填塞有合成橡胶，以起防水作用。

施工安装程序如图11-17所示。

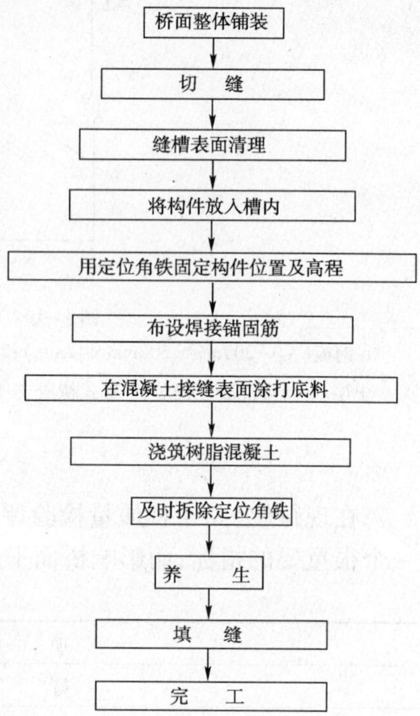

图11-17　钢梳齿型伸缩装置施工安装图

施工中应注意的问题是：定位角铁的拆除一定要及时，以保证伸缩装置因温度变化而自由伸缩，也可采用图11-18的方法，把相对的梳齿板固定在两个不同的定位角铁上，让它们连同相应的角铁自由伸缩。

安装施工应仔细进行，防止产生梳齿不平、扭曲及其他的变形，安装时一定将构件固定在定位角铁上，以保证安装精度。要严格控制好梳齿间的横向间隙，在最高温度时，梳齿横向间隙不得小于5mm。

当构件安装及位置固定好之后，就可着手进行锚固系统的树脂混凝土浇筑，为了锚固系统可靠牢固，必须配备较多的连接钢筋及钢筋网，这给树脂混凝土的浇筑带来不便。因此，浇筑混凝土一定要认真细心，尤其角隅周围的混凝土，一定要捣固密实，千万不可有空洞。在钢梳齿根部可适当钻些ϕ20mm的小孔，以利于浇筑混凝土时空气的排除。

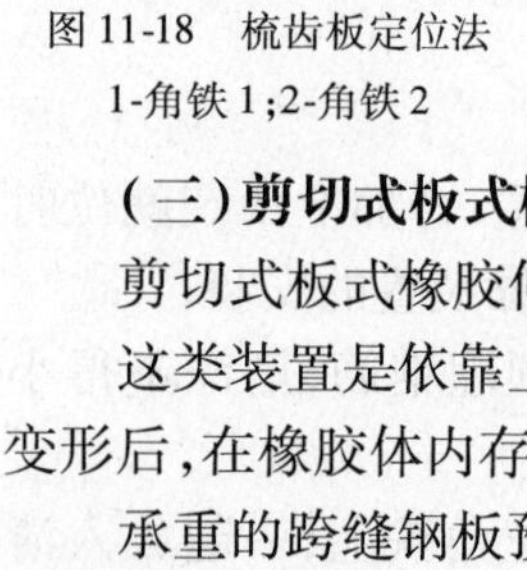

图11-18　梳齿板定位法

1-角铁1；2-角铁2

对于小规模的伸缩装置，由于扫除和维修非常困难，故一般都不做接缝内的排水设施，但此时必须考虑支座的防水、台座排水与及时清扫等。所以钢梳齿型伸缩装置也只能用于跨河流或不怕漏水场地的桥跨结构。

这种伸缩装置，在营运中须加养护，及时清除掉进梳齿之间灰尘及石子之类的杂物，以保证它的正常使用。

对于焊接而成的梳齿型构件，焊缝一定要考虑汽车反复冲击下的疲劳强度。

(三)剪切式板式橡胶伸缩缝

剪切式板式橡胶伸缩缝，由橡胶伸缩体与锚固系统组成。

这类装置是依靠上下层钢板之间橡胶体的剪切变形来满足结构的变形需要，该装置产生变形后，在橡胶体内存有一定的变形能，对结构将有一定的约束力。

承重的跨缝钢板预埋在橡胶体内，与钢结构伸缩装置比较，它将对车轮的冲击力有一定的缓冲作用，有效地保护了伸缩装置与梁体，改善了行车条件。

伸缩装置的角钢有效地加强了梁体的端部强度。

施工安装程序(图11-19)如下。

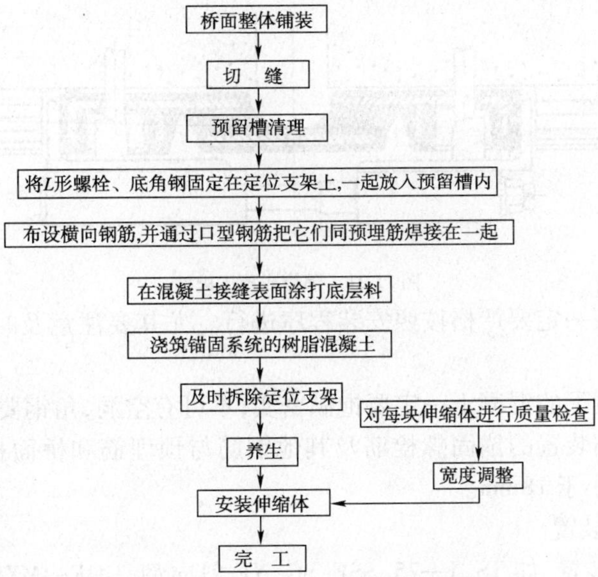

图 11-19 剪切型板式橡胶伸缩装置安装程序

(1)预留槽清理,包括对预埋在梁体内的钢筋进行整理、增焊,混凝土表面的清洁、凿毛、修整。

(2)用 2 ~4 根 10 号角钢及两根 12 号槽钢作成定位支架(图 11-20),将 L 形锚固螺栓、角钢按剪切型橡胶伸缩体的安装尺寸需要固定在定位支架上,其中 B_1 值由安装时的温度确定,H 值系伸缩体的高度。当整体组装好后一起放入预留槽内,再用聚乙烯泡沫板立好端模板。此时就可进行下道工序。

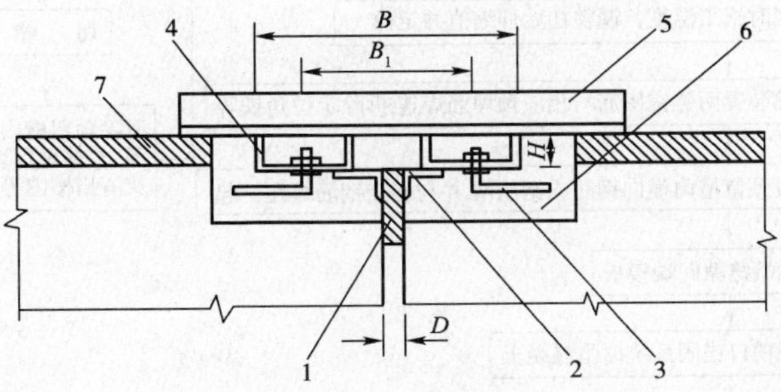

图 11-20 定位支架

1-聚乙烯泡沫板;2-角钢;3-L 型锚固螺栓;4-12 号槽钢;5-10 号角钢;6-预留槽;7-桥面铺装

(3)对每块伸缩体的外部尺寸及预埋钢板的位置一定要严格检查。目前剪切型橡胶伸缩装置破坏的一个重要原因是伸缩体的产品质量问题,表现在橡胶体内预埋的钢板位置不准、钢板严重倾斜(最大倾角达到 6°12′)、预埋钢板之间橡胶体减弱,这些是造成伸缩体变形不均匀的主要原因,还有部分钢材外露,橡胶与钢板黏结不好。钢板位置的检查采用探针进行即可。

(4)在安装伸缩体之前,要用一种特制的构件(图 11-21)将伸缩体拉伸或压缩到需要的宽度,然后再进行伸缩体的安装。

施工中还应注意如下几点。

(1)桥面铺装完成后,方可进行安装伸缩装置的工作,以保证桥面与伸缩装置之间的平整度;

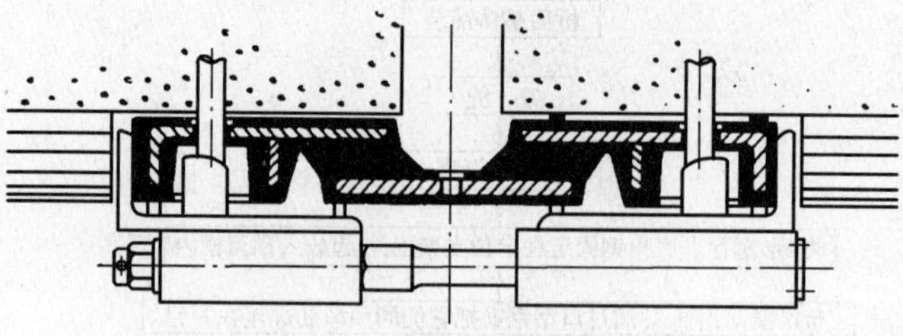

图 11-21　预拉或预压机构

(2)伸缩装置安装一定要严格按照安装程序进行。尤其要注意及时拆除定位支架顺桥向的联系角钢;

(3)梁端加强角钢下的混凝土一定要饱满密实,不可有空洞,角钢要设排气孔;

(4)一定要将伸缩装置的锚固螺栓筋及其他钢筋与预埋筋和桥面板钢筋焊接为一体,锚固螺栓筋的直径不得小于18mm。

(四)模数式伸缩装置

模数式桥梁伸缩装置,如TS,J—75,SSF,SG,XF斜向型,GQF—MZL型,它们的结构共同点是由纵梁、横梁、位移控制箱、密封橡胶带等构件组成的系列伸缩装置。

施工安装工序根据桥面铺装与伸缩装置安装的先或后,其安装工序略有不同,一般如图11-22所示。

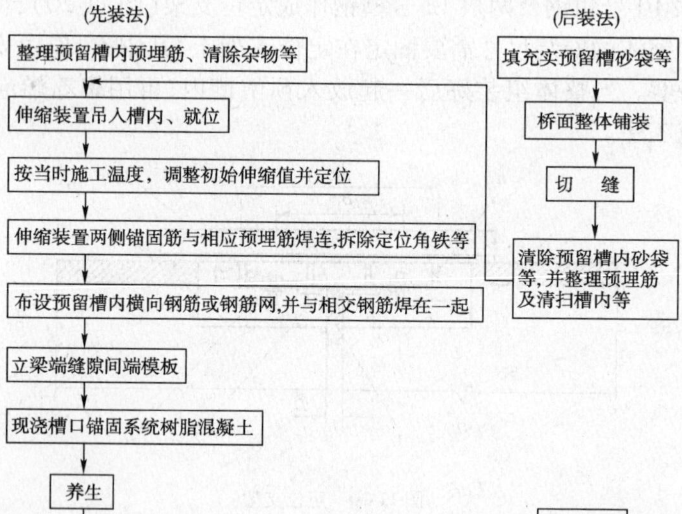

图 11-22　模数式伸缩装置安装工序框图

现场安装的基本要求:

(1)施工单位一定要按照设计图纸提供的尺寸,在梁端(或板端)与梁端,梁端与桥台处安装伸缩装置的预留槽内,按图纸要求预埋好锚固钢筋,锚固筋应与梁端或桥台有可靠的锚联,如主筋需焊接时,应满足桥梁施工规范的有关规定。

(2)工厂组装好的模数式伸缩装置,一般由工厂用专车运往工地现场。伸缩装置在运输过程中,因受运输长度限制或因其他原因需要在工地拼接时,应在生产厂指导下施工。

当伸缩装置需在工地存放时,应垫离地面至少30cm,并且不得露天存放。

(3)伸缩装置上桥之前,必须首先检查施工完成后的主梁(或板)两端缝间隙量与设计值是否一致,预埋的锚固钢筋或构件位置是否准确,若不符合设计要求,就要考虑原来选择的伸缩装置型号是否适用。如不能满足要求,并保证不了可靠锚固时,则必须考虑修正伸缩缝间隙的尺寸或更换伸缩装置型号等必要的补救措施。

(4)模数式伸缩装置,在上桥安装之前,必须按安装时实际气温(当与提供工厂安装时温度有出入时)调整组装定位值,并由施工安装负责人检查签字后方可用专用卡具将其固定。

(5)伸缩装置吊装就位前,应将预留槽内混凝土打毛,清扫干净。模数式伸缩装置出厂时,装卸吊点已用明显颜色标明,工地吊装时必须按照吊点的位置起吊,必要时可再作适当加强措施,确保安全可靠。安装时伸缩装置的中心线与桥梁中心线相重合,偏差最大不能超过10mm,伸缩装置顺桥向的宽度值,应对称放在伸缩缝的间隙上。当伸缩装置顶面高程与设计高程吻合并垫平后,穿放横向的连接水平钢筋,将伸缩装置上的锚固钢筋与梁上预埋钢筋两侧同时焊牢,如有困难,可先将一侧焊牢,待达到已确定的安装气温时,将另一侧锚固筋全部焊牢,并放松卡具,使其自由伸缩,此时伸缩装置已产生效用。

(6)完成上述工序后,安装必要模板,按设计图纸的要求,在混凝土预留槽内浇筑大于C50环氧树脂混凝土。浇筑混凝土时应采取必要的措施,振捣密实,并防止混凝土渗入模数式伸缩装置位移控制箱内,并不允许将混凝土溅填在密封橡胶带缝中及表面上,如果发生此现象应立即清除,然后进行很好养护。

(7)桥面防水层和桥面铺装,一般与整座桥的桥面工程一次完成。在铺装前,伸缩装置应加盖临时保护措施,避免撞击及直接承受车辆荷载。桥面铺装完成后,在桥面上不应有裂缝出现。

参考文献

[1] 李自光. 桥梁施工成套机械设备[M]. 北京:人民交通出版社,2003.
[2] 黄绳武. 桥梁施工及组织管理(上)[M]. 北京:人民交通出版社,1999.
[3] 范立础. 桥梁工程(上)[M]. 北京:人民交通出版社,2003.
[4] 交通部第一公路工程公司. 桥涵(上)[M]. 北京:人民交通出版社,2003.
[5] 交通部第一公路工程公司. 桥涵(下)[M]. 北京:人民交通出版社,2003.
[6] 刘吉士,阎洪河,李文琪. 公路桥涵施工技术规范实施手册[M]. 北京:人民交通出版社,2002.
[7] 刘吉士,张俊义,陈亚军. 桥梁施工百问[M]. 北京:人民交通出版社,2003.
[8] 魏红一. 桥梁施工技术[M]. 北京:高等教育出版社,2001.
[9] 上海市建设委员会科学技术委员会. 桥梁工程[M]. 上海:上海科学技术出版社,1999.
[10] 刘自明,王邦楣,陈开利. 桥梁深水基础[M]. 北京:人民交通出版社,2003.
[11] Marco Rosignoli. Bridge Launching[M]. London: Thomas Telford, 2002.
[12] 陈宝春. 钢管混凝土拱桥实例集(一)[M]. 北京:人民交通出版社,2002.
[13] 金成棣. 预应力混凝土梁拱组合桥梁设计研究与实践[M]. 北京:人民交通出版社,2001.
[14] 王庭英,金志展. 钢管混凝土桥梁—钢(管)结构制造与安装[M]. 北京:人民交通出版社,2003.
[15] 姚玲森. 桥梁工程[M]. 北京:人民交通出版社,1995.
[16] 吴信然,杨启兵. 秦沈客运专线箱梁和轨道工程施工新技术[M]. 北京:中国铁道出版社,2003.
[17] 李扬海,程潮洋,鲍卫刚,郑学珍. 公路桥梁伸缩装置[M]. 北京:人民交通出版社,2005.
[18] 应惠清,曾进伦,谈至明,魏红一. 土木工程施工(下)[M]. 上海:同济大学出版社,2003.
[19] 张联燕,程懋方,谭邦明,陈俊卿. 桥梁转体施工[M]. 北京:人民交通出版社,2002.
[20] 刘剑萍,角本周,成泽邦彦. 神原溪谷大桥的竖向转体施工[J]. 世界桥梁,2003(3):1 ~4.
[21] 周履. 20 世纪后期世界 PC 桥梁的若干重要进展[J]. 世界桥梁,2003(1):1 ~4.
[22] 许兆斌,龚志刚. 科林斯湾上的里翁-安蒂里翁 4 塔斜拉桥[J]. 世界桥梁,2003(2).
[23] 陈凡,徐天平,陈久照,关立军. 基桩质量检测技术[M]. 北京:中国建筑工业出版社,2003.
[24] 中铁大桥集团有限公司. 大跨度桥梁设计与施工技术[M]. 北京:人民交通出版社,2002.
[25] 路桥集团第一公路工程局. 公路桥涵施工技术规范(JTJ 041—2000)[S]. 北京:人民交通出版社,2000.
[26] 交通部公路科学研究院. 公路工程质量检验评定标准(JTG F80/1—2004)[S]. 北京:人民交通出版社,2004.
[27] 刘效尧,朱新实. 预应力技术及材料设备[M]. 北京:人民交通出版社,1989.
[28] 牛和恩. 虎门大桥工程[M]. 北京:人民交通出版社,1998.
[29] 林元培. 斜拉桥[M]. 北京:人民交通出版社,1995.
[30] 徐君兰. 大跨度桥梁施工控制[M]. 北京:人民交通出版社,2000.

[31] 金荣庄,尹相忠. 市政工程质量通病及防治[M]. 北京:中国建筑工业出版社,1998.
[32] 范立础. 预应力混凝土连续梁桥[M]. 北京:人民交通出版社,1988.
[33] 日本道路协会,预应力混凝土公路桥施工手册[M]. 张贵先译. 北京:人民交通出版社,1988.
[34] 俞同华,林长川,郑信光. 钢筋混凝土桁架拱桥[M]. 北京:人民交通出版社,1984.
[35] 刘万桢. 城市桥梁施工[M]. 北京:中国建筑工业出版社,1992.
[36] 曹鸿新,李海光,马兴宝,王大年,周以大. 结构工程禁忌手册[M]. 北京:中国建筑工业出版社,2002.
[37] 铁道部第三工程局. 铁路工程施工技术手册桥涵(上)[M]. 北京:中国铁道出版社,2002.
[38] 凌治平. 基础工程[M]. 北京:人民交通出版社,1986.
[39] 长沙铁道学院工程系. 铁路桥梁(上、下册)[M]. 北京:中国铁道出版社,1982.
[40] 张钟祺. 桥隧施工及养护[M]. 北京:中国铁道出版社,1983.
[41] 铁道部教材编辑组. 桥梁建造及修复[M]. 北京:人民铁道出版社,1961.
[42] 小沃尔特·波多尔尼(美),J·M·米勒尔(法). 预应力混凝土桥分段施工和设计[M]. 北京:人民交通出版社,1986.
[43] 周念先. 预应力混凝土桥[M]. 上海:上海市科学技术编译馆,1962.
[44] 吴昌期、李永. T形刚构桥[M]. 北京:人民交通出版社,1981.
[45] 刘作霖,徐兴玉等. 预应力T形刚构式桥[M]. 北京:人民交通出版社,1982.
[46] 吴昌期,杨家沪,韩风华. 预应力混凝土梁桥施工[M]. 北京:人民交通出版社,1981.
[47] 浙江省交通厅工程管理局. 装配式钢筋混凝土梁桥(第二版). 北京:人民交通出版社,1983.
[48] 俞同华,林长川,郑信光. 钢筋混凝土桁架拱桥(第二版)[M]. 北京:人民交通出版社,1984.
[49] 黄渭泉,等. 泸州长江大桥施工技术与施工管理[M]. 北京:人民交通出版社,1986.
[50] 张联燕. 拱桥转体施工方法[J]. 土木工程学报,1983,16(2).
[51] 黄小洛. 桥梁转体施工发展综述. 北京:公路杂志,1988.
[52] 黄小洛. 桥梁转体施工发展概况[J]. 中南公路工程,1985.
[53] 程懋方. 采用转体方法架设城市跨线立交桥[C]. 第一次城市桥梁学术会议论文集,1987.
[54] Arch halver fall, making pivotal link in Germany. Engineering News:Record,1985.
[55] 孔繁瑞,余军. 预应力混凝土连续箱梁桥采用自移式钢梁模架逐孔施工[M]. 北京:交通部第一公路工程总公司,1987.
[56] 易圣涛. 日本中等跨度PC桥梁施工技术[M]. 重庆:交通部重庆科研所,1986.
[57] Malcolm Fletcher. Orwell Bridge:UK'S Largest Prestressed Concrete Span[J]. Concrete International,1981.
[58] H·Wittfoht. Prestressed Concrete Bridge Construaction with Stepping Form-work Equipment[M]. Detroit:ACI Publication,1969.
[59] 桥梁史话编写组. 桥梁史话[M]. 上海:上海科学技术出版社,1979.
[60] 中国土木工程学会桥梁及结构工程学会第八届年会论文集. 1988.

[61] 中国土木工程学会简报[N]. 中国土木工程学会秘书处,1996 ~ 1997.
[62] 谭庆琏. 抓住机遇,深化改革,把我国的建设监理工作推向新高潮[J]. 长江建设,1996(2).
[63] 万国朝. 90 年代桥梁工程的发展趋势[J]. 国外公路,1995(4).
[64] 李青岳. 工程测量学[M]. 北京:测绘出版社,1995. 5.
[65] 王兆祥,等. 铁路工程测量[M]. 北京:测绘出版社,1986.
[66] 顾孝烈,等. 测量学实验[M]. 上海:同济大学出版社,1996. 2.
[67] 罗启添. 珠海市泥湾门大桥设计特点[J]. 桥梁建设,1997(1).
[68] 周建军,等. 虎门大桥西锚碇大型混合基础的设计与施工[J]. 桥梁建设,1995(2).
[69] 青森斜拉桥地下连续墙基础[J]. 桥梁与基础,1988(4).
[70] 周世忠,江阴长江公路大桥工程技术总结,北京:人民交通出版社,2005. 8.
[71] 黄绍铭,等. 软土地基与地下工程,北京:中国建筑工业出版社,2005. 7.
[72] 殷万寿. 水下地基与基础[M]. 北京:中国铁道出版社,1994.
[73] 屋信明,佐野幸洋,郝育森. 明石海峡大桥 1 号锚墩设计[J]. 桥梁与基础,1994(3).
[74] 中华人民共和国铁道部. 铁路桥涵施工规范(TB 10203—96)[S]. 北京:中国铁道出版社,1996.
[75] 张书廷,等. 钻埋大口径预应力墩桩施工技术[M]. 北京:中国建材工业出版社,1996. 8.
[76] 雷岳,等. 湖南无承台大直径桥梁桩柱基础. 第四届全国大口径工程井施工技术研讨会论文集[C]. 1997. 10.
[77] 万明坤,等. 桥梁漫笔[M]. 北京:中国铁道出版社,1997.
[78] 项海帆,等. 中国桥梁[M]. 上海:同济大学出版社,1993.
[79] 成昆铁路总结. 北京,中国铁道出版社,1980.
[80] 王文涛. 刚构—连续组合梁桥[M]. 北京:人民交通出版社,1995.
[81] 宜宾马鸣溪金沙江大桥技术总结专辑. 西南地区公路科技情报网,1980.
[82] 陈宝春. 钢管混凝土拱桥发展综述[J]. 桥梁建设,1997(2).
[83] 王道斌,等. 莲沱大桥钢管拱肋竖转吊装的方案设计与施工[J]. 桥梁建设,1997(2).
[84] 杨沪湘. 岳阳洞庭湖大桥 50m 顶推连续梁设计[C]. 中国公路学会桥梁和结构工程学会 1997 年桥梁学术讨论会论文集. 北京:人民交通出版社,1997.
[85] 李仁. 用顶推法形成大跨径变截面连续梁边跨的设计研讨[C]. 中国公路学会桥梁和结构工程学会,年桥梁学术讨论会论文集. 北京:人民交通出版社,1997.
[86] 谭之杭,岑国基. 柔性墩上多点顶推连续梁施工的新概念[C]. 中国土木工程学会桥梁及结构工程学会第九届年会论文集,1990. 4.
[87] 易建国,姚玲森. 山西平顺县曲成连续箱梁桥(预应力工程实例应用手册). 北京:中国建筑工业出版社,1996.
[88] 小沃尔特. 李延直等译. 斜拉桥设计与施工[M]. 北京:中国建筑工业出版社,1980.
[89] 李德寅,王邦楣,林亚超,等. 斜拉桥[M]. 科学技术文献出版社,1992.
[90] 周念先,等. 预应力混凝土斜张桥[M]. 北京:人民交通出版社,1989.
[91] 小西一朗. 钢桥(第四分册)[M]. 戴振藩译. 北京:人民铁道出版社,1981.
[92] 倪天增. 南浦大桥[M]. 上海:同济大学出版社,1993.
[93] 石礼文,等. 上海泖港大桥施工[J]. 桥梁建设,1983(2).
[94] 陈明宪,等. 铜陵桥索塔爬模及大节距全断面整体浇筑自行式前支点挂篮简介[J]. 桥梁

建设,1995(2).
[95] 陈克济,等.临江门斜拉桥牵索式挂篮施工新技术[J].桥梁建设,1995(2).
[96] 王仲康,等.短平台复合型牵索挂篮的总体设计[J].桥梁建设,1995(3).
[97] 马文田,等.三水大桥的设计与施工[J].桥梁建设,1997(2).
[98] 陆光闾,胡匡璋,等.秦皇岛站刚性斜拉杆铁路斜拉桥整体空间分析[J].铁道学报,1997(10).
[99] 严国敏编译.法国伊译尔河斜拉桥[J].国外桥梁,1994(1).
[100] 杜亚凡编译.东神户大桥上部结构施工及架设精度控制(上)(下)[J].国外桥梁,1994(1).
[101] 黎祖华译.小田原港桥的施工[J].国外桥梁,1995(2).
[102] 陈炳坤译.海尔格兰预应力混凝土斜拉桥[J].国外桥梁,1995(2).
[103] 严国敏译.名港大桥上部结构的设计与施工[J].国外桥梁,1995(3).
[104] 杜亚凡译.鹤见航道桥的施工[J].国外桥梁,1995(4).
[105] 周履,等编译.悉尼格莱贝岛斜拉桥[J].国外桥梁,1996(4).
[106] 赵波译.近年来比利时修建的斜拉桥[J].国外桥梁.1991(2).
[107] 于邦彦,等.天津永和大桥设计梗概.桥梁及结构工程学会第八届年会论文集[C],1988.
[108] 赵波译.塞塞勒桥的设计与施工[J].国外桥梁,1993(1).
[109] 陈炳坤译.埃姆舍尔高速公路莱茵河桥[J].国外桥梁,1992(2).
[110] 钱冬生.大跨悬索桥的设计与施工[M].成都:西南交通大学出版社,1992.
[111] 范应心.汕头海湾大桥施工简介[J].桥梁建设,1995(1).
[112] 林荣有,等.虎门大桥施工综述[J].桥梁建设,1995(2).
[113] 李怡厚.汕头海湾大桥架梁用缆载起重机[J].桥梁建设,1995(4).
[114] 杨冬.悬索桥鞍座的制造工艺形式及其槽道的加工方法[J].桥梁建设,1995(4).
[115] 杨进,等.汕头海湾悬索桥鞍座的设计特色及结构分析[J].桥梁建设,1996(1).
[116] 周民侠.汕头海湾大桥施工[J].桥梁建设,1996(4).
[117] 刘怀林.汕头海湾悬索桥锚碇工程施工[J].桥梁建设,1996(4).
[118] 陶建山,等.汕头海湾悬索桥主缆架设[J].桥梁建设,1996(4).
[119] 张乃华译.小贝尔特海峡公路悬索桥的上部结构安装[J].国外桥梁,1993(4).
[120] 周民侠译.维拉扎诺海峡桥[J].国外桥梁,1993(2).
[121] 小西一朗编.戴振藩译.钢桥(第五分册)[M].北京:人民铁道出版社,1981.
[122] Rudolf Hotz. Humber BrUeke-Weitestgespannte BrOcke der Weh. Der Stahlbau 1981. Heft5.
[123] Dipl-Ing A. Ohlemutz, Butzbach. Vom Bau der zweiten Bosporus-Brticke. De stahlbau 1989. Heft8.

人民交通出版社公路类教材一览

（◆教育部普通高等教育“十一五”国家级规划教材 ▲建设部土建学科专业“十一五”规划教材）

一、交通工程教学指导分委员会规划推荐教材

1. ◆交通规划（王 炜） …… 33 元
2. ◆道路交通安全（裴玉龙） …… 36 元
3. ◆交通设计（杨晓光） …… 35 元
4. 交通系统分析（王殿海） …… 31 元
5. 交通管理与控制（徐建闽） …… 26 元
6. 交通经济学（邵春福） …… 25 元

二、21 世纪交通版高等学校教材

（一）交通工程专业

1. ◆交通工程总论（第三版）（徐吉谦） …… 36 元
2. ◆交通工程学（第二版）（任福田） …… 38 元
3. ◆交通管理与控制（第四版）（吴 兵） …… 35 元
4. ◆道路通行能力分析（陈宽民） …… 27 元
5. ◆交通工程设计理论与方法（第二版）（马荣国） …… 40 元
6. ◆公路网规划（裴玉龙） …… 27 元
7. 交通工程专业英语（裴玉龙） …… 28 元
8. ◆交通运输工程导论（第二版）（姚祖康） …… 23 元
9. 交通流理论（王殿海） …… 21 元
10. 交通系统仿真技术（刘运通） …… 26 元
11. 停车场规划设计与管理（关宏志） …… 30 元
12. 交通工程设施设计（李峻利） …… 35 元
13. ◆智能运输系统概论（第二版）（杨兆升） …… 25 元
14. 智能运输系统概论（第二版）（黄 卫） …… 24 元
15. ◆运输经济学（第二版）（严作人） …… 44 元
16. ◆道路交通工程系统分析方法（王 炜） …… 28 元
17. 交通调查与分析（第二版）（严宝杰） …… 38 元
18. ◆交通运输设施与管理（郭忠印） …… 33 元
19. 道路交通安全管理法规概论及案例分析（裴玉龙） …… 29 元
20. 交通地理信息系统（符锌砂） …… 31 元
21. 公路建设项目可行性研究（过秀成） …… 27 元
22. 交通工程专业生产实习指导书（朱从坤） …… 7 元
23. 土木规划学（石 京） …… 38 元

（二）城市轨道交通系列教材

1. 城市轨道交通概论（孙 章） …… 30 元（估）
2. 城市轨道交通系统（彭 辉） …… 32 元
3. 轨道工程（练松良） …… 36 元
4. 城市轨道交通设备系统（周顺华） …… 32 元
5. ◆地铁与轻轨（第二版）（张庆贺） …… 40 元

（三）土木工程专业（路桥）/道路桥梁与渡河工程专业

I. 专业基础课教材

1. 土木工程概论（项海帆） …… 32 元
2. 道路概论（第二版）（孙家驷） …… 20 元
3. 土质学与土力学（第四版）（袁聚云） …… 30 元
4. 公路工程地质（第三版）（窦明健） …… 23 元
5. ▲道路工程制图（第四版）（谢步瀛） …… 36 元
6. ▲道路工程制图习题集（第四版）（袁 果） …… 26 元
7. ◆道路工程材料（第五版）（李立寒） …… 45 元
8. ◆测量学（第四版）（许娅娅） …… 37 元
9. ◆基础工程（第三版）（王晓谋） …… 33 元
10. 结构设计原理（第二版）（叶见曙） …… 51 元
11. 公路经济学教程（袁剑波） …… 23 元
12. 专业英语（第二版）（李 嘉） …… 33 元

II. 专业核心课教材

13. ◆路基路面工程（第二版）（邓学钧） …… 52 元
14. ◆道路勘测设计（第三版）（杨少伟） …… 42 元
15. 道路结构力学计算（上、下）（郑传超、王秉纲） …… 50 元
16. 水力学（王亚玲） …… 19 元
17. ◆桥梁工程（第二版）（姚玲森） …… 62 元
18. 桥梁工程（第二版）（土木、交通工程）（邵旭东） …… 52 元
19. ◆桥梁工程（第二版）（上）（范立础） …… 42 元
20. ◆桥梁工程（第二版）（下）（顾安邦） …… 38 元
21. 桥梁工程（陈宝春） …… 45 元
22. ◆桥涵水文（第四版）（高冬光） …… 28 元
23. ◆预应力混凝土结构设计原理（第二版） …… 28 元（估）
24. ◆现代钢桥（上）（吴 冲） …… 34 元
25. ◆钢桥（徐君兰） …… 16 元
26. ◆公路施工组织及概预算（第三版）（王首绪） …… 32 元
27. ▲桥梁施工及组织管理（第二版）（上）（魏红一） …… 39 元
28. ▲桥梁施工及组织管理（第二版）（下）（邬晓光） …… 39 元
29. ◆隧道工程（第二版）（上）（王毅才） …… 65 元

III. 专业方向选修课教材

30. ◆道路工程（严作人） …… 40 元
31. 道路工程（第二版）（土木工程专业）（凌天清） …… 35 元
32. ◆高速公路（第二版）（方守恩） …… 21 元
33. 高速公路设计（赵一飞） …… 38 元
34. 城市道路设计（吴瑞麟） …… 22 元
35. GPS 测量原理及其应用（胡伍生） …… 28 元
36. 公路测设新技术（雒 应） …… 36 元
37. 公路施工技术与管理（第二版）（魏建明） …… 40 元
38. 土木工程造价控制（石勇民） …… 30 元
39. 公路工程定额原理与估价（石勇民） …… 36 元
40. 道路桥梁检测技术（胡昌斌） …… 31 元
41. 特殊地区基础工程（冯忠居） …… 29 元
42. 道路与桥梁工程计算机绘图（许金良） …… 31 元
43. ◆公路小桥涵勘测设计（第四版）（孙家驷） …… 31 元
44. 路基设计原理与计算（李峻利） …… 40 元
45. 路基路面工程检测技术（李宇峙） …… 46 元
46. 公路土工合成材料应用原理（黄晓明） …… 22 元
47. 水泥与水泥混凝土（申爱琴） …… 30 元
48. ◆环境经济学（董小林） …… 32 元
49. 公路环境与景观设计（刘朝辉） …… 30 元
50. 桥梁工程概论（第二版）（罗 娜） …… 27 元
51. 桥梁检测与加固（王国鼎） …… 27 元
52. 桥梁钢—混凝土组合结构设计原理（黄 侨） …… 26 元
53. 桥梁结构试验（第二版）（章关永） …… 22 元
54. 桥梁结构电算（第二版） …… 35 元
55. 桥梁抗震（叶爱君） …… 15 元
56. ◆桥梁建筑美学（第二版）（盛洪飞） …… 30 元
57. 大跨度桥梁结构计算理论（李传习） …… 18 元
58. 隧道结构力学计算（夏永旭） …… 29 元
59. 公路隧道运营管理（吕康成） …… 22 元
60. 隧道与地下工程灾害防护（张庆贺） …… 45 元

IV. 实践环节教材及教参教辅

61. 《道路勘测设计》毕业设计指导（许金良） …… 30 元
62. 桥梁计算示例丛书—桥梁地基与基础（第二版）（赵明华） …… 18 元
63. 桥梁计算示例丛书—混凝土简支梁（板）桥（第三版）（易建国） …… 27 元
64. 桥梁计算示例丛书—连续梁桥（邹毅松） …… 20 元
65. 结构设计原理计算示例（叶见曙） …… 40 元
66. 道路工程毕业设计指南（应荣华） …… 34 元
67. 桥梁工程毕业设计指南（向中富） …… 35 元

V. 研究生教学用书

道路与铁道工程

1. 现代加筋土理论与技术（雷胜友） …… 24 元

2. 道路规划与几何设计(朱照宏) …… 32元
3. 沥青与沥青混合料(郝培文) …… 35元
4. 工程机械机电液系统动态传真(王国庆) …… 18元

桥梁与隧道工程

1. 高等桥梁结构理论(项海帆) …… 35元
2. 高等钢筋混凝土结构(周志祥) …… 27元
3. 结构分析的有限元法与MATIAB程序设计(徐荣桥) …… 28元
4. 工程结构数值分析方法(夏永旭) …… 27元
5. 箱形梁设计理论(第二版)(房贞政) …… 32元

(四)公路工程管理专业

1. ◆工程项目融资(第二版)(赵 华) …… 35元
2. 管理信息系统(李友根) …… 31元
3. 公路工程定额原理与估价(石勇民) …… 36元
4. 工程风险管理(邓铁军) …… 21元
5. ◆工程质量控制与管理(邬晓光) …… 29元
6. 公路工程造价编制与管理(第二版)(沈其明) …… 43元
7. 工程项目招标与投标(周 直) …… 30元
8. 高速公路管理(王选仓) …… 35元

(五)工程机械专业

1. ◆施工机械概论(王 进) …… 35元
2. ◆公路施工机械(第二版)(李自光) …… 43元
3. 现代工程机械发动机与底盘构造(陈新轩) …… 38元
4. 工程机械维修(许 安) …… 38元
5. 工程机械状态检测与故障诊断(陈新轩) …… 29元
6. 工程机械底盘设计(郁录平) …… 36元
7. 公路工程机械化施工与管理(第二版)(郭小宏) …… 37元
8. 工程机械设计(吴永平) …… 38元
9. 工程机械技术经济学(吴永平) …… 23元
10. 工程机械专业英语(宋永刚) …… 36元
11. 工程机械机电液系统动态仿真(王国庆) …… 18元

三、普通高等学校规划教材

1. 现代土木工程(付宏渊) …… 36元
2. 理论力学(东南大学) …… 29元
3. 材料力学(东南大学) …… 25元
4. 工程力学(东南大学) …… 29元
5. 交通土建工程制图(第二版)(和丕壮) …… 38元
6. 交通土建工程制图习题集(第二版)(和丕壮) …… 20元
7. 画法几何与土建制图(第二版)(林国华) …… 39元
9. 画法几何与土建制图习题集(第二版)(林国华) …… 25元
9. 土木工程制图(丁建梅 周佳新) …… 36元
10. 土木工程制图习题集(丁建梅 周佳新) …… 18元
11. 土木工程制图(张 爽) …… 36元
12. 土木工程制图习题集(张 爽) …… 15元
13. ◆土木工程计算机绘图基础(尚守平) …… 39元
14. 工程经济学(李雪淋) …… 22元
15. 工程测量(胡伍生) …… 25元
16. 交通土木工程测量(张坤宜) …… 33元
17. 结构设计原理(毛瑞祥) …… 26元
18. 路基路面工程(何兆益) …… 45元
19. 道路勘测设计(第二版)(孙家驷) …… 46元
20. 道路勘测设计(裴玉龙) …… 38元
21. 道路工程材料(申爱琴) …… 45元
22. 道路与桥梁工程概论(黄晓明) …… 32元
23. 道路经济与管理 …… 16元
24. 公路施工组织与管理(赖少武 李文华) …… 35元
25. 公路工程施工组织学(第二版)(姚玉玲) …… 38元
26. 公路施工与组织管理(廖正环) …… 22元
27. 公路养护与管理(许永明) …… 18元
28. 水力学与桥涵水文(叶镇国) …… 38元
29. 桥位勘测设计(高冬光) …… 20元
30. 道路规划与设计(李清波) …… 46元
31. 道路交通环境工程(张玉芬) …… 19元
32. 公路实用勘测设计(何景华) …… 19元
33. 公路计算机辅助设计(符锌砂) …… 30元
34. 交通计算机辅助工程(任刚) …… 25元
35. 公路工程预算与工程量清单计价(雷书华) …… 35元
36. 公路工程造价(周世生) …… 42元
37. 软土环境工程地质学(唐益群) …… 35元
39. 公路与桥梁施工技术(盛可鉴) …… 30元
39. 桥梁美学(和丕壮) …… 40元
40. 桥梁结构理论与计算方法(贺拴海) …… 58元
41. 钢管混凝土(胡曙光) …… 38元
42. 隧道施工(于书翰) …… 23元
43. 公路隧道机 电工程(赵忠杰) …… 40元
44. ◆道路交通管理与控制(袁振洲) …… 40元
45. 交通工程学(第二版)(李作敏) …… 28元
46. 交通项目评估与管理(谢海红) …… 36元
47. 工程项目管理(周 直) …… 20元
48. 道路运输统计(张志俊) …… 28元
49. 测绘工程基础(李芹芳) …… 36元
50. 工程机械运用技术(许 安) …… 40元
51. 现代工程机械液压与液力系统(颜荣庆) …… 39元
52. 水泥混凝土路面施工与施工机械(何挺继) …… 30元
53. 现代公路施工机械(何挺继) …… 45元
54. 工程机械机电液一体化(焦生杰) …… 28元
55. 工程机械可靠度(吴永平) …… 20元
56. 工程机械地面力学与作业理论(杨士敏) …… 35元

四、高等学校应用型本科规划教材

1. 结构力学(万德臣) …… 30元
2. 结构力学学习指导(于克萍) …… 22元
3. 道路工程制图(谭海洋) …… 28元
4. 道路工程制图习题集(谭海洋) …… 24元
5. 道路建筑材料(伍必庆) …… 37元
6. 土木工程材料(张爱勤) …… 39元
7. 土质学与土力学(赵明阶) …… 30元
8. 结构设计原理(黄平明) …… 47元
9. 结构设计原理学习指导(安静波) …… 35元
10. 结构设计原理计算示例(赵志蒙) …… 40元
11. 工程测量(朱爱民) …… 30元
12. 基础工程(刘 辉) …… 26元
13. 道路勘测设计(张维全) …… 32元
14. 桥梁工程(刘龄嘉) …… 45元
15. 公路工程试验检测(乔志琴) …… 47元
16. 路桥工程专业英语(赵永平) …… 44元
17. 水力学与桥涵水文(王丽荣) …… 27元
18. 工程招标与合同管理(刘 燕) …… 33元
19. 工程项目管理(李佳升) …… 32元
20. 公路施工技术(杨渡军) …… 64元
21. 公路工程机械化施工技术(徐永杰) …… 32元
22. 公路工程经济(周福田) …… 22元
23. 公路工程监理(朱爱民) …… 33元
24. 道路工程(资建民) …… 38元
25. 道路工程 CAD(许金良) …… 23元
26. 路基路面工程(陈忠达) …… 46元

各地经销商电话见人民交通出版社网站首页,网址:http://www.ccpress.com.cn。
咨询电话:010-85285965(岑瑜)